Rowohlt Verlag GmbH, Kirchenallee 19, 20099 Hamburg

Kontaktadresse nach EU-Produktsicherheitsverordnung:
produktsicherheit@rowohlt.de

ZU DIESEM BUCH

Angst ist ein Phänomen, das jeder kennt – und mit dem viele Menschen in ihrem Leben zu kämpfen haben. Angst ist eines der grundlegenden Gefühle und eines, das schnell bedrohliche oder pathologische Dimensionen annehmen kann. Die Gründe kennt kaum einer. Warum hat jemand Angst vor Spinnen oder Sex, vor einem dunklen Keller oder vor dem Fliegen?

Angst ist aber nicht nur eine Plage der Menschheit, sondern auch eine ihrer wichtigsten Triebkräfte. Wer Angst hat, mobilisiert Energien – und vollbringt nicht selten ganz besondere Leistungen. Viele herausragende Künstler und Wissenschaftler, Sportler und Politiker wurden von ihren Ängsten inspiriert und angetrieben.

DER AUTOR

Prof. Dr. med. Dipl.-Psych. Borwin Bandelow arbeitet an der Psychiatrischen Klinik der Universität Göttingen. Er behandelt seit vielen Jahren Angstpatienten, ist einer der weltweit führenden Angstforscher und Autor zahlreicher Fachpublikationen, darunter des Grundlagenwerks «Panik und Agoraphobie. Diagnose, Ursache, Behandlung» (2001). Mit dem «Angstbuch» legt er sein erstes populäres Buch für ein breites Publikum vor.

Borwin Bandelow

DAS ANGSTBUCH

Woher Ängste kommen und wie man sie bekämpfen kann

Rowohlt Taschenbuch Verlag

Die in dem Buch vorgestellten Fallberichte
sind so verändert worden, dass das Wiedererkennen
der betroffenen Personen nicht möglich ist.

16. Auflage August 2024

Veröffentlicht im Rowohlt Taschenbuch Verlag,
Reinbek bei Hamburg, Februar 2006

Grafiken Peter Palm, Berlin
Umschlaggestaltung ZERO Werbeagentur, München,
nach einem Entwurf von any.way, Hamburg
Satz bei KCS GmbH, Buchholz/Hamburg
Printed in Germany
ISBN 978-3-499-61949-6

INHALT

VORWORT

Angst vor Terror und Krieg ist in unserer Zeit ein ständiges Thema in den Medien. Doch es sind eher die alltäglichen Ängste, beispielsweise die Angst vor harmlosen Dingen, wie Fahrstühlen, Supermärkten, Kinosälen, Fußgängerzonen, Insekten oder Katzen, aber auch Ängste vor Krankheit, Verletzungen, Tod, Verlusten und die Angst vor dem Alleinsein, die die Menschen krank machen. So krank, dass der Alltag nur noch durch die Angst bestimmt wird, dass manche Menschen in Depressionen verfallen, sich in die Sucht flüchten oder keinen Sinn mehr im Leben finden.

Wie kommt es, dass Menschen von Angst zerfressen werden? War es die böse Stiefmutter oder die überfürsorgliche Mutter, die zu strenge Sauberkeitserziehung oder der autoritäre Vater? Sind Onanie, Coitus interruptus, Gedanken an schmutzigen Sex oder außerehelicher Verkehr die Ursachen? Sind es die falsche Atemtechnik, zu wenig frisches Gemüse, zu wenig Schlaf, zu viel Pizza? Sind Einzelkinder stärker gefährdet? Ist die kleine Schwester schuld, die immer bevorzugt wurde? Fördert unsere schnelllebige Zeit den Stress? Sind die Medien oder das Internet verantwortlich?

Lange Zeit gab es keine schlüssige Erklärung für die Entstehung von Ängsten. In jüngerer Zeit hat sich die Wissenschaft intensiv mit der Entstehung von Ängsten beschäftigt. Unsere heutigen Vorstellungen zu ihren Ursachen haben wenig zu tun mit Theorien, die in den letzten hundert Jahren größte Verbreitung gefunden haben.

In den deutschsprachigen Ländern gibt es, grob geschätzt, 17 Millionen Menschen mit Angsterkrankungen – das bedeutet einen unglaublichen Markt, an dem nicht nur diejenigen verdienen, die nachweislich wirksame Behandlungsmethoden oder Medikamente anbieten, sondern auch Tausende von Gurus, Wunderheilern und Pillendrehern. Sie wollen uns mit Hypnose, Zen-Meditation, Rebirthing-Wochenenden in der Toskana, Traumdeutung, endlosen Gesprächen über unsere Kindheit, Tanztherapie, Akupunktur, Bach-Blüten, Veilchenwurzel oder Rauschpfeffer heilen. Wie kann der Laie aber nun herausfinden, welche der angepriesenen Methoden wirklich helfen und welche nur die Finanzen ihrer Anbieter sanieren sollen?

Zahllose Menschen mit Angst wissen zudem nicht, dass es überhaupt Hilfe für ihr Problem gibt. Oft dauert es sehr lange, bis die Angsterkrankung erkannt wird und bis man eine geeignete Behandlung angeboten bekommt.

Dabei ist es nicht schwierig, eine Angsterkrankung in den Griff zu bekommen. Es ist sogar verblüffend einfach, wenn man nur die richtigen Methoden anwendet. Während all der Jahre, in denen ich in unserer Spezialabteilung für Angsterkrankungen in der Göttinger Klinik für Psychiatrie und Psychotherapie arbeitete (und immer noch arbeite), habe ich unzählige Menschen gesehen, die nach einem leidvollen, isolierten, von Angst bestimmten Leben ihre Ruhe, Freiheit und Lebensfreude wiedergewinnen konnten.

Ein spannender Aspekt der Angst ist aber, dass sie nicht nur negative Seiten hat. Sie ist nicht nur quälend, sondern auch der Ursprung der schöpferischen Kraft des Menschen.

Wenn Sie dieses Buch gelesen haben, werden Sie etwas über die wirklichen Ursachen der Angst gelernt haben, und Sie werden verstehen, wie leicht es ist, den Weg aus der Angst zu finden.

Dieses Buch ist für drei Arten von Menschen geschrieben worden. Menschen, die unter einer echten Angsterkrankung leiden, können dieses Buch als eine Art Ratgeber verwenden. Menschen, die unter kleinen oder mittleren alltäglichen Ängsten leiden, die noch nicht die Form einer Krankheit angenommen haben, werden nach Lektüre des Buches hoffentlich diese Ängste besser verstehen und meistern können. Und zu guter Letzt ist dieses Buch auch für

Menschen geeignet, die völlig frei von jeder Angst sind, aber an einem unterhaltsamen Streifzug durch die Wissenschaft interessiert sind und verstehen wollen, auf welchem Wege in unserem Gehirn Ängste entstehen und wie sie wieder verschwinden können.

Göttingen, den 1. Juni 2004

Kapitel 1

DAS RÄTSEL ANGST

Ein ganz normaler Tag in Hessisch Lichtenau. Einzelhandelskauffrau Sybille G. (37) nach einem Einkaufsbummel:

Ich war mit meinen Kindern bei Aldi in der Stadt einkaufen. Da begann von einem Moment zum anderen plötzlich mein Herz zu jagen. Schreckliche Angst aus dem Nichts überfiel mich. Ich keuchte, bekam keine Luft mehr. Da schnürte es mir die Brust zu, als ob jemand einen Gürtel darum immer enger ziehen würde. Todesangst überfiel mich. Kalter Schweiß stand auf meiner Stirn. Ich schwitzte und meine Hände zitterten. Ich hatte das Gefühl, dass sich mein Gehirn auflöst und dass ich die Kontrolle über meinen Körper und über meine Gedanken verlieren könnte. Irgendeine unbekannte Gefahr kroch in mir hoch, breitete sich aus und drohte mich zu vernichten. Ich fühlte mich so bedroht, dass ich glaubte, sofort sterben zu müssen. Ich wurde völlig von der Situation überwältigt.

Dies ist die Schilderung einer typischen Panikattacke, wie sie Sybille G. mehrmals im Monat hat.

Flug GH 3463, Singapur–Frankfurt. Das Flugzeug ist gerade auf dem Flughafen Frankfurt gelandet. Ein Mann mit arabischem Aussehen läuft hektisch zu den vorderen Sitzreihen der Maschine. Als eine Stewardess neben dem Notausgang von ihrem Sitz aufsteht, tritt er plötzlich von hinten an sie heran, zieht ihren Kopf an den Haaren nach hinten und hält ihr ein blitzartig hervorgezogenes großes Klappmesser an die Kehle. Der markerschütternde Schrei der jungen Frau gellt durch die Kabine. Die Passagiere sitzen wie angewurzelt da. Keiner wagt es, sich zu bewegen. Der Mann wirkt extrem nervös und verwirrt. Lange steht er bewegungslos mit seiner Geisel da und sagt nichts. Es ist nicht klar, was er mit seiner Aktion bezwecken will.

Durch die Fenster sehen die Passagiere, wie bewaffnete, vermummte Männer in schwarzen Uniformen auf den Tragflächen herumlaufen. Zwei mutige Passagiere in der zweiten Reihe sprechen sich leise ab. Plötzlich springt einer von ihnen hinter den Geiselnehmer, reißt unmittelbar über seinem Kopf das grüne «Exit»-Schild von der Decke ab und schlägt es mit voller Wucht auf den Kopf des Mannes. Anschließend greift der zweite Passagier in das Handgemenge ein. Es gelingt den beiden Männern, den Täter zu überwältigen, ihm das Taschenmesser aus der Hand zu winden und die Stewardess zu befreien. In diesem Moment geht die Tür des gegenüberliegenden Notausgangs auf, und die Männer des Sondereinsatzkommandos kommen hereingestürmt. Sie fesseln den Geiselnehmer mit weißen Plastikbändern.

«Am meisten wunderte mich», so eine Passagierin, die den Vorfall aus nächster Nähe miterlebte, «dass ich die ganze Zeit keine Angst hatte. Obwohl das Geschehen eine halbe Stunde gedauert hatte, bin ich ruhig geblieben. Erst nachdem der Spuk vorüber war, fiel mir auf, dass ich weiche Knie hatte.»

Dieser Vorfall hat sich tatsächlich zugetragen – im Jahre 1991, also lange vor dem 11. September 2001. Die Passagierin, die diesen Vorfall miterlebte und ihn mir erzählte, war eine meiner Patientinnen: Sybille G., die unter jenen Panikattacken litt, die sie in harmlosen Supermärkten befielen. Sybille G. hat eine Angsterkrankung – wie mehrere Millionen andere auch in Deutschland und über eine Milliarde Menschen auf der ganzen Welt. Wie kann es aber sein, dass jemand, der aus heiterem Himmel beim Einkaufen unter vernichtenden Panikattacken leidet, in einer echten Gefahrensituation völlig ruhig bleibt? Die Ängste der Menschen geben viele Rätsel auf. Sie zu verstehen ist eine interessante Aufgabe für die Wissenschaft.

ANGST IST ALLGEGENWÄRTIG

Menschen in Israel haben den Terrorismus ständig vor Augen – und damit auch die Angst. Sie ist ein Teil ihres Lebens. Der Terror kann jederzeit zuschlagen: im belebten Straßencafé, im Bus, in der Diskothek oder auf dem Marktplatz. Menschen, die von Terror und Krieg bedroht werden, leben in einem chronischen Alarmzustand. Eine

Gefahr lauert, deren Wesen sie nur ungefähr erahnen können und die jederzeit ohne Warnung zuschlagen kann.

Aber auch in den bisher friedlichen Industrieländern ist es aus mit der Ruhe. Die Anschläge der ETA, der IRA, der al-Qaida oder der Hisbollah demonstrieren uns deutlich, dass man sich kaum vor mörderischen Terroranschlägen mit vielen Toten und Verletzten schützen kann. Terroristen nutzen die Ängste der Menschen aus, in der meist trügerischen Hoffnung, ihre Ziele erreichen zu können. Noch schlimmere Anschläge, die bisher nur die Bösewichte in James-Bond-Filmen planten, könnten bald schreckliche Wirklichkeit werden, und es gibt kaum Möglichkeiten, solche Szenarien zu verhindern. Terroristen könnten Tausende von Pilgern auf dem Petersplatz in Rom mit Nervengas angreifen oder die Golden Gate Bridge mit einem sprengstoffbeladenen Lastwagen in die Luft jagen, wahnsinnig gewordene Wissenschaftler könnten tödliche Bakterien verbreiten, Kamikaze-Piloten sich mit ihren Flugzeugen in Atomkraftwerke stürzen, fanatische Selbstmordattentäter könnten sich mit aus Laboren gestohlenen Pockenviren infizieren und sich im Hyde Park unter die Leute mischen, durchgeknallte Diktatoren könnten in Nordkorea gegen ein paar Reissäcke Nuklearwaffen eintauschen und sie auf Frankfurt richten.

Viele Ereignisse und Phänomene, die die Geschicke der Welt beeinflussen, wie Kriege, Terrorismus oder Revolutionen, sind durch die Ängste der Menschen erklärbar.

Aus Angst, verhungern zu müssen, begannen die Menschen schon früh, gegen andere Menschen zu kämpfen (meist mit dem Erfolg, dass sie danach noch weniger zu essen hatten). Zum Zwecke ihres eigenen Machterhalts schüren Politiker Angst vor anderen Nationen und schicken uns in kriegerische Auseinandersetzungen. Um andere Völker in Angst zu versetzen, werden heute riesige Arsenale atomarer Vernichtungswaffen angesammelt. Schon die Inquisition rechtfertigte ihre Verbrechen mit der Angst vor Ketzern. Die Flucht mancher Menschen in fanatische Religiosität ist oft durch eine allgemeine Lebensangst begründet, die bei denen entsteht, die in Armut, sozialer Ungerechtigkeit oder Unfreiheit leben.

Während in den Medien die Ängste vor Krieg und Gewalt im Vordergrund stehen, so sind es doch die ganz alltäglichen Befürchtungen, die Menschen mehr beschäftigen. Nach einer großen Umfrage der «Apotheken Umschau» zu den Ängsten der Deutschen wurde von mehr als der Hälfte der Befragten am häufigsten die Angst genannt, unheilbar krank zu werden. Es folgten die Furcht, im Alter zum Pflegefall zu werden oder dass dem Lebenspartner oder den Kindern etwas zustößt. Auch die Angst, in wirtschaftliche Not zu geraten, oder dass die Rente im Alter nicht ausreicht, plagt die Menschen.[1]

Aber auch die positiven Gefühle, die wir anderen Menschen entgegenbringen, sind eng mit Angst verknüpft. Die Emotionen, die uns am meisten beschäftigen, sind die, die mit unserem Verlangen nach Wärme, Geborgenheit, Liebe oder Sex verbunden sind. Und die Angst, diese vertraut gewordenen und angenehmen Gefühle wieder verlieren zu können, ist nicht weit davon entfernt.

Angst ist allgegenwärtig. Sie bestimmt, ob wir verzagte oder mutige, strebsame oder untätige, nachgiebige oder durchsetzungsfähige, liebenswürdige oder streitbare, disziplinierte oder nachlässige, humorvolle oder ernste, fröhliche oder niedergeschlagene, charmante oder unhöfliche, nachdenkliche oder sorglose Menschen werden.

Der Verlauf unseres Lebens ist zum großen Teil durch unsere Ängste bestimmt. Wenn Menschen Spitzensportler, kreative Künstler, ehrgeizige Wissenschaftler, erfolgreiche Geschäftsleute oder mächtige Politiker werden, dann haben die bewussten und unbewussten Ängste einen großen Teil dazu beigetragen.

UNBEGRÜNDETE UND ABSURDE ÄNGSTE

Ängste vor Krieg, Unglück, Krankheit oder Verlust sind begründete Ängste vor real existierenden Gefahren. Aber es gibt nicht nur die Angst vor echten Gefährdungen, die eine Schutzfunktion hat und uns am Leben erhalten soll, sondern auch die übertriebene, unnötige Angst, die in diesem Buch eine große Rolle spielen wird.

In den letzten Jahren habe ich mich vor allem mit Menschen beschäftigt, die unter tief greifenden Ängsten leiden. Ich baute in der psychiatrischen Universitätsklinik in Göttingen eine «Angstambulanz» auf, in der sich Menschen mit krankhaft übersteigerten Ängsten zur Behandlung melden können. Hier werden sie von Ärzten und Psychologen betreut. Bei dieser Arbeit wird vor allem eines deutlich: Bei Menschen, die unter krankhafter Angst leiden, treten die alltäglichen Sorgen und Befürchtungen im Vergleich zu ihren vernichtenden unrealistischen Ängsten deutlich in den Hintergrund.

Diese Ängste haben letztlich wenig mit den wirklichen Gefahren zu tun, die uns bedrohen: Angela F. leidet mehrmals am Tag unter der Angst, im nächsten Moment zu sterben, obwohl sie körperlich völlig gesund ist. Jeanine D. verlässt in den Sommermonaten das Haus nicht, weil sie befürchtet, eine Wespe könne ihr in den Mund fliegen und sie stechen, sodass sie ersticken muss. Bernhard T. argwöhnt, dass der israelische Geheimdienst Mossad hinter ihm her ist und dass ihn fremde Wesen aus dem All bestrahlen, um seine Gedanken im Internet verbreiten zu können. Jürgen L. wagt es nicht, andere Menschen zu berühren, da er Angst hat, von ihnen ansteckende Krankheiten zu bekommen. Elke S. versucht, sich mit Tabletten das Leben zu nehmen, weil sie Angst vor dem Sterben hat. Karl G. hat keine Zähne mehr im Mund, weil er eine übermächtige Angst vor Zahnärzten hat.

Diese Menschen leiden an krankhaften Ängsten. Sie haben Furcht vor Dingen, vor denen man normalerweise keine Angst haben muss. Wie erklärt man diese rätselhaften Befürchtungen? Brauchen wir solche Ängste? Ergeben sie einen Sinn?

DER ANGST AUF DER SPUR

Während wir noch vor einigen Jahrzehnten nur sehr rudimentäre Vorstellungen von der Angst hatten, wissen wir heute einiges mehr über das Zusammenwirken komplexer Mechanismen, die dazu führen, dass wir unter übertriebenen, unrealistischen oder absurden Ängsten leiden können.

Lange war unsere Anschauung über Angst von der Psychoanalyse geprägt. In dem fabelhaften Buch «Grundformen der Angst» stellte beispielsweise der deutsche Psychoanalytiker Fritz Riemann die Theorie auf, dass praktisch jeder Mensch durch eine von vier Formen der Angst charakterisiert werden kann, die er im Laufe der Kindheit erworben hat, die aber auch zum Teil konstitutionell bedingt ist.[2] Dabei gibt es keine klare Grenze zwischen krankhafter und «normaler» Angst. Riemann teilt die Menschen in depressive, schizoide (unnahbare), zwanghafte und hysterische Personen ein. Alle guten und schlechten Eigenschaften können aus diesen Grundformen abgeleitet werden. Der Zwanghafte ist pedantisch, unnachgiebig, geizig, zögerlich, phantasielos und eigensinnig, aber auch ordentlich, konsequent, ehrlich und verlässlich. Der hysterische Mensch dagegen ist unberechenbar, unpünktlich, unlogisch, egoistisch und genusssüchtig, aber auch anpassungsfähig, unbekümmert, leidenschaftlich und phantasievoll. Wenn eine dieser Persönlichkeitsstrukturen zu ausgeprägt oder einseitig ist, dann sei es wahrscheinlich, so Riemann, dass sie aufgrund einer frühkindlichen Entwicklungsstörung entstanden ist. Eine zwanghafte Persönlichkeit könne beispielsweise entstehen, wenn die Mutter zwischen dem zweiten und vierten Lebensjahr des Kindes die Sauberkeitserziehung zu streng vollziehe. Die vier Persönlichkeitsformen seien durch die dahinter stehende Angst geprägt – so habe der Schizoide Angst vor Abhängigkeit, der Depressive vor Ungeborgenheit, der Zwanghafte vor Unsicherheit und der Hysterische vor Einschränkung seines Freiheitsdrangs. Nach der Lektüre dieses anschaulich geschriebenen Buches hatte ich es tatsächlich leichter, bestimmte Verhaltensweisen meiner Mitmenschen besser einschätzen und auch mich selbst besser erkennen zu können – ein Effekt, den die wenigsten psychologischen Bücher auslösen. Und doch erfasste dieses Buch das Phänomen Angst nur aus einer vereinfachenden Sichtweise.

Die Psychoanalyse war die Richtung in der Psychologie, die sich als Erste ausführlich mit Ängsten beschäftigte. Sie lieferte ausgefeilte Erklärungen, die in sich stimmig und plausibel wirkten. Aus heutiger Sicht allerdings erscheinen die tiefenpsychologischen Erklärungen zu einseitig, denn sie ignorierten die Erkenntnisse der Genetik, der Biologie, der Biochemie, der Verhaltensforschung und anderer wissenschaftlicher Gebiete. Ängste wurden vorwiegend aus der Lebensgeschichte der Menschen erklärt. Die Einflüsse der Umwelt und der Erziehung wurden überbetont.

Viele dieser Hypothesen gewannen ihren Reiz vor allem dadurch, dass sie spannend, spektakulär, poetisch oder einfach «sexy» waren. Um ihre Wissenschaftlichkeit war es dagegen weniger gut bestellt: Entweder entzogen sich die Theorien einer wissenschaftlichen Überprüfbarkeit, oder sie stellten sich als unhaltbar heraus, wenn sie überprüft wurden.

Die Behandlung von Ängsten wurde in der Psychoanalyse zudem als schwierig und langwierig angesehen; man gab sich oft genug mit Teilbesserungen zufrieden. Dass sich Ängste durch eine klassische Psychoanalyse grundlegend bessern können, wurde jedoch niemals wissenschaftlich korrekt nachgewiesen.

Inzwischen hat sich in der Angstforschung einiges getan. Auf der ganzen Welt beschäftigen sich Wissenschaftlerteams mit der Untersuchung von Ängsten. Auch wenn wir noch weit davon entfernt sind, sagen zu können, dass wir die Ursprünge der Angst genau erklären können, so kristallisiert sich heute ein immer deutlicheres Bild heraus, wie Ängste aus einem komplizierten Zusammenspiel vielfältiger Faktoren entstehen. Dabei spielt die Neurobiologie, die sich mit den chemischen und molekularen Vorgängen im Gehirn beschäftigt, eine immer größere Rolle.

In der Folge wurden neue Therapien entwickelt, und ein Arsenal neuer Medikamente steht zur Verfügung, um krankhafte Ängste zu bekämpfen. Und das ist die gute Nachricht: Man muss die Angst nicht hinnehmen, man kann sich dagegen wehren, sich dagegen auflehnen, man kann sie abtrainieren, sich aus eigener Kraft helfen oder sich helfen lassen. Es ist gar nicht so schwierig.

Kapitel 2

WELCHEN SINN HAT DIE ANGST?

GIBT ES MENSCHEN, DIE KEINE ANGST HABEN?

Evel Knievel war ein Draufgänger, ein Mann ohne Angst, wie es schien. Er war Skispringer, Radkappendieb, Minenarbeiter, Entführer, Elchjäger, Versicherungsagent und Bankräuber. Häufig wechselte er seine legalen und illegalen Berufe, bis er schließlich der beste Motorrad-Stuntman der Welt wurde. Er sprang über 50 Autos, 13 Lastwagen und über ein Becken mit hungrigen Haien. Einmal flog er elegant über einen Berglöwen, landete aber danach unglücklich auf einer Kiste mit Klapperschlangen, worauf die Schlangen, aber auch die meisten Zuschauer das Weite suchten.

Er steht im «Guinness Buch der Rekorde» als der Mann, der die meisten Knochen gebrochen hat. Eines Tages wachte er nach einem missglückten Sprung über die Wasserfontänen vor dem Luxus-Casino Caesar's Palace in Las Vegas aus einem dreißigtägigen Koma auf. Während er noch im Krankenhaus aus der Schnabeltasse trank, beschloss er, einen Sprung zu wagen, der alle seine bisherigen Abenteuer übertrumpfen würde. Er kündigte an, dass er mit einem Motorrad über den Snake River Canyon in Idaho springen wolle. Um die große Entfernung von 400 Metern von einem Rand der Schlucht zum anderen zurückzulegen, wollte Knievel sich mit seinem raketenangetriebenen Motorrad hinüberschießen lassen, um auf der anderen Seite wieder auf den Rädern zu landen. Er sorgte dafür, dass er für den Fall, dass er seinen Sprung überleben sollte, durch Eintrittsgelder und andere Tantiemen sechs Millionen Dollar verdienen würde. Am Tag des großen Ereignisses waren Zehntausende von Menschen gekommen. Presse, Funk und Fernsehen waren versammelt, denn sie alle wollten Evel Knievel sterben sehen. Zwar trauten sie ihm zu, dass er, wie bei seinen früheren Unternehmungen, alles einigermaßen genau planen würde – die Schubkraft der Rakete, die ballistische Flugbahn des Motorrades und den Seitenwind. Aber, so dachten sie auch, die Chance war sehr hoch, dass er sich diesmal verrechnen würde, so wie er sich schon oft verrechnet hatte. Er würde in den Canyon stürzen; oder selbst wenn der Flug bis zur anderen Seite gut ginge, würde er dort kopfüber mit dem Motorrad aufschlagen und sich das Genick brechen.

Zwei vorher zum Test abgeschossene Raketen landeten nicht, wie vorgesehen, auf der anderen Seite der Schlucht, sondern im reißenden Wasser des Snake River. Als der große Moment gekommen war, wurde Evel Knievel mit seinem Motorrad von der Rakete über den Fluss geschleudert. Aber er kam nicht weit. Sein Fallschirm öffnete sich zu früh, und er erreichte nicht das andere Ende der Schlucht, sondern landete sicher neben dem Fluss. Obwohl ihm wegen der starken Beschleunigungskräfte Blut aus den Augen und der Nase lief, fühlten sich die Leute betrogen. Sie sagten, er habe dies alles mit Absicht so berechnet und habe nie wirklich vorgehabt, auf der anderen Seite anzukommen. Sie wollten ihr Eintrittsgeld zurück. Sie hätten es lieber gesehen, wenn er gestorben wäre. Nach dieser Geschichte kam Evel Knievel auf keinen grünen Zweig mehr. Er zeigte seine Kunststückchen nur noch auf zweitrangigen Veranstaltungen.

Klar ist: Stuntmen wie Evel Knievel sind furchtloser als andere Menschen. Trotzdem sind sie nicht lebensmüde. Sie versuchen es zumindest, ihre Stunts so zu drehen, dass sie im schlimmsten Fall mit ein paar gebrochenen Knochen davonkommen. Was sagt Evel Knievel über Angst? «Die meisten Menschen behaupten, ich hätte keine Angst vor meinen Sprüngen gehabt. Das ist Quatsch. Ich brauchte vor jedem Sprung einen Schuss Wild Turkey Whisky. Ich hatte jedes Mal diesen Knoten im Bauch und einen Kloß im Hals. Und ich liebte dieses Gefühl. Angst ist das 98-Oktan-Benzin für den Überlebenserfolg. Du musst wissen, wie du damit umgehst, wie du dich absicherst. Wenn du dein Leben riskieren willst, brauchst du Angst.»

Aber haben Stuntmen, Tieftaucher, Extrembergsteiger, Survivalkünstler, Skysurfer oder Fremdenlegionäre wirklich keine Angst? Kein Mensch ist ohne Angst – die Ängste dieser wagemutigen Menschen liegen woanders. Es stellt sich wirklich die Frage, warum Menschen in eiskalte, nasse Höhlen kriechen, mit Haien schwimmen, mit Klapperschlangen schlafen, den Salto mortale ohne Netz versuchen, auf acht Meter hohen Wellen surfen und sich in einem Fass die Niagarafälle hinunterstürzen. Sie könnten doch stattdessen lieber bei schönem Wetter im lauwarmen Meer planschen oder sich ein eiskaltes Bier genehmigen.

Welche Motivation haben Menschen, sich derart in Gefahr zu begeben?

Der Südtiroler Bergsteiger Reinhold Messner hat als Erster den 8846 Meter hohen Mount Everest ohne Sauerstoffflaschen bestiegen. Bei allen seinen Unternehmungen war er – trotz der Verwendung einer Hightech-Ausrüstung – in allerhöchster Lebensgefahr. Was trieb ihn dazu, alle Achttausender dieser Erde zu besteigen sowie den Süd- und Nordpol zu überqueren? «Sie haben wenigstens einen sinnvollen Beruf als Arzt», offenbarte er mir in einem persönlichen Gespräch selbstkritisch, «Was ich mache, das ist die Eroberung des Nutzlosen.» Steht bei Messner etwa die Angst im Vordergrund, nicht anerkannt zu werden?

Es gibt aber auch Menschen, die anscheinend überhaupt keine Furcht vor Schmerzen und Tod haben. Warum hatten japanische Kamikaze-Piloten keine Angst, sich mit ihrem Flugzeug in einen feindlichen Zerstörer zu bohren? Was geht in jugendlichen Selbstmordattentätern vor, die sich in Diskotheken zwischen zwanzigjährigen Mädchen und Jungen in die Luft sprengen?

Mohammed Atta, der Terrorist, der als Flugzeugentführer den Anschlag auf das World Trade Center mutmaßlich zu verantworten hatte, fing wegen eines überhöhten Whiskypreises in einer Hotelbar in Los Angeles einen fürchterlichen Streit an. Einen Tag zuvor hatte er bei der Lufthansa ein *Miles & More*-Vielfliegerkonto eröffnet. Am nächsten Tag kidnappte er ein Flugzeug und steuerte es in einen der Zwillingstürme. Religiöser oder politischer Fanatismus kann das Gehirn so manipulieren, dass die Angst vor dem Sterben ausgeschaltet wird.

Man kann sich auch an reale Angst gewöhnen. Dies ist übrigens auch ein weiterer Unterschied zu den übertriebenen, krankhaften Ängsten, an die man sich nie gewöhnt. Menschen, die in Kriegsgebieten leben, stumpfen nach und nach ab. Meine Mutter berichtete über den Bombenkrieg in Stuttgart: «Wir saßen stundenlang in den Luftschutzbunkern, während die Bomben fielen. Wenn die Flugzeuge eine Pause machten, liefen wir schnell durch die zerstörten Straßen zum Bäcker, um Brötchen zu kaufen. Das Leben musste ja weitergehen.»

Als ich einmal in Tel Aviv über den Dizengoff Boulevard ging, war hier am Vortag in einem Bus eine Bombe explodiert. Der Selbstmordattentäter hatte gewartet, bis ein anderer Bus an seinem vorbeifuhr, sodass beide Busse und einige Straßencafés in die Luft flogen. Bei dem Attentat waren 44 Menschen gestorben. Unzählige Kerzen standen auf der Straße. Unmittelbar neben den zerstörten Cafés hatten die Besitzer der benachbarten Restaurants die Trümmer wieder weggeräumt. Leute saßen in der Sonne, tranken Bier und Kaffee und aßen Lammspieße und Falafel. Ich fragte eine Israelin, warum die Leute hier so scheinbar teilnahmslos zwischen den Trümmern saßen und aßen. Sie sagte: «Das ist genau die Art, wie wir Israelis damit umgehen. Wir tun so, als sei nichts passiert. Wir gehen sofort zu unserem normalen Alltag über. Sonst würde uns die Angst auffressen; das Leben wäre nicht auszuhalten.»

LUST AUF ANGST

Angstgefühle können aber auch mit Lust verbunden sein. Im Zirkus sehen wir es am liebsten, wenn die Hochseilartisten ohne Netz arbeiten. An einem normalen Wochentag haben wir im Fernsehen die Auswahl zwischen mindestens acht verschiedenen Psychothrillern, Action- oder Gruselfilmen. Es werden weit mehr Kriminalfilme ge-dreht als Komödien. Offensichtlich fühlen wir uns wohl, wenn wir im Fernsehen sehen, wie Menschen ermordet oder bedroht werden.

In Filmen ist die Angst um die Darsteller natürlich nur virtuell. Aber auch echtes Unglück scheint die Menschen zu faszinieren, sonst würde man mit Zeitungen und Nachrichtensendungen kein Geld verdienen. Live-Übertragungen aus dem Krieg haben die höchsten Einschaltquoten und können die Finanzen der Nachrichtenkanäle innerhalb weniger Wochen sanieren.

Und es macht unzweifelhaft Laune, wenn man sich selbst in Gefahr begibt. Bungee Jumping scheint höchste Glücksgefühle auszulösen. In den Vergnügungsparks in Las Vegas gibt es die brutalsten Fahrgeschäfte der Welt, die stets regen Zuspruch finden. Allerdings bitte schön mit der Garantie, dass nichts passieren kann. Auch wenn ab und zu einmal ein Wagen der Raupenbahn auf dem Jahrmarkt aus den Schienen springt, wissen wir doch, dass uns eigentlich in diesen Fahrgeschäften nicht wirklich etwas zustoßen kann. Und so sind sie angelegt: Trotz maximaler TÜV-Sicherheit hinterlassen sie bei uns das Gefühl, dass wir uns in allerhöchster Gefahr befinden und uns nicht dagegen wehren können. Es scheint so zu sein, dass wir uns durch diese virtuellen Gefahren von den wirklichen Gefahren ablenken wollen, die uns bedrohen.

Viele Menschen begeben sich aber absichtlich in tatsächliche, wenn auch berechenbare Gefahrensituationen. Motorbootrennen, Fallschirmspringen von einem Hochhaus, Surfen in sechs Meter hohen Wellen oder Eisklettern – das Spiel mit der Angst findet immer wieder Liebhaber. Warum das so ist: Die Überwindung von Ängsten ist immer mit Genuss verbunden. Winston Churchill formulierte treffend: «Nichts im Leben löst ein größeres Hochgefühl aus, als beschossen und nicht getroffen zu werden.»

MUSS MAN ANGST HABEN?

Angst sichert das Überleben – diese Erfahrung mussten Aquarienfische machen, die unfreiwillig an einer Untersuchung in Kanada teilnahmen. Die Guppys wurden 60 Stunden mit einem Raubfisch, dem Gemeinen Schwarzbarsch, konfrontiert. Fische, die den Barsch mieden wie die Pest, hatten eine Überlebensrate von 40 Prozent. Von den mittelgradig Ängstlichen, die sich ab und zu einmal dem Raubfisch näherten, um ihn näher zu betrachten, überlebten nur noch 15 Prozent. Die Furchtlosen allerdings, die ausgiebig die Nähe des Killerbarsches suchten, hatten eine Überlebensrate von exakt null Prozent.[3]

Auch für Menschen gilt, dass Angst das Überleben garantiert. Ein bisschen Angst muss jeder haben – diese allgemeine Weisheit trifft zu. Wer vorsichtig Auto fährt, die Türen gut abschließt oder sich auf Prüfungen aus Angst vor dem Versagen lange vorbereitet, hat durchaus Vorteile im Leben.

Wenn jemand aber krankhafte Angst hat, so hat diese Angst keine Schutzfunktion mehr. Bei Angsterkrankungen oder Phobien handelt es sich nicht um Ängste, die durch wirklich bestehende Gefahren begründbar sind. Phobische Ängste sind unrealistisch oder übertrieben und folgen nicht den Gesetzen der Logik. Die häufigste Phobie in Deutschland ist beispielsweise die Spinnenphobie – obwohl es in Deutschland nicht eine einzige Spinnenart gibt, die gefährlich ist oder zumindest unangenehm stechen oder beißen könnte. Viele Patienten mit einer Panikstörung haben Angst, Fahrstuhl zu fahren, obwohl Lifte zu den sichersten Transportmitteln gehören.

Menschen mit Angststörungen sind jedoch nicht grundsätzlich ängstlich. Sie haben vor tatsächlich gefährlichen Dingen nicht unbedingt mehr Angst als andere Menschen. Scheinbar sind im Gehirn die Instanzen für reale und unbegründete Ängste getrennt. Dies erklärt, warum meine Patientin Sybille G. bei der Geiselnahme weniger Angst hatte als in einem Supermarkt. Angstpatienten können durchaus in der Lage sein, mit Fallschirmen abzuspringen, mit Motorrädern zu fahren, mit Ultraleichtfliegern zu fliegen, der Fremdenlegion beizutreten, in der Innenstadt von Johannesburg spazieren zu gehen oder einen japanischen Fugufisch zu essen. Vor harmlosen Dingen haben sie dagegen große Angst. Die Furcht, die sie vor einem Theaterbesuch in Köln, vor einer Straßenbahnfahrt in Wien oder vor einem Einkaufsbummel in der Bahnhofsstraße von Zürich empfinden, hat überhaupt keine Schutzfunktion und ist scheinbar völlig überflüssig und irrational.

Während jeder zustimmen würde, dass die Angst vor tatsächlichen Gefahren notwendig und zweckmäßig ist, sollte man meinen, dass die unbegründete phobische Angst nur eine lästige Plage ist und keinen höheren Sinn hat. Man muss allerdings kein Philosoph sein – nur ein nachdenklicher Mensch –, um zu dem Schluss zu kommen, dass nichts in dieser Welt überflüssig ist, auch wenn es auf den ersten Blick so scheint – nicht die Wespen, die Brennnesseln, die Löcher in der Hosentasche oder Akne vulgaris. Und auch nicht diese Art der Angst.

ANGST IST DAS SUPERBENZIN FÜR ERFOLG

In meiner Arbeit mit Menschen, die Ängste haben, interessieren mich nicht nur die negativen Folgen der Angst, sondern auch ihre positiven, faszinierenden Seiten. Angst ist nicht nur ein Hemmnis, sondern auch eine Herausforderung, eine Chance. «Die Angst lähmt nicht nur», so der dänische Philosoph Søren Kierkegaard, «sondern enthält die unendliche Möglichkeit des Könnens, die den Motor menschlicher Entwicklung bildet.»[4] Angst kann die treibende Kraft sein, die uns zu schöpferischem Handeln anregt, zu herausragenden Leistungen anstachelt und unsere Phantasie und Kreativität steigert. Fast alle Eigenarten der Menschen – die schlechten und die guten – sind wie gesagt durch ihre Ängste erklärbar.

Menschen, die unter vielen kleinen Ängsten leiden, wünschen sich oft, so normal und furchtlos zu sein wie «Durchschnittsleute». So normal wie der Mann im Bauamt, der mit stoischer Ruhe Bauanträge durchblättert. Normal wie der behäbige Taxifahrer, der über Radfahrer schimpft und im Radio deutsche Schlager hört, normal wie der Krankenpfleger, der Kaffee trinkt und Zeitung liest, während der Intensivpatient nebenan röchelt. Normal wie der 120-Kilo-gramm-Stemmer im Fitnessstudio, dumm, stark und wasserdicht und frei von sämtlichen Ängsten. Wie schön wäre es, jeden Tag so sorgenfrei zu beginnen!

Wenn Sie auch zu den Menschen gehören, die sich über alles Gedanken machen, ständig ängstlich sind, sich über jede Kleinigkeit aufregen und immer leicht aus der Ruhe zu bringen sind: Trösten Sie sich. Ängstlichkeit und Sensibilität haben auch ihr Gutes. Leute, die völlig unneurotisch sind, sind oft komplett langweilig. Die Neurotiker dagegen – auch wenn sie nicht gerade glücklicher sind – erzählen die spannenderen Geschichten, sie sehen interessanter aus, haben mehr Phantasie, führen ein aufregenderes Leben und faszinieren andere Menschen durch ihren Esprit. Wenn wir Menschen attraktiv finden, dann sind es oft solche Charaktere, die gerade nicht «normal» oder «durchschnittlich» sind. Was uns an Popstars, Hollywood-Schauspielern und Politikern fasziniert, sind oft nicht allein ihre künstlerischen oder beruflichen Fähigkeiten, sondern auch ihr außergewöhnlicher Lebensstil und ihre exaltierten, neurotischen Verhaltensweisen.

Es ist nicht verwunderlich, dass viele Prominente Ängste haben – oder besser gesagt, dass ängstliche Menschen prominent geworden sind. Der Engländer Charles Darwin, der Begründer der Evolutionstheorie, bekam mit 28 Jahren unerklärliche Anfälle mit Herzklopfen, Luftnot *(air fatigues)*, Zittern, Weinen, Todesangst, Magen-Darm-Beschwerden, Benommenheit *(head swimming)* und Entfremdungserlebnissen *(treading on air and vision)*. Er hatte große Angst vor Menschenmengen, Festen, Reisen und vor dem Alleinsein. Heute würde man seine Krankheit als Panikstörung etikettieren.[5]

Robert Falcon Scott hätte niemand als ängstlich bezeichnet. Er leitete im Jahre 1912 eine Expedition zum Südpol. Am Ziel angekommen, musste er feststellen, dass der Norweger Amundsen dort schon vor ihm gezeltet hatte. Auf dem Rückweg starben Scott und alle Teilnehmer seiner Expedition an Hunger – elf Meilen vor dem nächsten Nahrungsmittellager. Der Arzt Edward Wilson, der Scott auf seinen Reisen begleitete und mit ihm bei diesem Abenteuer starb, hatte über seinen Freund geschrieben: «Als er noch zu Hause war, fand er den sozialen Umgang so schwierig, dass er seinem Tagebuch anvertraute, dass er vor Festen Beruhigungsmittel einnahm, und einer seiner Biographen schrieb, dass es für ihn erheblich mehr Mut erforderte, vor einer Zuhörerschaft zu reden, als eine Gletscherspalte zu überqueren.»[6]

Auch andere Prominente litten oder leiden unter Angsterkrankungen. Schriftsteller wie Johann Wolfgang von Goethe, Bertolt Brecht, Samuel Beckett oder Franz Kafka hatten ein Problem mit der Angst. Der italienische Komponist Antonio Vivaldi wurde von Panikattacken geplagt. Die Sängerin Barbra Streisand litt unter einer solch schweren Sozialen Phobie, dass sie zwanzig Jahre lang nicht mehr öffentlich auftrat, nachdem sie einmal bei einem Konzert im Central Park in New York ein paar Wörter eines Songs vergessen hatte. Der Schauspieler Sir Lawrence Olivier litt über fünf Jahre lang unter einer ausgeprägten Sozialen Phobie. Er befürchtete ebenfalls, bei Aufführungen den Text zu vergessen. Der Autor John Steinbeck war derart von starken sozialen Ängsten befallen, dass er zum Alkoholiker wurde und sich einmal zwei Jahre lang in eine einsame Berghütte zurückzog. Der deutsche Komiker Heinz Erhardt trug beim Auftritt immer eine Brille mit Fensterglas, durch die er nur verschwommen sehen konnte – mit Absicht, denn er hatte ein solches Lampenfieber, dass er die Blicke der Zuschauer nicht ertragen konnte. Die eindrücklichsten künstlerischen Darstellungen der Angst stammen von dem norwegischen Maler Edvard Munch, der allerdings nicht nur unter Ängsten, sondern auch unter Depressionen, Psychosen und Alkoholabhängigkeit litt.

Sigmund Freud, der Begründer der Psychoanalyse, soll Panikattacken und andere Ängste gehabt haben.[7] Sein Psychoanalytiker-Kollege Alfred Adler hatte schon in jungen Jahren eine so ausgeprägte Angst vor dem Tod, dass er beschloss, Arzt zu werden, um sich im Notfall selbst kurieren zu können – was ihm auch nichts nützte, denn er brach eines Tages mit 67 Jahren nach einem Herzanfall tot auf der Straße zusammen.

Treten Angsterkrankungen bei talentierten Schriftstellern, Sängern, Schauspielern, Buchautoren oder Komponisten gehäuft auf?

Ortrud Schweigert nach dem Besuch des Munch-Museums

Beim Studium der Biographien prominenter Künstler fällt immer wieder auf, dass neben anderen psychischen Problemen auch häufig über ihre Angstsymptome berichtet wird.

Ist es so, dass ein Leben als Prominenter anfälliger für Ängste macht? Nein. Eher scheint es umgekehrt zu sein: Ängstliche Leute werden schneller prominent. Dass berühmte Künstler oft unter Angst leiden, könnte einen bestimmten Grund haben. Angst ist der Motor, der perfektionistische Menschen zu Höchstleistungen anspornt. Nehmen wir einmal an, Sie wollen ein berühmter Saxophonist werden. Sie haben ein bisschen Talent. Talent allein reicht aber nicht, denn talentierte Saxophonisten gibt es in großer Zahl. Wie kann man sich gegen diese Konkurrenz durchsetzen? Man muss üben. Zwei Stunden am Tag reichen nicht. Andere junge und talentierte Saxophonisten üben fünf Stunden am Tag. Also müssen Sie zehn Stunden blasen. Dazu müssten Sie Ihren Beruf aufgeben. Sie müssten von Ihrem Heimatort Esens-Bensersiel nach München ziehen. Sie müssten alle bisherigen Beziehungen abbrechen und nur noch für die Musik leben. So unglaublich es klingen mag: Das geht nur, wenn man Angst hat.

Warum Angst? Angst gibt uns die unendliche Energie, die für Spitzenleistungen erforderlich ist. Berühmte Musiker haben oft Angst zu versagen. Sie können es nicht ertragen, nicht die Besten zu sein. Bei anderen Leuten gut anzukommen mindert ihre Angst; Kritik verstärkt dagegen ihre Angst. Also üben sie mehr und denken sich phantasievolle, kreative Musik aus, um besser zu sein als der Rest. Angst vor dem Versagen, vor dem Abgewertetwerden, vor der Mittelmäßigkeit treibt die Menschen auch dazu, anerkannte Schauspieler, Schriftsteller, Maler, Sportler, Politiker oder Wissenschaftler zu werden.

Zu Beginn des 20. Jahrhunderts fanden der amerikanische Psychologe Robert M. Yerkes und sein Student John D. Dodson heraus, dass ein Zuviel an Angst bestimmte Leistungen verschlechtert, während mittelgradige Angst die Menschen zu Bestleistungen antreiben kann. Wenn man zum Beispiel ein Examen ablegen oder einen Vortrag halten muss, kann ein mittlerer Angstlevel nach dem Yerkes-Dodson-Gesetz zum besten Ergebnis führen.

Es gibt noch einen anderen Grund, warum Menschen mit Angst die besseren Künstler werden: Wer häufig unter Angst leidet, kann diese Emotionen bekämpfen, indem er bis zur Erschöpfung Musik komponiert, Kunstwerke malt oder Bücher schreibt. Daher sind kreative Menschen, die unter Ängsten leiden, oft gefühlvoller, emotionaler und leidenschaftlicher als andere. Sie schaffen es, ihre tiefen Gefühle, die aus der Angst geboren sind, in ihre Musik und in ihre Bilder zu übertragen, sodass sich ihre Emotionen auf den Hörer oder Betrachter übertragen. Vielleicht ist das der Grund dafür, dass das Publikum Menschen liebt, die neurotisch und ängstlich sind.

Wenn Künstler Drogen nehmen oder Alkoholiker werden, wird oft behauptet, dass dies eine Folge ihres Umgangs sei, weil eben «in der Szene» viel getrunken, gekifft und gefixt wird. Oder dass sie mit dem Erfolg nicht fertig geworden sind. Das trifft aber nicht den Kern der Sache. Liest man beispielsweise die Biographien von Musikern, so hatten diese ihre seelischen Probleme oft schon, bevor sie überhaupt die erste Schallplatte besungen hatten. Viele dieser Menschen hatten sich bereits mit Drogen betäubt, bevor sie in die Musikerszene gekommen waren. Es gibt einen gemeinsamen Grund, warum man Musiker und zugleich drogenabhängig wird: Angst. Die Angst hat viele berühmte Musiker dazu getrieben, die besten Gitarristen, Sänger, Pianisten oder Schlagzeuger zu werden. Die Angst trieb aber auch diese Menschen dazu, Alkohol oder Drogen zu nehmen. Jimi Hendrix, Elvis Presley, Janis Joplin sind Beispiele dafür. Alle drei starben an einer Mischung von zu viel Drogen, Pillen und Alkohol. Nicht, weil sie Selbstmord begehen wollten, sondern weil sie versucht hatten, möglichst viele Drogen auf einmal zu nehmen, um ihre Ängste zu bekämpfen. Wer an der Spitze steht, hat Angst, wieder abzusteigen, ins Mittelmaß abzudriften.

Angst kann Menschen auch im Sport zu Höchstleistungen führen. Berichte über das Privatleben von Sportlern zeigen, dass sie häufig unter ausgeprägten Ängsten leiden. Warum nehmen Eiskunstläufer, Radfahrer oder Zehnkämpfer unglaubliche Strapazen auf sich, um an die Medaillen zu kommen? Warum riskieren sie ihre Gesundheit mit Dopingmitteln? Weil sie von übermäßigem Ehrgeiz, aber auch von Versagensängsten gesteuert sind.

Eine weitere Gruppe von Prominenten, die häufig unter Ängsten leidet, sind mächtige Politiker. Julius Caesar und Napoleon hatten eine schwere Katzenphobie. Der amerikanische Präsident Abraham Lincoln litt unter Agoraphobie und der Angst, krank oder verrückt zu werden. Aber das sind nur Begleiterscheinungen ihrer tief verwurzelten Angst, nicht der anerkannteste Staatsmann ihrer Zeit zu sein. Mit Künstlern und Sportlern haben die Politiker den übersteigerten Ehrgeiz gemein, der letztlich dafür sorgt, dass sie alle anderen Mitbewerber im knallharten Politikgeschäft überflügeln können. Die unglaubliche Entschlossenheit, Ausdauer, Tatkraft und Beharrlichkeit, die es erfordert, ein erfolgreicher Machtpolitiker zu werden, kann nur durch eine dahinter stehende Angst erklärt werden. Ängste unter Politikern, so berichten Psychiater mit einer Praxis in der unmittelbaren Nähe eines Parlaments, seien erschreckend häufig.

DIE ANGST DES DAGOBERT DUCK

Auch finanziell erfolgreiche Menschen sind vielleicht deshalb reich geworden, weil sie unter verborgenen Ängsten leiden. Wenn ein Milliardär in eine Nervenkrise gerät, nachdem er gemerkt hat, dass er für eine Flasche Ketchup 20 Cent zu viel zahlte, dann steckt oft die tief greifende Angst dahinter, etwas zu verlieren, was man einmal besessen hat.

Zu den Urängsten aller Lebewesen gehört die Angst vor dem Verhungern. Wenn jemand allerdings wegen eines immensen Vermögens weit vom Verhungern entfernt ist und trotzdem bei geringen finanziellen Verlusten in panische Angst gerät, dann hat sich bei ihm diese Urangst so verselbständigt, dass ihm eine sachliche Einschätzung seiner Situation nicht mehr möglich ist. So ist auch leicht erklärlich, warum Menschen, die sehr reich sind, oft extrem geizig sind, während ein armer indonesischer Bauer ein Jahresgehalt für die Hochzeit seiner Tochter ausgibt. Die lautesten Klagen über den allgemeinen Niedergang der Wirtschaft kommen meist von denjenigen, die dadurch am wenigsten Einbußen erleiden müssen. Menschen, die sich emporgearbeitet und ein Vermögen angehäuft haben, können oft nicht verstehen, wie sorglos ihre Töchter und Söhne mit dem Geld umgehen. In Wirklichkeit haben diese Kinder, die in Reichtum aufgewachsen sind, vielleicht nur ein realistischeres Verhältnis zum Geld als ihr Vater.

Wohlhabend wird man nicht durch «eigener Hände Arbeit», sondern durch geschicktes Organisieren, besessene Beschäftigung mit Gewinnoptimierungsstrategien und unermüdliches Nachdenken über neue Einnahmequellen – oft aber auch durch Rücksichtslosigkeit gegenüber anderen Menschen. Die hierfür erforderliche Energie wird aus Angst erschaffen. Man kann es auf eine einfache Formel bringen: Diese Menschen sind reich geworden, weil sie Angst haben. Sie betreiben Angstabbau durch unermüdliches Geldscheffeln. «Geld macht nicht glücklich, aber es beruhigt», sagen solche Menschen gelegentlich. Daher können sie meist auch nicht mit dem Anhäufen von Geld aufhören, bevor sie feststellen, dass das letzte Hemd keine Taschen hat.

Diese Angst entsteht nicht unbedingt nur bei Menschen, die als Kinder in bitterer Armut gelebt haben. Wie auch bei anderen Ängsten ist es nicht notwendig, eine schlechte Erfahrung gemacht zu haben, um eine derartige Angst zu erwerben.

Auch der Typ, der «Workaholic» genannt wird, der, wie das Wort sagt, suchtartig der Arbeit verfallen ist, ist in Wirklichkeit von Angst getrieben. Es geht diesen Menschen nicht immer nur darum, viel Geld zu verdienen oder bestimmte berufliche Ziele zu erreichen – die Tätigkeit an sich ist das Ziel. Workaholics werden immer dann nervös, wenn sie durch äußere Umstände von der Arbeit abgehalten werden, sei es durch einen Gipsarm oder – ganz furchtbar – durch einen Urlaub. Der entstehende Leerlauf zwingt sie nachzudenken, über sich, über das Leben – und das macht ihnen Angst. Und die können sie nur dadurch abbauen, indem sie sich wieder in Arbeit stürzen.

So sind viele Verhaltensweisen von Menschen durch Angst erklärbar. Angst ist ein Teil von uns, und wenn wir sie nicht hätten, würde unser Leben banal verlaufen. Angst ist die Würze in der Suppe des Lebens.

Bei manchen Menschen sind die Ängste allerdings so stark, dass sie sie nicht mehr allein bewältigen können.

Kapitel 3

KRANKHAFTE ANGST

AB WANN WIRD ANGST KRANKHAFT?

Die Übergänge zwischen kleinen, alltäglichen Ängsten und echten Angsterkrankungen sind fließend. Wer beim Anblick einer Spinne laut «huch!» schreit, wer vor einer Führerscheinprüfung vor Angst schwitzt, wer sich nicht traut, auf einer Hochzeitsfeier eine Brautrede zu halten, der hat noch lange keine Angsterkrankung. Menschen aber, die aus Angst das Haus nicht verlassen, die schon morgens mit unerklärlichem Herzrasen und Zittern aufstehen oder die ein Treffen mit guten Freunden nicht überstehen könnten, ohne sich vorher Mut anzutrinken, sind mit großer Sicherheit schwer krank. Dazwischen gibt es viele Fälle, in denen die Betroffenen selbst nicht sicher sind, ob sie nun eine ernsthafte Angstkrankheit haben, die behandelt werden sollte, oder ob sich ihre Ängste im Rahmen des Üblichen bewegen. Im Zweifelsfall sollte man eher früher als später zum Fachmann gehen, um sich beraten zu lassen. Etwa die Hälfte aller Menschen mit therapiebedürftigen Angsterkrankungen ist nicht in Behandlung, entweder, weil der Arzt die Erkrankung nicht erkennt oder weil sie gar nicht erst zum Arzt gehen. Manche wissen selbst nicht, dass sie eine solche Erkrankung haben, die man gut behandeln könnte. Andere wiederum trauen sich nicht, mit ihrem Arzt darüber zu sprechen – aus Scham oder weil sie Angst haben, mit dem Stigma des psychisch Kranken versehen zu werden.

Auf S. 349 befindet sich ein Test, mit dem Sie feststellen können, ob Ihre Angst noch «normal» oder bereits krankhaft ist.

ANGST VOR ERDNUSSBUTTER – DIE EINFACHE PHOBIE

Charles Darwin ging eines Tages in einen Zoo, um seine Angst vor Schlangen zu überwinden. Er näherte sich einem Terrarium, in dem sich eine Puffotter befand. Kaum richtete sich die Schlange auf, sprang Darwin, obwohl die Schlange hinter einer Glasscheibe saß, «ein oder zwei Yards mit erstaunlicher Geschwindigkeit zurück. Mein Wille und mein Verstand waren kraftlos gegen die Einbildung einer Gefahr, welche niemals direkt erfahren worden war.»

Charles Darwin litt nicht nur unter einer Panikstörung, wie bereits erwähnt wurde, sondern auch an einer Einfachen Phobie. Mit dem Begriff «Einfache Phobie» soll ausgedrückt werden, dass die Betroffenen nur vor einer einzigen Sache Angst haben, zum Beispiel vor Tieren, Höhen oder Spritzen. Vor einigen Jahren wurde dieser Begriff in «Spezifische Phobie» umbenannt, da die Phobie ja nicht gerade einfach für die Betroffenen ist.

Unter einer Phobie versteht man die Angst vor Dingen, vor denen man eigentlich keine oder nur geringe Angst haben müsste. Das Objekt der Phobie ist meist etwas völlig Harmloses. Nehmen wir die weit verbreitete Spinnenphobie: Auch wenn viele Menschen sagen würden, dass Spinnen einfach «eklig» sind, so sind doch die in Deutschland lebenden Spinnen völlig ungefährlich. Mücken dagegen, die unangenehm stechen können, sind fast nie das Objekt einer Phobie.

Der Begriff Phobie stammt aus der griechischen Mythologie. Der Gott Phobos («Furcht») war die Personifikation von Flucht und Urängsten. Er sorgte nicht nur für Kriegsschrecken, sondern auch in der Liebe für Eifersucht, Gewalt und Hörigkeit.[8]

Menschen können vor den ausgefallensten Sachen, wie etwa Frisören, Staubsaugern oder Jazzmusik, Phobien haben. Auf einer Internetseite[9] werden viele dieser Phobien aufgeführt und mit einem griechisch-lateinischen Fachausdruck belegt, wie zum Beispiel:

Alliumphobie	Furcht vor Knoblauch
Alektorophobie	Furcht vor Hühnern
Aulophobie	Furcht vor Flöten
Venustraphobie	Furcht vor schönen Frauen
Siderodromophobie	Furcht vor Eisenbahnen
Coulrophobie	Furcht vor Clowns
Zemmiphobie	Furcht vor Maulwürfen
Peladophobie	Furcht vor Glatzköpfigen
Paraskavedekatriaphobie	Furcht vor Freitag, dem 13.
Automatonophobie	Furcht vor Bauchrednerpuppen
Arachibutyrophobie	Furcht vor Erdnussbutter, die am Gaumen festklebt
Hippopotamomonstroses-quipedaliophobie	Furcht vor langen Wörtern

Wenn Sie wissen wollen, warum Menschen vor Erdnussbutter, die am Gaumen festklebt, Angst haben, dann probieren Sie es einfach einmal aus.

Allerdings sind diese exotischen Phobien eher selten. Die Ängste, über die Menschen mit einer Spezifischen Phobie berichteten, konzentrieren sich auf einige wenige Objekte. Am häufigsten ist, wie bereits erwähnt, die Spinnenphobie. Oft findet man auch die Furcht vor Haustieren wie Hunde oder Katzen.

Sven und Jessica fuhren mit ihrem offenen Auto durch Italien. Sven hatte die bezaubernde Jessica erst vor ein paar Tagen kennen gelernt. Spontan hatten sie beschlossen, in den Süden zu fahren. An einem schönen Strand in Kalabrien angekommen, parkte Sven das Cabrio. Sie setzten sich in den Garten eines Restaurants am Meer. Sven bestellte eine Meeresbarbe, Jessica ein vegetarisches Pastagericht. «Wahnsinn», sagte Sven nach dem Essen glücklich strahlend zu Jessica. «Das Meer, eine laue Brise, eine kühler Weißwein, und ich sitze hier mit dem schönsten Mädchen von Südniedersachsen. Oh, schau mal, die süßen Kätzchen», sagte Sven und warf den drei Katzen, die sich an

sein Bein schmiegten, die Fischgräten zu. «Katzen?», schrie Jessica spitz, sprang auf, lief zum Auto, setzte sich hinein und machte das Verdeck zu. «Was ist mit dir los?», fragte Sven erstaunt. – «Ich kann Katzen nicht ab! Lass uns abhauen! Schnell!» – «Stell dich nicht an! Was hast du gegen ein paar süße Kätzchen? Die tun dir doch nichts!», rief Sven aufgebracht. «Scheißkatzen», kreischte Jessica. «Ich will hier weg. Sofort!»
Was ist mit der Frau los?, fragte sich Sven, als sie stumm durch die Nacht fuhren. Angst vor Katzen – was soll das? Ist sie nicht ganz richtig im Kopf? Ich hab's mir doch gedacht – irgendwo muss der Haken sein.

Jessica ist nicht allein mit ihrer Angst vor Katzen, und Sven braucht sich keine Sorgen zu machen, dass seine Freundin nicht «normal» sei. Es gibt viele Menschen, die Furcht vor Katzen haben. Für andere Menschen völlig unverständlich, treten sie sofort die Flucht an, wenn harmlose Schmusekatzen in der Nähe sind. Eine Schlangenphobie wird von anderen Menschen durchaus akzeptiert, aber so mancher reagiert mit Unverständnis, wenn jemand vor seinem kleinen Hund Bello oder seinem Kater Fritz Angst hat.

Auch die Angst vor Höhen ist häufig. Wer ein mulmiges Gefühl hat, während er von einem Fernsehturm herunterschaut, hat noch keine Höhenphobie. Es gibt aber Menschen, die noch nicht einmal eine Zweimeterleiter besteigen würden und heftige Schwindelgefühle bekommen, wenn sie im dritten Stock aus dem Fenster schauen. In schlimmen Fällen befürchten die Betroffenen, dass sie am Balkongeländer bewusstlos werden und hinunterstürzen könnten. Manche Menschen haben sogar Phantasien, dass sie, am Balkon stehend, plötzlich den Verstand verlieren und mit Absicht herunterspringen könnten.

Zusammenfassend kann man sagen, dass Menschen mit einer Einfachen Phobie am häufigsten Angst vor den Gegebenheiten der Natur haben: vor Tieren, Insekten, Dunkelheit, tiefem Wasser, schroffen Abhängen, Blitz und Donner oder dem eigenen Blut.

Charakteristisch ist, dass diese Ängste unrealistisch oder übertrieben sind. Durch eine kleine Blutabnahme ist noch keiner gestorben. Die Begegnung eines Menschen mit einer Maus kann lediglich für die Maus tödlich enden. In einem tiefen, dunklen See kann man genauso wenig ertrinken wie in einem türkis gekachelten Swimmingpool mit klarem Wasser, vorausgesetzt, dass man schwimmen kann.

Merkwürdig ist, dass Dinge, die reale Risiken darstellen, selten das Objekt einer phobischen Furcht sind. Schnäpse, Zigaretten, Pommes frites, gesättigte Fettsäuren, ungeschützter Sex oder Motorräder sind fast nie Gegenstand einer Phobie, selbst wenn die Menschen verstandesmäßig die Gefahr erkennen. Dafür gibt es eine Antwort, die von Charles Darwin stammen könnte: Diese Ängste sind ein Erbe aus unserer Höhlenmenschenzeit. Später wird der Gedanke noch eine wichtige Rolle spielen, wenn nämlich die Ursprünge der Ängste erklärt werden (siehe S. 165).

Phobien sind derart verbreitet, dass fast jeder Mensch ein oder zwei Phobien hat. Daher kann man durchaus noch als normal gelten, wenn man kleinere Ängste hat. Manchmal nimmt aber die Phobie beachtliche Ausmaße an. Eine Frau mit einer Arachnophobie (Spinnenphobie) prüft in jedem Raum, den sie betritt, ob sich nicht Spinnen unter dem Schrank oder unter dem Bett befinden. In den Keller geht sie nur mit einem Besen bewaffnet, und jedes Mal bezieht sie das Bett neu, wenn tatsächlich eine Spinne darüber gekrabbelt ist. Niemals würde sie eine Wiese oder einen Wald betreten.

Einfache Phobien beeinträchtigen die Menschen jedoch lange nicht so stark wie andere Angsterkrankungen. Wer eine Höhenphobie hat, meidet eben den Stuttgarter Fernsehturm oder Wanderungen am Großglockner, während dagegen ein Student mit einer Panikstörung, derentwegen er Hörsäle meidet, nicht mehr weiterstudieren kann.

So kommen die meisten Menschen mit einer Einfachen Phobie ganz gut zurecht, ohne sich in ihrer Bewegungsfreiheit oder in ihrer Lebensqualität einschränken zu müssen. Obwohl sich diese Phobien leicht behandeln lassen, meldet sich selten jemand mit einer Einfachen Phobie beim Arzt oder Psychologen zur Therapie. Eine Ausnahme ist die Blut- und Verletzungsphobie.

Die Blut- und Verletzungsphobie

Menschen mit einer solchen Phobie können nicht mit ansehen, wenn andere Menschen eine Spritze bekommen. Harmlose Verletzungen bei anderen Menschen bringen sie völlig aus der Fassung. Sie haben auch allgemein Angst vor Krankenhäusern und Ärzten und bekommen einen Kreislaufkollaps, wenn ihnen die Krankenschwester Blut abnimmt. Das ist ein bemerkenswerter Unterschied zu allen anderen Angsterkrankungen. Bei diesen hat man vielleicht das Gefühl, dass man in Ohnmacht fallen könnte – es kann aber nicht wirklich passieren. Bei der Blut- und Verletzungsphobie kann es dagegen tatsächlich zur Ohnmacht kommen.

Niemand sieht gerne Blut, Verletzungen oder Deformitäten bei anderen Menschen. Die Blut- und Verletzungsphobie geht aber über eine natürliche Abneigung gegen diese Dinge hinaus und kann schwerwiegende Folgen haben, wenn dringend notwendige medizinische Behandlungen umgangen werden. Manche Menschen verlieren nach und nach alle Zähne, weil sie sich vor Zahnärzten fürchten. Nierenkranke verweigern die lebensnotwendige Dialyse aus Angst vor dem Nadeleinstich. So manches Medizinstudium ist nicht am Numerus clausus, sondern an einer Blut- und Verletzungsphobie gescheitert. In einem Fall hatte eine Blut- und Verletzungsphobie katastrophale Auswirkungen:

Ein 56-jähriger Mann hatte eine Arztphobie – das heißt, er hatte vor allem Angst, was mit Krankheiten, Ärzten, Krankenhäusern, Spritzen, Blut, Verbänden zu tun hatte. Und das, obwohl er selbst Zahnarzt war. Dies ging lange Zeit gut, bis der Mann ein Geschwür am Rücken entwickelte. Er weigerte sich monatelang, zum Arzt zu gehen, obwohl das Geschwür immer größer wurde und bedrohliche Ausmaße annahm – durch die Entzündung wurde bereits der Knochen angefressen. Als schließlich seine Frau gegen seinen Willen einen Arzt ins Haus holte und der das Geschwür sah, kriegte der einen Schreck und teilte dem Zahnarzt mit, dass er sofort in die Klinik müsse. Er werde wahrscheinlich um eine größere Operation nicht herumkommen. Darüber regte sich der Zahnarzt derart auf, dass er einen schweren Herzinfarkt und zusätzlich einen Schlaganfall bekam und in eine Intensivstation eingewiesen wurde, wo ich ihn betreute. Die Infarkte überlebte er nur knapp. Er musste lange in der Klinik bleiben, und die notwendige Operation des Geschwürs brachte ihm noch viele weitere Wochen im Krankenhaus ein. Nach einiger Zeit, in denen er rund um die Uhr von Ärzten und Krankenpflegern umgeben war, fragte ich ihn, ob er inzwischen seine Angst vor Ärzten verloren hatte – die Antwort lautete: «Nein!»

Angst vor Ansteckung

Wer kennt sie nicht, die Bilder von Superstar Michael Jackson mit einem umgebundenen Mundschutz? Eine panische Angst vor Ansteckung durch Bakterien oder Viren steckt hinter dieser ungewöhnlichen Maßnahme. Aber Jackson ist nicht der erste Prominente mit solch einer unrealistischen Angst vor Keimen.

Howard Hughes war ein Multitalent und Multimillionär. Er war ein erfolgreicher Geschäftsmann, Filmproduzent, Regisseur und Flugzeughersteller. Als mutiger Pilot brach er mehrere Weltrekorde. Er produzierte berühmte Filme wie *Scarface* und *Hell's Angels* und entdeckte Jean Harlow und Jane Mansfield. Er hatte Affären mit den schönsten Frauen der Welt – unter anderem mit Katharine Hepburn, Ginger Rogers und Bette Davis.

Seit seiner Kindheit hatte er Angst vor Bakterien und anderen Keimen.[10] Im Erwachsenenalter nahm seine Angst vor Ansteckung bizarre Formen an. Wenn einer seiner unzähligen Angestellten ihm einen Löffel reichen wollte, musste dieser zunächst den Griff des Löffels in ein Kleenex-Tuch einwickeln und mit Zellophanpapier versiegeln. Dann wurde ein zweites Papiertuch als Schutz um das erste gewickelt.

Folgende Prozedur war zum Beispiel nötig, um das Kabel seines Hörgeräts aus dem Badezimmer zu holen: «Benutzen Sie 6–8 Kleenex-Tücher, um die Badezimmertür aufzumachen, und nehmen Sie ein unbenutztes Stück Seife. Waschen Sie Ihre Hände mit der Seife. Benutzen Sie mindestens 15 Papiertücher, um die Tür des Faches mit dem Hörgerät zu öffnen. Entnehmen Sie den versiegelten Umschlag mit dem Hörgerät mit beiden Händen, benutzen Sie dabei mindestens 15 Tücher.»

Die Angst vor Ansteckung durch Bakterien war so stark, dass Hughes kaum die exklusiven Hotelzimmer, in denen er wohnte,

Multimillionär Howard Hughes litt an einer schweren Zwangsstörung

verließ. Kaum jemand bekam den scheuen Millionär in seinen späteren Jahren zu Gesicht. In seinem letzten Lebensjahrzehnt arbeitete Hughes tagelang ohne Schlaf in Räumen, die mit schwarzen Vorhängen verhüllt waren. Er war von Kodein und anderen Drogen abhängig und aß kaum etwas, sodass er immer mehr abmagerte. Seine Ess- und Toilettenrituale dauerten den ganzen Tag an. Später war er nicht mehr in der Lage, für sich selbst zu sorgen. Er schnitt sich die Finger- und Zehennägel nicht mehr, sodass sie grotesk lang wurden. Er starrte vor Dreck, seine Haare waren verfilzt und ungewaschen. Als er 1976 starb, war er so dünn und verdreckt, dass er wie ein Heimkehrer aus japanischer Kriegsgefangenschaft aussah. Er musste anhand seiner Fingerabdrücke identifiziert werden.

Röntgenbilder zeigten, dass er Stücke von dünnen Injektionsnadeln, die beim Spritzen abgebrochen waren, in seinen Armen hatte.

Angst vor Ansteckung ist ein häufiges Symptom einer rätselhaften Krankheit – der Zwangskrankheit. Unter dieser Erkrankung litt Howard Hughes. Menschen mit Zwangskrankheiten waschen sich sechzigmal am Tag die Hände, ordnen zwei Stunden lang die Zahnbürsten im Badezimmer, kontrollieren fünfmal hintereinander, ob sie alle Lichter ausgeschaltet haben. Menschen mit Zwangsgedanken leiden unter tagelangen Grübeleien, zum Beispiel unter der Vorstellung, dass sie jemanden ermorden könnten. Die Zwangskrankheit wird im weitesten Sinne auch zu den Angstkrankheiten gerechnet. Wenn ein Zwangskranker seine Zwangshandlungen, wie ordnen, waschen, kontrollieren oder zählen, nicht ausüben kann, wird er von Angst- und Ekelgefühlen gequält. In diesem Buch wird allerdings die Zwangskrankheit nicht weiter behandelt, denn es würde ein weiteres komplettes Buch brauchen, um diese mysteriöse Erkrankung hinreichend darzustellen.

Den Teufel mit dem Beelzebub austreiben

Menschen mit Phobien neigen manchmal zu kontraphobischem Verhalten. Damit ist gemeint, dass jemand, der unter Phobien leidet, sich erst recht gefährlichen Situationen aussetzt. Ein Mann, der eine extreme Angst vor Schlangen hat, reist um die ganze Welt, um Menschen zu treffen, die sich mit Schlangen beschäftigen. Er redet mit Schlangenbeschwörern in Indien, mit Ärzten, die in Bangkok Königskobras das Gift abnehmen, um ein Schlangenserum herzustellen, und mit Cowboys, die mit Klapperschlangen in der Wüste schlafen. Besonders faszinieren ihn die Grüne Viper, eine Schlange, die den Menschen mit einem einzigen Biss töten kann, die Königskobra, die vor den Menschen nicht flieht, sondern sie angreift und dabei schneller zuschlägt als ein Boxer, oder die Wasserschlange Anakonda, die bis zu 25 Meter lang werden soll und ganze Wildschweine und angeblich auch kleine Babys verschlingen kann.

Dieses Verhalten ist wahrscheinlich so zu interpretieren, dass sich manche Menschen ihre sinnlosen und übertriebenen Phobien selbst nicht erklären können. Man darf Phobien und Ängstlichkeit nicht verwechseln. Da diese Menschen zumindest ahnen, dass sie nicht wirklich ängstlich sind, und sich ihr Verhalten rational nicht erklären können, versuchen sie sich zu beweisen, dass sie doch keine Angst haben, indem sie sich in reale Gefahren begeben.

FALSCHER ALARM – DIE PANIKSTÖRUNG

Die 31-jährige Fleischerei-Fachverkäuferin Karin S. berichtet:

Ich war gestern im neuen Einkaufszentrum Kaufpark unterwegs. Es war Freitagnachmittag und ziemlich voll. Plötzlich hatte ich das Gefühl, dass ich keine Luft mehr bekomme. Ich atmete schneller. Meine Kehle schnürte sich zu. Mir wurde schwindelig, und ich glaubte, dass ich gleich in Ohnmacht falle. Die Gedanken fuhren Karussell. Ich setzte mich auf einen Stuhl, aber es wurde nicht besser. Ich hatte das Gefühl, dass die Luft im Kaufpark schlecht war, und ich sah zu, dass ich möglichst schnell ins Freie kam. Aber draußen wurde es auch nicht besser; mein Herz klopfte bis zum Hals, ich hatte das Gefühl, dass es gleich aussetzt. Ich kam mir vor wie in einem Traum. Mein Gesicht fühlte sich wie taub an.
Zufällig sah ich eine Frau, die ich nur flüchtig kannte. Ich sprach sie an und erzählte, was mit mir los sei. Sie wollte mich nach Hause fahren, aber ich meinte, es wäre besser, den Notarztwagen zu rufen. Ich wurde mit Blaulicht in die Klinik gebracht. Kaum hatte ich mit dem Arzt gesprochen, ging es mir schon besser. Ich wurde mehrere Stunden lang untersucht. Dann teilte man mir mit, dass sie nichts gefunden hätten. Den Rest des Tages war ich völlig fertig, wie gerädert.

Dies ist eine typische Beschreibung einer Panikattacke, wie sie bei Patienten mit einer Panikstörung manchmal mehrmals täglich auftreten kann. Wir haben sie schon bei meiner Patientin Sibylle G. kennen gelernt. Auf der ganzen Welt leiden wahrscheinlich fünfzig bis hundert Millionen Menschen immer wieder unter Panikattacken.

Die meisten Menschen, die das Wort «Panik» hören, denken an eine Massenpanik, die zum Beispiel ausbrechen kann, wenn in einem überfüllten Fußballstadion plötzlich sämtliche Zuschauer das

Stadion verlassen wollen und dabei alle, die zu Fall kommen, tottrampeln. Zunächst hat aber eine Panikattacke nichts mit einer Massenpanik zu tun.

Woher kommt der Begriff «Panik»? Nach der griechischen Mythologie schlich sich der Gott Pan – halb Mensch, halb Geißbock – in der griechischen Provinz Arkadien während der Mittagshitze an Gruppen ahnungsloser Reisender heran. Unerwartet tauchte er in ihrer Mitte auf und verbreitete dabei einen solch fürchterlichen Schrecken, dass die Reisenden kopflos und erfüllt von Angst und Panik auseinander liefen, worauf Pan so schnell wieder verschwand, wie er gekommen war.[11]

Heute wird der Begriff für eine der häufigsten Angsterkrankungen verwendet – die Panikstörung. Bei einer Panikattacke tritt urplötzlich ein starkes Angstgefühl auf. Es wird von körperlichen Symptomen begleitet. Dabei treten die meisten (aber nicht immer alle) dieser Symptome gleichzeitig auf: Das Herz klopft bis zum Hals, es kommt einem vor, als ob es nicht mehr regelmäßig schlägt, sondern stolpert. Die Brust schnürt sich zusammen, man spürt ein Enge- oder Druckgefühl oder sogar stechende Schmerzen in der Brust. Diese Schmerzen können auch in den linken Arm ausstrahlen. Der Hals ist wie zugeschnürt, oder man hat einen Kloß im Hals. Die Luft bleibt weg. Man hat das Gefühl der Atemnot, die sich bis zu einem Erstickungsgefühl steigern kann. Dies kann so schlimm sein, dass man das Gefühl hat, immer schneller atmen zu müssen, um noch Luft zu bekommen. Dies nennt man Hyperventilation (überstarke Atmung). Wenn die Hyperventilation ausgeprägte Formen annimmt, kommt es zu einer Tetanie: Dabei verschieben sich im Körper chemische Substanzen, sodass man die Hände nicht mehr bewegen kann und sie in der so genannten Pfötchenstellung verharren. Im Zusammenhang mit der Luftnot treten auch Taubheits- und Kribbelgefühle auf – vor allem an den Händen und Füßen oder im Gesicht. Manchmal wird ein halbseitiges Taubheitsgefühl angegeben, aus bisher ungeklärten Gründen meist linksseitig. Schwitzen, vor allem kalter Schweiß, wird als unangenehm empfunden. Die Hände zittern, oft auch der ganze Körper. Manchmal hat man nur das Gefühl, dass man zittert, ohne dass dies allerdings von anderen Personen wahrgenommen wird. Es handelt sich dabei um ein «innerliches Beben». Heiß und kalt läuft es einem den Rücken hinunter. Diese Hitzewallungen und Kälteschauer machen sich als gleichzeitiges Schwitzen und Frieren bemerkbar. Wegen der Schwindel- oder Benommenheitsgefühle hat man den Eindruck, dass man gleich in Ohnmacht fallen könnte. Die Knie sind «weich», oder man ist «wie gelähmt». Man hat die Empfindung, dass die Dinge um einen herum unwirklich sind. Man fühlt sich wie im falschen Film. Diese Empfindung wird *Derealisation* genannt. Oder man hat die Wahrnehmung, «weit weg» oder «nicht richtig da» zu sein. Häufig berichten mir die Patienten: «Ich stehe neben mir. Ich bin nicht ich selbst. Ich beobachte, wie ich im Auto sitze und den zweiten Gang schalte, aber das bin nicht ich.» Dieses Gefühl wiederum heißt *Depersonalisation*.

Manche Menschen befürchten während einer Panikattacke, wahnsinnig zu werden oder durchzudrehen. Sie haben Angst, dass sie die Kontrolle verlieren und verrückte Dinge machen könnten – beispielsweise laut schreiend davonzulaufen oder sich gar aus dem Fenster zu stürzen. Es können auch Mundtrockenheit, Übelkeit, Magenbeschwerden oder Harn- und Stuhldrang auftreten, aber diese Symptome sind seltener als die übrigen.

Jemand, der eine Panikattacke bei einem anderen Menschen beobachtet, würde nur die auffallende Blässe, Schwitzen oder einen ängstlichen Gesichtsausdruck bemerken. Innerhalb von höchstens zehn Minuten kommen Panikpatienten von null auf hundert – so lange dauert es von den ersten Symptomen bis zur voll ausgebildeten Panikattacke. Eine Panikattacke kann nach fünf Minuten schon vorbei sein, kann aber auch mehrere Stunden anhalten. Im Durchschnitt dauert es 30 bis 45 Minuten, bis der Spuk vorbei ist. Nach dem Abklingen eines schweren Angstanfalls kann es zu einem Erschöpfungszustand mit Müdigkeit, Abgeschlagenheit, Kopfdruck und Depressionen kommen, der mehrere Stunden anhalten kann. Man fühlt sich «wie gerädert».

Panikattacken treten in unterschiedlicher Häufigkeit auf – von einmal pro Jahr bis zu mehrmals täglich. Sie können «aus heiterem Himmel» oder aber in bestimmten gefürchteten Situationen auftreten, wie weiter unten im Kapitel «Agoraphobie» beschrieben wird. Spontane Panikattacken treten oft in Ruhephasen auf, etwa beim Zeitungslesen auf dem Sofa. Manche Patienten haben ihre Panikattacken typischerweise kurz vor dem Einschlafen. Aber auch direkt aus dem Schlaf heraus kann es zu Panikattacken kommen.

Unter Erwartungsangst (Angst vor der Angst) versteht man die Angst, eine erneute Panikattacke zu bekommen. Manche Patienten haben nur selten Panikattacken, leiden aber unter der ständigen Angst, es könnte sie demnächst eine Panikattacke überfallen. Gerade Patienten, die nicht unter Agoraphobie leiden, sondern unter unerwarteten Panikattacken, werden durch diese ständige Angst vor der Angst in ihrer Lebensqualität erheblich eingeschränkt.

Wenn Sie wissen möchten, ob Sie eine Panikstörung haben, sollten Sie den Test «Leiden Sie unter einer Angsterkrankung?» ab S. 349 durchführen.

Kampf oder Flucht

Wer eine Panikattacke hat, fühlt sich dem Tode nahe. Das Herz klopft bis zum Hals, stechende Schmerzen in der linken Brusthälfte, die in den linken Arm ausstrahlen, man kriegt kaum Luft – sind das nicht die typischen Anzeichen eines Herzinfarkts? Hat mein letztes Stündlein geschlagen, obwohl ich doch zu jung zum Sterben bin?, denken viele meiner Panikpatienten. Andere haben so starke Schwindelgefühle, dass sie glauben, im nächsten Moment ohnmächtig hinstürzen zu müssen und sich dabei zu verletzen. Ist das ein Gehirntumor oder ein Schlaganfall?, fragen sich andere. Und deutet die Enge im Hals nicht auf einen Asthmaanfall hin? Bin ich etwa am Ersticken?

Betrachtet man die Symptome im Einzelnen, so sind sie nicht gefährlich. Ist Schwitzen gefährlich? Warum gehen dann Menschen in die Sauna? Ist ein schneller Puls gefährlich? Warum spielen dann Menschen Fußball? Ist kurzfristige Luftnot gefährlich? Warum tauchen dann Kinder im Meer?

In Wirklichkeit sind die körperlichen Symptome, die bei einer Angstattacke auftreten, Ausdruck durchaus normaler Funktionen, die das Überleben in einer Kampf- oder Fluchtsituation ermöglichen sollen. Ein Tier, das seinem natürlichen Feind begegnet, hat die gleichen Symptome, aber auch ein Soldat in einer Kampfhandlung. Alle diese Erscheinungen haben ihren Sinn: Das Herz schlägt schneller, der Blutdruck steigt an, damit mehr Blut durch die Muskeln gepumpt werden kann, die Arm- und Beinmuskeln spannen sich an und werden besser durchblutet. Letztlich soll man dadurch besser auf den Kampf vorbereitet sein. Man ist «auf dem Sprung». Diese Muskelanspannungen sind übrigens oft der Hintergrund für Verspannungen und Rückenschmerzen bei Angstpatienten. Die Haut erscheint blutleer und bleich, und man hat ein flaues Gefühl im Magen, weil das Blut im Körper derart umverteilt wird, dass es für die Flucht gebraucht wird. Man kann aber auch «starr vor Angst» sein. Dies ist die menschliche Variante des tierischen Totstellreflexes. Manche Tiere retten sich auf diese Weise vor dem Feind.

Die Luftwege erweitern sich, damit man besser atmen kann. Die Atmung wird somit schneller. Die Taubheits- und Kribbelgefühle in den Händen und Armen sind eine Folge der stärkeren Atmung, die durch Verschiebungen im chemischen Gleichgewicht des Blutes entstehen. Das Schwitzen ist ein Zeichen dafür, dass die Regulierung der Körpertemperatur an das Geschehen angepasst wird. Der Körper wird «vorgekühlt», damit er bei einer Flucht nicht «zu heiß läuft». Die Pupillen erweitern sich, die Augen sind weit aufgerissen, damit einem keine Gefahr entgeht.

Die «Haare stehen zu Berge», es zeigt sich eine Gänsehaut. Dies liegt vielleicht daran, so vermuten Wissenschaftler, dass wir Menschen früher einmal einen Pelz hatten. Wenn die Haare aufgestellt wurden, sahen wir für einen Gegner größer und furchteinflößender aus. Leber und Bauchspeicheldrüse arbeiten zusammen, damit Zucker frei wird. Auch diese Reaktion macht Sinn: Zucker hat die gleiche Funktion wie Benzin im Auto, es werden auf diese Weise

Energievorräte bereitgestellt, da dieser Vorgang Brennstoff verbraucht. Nach einer Panikattacke hat der Körper dann meist unnötig viel Energie konsumiert, was sich in einer Abgeschlagenheit bemerkbar machen kann. Im Darm wird Stuhldrang erzeugt, in der Blase Harndrang.

Die beschriebenen körperlichen Symptome sind aber noch nicht einmal charakteristisch für Panikattacken. Ähnliche Symptome können ebenso in realen Angstsituationen entstehen, beispielsweise wenn man von einem Räuber in einer dunklen Seitenstraße bedroht wird, bei einem Pokerspiel, bei dem es um viel Geld geht, oder vor einer Strafrechtsprüfung. Das Schlimme bei einer Panikstörung ist, dass man sich so fühlt, als ob man jeden Tag vor einem Examen steht.

Diese Symptome sind aber nicht typisch für Gefahrensituationen. Wenn man 90 Minuten intensiv Fußball spielt, um die Wette läuft oder eine Skipiste im Schuss hinunterfährt, treten auch Herzrasen, Schwitzen, Zittern, Luftnot, Schwindel und andere vergleichbare Symptome auf. In diesen Momenten empfindet man diese Symptome sogar als angenehm, und wenn nicht als wohltuend, dann wenigstens nicht als gefährlich. Auch Menschen mit einer Panikerkrankung, die während einer Panikattacke einen Puls von 110 Schlägen pro Minute als lebensgefährlich empfinden, würden nicht im Traum daran denken, dass ihr Herz in Gefahr ist, wenn sie beim Joggen einen Herzschlag von 130 haben. Es ist also nicht das Symptom an sich, das die Angst verursacht, sondern die falsche Deutung des Symptoms als hoch gefährliches Krankheitszeichen. Manche Leute bezahlen in der Sauna Geld dafür, dass sie beim Eukalyptus-Latschenkiefer-Aufguss die gleichen Symptome bekommen wie andere unfreiwillig bei einer Panikattacke. Was eine Panikattacke von anderen schweißtreibenden Zuständen unterscheidet, ist also die falsche Interpretation der Symptome. Selbst jemand, der in der U-Bahn von einem Messerstecher bedroht wird, würde sich wenig Gedanken über die Gefährlichkeit der eigenen Angstsymptome machen, sondern vor allem vor dem Messerstich Angst haben. Ein Panikpatient weiß dagegen nicht, warum diese Symptome in einer absolut harmlosen Situation auftreten. Daher werden die körperlichen Ereignisse als Bedrohung, als lebensgefährlicher Zustand interpretiert.

Was genau während einer Panikattacke im Körper passiert, hat man herausgefunden, indem man Panikpatienten tragbare Geräte mitgegeben hat, die ständig das EKG (Elektrokardiogramm) und die Atmung maßen. Das Erstaunliche war: Obwohl die Patienten regelmäßig berichteten, ihr Herz würde so schnell schlagen, dass sie befürchteten, es könne zerspringen, war der Herzschlag gar nicht oder nur unwesentlich erhöht gewesen. Auch die Atmung war während einer Panikattacke nur geringfügig schneller.[12] Wie wir später sehen werden, sind nicht Körperfunktionen bei einer Panikerkrankung gestört, sondern die Wahrnehmung dieser Funktionen.

Bei der Hälfte der Panikpatienten kann es direkt aus dem Schlaf heraus zu Panikattacken kommen. Manche Menschen haben deswegen sogar Angst vor dem Einschlafen. Eine Patientin berichtete mir: «Ich hatte Angst, dass ich nicht mehr aufwachen würde. Woran ich eigentlich sterben könnte, war mir nicht klar. Ich habe sogar versucht, wach zu bleiben, indem ich den Fernseher laufen ließ.»

Kann man vor Angst sterben? Im Prinzip nicht. Zwar können Kaninchen tatsächlich vor Angst sterben, Menschen mit einem gesunden Herzen jedoch nicht. Es gibt natürlich Ausnahmen: Wer ein schwer geschädigtes Herz hat, kann natürlich durch jede Art von Aufregung einen Herzinfarkt bekommen, ob durch eine lebensbedrohliche Situation oder durch ein im Fernsehen beobachtetes Eigentor von Oliver Kahn.

Panikpatienten sind aber meist in einem Alter, in dem man in der Regel noch keine Herzerkrankungen hat. Und Menschen, die Herzinfarkte bekommen, sind in der Regel aus dem Alter heraus, in dem man Panikattacken bekommt. Dass jemand durch eine Panikattacke stirbt, ist also so gut wie ausgeschlossen. Die normalen Vorgänge, die während einer Kampf- oder Fluchtreaktion auftreten, schaden dem Körper genauso wenig, wie es einem Porsche schadet, ab und zu einmal mit 200 Stundenkilometern gefahren zu werden.

Das Paniksyndrom – eine Modekrankheit?

Ist das Paniksyndrom eine Modeerkrankung? Da der Begriff «Panikstörung» erst in den sechziger Jahren des 20. Jahrhunderts aufkam, taten einige Mediziner diese Diagnose als amerikanische Modeerscheinung ab. Noch heute gibt es einige Fachleute, die diesen Begriff nicht akzeptieren. Dabei gibt es zahlreiche Beschreibungen von Panikattacken in älteren Büchern.

Der Wiener Sigmund Freud, der Begründer der Psychoanalyse, beschäftigte sich ausführlich mit Angstneurosen und beschrieb auch ein Krankheitsbild, das der heutigen Panikstörung ähnelt. 1895 veröffentlichte er seine Schrift «Über die Berechtigung, von der Neurasthenie einen bestimmten Symptomenkomplex als ‹Angstneurose›

Sigmund Freud, der Begründer der Psychoanalyse

abzutrennen».[13] Er schilderte zwei Arten von Angstneurosen, die den heutigen Begriffen der Panikstörung und der Generalisierten Angststörung, die später beschrieben wird, sehr nahe kommen. Die folgende Beschreibung entspricht der heutigen Definition einer Panikattacke:

> Ein solcher Angstanfall besteht entweder einzig aus dem Angstgefühle ohne jede assoziierte Vorstellung oder mit der nahe liegenden Deutung der Lebensvernichtung, des «Schlagtreffens», des drohenden Wahnsinns, oder aber dem Angstgefühle ist irgendwelche Parästhesie beigemengt (ähnlich der hysterischen Aura), oder endlich mit der Angstempfindung ist eine Störung irgendeiner oder mehrerer Körperfunktionen, der Atmung, Herztätigkeit, der vasomotorischen Innervation, der Drüsentätigkeit verbunden. Aus dieser Kombination hebt der Patient bald das eine, bald das andere Moment besonders hervor, er klagt über «Herzkrampf», «Atemnot», «Schweißausbrüche», «Heißhunger» u. dgl., und in seiner Darstellung tritt das Angstgefühl häufig ganz zurück oder wird recht unkenntlich als ein «Schlechtwerden», «Unbehagen» usw. bezeichnet.

Freuds Verdienst war es, die ersten Theorien zur Entstehung und Behandlung der Angstneurosen zu entwickeln, die allerdings später neu durchdacht werden mussten.

Anfang der sechziger Jahre führte der amerikanische Psychiater Donald Klein als Erster den Begriff der «Panikstörung» ein. Bis dahin gab es für Menschen mit Angstzuständen eine verwirrende Vielfalt von Diagnosen wie «Angstneurosen», «Angstattacken», «phobischer Attackenschwindel», «Herzneurosen» oder «vegetative Labilität». Diese uneinheitlichen Diagnosen haben einen guten Teil dazu beigetragen, dass man viele Jahre lang keinen Plan hatte, wie man eine Panikstörung behandeln sollte. Erst Ende der siebziger Jahre räumte man in den USA mit der Begriffsverwirrung in der Psychiatrie auf. Es wurde eine einheitliche Nomenklatur aller psychischen Erkrankungen festgelegt, das Diagnostische und Statistische Manual Seelischer Erkrankungen (DSM). Dies sollte sich als Vorteil für die Patienten erweisen. Jede psychiatrische Erkrankung wurde jetzt anhand von «Checklisten» genau beschrieben, nach denen die Diagnosen jetzt viel eindeutiger und genauer gestellt werden konnten als früher. Jetzt wurde der Begriff der «Panikstörung» zum ersten Mal offiziell eingeführt. Erst nachdem die Krankheit einen Namen hatte, wurden die ersten kontrollierten Therapiestudien durchgeführt, die später zu einer deutlichen Verbesserung der Behandlungsmöglichkeiten führten.

AGORAPHOBIE

Etwa zwei Drittel der Panikpatienten leiden zusätzlich unter einer Agoraphobie. Menschen mit Agoraphobie haben beispielsweise in Menschenmengen oder engen Räumen Angst. Das griechische Wort *Agorá* (αγορά) heißt «Platz», sodass Agoraphobie oft mit «Platzangst» übersetzt wird. Allerdings haben nur wenige Menschen Angst vor großen leeren Plätzen. In Wirklichkeit geht es um enge, volle Plätze. Die Agorá in Athen war ein Marktplatz, auf dem auch Versammlungen abgehalten wurden. *Agorázo* (αγοράζω) heißt «einkaufen», sodass Agoraphobie auch mit «Einkaufphobie» übersetzt werden könnte. So haben die Menschen mit Agoraphobie auch vielfach Angst, in einen Supermarkt oder in eine Fußgängerzone zu gehen.

Was aber befürchten die Betroffenen in diesen Situationen? Im Vordergrund steht die Angst, eine Panikattacke zu bekommen. Freud schrieb bereits 1885: «Im Falle der Agoraphobie … finden wir häufig die Erinnerung an eine Angstattacke; und was der Patient in Wirklichkeit fürchtet, ist das Auftreten einer solchen Attacke unter den speziellen Verhältnissen, in denen er glaubt, ihr nicht entkommen zu können.»[14]

Typischerweise fürchtet der Patient, dass er etwa in einer Menschenansammlung einen Panikanfall erleiden könnte, dass er dann ärztliche Hilfe benötigen würde und der Abtransport durch die Menschenmenge behindert werden könnte. Häufig berichteten mir meine Patienten von solchen Phantasien:

Schon allein die Vorstellung: Ich sitze in einem Theater, eingezwängt zwischen vielen Menschen – wenn ich dann eine Panikattacke bekommen und ohnmächtig zusammenbrechen würde. Der Notarzt müsste kommen, die Sanitäter müssten mich da herausholen, das würde ja peinliches Aufsehen erregen, das ganze Theaterstück müsste unterbrochen werden.

Neben den Panikattacken fürchten die Menschen mit Agoraphobie auch, ohnmächtig zu werden oder zusammenzubrechen, die Darm- oder Blasenkontrolle zu verlieren, sich zu übergeben oder einen Herzinfarkt zu bekommen.

In engen Räumen haben Agoraphobiker besonders große Angst. Das betrifft oft Fahrstühle. In einem Lift befürchten Fahrstuhlphobiker, dass dieser stecken bleiben und dass dann der Sauerstoff ausgehen könnte. Nur wenige machen sich Gedanken darüber, dass ein Fahrstuhl niemals ein Vakuum ist, sondern durch Lüftungsschächte eine ständige Verbindung zur Außenluft haben muss. Selbst wenn der Ventilator aussetzen sollte, wäre ein Ersticken im Fahrstuhl unmöglich. Die meisten Fahrstuhlphobiker haben Angst, ganz allein im Fahrstuhl zu sein, da im Falle einer Panikattacke keiner Hilfe herbeitelefonieren könnte. Manche haben aber wiederum in sehr vollen Fahrstühlen Angst, da sie nach ihrer Logik befürchten, dass im Falle des Steckenbleibens die Luft dann schneller ausgehen würde.

Oft werden die Regeln des Verstandes aufgegeben, wenn die Patienten ihr Vermeidungsverhalten rechtfertigen. Das Verlassen eines vollen Raumes wird damit begründet, dass in dem Raum die Luft zu warm und zu stickig sei, auch wenn Temperatur und Sauerstoffgehalt von anderen für normal gehalten werden. Eine meiner Patientinnen zog von Baden-Baden ins norddeutsche Flachland, weil die Tallage der badischen Stadt ihrer Meinung nach das Atmen erschwere. Man darf jetzt aber nicht annehmen, dass Agoraphobiker allgemein unlogische Menschen sind. Die meisten Agoraphobiker werden alle anderen Situationen des Lebens völlig vernunftgemäß einschätzen können – nur bei ihrer eigenen Angst setzt die Urteilskraft teilweise aus. Dies ist eine wichtige Eigenschaft von Phobien – dass sie die Klarsicht für bestimmte Sachlagen trüben können, während alle anderen Dinge des Lebens völlig sachlich beurteilt werden können. Davon aber später.

Auch öffentliche Verkehrsmittel werden von Agoraphobikern vielfach gemieden. In einem Bus könnte es peinliches Aufsehen erregen, wenn man den Busfahrer bitten müsste, an der nächsten Ecke anzuhalten. Große Angst haben die Betroffenen auch vor Schiffs- oder Flugreisen, da ja ärztliche Hilfe erst nach einigen Stunden verfügbar wäre. Beim Fliegen kommt noch die Angst vor dem Abstürzen hinzu, sodass Flugreisen bei Panikpatienten häufig ganz oben auf der Liste der zu vermeidenden Situationen stehen. Interessanterweise sagen aber die meisten Agoraphobiker, dass sie sich vor einer Flugreise weniger Gedanken über das Abstürzen als über eine mögliche Panikattacke machen.

Reisen, bei der der Patient sich weit entfernt von zu Hause befinden würde, werden also möglichst umgangen. Besonders Auslandsreisen werden als problematisch angesehen, da man ja bei Sprachproblemen nur schwer Hilfe bekommen könnte oder weil man annimmt, dass das Gesundheitssystem in manchen Ländern nicht so gut sei wie zu Hause. Waldspaziergänge werden nicht unternommen, da man ja im Falle einer Panikattacke hilflos im Gestrüpp liegen bleiben könnte.

Zahlreiche Agoraphobiker haben Angst vor dem Autofahren. Dabei befürchten sie vor allem Situationen, in denen der Verkehrsfluss zum Erliegen kommt, zum Beispiel vor einer roten Ampel, im Stau oder auf Autobahnbaustellen. Andere vermeiden Autobahnfahrten, bei denen sie sich zwischen den Lastwagen eingeengt fühlen, oder sie haben Bedenken, dass durch die langen Abstände zwischen den Ausfahrten ein «Entkommen» erschwert werden könnte. Natürlich wird auch angenommen, dass es während der Autofahrt zu einer Panikattacke kommen könnte, bei der man die Kontrolle über das Fahrzeug wahrscheinlich verlieren würde. Kein Patient hat mir allerdings jemals über tatsächliche Autounfälle in Verbindung mit Panikattacken berichtet. Da während der Panikattacke meist sogar eine erhöhte Aufmerksamkeit besteht, sind Unfälle sogar eher unwahrscheinlich.

Die meisten Attacken überfallen die Patienten nach einer Studie des niederländischen Psychiaters Edwin de Beurs zu Hause (45 Prozent). Weitere häufige Situationen sind Kaufhäuser (13 Prozent), Autofahren (elf Prozent), auf der Straße (neun Prozent) oder beim Besuch von Freunden (acht Prozent).[15]

In den meisten Fällen treten zuerst die unerwarteten Panikattacken auf. Erst später, nach durchschnittlich einem halben Jahr, entwickelt sich die Agoraphobie.

Man sollte meinen, dass besonders diejenigen Menschen eine Agoraphobie entwickeln, die einmal schlechte Erfahrungen in engen Räumen gemacht hatten – wie etwa längere Zeit in einem Fahrstuhl stecken geblieben, im Krieg verschüttet oder in einer Tropfsteinhöhle eingeschlossen gewesen zu sein. Dies ist aber nicht der Fall, und diese Tatsache spielt eine ziemlich wichtige Rolle, wenn es um die Ursachen der Ängste geht. Aber davon später.

Auch die Agoraphobie ist nicht eine erfundene Krankheit der heutigen Zeit. Sie ist ein altbekanntes Phänomen, das bereits früh in wissenschaftlichen Abhandlungen beschrieben wurde. Der Wiener Neurologe Moritz Benedikt berichtete bereits 1870 über den «Platzschwindel».[16] Der Berliner Psychiater Karl Otto Westphal veröffentlichte 1872 die Beschreibung von vier Patienten mit einem Krankheitsbild, das wir heute als «Panikstörung mit Agoraphobie» diagnostizieren würden. Der Begriff der «Agoraphobie», wie er in seiner heutigen Form verwendet wird, wurde übrigens von ihm geprägt. Westphal berichtete über einen jungen Mann, der auf großen Plätzen in Berlin Angst hatte, so auf dem Dönhoffplatz, beim Exerzierhaus oder bei der Artillerieschule Unter den Linden. Der Patient versuchte, diese Plätze in Begleitung oder in nicht allzu weiter Entfernung von einem Pferdewagen zu überqueren (heute versuchen Menschen mit Agoraphobie oftmals, sich in der Nähe ihres Autos aufzuhalten, wahrscheinlich, weil sie denken, dass sie damit im Falle einer Panikattacke schneller einen Arzt erreichen könnten). Westphals wohl intuitiv geäußerter therapeutischer Vorschlag, täglich die gefürchteten Punkte aufzusuchen, blieb ohne Erfolg.[17]

Eine wunderbare Beschreibung eines Angstanfalls im Rahmen einer Agoraphobie finden wir bei Theodor Fontane in einem Brief von 1889 an Karl Zöllner:

Berlin, 19. August 1889

... Von Kissingen aus war ich drei Tage in Bayreuth, um «Parsifal» und «Tristan und Isolde» zu hören. Sonnabend Nachmittag kam ich an und fiel aus einem Hotel und Kaffeehaus in das andere, was sehr interessant war. So international, dass die Promenade von Kissingen bloß wie Zoologischer Garten daneben wirkte.

Sonntag «Parsifal», Anfang vier Uhr. Zwischen drei und vier natürlich Wolkenbruch; für zwei Mark, trotzdem ich ganz nahe wohnte, hinausgefahren. Mit aufgekrempelten Hosen hinein. Alles nass, alles klamm, kalt. Geruch von aufgehängter Wäsche. Fünfzehnhundert Menschen drin, jeder Platz besetzt. Mir wird so sonderbar. Alle Türen geschlossen. In diesem Augenblick wird es stockeduster. Nur noch durch die Gardinen fällt ein schwacher Lichtschimmer, genau wie in «Macbeth», wenn König Duncan ermordet wird. Und nun geht ein Tubablasen los, als wären es die Posaunen des Letzten Gerichts. Mir wird immer sonderbarer, und als die Ouvertüre zu Ende geht, fühle ich deutlich: «Noch drei Minuten, und du fällst ohnmächtig oder tot vom Sitz.» Also wieder raus. Ich war der Letzte gewesen, der sich an vierzig Personen vorbei bis auf seinen Platz, natürlich neben der «Strippe», durchgedrängt hatte, und das war jetzt kaum zehn Minuten. Und nun wieder ebenso zurück. Ich war halb ohnmächtig; aber ich tat so, als ob ich's ganz wäre, denn die Sache genierte mich aufs äußerste. Gott sei Dank wurde mir auf mein Pochen die Tür geöffnet, und als ich draußen war, erfüllte mich Preis und Dank. Nur das Dankesgefühl des Türhüters konnte mit dem meinigen vielleicht rivalisieren. Denn er kriegte nun mein Billett, das er sofort für fünfzehn Mark oder auch noch teurer (denn es wurden unsinnige Preise bezahlt) an draußen Wartende verkaufen konnte. Mein «Tristan-Billett» schickte ich am Morgen zurück und vermachte den Betrag einer «frommen Stiftung».

Ich hätte diese lächerliche Großmuts- oder Anstandkomödie nicht aufgeführt, wenn ich nicht ein von mir bestelltes Billett gleich beim Einkauf am Tage zuvor zurückgegeben hätte, worauf der Kassenbeamte sehr liebenswürdig einging. Diese Szene nun zu wiederholen war mir doch gegen die Ehre. Ich hebe dieses eigens hervor, damit ich nicht alberner erscheine als nötig. Die ganze Geschichte – außerdem eine Strapaze – hatte gerade hundert Mark gekostet, und doch bedaure ich nichts. Bayreuth inmitten seiner Wagnersaison und seines Wagnerkultus gesehen zu haben ist mir soviel wert.[18]

Fast immer berichten Menschen, die unter Agoraphobie leiden, dass sie in den betreffenden Situationen weniger Angst haben, wenn sie in Begleitung sind. Sie hoffen, dass der Beistand im Notfall Hilfe herbeiholen könnte, indem er zum Beispiel einen Krankenwagen ruft. Es wird ja phantasiert, dass man sterben könnte, wenn man im Falle einer Panikattacke nicht ärztlich versorgt wird. Dies führt oft dazu, dass der Ehepartner den Angstpatienten zur Arbeit bringen oder auf Behördengängen, bei Arztbesuchen oder in anderen Situationen begleiten muss. Angst vor dem Alleinsein ist daher bei Agoraphobikern weit verbreitet. Abwesenheiten des Ehemannes oder der Ehefrau werden angstvoll durchlebt.

Allerdings scheint auch ein Begleiter kaum vor Panikattacken zu schützen, denn mehr als die Hälfte der Panikattacken treten in Anwesenheit eines Begleiters auf, wie eine Untersuchung mit Panikpatienten ergab.[19]

IST WIRKLICH ALLES UNTERSUCHT?

«Ab 30 ist man nicht mehr gesund, sondern nicht gut durchuntersucht.» Dieser Spruch könnte von einem Panikpatienten stammen. Menschen, die unter Panikattacken leiden, werten ihre Symptome ja oft als Ausdruck einer körperlichen Erkrankung, zum Beispiel als Vorboten eines Herzinfarkts, eines Schlaganfalls oder eines Gehirntumors.

So mancher Panikpatient hat schon eine Blaulichtfahrt ins Krankenhaus hinter sich. Im Krankenhaus angekommen, wird ein solcher Patient dann tatsächlich wie ein Herzinfarktpatient behandelt. Alle entsprechenden Maßnahmen werden eingeleitet – mit einem gewissen Recht, denn die Symptomschilderung des Patienten legt ja tatsächlich den Verdacht auf einen Infarkt oder eine Lungenembolie nahe. Die Hightechmedizin, die auf der Notfallstation angewandt wird, bestärkt allerdings den Patienten wiederum in seiner Annahme, dass er unter einer lebensbedrohlichen Krankheit leidet.

Aber auch Allgemeinärzte, Internisten, Neurologen, Hals-Nasen-Ohren-Ärzte, Orthopäden oder andere Fachärzte werden immer wieder frequentiert. Trotz der Versicherung, dass keine körperliche Krankheit vorliegt, lassen sich manche Patienten immer wieder komplett medizinisch untersuchen. Denn für sie besteht ein Widerspruch zwischen den beruhigenden Worten des Hausarztes, der die Symptome zu bagatellisieren versucht, und den Todesängsten, die sie während der Panikanfälle durchstehen müssen.

Schlägt der Hausarzt dann vor, doch einmal einen Psychiater aufzusuchen, fühlt sich so mancher Patient, als habe ihm jemand einen Kübel Jauche über den Kopf geschüttet. «Bisher war ich immer der Meinung, dass ich keinen Sprung in der Schüssel habe. Anstatt mich mal richtig zu untersuchen, will der mich gleich für geisteskrank erklären und zum Irrenarzt schicken» – diesen oder ähnliche Sätze habe ich oft gehört. Es ist immer wieder erstaunlich, wie viele Menschen noch Vorurteile gegen Psychiater oder Psychologen hegen. Der Hauptgrund aber, warum die Betroffenen eine psychiatrische Behandlung ablehnen, ist, dass die Panikkrankheit selbst dafür sorgt, dass eine schwere körperliche Ursache der Beschwerden vermutet wird. Ein Chip im Gehirn scheint das Symptombild einer lebensgefährlichen internistischen Krankheit täuschend echt nachzuahmen. Selbst nach einer wochenlangen erfolgreichen Behandlung durch einen Psychiater glauben manche Panikpatienten noch immer, dass sie bei ihm «auf der falschen Baustelle» sind.

Im Schnitt dauert es bei Menschen mit einer Panikstörung dreieinhalb Jahre von den ersten Symptomen bis zur richtigen Diagnose. Zum einen trägt die Erkrankung an sich schon ihren Teil dazu bei, dass die Betroffenen lieber einen Internisten als einen Seelenklempner aufsuchen – eben weil der Chip im Gehirn perfekt das Bild einer lebensgefährlichen Krankheit nachzuahmen versucht. Zum anderen ist bei den Allgemeinärzten die Erkennungsrate bei der Panikstörung auch nicht besonders hoch. Die Wiener Psychiaterin Michaela Amering stellte fest: Nur bei etwa sechs Prozent der Panikpatienten, die sich bei einem Arzt vorgestellt hatten, wurde die Möglichkeit einer Panikattacke als Diagnose überhaupt erwähnt, 26 Prozent der Patienten erhielten die «kränkende und verwirrende Auskunft», dass sie «nichts» hätten.[20]

In manchen Fällen wird aber gleich die Maximaldiagnostik betrieben, ohne dass die Möglichkeit einer Angsterkrankung überhaupt nur in Erwägung gezogen wird. Durch Fehldiagnosen kommt es zu unnötigen medizinischen Maßnahmen. In den USA werden im Jahr 90 Millionen Dollar allein für überflüssige Herzkatheteruntersuchungen bei Panikpatienten ausgegeben.[21] Bei dieser Technik handelt es sich um eine nicht ganz risikolose Methode, bei der ein Schlauch in die Beinschlagader bis zur Herzkammer vorgeschoben wird und die bei einer guten körperlichen Untersuchung, zusätzlichen Labortests sowie EKG-Ableitungen vermeidbar wäre.

Mit zunehmender Zahl zu Rate gezogener Fachärzte steigt die Chance, dass bei den Patienten dann eines Tages tatsächlich kleinere Gesundheitsstörungen gefunden werden. Werden dann diese Gesundheitsstörungen auch noch objektiv belegt, beispielsweise durch einen minimal veränderten Laborwert, geraten manche Patienten geradezu in eine völlig unbegründete Euphorie, da sie jetzt hoffen, dass der Fehler endlich gefunden sei.

Meist unterstützen Menschen mit einer Panikstörung alle Maßnahmen, die zur Entdeckung einer körperlichen Ursache ihrer Symptomatik führen könnten. Manche drängen ihren Hausarzt zu übertriebenen oder ungerechtfertigten diagnostischen Maßnahmen. Sie hoffen insgeheim, dass endlich doch eine «handfeste» Ursache, wie zum Beispiel ein zu hoher Schilddrüsenwert, gefunden wird. Dann, so ihre Vorstellung, wäre die Erkrankung leichter zu behandeln. Dann könnte man endlich ein «richtiges» Medikament geben. Die Annahme allerdings, dass es ihnen folglich besser gehen würde, ist meist ungerechtfertigt. Die körperlichen Krankheiten, die alternativ in Frage kämen, wären allemal schlimmer und schwerer zu behandeln als eine Panikstörung.

WELCHE KRANKHEITEN KÖNNTE MAN MIT DER PANIKSTÖRUNG VERWECHSELN?

Es kommt zwar viel häufiger vor, dass eine Panikstörung für ein körperliches Krankheitsbild gehalten wird, als der umgekehrte Fall, dass eine körperliche Erkrankung für eine Panikstörung gehalten wird. Dennoch ist ein Arzt verpflichtet, zunächst abzuklären, ob nicht tatsächlich eine körperliche Krankheit vorliegt. Es wäre zum Beispiel fatal, wenn der Arzt eine so genannte koronare Herzkrankheit nicht erkennt und stattdessen eine Angsterkrankung vermutet. Eine koronare Herzkrankheit entsteht durch eine Einengung der Herzkranzgefäße und kann zu einem tödlichen Herzinfarkt führen. Die Symptome sind ähnlich wie bei einer Panikattacke. Die Krankheit betrifft meist ältere Menschen, die die entsprechenden Risikofaktoren haben.

Auch eine Überfunktion der Schilddrüse und einige andere Erkrankungen könnten mit einer Panikstörung verwechselt werden. Mit einer körperlichen Untersuchung, einer Blutabnahme, einem EKG und vielleicht noch ein paar anderen Untersuchungen kann man allerdings ziemlich rasch ausschließen, dass körperliche Erkrankungen vorliegen.

Panikattacken können aber auch bei anderen seelischen Störungen auftreten. Andere Angsterkrankungen gehen auch mit Panikattacken einher, so zum Beispiel die Soziale Phobie oder die Einfache Phobie. Wenn jemand Angst in Menschenmengen hat, muss es sich nicht um eine Agoraphobie im Rahmen einer Panikstörung handeln; es wäre auch möglich, dass er unter einer Sozialen Phobie leidet (siehe S. 73). Bei dieser Angsterkrankung wird aber nicht das Gedränge der Menschen als bedrohlich empfunden, sondern das Gefühl, von anderen kritisch beobachtet zu werden.

Auch eine Depression kann mit Panikattacken einhergehen. Depressionen können selbst Menschen heimsuchen, die keinen äußeren Anlass für eine niedergeschlagene Stimmung haben – wie der Tod eines nahen Angehörigen oder der Verlust des Arbeitsplatzes. Die Depression beginnt oft schleichend. Eine niedergeschlagene Stimmung, die jeder einmal kurz haben kann, bleibt bei Depressionen tage- und wochenlang bestehen. Man hat keinen Antrieb, keine Energie. Man möchte sich am liebsten kurz nach dem Aufstehen wieder hinlegen. Dinge, die früher einmal Spaß gemacht haben, wie Tennis spielen oder bestimmte Fernsehserien ansehen, werden vernachlässigt. Menschen, mit denen man sich früher gerne unterhalten hat, geht man aus dem Weg. Man kann seine Gedanken nicht mehr zusammenhalten, vergisst Telefonnummern oder wichtige Termine. Das Essen schmeckt nicht mehr, man nimmt mehrere Kilo ab. Oder aber man nimmt zu, weil man aus Frust alles in sich hineinstopft. Man schläft schlecht ein, wacht manchmal nachts auf oder kann morgens ab vier Uhr schon nicht mehr schlafen, weil der Zwang zum Grübeln einen daran hindert. Man sinniert darüber nach, was man falsch gemacht haben könnte. Bei allen Dingen, die schief gelaufen sind, sucht man die Schuld bei sich und nicht bei anderen. Man hat das Gefühl, nichts mehr wert zu sein. Die Zukunft wird als schwarz, hoffnungslos, pessimistisch angesehen. Wenn das so weitergeht, sagen mir Patienten mit solchen Problemen, welchen Sinn macht das Leben noch?

Solche Depressionen gehen oft mit starken Ängsten und Befürchtungen einher. Man macht sich Sorgen um die Zukunft, oder man weiß nicht, wovor man eigentlich Angst hat. Diese Ängste können so stark werden, dass sie schließlich die Form von Panikattacken annehmen.

Was das Ganze jetzt kompliziert macht, ist, dass die Grenzen zwischen den Angsterkrankungen und den Depressionen oft nicht einmal für einen Psychiater klar zu bestimmen sind. Manche Symptome, wie Appetitmangel, Konzentrations- oder Schlafstörungen können bei beiden Erkrankungen auftreten. Es gibt sogar Menschen, die sowohl eine Panikstörung als auch eine Depression haben. Es kann aber auch passieren, dass jemand, der jahrelang unter unbehandelten Panikattacken leidet, eine «sekundäre Depression» als Folge der Angsterkrankung entwickelt. Die ständig wiederkehrenden, zermürbenden Anfälle demoralisieren die Betroffenen. In der Folge können sogar Selbstmordgedanken aufkommen. Mit einer erfolgreichen Behandlung der Angsterkrankung verschwindet aber auch diese Depression.

GENERALISIERTE ANGSTSTÖRUNG – GEBOREN, UM SICH SORGEN ZU MACHEN

Sabine S. ist 41 Jahre alt. Sie arbeitet halbtags als Pflegerin in einem Altenheim. Seit Jahren leidet sie unter körperlichen Symptomen: Übelkeit, Bauchschmerzen, Durchfall, Stuhl- und Harndrang, schmerzhafte Blähungen. Oft beklagt sie auch Muskelverspannungen, Hitzewallungen, Schwitzen, Herzrasen, unregelmäßigen Herzschlag und Enge in der Brust. In wechselnder Kombination treten diese Symptome fast ganztägig auf. «Morgens, wenn ich aufwache, geht es gleich los. Ich zittere und habe diese Angst, und ich weiß nicht, wovor», teilt sie mir mit.
Ihrer Familie war in letzter Zeit ihre übergroße Schreckhaftigkeit und Besorgtheit aufgefallen. Dazu Sabine S.: «Ich verstehe es nicht. Früher war ich ganz anders. Als junges Mädchen habe ich Fußball gespielt und bin im Schwimmbad vom Zehnmeterbrett gesprungen. Jetzt rege ich mich schon auf, wenn mein Mann auch nur zehn Minuten später von der Arbeit kommt. Ich habe schon ein paar Mal in seiner Firma angerufen, um zu wissen, wann er losgefahren ist. Immer denke ich, dass ihm unterwegs etwas passiert sein könnte. Der größte Horror für mich war, als meine Tochter nach Mallorca fliegen wollte. Ich konnte einfach nicht glauben, dass sie gesund zurückkommen würde.»

Diese übergroßen Sorgen der Patientin hatte der Hausarzt der Familie als die typische Fürsorglichkeit einer Mutter gewertet. Bevor sie zu mir kam, waren wegen der körperlichen Symptome zahlreiche Untersuchungen eingeleitet worden. Nachdem diese ohne Befund blieben, erfolgten mehrfache Facharztkonsultationen. Röntgenuntersuchungen des Bauches, Stuhlproben und «Schlauchschlucken» erbrachten letztlich keine körperliche Ursache der Bauchbeschwerden.

Meine Patientin Frau S. leidet unter einer Generalisierten Angststörung. Die typischen Symptome dieser Angsterkrankung sind Herzklopfen, schneller Puls, Schweißausbrüche, Zittern, Luftnot, Beklemmungsgefühle, Brustschmerzen, Übelkeit, Kribbeln im Magen, Gefühllosigkeit in den Händen oder Kribbelgefühle im Gesicht. Dazu jagen Hitzegefühle oder Kälteschauer durch den Körper. Man wird von Mundtrockenheit, einem Kloßgefühl im Hals oder Schluckbeschwerden gequält. Schwindelgefühle, Unsicherheit, Schwäche und Benommenheit geben den Betroffenen das Gefühl, «wie im Tran» herumzulaufen.

Der ständige Stress, unter dem Menschen mit einer Generalisierten Angststörung stehen, kann weitere körperliche Folgen haben, wie etwa Kopfschmerzen, Schlaflosigkeit oder chronische Schmerzen. Die Muskeln, die sich als Folge der unangebrachten Kampf- oder Flucht-Reaktion ständig in Anspannung befinden, fangen an zu schmerzen. Solche Menschen sind die besten Kunden der Masseure. Das Kneten und die Fangopackungen helfen aber nur vorübergehend, da die Ursache ja im Kopf und nicht in den Muskeln sitzt.

Ruhelosigkeit und die Unfähigkeit, sich zu entspannen, Aufgedrehtsein, Nervosität und psychische Anspannung sind Zustände, die bei Menschen mit einer Generalisierten Angststörung zum Alltag gehören. Konzentrationsstörungen treten auf, denn man kann nicht Steuererklärungen ausfüllen, einen Videorecorder programmieren oder das Passwort der Mikrowelle memorieren, während das Gehirn mit 95 Prozent seines Arbeitsspeichers über Leben und Sterben nachgrübelt. Jemanden mit einer Generalisierten Angststörung zu erschrecken ist ziemlich leicht. Eine solche Person ist «ständig auf dem Sprung» oder «kurz vor dem Durchdrehen».

Typisch für diese häufige Angstkrankheit ist die «frei flottierende Angst» – man hat Angst und weiß nicht, wovor. Die Angst tritt nicht wie bei der Panikstörung in Form von plötzlichen Angstanfällen auf, sondern mehr oder weniger als Dauerzustand (wobei die Angst allerdings dann nicht so heftig ist wie bei einer Panikattacke, dafür aber länger anhält).

Aber es ist auch typisch für eine Generalisierte Angststörung, dass man sich ständig Sorgen macht. Man kann diese Form der Angststörung auch als «Sorgenkrankheit» bezeichnen. Die Sorgen machen sich die Betroffenen nicht nur um sich selbst, sondern vor allem um Angehörige, um die Kinder, die Ehefrau, den Lebensgefährten. Würde es eine Arbeitsplatzbeschreibung für Menschen mit einer Generalisierten Angststörung geben, würde sie lauten: «Muss in der Lage sein, sich 24 Stunden am Tag Sorgen zu machen.»

Menschen mit einer Generalisierten Angststörung finden oft keinen Schlaf, da sie ständig über ihre Probleme nachdenken müssen. Sie sind auch diejenigen, die am ehesten beunruhigt sind, wenn im täglichen Leben Bedrohungen zunehmen. Ein Patient mit einer Generalisierten Angststörung würde sich niemals in ein Flugzeug in die USA setzen, wenn eine Terrorwarnung ausgegeben wird. Viele Geschäftsleute, die zwei- bis dreimal pro Woche fliegen müssen, überlegen sich: «Jeden Tag landen Tausende von Flugzeugen allein in Frankfurt, so weit ich denken kann, ist nicht eines davon beim Landen abgestürzt. Die Terroristen können ein paar Flugzeuge abschießen, aber es ist statistisch unwahrscheinlich, dass ausgerechnet ich darin sitze.» So denkt jemand mit einer Generalisierten Angststörung nicht. Er interpretiert die Statistik immer zu seinen Ungunsten. Er hat sofort die 144 Menschen vor Augen, die beim letzten Flugzeugabsturz in der Ukraine starben. Keinesfalls kommt er auf die Idee, die Millionen Menschen in Betracht zu ziehen, die an jenem Tag sicher gelandet sind.

Wie auch bei der Panikstörung sorgen die vorwiegend körperlichen Symptome der Generalisierten Angststörung dafür, dass Arzt und Patient oft lange im Dunkeln tappen, bevor die richtige Diagnose gestellt wird. Im Durchschnitt dauert es hier sogar sieben Jahre nach Beginn der ersten Symptome, bis die exakte Diagnose gefunden ist.

Die Generalisierte Angststörung hat eine große Nähe zur Depression, sodass manchmal auch Fachleute Probleme haben, zwischen einer Depression und einer Generalisierten Angststörung zu unterscheiden.

Neidisch auf die Sorglosen

«Warum, zum Teufel, mache ich mir ständig Sorgen?», fragt sich jemand, der unter einer Generalisierten Angststörung leidet. «Wird das Finanzamt die Steuererklärung anerkennen, taugt der Kerl, der meine Tochter heiraten will, wirklich was; wird meine Rente reichen; und was wird die Heizungsreparatur wieder kosten? Bin ich eigentlich nett genug zu meinen Angestellten? Wird die Sekretärin

Helga wieder schwanger? Hätte ich Tante Hilda zum Geburtstag anrufen sollen? Wird meine Mutter langsam senil? Gibt der Fernseher wohl bald seinen Geist auf? Warum war ich eigentlich noch nie bei einer Krebsvorsorgeuntersuchung? Und warum liegt meine Frau neben mir und schläft den Schlaf der Gerechten, macht sich überhaupt keine Sorgen und denkt lieber über den Sommerurlaub nach?»

Warum werden manche Menschen ständig von den Anfeindungen des Lebens gequält, während andere mit Ruhe und Grazie durch die Klippen des Lebens schiffen? Wie kann es sein, dass zwei Menschen, die genau die gleichen Probleme haben müssten, so unterschiedlich reagieren? Menschen mit der «Sorgenkrankheit» beneiden oft andere, die sich keine Sorgen machen.

Sascha G. jobbt als Kellner in einem Bistro, und man sagt, dass er den besten Cappuccino von Oldenburg macht. Ansonsten ist er auf der ganzen Linie ein Versager. Vor einigen Jahren hatte er seine Lehre als Diplomkaufmann abgebrochen. Seitdem arbeitete er nie länger als drei Monate im selben Job. Er hat zwei uneheliche Kinder, aber keinen Kontakt mehr zu den Müttern. Stets ist er gut gekleidet, obwohl er nie Geld besitzt. Von seiner Mutter erbte er ein kleines Häuschen. Vom Verkaufserlös finanzierte er sich einen Porsche, den er binnen kurzem vor einen Baum setzte – ohne sich deswegen lange zu grämen. Liebend gern pumpt er sich Zigaretten. Er hat keinen Führerschein mehr, trotzdem fährt er mit geliehenen Autos, ohne erwischt zu werden. Er braucht 15 Minuten, um sich eine Zigarette zu drehen. Alkohol trinkt er nur in Maßen, da er nie so viel Stress hat, dass er dagegen antrinken muss. Obwohl er schon 43 Jahre alt und gar kein Adonis ist, kommen 20- bis 30-jährige hübsche Frauen gern in das Bistro, um ihm bei der Cappuccino-Zubereitung zuzusehen. Sie lieben sein gewinnendes Lächeln und vor allem sein völlig sorgloses Auftreten. Von Zeit zu Zeit lässt ihn eine von ihnen bei sich zu Hause einziehen. Er hört sich immer geduldig ihre neurotischen Problemgeschichten an. Die Frauen leihen ihm Geld, das er nie zurückzahlt.

Was ist das Geheimnis von Sascha G.? Er hat jede Menge Probleme – aber keine Sorgen. Andere Menschen dagegen, bei denen alles wunderbar läuft – die Kinder sind gesund, der Job einträglich, das Haus abbezahlt –, werden ohne Ende von ihren Kümmernissen geplagt. Offensichtlich ist es so, dass tatsächliche äußere Probleme wenig mit den inneren Nöten zu tun haben. Man kann eine Generalisierte Angststörung auch bekommen, wenn im Leben alles normal läuft. Andererseits können Menschen auch unbekümmert durch das Leben tändeln, obwohl alles schief geht. Dies liegt daran, dass die Ursachen der Angsterkrankungen eben nicht nur in einer widrigen Umwelt, sondern auch in den Molekülen und Nervenzellen des Gehirns zu suchen sind. Hierauf wird im vierten Kapitel näher eingegangen.

MEHR ALS SCHÜCHTERNHEIT – DIE SOZIALE PHOBIE

Sonja E., eine 23-jährige Frau in der Ausbildung zur Polizeibeamtin, hat große Angst vor dem Unterricht in der Polizeischule. Wenn sie an die Tafel gehen muss, zittert ihre Hand, und sie schreibt unvollständige Sätze an die Tafel. Wenn sie ein Referat halten soll, meldet sie sich an dem Tag krank. Wenn sie einfach nur eine Frage des Lehrers beantworten muss, wird sie rot und bringt keinen Ton heraus. Ihre schriftlichen Leistungen sind dagegen sehr gut. Sie überlegt sich, dass sie vielleicht den Beruf aufgeben sollte, denn von Polizisten erwartet man ja schließlich Autorität und ein sicheres Auftreten.
Im Privatleben klappt nichts. Sie hat noch nie einen Mann kennen gelernt, obwohl sie recht hübsch und nicht auf den Mund gefallen ist, wenn sie sich in ihrem persönlichen Umfeld sicher fühlt. Wenn sie von einem Mann angesprochen wird, bricht nach ein paar Floskeln der Gesprächsfaden ab, da sie immer befürchtet, etwas Dummes oder Uninteressantes zu sagen. Entnervt brechen die jungen Männer ihre Annäherungsversuche ab, da sie Sonjas Schweigen als Desinteresse werten.
«In der U-Bahn habe ich immer das Gefühl, dass mich die anderen Menschen anstarren», beklagt sich Sonja. «Sehe ich wirklich so blöd aus? Ist meine Frisur etwa so schrecklich? Meine Klamotten sehen wahrscheinlich völlig altmodisch aus, denke ich. Und wenn ich mit Leuten spreche, die ich nicht gut kenne, werde ich rot und fange an zu stammeln.»

Sonja leidet unter einer Sozialen Phobie. Charakteristisch für die Soziale Phobie, die auch Soziale Angststörung genannt wird, ist die Angst, von anderen Menschen negativ bewertet zu werden. Man meint ständig, dass andere Menschen einen beobachten und einen für ungeschickt, unbeholfen, unattraktiv oder unintelligent halten.

Man fürchtet deshalb auch Situationen, in denen man im Mittelpunkt stehen muss: Bei der Ansprache zur Konfirmation der Tochter bebt die Stimme. Vor einem ganz harmlosen Gespräch mit dem Chef muss man mehrfach auf die Toilette. Beim Erzählen eines Witzes vor Freunden verhaspelt man sich und verpatzt die Pointe. Beim Unterschreiben eines Formulars, zum Beispiel in einer Bank, zittern die Hände. Wenn man vor anderen Leuten eine Rede halten soll, steht man da wie «Häuptling Hochroter Kopf», ohne einen Ton herauszubringen. Man hat Angst, einen Raum zu betreten, in dem schon andere sitzen. Gespräche mit Fremden werden gefürchtet. Direkter Blickkontakt wird als belastend empfunden. In einem Geschäft versteckt man sich hinter einem Ständer mit Mänteln, um nicht vom Verkäufer angesprochen zu werden. Vor dem Telefonieren hat man regelrecht Angst; man überlegt sich lange, ob man überhaupt irgendwo anruft oder ob man nicht besser einen Brief schreibt.

Menschen mit einer Sozialen Phobie würden sich wünschen, dass sie sich mündlich genauso gewählt und elegant ausdrücken könnten wie in Briefen. Eine mündliche Prüfung fürchten sie erheblich mehr als eine schriftliche.

Man sollte meinen, dass Leute, die unter einer Sozialen Phobie leiden, so zurückhaltend sind, weil sie klein, dick oder hässlich sind. Aber die meisten Menschen mit sozialen Ängsten sehen völlig normal oder gar sehr gut aus. Trotzdem denken sie immer, dass sie auf andere Leute unangenehm, lächerlich oder gar abstoßend wirken. Die meisten können sich wortgewandt ausdrücken, denken aber, dass alles, was sie sagen, von anderen als peinlich, unüberlegt oder belanglos empfunden wird.

Auch Gespräche mit Bekannten sind oftmals nicht leicht für sie. Sie vermeiden das gemeinsame Essen mit Arbeitskollegen in der Kantine. Nichts wird so gefürchtet wie das Kaffeetrinken mit Verwandten bei der Oma. Wenn man die Kaffeetasse halten will, klappert sie so stark, dass es alle hören. Der Kaffee trägt sein Übriges dazu bei, denn er steigert die Nervosität noch. Dabei sind es doch nur Verwandte, vor denen man doch keine Angst haben müsste: Vetter Karl, die Cousine Rita mit ihren Kindern, Onkel Herbert …

Ich bin schon seit einem Jahr nicht mehr in einem Restaurant gewesen, berichtet Uwe J., 34 Jahre. Wenn ich dort essen müsste, würde ich die ganze Zeit befürchten, dass ich nicht anständig esse, dass ich vielleicht Geräusche dabei mache, dass mir das Essen aus dem Gesicht fällt, dass ich den Wein auf der weißen Tischdecke umkippe. Ich fühle mich nicht nur von den Leuten beobachtet, die mit mir am Tisch sitzen, sondern auch von allen anderen im Lokal. Mir zieht sich der Magen zusammen, und das Essen schmeckt nicht mehr. Ich zittere so, dass ich das Weinglas nicht halten kann. Ich muss ein paar Mal auf die Toilette. Das Ganze macht keinen Spaß mehr und ist das Geld nicht wert.

Die Angst der Patienten äußert sich in körperlichen Symptomen wie Herzrasen, Herzklopfen, Zittern, Schwitzen, Erröten, Harn- oder Stuhldrang. Diese Symptome können sich bis zu einer vollständigen Panikattacke steigern. Die Patienten befürchten, dass man ihnen die Angstsymptome wie Erröten, Schwitzen oder Zittern ansehen könnte.

Einer meiner Patienten war Bankdirektor. Wenn er zu einer Sitzung ging, nahm er immer mehrere Aktenordner unter beide Arme, damit er niemandem die Hand geben musste. «Wenn ich jemandem die Hand geben würde, würde der Gesprächspartner ja merken, dass ich schweißnasse Hände habe, das wäre nicht nur peinlich gewesen. Stellen Sie sich vor, Sie verhandeln mit einem Banker um ein paar hunderttausend Euro, und dieser Banker schwitzt – könnte da nicht der Gedanke aufkommen, dass mit dem Geschäft irgendwas nicht ganz in Ordnung ist?»

Eine besondere Form der Sozialen Phobie ist die Angst mancher Männer, öffentliche Toiletten zu benutzen. Wenn eine Toilette gut besucht ist – oder wenn sie unter Zeitdruck stehen –, können sie trotz voller Blase nicht Wasser lassen. Eine unerklärliche Blockade, die durch rationale Gedanken nicht zu brechen ist, verhindert das Urinieren.

Krank oder einfach nur schüchtern?

Man könnte jetzt sagen, dass der Begriff «Soziale Phobie» nur ein neuer Ausdruck für extreme Schüchternheit ist. Seit wann ist das eine Krankheit?, wird oft gefragt. Wenn man Menschen interviewen würde, ob sie Angst hätten, in einem Raum vor 200 Zuhörern eine Rede zu halten, würden wahrscheinlich 80 Prozent mit «Ja» antworten. Auch würden die meisten Menschen sich nicht trauen, vor einer Gesellschaft ein Lied zu singen oder öffentlich einen Witz zu erzählen. Das allein reicht aber noch nicht aus, um eine Soziale Phobie zu diagnostizieren.

Aber wo hört die bescheidene Zurückhaltung, Hemmung oder Unsicherheit auf, wo fängt die Soziale Phobie an? Ich stelle meinen Patienten häufig spezielle Fragen, um herauszufinden, ob sie nur etwas zurückhaltend sind oder ob sie eine behandlungsbedürftige Soziale Phobie haben:

- Machen Sie sich manchmal schon tagelang vorher Gedanken über einen Gang zu einer Behörde, wie zur Kfz-Zulassungsstelle?
- Hatten Sie heute Angst, in die Sprechstunde zu kommen und über Ihr Problem zu sprechen?
- Hätten Sie Angst, dass Ihnen jemand Ihre Angst bei persönlichen Gesprächen anmerken könnte, weil Sie erröten oder an den Händen schwitzen?
- Hätten Sie Angst, vor anderen Menschen zu essen oder zu trinken?
- Könnte es passieren, dass Sie sich nicht trauen, Schuhe, die Sie zu klein gekauft haben, umzutauschen?
- Fangen Sie an zu zittern, wenn Sie ein Telefon auch nur anfassen?

Wenn solche Fragen bejaht werden, so kann man davon ausgehen, dass deutliche soziale Ängste bestehen. Wenn Sie sich nicht sicher sind, ob Sie eine Soziale Phobie haben, dann sollten Sie den Test auf Seite 353 durchführen.

Die virtuelle Welt

Unsere moderne Welt fördert sozialphobisches Verhalten. Früher musste man, um in der Welt zurechtzukommen, viel mehr mit den

Mitmenschen reden als heute. Früher fragte man nach dem Weg – heute ist Deutschland komplett ausgeschildert, und es gibt Navigationssysteme. Früher musste man beim Einkaufen noch sagen «100 Gramm Gouda in Scheiben, einen Liter Vorzugsmilch ...» – heute geht man wortlos zur Kasse; die Kassiererin scannt schweigend die Waren ein; man liest die Endsumme vom Display ab und zahlt stumm. Früher hatte man ein ausführliches Gespräch mit dem Autoverkäufer – heute konfiguriert man das Wunschauto zu Hause im Internet. Früher telefonierte man – heute schreibt man E-Mails und SMS.

Menschen mit einer Sozialen Phobie finden sich in der virtuellen Welt gut zurecht. Sie sitzen stundenlang am PC, spielen Spiele mit Menschen in einem fremden Land, von denen sie nur einen Aliasnamen kennen, chatten mit Hunderten von anonymen PC-Usern oder verabreden sich sogar zum Schein mit Internetbekanntschaften. Es gibt keinen Blickkontakt; keiner sieht das Erröten oder den Schweiß auf der Stirn. Irgendwann besteht ihr Leben zu 80 Prozent aus Träumen.

Bescheidenheit ist eine Zier ...

... doch weiter kommt man ohne ihr – so reimte Wilhelm Busch. Das gilt vor allem für Menschen mit einer Sozialen Phobie. Menschen mit einer derartigen Angststörung sind bei anderen Menschen oft beliebt. Schüchternheit, dezente Zurückhaltung und Bescheidenheit sind Tugenden, die in unserer Gesellschaft durchaus als liebenswert angesehen werden. Und solche Menschen brauchen wir in unserer Gesellschaft. Stellen Sie sich vor, alle Menschen wären penetrant selbstbewusst, hemmungslos durchsetzungsfähig oder aufdringliche Nervensägen. Wie wäre es, wenn jeder Zweite ein Alleinunterhalter wäre?

Vor allem rücksichtslose Vorgesetzte schätzen Menschen mit einer Sozialen Phobie als die willkommenen Mitarbeiter, die ihre Arbeit immer bestens und ohne zu murren machen. Sie beschweren sich nicht, wenn sie ausgenutzt werden, und verlangen mangels Traute keine höhere Entlöhnung.

In Ausbildung und Beruf kommen die Menschen mit einer Sozialen Angststörung jedoch oft nicht so weit, wie sie es verdient hätten. Sie haben oft eine schlechtere Schul- und Berufsausbildung, als es ihren Fähigkeiten entspricht. Sie zögern Prüfungen endlos hinaus. Bei einem Vorstellungsgespräch für einen neuen Job macht man den denkbar unsichersten Eindruck. Sie vermeiden alle Tätigkeiten, bei denen sie sich zwar bewähren könnten, die aber auch mit dem Risiko verbunden sind, vermehrt in die Kritik zu geraten. Im Berufsleben stehen sie sich manchmal selbst im Weg: Wenn eine Beförderung anliegt, lehnen sie diese ab, weil sie die damit verbundenen vermehrten sozialen Kontakte oder öffentlichen Auftritte scheuen. Wenn ein leitender Posten winkt, sind sie nicht gerade diejenigen, die laut «Hier!» schreien. Sie sind dazu verdammt, sich anderen Mitarbeitern unterzuordnen, die womöglich nicht bessere berufliche Fertigkeiten, aber mehr Selbstbewusstsein und Durchsetzungsvermögen haben.

Das große Buch der verpassten Gelegenheiten

Menschen mit einer Sozialen Phobie sind auch Meister in einer Technik, die unter Skatbrüdern «Leichenreden» genannt wird. Zocker lieben es nämlich nicht, wenn einer von ihnen anfängt, ein bereits beendetes Spiel zu analysieren: «Wenn ich die Kreuzdame gezogen hätte, dann ...» Genauso pflegen Menschen mit sozialen Ängsten sich auszudenken, was sie in einer Konfliktsituation gemacht hätten, wenn sie nur schnell genug reagiert hätten oder wenn sie mutig gewesen wären. Ein Maurer, der von einem Kollegen am Bau vor allen anderen mit üblen Schimpfworten belegt worden ist, aber nicht kontern konnte, sondern schweigend weggegangen ist, überlegt sich im Nachhinein, wie er hätte reagieren sollen: «Jetzt weiß ich, was ich zu ihm hätte sagen sollen, zum Beispiel: ‹Wenn mein Hund so ein Gesicht hätte wie du, würde ich seinen Hintern rasieren und ihn rückwärts laufen lassen›, genau das hätte ich sagen sollen.»

Menschen mit einer Sozialen Phobie haben im Umgang mit anderen Personen kaum schlechte Eigenschaften, da sie sich ja immer bemühen, es allen recht zu machen, und so nach und nach alle Mankos abbauen. Bis auf zwei Ausnahmen: Sie sind zwar von sich nicht besonders überzeugt, reden jedoch trotzdem gerne über sich, wenn sie mit vertrauten Personen sprechen, wobei sie auf ihre Erfolge hinweisen und sich gerne selbst loben. Auf die Probleme ihres Gesprächspartners können sie aber oft nicht genügend eingehen. Eine weitere schlechte Eigenschaft ist, dass sie gerne über andere Menschen abfällige Bemerkungen machen, wenn diese gerade nicht anwesend sind.

Man sollte meinen, dass Diskotheken für Sozialphobiker erfunden worden sind. Die Beleuchtung ist schummrig, weil Sozialphobiker denken, dass sie sowieso nicht gut aussehen und dass das im Halbdunkel praktischerweise nicht auffallen würde. Die Musik ist laut, sodass man sich nur durch Zeichen verständigen kann – vielleicht, weil die Sozialphobiker immer denken: «Wenn ich anfange zu reden, bringe ich sowieso nur Mist heraus.» Wegen des Krachs kommen sie nicht in Verlegenheit, ein Gespräch führen zu müssen. Außerdem wird in einer Diskothek Alkohol ausgeschenkt, der hilft, die sozialen Ängste abzubauen. Aber wie die folgende Geschichte zeigt, nützt das alles nichts:

John saß schon lange an der Bar in der Diskothek Culture Club. Tanzen war nicht sein Ding. Groß gewachsen, wie er war, hatte er eine sehr schlaksige Figur und immer das Gefühl, er würde sich ungelenk bewegen und beim Tanzen den denkbar schlechtesten Eindruck machen. Schon länger sah er Julia beim Tanzen zu. Julia hatte lange schwarze Haare, ein sehr hübsches Gesicht und dunkle Augen. Sie war groß und schlank. Er kannte sie flüchtig vom Sehen, denn sie war mit ihm im selben Semester im Biologiestudium.

Wenn ich mich nicht täusche, dachte Julia, sieht der Typ da drüben immer zu mir herüber. Oder bilde ich mir das ein? Warum kommt er nicht auf die Tanzfläche? Ich versuche mal, mich neben ihn an die Theke zu setzen. Vielleicht spricht er mich ja an. Er sieht ja irgendwie traumhaft aus und hat ein knackiges Hinterteil.

John kippte noch einen Cola Whisky. Jetzt quatsche ich sie an, kam es ihm in den Kopf. Oder lieber doch nicht. Warum schaffe ich das nicht? Seit anderthalb Jahren habe ich keine Freundin mehr. Ich werde noch verrückt. Aber wahrscheinlich werde ich mich wieder völlig blöd verhalten.

Fast eine halbe Stunde saß er so an der Theke, sah mal zur Tanzfläche, mal zu Julia rüber, in der Hoffnung, einen Blick mit ihr austauschen zu können. Die starrte unverwandt auf die schönen bunten Flaschen im Regal hinter dem Barkeeper, machte aber keine Anstalten, zu John hinüberzusehen.
Ich schaffe es doch nicht, sie anzusprechen. Das Beste ist, ich gehe jetzt nach Hause, dachte John. Abrupt stand er auf und wandte sich zum Gehen. Doch plötzlich – der Whisky hatte ihn mutig gemacht – drehte er sich um und sprach Julia an. «Willst du mit mir tanzen?», fragte John. Er hätte sich ohrfeigen können, wie unbeholfen und ungeschmeidig dieser Auftritt war.
Julia wurde rot. Damit hatte sie nicht gerechnet. «Nein, eigentlich im Moment nicht», rutschte es ihr heraus. Bin ich denn blöd?, fragte sie sich im selben Moment. Jetzt habe ich so viel investiert, um von diesem Typen angesprochen zu werden, und jetzt wimmele ich ihn einfach ab.
Gerade in diesem Moment drängte sich ein breitschultriger Mann zwischen die beiden, um sich ein Bier zu bestellen. Es entstand eine lange Pause, und John überlegte sich, dass er am liebsten eine Fliege sein wollte. Er drehte sich von Julia weg. Nachdem der Mann verschwunden war, spürte er plötzlich eine Hand auf seiner Schulter. «Vielleicht will ich ja doch tanzen …», stotterte Julia zaghaft.
Eine Stunde später tanzten sie immer noch. Eine Unterhaltung war bei der lauten Musik nicht möglich, aber Julia lächelte ihn mit ihrem schönsten Lächeln an, und John lächelte zurück. Gegen drei Uhr morgens waren sie noch immer auf der Tanzfläche. Dann ging das Licht an, und der DJ forderte sie zum Gehen auf.
«Was hältst du davon, wenn wir noch zu mir gehen und ein bisschen quatschen?», fragte John Julia. «Ich bin überhaupt noch nicht müde.»
«Ja … äh … warum nicht …», stammelte Julia.
«Wartest du hier auf mich? Ich muss nochmal dringend aufs Klo», sagte John hastig und lief weg.
Julia stand da wie vom Donner gerührt. Während John verschwunden war, fragte sie sich: «War ich das, die eben ja gesagt hat? Bin ich denn blöd? Bestimmt will er was von mir. Und dann? Wenn wir Sex haben, mache ich garantiert alles falsch. Ich verhalte mich bestimmt superblöd. Ich werde alles verderben. Er wird mich für bescheuert halten. Ich bin so eine Versagerin … Ich …»
Als John von der Toilette wieder zurückkam, war Julia verschwunden. War sie auch noch auf die Toilette gegangen? Er wartete bestimmt noch eine halbe Stunde, bis der mitleidige Barkeeper, der die Stühle hochstellte, ihn ansprach: «Die Frau, die mit dir hier saß, ist schon lange weg. Sie hatte es plötzlich ganz eilig.»

Dies ist eine typische Geschichte, die passiert, wenn zwei Sozialphobiker aufeinander treffen. Sozialphobiker lernen wegen ihrer Ängste im Umgang mit dem anderen Geschlecht deutlich seltener einen Partner kennen. Obwohl sie eigentlich zueinander passen, verpassen sie sich. Jeder glaubt, nicht den ersten Schritt machen zu können. Jeder denkt, dass er es nicht wert sei, den anderen zu bekommen. Und so laufen viele Töpfchen und Deckelchen in der Welt herum, aber sie finden nicht zueinander. Millionen von Sozialphobikern sind einsam und warten, dass ein Wunder passiert. Dieses Wunder tritt nicht ein, denn nur eins ist sicher, nämlich, dass sie selbst nicht dazu beitragen, dass das Wunder geschieht. So sitzen sie einsam zu Hause und füllen das große Buch der verpassten Gelegenheiten mit unzähligen neuen Kapiteln.

Eine Folge dieser Angsterkrankung ist, dass auch andere Situationen vermieden werden, in denen man mit anderen Menschen zusammentreffen könnte. Einschränkungen der Bewegungsfreiheit und soziale Isolation sind das Ergebnis. Depressionen können als Konsequenz dieses freudlosen Lebens auftreten. Personen mit Sozialphobie begehen dreizehnmal häufiger Suizidversuche als der Bevölkerungsdurchschnitt.

Sappho, die Liebe und die Soziale Phobie

Nicht nur aus diesem Grund wäre es zynisch, das Problem der Sozialen Phobie als «erfundene Krankheit» abzutun. Als ich mich Ende der achtziger Jahre zum ersten Mal mit dieser Angststörung befasste, hörte ich oft, dass es sich dabei um eine Modeerscheinung handele oder um eine neue Diagnose, die ausgebrütet wurde, um den Absatz neuer Medikamente gegen diese Krankheit zu fördern. Aber so neu scheint die Erkrankung nicht zu sein.

Im Jahre 1621 beschrieb der englische Geistliche Robert Burton in seinem Buch «Die Anatomie der Schwermut» eine Panikattacke bei Menschen mit sozialen Ängsten: «Viele beklagenswerte Auswirkungen hat diese Furcht bei Menschen, wie Erröten, Blässe, Zittern und Schwitzen, plötzliche Kälteschauer und Hitzewallungen am ganzen Körper, Herzklopfen, Ohnmachtsgefühle usw. Sie befällt viele Männer, die in der Öffentlichkeit sprechen oder auftreten müssen.»[22]

Aber das war nicht die erste Beschreibung einer Sozialen Phobie. Burton berichtete in seinem Buch auch über einen Patienten des Arztes Hippokrates (460 bis ca. 370 v. Chr.): «Er wagte es nicht, sich in Gesellschaft zu begeben, wegen der Furcht, dass er verlacht oder beschämt werden könnte, dass er durch seine Gesten oder seine Sprache auffallen oder dass ihm schlecht werden könnte. Er dachte, dass ihn jeder beobachtete.»

Etwa um das Jahr 600 vor Christus verfasste die griechische Dichterin Sappho das berühmte Gedicht «Symptome der Liebe»:[23]

Scheint er nicht den seligen Göttern ähnlich,
Jener Mann, der dort gegenüber, vor dir
Sitzen darf und nahe den Klang der süßen
Stimme vernehmen,

Und des Lachens lieblichen Reiz! Das hat mir
Starr gemacht das Herz in der Brust vor Schrecken.
Schon ein Blick auf dich, und es kommt kein Laut mehr
Mir aus der Kehle.

Ach, die Zunge ist mir gelähmt, ein zartes
Feuer rieselt unter der Haut mir plötzlich,
Nichts vermag mein Auge zu sehn, ein Rauschen
Braust in den Ohren,

Und der Schweiß rinnt nieder an mir, das Zittern
Packt mich ganz, noch fahler als Gras des Feldes
Bin ich; wenig fehlt, und in tiefer Ohnmacht
Schein ich gestorben …

Da dieses Gedicht nicht vollständig erhalten ist (am Ende bricht es mitten im Satz ab) und die Poetin auch keine Gebrauchsanweisung mitgeliefert hat, haben viele Literaturwissenschaftler versucht, es

Die griechische Dichterin Sappho (610–580 v. Chr.)

auf ihre Weise zu interpretieren. Keinem ist jedoch aufgefallen, was eigentlich offensichtlich ist: Die (lesbische) Dichterin Sappho beschreibt alle Symptome einer Panikattacke – in einer sozialphobischen Situation. Eine junge Dame plaudert mit einem jungen Herrn, der ihr offensichtlich gefällt. Auch der Herr bewundert ihren liebreizenden Körper. Alles scheint nach Plan zu laufen. Doch plötzlich kommt es zu einer Panikattacke: Herzrasen («Starr gemacht das Herz»), Mundtrockenheit («die Zunge ist mir gelähmt»), Hitzewallungen («Feuer rieselt unter der Haut»), verschwommenes Sehen («Nichts vermag mein Auge zu sehn»), Ohrgeräusch («ein Rauschen braust in den Ohren»), Schwitzen («Schweiß rinnt nieder an mir»), Zittern, Blässe («fahler als Gras»), aber auch Ohnmachtsgefühle und

Todesangst («Schein ich gestorben»). Vielleicht hat das junge Mädchen sich auf das Zusammensein mit dem Mann gefreut. Als es dann zur Verabredung kommt, befällt sie plötzlich eine unerklärliche Angst, die sich bis zu einer Panikattacke steigert.

Zwar kennt jeder, der einmal verliebt war, die Nervosität vor dem ersten Kuss. Wird sie sich abwenden, wird sie mich ohrfeigen, oder wird sie es angenehm finden? Hat sie vielleicht schon lange darauf gewartet, dass ich es tue? Für die meisten Menschen gehört dieser prickelnde Augenblick zu den schönsten Dingen, die man erleben kann. Für die Menschen mit einer Sozialen Phobie enden solche Situationen aber oft mit einer Niederlage, da sie im letzten Moment selbst einen Rückzieher machen.

Nobody is perfect

Laura M., 21 Jahre, war eine Schönheit. Sie hatte langes goldblondes Haar, grüne, mandelförmige Augen, eine olivfarbene Haut, ebenmäßige Gesichtszüge und einen vollen Mund. Sie besaß eine Figur, die jedem männlichen Wesen die Sprache verschlug. Sie hatte einen vollen Busen und perfekt geformte Beine. Vor allem verfügte sie über einen Gesichtsausdruck, dem kein Mann widerstehen konnte. Fotomodelle in Hochglanzjournalen sahen im Vergleich zu Laura belanglos aus.

«Was kann ich für Sie tun?», begrüßte ich sie. Sie war eine der attraktivsten Patientinnen, die jemals in meine Sprechstunde gekommen waren.

«Ich hasse meinen Körper», klagte Laura. «Nichts stimmt. Hier an den Hüften habe ich zu viel, der Bauch steht vor. Am schlimmsten ist die Nase. Ich würde gerne eine gerade Nase haben. Meine Lippen sind zu schmal. Ich habe mir vorgenommen, mehrere Schönheitsoperationen durchführen zu lassen. Zuerst die Nase. Ich habe schon mit einem Spezialisten in München gesprochen. Dann will ich mir die Lippen aufspritzen lassen, damit sie voller werden. Dann Fett aus dem Bauch absaugen. Und die Hüften. Meine Brüste sind zu groß, finde ich. Ich will sie verkleinern lassen. Aber mein Problem ist, dass ich das ganze Geld nicht habe, um diese Operationen zu bezahlen.»

«Sie sind also der Meinung, dass Sie nicht gut genug aussehen …», stammelte ich, wobei ich meine Fassungslosigkeit kaum verbergen konnte. «Ich weiß, was Sie sagen wollen», sagte Laura. «Sie meinen, ich sehe ganz passabel aus. Alle wollen mir das einreden. Alle sagen, ich wäre schön genug. Aber mein Problem ist: Ich denke das selber nicht. Alle meine Gedanken drehen sich nur darum, dass ich unzufrieden mit meinem Körper bin. Ich will perfekt sein. Davon bin ich weit entfernt. Ich bin unglücklich.»

Erstaunlich fand ich auch den Fall von Stefanie U.:

Stefanie U., 16, wurde von ihrer Mutter in meine Sprechstunde gebracht. Als sie zur Tür hereinkam, konnte ich ihr Gesicht nicht sehen, da sie es hinter einem Vorhang langer schwarzer Haare verbarg. Sie wandte mir sofort den Rücken zu. Stefanie war völlig überzeugt, so hässlich zu sein, dass alle Menschen entsetzt wären, wenn sie sie sehen würden. In den letzten zwei Jahren hatte sie überhaupt nicht mehr das Haus verlassen und war auch nicht mehr zur Schule gegangen. Ihren Eltern war es in dieser Zeit nicht gelungen, sie zu einem Arzt oder Psychologen zu bringen. Die Familie bekam wegen der Schulpflicht bereits Probleme mit den Behörden. Stefanie verbrachte ihre Zeit hauptsächlich in ihrem Zimmer am Computer und surfte im Internet herum. Nur kurz konnte ich im Spiegel einen Blick von ihrem Gesicht erhaschen. Sie war bleich, aber ungewöhnlich hübsch.

Laura und Stefanie litten an einer rätselhaften Erkrankung, die einen schwer auszusprechenden Namen hat: Dysmorphophobie. Menschen, die unter dieser Krankheit leiden, haben die unverrückbare Vorstellung, dass irgendetwas an ihrem Körper nicht stimmt. Ein für andere Menschen als vollkommen normal erscheinender Körperteil wird als unschön, hässlich, Ekel erregend oder monströs empfunden. Allen Versicherungen Außenstehender zum Trotz, dass die Nase völlig in Ordnung erscheine oder sogar sehr hübsch sei, beharren sie auf ihrem Standpunkt, dass sie abstoßend aussehen. Solche Menschen wenden sich oft an Schönheitschirurgen. Wenn einer dieser Operateure sich weigert, die Operation durchzuführen, suchen sie so lange weiter, bis sie schließlich jemanden finden, der sie unter das Messer nimmt. Manchmal ist das Ergebnis nicht zufrieden stellend, oder sie empfinden sich als noch hässlicher als vorher, sodass sie von einer Operation zur nächsten hetzen.

Über die Ursachen dieser rätselhaften Form der Angst ist so gut wie nichts bekannt.

Angst am Arbeitsplatz

Von den realen Ängsten hat in Umfragen oft eine bestimmte immer einen sicheren Platz in den vorderen Rängen: die Angst am Arbeitsplatz. Dabei spielt die Furcht vor dem Verlust des Jobs die größte

Rolle. Aber auch ein anderes Phänomen hat zugenommen: Die persönlichen Ansprüche an Perfektionismus, das Streben nach Erfolg und Aufstieg sind gestiegen. Während in den siebziger und achtziger Jahren der sympathische Loser gefragt war, ist heute der Erfolgsmensch angesagt.

Die Angst vor Verlust des Arbeitsplatzes hat nicht nur negative Seiten. Aus der Sicht der Arbeitgeber ist sie regelrecht ein Geschenk. Die Furcht vor Entlassungen schürt den Leistungsdruck. Wer Angst vor einem Jobverlust hat, strengt sich an und macht auch mal freiwillig und unbezahlt Überstunden.

Ängste am Arbeitsplatz kann man grob in drei Formen einteilen. Die erste hat überhaupt nichts mit der Person oder den Fähigkeiten des Betroffenen zu tun. Das ist der Fall, wenn zum Beispiel eine Firma aus betrieblichen Gründen Mitarbeiter entlässt. Die zweite Form hängt mit einer tatsächlichen Unfähigkeit oder dem mangelnden Fleiß des Arbeitnehmers zusammen. Die dritte Form, wahrscheinlich die häufigste, beruht auf einer übersteigerten Befürchtung, nicht gut genug zu sein und deswegen entlassen zu werden.

Nur zu diesem letzteren Fall soll hier etwas gesagt werden – denn für die anderen beiden Fälle wüsste ich keine Patentlösung. Die Zahl der Entlassungen nimmt leider ständig zu, aber gegen diese realen Probleme helfen nicht die Ratschläge eines Psychiaters. Verhält es sich aber so, dass jemand übertriebene Angst vor dem Arbeitsplatzverlust hat, kann das im weitesten Sinne auf einer Sozialen Phobie beruhen, wie das folgende Beispiel zeigt:

Heinrich K., 56, arbeitet seit 28 Jahren in einer Versicherungsgesellschaft. Immer hat er seine Arbeit zur Zufriedenheit der Vorgesetzten erledigt. Zwar ist er wegen seines Alters nicht mehr der dynamischste Mitarbeiter, aber man schätzt andererseits seine große Erfahrung. Eine Entlassung wäre schon wegen der langen Dienstzeit rein rechtlich problematisch, aber niemand denkt im Entferntesten daran, ihn zu entlassen. Da es der Firma gut geht, sind auch betriebsbedingte Kündigungen nicht wahrscheinlich. Dennoch befürchtet er ständig, dass ihm ein Fehler unterlaufen, dass sein Chef unzufrieden mit ihm sein oder dass er plötzlich einfach ohne Grund entlassen werden könnte. Er wird nervös, wenn ihm jemand bei der Arbeit zuschaut. Er geht nicht mit seinen Kollegen in die Kantine zum Essen, da er annimmt, dass man ihn dort öffentlich kritisieren könnte. Eine vorgeschlagene Beförderung hat er abgelehnt, da er die damit verbundene größere Verantwortung scheut.

Die Ängste von Heinrich K. sind also nicht in einem tatsächlichen Risiko, entlassen zu werden, begründet, sondern durch eine Soziale Phobie erklärbar. Durch diese Angsterkrankung hat Heinrich K. eine sehr eingeschränkte Möglichkeit, seine eigenen Fähigkeiten und Vorteile in irgendeiner Weise realistisch einzuschätzen.

Auf S. 334 finden sich Ratschläge zum Umgang mit der Angst am Arbeitsplatz.

Prüfungsangst

So manche Berufsausbildung und so manches Studium sind schon daran gescheitert, dass der Kandidat sich im letzten Moment von der Prüfung abgemeldet hat. In den ersten Jahren der Ausbildung hat alles ganz gut funktioniert. Dann kommt aber der Moment, in dem man sich einer Prüfung stellen muss. Prüfungsängste können sich in schweren körperlichen Angstsymptomen bis hin zu Panikattacken sowie in Konzentrationsstörungen, Unfähigkeit zu arbeiten und Schlafstörungen äußern. Die Kandidaten fühlen sich wie bei einem Gang auf das Schafott, obwohl es ja nicht um ihr Leben, sondern im schlimmsten Fall meist nur darum geht, die Prüfung nach einem halben Jahr zu wiederholen, wenn sie nicht bestanden wurde. Schon während der Vorbereitung auf die Prüfung fühlen sie sich wie gelähmt und unfähig, einen klaren Gedanken zu fassen. Da das Gehirn hauptsächlich damit beschäftigt ist, darüber nachzudenken, was passiert, wenn man durch die Prüfung fällt, bleiben nur noch wenige Prozent der Denkfähigkeit übrig, um Gleichungen zu lösen oder Vokabeln zu lernen.

In meiner Tätigkeit als Prüfer im medizinischen Staatsexamen stellte ich fest, dass es merkwürdigerweise oft gerade die Einserkandidaten sind, die extreme Prüfungsangst haben. In solchen Fällen gehört die Prüfungsangst auch zu den unrealistischen Ängsten. Sie ist dann eine Unterform der Sozialen Phobie. Es geht ja letztlich um das Versagen, um die Blamage. Man fürchtet, vor den Freunden, vor den Eltern, vor den Kollegen als unzureichend und minderwertig dazustehen. Und Einserkandidaten sind oft Einserkandidaten, weil sie sich aus Angst vor dem Durchfallen extrem gut vorbereiten.

Man kann aber nur von einer Sozialen Phobie sprechen, wenn die Angst vor der Prüfung nicht berechtigt ist. Wenn jemand einfach zu wenig gelernt hat oder tatsächlich den Anforderungen nicht genügt, so ist die Angst nicht krankhaft, sondern angebracht. Und dagegen ist kein Kraut gewachsen.

Womit kann man eine Soziale Phobie verwechseln?

Da Patienten mit Sozialphobie auch über Panikattacken berichten, muss die Sozialphobie gegenüber der Panikstörung abgegrenzt werden. Im Gegensatz zu Panikpatienten, die häufig eine körperliche Erkrankung als Ursache ihrer Symptome vermuten, weiß der Patient mit Sozialphobie meist genau, wovor er Angst hat. Patienten mit Agoraphobie haben auch Angst in Menschenansammlungen, das gilt aber nur für größere, anonyme Menschenmengen (beispielsweise in Kaufhäusern oder öffentlichen Verkehrsmitteln). Patienten mit Sozialphobie meiden dagegen solche Situationen nicht, haben aber wiederum in kleineren, überschaubaren Menschenmengen Angst, selbst bei Bekannten, Verwandten oder Arbeitskollegen.

Wenn jemand keine Freunde und Verwandten besucht oder anruft und sich immer weiter sozial isoliert, so muss nicht unbedingt eine Soziale Phobie vorliegen. Auch bei einer Depression kommt es vor, dass jemand seine Außenkontakte immer weiter reduziert. Bei der Sozialphobie wird die kritische Bewertung durch andere Menschen befürchtet; bei der Depression ist aber der Verlust der Freude der Grund für die Meidung von Begegnungen mit Bekannten.

Menschen mit einer Sozialen Angststörung berichten nicht selten, dass sie sich beobachtet fühlen. Es gibt aber noch andere Krankheiten, bei denen sich die Betroffenen überwacht und beschattet fühlen – bei so genannten Psychosen.

Konrad M., 34, lebt bei seiner alten Mutter. Wenn er durch die Straßen geht, hat er das Gefühl, dass ihm Menschen folgen. In der U-Bahn meint er, dass drei junge Mädchen über ihn lachen. Er ist sich sicher, dass sein Telefon abgehört wird. Er hat den Verdacht, dass sich seine Nachbarn und ein Arbeitskollege zusammengetan haben, um ihm zu schaden. Konrad M. vermutet, dass diese Menschen mit einem Geheimbund, den Freimaurern, gemeinsame Sache machen. Er weiß, dass die Freimaurer seine Gedanken lesen und ihm über den Fernseher Drohungen senden können. Er hört Stimmen, die sich über ihn lustig machen und ihm Befehle geben.

Eine Form der Psychose ist die Schizophrenie, die bei Konrad M. vorliegt. Bei den Psychosen kann die Angst, beobachtet, belauert, bespitzelt, ausgehorcht oder abgehört zu werden, ganz im Vordergrund stehen. Während Menschen mit einer Sozialen Phobie sich kritisch betrachtet oder negativ beurteilt fühlen, geht die psychotische Angst, von den Blicken anderer durchbohrt zu werden, darüber hinaus. Bei einer Psychose denkt man auch, dass die anderen einen nicht nur geringschätzig beurteilen, sondern auch etwas Böses im Schilde führen, oder dass sich sogar mehrere Menschen zu einem Netzwerk zusammengeschlossen haben, um dem Betroffenen zu schaden oder ein Mordkomplott zu planen.

Außer den Ängsten, beobachtet zu werden, haben die Soziale Phobie und die Schizophrenie aber sonst überhaupt nichts gemeinsam. Die Ursachen sind andere, und auch die Behandlung ist verschieden.

Vom Sozialphobiker zum Erfolgsmenschen

Sie würden sich wundern, wenn Sie wüssten, wie viele erfolgreiche Showmaster, Alleinunterhalter, Popstars, Opernsänger, Kabarettisten, Schauspieler oder Politiker vor ihrer Karriere Sozialphobiker waren. Dies erscheint zunächst paradox. Wer Angst vor negativer Bewertung durch andere Menschen hat, der, so sollte man meinen, meidet Bühnenauftritte wie der Teufel das Weihwasser. Aber merkwürdigerweise kann die Soziale Angststörung Menschen auch dazu bringen, die Nähe des Publikums mit Absicht zu suchen. Denn diese Personen sind nicht etwa zurückhaltend, weil sie sich nicht für andere Menschen interessieren. Es ist nur so, dass das, was sie darstellen, nicht im Einklang mit dem ist, was sie darstellen wollen.

Wer den Drang hat, sich auf einer Bühne zu produzieren, braucht zunächst einmal einen gesunden Ehrgeiz. Den haben die meisten Sozialphobiker. Dazu kommt bei Menschen mit sozialen Ängsten die Furcht, sich vor anderen zu blamieren. Wer davor Angst hat, bereitet sich gut vor. Zwar ist Talent eine Grundvoraussetzung für einen gelungenen Bühnenauftritt, aber unermüdliches Arbeiten und Üben sind ebenso wichtig. Ein Sozialphobiker, der einen Auftritt hat, wird immer – getrieben von seiner Angst zu versagen – alles doppelt und dreifach einstudieren. Er würde sich einige Tricks und Kniffe ausdenken, wie er seine Darbietung möglichst unterhaltsam und überragend gestaltet, um zu vermeiden, dass er ausgepfiffen wird oder schlechte Kritiken bekommt.

Hat ein solcher Mensch mit sozialen Ängsten einmal einen erfolgreichen Auftritt hingelegt, so hat er die besten Möglichkeiten, sich selbst zu heilen. Der Applaus des Publikums ist der beste Beweis, dass man nicht der Versager ist, für den man sich gehalten hat. Viele bekannte Stars haben in späteren Lebensjahren in Interviews zugegeben, dass sie früher immer unter schrecklichem Lampenfieber gelitten hatten.

Und dies ist eine gute Nachricht für Menschen, die unter sozialen Ängsten leiden: Bei keiner Angsterkrankung zeigt sich so deutlich wie bei der Sozialen Phobie, wie sich Angst in kreative Energie umwandeln lässt. Hat man einmal verstanden, dass man sich nicht vor anderen verstecken muss, sondern durchaus Fähigkeiten hat, mit denen man andere Menschen beeindrucken kann, so vermag man höchste Erfüllung in Tätigkeiten zu finden, die man bisher tunlichst vermieden hat. Wenn man es einmal geschafft hat, die Angst zu überwinden, kann sich die schüchterne Zurückhaltung ins Gegenteil verkehren.

Sie müssen nicht ein bekannter Sänger, ein begnadeter Zauberkünstler oder ein beliebter Politiker werden. Ein Mann, der große Angst vor dem Sprechen in der Öffentlichkeit hatte, kann plötzlich eine witzige Rede auf der Weihnachtsfeier halten. Eine junge Frau, die sich hässlich fand, spielt auf einer Laienbühne die jugendliche Liebhaberin. Ein früher schüchterner Mann wird zum Kreisvorsitzenden seiner Partei gewählt. Eine ängstliche Frau, die sich bisher zu ungeschickt fand, eine Kaffeetasse einzuschenken, erntet bei einer Tanzvorführung großen Beifall.

Oder wenn es für die schönen Künste nicht reicht, können Sie einfach nur ein charmanter, wortgewandter, sozial kompetenter und allseits beliebter Mensch werden.

SIND ANGSTPATIENTEN ÄNGSTLICHE MENSCHEN?

März 1999. NATO-Bomben hageln auf Belgrad. Der Belgrader Angstexperte Vladan Starcevic hatte seine Klinik in der Nähe einiger kriegswichtiger Gebäude, als die Nato-Bomben auf Serbien fielen. Er untersuchte seine Panikpatienten während und nach den Luftangriffen mit einem von mir entwickelten Fragebogen, der «Panik- und Agoraphobieskala», und verglich die Ergebnisse mit den vor dem Krieg erhobenen Werten. Zu seiner Überraschung waren sie nicht angestiegen, sondern abgefallen, die Patienten hatten in der Zeit der Luftangriffe weniger Angst. Die tatsächliche Gefahr führte nicht zu einer Verstärkung der Angst, sondern schien eher von den irrealen Ängsten abzulenken.[24] Andere Wissenschaftler fanden in Israel keinen Anstieg der Angst bei Panikpatienten nach irakischen Scud-Raketen-Angriffen im ersten Golfkrieg.

Diese Beispiele zeigen, dass Menschen mit einer Panikstörung nicht ängstlicher sind als andere Menschen und dass die Angst vor realen Gefahren und die unbegründete Angst bei Angststörungen zwei verschiedene Dinge sind. Bei den Angststörungen sind die Ängste oft wie ausgestanzt auf eine ganz bestimmte Situation gerichtet, die nicht unbedingt eine echte Gefahr darstellt, während andere, tatsächlich gefahrvolle Situationen nicht mehr Ängste auslösen als bei gesunden Menschen. Offensichtlich sind im Gehirn für die realen und die unbegründeten Ängste verschiedene Gebiete zuständig.

ANGST VOR KRANKHEITEN

Eleonore T., 43 Jahre, ist Sekretärin auf dem Finanzamt. Sie ist eine der häufigsten Patientinnen ihrer Hausärztin – und wahrscheinlich die am besten untersuchte. Sie leidet unter ständigen Befürchtungen, an einer schlimmen Krankheit sterben zu müssen.

Gelegentlich auftretende Kopfschmerzen und Schwindelgefühle deutet sie als untrügliches Zeichen eines Gehirntumors, häufiges Wasserlassen als Folge einer bisher unentdeckten Zuckerkrankheit. Beim Auftreten von Durchfall vermutet sie Darmkrebs, bei Rückenschmerzen Knochenkrebs. Eine kleine Hauterscheinung neben der Scheide wird als Anzeichen einer Geschlechtskrankheit gewertet – obwohl sie seit Jahren kein Liebesleben hat. Oder sie nimmt an, dass sie sich an einer unsauberen Toilette in einem Vorortzug infiziert hat. Sie hat sich alle Amalgamfüllungen ihrer Zähne ersetzen lassen, da sie Symptome wie Kopfschmerzen, Unruhe, Schlaflosigkeit oder Müdigkeit auf diese Füllungen zurückführte.

Eleonore T. verschlingt alle Artikel in Zeitschriften, die sich mit tödlichen Krankheiten beschäftigen. Wenn sie im Fernsehen Berichte über Prominente sieht, die eine lebensbedrohliche Krankheit hatten, beobachtet sie auch bei sich Anzeichen dieser Erkrankung. Alle Versuche ihrer Hausärztin, sie mit Hilfe von Röntgenbildern und Laborbefunden davon zu überzeugen, dass sie keine körperliche Krankheit hat, schlagen fehl.

Obwohl ich mir alle Mühe gab, ihr klar zu machen, dass sie eine psychische Erkrankung habe, aber körperlich gesund sei, kam sie nicht wieder in meine Sprechstunde.

Solche unbegründeten oder übertriebenen Ängste vor diversen Krankheiten können im Rahmen mehrerer psychiatrischer Erkrankungen auftreten, so zum Beispiel bei Depressionen oder bei einer Hypochondrie.

Ein Hypochonder ist jemand, der die unkorrigierbare Überzeugung hat, an einer körperlichen Erkrankung zu leiden. Obwohl ihm die Ärzte ständig Befunde vorlegen, die beweisen, dass er körperlich gesund ist, ist er dennoch der Meinung, organisch krank zu sein. Er bezweifelt die Kompetenz seiner Ärzte und wechselt sie daher wie andere ihre Hemden. Ein Hypochonder darf nicht mit einem Simulanten verwechselt werden. Ein Simulant ist jemand, der eine Krankheit vortäuscht, wobei ihm sehr genau klar ist, dass er nicht wirklich krank ist und dass er den Arzt – vielleicht wegen eines Rentenbegehrens oder aus welchen Gründen auch immer – hinters Licht führen will. Der Hypochonder dagegen fühlt die Beschwerden oder Schmerzen tatsächlich, und es bleibt ihm verborgen, dass die Ursache seines Leidens eine seelische und keine körperliche ist.

Menschen mit einer Angststörung sind im Prinzip keine Hypochonder, obwohl auch sie nicht selten mutmaßen, dass sie nicht psychisch, sondern körperlich krank sind. Trotzdem lassen sie sich – leichter als ein echter Hypochonder – davon überzeugen, dass ihr Problem nicht ein körperliches im eigentlichen Sinne ist.

Ängste vor Umweltgiften sind in unserer Zeit sicherlich oft begründet. Nicht selten gibt es aber Menschen, die unter Angstsymptomen wie Herzrasen, Zittern und Schwindel, Konzentrationsstörungen oder Luftnot leiden und die diese Symptome dann auf die Lackierung der Küchenmöbel, den Teppichkleber, Elektrosmog, Handys, ungünstig verlaufende Wasseradern oder Amalgamfüllungen zurückführen. Alle Versuche, diese vermeintlichen Umweltgifte zu vermeiden, bringen diese Symptome nicht zum Verschwinden. Mit anderen Worten: Hinter übertriebenen Umweltängsten verbirgt sich oft eine seelische Krankheit.

ANGST VOR DEM ALLEINSEIN

Menschen mit Angststörungen haben fast immer Angst vor dem Alleinsein. Dabei spielt nicht nur eine Rolle, dass sie stets denken, sie müssten ständig jemand bei sich haben, der sie vor dem nahen Tod durch eine Angstattacke rettet, indem dieser Begleiter den Notarzt anruft. Allgemein fürchten Menschen mit Angsterkrankungen, ohne ihren Partner nicht zurechtzukommen.

Martina S. hatte schon seit vier Jahren keine Panikattacken mehr gehabt. Als die 38-Jährige eines Tages den Computer ihres Mannes, der unterwegs war, anschaltete, stieß sie mehr durch Zufall auf das E-Mail-Programm. Sie las eine Nachricht, die ihr Mann bekommen hatte. «Ich kann es nicht erwarten, dich wiederzusehen, deine Sabrina», hieß es da. Offensichtlich hatte Martinas

Mann eine Geliebte. Unglücklicherweise war in der E-Mail auch der Text zu sehen, den der Ehemann zuvor an seine Freundin abgeschickt hatte. Aus den genüsslichen Beschreibungen, was er beim nächsten Treffen mit ihr im Bett anstellen würde, wurde klar, dass es zwischen den beiden schon öfter zu einem intimen Kontakt gekommen war. Der Ehemann war so unbedacht gewesen, Sabrinas E-Mails nicht zu löschen. Er hatte seiner Frau nicht zugetraut, dass sie es schaffen würde, seinen Computer anzuschalten und das Mail-Programm aufzurufen. Martina stellte ihren Mann zur Rede. Er gestand, bereits seit einem halben Jahr mit Sabrina ein Verhältnis zu haben. Er versprach, dieses Verhältnis zu beenden.
Am nächsten Tag wurde Martina von einer heftigen Panikattacke geschüttelt.

Psychiater sind eigentlich eher gewohnt, dass sich die meisten ihrer Patienten über eine unglückliche Ehe oder Partnerschaft beschweren. Dies gilt aber nicht unbedingt für Menschen mit Angststörungen. Diese berichten erstaunlicherweise oft, dass ihre Beziehung in Ordnung sei. Dies mag daran liegen, dass Menschen mit Ängsten so sehr an einer Partnerschaft hängen, dass sie sich selbst dann nicht vom Partner trennen, wenn er trinkt, das Geld verspielt und ständig untreu ist. Ihre übergroße Angst, dann ganz allein zu sein, hält sie davon ab, diesen Schritt zu tun.

Angst vor einer Trennung ist aber nicht nur bei Menschen mit Angsterkrankungen ein Thema. Wer hat es noch nicht erlebt, dieses schreckliche Gefühl, wenn der Partner nachts nicht nach Hause kommt, wenn man einen Brief vorfindet, in dem steht, dass die Freundin Schluss gemacht hat, oder wenn man schon seit Monaten immer mehr Gewissheit bekommt, dass die Ehe vor dem Aus steht? Die körperlichen Symptome, die dieses Gefühl auslöst, sind dieselben, die auch schon im Zusammenhang mit den Angsterkrankungen beschrieben worden sind: Der Magen dreht sich um, die Hände zittern, das Herz rast, und man kann nachts nicht einschlafen. Das Ausmaß dieser Angstgefühle unterscheidet sich kaum von der Verzweiflung, die Menschen befällt, die sich in echter Lebensgefahr befinden. Die Angst vor dem Verlust des geliebten Partners gehört zu den tiefsten Gefühlen, die Menschen empfinden können. Ist Ihnen schon einmal aufgefallen, dass neun von zehn Liedtexten von unerfüllter Liebe handeln?

Die Angst vor einer Trennung ist in den meisten Fällen eine ganz natürliche, da sie vielfach einen konkreten Hintergrund wie Untreue, Streit oder das Nachlassen der Liebe hat. Fast allen Psychiatern ist klar, dass sie bei Liebeskummer wenig ausrichten können. Wenden sich Menschen mit solchen Problemen an uns, bleibt uns nur übrig, auf das Verstreichen der Zeit zu warten und diese schmerzvolle Periode mit stützenden Gesprächen zu überbrücken. Die uns zur Verfügung stehenden therapeutischen Maßnahmen sind aber fast nie ausreichend, die tiefen Gefühle zu beeinflussen, die durch Liebesschmerz entstehen.

Liest man in Statistiken, wie oft Ehepaare sich trennen und wie viele Menschen als Singles leben, so gewinnt man den Eindruck, dass eine lebenslange Partnerschaft zweier Menschen eher die Ausnahme als die Regel darstellt. Menschen finden sich, leben eine Zeit lang zusammen, haben Affären, trennen sich, wohnen ein paar Jahre allein und finden dann wieder einen neuen Partner. Das klingt traurig, ist aber in gewisser Weise auch ein (zugegebenermaßen schwacher) Trost. Denn es heißt ja auch: Wenn man einen Partner verliert, hat man ihn nicht lebenslang verloren, denn man hätte ihn ohnehin nur für einige Jahre gehabt.

In einigen Fällen kann diese Trennungsangst übertrieben und wirklichkeitsfern sein, wenn zum Beispiel eine Frau ihren treuen Ehemann derart mit übertriebener Eifersucht verfolgt, dass er sich eingeengt und kontrolliert fühlt und sie nur wegen ihres ständigen Misstrauens verlässt.

Die Angst vor dem Verlassenwerden kann so übersteigert sein, dass manche Menschen lieber sterben wollen, als das Alleinsein zu ertragen. Nach der Erfahrung von Psychiatern sind es oft junge Menschen, die das ganze Leben noch vor sich haben, die einen solchen Schritt tun.

Die 18-jährige Yvonne M. wurde morgens von ihrer Mutter tief schlafend aufgefunden. Sie war nicht erweckbar. Auf dem Nachttisch fanden sich mehrere leere Tablettenschachteln, die Yvonne offensichtlich wahllos aus dem Arzneischrank ihrer Großmutter genommen hatte. Sie wurde in die Klinik gebracht. Da sie eine große Dosis eines rezeptfrei erhältlichen Schmerzmittels einge-

nommen hatte, machten sich die Ärzte große Sorgen, dass ihre Leber versagen und sie sterben könnte, bevor man eine geeignete Leber für die Transplantation gefunden hätte.
Als ich sie in der Intensivstation besuchte, gab sie als Grund für ihren Suizidversuch an, dass sie von ihrem Freund drei Tage lang keine SMS auf ihrem Handy bekommen hatte und deswegen dachte, dass er mit ihr Schluss gemacht habe.
In den nächsten Tagen erholte sich jedoch, wie durch ein Wunder, die Leber wieder, sodass sie gesund nach Hause gehen konnte – mit ihrem Freund, der sie abholte.

Die übergroße Angst vor dem Verlust einer Beziehung bringt manche Menschen dazu, sich überhaupt nicht auf eine Bindung einzulassen. Sie betreiben eine Art Enttäuschungsprophylaxe und sagen sich: «Wenn ich keinen Geliebten habe, kann ich ihn auch nicht verlieren.» Wenn sich doch einmal eine Gelegenheit bietet, einen Menschen näher kennen zu lernen, erfinden sie alle möglichen Entschuldigungen, warum es mit diesem oder jenem Partner nicht klappen kann: «Er ist zu dick, er hat zu wenig Haare auf dem Kopf, zu viele Haare auf der Brust, zu wenig Muskeln …» Es gibt auch diese Variante: «Er sieht viel zu gut aus, er ist ein richtiger Schönling, er will mit mir wahrscheinlich nur eine kurze Affäre anfangen, darauf bin ich nicht aus.» Viele Menschen sind nur wegen ihrer immensen Trennungsangst einsam.

ANGST VOR SEX

Eine häufige Angst ist die Angst vor Sex. Während die meisten Menschen ständig über Sex nachdenken und dies – neben dem Küssen – für die schönste Sache der Welt halten, so ist andererseits die Angst vor Sex weiter verbreitet, als man annehmen sollte.

Daniela F., eine 25-jährige Medizinstudentin, berichtete mir, dass sie Angst vor Sex habe. Sie hatte noch nie mit einem Mann geschlafen. Das fand ich erstaunlich, denn sie sah überaus attraktiv aus. An Angeboten mangele es

nicht, erzählte sie. Auf einer Party hatte sie im Alter von 22 Jahren Felix, einen ungefähr gleichaltrigen Mann, kennen gelernt. Am Ende des Abends kam es zum Austausch von Zärtlichkeiten; sie küssten sich. Der junge Mann wollte mehr; sie konnte ihn aber leicht abwimmeln, indem sie darauf verwies, dass ein anständiges Mädchen nicht sofort mit jedem ins Bett gehe. Nachher machte sie sich Vorwürfe, dass sie die günstige Gelegenheit verpasst hatte, ihre Jungfernschaft zu verlieren.
In den nächsten Tagen traf sie sich mehrfach mit Felix, mit dem sie wirklich gut reden konnte. Immer wieder versuchte er, behutsam die Intensität des Körperkontakts zu steigern, doch sie wies ihn regelmäßig ab, mit der Begründung, dass sie ihn noch nicht so gut kenne. Allmählich kamen ihr die eigenen Bedenken gegen einen näheren Kontakt selbst übertrieben vor.
Nach ein paar Wochen hatte sich eine gute Freundschaft entwickelt. Sie und Felix unternahmen viel zusammen. Eines Tages, nach einer Feuerzangenbowle, gelang es dem jungen Mann, sie auf sein Zimmer zu locken. Zusammen lagen sie auf dem Bett, und sie spürte seinen steifen Penis durch ihr Kleid. Er versuchte, ihren Busen zu berühren, was sie zunächst auch zuließ. Plötzlich verkrampfte sich alles in ihr. Ihr Herz schlug unangenehm, der Mund war trocken, und sie hatte nur einen Wunsch, nämlich die Wohnung zu verlassen.
Trotzdem traf sie sich weiter mit Felix. Noch ein paar Mal kam es zu ähnlich verqueren Intimitäten, wobei sie jedes Mal den Rückzug antrat.
Daniela überlegte sich, was sie eigentlich davon abhielt, mit Felix Sex zu haben. Unattraktiv war er auf keinen Fall. Ihre Freundinnen beneideten sie um ihn. Nach ein paar weiteren Wochen kam sie zu dem Schluss, dass sie ihn einfach nicht sexuell anziehend, sondern sogar abstoßend fand, und trennte sich von ihm.
Ein paar Tage später lernte sie auf einem Tennisturnier einen ziemlich gut aussehenden Jurastudenten kennen. Der dunkelhaarige, etwas schüchterne Thomas war begeistert von ihr. Nach mehreren Abenden mit Rotwein, Kino und Sushibars, nach denen sich Daniela immer «gekonnt aus der Affäre gezogen hatte», kam es auf einer Juristenparty zu einem schweren Kampftrinken. Es gelang Thomas, die ziemlich angetrunkene Daniela auf seine Bude zu locken. Als er plötzlich in seinen Boxershorts neben ihr auf dem Bett lag, kam wieder ein Ekelgefühl in ihr hoch. Bis dahin hatte sie sich sehr wohl gefühlt. Sie hatte irgendwie damit gerechnet, dass heute die Nacht war, in der es passieren musste. Als er vorsichtig seine Hand in ihren Ausschnitt schob und begann, sanft ihre Brüste zu streicheln, zog sich wieder alles in ihr zusammen. Erst hatte sie es sich sehnlich gewünscht, mit diesem gut gebauten Mann mit den breiten Schultern zu kuscheln, und jetzt meldete sich eine innere Stimme in ihr, die sagte, dass es am besten sei, sich jetzt wieder anzuziehen und wegzugehen.

Sie fragte sich natürlich, was mit ihr los sei. «Bin ich lesbisch?», überlegte sie. Eigentlich war sie sich sicher, dass sie sich eindeutig zu Männern hingezogen fühlte. In ihren Phantasien beschäftigte sie sich mit Typen, die ein knackiges Hinterteil und muskulöse Arme hatten. Was war es dann? Sie fühlte sich von einem Mann angezogen, sie suchte seine Nähe, um ihn schließlich, sowie es ernst wurde, ganz weit weg ins Pfefferland zu wünschen. Da konnte doch mit ihr etwas nicht stimmen!

Es war wohl so, dass sie übergroße Angst hatte, im Bett zu versagen. Danielas Gedanken drehten sich nur darum, dass sie etwas falsch machen könnte: «Wenn er seinen Penis reingesteckt hat, was mache ich dann? Ich muss mich dann irgendwie bewegen. Frauen, die wie ein Brett daliegen, mögen Männer nicht. Ich werde völlig versagen. Er wird denken, dass Sex mit mir keinen Spaß macht, und er wird sich von mir trennen. Ich werde wieder allein sein. Und wenn ich wieder einen anderen Mann kennen lerne, wird genau wieder das Gleiche passieren. Ich werde nie einen Mann kennen lernen und nie heiraten und nie Kinder kriegen.»

Man erkennt hier wieder die Merkmale der Sozialen Phobie: die übergroße Angst, zu versagen, sich zu blamieren, als minderwertig angesehen und dann verlassen zu werden und allein zu sein. Aber es ist mehr: In Daniela kämpften zwei gegensätzliche Kräfte. Es war nicht nur so, dass sie Sex eklig und abstoßend fand, sondern sie fand ihn gleichzeitig auch begehrenswert.

Vielleicht kann hier eine tiefenpsychologische Erklärung weiterhelfen. Nach Sigmund Freud gibt es im Unbewussten eines jeden Menschen zwei Instanzen, die «Es» und «Über-Ich» genannt werden. Während das Es «immer nur an das Eine denkt», will das Über-Ich den Intimverkehr um jeden Preis verhindern. Das Über-Ich beschwört die schlimmen Folgen des Geschlechtsakts herauf, wie eine ungewollte Schwangerschaft, ansteckende Krankheiten oder einfach nur die moralische Verwerflichkeit eines außerehelichen Verkehrs. Es ist also möglich, dass zwei Seelen in einer Brust wohnen, die beide Gegensätzliches wollen. So erklärt sich, dass Daniela einerseits die Nähe von Männern suchte, andererseits sofort auf Distanz gehen wollte. Bei ausgeglichenen Menschen stehen Es und Über-Ich im Gleichgewicht. Ein ungesundes Überwiegen der einen oder anderen Kraft führt dagegen zu neurotischen Symptomen.

Solche Erklärungen sind auf den ersten Blick sehr einleuchtend – aber sie sind immer mit einer gewissen Vorsicht zu betrachten, wie wir weiter unten sehen werden.

ANGST VOR DEM FLIEGEN

Fliegen steht bei vielen Menschen ganz oben auf der Liste der gefürchteten Situationen. Es gibt zwei Gründe, warum man Angst vor dem Fliegen haben kann. Zum einen ist es die Angst vor dem Abstürzen, zum anderen die Angst vor engen Räumen.

Statistiken sagen, dass man eher in der Bahn oder in einem Auto verunglücken kann, als mit einem Flugzeug abzustürzen. Dennoch gibt es sehr viele Menschen, die lieber zehn Stunden mit dem Auto fahren, anstatt eine Stunde zu fliegen. Überlegen Sie einmal, wie viele Hunderte von Flugzeugen täglich allein in Frankfurt landen und starten, ohne dass ständig in der Zeitung steht, dass diese Maschinen abstürzen. Eine Stewardess muss täglich fliegen – warum also machen sich Leute Sorgen, die nur einmal im Jahr nach Mallorca fliegen? Solche Wahrscheinlichkeitsrechnungen sind aber für viele Menschen nicht beruhigend. Dass man vor Flugzeugen mehr Angst hat als vor Busreisen, muss daran liegen, dass der Mensch kein Vogel ist und nicht dafür gebaut ist, durch die Lüfte zu fliegen. Jeder Mensch hat, wie wir gesehen haben, eine natürliche, angeborene Höhenangst. Diese Furcht sorgt dafür, dass wir Flugzeuge mehr fürchten als andere Verkehrsmittel.

Viele Menschen haben im Flugzeug aber auch agoraphobische Ängste. Sie kennen die Situation: Sie sitzen eingeklemmt und thrombosegefährdet in der Holzklasse. Wenn Sie jetzt eine Panikattacke bekommen würden, würden Sie peinliches Aufsehen erregen. Wenn Sie aufstehen wollen, um auf die Toilette zu gehen, müssen Sie die zwei Passagiere neben sich bitten, ihre Tische hochzuklappen, dabei ihre Esstabletts zu balancieren, ihre Kopfhörer abzubauen und aufzustehen, damit Sie auf den Gang kommen können. Auf dem Gang versperrt dann noch der Getränkewagen den Weg.

Und man kann ja den Piloten nicht bitten, an der nächsten Ecke anzuhalten. Würde man zudem medizinische Hilfe benötigen, dann wäre ja vielleicht kein Arzt an Bord.

Die Angst vor dem Fliegen stellt für die Fluggesellschaften ein großes wirtschaftliches Problem dar, da viel zu viele Menschen wegen ihrer Furcht auf das Fliegen verzichten. Raten Sie einmal, warum immer reichlich Alkohol an Bord ist und die Menschen in der Business Class noch vor dem Start ein Gläschen Veuve Cliquot genießen dürfen: Dadurch soll die Angst vor dem Fliegen eingedämmt werden.

Aber nicht nur die Passagiere haben Angst. Auch unter Stewardess und Piloten ist die Angst vor dem Fliegen weiter verbreitet, als die Luftfahrtgesellschaften zugeben.

MASSENPANIK

Es passierte am 30. Oktober 1938, einen Tag vor Halloween. Millionen Amerikaner schalteten das Radio an, um eine beliebte Sendung zu hören. An diesem Tag wurde das Hörspiel «Krieg der Welten» nach dem Sciencefiction-Roman von H. G. Wells live über den Sender ausgestrahlt. Der geniale Schauspieler und Regisseur Orson Welles hatte, um den dramatischen Effekt zu erhöhen, das Hörspiel so inszeniert, dass es sich wie eine echte Nachrichtensendung über eine Invasion vom Mars anhörte. Tanzmusik wurde mehrfach unterbrochen, um Nachrichten über ein «riesiges flammendes Objekt» einzublenden, das bei einer Farm in Grovers Mill, New Jersey, niedergegangen sei. Zwar gab es am Anfang der Sendung eine kurze Erklärung, dass es sich um ein Hörspiel handele; wer aber später eingeschaltet hatte, bekam erst nach 40 Minuten den nächsten Hinweis, dass es Fiktion und nicht Realität sei.

«Gott im Himmel, da windet sich etwas aus dem Schatten wie eine graue Schlange», sagte der Sprecher mit einem dramatischen Ton in der Stimme, «jetzt noch eine, und noch eine. Sie sehen aus wie Tentakeln. Dort, jetzt kann ich den Körper des Wesens sehen. Es

Orson Welles, der Regisseur des Hörspiels «Krieg der Welten», das eine Massenpanik in den USA auslöste

ist so groß wie ein Bär und glänzt wie weißes Leder. Aber das Gesicht – es ist unbeschreiblich! Ich kann mich kaum zwingen hinzusehen. Die Augen sind schwarz und glänzen wie bei einer Schlange. Der Mund ist V-förmig, Speichel tropft von den schmalen, vibrierenden und pulsierenden Lippen. Das Wesen erhebt sich. Die Menge weicht zurück. Es ist ein unglaubliches Erlebnis. Ich kann keine Worte finden. Ich muss kurz meine Beschreibung unterbrechen, um eine neue Position zu finden. Bleiben Sie dran, ich bin in einer Minute zurück.»

An dieser Stelle gerieten Millionen von Zuhörern in Panik, weil sie annahmen, dass es sich um eine tatsächliche Invasion vom Mars handelte. Nachbarn steckten sich gegenseitig mit ihrer Kopflosigkeit an. Sie setzten sich in ihre Autos, um weit wegzufahren, horteten Lebensmittel, versteckten sich in Kellern, luden ihre Gewehre und wickelten ihre Köpfe in nasse Tücher, um sich vor einem Giftgasangriff der Marsmenschen zu schützen. Manche Menschen nahmen auch an, dass es sich nicht um einen Angriff der Marsianer, sondern um einen gut getarnten Überfall der Deutschen handeln würde.

Eine ähnliche Geschichte spielte sich im November 1998 in McMinnville, Tennessee, ab. Eine Lehrerin der Warren County High School stellte in ihrem Klassenzimmer einen «benzinähnlichen» Geruch fest. Kurz danach bekam sie Kopfschmerzen, Übelkeit, Luftnot und Schwindel. Man vermutete einen Chemieunfall mit Austritt eines unsichtbaren Gases, eine Umweltkatastrophe. Die Lehrerin informierte den Direktor, dieser löste die Feuersirene aus, und die Schule wurde evakuiert. Insgesamt 80 Schüler und 19 Schulangestellte wurden in die Notfallstation des Krankenhauses gebracht. Fünf Tage später, nachdem die Schule wieder eröffnet wurde, brach sofort wieder Panik aus, und wieder mussten diesmal 71 Personen in die Notfallaufnahme. Verschiedene Umweltbehörden und Spezialisten suchten verzweifelt nach chemischen Giften. Was war die Ursache dieser Massenerkrankung? Intensivste Untersuchungen ergaben: nichts.

Niemals konnte ein vernünftiger Grund für die Symptome dieser Menschen gefunden werden. Es gab keinen Gasaustritt. Der Chemieunfall hatte einfach nicht stattgefunden. Die Massenpanik war von der Panikattacke einer Lehrerin ausgegangen. Alle Beteiligten hatten sich wechselseitig in Angst versetzt.[25]

Diese Beispiele von Massenhysterien zeigen, dass Menschen sich gegenseitig mit Angst und Panik anstecken können. Angst hat immer ein reales Moment und einen psychologischen Aspekt. Dabei sind Massenängste häufig nicht von der statistischen Wahrscheinlichkeit einer Gefahr abhängig. Alle Menschen haben Angst vor Krankheiten wie Aids, Ebola oder SARS. Diese unheimlichen Krankheiten erscheinen besonders bedrohlich für uns, weil wir noch keine Behandlungsmöglichkeiten für sie gefunden haben. Warum aber lösen Bluthochdruck und Zigarettenrauchen keine kollektiven

Ängste aus? Durch solche Zivilisationskrankheiten sterben heute die meisten Menschen. Diese Volkskrankheiten erscheinen weniger bedrohlich als die neuen heimtückischen Viruskrankheiten, denn sie gelten als vermeidbar – was sie aber offensichtlich nicht sind. Kollektive Angst ist dann besonders stark, wenn wir vermuten, dass wir die Gefahr nicht unter Kontrolle haben.

Das japanische Wort shi bedeutet «vier», aber auch «Tod». Die Vier gilt im asiatischen Kulturkreis als Unglückszahl. Während es in kanadischen Hotels keinen 13. Stock gibt, haben japanische Krankenhäuser keinen vierten Stock. Manche Japaner verreisen nicht am Vierten eines Monats. In chinesischen Restaurants gibt es keinen Tisch mit der Nummer vier. Der kalifornische Wissenschaftler David Phillips untersuchte in seinem Artikel «The Hound of the Baskervilles Effect» die Todesdaten von 200 000 in den USA lebenden Chinesen und Japanern, um herauszufinden, ob der Vierte eines Monats tatsächlich ein Unglückstag für Asiaten ist. Und wirklich: Tod durch Herzversagen trat an solchen Tagen um 27 Prozent häufiger auf.[26]

Man könnte natürlich eine parapsychologische Erklärung für dieses Phänomen finden, aber eine psychologische ist plausibler: Der Aberglaube kann derart angstauslösend sein, dass die Menschen allein deswegen einen Herzinfarkt bekommen.

DIE KLEINE SCHILDKRÖTE

Angststörungen sind nicht ein Phänomen unserer modernen Zeit, das nur in westlichen Industrieländern auftritt, wie manche behaupten. In Taipeh, in Beirut, in Lagos, in Puerto Rico, in Paris, in São Paulo, in München – überall haben Menschen Panikattacken, die weltweit sehr ähnlich aussehen. Auch die Häufigkeitszahlen weichen kaum voneinander ab. Das spricht dafür, dass kulturelle Einflüsse bei der Entstehung von Panikattacken eine untergeordnete Rolle spielen. Jedoch gibt es auch Ängste, die nur in bestimmten Kulturen auftreten.

In Indonesien, Indien oder bei Chinesen kommt es bei Männern zu einem Symptombild namens *Koro* (auch *Suo-yang* oder *Kattaow*, kleine Schildkröte, genannt). Es handelt sich dabei um Angstattacken, bei denen die Männer bangen, dass der Penis plötzlich immer kleiner wird und im Bauchraum verschwindet. Dabei befürchten die Männer, dass sie unweigerlich daran sterben müssen. Sie schreien um Hilfe und halten ihr Geschlechtsteil fest, damit es nicht «entwischen» kann. Dazu benutzen sie Bänder, Wäscheklammern, kleine Gewichte oder sogar Essstäbchen. Die übrige Symptomatik ähnelt einer Panikattacke. Bei den Frauen ist dieses Phänomen seltener. Sie befürchten, dass ihre Brustwarzen, die Schamlippen oder die Scheide einschrumpfen könnten.[27] Manchmal tritt Koro in Epidemien auf, so zum Beispiel 1967 in Singapur, als Hunderte von Männern davon befallen wurden. Vor allem in Gegenden, in denen der Aberglauben noch großen Einfluss hat, waren Koro-Epidemien zu beobachten. Auf der chinesischen Insel Hainan glauben die Menschen, dass die Geister der Toten Penisse stehlen, um wieder zum Leben erweckt zu werden. Auf diese Weise versuchen sie – in der Anschauung dieser Menschen –, das Gleichgewicht des *Yin* und *Yang* wiederherzustellen. So werden dann als Gegenmittel *Yang*-Nahrungsmittel empfohlen, wie Ingwersaft, Roter-Pfeffer-Marmelade oder Schnaps.[28]

Chinesische Männer können von *Shen-k'uei* befallen werden. Sie bekommen auch panikähnliche Symptome, weil sie befürchten, dass sie zu viel Samen verloren haben, was zum Verlust der Lebenskraft und somit zum Tod führen könnte.

Bei den Eskimos ist die *Kajak-Angst* weit verbreitet. Sie befällt Robbenjäger, wenn sie allein mit ihrem Boot auf dem Meer fahren. Besonders an Tagen mit ruhiger See und sonnigem Wetter kommt es bei den Eskimos zu der Angst, nicht mehr zurückfahren zu können, sich zu verirren oder zu ertrinken. Die dabei auftretenden Symptome ähneln wiederum einer Panikattacke.[29]

In der Dominikanischen Republik und in Puerto Rico gibt es die Panik-Variante *Ataque de nervios* (Nervenattacke). Personen, die von solchen Zuständen befallen werden, haben Symptome einer Panik-

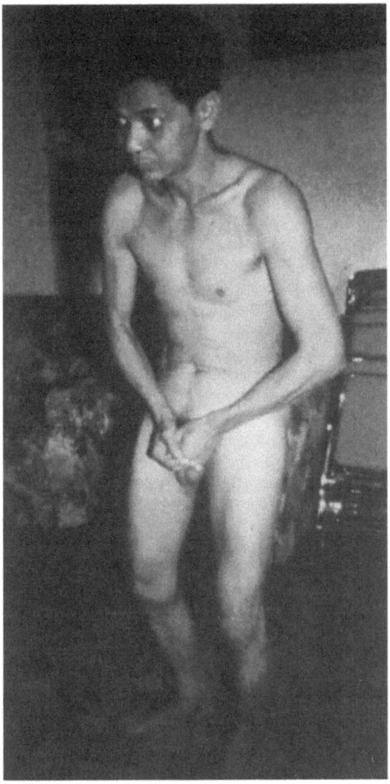

Ein von Koro befallener Patient hat Angst, dass sein Geschlechtsteil im Körper verschwindet

attacke, wie Zittern, Herzklopfen, Hitzewallungen im Kopf und Taubheitsgefühle der Hände. Zusätzlich beginnen die Personen zu schreien, fluchen und andere zu schlagen. Dann fallen sie auf den Boden, zeigen krampfartige Zuckungen oder liegen wie tot da. Solche Attacken ereignen sich oft bei Beerdigungen, nach Unfällen oder Familienkonflikten.

Taijin kyofu-sho ist eine japanische Variante der Sozialen Angststörung.[30] Sie befällt oft intelligente, junge und kreative Männer mit einem Hang zum Perfektionismus. Dabei befürchten diese Menschen in extremem Maß, andere Personen, zum Beispiel Freunde oder Bekannte, zu stören, zu belästigen oder in Unannehmlichkeiten zu bringen – durch unangemessene Kleidung, schlechten Körpergeruch, durch eine unachtsame Berührung oder einfach dadurch, dass sie erröten.

WER SORGEN HAT, HAT AUCH LIKÖR

Dieser Sinnspruch von Wilhelm Busch trifft leider auch für Menschen mit Angsterkrankungen zu. Alkohol wird seit Jahrtausenden benutzt, um Stress und Angst zu bekämpfen. Hippokrates stellte bereits fest: «Wein gemischt mit einer gleichen Menge Wasser vertreibt Angst und Schrecken.» Alkohol ist ein potentes Mittel gegen Ängste. Es liegt daher nahe, dass Menschen mit Angsterkrankungen versuchen, ihre Ängste mit Alkohol zu «behandeln». Nicht selten entwickelt sich daraus eine Alkoholabhängigkeit. Fast die Hälfte aller Alkoholiker hat eine Angsterkrankung.[31] Dies könnte zwei Gründe haben: Zum einen könnte die hohe Alkoholismusrate bei Angstpatienten ein Ausdruck eines untauglichen Versuchs sein, die Angststörung zu bekämpfen. Alkohol hat eine starke angstlösende Wirkung oder, wie die alten Psychiater sagten: «Das Über-Ich ist in Alkohol löslich.» Es könnte aber auch so sein, dass beide Krankheiten – nämlich die Alkoholkrankheit und die Angsterkrankung – die gleiche Ursache haben: etwa Erbfaktoren oder belastende Ereignisse in der Kindheit.

Man kann Folgendes sagen: Wer eine Angsterkrankung hat, der hat ein Problem. Wer noch dazu eine Alkoholabhängigkeit bekommt, der hat ein echtes Problem. Eine Alkoholsucht ist erheblich schwerer zu behandeln als eine Angsterkrankung. Aus der Sicht eines Psychiaters gilt die Alkoholabhängigkeit als eine der schlimmsten Krankheiten, die das Fach zu bieten hat. Wenn wir als junge Assistenzärzte im psychiatrischen Notfalldienst der Klinik arbeiteten, waren fast 50 Prozent unserer Patienten Alkoholiker. Was uns am meisten erschütterte, waren die vielen Rückfälle, die trotz all unserer Bemühungen auftraten.

Viele unserer nächtlichen Notfallpatienten erstaunten uns immer wieder. Nachdem sie nachts von der Polizei gebracht worden waren, weil sie in einer Kneipe randaliert hatten, beleidigten sie alle, die ihnen helfen wollten, und wurden oft handgreiflich. Umso überraschter waren wir am nächsten Tag, wenn sie in unserer Klinik ihren Rausch ausgeschlafen hatten. Dann waren sie oft zerknirscht, lammfromm, freundlich und konnten durchaus feinsinnige, empfindsame, liebenswürdige und sympathische Züge zeigen.

Ich lernte, dass sich unter den Patienten mit Alkoholproblemen häufig Menschen befinden, die unter einer Sozialen Phobie leiden. Bei Alkoholabhängigen besteht neunmal häufiger eine Sozialphobie, als es dem Vorkommen in der Gesamtbevölkerung entspricht. Umgekehrt sind Alkoholprobleme bei einer Sozialphobie gegenüber dem Durchschnitt doppelt so häufig.[32]

Wenn Menschen mit einer Sozialen Angststörung mit ihren Freunden zusammensitzen, sind sie zunächst zurückhaltend und lassen die anderen reden. Die überzogene Angst weicht dann aber schon nach dem zweiten Doppelkorn einem gesunden Selbstbewusstsein. Schnell sind die übertriebenen Hemmungen verschwunden, und man sagt auch mal laut seine Meinung. Manche Menschen können sich dann sogar von ihrer dunklen, auch aggressiven Seite zeigen.

Ich habe schon darauf hingewiesen, dass von vielen Menschen die Soziale Phobie nicht als Krankheit angesehen wird, sondern nur als eine ausgeprägte Form der Schüchternheit. Wenn jemand diese Angsterkrankung dadurch bagatellisieren will, dass er sie für eine Normvariante menschlichen Verhaltens erklärt, dann hat er auch nicht bedacht, dass hinter dem riesigen Problem des Alkoholmissbrauchs oft eine Soziale Phobie steht.

Diese unglückliche Verkettung von Angst und Sucht muss bei der Behandlung berücksichtigt werden. Wenn man nur die Alkoholkrankheit behandelt, ohne gleichzeitig die Angsterkrankung zu therapieren, ist das Risiko eines Rückfalls hoch.

DIE HÄUFIGKEIT VON ANGSTERKRANKUNGEN

Menschen, die eine Angsterkrankung haben, berichten mir immer wieder, dass Folgendes passiert, wenn sie gegenüber guten Freunden und Bekannten zum ersten Mal von ihren Ängsten berichten – der Zuhörer verfällt nicht in Mitleid, sondern entgegnet: «Ach, das wollte ich dir schon lange mal erzählen, ich habe genau das Gleiche …» Möglicherweise liegt das daran, dass Angsterkrankungen extrem häufig sind.

Man schätzt, dass 25 Prozent aller Menschen einmal in ihrem Leben von einer Angsterkrankung betroffen sind. Über den Zeitraum eines Jahres betrachtet, sind es immerhin noch 19 Prozent. Wenn man jetzt diejenigen Menschen zählt, bei denen nicht nur harmlose, sondern krankhafte, behandlungspflichtige Ängste bestehen, bleiben zwölf Prozent Menschen übrig, die im Laufe des letzten Jahres einmal unter einer handfesten Angststörung gelitten haben.[33] Damit nehmen Angsterkrankungen vor allen anderen psychischen Erkrankungen eine Spitzenstellung ein. Angststörungen sind häufiger als Depression, Alkoholabhängigkeit und Schizophrenie.

Die häufigste Angststörung ist die Soziale Phobie, gefolgt von der Einfachen Phobie. An nächster Stelle rangieren die Panikstörung mit Agoraphobie sowie die Generalisierte Angststörung.[34]

Die Angststörungen scheinen sich über alle sozialen und Einkommensschichten gleichmäßig zu verteilen. Auch treten sie in vielen verschiedenen Ländern und Kulturen gleichmäßig auf (siehe S. 103). Dies spricht dafür, dass Angststörungen nicht nur durch äußere Einflüsse wie Milieu- oder Umweltbedingungen entstehen.

LEIDEN IMMER MEHR MENSCHEN UNTER ANGST?

«Immer mehr Menschen leiden unter Panikattacken», «Angst – die neue Volkskrankheit» – so oder ähnlich beginnen zahlreiche Zeitungsartikel. Hängt das damit zusammen, dass Journalisten einem alltäglichen Thema neue Aufmerksamkeit geben wollen, oder hat

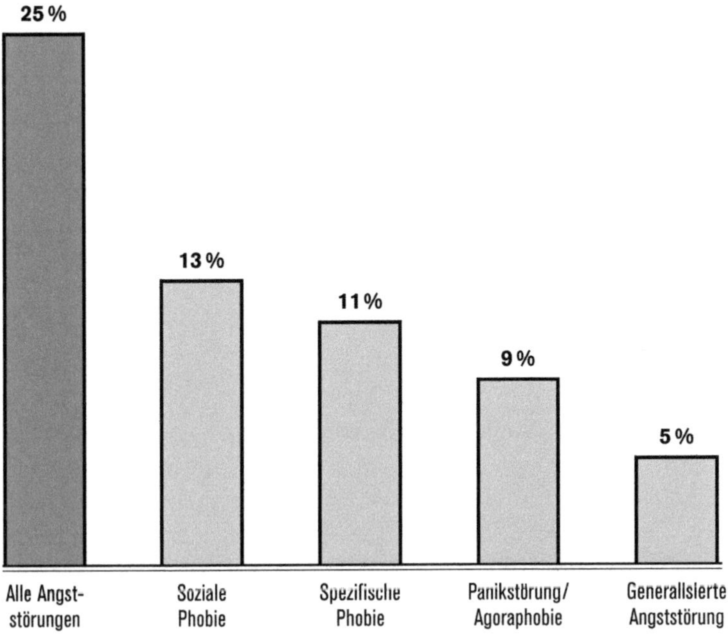

Lebenszeithäufigkeit von Angststörungen

es tatsächlich eine Zunahme von Angsterkrankungen gegeben? Oder ist es vielmehr so, dass uns heute weniger echte Sorgen quälen als früher, sodass wir jetzt einfach mehr Zeit haben, uns Modekrankheiten zuzulegen? Oder liegt es daran, dass die Angsterkrankungen erst seit den achtziger Jahren einen Namen bekommen haben und deshalb endlich richtig diagnostiziert werden?

Eines ist klar: Angsterkrankungen hat es schon immer gegeben. Aber sind sie heute wirklich häufiger als früher? Diese Frage lässt sich nicht so eindeutig beantworten. Denn um präzise festzustellen, dass wir heute mehr unter Ängsten leiden, hätte man vor hundert Jahren eine aufwendige Umfrage mit Zehntausenden von Menschen machen müssen, mit genau dem gleichen Fragebogen, wie man sie heute in derartigen Untersuchungen verwendet. Die damals erhobenen Zahlen hätte man dann mit den heutigen Häufigkeiten vergleichen müssen, um eine tatsächliche Zunahme der Angsterkrankungen nachweisen zu können. Da es jedoch solche Untersuchungen in früheren Zeiten nicht gab, sind entsprechende Vergleiche nicht möglich. Betrachtet man aber Studien, die in den achtziger Jahren gemacht wurden, mit heutigen Erhebungen, sieht man schon eine deutliche Zunahme – allein in diesem kurzen Zeitraum.

DIE ZEIT HEILT DIE ANGST

Mit krankhaften Ängsten wird man nicht geboren. Die meisten Angsterkrankungen entwickeln sich erst zu Beginn des Erwachsenenalters. Eine Panikstörung beginnt im Durchschnitt mit 29 Jahren – das heißt natürlich nicht, dass sie nicht auch mit 20 oder 45 Jahren anfangen kann. Im Kindesalter ist eine echte Panikstörung nur selten zu beobachten, ohne dass man die genauen Gründe hierfür kennt.

Auch die Generalisierte Angststörung beginnt in den meisten Fällen erst nach dem 25. Lebensjahr. Menschen mit einer Sozialen Phobie dagegen berichten, dass sie bereits schon früh erste Anzeichen ihrer sozialen Ängste hatten; im Durchschnitt macht sich diese Angsterkrankung ab dem 15. Lebensjahr bemerkbar. Diese Personen haben große Angst, wenn die Lehrerin sie bittet, an der Tafel zu rechnen oder Schillers «Glocke» vorzutragen. Die Einfachen Phobien – wie die Angst vor Tieren oder Zahnärzten – beginnen meist schon im Kindesalter, mit acht bis elf Jahren.

Menschen, die sich wegen Ängsten in Behandlung begeben, sind im Durchschnitt etwa 36 Jahre alt. Da die Krankheit aber meist früher beginnt, heißt das, dass die Betroffenen oft jahrelang unter den Beschwerden leiden, ohne dass sie jemals therapiert wurden – sei es, dass sie nicht wussten, dass man sich dagegen behandeln lassen kann, oder dass die Ärzte die Erkrankung nicht erkannt haben.

Angsterkrankungen verlaufen oft schubförmig. Mal hat man

eine mehrere Monate dauernde schlimme Phase mit starken Ängsten, dann verschwinden plötzlich die Symptome, auch ohne Behandlung, ohne dass man weiß, warum.

«Habe ich das mein Leben lang?», fragen mich immer wieder Patienten, die schon seit Jahren von Ängsten geplagt werden. Diese Frage kann ich ruhigen Gewissens verneinen. Die Altersverteilung von Menschen, die sich wegen einer Angststörung in unserer Angstambulanz meldeten, sieht pyramidenförmig aus, wobei der Gipfel bei den Mittdreißigern liegt. Ab dem 40. Lebensjahr bessern sich die Angstkrankheiten zusehends, und es kommt fast nie vor, dass sich über 50-Jährige wegen einer Angsterkrankung bei mir zur Behandlung melden.

Daraus sollte man nicht schließen, dass ältere Menschen nicht von Ängsten geplagt werden. Es kommt nur zu einer Verlagerung: Die Realängste nehmen zu, während die unrealistischen Ängste, die für Angsterkrankungen charakteristisch sind, abnehmen. Die begründeten Befürchtungen, krank zu werden, zu verunfallen, einsam zu sein oder geliebte Mitmenschen zu verlieren, erhalten immer mehr einen realen Hintergrund, je älter man wird.

ÄNGSTE BEI KINDERN

Wenn man sieht, wie ein dreijähriger Junge eine Skipiste hinunterflitzt oder wie ein vierjähriges Mädchen, das gerade sein «Seepferdchen» gemacht hat, vom Fünfmeterbrett springt, sollte man meinen, dass Kinder keine Angst vor realen Gefahren haben. Dagegen kommen unbegründete Ängste, wie die Furcht vor Monstern, recht häufig vor. Jüngeren Kindern ist es allerdings häufig schwer klar zu machen, wo die Grenze zwischen realen Gefahren und der Phantasie liegt. Unrealistische Ängste bei Kindern sind normal, solange sie nicht stark ausgeprägt und vorübergehend sind.

So haben einjährige Kinder Angst vor fremden Menschen, Höhen oder vor lauten Geräuschen wie Bohrmaschinen oder Staubsaugern. Die Zwei- bis Vierjährigen fürchten sich vor bestimmten Tieren und vor der Dunkelheit. Bei den Vier- bis Sechsjährigen kommt vielfach die Angst vor Gespenstern oder vor Donner und Blitz vor. In den ersten Schuljahren sind dagegen Blut- und Verletzungsphobien sowie Trennungsängste häufig. Ab dem achten Lebensjahr treten auch Ängste vor dem Versagen im Sport oder in der Schule hinzu. Einfache Phobien wie die Ängste vor Tieren sind auch in diesem Alter vorzufinden. Ab dem zwölften Lebensjahr treten die ersten sozialen Ängste auf. «Große» Angsterkrankungen wie die Panikstörung oder die Generalisierte Angststörung sind im Kindes- und Jugendalter aber selten.

Wenn ein Kind zum ersten Mal in den Kindergarten kommt, sich schluchzend an die Mutter klammert und nicht dableiben will, so ist das zunächst einmal ganz natürlich. Solche Trennungsängste sollten sich aber nach vier bis acht Wochen legen. In manchen Fällen halten diese Ängste jedoch lange an. Die Kinder können die Besorgnis entwickeln, dass den Eltern etwas zustoßen könnte oder dass die Eltern weggehen und nie mehr wiederkehren könnten.

«Lieber Papi, bitte sei vorsichtig bei der Arbeit und nimm dich in Acht vor gefährlichen Dingen. Ich liebe dich und Mami mehr als alles in der Welt», schrieb ein achtjähriger Junge, der sich weigerte, in die Schule zu gehen, in einem Brief an seinen Vater. «Schulangst» ist nur in seltenen Fällen eine Furcht vor strengen Lehrern oder vor hänselnden Mitschülern. Meist steckt dahinter die Angst, sich von den Eltern trennen zu müssen. Kinder können aber auch entsetzliche Angst davor haben, dass sie weggebracht, gekidnappt oder getötet werden. Solche Kinder schlafen schlecht ein oder wachen nachts auf, um zu überprüfen, ob die Eltern noch im Bett sind. Sie leiden unter Albträumen, in denen es um eine Trennung von den Eltern geht. Ihre Ängste äußern sich auch in körperlichen Beschwerden wie Übelkeit, Erbrechen oder Bauchschmerzen.

WARUM TRETEN ANGSTERKRANKUNGEN BEI FRAUEN HÄUFIGER AUF?

Sämtliche Angsterkrankungen treten bei Frauen ungefähr doppelt so häufig auf wie bei Männern. Warum das so ist, wissen wir nicht genau. Mehrere Gründe kommen infrage.

Wenn eine Frau Angst zeigt, gilt das als «normal». Männer ziehen mutig in den Krieg, während Frauen vor kleinen Mäusen auf einen Stuhl flüchten – so die traditionelle Rollenerwartung. Manche Männer finden eine gewisse Ängstlichkeit bei Frauen nicht nur nicht schlimm, sondern geradezu vorteilhaft. Dann können sie nämlich ihrem Beschützerinstinkt nachkommen und sich selbst als Häuptling Der-die-große-Ruhe-ausstrahlt hervortun.

Von den Männern wird dagegen erwartet, dass sie sich nicht wie Weicheier geben. Als richtig männlich gilt es, wenn man ein oder zwei halbwegs gefährliche Sportarten beherrscht, wie Kitesurfen oder Freeclimbing. So könnte es sein, dass allein wegen der Rollenerwartungen, die an die verschiedenen Geschlechter gestellt werden, Frauen und Männer sich dahingehend unterscheiden, wie sie ihre Ängste nach außen zeigen. Frauen bringen sowohl positive als auch negative Gefühle offener, lebhafter und mit stärkerer innerer Beteiligung zum Ausdruck als Männer. Sie sprechen häufiger, ausführlicher und ausgefeilter über ihr psychisches Erleben. Das könnte aber auch dazu führen, dass Angsterkrankungen bei Frauen für den Arzt eher und deutlicher erkennbar werden und damit als häufiger angesehen werden, obwohl sie in Wirklichkeit vielleicht gleichmäßig unter den Geschlechtern verteilt sind.

Eine Angst ist aber von Natur aus bei Frauen stärker ausgeprägt – die Angst um die Kinder. Die Natur hat Mütter mit einem Beschützerinstinkt ausgestattet, der dafür sorgt, dass die ansonsten einer widrigen Umgebung schutzlos ausgelieferten Kinder überleben können. Die Angst um den Nachwuchs schießt manchmal über das Ziel hinaus. So muss sich ein Vater, der meint, dass er sein kleines Kind angemessen warm angekleidet hat, von seiner Frau als verantwortungslos schelten lassen, weil er dem Sohn an einem lauen

Frühlingstag nicht mindestens sechs Kleidungsschichten übereinander angezogen hat.

Es könnte aber auch sein, dass Frauen in unserer Gesellschaft tatsächlich mehr echte Gründe haben, Angst zu bekommen. Frauen sind zum Beispiel oft immer noch finanziell von ihrem Mann abhängig oder werden durch häusliche Gewalt in einer anderen Form der Abhängigkeit gehalten. Es ist statistisch belegt, dass Frauen häufiger Opfer von kriminellen Taten sind. Ihre geringere Körperkraft schränkt die Verteidigungsmöglichkeit bei einem Angriff ein. Aber auch andere, durch die derzeitige gesellschaftliche Position der Frauen bedingte Konstellationen, wie zum Beispiel eine Doppelbelastung durch Mutterrolle und Berufstätigkeit, könnte die größere Häufigkeit von Ängsten bei Frauen begründen. Die Ängste, die bei Frauen häufiger sind, beruhen aber meist nicht auf realen Gefahren, sodass diese Erklärung problematisch ist.

Frappierend ist auch die Tatsache, dass bei der Häufigkeit von Angsterkrankungen in fast allen Kulturen das Verhältnis von Frauen zu Männern etwa 2:1 beträgt – ob es sich nun um Frauen in Taiwan, Paris, Puerto Rico oder Beirut handelt. Man hätte eher erwartet, dass in bestimmten Kulturen, zum Beispiel in islamischen Ländern, Frauen viel häufiger unter Ängsten leiden, weil sie (noch) mehr unterdrückt werden als in Westeuropa. Da sich das offensichtlich nicht in unterschiedlichen Häufigkeitszahlen auswirkt, sollte man sich überlegen, ob es noch andere Gründe geben könnte, warum Frauen verstärkt unter Angst leiden.

Die weiblichen Hormone könnten schuld sein. So haben wir in einer Untersuchung herausgefunden, dass während einer Schwangerschaft Panikattacken seltener auftreten. In der Schwangerschaft steigen weibliche Hormone stark an. In den ersten paar Tagen nach der Geburt fallen diese Hormone aus astronomischer Höhe wieder auf Normalwerte ab – in dieser Zeit haben viele Frauen ihre erste Panikattacke im Leben. Bei anderen, die schon vor der Schwangerschaft unter Angstanfällen gelitten hatten, kann es in den Tagen und Wochen nach der Niederkunft zu einem Rückfall kommen. Dies spricht dafür, dass die Ängste unter dem Einfluss von Hormonen stehen. Allerdings wissen wir noch nicht genau, wie genau dieser Einfluss der Hormone ein stärkeres Auftreten von Ängsten bei Frauen begünstigt.[35]

Noch einen weiteren Grund könnte es geben, warum das weibliche Geschlecht mehr Angst hat: Es könnte schlicht so sein, dass die Angst auf den Geschlechtschromosomen sitzt.

Insgesamt muss man allerdings feststellen, dass der Grund für das Überwiegen der Ängste bei Frauen noch nicht wirklich aufgeklärt ist.

Kapitel 4

WOHER KOMMT DIE ANGST?

DIE BRIEFMARKENTHEORIE

Ich möchte Sie warnen. Sie werden unzählige Artikel und Bücher über die Ursachen von Angsterkrankungen finden. In diesen Werken werden zahllose verschiedene Theorien und Hypothesen aufgestellt, und jeder der Autoren hat eine ausgefeilte Vorstellung davon, wie Ängste entstehen. Aber je mehr Bücher Sie lesen, desto weniger Übereinstimmung werden Sie finden. Woran liegt es eigentlich, dass so viele teilweise sich gegenseitig ausschließende Theorien zu den Ursprüngen der Angst entwickelt wurden?

Zum einen daran, dass man, ehrlich gesagt, die Hintergründe der Entstehung von Ängsten noch nicht bis in alle Einzelheiten geklärt hat. Deswegen darf jeder erst einmal fröhlich vor sich hin spekulieren. Ein weiterer Grund ist aber wahrscheinlicher und besteht darin, dass die Ursachen der Angststörungen kompliziert zu sein scheinen und nicht mit einfachen Modellen wie zum Beispiel der Verursachung einer Gelbsucht durch eine Hepatitis-B-Virus-Infektion zu erklären sind. Die Menschen wollen aber keine umständlichen und ausführlichen Erklärungen, sondern geben sich stattdessen viel lieber mit «Briefmarkentheorien» zufrieden:

> **«Eine wissenschaftliche Theorie, deren Kernaussage man in Briefmarkengröße in der BILD-Zeitung unterbringen kann, hat die größte Chance, bekannt zu werden.»**

Diese Theorie erfüllt übrigens selbst die Kriterien einer Briefmarkentheorie. Sie besagt, dass ein Wissenschaftler, der eine Theorie verbreitet, die sich mit einem einfachen Satz beschreiben lässt, eher berühmt wird als einer, der eine sehr komplexe und ausgefeilte Theorie hat, wie in dem folgenden Satz: «Bei einer Panikstörung dagegen können Stimuli, die normalerweise ‹nur› anxiogen sind, panikogen werden. Dies kann entweder dadurch entstehen, dass das PAG durch den DRN nicht ausreichend inhibiert wird, oder durch die mangelnde Fähigkeit des MRN, eine stressinduzierte Überstimulation des Nucleus centralis der Amygdala-PAG-Verbindung zu inhibieren.» Alles klar? Dieses Zitat stammt übrigens aus einem meiner wissenschaftlichen Bücher.[36] Einer solchen komplizierten Theorie bleibt normalerweise die Popularität versagt. Sie führt in der Regel dazu, dass der Forscher, der sie aufgestellt hat, nicht in Wochenzeitungen und Gesundheitssendungen im Fernsehen erwähnt oder zu Talkshows eingeladen wird. Aber nicht nur in der Laienpresse, sondern auch in der Wissenschaftswelt gibt es eine Vorliebe für Briefmarkentheorien. Wissenschaftler setzen sich ebenfalls lieber mit einfachen, klaren Theorien auseinander. Der Grund: Komplizierte Theorien führen dazu, dass der Forscher, der sie vertritt, weniger von den Universitäten zu Vorträgen eingeladen wird, seltener in wissenschaftlichen Zeitschriften zitiert wird und keine Forschungsgelder vom Forschungsministerium bewilligt bekommt.

Leider sind es aber gerade die komplexen Theorien, die die Wirklichkeit genauer abbilden, die meisten Widersprüche ausräumen und sich länger bewähren. Albert Einstein sagte einmal: «Man sollte die Dinge so einfach wie möglich darstellen – aber nicht einfacher.» Briefmarkentheorien, die versuchen, ein Maximum an Phänomenen des Lebens mit einem Minimum an Ursachen zu erklären, versuchen das KISS-Prinzip einzuhalten («Keep it simple and stupid»). In einem Rundumschlag will man die Welt, das Universum und den ganzen Rest erklären. Beispiele für Briefmarkentheorien sind:

- Das Fernsehen ist schuld an der Zunahme der Gewalt bei Jugendlichen.
- Eine Zwangsstörung bekommt man, wenn die Mutter zu früh mit der Sauberkeitserziehung angefangen hat.
- Ausnahmslos alle Krankheiten entstehen durch psychische Faktoren.
- Überfürsorgliche Mütter sind daran schuld, dass Kinder unter Ängsten leiden.

Die meisten Menschen, die mit einer Theorie zur Entstehung von Ängsten berühmt werden wollen, versuchen dies, indem sie ihre Theorie auf eine griffige, für jeden verständliche Formel bringen – auf Kosten der Wahrheit oder Genauigkeit und mit fatalen Folgen für die betroffenen Patienten. Differenzierte Darstellungen wurden dagegen mit Nichtbeachtung gestraft.

Leider ist die Diskussion über die Ursachen der Angststörungen aber nicht nur von unzulässigen Vereinfachungen, sondern auch von Ideologien bestimmt. Das heißt, dass manche wissenschaftlichen Ergebnisse, die nicht in eine bestimmte Ideologie passen, einfach ignoriert werden. Die Geschichte der Erforschung der Angststörungen war während des letzten Jahrhunderts fast vorwiegend durch Streit zwischen den verschiedenen Therapierichtungen bestimmt. Dabei vermied man es, sich an nüchternen Fakten zu orientieren. Jedermann versuchte, engstirnige Theorien mit Alleinvertretungsanspruch zu verbreiten, und wertete die wissenschaftlichen Befunde, die nicht in den Rahmen passten, als Luftnummer ab. Daher kann nur geraten werden, alle Theorien – auch diejenigen, die in diesem Buch aufgestellt werden – sehr kritisch zu betrachten.

Gleich eine Mahnung zur Vorsicht: Vereinfachend wird oft angenommen, dass, wenn eine bestimmte Behandlungsmethode bei Ängsten wirkt, damit auch gleich die Ursache für die Angststörung gefunden wurde. Wenn zum Beispiel ein Medikament, das den Botenstoff Serotonin im Gehirn erhöht, bei einer Angststörung wirkt, kann man nicht automatisch annehmen, dass bei Angststörungen der Serotonin-Haushalt gestört ist und alle anderen Ursachen nicht infrage kommen.

Wenn wiederum eine verhaltenstherapeutische Methode hilft, kann nicht zwangsläufig gefolgert werden, dass die Lerntheorie als einzige Erklärung für Ängste heranzuziehen ist. So einfach sind die Verhältnisse nicht. Eine Verhaltenstherapie hilft zum Beispiel auch bei jemandem, der geistig behindert ist. Diese geistige Behinderung beruht aber nicht auf einem Lernprozess, sondern kann eine eindeutig körperliche Ursache haben, zum Beispiel einen Ziegelstein, der dem Betroffenen im Kindesalter auf den Kopf gefallen ist.

Es ist auch denkbar, dass eine rein psychisch verursachte Störung durch Medikamente kurzfristig gebessert wird – beispielsweise eine Trauerreaktion durch das Medikament Valium, das zu den Schlaf- und Beruhigungsmitteln aus der Gruppe der Benzodiazepine gehört. Niemand würde deswegen annehmen, dass jemand, der um einen verstorbenen Angehörigen weint, eine Störung der Benzodiazepinrezeptoren im Gehirn hat.

Mit anderen Worten: Wenn wir eine wirkungsvolle Therapie gefunden haben – haben wir noch nicht die Ursache der Angsterkrankungen. Das Prinzip «Wer heilt, hat Recht» gilt also nicht.

STRESS UND DIE ERLERNTE HILFLOSIGKEIT

Chronischer Stress kann auf die Dauer Gesundheitsschäden verursachen. Er führt zu einem ständig gesteigerten Blutdruck, wodurch das Risiko für Herzinfarkte oder Schlaganfälle steigt. Die Immunabwehr wird geschwächt, sodass der Körper anfälliger für Infektionskrankheiten wird. Migräneanfälle oder Magenschleimhautentzündungen können ebenso auftreten wie Gedächtnis- oder Konzentrationsstörungen. Der Blutzuckerspiegel steigt. Auch Muskelverspannungen betrachtet man als Folge von chronischem Stress. Der Sexualtrieb wird unterdrückt, und bei Frauen können Störungen der Regelblutung auftreten.

Wie hängen nun aber Angsterkrankungen und Stress zusammen? Oft wird diese Beziehung auf eine einfache Formel gebracht: Der allgemeine Stress nimmt immer mehr zu, und deswegen leiden immer mehr Menschen unter Angst. Als Grund hierfür wird oft angegeben, die heutige Zeit sei «schnelllebig» oder «hektisch» und mit mehr Stress verbunden als frühere Zeiten. Aber was ist daran wirklich wahr?

Waren die guten alten Zeiten wirklich stressfreier? Als ich ein Kind war, mussten die Menschen sehr viel länger und körperlich härter arbeiten. Die Zahl der Autounfälle war dreimal so hoch wie heute, und das Risiko eines Atomkriegs stand ständig im Raum. Und wie war es noch früher, vor 150 Jahren, als die Menschen im Durchschnitt mit 38 Jahren starben? Die Meinung, dass die Gegenwart im Gegensatz zu früheren Zeiten viel stressiger ist, wird wohl seit der Einführung von Pfeil und Bogen immer wieder verbreitet.

Nicht jede Art von Stress ist schädlich. Der kanadische Stressforscher Hans Selye prägte die Begriffe «Distress» für krank machenden Stress und «Eustress» für gesund erhaltenden Stress. Wenn jemand zehn Stunden in einem Architekturbüro ein Kulturhaus entwirft, dann zwei Stunden Badminton spielt und anschließend den Rest des Abends im Karnevalskomitee einen Festabend plant, hat er vielleicht einen stressigen Tag gehabt. Solcher Stress aber ist nicht krank machend, vorausgesetzt, dass Arbeit und Freizeitgestaltung Spaß gemacht haben. Distress kann dagegen jemand haben, der keine Kontrolle über sein Leben hat, der stets von anderen bestimmt wird, dem alles schief läuft und der immer Pech hat, obwohl er sich angestrengt hat.

Martin Seligmann, ein amerikanischer Psychologe, führte ein raffiniertes Experiment durch. Zwei Ratten saßen in benachbarten Käfigen. Jede hatte einen Hebel in ihrem Käfig. Der Laborant setzte beide Käfige unter Strom, sodass die Ratten empfindliche (aber nicht tödliche) Stromschläge erhielten. Die rechte Ratte konnte mit ihrem Hebel den Strom abschalten, während die linke Ratte mit dem Hebel machen konnte, was sie wollte – die Elektroschocks ließen sich dadurch nicht beeinflussen. Allerdings, und das ist das Spannende an dem Versuch: Beide Ratten erhielten immer gleichzeitig ihre elektrischen Schläge, aber allein die rechte Ratte schaltete durch Umlegen ihres Hebels nicht nur in ihrem Käfig, sondern gleichzeitig auch im Nachbarkäfig den Strom ab. Beide Ratten erhielten also exakt die gleiche Anzahl von Schlägen, und bei beiden dauerte es exakt genauso lange, bis der Strom abgeschaltet war. Dennoch hatte die rechte Ratte die Macht über ihr Schicksal, während die andere dem Unheil hilflos ausgeliefert war. Die rechte Ratte hatte zwar auch nicht gerade ein angenehmes Leben, aber sie lernte damit umzugehen. Die linke Ratte aber bekam Magengeschwüre.

Dieses Modell wird das «Modell der erlernten Hilflosigkeit» genannt.[37] Eine der Theorien über die Entstehung von Depressionen begründet sich auf diesem Modell. Es konnte im Tierversuch zeigen, dass es Lebewesen besser geht, wenn sie Kontrolle über ihre Umwelt haben. Wie bei den Ratten nicht die Anzahl der elektrischen Schläge, sondern ihre Kontrollierbarkeit über das Wohlergehen der Psyche entscheidet, kann es sein, dass bei Menschen nicht die Anzahl der Schicksalsschläge, sondern die Kontrollierbarkeit bestimmend ist.

So ist es auch mit der Angst: Sie entsteht immer dann, wenn man meint, dass man die Situation nicht unter Kontrolle hat. Der lausigste Autofahrer fühlt sich immer noch am sichersten, wenn er selbst am Steuer sitzt. Als aber einmal berühmte Autorennfahrer eingeladen wurden, in der höchsten Achterbahn Europas in Rust mitzufahren, weigerten sich die meisten von ihnen, und einer stieg nur mit Sturzhelm ein.

Häufig wird so getan, als sei Stress die einzige Ursache für die Entstehung von Angsterkrankungen, wobei Stress häufig mit viel Arbeit gleichgesetzt wird. Wie wir sehen werden, gibt es nicht nur einen Grund, sondern eine Reihe von Ursachen für Angsterkrankungen. Zwar können schwierige Lebenssituationen Ängste verstärken; Stress (und schon gar nicht ein anstrengender Job) ist aber sicher nicht die Hauptursache für diese Ängste.

SEELISCHE BELASTUNGEN IN DER FRÜHEN KINDHEIT

Seelische Belastungen in der frühen Kindheit und die Erziehung sind daran schuld, dass Menschen später unter Ängsten leiden: Bis vor einigen Jahrzehnten war dies die einzige als gültig angesehene Theorie, und es gibt auch heute noch viele Ärzte und Psychologen, die keine andere Ursache für krankhafte Ängste anerkennen.

Die Einflussfaktoren der ersten Lebensjahre, die man im Zusammenhang mit der späteren Entwicklung einer psychischen Störung diskutiert, müssen zunächst grob in zwei Bereiche eingeteilt werden. Zum einen werden schwerwiegende Traumata (belastende Lebensereignisse wie zum Beispiel der Tod der Mutter im ersten Lebensjahr) mit seelischen Störungen in Verbindung gebracht. Man wusste, dass Kinder, deren Eltern früh gestorben waren und die in Heimen aufwuchsen, Verhaltensauffälligkeiten und Ängste zeigen. Aber auch die Erziehung war als einer der wichtigsten Faktoren angesehen worden. Generationen von Eltern gingen davon aus, dass die seelische Gesundheit ihrer Kinder zu hundert Prozent von ihrer Erziehung und ihrem Verhalten gegenüber den Kindern abhing. Welchen Einfluss aber haben diese Faktoren wirklich?

Graugänse und Rhesusaffen

Wenn ein Tierkind geboren wird, entwickelt es eine intensive Beziehung zu seiner Mutter. Auf eine Trennung von der Mutter reagiert es mit Angst. Dies wird «Prägung» genannt. Allerdings muss es nicht die leibliche Mutter sein, auf die das Tierkind geprägt wird. Wenn zum Beispiel die Mutter ums Leben gekommen ist, könnte es auch ein anderes weibliches Tier, der Vater oder ein fremdes männliches Tier sein, zu dem das Tierkind eine besondere Bindung entwickelt. Wichtig ist, dass diese «Bezugsperson» immer in der Nähe ist und für die Nahrung sorgt. Das Phänomen der Prägung hatte der Österreicher Konrad Lorenz, der «Vater der Graugänse», schon als Kind durch Beobachtung von Entenküken entdeckt.

Später zeigte der amerikanische Psychologe Harry Harlow, dass neugeborene Rhesusaffen, die monatelang von ihren Artgenossen getrennt wurden, körperlich und in Hinblick auf ihr Sozialverhalten in einen desolaten «seelischen» Zustand kamen.[38] So wies er nach, dass die Trennung von der Mutter oder einem anderen Lebewesen, auf das ein junges Tier geprägt wurde, katastrophale Folgen für die seelische Gesundheit in späteren Lebensjahren haben konnte.

Harlow machte auch Versuche, bei denen ein Äffchen statt auf seine Mutter auf ein mit Fell überzogenes Drahtgestell geprägt wurde. Das Affenkind entwickelte tatsächlich eine Mutterbeziehung zu dem Drahtgestell. Scheinbar war schon das Fell ausreichend, um bei dem Äffchen eine Prägung auszulösen. Selbst ein Lamm, das auf einen laufenden Fernseher geprägt wurde, bekam eine emotionale Krise, wenn die Flimmerkiste ausgestellt wurde. Sicher, eine solche Prägung hatte eine andere Qualität als eine Beziehung zu einer leiblichen Mutter. Es ging Harlow aber darum, zu zeigen, dass die Prägung nach sehr einfachen Schemata verläuft.

In einem Versuch von Harry Harlow wurde ein Äffchen, das man seiner Mutter weggenommen hatte, auf Drahtgestelle «geprägt». Das linke Gestell gab Milch, das rechte war mit einem Fell überzogen. Wenn es trinken wollte, wandte sich das Äffchen an die milchgebende Drahtmutter, danach kletterte es aber schnell wieder zu dem weicheren Mutterersatz zurück.

Ende der vierziger Jahre wurde der amerikanische Psychoanalytiker John Bowlby von der Weltgesundheitsorganisation beauftragt, die Folgen der Trennung eines Kindes von der Mutter zu erforschen. Bowlby untersuchte 44 jugendliche Straftäter; 17 dieser Jugendlichen waren vor dem fünften Lebensjahr zumindest zeitweise von ihren Müttern getrennt worden. Dies war signifikant häufiger als bei einer ebenso großen Kontrollgruppe von normalen Jugendlichen. Er führte die Straffälligkeit also im Wesentlichen auf die frühe Trennung von der Mutter zurück.[39] Bowlby vermutete, dass es bei Menschen so etwas gibt wie die Prägung, die Konrad Lorenz bei den Graugänsen entdeckt hatte. «Man muss annehmen, dass eine warme, enge und konstante Beziehung zur Mutter wichtig für die seelische Gesundheit der Kinder ist», war seine Schlussfolgerung aus diesen Studien.

Das Verdienst von John Bowlby bestand darin, dass er zum ersten Mal statistisch abgesicherte Untersuchungen durchführte – ein Kontrast zu der damaligen vorherrschenden Vorgehensweise der Psychoanalyse, die mehr durch Theoretisieren als durch kontrollierte Untersuchungen charakterisiert war. Worauf er auch prompt von seinen psychoanalytischen Kollegen und sogar von seinem Lehranalytiker Donald W. Winnicott massiv angegriffen wurde. Dennoch setzten sich Bowlbys Gedanken durch. Allerdings führten sie dazu, dass man von da an pauschal alle psychischen Erkrankungen einzig und allein auf frühkindliche Traumata zurückführte.

Die Klärung dieses Zusammenhangs ist jedoch von gewisser Bedeutung: Könnte man beispielsweise nachweisen, dass Angststörungen oder andere psychische Störungen im Kindesalter durch bestimmte Verhaltensweisen oder Erziehungsstile der Eltern verursacht werden, so könnte man für die Kindererziehung Empfehlungen ausgeben, um die Entwicklung späterer Angststörungen zu vermeiden. Aber auch für die unendliche Diskussion über die Wirksamkeit von Psychotherapie-Methoden hätte diese Frage Bedeutung. Die psychoanalytische Therapie beruht fast ausschließlich auf der Annahme, dass frühe Traumata oder eine ungünstige Erziehung in Gesprächen bearbeitet werden können, sodass sich die zugrunde liegenden Konflikte später in Luft auflösen. Nur wenn Traumata oder fehlgeleitete Erziehungsversuche einen erheblichen Anteil an der Verursachung der psychischen Krankheit haben, kann eine solche Therapie ein voller Erfolg sein. Was, wenn die Genetik eine entscheidende Rolle spielt, wenn die Natur von vornherein ein Gehirn angelegt hat, das empfindlicher auf Angstreize reagiert? Wie könnte man Moleküle durch Gespräche in tiefen Ledersesseln beeinflussen?

Es ist erstaunlich, dass es über dieses Thema einen jahrzehntelangen Streit gab.

Sigmund Freud war ein genauer und scharfsinniger Beobachter. Seine Theorien beruhten aber nur auf einer kleinen Zahl von Patienten. Im Freud'schen Gesamtwerk werden Sie kaum jemals Statistiken, Tabellen, ja überhaupt Zahlen finden. Dies ist nicht nur durch Nachlässigkeit zu erklären, sondern dadurch, dass vor hundert Jahren die Methoden der Statistik noch in den Kinderschuhen steckten und dass ein auf Statistiken basierendes wissenschaftliches Vorgehen noch nicht weit verbreitet war. Man konnte von Freud nicht erwarten, dass er seine gerade neu aufgestellten Theorien mit den gleichen ausgeklügelten Methoden untersuchte, wie sie heute in der Psychologie üblich sind – genauso, wie man Nikolas August Otto nicht vorwerfen kann, dass er neben dem Ottomotor nicht gleich noch den Dieselmotor erfunden hat. Allerdings kann man auch nicht gerade sagen, dass Freud sich sehr bemüht hatte, seine Theorien wissenschaftlich zu untermauern. Andere Psychiater seiner Zeit, wie der Zürcher Psychiater Eugen Bleuler, hatten schon damals bereits mit ausgefeilten Statistiken gearbeitet.

Warum ist die Statistik so entscheidend? Wenn man aufgrund von ein paar Einzelfallberichten Theorien aufstellt und sie dann auf die Allgemeinheit überträgt, besteht die große Gefahr, dass man sich über die tatsächlichen Verhältnisse täuscht. Wenn man dann noch von einer bestimmten Theorie sehr überzeugt ist, kann es passieren, dass man auf einem Auge blind wird und andere Fälle, die nicht in den Rahmen passen, unter den Tisch fallen lässt. Die Psychologie in der ersten Hälfte des vorigen Jahrhunderts war fast ausschließlich von solchen Spekulationen geprägt.

Trotz der mittlerweile verfügbaren statistischen Techniken ist es auch heute immer noch nicht einfach, wissenschaftlich genau zu belegen, dass sich frühe Erfahrungen später in Form von Angsterkrankungen auswirken. Um zu beweisen, dass ein Ereignis in den ersten fünf bis sechs Lebensjahren, zum Beispiel eine Scheidung der Eltern, sich viele Jahre später in einer Angststörung äußert, muss man zahlreiche Patienten (sagen wir 100) mit dieser Angsterkrankung zu zurückliegenden Ereignissen befragen. Genauso wichtig ist, eine ebenso große Gruppe von Personen zu interviewen, die diese Angststörung mit Sicherheit nicht haben – so wie es Bowlby mit seinen jugendlichen Delinquenten machte. Es könnte sonst ja sein, dass beispielsweise Scheidungen der Eltern in den ersten Lebensjahren in dieser Kontrollgruppe ebenso häufig vorkommen wie in der Patientengruppe. Dann könnte kein Einfluss von Scheidungen der Eltern auf die Entstehung von Ängsten bei den Kindern nachgewiesen werden. Eine Untersuchung ist also wegen der hohen Zahl an Versuchspersonen sehr aufwendig.

Ein weiteres Problem ist die Erinnerung. Angstpatienten, die an solchen Untersuchungen teilnehmen, sind im Durchschnitt etwa 36 Jahre alt. Sie müssen sich also an über 30 Jahre zurückliegende Ereignisse erinnern oder sich auf die Erzählungen ihrer Eltern verlassen. Schwerwiegende Ereignisse wie der Tod des Vaters werden sicher in den meisten Fällen verlässlich mit genauen Datumsangaben wiedergegeben, andere belastende Geschehnisse, wie die psychische Erkrankung der Mutter, aber weniger genau.

Die Erinnerung kann verblassen. Viel mehr noch: Sie kann verzerrt werden. Mark Twain schrieb einmal: «Je älter man wird, desto besser erinnert man sich an die Dinge, die früher so nie passiert sind.» Wenn Personen, die im Erwachsenenalter darüber berichten, dass sie sich häufig von ihren Eltern allein gelassen fühlten, könnte dies zum einen daran liegen, dass sie tatsächlich häufiger von den Eltern getrennt wurden. Wenn aber die Angststörung schlicht auf einer ererbten Ängstlichkeit beruhen würde, könnte es natürlich andererseits auch sein, dass sie nicht wirklich häufiger als alle anderen von ihren Eltern getrennt wurden, sondern einfach Trennungen negativer wahrgenommen haben und schlechtere Erinnerungen damit verknüpfen. Mit diesen Vorbehalten müssen die wissenschaftlichen Untersuchungen betrachtet werden, die im Folgenden dargestellt werden.

Um herauszufinden, inwieweit tatsächlich belastende Erfahrungen in der Kindheit mit einer späteren Panikstörung zusammenhängen, führten wir daher eine kontrollierte Studie mit 239 Personen durch.[40] Patienten mit einer Panikstörung, aber auch Menschen ohne eine psychische Erkrankung (die «gesunden Kontrollpersonen») wurden rückblickend mit einem umfangreichen Fragebogen untersucht, der über zweihundert Fragen zu frühkindlichen Traumata umfasste. Neben frühen traumatischen Erlebnissen wurden die Testpersonen auch zum Erziehungsverhalten ihrer Eltern, dem familiären Vorkommen von Angsterkrankungen, Geburtsrisiken und anderen Faktoren befragt.

Bevor sich unsere Arbeitsgruppe daranmachte, belastende Ereignisse in der Kindheit von Patienten mit einer Panikstörung mit einer gesunden Kontrollgruppe zu vergleichen, durchsuchten wir natürlich mit Hilfe des Internets die Weltliteratur. Wir wollten wissen, ob nicht schon jemand vor uns diese Frage untersucht hatte. Die Recherche ergab, dass es praktisch keine geeignete Studie gab, die verlässliche Aussagen zu dieser Fragestellung zulassen würde. Wir waren überrascht, dass man lange nicht auf den Gedanken gekommen war, diese nahe liegende Untersuchung bei Menschen mit Angstattacken durchzuführen, und dass jahrzehntelang unbewiesene Behauptungen aufgestellt wurden.

Bei der Auswertung unserer Untersuchung mit Panikpatienten zeigte sich allerdings, dass die frühen Vermutungen von Freud, die er nie wissenschaftlich überprüft hatte, zum Teil tatsächlich eine gewisse Grundlage hatten. Folgende Ereignisse wurden häufiger von den Patienten als von den Kontrollpersonen berichtet: Tod des Vaters, Aufwachsen bei Verwandten (und damit Trennung von den Eltern), länger dauernde Erkrankungen der Patienten in der Kindheit, Alkoholmissbrauch der Eltern sowie Gewaltanwendung in der Familie. Zehn Prozent der Panikpatienten berichteten, dass sie als

Kinder Opfer sexuellen Missbrauchs waren (zum Vergleich: In der Kontrollgruppe waren es zwei Prozent). Rechnete man noch die Fälle sexueller «Grenzüberschreitungen» dazu, waren es 19 Prozent der Panikpatienten und sieben Prozent der Normalpersonen, die solche Ereignisse berichteten.

Eins wurde aber auch klar: 31 Prozent der Panikpatienten gaben an, nie ein schwerwiegendes negatives Erlebnis in ihrer Kindheit gehabt zu haben. Umgekehrt hatte auch ein Drittel der Personen aus der gesunden Kontrollgruppe besonders belastende Lebensereignisse zu verzeichnen. Mit anderen Worten: Man kann eine Panikstörung bekommen, obwohl man gar keine emotionalen Belastungen in der Kindheit erfahren hatte, und es besteht eine gute Chance, trotz solcher Erlebnisse gesund zu bleiben. Aus dieser wichtigen Tatsache lernen wir Folgendes: Zum einen muss es außer den Traumata in der Kindheit, die bis dahin immer als Alleinverursacher angeschuldigt worden waren, noch andere Ursachen für eine Panikstörung geben. Zum anderen lernen wir, dass einst alle seelischen Störungen unzulässigerweise über einen Kamm geschoren wurden, was die Verursachung durch belastende Lebensereignisse anging. Da man außer Traumata alle anderen möglichen Ursachen ignorierte, machte man sich auch keine Gedanken, ob zwischen den verschiedenen psychiatrischen Erkrankungen Unterschiede hinsichtlich ihrer Verursachung durch Traumata bestanden. Von den 44 jugendlichen Delinquenten Bowlbys ausgehend, wurden die Erkenntnisse auf alle psychischen Erkrankungen verallgemeinert.

In einer Studie mit demselben Fragebogen, den wir bei Patienten mit Angststörungen angewandt hatten, untersuchten wir auch eine Gruppe von Personen mit einer «Borderline-Störung». Menschen mit dieser schweren seelischen Erkrankung neigen zu emotionaler Instabilität, Depressionen, Selbstmordgedanken, selbstverletzendem Verhalten, Drogenabhängigkeit, Delinquenz und anderen Symptomen. Unter diesen Patienten befanden sich erheblich mehr Personen, die eine schwere Jugend gehabt hatten, als in der Gruppe der Panikpatienten. So berichteten die Borderline-Patienten in 74 Prozent über sexuellen Missbrauch in ihrer Kindheit und Jugend.[41] Der Anteil der Verursachung durch Traumata scheint bei den verschiedenen Krankheiten somit unterschiedlich zu sein.

Die ersten fünf Jahre

«Es scheint, dass Neurosen nur in der ersten Kindheit (bis zum sechsten Lebensjahr) erworben werden, wenn auch ihre Symptome erst viel später zum Vorschein kommen mögen.» Diese recht knappe Feststellung Freuds hatte einen unglaublichen Einfluss auf unsere Ansichten zur Entstehung von Ängsten und anderen seelischen Erkrankungen.[42] Seine Botschaft lautete: Was immer in den ersten Lebensjahren passiert, bestimme, ob aus dem Kind später im Leben ein zu Depressionen und Ängsten neigender oder ein fröhlicher, ausgeglichener Mensch werde. Danach ist alles gelaufen; sosehr sich später Eltern und Erzieher abmühen, sie können nicht mehr verhindern, dass das Kind später zum Stadtneurotiker wird. Psychologische Werke wurden in der Folge geschrieben, in denen dargelegt wurde, was genau man falsch machen muss, damit das Kind später Zwangsneurosen oder Pferdephobien bekommt.

Wie steht es nun um den Wahrheitsgehalt dieser Annahme? In unserer Untersuchung zu den seelischen Traumata in der Kindheit gingen wir auch dieser Frage nach. Da wir sämtliche traumatischen Ereignisse von der Geburt bis zum 15. Lebensjahr erfassten, konnten wir auch nachprüfen, ob Erlebnisse in den ersten Jahren überhaupt mehr Schaden anrichten konnten als Ereignisse in späteren Lebensjahren. Zu unserer Überraschung war dies aber nicht der Fall. Es war also egal, ob der schädliche Einfluss im vierten oder im neunten Lebensjahr auftrat. Auch alle anderen Untersuchungen zu diesem Thema konnten nicht zeigen, dass die ersten fünf Lebensjahre wichtiger sind als die folgenden. Vielleicht liegt dies daran, dass ungünstige Familienverhältnisse sich meist nicht nur über eine kurze Zeitspanne auswirken, sondern sich manchmal durch die ganze Kindheit ziehen.

Nichtsdestotrotz muss man festhalten, dass die unglaublich weit verbreitete Ansicht, dass belastende Ereignisse in den ersten fünf bis sechs Lebensjahren wichtiger sind als spätere Schädigungen, in den Bereich der Gerüchteküche gehört, zumindest, was Angstpatienten angeht.

WIE ENTSTEHT DIE ANGST VOR DEM ALLEINSEIN?

Nicht nur Ereignisse in der frühen Kindheit wurden mit Angsterkrankungen in Zusammenhang gebracht, sondern auch spezifische Belastungen im Erwachsenenalter. Interviews mit Panikpatienten haben ergeben, dass in den letzten Monaten vor den ersten Panikattacken oder aber vor der Verschlimmerung einer schon bestehenden Panikstörung bestimmte bedrückende Ereignisse stattgefunden hatten.[43] Diese Vorkommnisse hatten fast immer etwas mit einer Trennung zu tun. Entweder handelte es sich um eine tatsächliche Trennung von einer geliebten Person oder aber um Anzeichen einer drohenden Trennung.

Menschen mit einer Panikstörung berichten außerdem häufiger als gesunde Kontrollpersonen, dass sie schon in ihrer Kindheit unter Trennungsängsten gelitten hatten. Sie sträubten sich als Kind beispielsweise, die Ferien bei einer Tante zu verbringen, wollten nicht auf eine Klassenfahrt oder weigerten sich sogar, in die Schule zu gehen.

Das sei nicht verwunderlich, sagten die Psychoanalytiker, die sowieso davon ausgingen, dass Ängste im Erwachsenenleben durch eine längere Trennung von den Eltern in der Kindheit entstehen. So seien Trennungsängste dadurch erklärbar, dass die Kinder tatsächlich früher einmal von ihren Eltern getrennt worden waren. Sie wurden als Folge eines «Mangels an oraler Befriedigung» gedeutet. Das heißt im Klartext: Wenn es nichts zu nuckeln gab, weil die Mutterbrust nicht verfügbar war, dann speicherten die Kinder im Gedächtnis, dass Trennung von der Mutter Verhungern oder Tod bedeuten könnte.

Ähnlich erklärten aber auch die Lerntheoretiker Trennungsangst: Die Anwesenheit der Mutter werde mit der Befriedigung des

Hungertriebs verbunden. Wenn es manchmal aufgrund einer Abwesenheit der Mutter nicht zur Bedürfnisbefriedigung komme, werde Trennungsangst erlernt. Beide Theorien sind aber wahrscheinlich zu vereinfachend.

Bei Tieren ist eine natürliche Trennungsangst nicht erlernt, sondern entspringt einem angeborenen Mechanismus. Wenn gerade neugeborene Welpen, die noch nie von ihrer Mutter getrennt waren, das erste Mal von ihr weggenommen werden, fangen sie sofort an, ängstlich zu fiepen. Das heißt, dass die Jungtiere nicht deswegen mit Angst reagieren, weil sie eine «negative Lernerfahrung» gemacht haben – nämlich, dass Trennung von der Mutter mit Hunger verbunden ist –, sondern weil ihnen ein *Instinkt* sagt, dass sie solche Trennungen besser vermeiden sollten. Auch Harlows Versuche zur Prägung zeigten, dass die Trennungsangst nicht mit dem Verlust des Ernährers in Verbindung gebracht werden muss: Das Äffchen, das auf ein mit Fell überzogenes Drahtgestell geprägt worden war, zeigte beim Entfernen des Gestells Trennungsangst – und das, obwohl das Gestell nicht Milch geben konnte.[44]

Wie kann man nun erklären, dass manche Menschen stärker unter Trennungsangst leiden als andere? Als unser Team in der bereits erwähnten Untersuchung Panikpatienten zu Trennungsängsten befragte, sagten 23 Prozent der Patienten mit einer Panikstörung, aber nur fünf Prozent der gesunden Kontrollpersonen aus, dass sie in ihrer Kindheit unter Trennungsangst gelitten hatten. Die Patienten gaben aber auch an, dass sie häufiger als die Kontrollpersonen tatsächliche Trennungserlebnisse in ihrer Kindheit erfahren hatten. Wiederum 60 Prozent der Patienten berichteten über mindestens eine längere Trennung, aber nur 16 Prozent der gesunden Kontrollpersonen hatten eine schmerzliche Trennung von den Eltern erlebt.

Jetzt sollte man meinen, dass Trennungsängste und tatsächliche Trennungserlebnisse direkt zusammenhängen, dass nämlich diejenigen Personen, die als Kinder tatsächlich länger von ihren Eltern separiert waren, diese Trennungsängste entwickeln, weil sie ja diesbezüglich schlechte Erfahrungen gemacht hatten. Aber genau das stellte sich als unzutreffend heraus. Es gab einerseits Patienten, die echte Trennungserlebnisse aufweisen konnten, und andere, die in ihrer Kindheit mit Trennungsängsten kämpften; dabei hatte das eine mit dem anderen nichts zu tun.

Scheinbar ist es so, dass diejenigen, die als Kinder schon unter Trennungsangst litten, ohne tatsächlich getrennt worden zu sein, bereits lange vor dem Ausbruch ihrer Panikerkrankung unter einer – vielleicht angeborenen – Anfälligkeit für eine ängstliche Verarbeitung von Separationen litten.

Daraus kann man Folgendes schließen: Die übergroße Angst von Angstpatienten, dass sich ihr Partner von ihnen trennen könnte, ist im Wesentlichen nicht darauf zurückzuführen, dass sie schon früher oft von ihren Eltern verlassen worden sind, sondern scheint auf eine anlagebedingte Neigung zu Trennungsängsten hinzuweisen. Natürlich gibt es auch Menschen, die in ihrer Kindheit tatsächlich von den Eltern massiv vernachlässigt und häufig allein gelassen wurden. Dies führt zu bestimmten seelischen Schäden, aber nicht unbedingt zu Angsterkrankungen.

ALS KIND ZU HEISS GEBADET

Viele meiner Patienten, die lange erfolglos mit einer Psychoanalyse behandelt worden waren, beklagen sich darüber, dass ihrer Meinung nach in der Therapie viel zu viel Aufhebens um ihre Erziehung in der Kindheit gemacht wurde. «Ob ich als Kind zu heiß gebadet worden bin, hat doch nichts mit meinen jetzigen Problemen zu tun», witzelte ein solcher Patient.

Unendlich viele Bücher wurden über die Verhaltensweisen und Erziehungsstile der Eltern (wie «Vernachlässigung» oder «Überfürsorglichkeit») geschrieben. Genaue Mechanismen wurden dargestellt, wie durch ein bestimmtes Verhalten, ein falsches Wort am falschen Platz, ständiges Nörgeln, eine zu harte Bestrafung, eine Verweichlichung oder die Einschränkung des freien Willens durch die Eltern ein Konflikt entsteht und wie dieser Konflikt zunächst im Unbewussten aufkeimt, sich dort wie ein Krebsgeschwür einnistet und sich dann in Form von merkwürdigen neurotischen Symptomen äußert. So wurde behauptet, dass Menschen, wenn sie als Kind von der Mutter zu früh zur Sauberkeitserziehung angehalten worden waren, später zwanghafte, pedantische und geizige Menschen wurden. Von psychologischen Kenntnissen unbelastete Menschen würden allerdings intuitiv sagen, dass eine im Alter von 30 Jahren aufgetretene Angsterkrankung nichts damit zu tun hat, dass man früher einmal als Vierjähriger Schimpfe bekommen hatte, weil man die Holzwolle aus dem Teddy gepult hatte.

Bereits in den fünfziger Jahren kritisierte der in London lebende deutsche Psychologe Hans Jürgen Eysenck diese Sichtweise scharf und sagte zur Bedeutung von Milieu, Schule und Elternhaus lapidar: «Ihre Rolle ist sehr klein.» Dennoch halten sich bis heute Ansichten, wonach das Wesen eines Menschen komplett durch die Umwelt geprägt wird und alle seelischen Probleme auf bestimmte Verhaltensweisen der Eltern zurückgeführt werden.

Merkwürdigerweise waren sich die Vertreter der Umwelt-Theorie nicht darüber einig, ob eher ein Zuwenig an Geborgenheit oder ein Zuviel an Behütung oder eine Mischung aus beiden nun daran schuld sein soll, dass man später im Erwachsenenalter eine Angstkrankheit bekommt. Jemand, der in einem Buch Tipps geben wollte, wie man Kinder erziehen sollte, um spätere Angsterkrankungen zu vermeiden, wüsste nicht, ob er nun empfehlen sollte, den Kindern mehr Freiheiten zu geben oder ihre Freiheiten mehr einzuschränken.

In unserer Befragung von Menschen mit einer Panikstörung und gesunden Kontrollpersonen zeigten sich Unterschiede im Hinblick auf das Erziehungsverhalten: Die Patienten beschrieben ihre Eltern im Vergleich zu Kontrollen eher als streng, jähzornig, dominant, überbehütend, charakterschwach und wenig fürsorglich.[40]

Solche Schilderungen der Eltern, teilweise nach über 40 Jahren erhoben, sind allerdings mit größter Vorsicht zu behandeln, denn sie sind noch weniger verlässlich als die Angaben zu belastenden Lebensereignissen. Aussagen wie «Mein Bruder wurde mir immer vorgezogen» oder «Meine Mutter hat mich nicht wirklich geliebt» sind erheblich schwammiger und schlechter nachprüfbar als eine Mitteilung wie «Meine Mutter starb am 4. 2. 1963».

Es wäre möglich, dass die Erziehung sich in Wirklichkeit durch nichts von der Erziehung der gesunden Kontrollpersonen unterschieden hat und dass die abweichenden Schilderungen schlicht durch eine andersartige Wahrnehmung der Erziehung entstanden sind. Panikpatienten könnten sich eher als ungerecht, lieblos oder überfürsorglich behandelt fühlen, ohne dass dies tatsächlich der Fall war. Der Grund für solche verzerrten Erinnerungen könnte nämlich auch sein, dass Menschen mit einer Panikstörung schon als Kind etwas ängstlicher und sensibler waren. So könnte es sein, dass sie allein wegen ihrer erhöhten Empfindlichkeit ein völlig normales Verhalten der Mutter als kalt, streng oder vernachlässigend bezeichneten.

Es könnte aber auch sein, dass die Beschreibung des elterlichen Erziehungsverhaltens durch Vorurteile beeinflusst war. Jemand, der unter seelischen Problemen leidet, bildet sich häufig auch mit entsprechenden Büchern weiter oder liest ständig in der Presse, dass die Erziehung an seinem Problem schuld sei. So sucht er natürlich – stärker als die Kontrollpersonen – nach Hinweisen auf eine fehlgeleitete Erziehung. Vor allem diejenigen Patienten, die schon einmal in einer Psychotherapie waren, in der ständig über Mutter, Vater und die Stellung in der Geschwisterreihe geredet wurde, machen sich vielleicht ebenfalls die Meinung zu Eigen, dass sie ihr Problem einer falschen Erziehung verdanken, ohne dass dies tatsächlich der Fall war.

Damit soll natürlich nicht gesagt werden, dass Erziehung und Familienkonstellation keinen Einfluss auf die Kinder haben. Natürlich wird zum großen Teil durch die Erziehung mitbestimmt, ob aus Kindern freundliche, hilfsbereite und charmante Erwachsene werden oder miesepetrige, gemeine und aggressive Stinkstiefel. Aber man muss sich von dem Gedanken lösen, dass handfeste Angsterkrankungen allein durch eine verkorkste Erziehung verursacht werden.

BESOFFENE HÜHNER

In einem amerikanischen Psychologielehrbuch aus den siebziger Jahren fand ich einen Cartoon. Ein Psychotherapeut sagt darin zu seinem Klienten: «Es gibt mehrere Gründe für Ihr Problem: Arbeitsbelastung, frühe Kindheitserfahrungen, chemisches Ungleichgewicht und in erster Linie die Tatsache, dass Ihre Eltern verrückt wie besoffene Hühner sind.» In dieser Aussage, so abwegig sie klingt, steckt ein bisschen Realität.

Dies erfuhren wir auch, als wir an der Universität Göttingen unsere schon erwähnte groß angelegte Untersuchung zu den Ursachen von Angsterkrankungen durchführten. Wir befragten nicht nur Patienten mit einer Panikerkrankung und einer Borderline-Störung, sondern auch Menschen mit einer Sozialen Phobie über belastende Ereignisse in ihrer Kindheit und subtilere Einflüsse wie bestimmte Erziehungsstile. Außerdem prüften wir noch die Möglichkeit, ob solche Erkrankungen möglicherweise auch durch Schäden während der Geburt (zum Beispiel durch Sauerstoffmangel) ausgelöst wurden. Als Letztes fragten wir noch, ob die Eltern ebenfalls unter Angsterkrankungen oder anderen psychischen Krankheiten gelitten hatten.

Wir wollten wissen, welcher Faktor eigentlich die entscheidendste Rolle spielt: Traumata, Erziehung, Geburtsschäden oder Vererbung? Dabei muss man bedenken, dass alle die genannten möglichen Ursachen für das Entstehen einer Angsterkrankung miteinander in irgendeiner Form zusammenhängen können. Ein Beispiel: Mike B., ein Patient mit einer Panikstörung, hat einen Vater, der ebenfalls unter einer Panikstörung litt. Der Vater war Alkoholiker, schlug seine Kinder und seine Frau, war arbeitslos und trotzdem selten zu Hause. Warum hat nun Mike B. seine Angsterkrankung bekommen? Weil er als Kind geschlagen wurde? Weil er bei seinem Vater die Panikstörung beobachtet hatte? Weil die Eltern Eheprobleme hatten? Weil der Vater arbeitslos war? Weil der Vater fast nie zu Hause war? Oder weil er Alkoholiker war? Oder war es einfach so, dass der Patient die Panikstörung mit den Genen übertragen bekam und alle anderen widrigen Umstände gar nichts damit zu tun hatten und dass der Vater Alkoholiker war, weil er gegen seine Ängste antrank und alle anderen Probleme wie die Gewalttätigkeit nur eine Folge des Alkoholismus waren?

Man kann sich heftig täuschen, wenn man einfach den Zusammenhang zweier Faktoren untersucht, ohne zu bedenken, dass drei, vier weitere Umstände auf komplizierteste Weise diese beiden Faktoren beeinflussen. Dies möchte ich an einem Beispiel erklären: Ein Wissenschaftler hat festgestellt, dass Alkoholmissbrauch Lungenkrebs verursacht. Sie werden jetzt sagen: «Moment mal – Lungenkrebs kommt doch vom Rauchen?!» Aber der Forscher hält Ihnen eine klare Korrelation (das heißt einen rechnerischen Zusammenhang) vor, nach der zwischen Alkohol und Krebs eine starke Verknüpfung besteht. Bei näherer Betrachtung hat sich der Wissenschaftler aber geirrt: Die Korrelation ist dadurch entstanden, dass Leute, die zu viel Alkohol trinken, meist auch zu viel rauchen. Daher ist tatsächlich bei Alkoholikern Lungenkrebs häufiger – aber es besteht keine direkte, ursächliche Verkettung zwischen den beiden Faktoren. Die Wechselbeziehung entsteht nur indirekt über einen dritten Faktor, nämlich das Rauchen. Wenn jemand zu viel Alkohol trinkt, aber nicht raucht, hat er wahrscheinlich kein erhöhtes Risiko, Lungenkrebs zu bekommen. Wissenschaftlich ausgedrückt: Eine hohe Korrelation zwischen zwei Phänomenen beweist keinen Kausalzusammenhang.

Wie kann man jetzt herausfinden, woran es wirklich liegt, dass manche Menschen eine Panikstörung bekommen und andere nicht? Seelische Traumata, Erziehung, Vererbung oder Geburtsschaden – das scheint ein kompliziertes und fast aussichtsloses Unterfangen zu sein.

Mit einem raffinierten statistischen Verfahren kann man allerdings aufklären, welchen Anteil jede Ursache allein ausmacht. Mit einer so genannten logistischen Regression kann man sämtliche Zusammenhänge miteinander verrechnen und am Ende mit etwas größerer Sicherheit sagen, welcher dieser Risikofaktoren den größten Anteil an der Entstehung einer Angsterkrankung hat.

Ich fütterte meinen Computer also mit allen Daten, die wir zu den verschiedenen Risikofaktoren bei den Patienten erhoben hatten. Anschließend fragte ich ihn: «Was oder wer ist schuld daran, wenn ich eine Soziale Angststörung bekomme?» Der Computer antwortete: «Es ist egal, wie Ihre Eltern Sie erzogen haben, ob die Eltern zu viel Alkohol getrunken oder Sie geschlagen haben. Sie waren während der Geburt wahrscheinlich nicht blau, und sexueller Missbrauch spielte keine Rolle. Eine längere Trennung von Ihren Eltern hat das Risiko, eine Soziale Angststörung zu bekommen, dreifach erhöht. Aber: Wenn Ihre Eltern schon irgendeine neurotische Störung hatten, hat das Ihr Risiko 127fach erhöht.»[45] Das heißt mit anderen Worten: Vererbungsfaktoren spielten dieser Untersuchung zufolge die größte Rolle, während die Erziehung, die früher immer als die Hauptursache dieser Erkrankungen angesehen wurde, praktisch keinen Einfluss auf das Entstehen einer Sozialen Angststörung zu nehmen scheint.

Bei den Patienten mit einer Panikstörung fanden wir ebenfalls heraus, dass das Risiko, eine solche Angsterkrankung zu bekommen, hauptsächlich durch Vererbung bestimmt war. Schwere belastende Ereignisse wie sexueller Missbrauch spielten auch eine nicht zu vernachlässigende Rolle, die aber deutlich geringer war als die der Vererbungsfaktoren. Das überraschendste Ergebnis war aber, dass die Erziehung offensichtlich überhaupt nichts damit zu tun hatte, dass die Patienten unter einer Panikstörung litten.

Wohlgemerkt: Zwar hatten sich die Angstpatienten in der Untersuchung beschwert, dass ihre Eltern sie nicht liebevoll erzogen hätten. Dieser Zusammenhang darf aber nicht derart interpretiert werden, dass die Erziehung die Ursache der Angsterkrankung ist, sondern lediglich so, dass zwischen den beiden Phänomenen eine Korrelation besteht, die über ein drittes Phänomen vermittelt wird. Dieses Beispiel zeigt, dass man die Risikofaktoren nicht getrennt betrachten darf. Nur mit Hilfe komplizierter Computerberechnungen ist man heute in der Lage, solche vereinfachenden Zusammenhänge als fehlerhaft zu identifizieren. Diesen Fehler haben aber Generationen von Psychologen und Psychiatern jahrzehntelang gemacht: Durch die isolierte Betrachtungsweise des Faktors «Erziehung» haben sie vor der Welt, aber auch vor sich selbst die Illusion aufgebaut, dass eine fehlgeleitete Erziehung an der Entstehung der Angsterkrankungen ursächlich beteiligt sei.

Durch diesen Irrtum wurden Generationen von Müttern mit massiver Schuld belegt. Sie haben sich vielleicht ein Leben lang Vorwürfe gemacht, dass sie für die Angstkrankheit ihrer Kinder haftbar zu machen seien. Und zu allem Überfluss hatte man auch immer zuerst die Mütter verantwortlich gemacht und die Väter außen vor gelassen.

DER COITUS INTERRUPTUS, DIE COUSINE UND DIE ROTE COUCH: DIE PSYCHOANALYSE

Viele Menschen setzen Psychotherapie und Psychoanalyse gleich und vermuten, dass jeder, der zu einem Psychotherapeuten geht, «auf der Couch landet». Dabei ist die Psychoanalyse nur eine von mehreren Richtungen in der Psychotherapie. Die analytische Theorie war jedoch die erste, die sich intensiv mit Ängsten beschäftigte.

Die Dampfkesseltheorie

Wer über Angst redet, kommt an Freud nicht vorbei. Sigmund Freud war Professor für Neuropathologie an der Wiener Universität und begründete gegen Ende des 19. Jahrhunderts die Psychoanalyse. Freud muss man zwiespältig sehen. Seine Theorien lösen heute in Kreisen von Wissenschaftlern harsche Kritik, manchmal Lächeln aus, aber fast nie die uneingeschränkte Zustimmung, die sie in den Jahren zwischen 1930 und 1970 erhielten. Eines der beliebtesten Hobbys amerikanischer Psychiater ist «Freud bashing», Freud madig machen, das heißt, über seine Theorien herzuziehen.

Was wirft man ihm vor? Auch damals, als Freud seine Hypothesen vorstellte, gab es Vorbehalte. Nur waren diese anderer Natur als heute. Zu seiner Zeit warf man ihm vor, dass er hinter jedem Verhalten, ob krankhaft oder normal, ausschließlich sexuelle Hintergründe sah. Kurz nach der Jahrhundertwende war das mehr, als die prüde Öffentlichkeit ertragen konnte. Selbst Kindern schrieb er ein Sexualleben zu – damals ein Unding. Seine Kritiker kreideten ihm nicht etwa an, unwissenschaftlich zu arbeiten, sondern eine Art Perverser zu sein, der unschuldigen Kindern sündige Gedanken zuschrieb. Somit kam Freud das Verdienst zu, zur Enttabuisierung der Sexualität beigetragen zu haben.

Heute werden die Freud'schen Theorien aus einer ganz anderen Warte kritisiert; sie seien unwissenschaftlich, nicht überprüft und spekulativ. Von Freud stammen die ersten ausgefeilten Hypothesen zur Entstehung von krankhafter Angst. Sie zu beschreiben ist gar nicht so einfach, denn Freud änderte im Laufe seines Lebens immer wieder seine Ansichten über die Entstehung von Ängsten. Im Jahre 1895 veröffentlichte er seine Schrift «Über die Berechtigung, von der Neurasthenie einen bestimmten Symptomenkomplex als ‹Angstneurose› abzutrennen».[13] Er schilderte darin zwei Arten von Angstneurosen, von denen die eine dem heutigen Begriff der «Panikstörung» nahe kommt und die andere der «Generalisierten Angststörung» entspricht. Er unterschied zwei Hauptgruppen von Neurosen: die «Aktualneurosen» (zu denen er die Angstneurosen rechnete) sowie die «Psychoneurosen» (zu denen beispielsweise die Zwangserkrankungen zählten). Für die Aktualneurosen vermutete er zunächst eine körperliche, für die Psychoneurosen eine seelische Ursache. Bei den Angstneurosen trennte er verschiedene Erscheinungsbilder: eine akute Form mit «frei flottierender Angst» (modern ausgedrückt: «Panikstörung»), ein chronischer Angstzustand (modern: «Generalisierte Angststörung») sowie die «phobische Neurose» (hierunter fallen die Agoraphobie und andere Phobien).

Angstanfälle – die heutigen Panikattacken – hielt Freud zunächst für körperlich, nicht seelisch verursacht, und damit nach seinen Worten durch die Psychoanalyse nicht behandelbar. Das ist bemerkenswert, denn obwohl er diese Meinung später fallen ließ, griff er mit der Einordnung dieser Erkrankung als biologisch verursacht den heutigen neurobiologischen Theorien zur Entstehung von Panik vor. Freud nahm übrigens bei den Angstneurosen zunächst auch eine erbliche Belastung an. Auch damit lag er nicht falsch, wie sich viel später zeigte. Weiterhin sah er «banale Schädlichkeiten» (aktuelle Lebensbelastungen oder chronische Anstrengungen) als Ursache der Angstneurosen an.

Nachdem diese Theorie nicht mit der Wirklichkeit in Einklang zu bringen war, änderte er seine Ansicht und entwickelte die «Erste Angsttheorie». Diese brachte er auf folgenden Punkt: «Unterdrückte – ‹verdrängte› – Triebregungen, meist sexueller Natur, werden in Angst umgewandelt.»[46]

Im Gegensatz zu den «hysterischen» und «traumatischen Neurosen» nahm er an, dass die Angstneurose nicht aus einem früheren Trauma entstehe, sondern eine Folge einer Erregung sei, die keine psychische Ableitung zulasse («Dampfkesseltheorie»). Die bei der Angstneurose auftretende Angst habe ihren Mechanismus «in der Ablenkung der somatischen Sexualerregung vom Psychischen und einer dadurch verursachten abnormen Verwendung dieser Erregung».

Welche Gründe führten nun nach Freud dazu, dass sich sexuelle Energie anstauen kann? Abstinenz oder sexuelle Frustration seien schuld – so der Psychoanalytiker. Angst entstehe zum Beispiel dann, wenn jemand überhaupt keinen Geschlechtsverkehr habe. Ein anderer Grund sei, dass es bei jungen Paaren im «Brautstande», also bei Verlobten, zur sexuellen Erregung ohne Befriedigung komme. Auch staue sich die Energie, wenn es bei einer neu vermählten Frau zu unzureichender Befriedigung komme, weil der Mann impotent ist oder Coitus interruptus betreibt – damals eine weit verbreitete Art der Empfängnisverhütung.[46]

Mitte der zwanziger Jahre gab Freud diese Luststau-Theorie wieder auf. Vielleicht weil er selbst merkte, dass diese Theorie zwar spannend und erregend klang, aber leider nicht stimmte. Er entwickelt im Anschluss daran die «Zweite Angsttheorie».[47] Um diese zu erklären, kommen wir auf die psychoanalytischen Begriffe «Es» und «Über-Ich» zurück. Das Es stellt sozusagen das Triebleben des Menschen dar, das auf dem Niveau eines wilden Tieres ist. Das Es will fressen, saufen und guten Sex, und zwar sofort. Es ist der Wolf im

Menschen, der wehrlose Lämmer zerfleischen würde, oder der Stier, der eine Kuh nach der anderen auf der Weide begattet. Das Es kennt keinen Aufschub, keine Benimmregeln, keinen Ehrenkodex. Menschen, die ein zu stark ausgebildetes Es besitzen, werden Raubmörder oder Sexualtriebtäter.

Das «Über-Ich» dagegen ist das schlechte Gewissen in uns. Es kennt alle Regeln, Vorschriften, Gesetze und Verbote, die uns die Eltern, Pädagogen, Priester, Polizisten und Gesetzgeber auferlegt haben. Überall wittert das Über-Ich Unrat. Alles, was Spaß macht, wird einem madig gemacht oder mit einem Tabu belegt: «Essen macht dick. Wein trinken macht süchtig. Sex ist schweinisch, man holt sich ansteckende Krankheiten, kriegt unerwünschte Kinder und bezahlt am Ende teuer dafür.» Menschen, die ein zu starkes Über-Ich haben, werden Angstpatienten – so die Theorie.

Angst wird nach der Zweiten Angsttheorie ausgelöst, wenn diese verbotenen Triebwünsche des Es zutage treten und vom Über-Ich mit Bestrafung bedroht werden. Diese beiden Instanzen, das Es und das Über-Ich, befinden sich verborgen in unserem Unbewussten. Es gibt jedoch noch eine dritte Instanz, das «Ich», das sich mehr im Bewusstsein aufhält. Wenn das Es und das Über-Ich miteinander kämpfen, bekommt das Ich davon nichts mit. Das Einzige, was das Ich wahrnimmt, sind die unerklärlichen Angstsymptome – wie Schwitzen, Zittern oder Herzrasen.

Die weit verbreitete Angst im Fahrstuhl könnte ein Psychoanalytiker zum Beispiel so erklären:

Eine Frau betritt einen Fahrstuhl, in dem sich mehrere Menschen befinden, darunter auch einige Männer. Jetzt spielt sich in ihrem Unbewussten folgende Szene ab: Das Es, das ja bekanntlich keine Hemmungen kennt, meldet sich: «Brigitte, du könntest ja mal dem Mann, der so dicht neben dir steht, in den Schritt fassen. Ihr könntet es ja hier vor allen anderen treiben.» Darauf meldet sich das Über-Ich: «Brigitte, bist du völlig übergeschnappt? Du kennst den Mann doch gar nicht, er würde dich wegstoßen, das wäre ja superpeinlich, und was würden denn die anderen Leute sagen?» Brigitte selbst (beziehungsweise ihr Ich) bekommt von diesem merkwürdigen Dialog überhaupt nichts mit, da das Ganze ja in ihrem Unbewussten stattfindet. Natürlich hat sie überhaupt nicht vor, einen dieser unappetitlichen alten Männer im Fahrstuhl überhaupt nur zu berühren. Das Einzige, was sie merkt, sind Angstsymptome wie weiche Knie, Herzrasen oder Luftnot – ein Ausdruck des Kampfes, der zwischen dem Es und dem Über-Ich in ihrem Unbewussten abläuft.

Solche Kämpfe der beiden Instanzen finden nicht nur bei Angstpatienten, sondern auch bei allen gesunden Menschen statt. Die gesunden Menschen reagieren darauf – so die Ansicht der Psychoanalyse – mit einem «Abwehrmechanismus» – in diesem Fall mit «Verdrängung». Freud schrieb: «Triebregungen, die als verboten erlebt werden, erzeugen Angst. Diese Angst setzt den Prozess der Unterdrückung – ‹Verdrängung› – dieser Regungen in Gang.»[48] Wenn dieser Abwehrmechanismus bei den Angstpatienten versagt, weil die Angst zu stark wird, bricht die volle Angstattacke durch. So jedenfalls diese Theorie.

Die böse Tyrannin

Vergebens wird man heute in der psychoanalytischen Literatur nach einer homogenen Theorie zur Erklärung von Ängsten suchen. Dies ist eines der Probleme, die die Psychoanalyse hat. Es wurde nie nach einem einheitlichen Prinzip gesucht, das vielleicht am häufigsten für die Entstehung von Angsterkrankungen verantwortlich ist, sondern es wurden immer neue Modelle entwickelt, ohne die alten zu berücksichtigen. So wurden die Freud'schen Theorien immer wieder durch völlig andere ausgetauscht.

Ein Konflikt sei es, hieß es beispielsweise, der einer Angstneurose zugrunde liege. So wurde gesagt, dass sich die Angstpatienten in ihrer Phantasie einerseits überstark an die Mutter klammern, andererseits diese Symbiose aber gleichzeitig zerreißen wollen, um sich von der «Umklammerung der bösen Tyrannin» zu befreien. Aber dies ist nur eine Variante: Es gibt so viele psychoanalytische Erklärungen zur Entstehung von Ängsten, wie es psychoanalytische Autoren gibt.

Eine Schwierigkeit des Konflikt-Modells ist auch, dass keine allgemein gültigen Hypothesen aufgestellt wurden, warum sich bei einigen Menschen diese überstarken Konflikte ausbilden und bei anderen nicht. Vereinfachend können folgende Erklärungsmodelle unterschieden werden, die in der psychoanalytischen Literatur als Verursachungsfaktoren genannt werden: traumatische Kindheitserlebnisse wie die Trennung von der Mutter in den frühen Kindheitsjahren, das Beobachten sexueller Handlungen bei den Eltern, sexueller Missbrauch in der Kindheit, eine falsche Erziehung durch eine vernachlässigende oder überbeschützende Mutter oder ein Todesfall in der Familie.

Da es ein Problem der psychoanalytischen Literatur ist, dass generell keine Prozentzahlen genannt werden, bleiben viele Fragen offen: Welche dieser genannten Risikofaktoren ist am häufigsten zur Verantwortung zu ziehen? Kann auch eine Kombination dieser Faktoren schuld sein? Wie kann ich bei einem bestimmten Patienten herausfinden, ob die überfürsorgliche Mutter, der Tod des Großvaters oder die streitsüchtige Ehefrau an den Angstanfällen schuld ist?

Man täuschte sich lange über das Ausmaß des Einflusses, den die traumatischen frühkindlichen Erlebnisse haben. Heute weiß man, dass es Kinder aus völlig zerrütteten Familien gibt, die komplett normal sind, und Kinder aus gutbürgerlichen, harmonischen Verhältnissen mit liebevollen Eltern, die unter schwersten Ängsten leiden.

Sexueller Missbrauch

Sigmund Freud brachte sexuelle Belästigung, Missbrauch und Inzest immer wieder mit den Angstneurosen in Verbindung. Er illustrierte dies an seiner Geschichte von «Katharina».[49] Freud unternahm eine Wanderung in die Hohen Tauern, um «die Neurosen zu vergessen». In einem Gasthaus wurde er von der Wirtstochter angesprochen. Die 18-jährige Katharina schilderte Freud typische Panikattacken:

> Ich hab' so Atemnot, nicht immer, aber manchmal packt's mich so, dass ich glaub, ich erstick' ... Dann legt's sich zuerst wie ein Druck auf meine Augen, der Kopf wird so schwer und sausen tut's, nicht auszuhalten, und schwindlich

bin ich, dass ich glaub, ich fall' um, und dann presst's mir die Brust zusammen, dass ich keinen Atem krieg' ... Den Hals schnürt's mir zusammen, als ob ich ersticken sollt ... Ich glaub' immer, ich muss jetzt sterben.

Später berichtete sie ihm, dass sie die Panikattacken bekommen hatte, nachdem sie im Alter von 16 Jahren ihren Vater beim Sexualakt mit ihrer Cousine beobachtet hatte:

«Ich schau hinein, das Zimmer war ziemlich dunkel, aber da seh ich den Onkel und die Franziska, und er liegt auf ihr.» – «Nun?» – «Ich bin gleich weg vom Fenster, hab' mich an die Mauer angelehnt, hab' die Atemnot bekommen, die ich seitdem hab', die Sinne sind mir vergangen, die Augen hat es mir zugedrückt und im Kopf hat es gehämmert und gebraust.»

In Wirklichkeit hatte es sich nicht um den Onkel gehandelt, sondern um Katharinas Vater. Um aber das Wiedererkennen der tatsächlichen Personen zu vermeiden, hatte Freud zunächst den Vater als «Onkel» bezeichnet. Viele Jahre später erst korrigierte Freud diese Darstellung. In weiteren Gesprächen mit Katharina stellte sich auch heraus, dass der Vater nicht nur ihrer Cousine, sondern auch Katharina selbst im Alter von 14 nachgestellt und sie unsittlich berührt hatte. Katharina war einmal mit ihm in einem Wirtshaus in einem Doppelzimmer untergebracht:

Er blieb trinkend und kartenspielend in der Stube sitzen, sie wurde schläfrig und begab sich frühzeitig in das für beide bestimmte Zimmer im Stocke. Sie schlief nicht fest, als er hinaufkam, dann schlief sie wieder ein, und plötzlich erwachte sie und «spürte seinen Körper» im Bette. Sie sprang auf, machte ihm Vorwürfe. «Was treibens denn, Onkel? Warum bleibens nicht in Ihrem Bette?» Er versuchte sie zu beschwatzen: «Geh', dumme Gredel, sei still, du weißt ja nicht, wie gut das is.» – «Ich mag Ihr Gutes nicht, nit einmal schlafen lassen's einen.»

Solche Vorfälle, so schilderte Katharina, waren noch häufiger vorgekommen. Später ging Freud der Sache tiefer auf den Grund und sprach noch einmal den Vorfall mit ihrer Cousine Franziska an:

«Jetzt weiß ich schon, was Sie sich damals gedacht haben, wie Sie ins Zimmer hineingeschaut haben. Sie haben sich gedacht: Jetzt tut er mit ihr, was er damals bei Nacht und die anderen Male mit mir hat tun wollen. Davor haben Sie sich geekelt, weil Sie sich an die Empfindung erinnert haben, wie Sie in der Nacht aufgewacht sind und seinen Körper gespürt haben.»
Sie antwortet: «Das kann schon sein, dass ich mich davor geekelt und dass ich damals das gedacht hab'.»
«Sagen Sie mir einmal genau, Sie sind ja jetzt ein erwachsenes Mädchen und wissen allerlei –»
«Ja, jetzt freilich.»
«Sagen Sie mir genau, was haben Sie denn in der Nacht eigentlich von seinem Körper gespürt?»
Sie gibt aber keine bestimmtere Antwort, sie lächelt verlegen und wie überführt, wie einer, der zugeben muss, dass man jetzt auf den Grund der Dinge gekommen ist, über den sich nicht mehr viel sagen lässt. Ich kann mir denken, welches die Tastempfindung war, die sie später deuten gelernt hat.

Was wollte Freud mit dieser Geschichte erreichen? Ohne Zweifel liest sie sich gut. Es gibt aber auch ein Problem: Durch diesen Fall könnte der Eindruck erweckt werden, dass Angstattacken *immer* auf Inzest zurückzuführen seien. Wir dürfen aber nicht vergessen, dass es sich bei Katharina um ein Einzelschicksal handelte. Um herauszufinden, ob sexuelle Grenzüberschreitungen in der Familie daran schuld sind, dass Menschen später eine Panikstörung entwickeln, müsste man eine große Gruppe von Panikpatienten befragen, ob sie in ihrer Kindheit sexuell belästigt worden waren. Solche Untersuchungen hat Freud nie gemacht. Im Grunde konnte er noch nicht einmal nachweisen, ob Katharina nicht auch eine Panikstörung bekommen hätte, wenn sie diese Erlebnisse nicht gehabt hätte – vielleicht wirkte das Beobachten des Sexualakts ihres Vaters mit Franziska lediglich als Auslöser und nicht als Ursache der Angstanfälle. Um solche Überlegungen kümmerte sich Freud allerdings niemals. Ihm ging es offensichtlich nicht um die exakte Wissenschaft. Gemäß der Devise «Sex verkauft sich gut» ging es ihm scheinbar nur darum, seine Theorie, dass Angst etwas mit Sex zu tun habe, durch spektakuläre Fallberichte zu illustrieren.

Um herauszufinden, ob Panikpatienten tatsächlich gehäuft als

Kinder sexuell belästigt worden waren, befragten wir – fast hundert Jahre nach Freuds Theorie – zum ersten Mal eine Gruppe von Panikpatienten, die groß genug war, um verlässliche wissenschaftliche Aussagen machen zu können. Wie schon dargestellt, konnten wir in unserer groß angelegten Befragung von Panikpatienten auch tatsächlich zeigen, dass Angstpatienten über sexuelle Grenzüberschreitungen, aber auch über sexuellen Missbrauch mit Penetration in ihrer Kindheit häufiger berichteten als Normalpersonen. Es wäre dennoch falsch, sexuellen Missbrauch als die alleinige Ursache für eine Angststörung anzusehen. Denn immerhin berichteten über 80 Prozent der Panikpatienten nicht über sexuelle Belästigungen.

Kann es aber sein, dass die übrigen 80 Prozent der Patienten, die sich nicht an ein solches Ereignis erinnerten, auch als Kind missbraucht worden sind, es aber nicht mehr wissen, weil sie es ins Unterbewusstsein verdrängt haben, wie lange angenommen wurde? Gedächtnisforscher wie die Psychologie- und Juraprofessorin Elizabeth F. Loftus aus Seattle sind heute der Meinung, dass es dieses behauptete Phänomen der Verdrängung gar nicht gibt.[50, 51] Abgesehen davon, dass praktisch alles, was einem Kind vor dem vierten oder fünften Lebensjahr passiert, sowieso vergessen wird, ob es nun ein schlimmes oder ein schönes, ein wichtiges oder ein unwichtiges Erlebnis war, werden nach dieser Zeit der «kindlichen Amnesie» einschneidende Ereignisse in der Regel nicht aus dem Gedächtnis gelöscht. Möglicherweise werden unangenehme Erinnerungen in den Hintergrund geschoben; «verdrängt» werden sie jedoch nicht. Ganz im Gegenteil klagen Patienten mit einer posttraumatischen Belastungsstörung ja darüber, dass sie ein belastendes Ereignis eben nicht vergessen können. In einer unserer eigenen Untersuchungen berichteten fast 80 Prozent der Patienten mit einer Borderline-Störung über sexuellen Missbrauch, und sie konnten sich meist auch sehr genau daran erinnern.[41] Und obwohl sie diese Erinnerung nicht im Unbewussten verborgen hielten, waren sie trotzdem schwer seelisch krank.

Es scheint also nicht zuzutreffen, dass eine Psychotherapie einen verdrängten Missbrauch aufspüren und so die schädlichen Folgen für die Seele mindern kann. Andererseits ist es aber möglich, dass ein Psychotherapeut einem Patienten einen Missbrauch einredet, der gar nicht stattgefunden hat. Das nämlich versuchen heute noch einige Psychotherapeuten, die eine einfache Form der Freud'schen Theorie verinnerlicht haben und ausnahmslos alle psychischen Probleme ihrer Klienten auf verdrängte sexuelle Impulse zurückführen.

Elizabeth Loftus führte etwa 200 Gedächtnisexperimente mit mehr als 20 000 Teilnehmern durch und konnte dabei nachweisen, dass es durchaus möglich ist, Menschen Erinnerungen an Dinge, die nie passiert sind, einzureden.[52] So zeigte sie, dass ein übereifriger Polizist einen Zeugen so beeinflussen kann, dass er behauptet, etwas gesehen zu haben, was sich nie abgespielt hat. Oder ein eilfertiger Psychotherapeut könnte einer Patientin einreden, dass ein Inzest durch ihren Vater stattgefunden habe, der sich in Wirklichkeit nie zugetragen hat. Und das, obwohl die Patientin vor der Therapie ein gutes Verhältnis zu ihrem Vater hatte und sich partout nicht an ein solches Ereignis erinnern konnte.

Ein Beispiel: Missouri, USA, im Jahre 1992: Die 19-jährige Beth Rutherford begibt sich wegen Spannungskopfschmerzen in eine Psychotherapie bei einem kirchlichen Berater. Der redet ihr ein, dass ihr Vater – ein Geistlicher – sie zwischen dem siebten und vierzehnten Lebensjahr regelmäßig vergewaltigt habe. Ihre Mutter solle dabei geholfen haben, indem sie die Tochter festgehalten habe. Unter Anleitung des Therapeuten erinnerte Beth Rutherford sich, dass ihr Vater sie zweimal geschwängert und dann gezwungen habe, das Kind mit einem Kleiderbügel aus Draht abzutreiben. Als die Sache bekannt wurde, musste der Vater von seinem kirchlichen Amt zurücktreten. Später ergab eine ärztliche Untersuchung, dass Beth Rutherford noch Jungfrau war. Beth Rutherford verklagte den Therapeuten und erhielt eine Million Dollar Schadensersatz.[52]

Auf die Welle von so genannten in der Therapie aufgeklärten kindlichen Missbrauchsereignissen folgte eine Lawine von Kunstfehlerprozessen: Die durch den eingeredeten angeblichen Missbrauch psychologisch geschädigten Patienten erhielten die in den

USA üblichen astronomischen Entschädigungssummen von den Versicherungen der Therapeuten.

Auch in Deutschland gab es einen Mammutprozess, nachdem eine Religionslehrerin mit einer psychologischen Zusatzausbildung bei von ihr betreuten Kindern einer Familie angeblich Zeichen sexuellen Missbrauchs festgestellt hatte. Insgesamt 25 Personen – Verwandte und Bekannte – wurden angeklagt. Am Ende stellte sich heraus, dass der Missbrauch nie stattgefunden hatte – außer in der Phantasie der Religionslehrerin. Nachdem sich keinerlei Beweise für die Behauptungen finden konnten, wurden alle freigesprochen, bis auf die Großmutter der Kinder. Sie war in der Untersuchungshaft verstorben. Die mitangeklagte Mutter bekam ihre Kinder erst nach zwei Jahren zurück.

Damit soll auf keinen Fall das Problem des sexuellen Missbrauchs von Kindern wegdiskutiert werden. Sexuelle Übergriffe können katastrophale und ein Leben lang anhaltende Folgen auf die Psyche haben. Unsere Untersuchungen haben dies auch zeigen können. Dennoch wäre es falsch, sexuellen Missbrauch als eine der Hauptursachen von Angsterkrankungen anzunehmen.

Verwöhnt oder vernachlässigt – die Mutter ist schuld

Obwohl Angstpatienten aus zerrütteten Familienverhältnissen kommen können, so stellten aber auch die Psychoanalytiker schon früh fest, dass solche Umweltfaktoren nicht als alleinige Ursache einer Angststörung herhalten konnten. Da doch einige Angstpatienten aus intakten, ordentlichen Familien stammten und keine gravierenden Kindheitserlebnisse gehabt hatten, wurde angenommen, dass nicht nur schwerwiegende Traumata, sondern auch bestimmte elterliche Verhaltensweisen ausreichen, um eine Angststörung entstehen zu lassen. Der Umgang mit den Kindern, die Erziehung, Liebe und Hass, Strenge und Nachlässigkeit seien im Wesentlichen prägend für die spätere Psyche und für alle krankhaften seelischen Zustände verantwortlich.

Bereits der Psychoanalytiker Alfred Adler sah zu Beginn des letzten Jahrhunderts neurotische Erkrankungen als Folge falscher Erziehung. Dabei sprach er von «Verwöhnung», «Vernachlässigung» oder «autoritärer und hasserfüllter Unterdrückung». Seit dieser Zeit versuchen Myriaden von Psychotherapeuten, aus den Äußerungen ihrer Patienten über ihre Eltern Hinweise auf seelische Konflikte zu finden, die dazu geführt haben, dass aus dem Kind später ein Neurotiker wurde. Jeder Klaps auf den Po, jede Aufregung über eine eingenässte Hose, jede verweigerte Umarmung, jede aufgedeckte Onanie wurden im Hinblick auf die katastrophalen Folgen für das spätere Leben analysiert.

Da sich Angstpatienten offenbar auf Schutz und Geborgenheit angewiesen fühlen, Angst vor dem Alleinsein haben, sehr stark auf Trennungen wie beispielsweise Ehescheidungen reagieren und mehr noch als andere nach einer stabilen Partnerschaft streben, wurde vermutet, dass die Ursache einer Panikstörung in unzuverlässigen Bindungen in der Kindheit begründet liegt. Der Psychoanalytiker Karl König sah eine der wesentlichen Ursachen einer Phobie im Erziehungsverhalten der Mutter («phobogene Mutter»). Er unterschied zwei Arten von Müttern, deren Verhalten zum Kind eine spätere Phobie auslösen kann: «Die Mutter vom Typ A (‹anklammernd›) warnt das Kind ständig vor Gefahren, sodass es nicht lernt, damit umzugehen. Triebimpulse dürfen nur unter dem Schutz der Dauerkontrolle der Mutter voll ausgelebt werden; auch werden die eigenständigen Handlungen des Kindes häufig von ängstlichen Reaktionen der Mutter begleitet.

Die Mutter vom Typ D (‹distanziert›) geht wenig mit dem Kind um, überlässt es sich selbst, erwartet aber die gleichen Entwicklungsfortschritte wie von einem Kind, das normale Möglichkeiten in der Interaktion mit der Mutter hatte. Gründe für das distanzierte Verhalten können ökonomische Gründe, eine latente Ablehnung des Kindes, eine schizoide Kontaktstörung oder ehrgeizige Interessen außerhalb der Familie sein.»[53]

Durch die unzuverlässige Mutterbindung in der Kindheit sei auch zu erklären, dass Angstpatienten sich häufig von ihren Ehepartnern, Freunden und Bekannten bei Einkäufen oder Behördengängen begleiten lassen. So entstand die Theorie vom «steuernden

Objekt». Wenn man ein solches Objekt bei einem Patienten ausfindig mache, sei dies ein Zeichen für eine starke kindliche Abhängigkeit von Schutz gebenden Personen. Das steuernde Objekt solle die Loslösung von der Mutter erleichtern. Es diene aber auch dazu, den Patienten vor seinen eigenen schmutzigen Gedanken zu schützen. Dieses Objekt könne zum Beispiel die Ehefrau sein (in der Analyse ist es üblich, Menschen als «Objekte» zu bezeichnen). Die Funktion des steuernden Objekts kann nach der psychoanalytischen Theorie aber nicht nur von Menschen, sondern auch von Gegenständen, wie einem Talisman, einer Schmusedecke[54] oder sogar von einem Fahrrad übernommen werden. Der Psychoanalytiker Ulrich Streeck berichtet über einen Lehrer, der seine agoraphobische Angst, auf der Straße zu gehen, dadurch abzubauen hoffte, dass er sein Fahrrad neben sich herschob. Dies wurde so interpretiert, dass das Fahrrad ein steuerndes Objekt sei. Wenn der Lehrer in der Fußgängerzone spazieren ging, könnte es ja sein, dass sich plötzlich sein Unterbewusstsein meldet und angesichts der Mädchen mit den sommerlich kurzen Röcken sexuelle Impulse auftauchen, über diese Mädchen herzufallen (dies alles spielt sich wohlgemerkt im Unterbewusstsein ab, der Lehrer bekommt davon nichts mit). Dann wäre es besser, sein Fahrrad dabeizuhaben, denn «man könne ja ein Fahrrad nicht einfach fallen lassen, um seinen Impulsen zu folgen».[53] In einem anderen Fall vermutete die behandelnde Analytikerin Christa Schlierf, dass eine Patientin nur deshalb ein Beruhigungsmittel einnahm und es ständig bei sich trug, weil es für sie das steuernde Objekt darstellte.[55]

Die genannten Beispiele könnten allerdings viel banaler erklärt werden, wenn man berücksichtigt, dass Angstpatienten ständig davon ausgehen, an einer notfallmäßig behandlungsbedürftigen Erkrankung zu leiden. Die begleitende Ehefrau könnte im befürchteten Notfall Hilfe herbeiholen. Der Lehrer könnte im Falle einer beunruhigenden Panikattacke mit dem Fahrrad schneller einen Arzt aufsuchen. Die Beruhigungstablette könnte die Angst erfolgreich bekämpfen.

Es ist aber nicht besonders typisch für Psychoanalytiker, dass sie die naheliegendste Erklärung für bestimmte Phänomene suchen. Im Gegenteil – je spektakulärer die Erklärung und je mehr sie mit Sex zu tun hat, desto eher wird sie angenommen. Diese Erklärungen haben allerdings oft mit der Wirklichkeit so viel zu tun wie ein James-Bond-Film mit der Arbeit im Polizeirevier von Salzgitter-Lebenstedt.

Die Theorie, dass ein falscher Umgang mit den Kindern schuld an der späteren Angsterkrankung sei, ist eine der typischen psychoanalytischen Gedankengebilde ohne eingebauten Sicherheitsgurt. Sie lässt sich nicht beweisen. Wie schon dargelegt wurde, sind selbst die Berichte von Angstpatienten, in denen die Eltern als autoritär, streng, gemein oder charakterlos beschrieben wurden, kein Beweis für die Verursachung von Angsterkrankungen durch die Erziehung. Dies hat Folgen für die Behandlung: Will man die Psychotherapie allein darauf abzielen, vermutete Erziehungsfehler rückgängig zu machen, wird man den Patienten wahrscheinlich wenig helfen können. Auch ist es naiv anzunehmen, dass man komplett angstfreie Kinder heranziehen kann, wenn man als Mutter nur eine Punktlandung zwischen Anklammern und Lockerlassen hinbekommt.

Die Pimmel-ab-Theorie

So viel zu Panikattacken. Wie bekommt man aber eine Soziale Phobie? Auch für diese Erkrankung hat die Psychoanalyse eine Erklärung parat. Das Elternhaus war schuld. Wie früher alle neurotischen Erkrankungen auf Erziehungsfehler, Verhaltensweisen und menschliche Schwächen der Eltern zurückgeführt wurden, so wurde auch vermutet, dass soziale Ängste mehr oder weniger ausschließlich durch bestimmte Verhaltensweisen der Eltern während der frühen Kindheit entstanden sind.

Zwischen dem vierten und sechsten Lebensjahr – so wird nach der psychoanalytischen Theorie angenommen – entwickeln die Kinder sexuelle Gelüste in Bezug auf ihre Eltern. Im Unbewussten, versteht sich. Es ist nicht so, dass ein kleiner Junge bewusst denkt: «Ich will Sex mit meiner Mutter.» Im Unbewussten dagegen können solche Gedanken jedoch stattfinden. Jedenfalls führen, so die Theorie, die triebhaften Wünsche dazu, dass der Junge sich seiner Mutter zuwendet, mit ihr kuscheln, zu ihr ins Bett klettern will. Vielleicht fühlt sich der Vater jetzt abgewiesen. Der Junge hat keine Lust mehr, mit ihm zu spielen, und will mehr mit seiner Mutter zusammen sein. Vielleicht wendet sich aber auch die Mutter mehr und mehr vom Vater ab, weil sie schon genug damit zu tun hat, dass der Sohn sie in Beschlag nimmt. Jetzt kommt bei beiden Männern Eifersucht auf. Vater und Sohn sind zu Rivalen geworden, ohne dass ihnen das bewusst ist. Beim Kind schlägt nun das Über-Ich zu: Es will die sexuellen Triebwünsche des Es bestrafen. Die Strafe ist drakonisch und lautet: «Wenn du dich mit deiner Mutter abgibst, schneidet dir dein Vater den Pimmel ab.»

Diese «Kastrationsbefürchtungen» des Kindes – und jetzt folgt ein Gedankensprung, den nur ein Psychoanalytiker nachvollziehen kann – machen sich später im Erwachsenenalter nicht mehr als Angst um die Vollständigkeit des eigenen Körpers bemerkbar, sondern in Phantasien, von anderen abgewertet, fertig gemacht, verspottet, bloßgestellt, blamiert oder beschämt zu werden. Wie es aber genau von der Kastrationsangst zu den späteren sozialen Ängsten kommt, wird dann aber nicht näher erläutert.[56]

Eine aufregende Theorie! Aber wie wollen wir sie beweisen? Vater und Mutter sind schon alt oder vielleicht gestorben, wenn sich ein Patient mit einer Sozialen Phobie in die Behandlung begibt. Es wäre unmöglich, die damaligen unbewussten Denkabläufe bei Kindern und ihren Eltern zu rekonstruieren. Es ist auch keine Untersuchung bekannt, nach der beispielsweise 80 von 100 Sozialphobikern über Kastrationsängste in der Kindheit berichteten.

Wieder wird man das Gefühl nicht los, dass hier eine Theorie in die Welt gesetzt wurde, bei der es kein bisschen um den Wahrheitsgehalt, sondern ausschließlich darum ging, dass die Erklärung haarsträubend klingt und Aufmerksamkeit erregt.

Die Maus in der Vagina

Auch hinsichtlich der Entstehung Einfacher Phobien hat sich die Psychoanalyse nicht mit banalen Begründungen abgegeben. Stattdessen hat man es bevorzugt, abenteuerlich klingende Sinndeutungen zu liefern, die am besten auch noch schlüpfrige Inhalte hatten. So wird die Panik der Frau angesichts einer kleinen Maus dadurch erklärt, dass die Maus ja unter den Rock schlüpfen und in die Vagina kriechen könnte. Diese unbewusste Angst vor einer Penetration durch den Penis eines Mannes sei der Ausdruck von verpönten Triebwünschen des Es, die vom Über-Ich sogleich mit Verboten belegt werden, was letztlich zu den Angstsymptomen führe. Auch eine Schlange sieht ja, bei oberflächlicher Betrachtung, einem Penis ähnlich – so könnte man die Angst vor Schlangen auch als Angst vor Penetration erklären. Zugegebenermaßen klingen solche Theorien verführerischer als die langweiligen und komplizierten Hypothesen, die heute den Wissenschaftlern einfallen.

Gerüchte

Eines der Hauptprobleme der psychoanalytischen Theorie war immer, dass man aus Einzelfällen auf die Gesamtheit schloss. Wenn ein Psychoanalytiker drei Angstpatienten behandelt hat, die Einzelkinder waren, schreibt er einen Artikel darüber, wie ihre Stellung als Einzelkind letztlich dazu geführt hat, dass sie ihre Angsterkrankung bekommen haben. Hätte er eine einfache Strichliste bei hundert Patienten geführt, hätte er feststellen müssen, dass Angstpatienten eher aus Familien mit vielen Kindern kommen. So hielt sich jahrelang die Ansicht, dass Menschen, die unter einer Herzangst (ein früherer Begriff für eine Panikstörung) leiden, meist Einzelkinder sind.[57, 58] In vielen Psychoanalysen wurde daher ausführlich die Tatsache bearbeitet, dass der Patient ein Einzelkind war. Das Ergebnis unserer Untersuchung von einer großen Gruppe von Menschen mit Panikattacken: Ganz im Gegenteil zu dem früher verbreiteten Gerücht von den Einzelkindern kamen sie überwiegend aus größeren Familien.

Wenn zwei Angstpatienten sich beschwerten, dass ihre Mutter ihnen verbot, im Matsch zu spielen, wurden diese Einzelfälle verabsolutiert. So wurde zum Prinzip erhoben, dass Ängste dann entstehen, wenn die Mutter «die Autonomie des Kindes einschränkt».

Oft sind die Erkenntnisse zur Psychodynamik der Angststörungen nur an kleinen Stichproben gewonnen worden. So basieren die Überlegungen der deutschen Analytiker Horst-Eberhard Richter und Dieter Beckmann zur Herzangst auf der Untersuchung von nur 35 Patienten – so viele, wie wir in unserer Angstambulanz in einer Woche sehen.[59] Ein bekanntes Buch des in Deutschland lebenden griechischen Analytikers Stavros Mentzos über Angstneurosen basiert auf nicht mehr als 25 Behandlungen von Angstpatienten.[60] Die amerikanischen Analytikerinnen Barbara Milrod und Katherine Shear berichteten über 35 psychodynamische Therapien bei Patienten mit Panikstörung, die sie aber noch nicht einmal selbst behandelt, sondern nur anhand der Literatur zusammengestellt hatten.[61] Sicherlich wurden alle diese Patienten sehr ausführlich untersucht; um aber verlässliche wissenschaftliche Erkenntnisse sammeln zu können, muss man sehr viel mehr erkrankte Personen untersuchen. Dies fordern die ehernen Gesetze der Statistik.

Das Puzzle

Wenn eine neue Theorie gebildet wird, legt die Wissenschaft Wert darauf, dass alle bisherigen Erkenntnisse mit den neuen Befunden in Einklang gebracht werden. So wird mühsam Mosaiksteinchen für Mosaiksteinchen zu einem Gesamtbild zusammengelegt. Psychoanalytiker sind dagegen Meister im Verwerfen alter Theorien. Es scheint die Regel zu sein, dass jeder, der ein psychoanalytisches Buch über die Ursachen von Angststörungen schreibt, von dem Gedanken beseelt ist, eine ganz neue Theorie aufzustellen, die mit allen bisherigen Theorien nicht vereinbar ist. Während es außerhalb der Psychoanalyse üblich ist, dass man alle früher veröffentlichten Befunde zu einem Thema mit allen Wenn und Aber gelesen und verstanden hat, und erst dann versucht, seine eigenen Befunde wie ein Puzzleelement in das vorhandene Theoriegebäude einzupassen, so ist man scheinbar in der Psychoanalyse besser beraten, wenn man eine völlig neue, rasant und spektakulär klingende Theorie aufstellt, die alle vorherigen Hypothesen Lügen straft.

Kein Wunder, dass sich Psychoanalytiker oft auch untereinander heftig über die wahre Theorie streiten. So waren schon Alfred Adler und Sigmund Freud höchstgradig verfeindet. Adler erklärte alle seelischen Problem mit Minderwertigkeitskomplexen, Freud mit Sexproblemen. Während der in Penzing bei Wien geborene Adler Flugträume als «Gefühl der Überlegenheit» interpretierte, entgegnete ihm der andere Wiener: «Lassen Sie sich's nicht nahe gehen, dass die oft so schönen Flugträume, die wir alle kennen, als Träume von allgemeiner sexueller Erregung, als Erektionsträume gedeutet werden müssen.» Hier kommt übrigens wieder unsere Briefmarkentheorie ins Spiel.

Warum aber haben sich die Psychoanalytiker jahrzehntelang gewehrt, eine wissenschaftliche Überprüfung ihrer Theorien zuzulassen? Das Argument war immer das gleiche: Es sei zu schwierig, die komplexen Gedanken der Menschen in Zahlen zu fassen. Parallel zur Psychoanalyse entwickelte sich allerdings in der Psychologie eine Richtung, die sich von allen spekulativen Ideen loslöste. Die empirische Vorgehensweise versuchte, durch sehr ausgefeilte Methoden die Erkundung der menschlichen Seele von der Traumtänzerei auf den Boden der Tatsachen zurückzuholen. Dabei zeigte sich, dass es gar nicht so schwierig ist, sich darauf zu beschränken, nur das zu behaupten, was einigermaßen wissenschaftlich abgesichert ist. Dieser Wissenschaftszweig wurde von den Psychoanalytikern jedoch völlig ignoriert.

Wenn man sich erst einmal daran gewöhnt hat, munter draufloszuphantasieren, dann spekuliert es sich schnell ganz ungeniert. So mischen sich dann in der Psychoanalyse feinsinnige Beobachtungen, tatsächliche wissenschaftliche Ergebnisse, wilde Vorstellungen, unzulässige Verallgemeinerungen, Amateurpsychologie und Salonblödsinn in einer nicht mehr durchschaubaren Weise.

Vom Konflikt zur Katharsis

«Ödipus, Schnödipus – Hauptsache, du hast deine Mammi lieb», so witzelte einst der Frankfurter Humorist Friedrich Karl Waechter. Die Reduktion aller psychischen Erkrankungen auf Mutterkonflikte war oft Anlass für Psychoanalytikerwitze und auch wohl Ausdruck dafür, dass viele Menschen diese Art von Erklärungen den Psychoanalytikern nicht abnehmen.

Unglücklicherweise waren Freuds Nachfolger so besessen von Sextrieben und ungelösten Konflikten, dass die Suche nach anderen Ursachen der Angst – wie den genetischen oder biologischen – völlig verkümmerte. Wie wir weiter unten sehen werden, spielen Veränderungen bestimmter biologischer Systeme im Gehirn bei den Angsterkrankungen, die wahrscheinlich auf dem Wege der Vererbung übertragen werden, eine gewichtige Rolle und sind allemal besser nachgewiesen als Ödipuskomplexe und Autonomiekonflikte.

Der Plan der Psychoanalyse sieht vor, dass in der Therapie die aus der Kindheit stammenden Konflikte entdeckt und «gedeutet» werden. Dadurch löse sich der Konflikt in Luft auf und die Krankheitssymptome verschwinden. Allerdings: Selbst wenn unbewusste Konflikte aus der Kindheit die alleinige Hauptursache einer Angststörung wären, kann nicht zwingend angenommen werden, dass diese Jahrzehnte später ausschließlich durch Gespräche wieder beigelegt werden. Es ist fast naiv, anzunehmen, dass ein schrecklicher Streit mit der Mutter im Alter von sechs Jahren später im reifen Alter von 42 Jahren durch etwas lockere Konversation ungeschehen gemacht werden kann. Ohne den kontrollierten Nachweis der Wirksamkeit psychodynamischer Therapien, die auf der Aufdeckung der geforderten zugrunde liegenden Triebkonflikte basieren, fällt es schwer, die Erklärungsmodelle zu ihrer Entstehung zu akzeptieren.

Es gibt allerdings heute kaum noch den Typus des orthodoxen Hardcore-Psychoanalytikers. Dieser Fall für den Sektenbeauftragten wies wie im religiösen Wahn jeglichen Einwand gegen die Psychoanalyse ab, flüchtete sich in Arroganz, wenn er kritisiert wurde, und stellte prompt eine Ferndiagnose seines Kritikers, bei dem er garantiert ein – wiederum psychoanalytisch zu behandelndes – tief greifendes seelisches Problem fand. Dies beobachtete eindrücklich der Journalist Dieter E. Zimmer, dessen Psychoanalyse-Kritik «Tiefenschwindel» ein Bestseller wurde.[62]

Von Vertretern der Tiefenpsychologie wird auch suggeriert, dass Verhaltenstherapie etwas für Dünnbrettbohrer sei, die Psychoanalyse dagegen für gebildete und feine Menschen. «Es ist doch bekannt», so ein anonymer Psychoanalytiker im Internet, «dass nur ein verhältnismäßig kleiner Teil der Menschheit mit psychoanalytischen Methoden erfolgreich zu behandeln ist. Ein gewisses Maß an Intelligenz, Wandlungs- und Einsichtsfähigkeit wird natürlich vorausgesetzt. Das ‹Gold der Analyse› ist nun einmal leider nicht für jedermann das Richtige.»

Insgesamt kann die psychoanalytische Theorie zu den Angststörungen heute nicht mehr als abgerundetes, allumfassendes, alle Unklarheiten erklärendes Theoriesystem akzeptiert werden. Die psychoanalytischen Überlegungen zur Ursache der Angstkrankheiten decken höchstens einen kleinen Ausschnitt aus den zahlreichen Möglichkeiten zur Angstentstehung ab. Hinzu kommt, dass die Theorien zur Behandlung von Ängsten wegen der bisher fehlenden Nachweise der Wirksamkeit einer reinen psychoanalytischen Therapie ihre Grundlage verlieren.

Aber auch ein wichtiger, positiver Aspekt der psychodynamischen Betrachtensweise sollte nicht unerwähnt bleiben. Wenn wir unbewusste Vorgänge als Modellvorstellungen annehmen – aber auch nicht mehr als das –, können wir bestimmte Verhaltensweisen von Menschen deuten, die wir sonst auf keine andere Weise erklären können. Oft kann nur die Psychoanalyse uns helfen, die verworrenen Gedankengänge seelisch kranker Menschen zu verstehen.

Aber eins sollte uns klar sein: Eine Krankheit zu verstehen heißt noch lange nicht, dass sie automatisch dadurch geheilt wird. Die Selbstverständlichkeit, mit der aus der Erklärbarkeit solcher Phänomene auf ihre Behandelbarkeit geschlossen wurde, muss infrage gestellt werden.

Trotz dieser Kritik soll nicht der immense positive Einfluss der Psychoanalyse auf die Entwicklung der Psychiatrie und der Psychotherapie vergessen werden. Die heutigen Erkenntnisse zur Entstehung und Behandlung der Angststörungen wären ohne die Stimulation durch die Theorien Freuds undenkbar.

DER KLEINE ALBERT UND DIE RATTE: DIE LERNTHEORIE

Die zweite große Richtung in der Psychologie, die sich mit Ängsten auseinander setzte, war die Lerntheorie. Der grundlegende Unterschied zwischen der Psychoanalyse und der Lerntheorie besteht darin, dass sich die Lerntheoretiker oder Behavioristen, wie sie auch genannt werden, von Anfang an streng an die Wissenschaft hielten. Dies galt für die Erklärung der Entstehung von Ängsten, aber auch für den Nachweis der Wirksamkeit der Verhaltenstherapie durch kontrollierte Studien.

Wie wir aber sehen werden, kann die Lerntheorie allein auch nicht die Entstehung von Ängsten lückenlos erklären. Diese Theorie ging in ihrer vereinfachten, ursprünglichen Form davon aus, dass sämtliche krankhaften Ängste der Menschen die Folge eines fehlerhaften Lernprozesses sind und dass die gelernten Ängste durch eine Verhaltenstherapie wieder abtrainiert oder «verlernt» werden können.

Ein berühmtes Experiment des St. Petersburger Physiologen Iwan Pawlow im Jahre 1892 begründete die Lerntheorie. Pawlow entdeckte einen Prozess, den wir «Konditionierung» nennen, und erhielt dafür den Nobelpreis: Wenn Hunde Fressen riechen, läuft ihnen der Speichel im Munde zusammen. Der Physiologe ließ immer, wenn die Hunde ihr Fressen bekamen, ein Metronom erklingen. So verbanden die Hunde «Metronom» mit «Fressen». Sie waren, wie man wissenschaftlich sagen würde, auf das Metronom konditioniert. Später ließ er einfach das Metronom laufen, ohne dass es etwas zu fressen gab: Trotzdem lief bei den Hunden der Speichel.

Genauso kann man auch Angst konditionieren: Wenn eine Ratte in einem bestimmten Käfig einmal einen elektrischen Schlag bekommen hat, wird sie in diesem Käfig noch lange Angstsymptome zeigen, auch wenn in diesem Käfig niemals wieder elektrische Schläge ausgeteilt werden.

Das Wichtige an der Entdeckung Pawlows war also, dass unwillkürliche körperliche Reaktionen (beispielsweise der Speichelfluss) nicht nur durch «natürliche» Auslöser (wie den Geruch von Essen) entstehen, sondern auch mit einem «unnatürlichen» Auslöser wie dem Geräusch eines Metronoms gepaart werden können. Während es eine angeborene körperliche Reaktion ist, dass einem beim Geruch von Schweinebraten das Wasser im Mund zusammenläuft, hat die Natur nicht vorgesehen, dass beim Hören eines Metronoms Speichel fließt. Auch Angst, die normalerweise mit einem natürlichen Auslöser gepaart ist – beim Hasen der Anblick eines Fuchses –, kann mit unnatürlichen Auslösern verkettet werden. Diese Erkenntnisse Pawlows halfen später, unangebrachte, krankhafte Ängste bei Menschen besser zu erklären.

Trotz der Wirren der Russischen Revolution und des Ersten Weltkriegs gerieten die Pawlow'schen Ideen nicht in Vergessenheit. Im Jahre 1920 veröffentlichte der amerikanische Psychologe John Broadus Watson zusammen mit seiner Assistentin Rosalie Rayner einen Artikel, der sich mit der Konditionierbarkeit von Angst beschäftigte.[63] Die beiden Wissenschaftler wollten zeigen, dass die bei Tieren festgestellten Prinzipien der Konditionierung auch auf Menschen anwendbar seien. Watson und Rayner zeigten dem neun Monate alten Kind Albert eine zahme weiße Ratte. Vor dem Experiment fand der Kleine die Ratte zunächst noch interessant und amüsant. Wenn er sie allerdings berühren wollte, schlug John Watson heftig auf eine Metallstange. Albert bekam wegen des lauten Geräuschs einen großen Schreck und fing nach einigen Versuchswiederholungen zu weinen an, wenn er die Ratte nur sah. Er hatte die Ratte mit der Furcht vor dem lauten Geräusch verknüpft. Bei Babys sind plötzliche laute Geräusche ein «unkonditionierter» (also natürlicher, angeborener) Reiz für Furchtreaktionen. Später löste die Ratte auch ohne das Geräusch die Furchtreaktion aus – obwohl Albert nie vorher negative Erfahrungen mit Ratten gemacht hatte. Dieser Versuch legte den Grundstein für viele spätere Verhaltenstheorien, obwohl man heute solche Forschungen aus ethischen Gründen nicht mehr machen würde.

Watson musste übrigens später die Universität verlassen, aber nicht, weil er unethische Experimente mit Säuglingen durchführte,

Iwan Pawlow, der Begründer der Lerntheorie

sondern weil er mit Frau Rayner eine Liebesbeziehung angefangen hatte. Er wurde ein reicher Werbepsychologe.

Nun überlegte man sich, wie man sich die Lerntheorie zunutze machen konnte, um Menschen mit psychischen Krankheiten zu helfen. Der amerikanische Psychologe Burrhus Frederic Skinner entwickelte 1938 das «operante Konditionieren»[64]. Vereinfacht gesagt hieß dies, dass man das Prinzip, mit dem man Zirkuspferde und Seehunde dressiert, wissenschaftlich erforschte und auf die Psychotherapie von Menschen übertrug. Das heißt: Für ein gewünschtes Verhalten gibt es eine Belohnung, für das falsche Verhalten eine Bestrafung. Durch die wissenschaftliche Untersuchung dieser Theorien kam man rasch zu einer wichtigen Erkenntnis, nämlich dass Belohnung besser wirkt als Bestrafung.

Burrhus Frederic Skinner mit Versuchsratte

Wie kann man nun dieses Prinzip in der Psychotherapie von Ängsten einsetzen? Banal gesagt, kann man jemanden, der ein bestimmtes Verhalten zeigt, vor dem er eigentlich große Angst hat (zum Beispiel das Betreten eines Fahrstuhls), belohnen. Andererseits kann auch die Unterlassung eines Verhaltens honoriert werden, wie zum Beispiel der Verzicht auf das Händewaschen bei einem Waschzwang.

Ende der fünfziger Jahre übertrug der südafrikanische Psychiater Joseph Wolpe die Gesetze der Lernpsychologie auf Angsterkrankungen und entwickelte das Prinzip der «systematischen Desensibilisierung». Dabei wurden Patienten mit Phobien zunächst vorsichtig, dann schrittweise zunehmend stärker mit den Angst auslösenden Situationen konfrontiert. Später zeigte sich jedoch, dass nicht die langsam gesteigerte, sondern die massierte Konfrontation bei vielen Patienten eine raschere und bessere Wirkung hatte. Diese Therapie wird auch «Flooding» (Überflutung) genannt. Anstatt sich langsam an die Angst auslösenden Situationen zu gewöhnen, setzte man die Patienten jetzt unmittelbar, in geballter Form und gnadenlos sehr starken Angstreizen aus. So wurde seit dem Ende der sechziger Jahre versucht, die Phobien mit der Konfrontationstherapie zu behandeln. Der Londoner Psychiater Isaac Marks war einer der ersten Therapeuten, der Ängste mit Konfrontation behandelte.

Angeborene Ängste

Man ging zunächst davon aus, dass unbegründete, krankhafte Ängste «klassisch konditioniert» seien, also durch unangenehme Erfahrungen mit der jeweiligen Situation entstehen. Diese Annahme war allerdings – wie sich später zeigte – etwas naiv. Durch Konfrontation mit diesen Angst auslösenden Situationen, so überlegte man weiter, kommt es zur Gewöhnung oder Löschung, sodass nicht nur das Vermeidungsverhalten, sondern auch die Verbindung «Situation–Angst» im Gehirn ausradiert wird.

Klar, dass man Situationen meidet, in denen man bestimmte schmerzhafte Erfahrungen gemacht hat – wie zum Beispiel eine üble Spelunke, in der man einmal in eine Schlägerei verwickelt wurde. Aber kann man diese Erkenntnis auch auf die Phobien übertragen? Phobien sind ja Ängste, die in der Regel nicht durch eine echte Gefahr begründbar sind, wie zum Beispiel die Angst vor Spinnen in unseren geografischen Breiten.

Dennoch ist die Meinung weit verbreitet, dass Phobien durch traumatische Erfahrungen entstehen, wie eine Szene aus einem berühmten Hitchcock-Film zeigt: Ein Polizist (gespielt von James Stewart) verfolgt zusammen mit seinem Kollegen einen Verbrecher auf dem Dach eines Hochhauses. Dabei stürzt der Kollege tödlich ab. Der Polizist entwickelt in der Folge einen Höhenschwindel (lateinisch *vertigo* – so auch der Name des Filmes). So einsichtig die Erklärung erscheint – Phobien entstehen im wirklichen Leben nicht auf diese Weise. Eine Untersuchung mit Personen, die eine Höhenphobie hatten, ergab, dass nur ein kleiner Teil, nämlich zwölf Prozent von ihnen, jemals eine schlechte Erfahrung mit Höhen gemacht hatte, sei es, dass diese Menschen einmal von einer Leiter gefallen oder in eine Grube gestürzt waren.[65] Die anderen bekamen ihre Höhenphobie ohne ein solches Erlebnis. Ein anderes Beispiel: Zwar gaben 56 Prozent der Menschen mit einer Hundephobie an, einmal ein schmerzliches Erlebnis mit einem Hund gehabt zu haben – aber in der Gruppe der Menschen *ohne* Hundephobie waren es 67 Prozent! Auch die meisten Menschen, die eine Agoraphobie haben, hatten noch nie ein traumatisches Erlebnis in einer entsprechenden Situation, sei es, dass sie als Kind in einer Menschenmenge verloren gegangen waren, im Krieg verschüttet wurden oder längere Zeit ohne Essen und Trinken in einem stecken gebliebenen Fahrstuhl eingesperrt waren.[66]

Andererseits gibt es kaum Menschen, die eine Phobie vor Dingen haben, die tatsächlich gefährlich werden könnten. Natürlich lernen wir auch aus schmerzlichen Erfahrungen – gebranntes Kind scheut das Feuer. Das führt aber meist nicht zu Phobien. Warum hat niemand eine Steckdosenphobie? Steckdosen können wirklich gefährlich werden; fast jeder hat schon mal eine «gewischt» bekommen. Sicher, nach einem Stromschlag – wenn man ihn überlebt hat – entwickelt man einen gewissen Respekt vor elektrischen Geräten. Aber die Steckdosenphobie ist gänzlich unbekannt.

Eines Tages fuhr ich auf den höchsten Turm der Welt, den Canadian National Tower in Toronto, der 550 Meter hoch ist. Dort gibt es in schwindelnder Höhe ein Glasfenster im Boden, durch das man bis ganz nach unten schauen kann. Es machte mir nichts aus, neben diesem gläsernen Bereich zu stehen und einen halben Kilometer weit nach unten zu sehen. Wenn ich aber meine Füße direkt auf das Glas stellte, bekam ich sofort weiche Knie und Schwindelgefühle. Stellte ich mich jetzt wieder neben das Fenster im Boden, hörten die Schwindelattacken gleich wieder auf, obwohl ich weiterhin bis nach unten schauen konnte. Dies konnte ich beliebig oft wiederholen, indem ich von dem bedeckten auf den transparenten Bereich wechselte. Auch wenn die Gefahr objektiv über dem gläsernen nicht größer war als über dem bedeckten Bereich (denn ich wusste, dass der ganze Boden aus einer großen Glasscheibe bestand, die aber bis auf das Fenster beschichtet war), so war es, als ob in meinem Gehirn ein Schalter umgelegt wurde, wenn ich mich auf das Glas stellte. Hier meldete sich offensichtlich ein primitives Zentrum in meinem Gehirn, das ich nicht unter Kontrolle hatte. So, wie eine Wespe immer wieder gegen eine Glasscheibe fliegt, weil in ihrem Gehirnspeicher Glasscheiben nicht vorgesehen sind, so wollte mein Gehirn scheinbar auch das dicke Fußbodenglas ignorieren und mir allerhöchste Gefahr signalisieren.

Ich hatte plötzlich eine spannende Entdeckung gemacht. Offensichtlich war es so, dass die Schwindelgefühle durch einen Teil meines Gehirns ausgelöst wurden, der ein Überbleibsel aus der Zeit war, in der es noch kein Glas gab – aus einer Zeit vor über hunderttausend Jahren. Dieses primitive Zentrum wollte mich vor einem Absturz retten und ließ sich scheinbar nicht vom Rest des Gehirns überzeugen, dass ich auf dem Glas gar nicht in Gefahr war.

Relikte aus grauer Vorzeit verfolgen uns also bis heute. Spinnen, Insekten, Katzen, Vögel, Schlangen, enge Räume, Gewitter, Sturm, tiefes Wasser, Dunkelheit – was haben diese Dinge gemeinsam, dass ausgerechnet sie Phobien auslösen und andere Dinge nicht? In der Urzeit, als unsere Vorfahren in einem Gebiet lebten, das heute Äthiopien entspricht, gab es noch Gründe, vor diesen Dingen Angst zu haben. Es existierten dort tödlich giftige Spinnen und Schlangen. Aggressive Raubkatzen, wie der Säbelzahntiger, konnten einem erhebliche Verletzungen zufügen – darauf beruht die heutige Furcht mancher Menschen vor kuscheligen Katzen. Auch die Insekten waren etwas größer als jetzt. Mäuse und Ratten übertrugen oftmals tödliche Infektionen. In Höhlen wiederum drohte die Gefahr, verschüttet zu werden und zu ersticken, außerdem gab es dort gefährliches Kriechgetier. In der Dunkelheit oder auf weiten Feldern konnte man Raubtieren zum Opfer fallen, im Unwetter von Ästen oder vom Blitz erschlagen werden.

Spritzen und Zahnärzte gab es in der Urzeit nicht, aber die Höhlenmenschen lernten, dass Blut und Schmerzen mit Lebensgefahr verbunden waren. Immerhin konnte man schon an banalen Verletzungen sterben. Wer also vor diesen Dingen keine Angst hatte, hatte ein kurzes Leben. Nur Menschen, die diese Ängste in den Genen mit sich trugen, pflanzten sich über die Jahrtausende fort. Die Familien der Nichtängstlichen starben dagegen aus. Wir heutigen Menschen sind die Nachkommen der Angsthasen.

Es handelt sich bei den Phobien also um Urängste, die heute zum Teil überflüssig geworden sind. Manche dieser alten Ängste, wie zum Beispiel die Angst vor Höhen oder vor Verletzungen, sichern auch heute noch das Überleben.

Wahrscheinlich haben alle Menschen diese vorprogrammierten Ängste. Zu der Zeit des kleinen Albert – der Junge, der die Angst vor Ratten erlernte –, ging man davon aus, dass der Mensch als unbeschriebenes Blatt zur Welt kommt und das Fürchten erst erlernen muss.

Allerdings: Wenn das so wäre, dann müsste man Kindern Angst vor allen möglichen Dingen beibringen können, zum Beispiel vor Spielzeug. Als Watson und Rayner versuchten, dem kleinen Albert eine Angst vor Bauklötzen durch laute Geräusche anzutrainieren, hatten sie keinen Erfolg.

Martin Seligman, ein Psychologe von der Universität Pennsylvania, entwickelte die «Preparedness»-(Bereitschafts-)Theorie. Sie besagt, dass wir in unserem Gehirn vorprogrammierte Ängste haben, und geht davon aus, dass die Angst vor bestimmten typischen Situationen leichter gelernt wird, weil diese Situationen biologisch vorbereitet sind, also schon ab der Geburt im Gehirn als potenziell gefährlich abgespeichert sind.[67] So kann erklärt werden, dass zwar die Furcht vor einer Ratte, aber nicht die Angst vor Legosteinen konditioniert werden kann.

Es gibt einige wissenschaftliche Beweise dafür, dass bestimmte Ängste angeboren sind. Eine angeborene Höhenphobie konnte man mit Hilfe eines raffinierten Experiments nicht nur bei neugeborenen Tieren nachweisen, sondern auch bei Säuglingen. Kleinkinder wurden dazu auf eine Fläche gelegt, hinter der sich ein Abgrund, eine Stufe von einem Meter Tiefe befand. Dieser Abgrund wurde mit einer Glasplatte bedeckt, damit die Kinder nicht herunterfallen konnten. Diese Fläche, aber auch die Stufe, waren mit einem Schachbrettmuster versehen, damit die Kinder anhand der Karos überhaupt feststellen konnten, dass die Stufe tiefer lag als die Fläche, auf der sie lagen. Babys, die gerade krabbeln konnten, wurden dann dicht an die Grenze zur «tiefen» Hälfte gesetzt. Wenn die Mütter versuchten, ihre Babys von der gegenüberliegenden Seite zu rufen, weigerten sich die Kleinkinder weiterzukrabbeln. Sie erkannten den vermeintlichen Abgrund und hatten Angst – und das, obwohl sie noch nie eine schlechte Erfahrung mit Tiefen gemacht hatten. Somit konnte gezeigt werden, dass Höhenängste schon von Geburt an vorhanden sind.[68]

Später müssen Menschen oder Tiere ihre Höhenangst wieder verlieren. Wenn eine Ratte bei der Suche nach Nahrung nicht ab und zu irgendwo hochklettert, wird sie vielleicht nichts zu fressen finden. Der Hungertrieb sorgt dann dafür, dass die natürliche Angst vor Höhen überwunden wird.

Auch kleine Kinder fangen zum Leidwesen ihrer Mütter irgendwann an, überall zu klettern – über Zäune und auf Bäume. Dafür sorgt allein schon der Neugiertrieb. Wer drei- oder vierjährige Kinder auf der Skipiste beobachtet, wie sie gnadenlos steile Berge hinunterstürzen, kann von einer Höhenphobie nichts mehr feststellen.

Bestimmte Bilder oder Situationen sind von Geburt an in unseren Gehirncomputer unauslöschlich eingebrannt – wie zum Beispiel das Bild einer Spinne, einer Wespe oder eines Tausendfüßers. Auch Naturgegebenheiten wie steile Abhänge, tiefes Wasser oder enge Höhlen sind dort abgespeichert. Experimente ergaben, dass wir auf unübersichtlichen Bildern aggressive Insekten schneller erkennen als Blumen. Menschen mit Phobien erkennen solche Bilder noch schneller. Ratten, die in einem Käfig geboren wurden und noch nie im Leben eine Katze gesehen oder gar eine schlechte Erfahrung mit einem solchen Zimmertiger gemacht haben, geraten in Panik, wenn sie ein Katzenfell riechen.

Die angeborene Angst muss unter Umständen aber erst aktiviert werden. In den achtziger Jahren wurde ein sehr aufschlussreiches Experiment durchgeführt. Im Labor geborene Affenbabys zeigen zunächst einmal keine Angst vor Schlangen. Doch als sie in einem Video sahen, wie ein anderer Affe beim Anblick einer Schlange Furchtreaktionen zeigte, lernten sie sofort, sich vor Schlangen zu fürchten. Das Gleiche klappte aber nicht mit Blumen oder Kaninchen. Zwar ist das Bild der Schlange als gefährliches Objekt genetisch ins Gehirn eingebrannt, die Furcht davor ist aber noch nicht programmiert, doch sie kann leicht aktiviert werden.[69]

Auch bei Menschen funktioniert das. In einem Labor der Universität Stockholm erhielten Versuchspersonen beim Bild einer Spinne einen leichten elektrischen Schlag, sodass das Bild nach mehreren Versuchen Angst auslöste.[70]

Im zweiten Teil des Versuchs wurde die Angst wieder abtrainiert, indem man den elektrischen Schlag wegließ. Die Ängste vor Schlangen oder Spinnen blieben jedoch hartnäckig bestehen. Mit Bildern von Steckdosen wiederholte man das Experiment; aber hier dauerte die Angst nicht an.

Halten wir also fest: Phobien entwickeln sich vor Dingen, die heute harmlos sind, in der Urzeit aber bedrohlich waren – wie Spinnen. Sie entwickeln sich nicht vor Dingen, die heute gefährlich sind, die es früher aber nicht gab – wie Steckdosen. Und sie entwickeln sich nicht vor Dingen, die früher harmlos waren und es heute auch noch sind – wie Gänseblümchen.

Diese angeborenen Ängste kann man überwinden. Es gibt Menschen, die mit Klapperschlangen spielen, mit Haien schwimmen, lebende Ameisen knabbern, von Felsklippen ins Wasser springen oder 100 Meter tief tauchen. Das heißt aber nicht, dass diese Ängste verschwunden sind, sondern sie bleiben weiter in unserem Gehirn gespeichert und können nur durch große Willensanstrengung überwunden werden.

Es bleiben aber einige Fragen offen: Wie kommt es nun zur Ausbildung krankhafter, übertriebener Ängste? Wenn alle Menschen diese Ängste überliefert bekommen haben, warum nehmen sie bei manchen Menschen krankhafte Formen an und bei anderen nicht? Und wie ist es zu verstehen, dass angeborene Ängste, die bereits überwunden worden sind, später wieder zu einem Problem werden können?

Falsch verbunden

Auf diese Fragen hatte die Lerntheorie eine Antwort parat: Allein durch dumme Zufälle komme es zu fehlerhaften Lernvorgängen, ein zufälliges Körpersymptom werde fälschlicherweise mit der aktuellen Umgebung in Verbindung gebracht, wie in dem folgenden Beispiel einer Agoraphobie:

Ein Mann hat viel starken Kaffee getrunken und betritt später einen Fahrstuhl. Das Herz beginnt zu rasen – bedingt durch den Kaffee. Dieses Herzrasen ist dem Mann unerklärlich. Die Sorge wegen des unerklärlichen Symptoms führt zu Angst. Diese Angst wiederum bedingt weitere Symptome wie Zittern und Schwitzen. Sie verstärken nun die Angst, und es kommt zu zusätzlichen Symptomen wie Luftnot und Enge im Hals, bis schließlich innerhalb von Minuten eine vollständige Panikattacke entsteht. Das Gehirn verknüpft fälschlicherweise nicht den Kaffee mit seinen körperlichen Symptomen, sondern den Fahrstuhl. Der Fahrstuhl als Pendant für eine enge Höhle ist im Gehirn biologisch als Angst auslösendes Objekt vorprogrammiert – im Gegensatz zum Kaffee. Der Mann meidet in der Folge alle Fahrstühle.

Durch diese fehlerhafte Verknüpfung – so die Lerntheorie – werde ein Prozess in Gang gesetzt, der sich immer weiter verselbständigt. Diese Theorie anzunehmen fällt aber schwer, denn die Panikstörung beginnt zunächst damit, dass man aus völlig heiterem Himmel Panikattacken bekommt; erst Monate später entwickelt sich die Agoraphobie.[71] Es müssten reichlich viele Zufälle passieren, damit bei einem Menschen gleichzeitig Ängste im Tunnel, im Bus und auf breiten Straßen entstehen. Außerdem könnten diese zufälligen Ereignisse auch jeden treffen – und nicht nur Menschen mit einer bestimmten Empfänglichkeit. Plausibler ist es, dass eine bestimmte biologisch begründete Sensitivität des Gehirns es begünstigt, dass bestimmte Menschen in harmlosen Situationen Agoraphobie bekommen. Sie können dann nicht mehr ausreichend einen Mechanismus in Gang setzen, der die Angst unterdrückt. Wie dies funktioniert, sehen wir später.

Im Kaufhaus verloren

Aber noch andere Mechanismen zur Entstehung unbegründeter Ängste wurden in der Lerntheorie diskutiert. Der amerikanische Psychologe Aaron T. Beck hielt zum Beispiel die Agoraphobie-Ängste für ein Überbleibsel aus der Kindheit. Agoraphobiker haben vor allem in Situationen Angst, in denen auch kleine Kinder Furcht haben: In einem Kaufhaus befürchtet ein Kind angesichts der vielen Menschen, seine Mutter aus den Augen zu verlieren; das Überqueren einer breiten Straße wird als gefährlich empfunden, weil es einem die Eltern so eingeschärft hatten; wenn die Mutter das Haus kurz verlässt, haben Kinder Angst, sie könnte ganz weggehen. Im Erwachsenenalter haben diese Ängste ihre Begründung jedoch verloren.[72] Beck vermutete also, dass die Furcht in diesen typischen Situationen im Kindesalter erlernt wurde und nicht etwa durch von Geburt an im Gehirn vorhandene Programme entstanden ist. Die Panikattacken betrachtete er als Folge und nicht als Ursache der im Kindesalter geprägten Agoraphobie. Nach Beck'scher Theorie müsste also die Agoraphobie zuerst, später dann die Panikattacken auftreten.

Allerdings können die typischen Agoraphobie-Situationen auch gänzlich anders interpretiert werden. Es sind Situationen, in denen im Falle des Auftretens einer Panikattacke die Anforderung ärztlicher Hilfe schwer möglich wäre (beispielsweise im Flugzeug) oder peinliches Aufsehen erregen würde (etwa in der Kirche). Auch spricht gegen die Beck'sche Theorie, dass die Erkrankung mit spontan auftretenden Panikattacken beginnt und die Betroffenen erst in der Folge Situationen vermeiden, in denen sie das Auftreten dieser Attacken befürchten.

Modelllernen

Man hat eine höhere Chance, eine Angsterkrankung zu bekommen, wenn auch die Eltern schon darunter gelitten haben. Aber ist das schon ein Beweis dafür, dass die Erkrankungen vererbt werden?

Man kann ja auch – völlig unabhängig von den Chromosomen – das ängstliche Verhalten von den Eltern abschauen. Dies wird «Modelllernen» oder «soziales Lernen» genannt. Ein Kind sieht vielleicht, dass die Mutter vor einer Maus kreischend davonläuft, und prägt sich ein, dass Mäuse etwas Gefährliches sein müssen. Später zeigt es das gleiche, übertrieben furchtsame Verhalten.

Dass es das Modelllernen gibt, hat man wissenschaftlich nachweisen können. Der kanadische Psychologe Albert Bandura zeigte einem Kind namens Rocky einen Videofilm, in dem sich andere Kinder aggressiv verhielten. Am nächsten Tag konnte man sehen, wie Rocky ebenfalls angriffslustiges Verhalten gegenüber anderen Kindern zeigte.

Die Theorie, dass sich Angststörungen über Modelllernen von den Eltern auf die Kinder übertragen, wird gern von Gegnern der Vererbungstheorien vorgetragen. Die Vererbungstheorie ist manchen Wissenschaftlern ein Dorn im Auge, da sie voraussetzt, dass bestimmte ängstliche Verhaltensweisen genetisch ins Gehirn eingebrannt sind – womit es weniger wahrscheinlich ist, dass sie durch therapeutische Gespräche verändert werden können.

Es gibt aber einen anderen Grund, warum sich das Modelllernen nicht besonders gut eignet, krankhafte Ängste zu erklären. Viele dieser Ängste kommen nämlich erst dann zum Tragen, wenn die Kinder längst aus dem Elternhaus ausgezogen sind. Eine Panikstörung macht sich im Durchschnitt mit 28 oder 29 Jahren zum ersten Mal bemerkbar und hat ihren Höhepunkt um das 36. Lebensjahr. Ein Mädchen, das bei seiner Mutter Panikattacken beobachtet, ist vielleicht sechs, vielleicht zwölf Jahre alt. Es müsste das am Modell gelernte Verhalten ja gleich am nächsten Tag zeigen. Das Modelllernen wurde jedoch nur für den unmittelbaren zeitlichen Zusammenhang nachgewiesen. Wie kann man aber erklären, dass sich die Panikattacken bei der Tochter erst zehn bis dreißig Jahre später zeigen, wenn die Tochter längst aus dem Elternhaus ausgezogen ist? Warum sollte das ängstliche Verhalten eine Generation lang verborgen bleiben und erst dann zum Vorschein kommen? Man müsste schon ziemliche logische Verrenkungen machen, um die

Übertragung der Angst von den Eltern auf die Kinder durch soziales Lernen zu erklären. Die Übertragung der Ängste durch Vererbung ist dagegen sehr gut belegt, zum Beispiel durch Zwillingsstudien (siehe S. 176). Die Theorie des Modelllernens ist allerdings bei weitem populärer als die Vererbungstheorie. Dies zeigt wieder einmal mehr, dass nicht immer die besser nachgewiesene, sondern die «sympathischere» Theorie mehr Verbreitung erfährt. Denn wenn die Theorie vom Modelllernen stimmen würde, könnte man ja spezielle Erziehungsratschläge geben, um zu vermeiden, dass Kinder ängstlich werden, etwa: «Zeige deine Angst nicht vor den Kindern.» Wenn dagegen die Vererbungstheorie die richtige wäre, hieße das: «Du kannst deine Kinder erziehen, wie du willst, sie werden genauso ängstlich wie du.»

Jetzt soll allerdings nicht der Eindruck erweckt werden, dass soziales Lernen überhaupt keine Rolle spielt. Es soll hier nur betont werden, dass die Bedeutung dieser Theorie im Zusammenhang mit Ängsten meist überschätzt wird. Natürlich lernt man gewisse Verhaltensweisen von den Eltern. Wahrscheinlich ist es jedoch so, dass das Modelllernen durch eine genetisch verankerte, neurobiologisch begründete Empfindlichkeit für Ängste erleichtert wird.

Keine leere Festplatte

Halten wir fest: Die Entstehung von Phobien können wir nicht allein dadurch erklären,

- dass wir in der Vergangenheit schlechte Erfahrungen mit den Objekten unserer Furcht gemacht haben,
- dass unser Gehirn eine falsche Verbindung von zufällig auftretenden körperlichen Symptomen und bestimmten Situationen gelernt hat,
- dass wir Ängste, die in der Kindheit sinnvoll waren, unnötigerweise mit in das Erwachsenenalter hinübergenommen haben oder
- dass wir von unseren Eltern ängstliches Verhalten abgeschaut haben.

Es spricht alles dagegen, dass der Mensch mit einer leeren Festplatte zur Welt kommt und alle Ängste ausschließlich die Folge eines schief gelaufenen Lernprozesses sind. Bei der Entstehung von krankhaften Ängsten spielen Lernprozesse eine Rolle, aber nur als ein Teil eines komplexen Zusammenspiels verschiedener Faktoren. Es ist eigentlich nicht die Angst an sich, die wir lernen, sondern das *ängstliche Verhalten.* Jeder Mensch wird mit vorprogrammierten Ängsten geboren. Krankhafte Angst entsteht dann, wie wir später sehen werden, wenn unsere Anlagen die Hemmschwelle für das Lostreten der Angstlawine zu niedrig gesetzt haben und zudem bestimmte Lebenserfahrungen diese Grenze weiter herunterregulieren. Ohne diese Hintergründe würde das Erlernen eines ängstlichen Verhaltens nicht auf fruchtbaren Boden fallen. Die Lerntheorie ist also nicht überwiegend für die Erklärung der *Entstehung von Ängsten* wichtig, sondern für die Begründung der *Aufrechterhaltung von ängstlichem Verhalten.* Ein Beispiel: Während es für die Entstehung von spontanen Panikattacken keinen fehlerhaften Lernprozess als Erklärung braucht, kann man die Folge dieser Angstzustände, nämlich die Vermeidung von vollen Räumen oder Menschenmengen, als Lernvorgang auffassen. Das Gehirn begreift, dass man sich den Furchtobjekten nicht nähern kann, ohne unangenehme Angstgefühle zu bekommen. Wenn jemand einmal damit begonnen hat, bestimmte Angst auslösende Situationen zu vermeiden, macht jeder abgebrochene Versuch, sich dem Objekt der Furcht zu nähern, die Angst davor stärker und ihre Bekämpfung schwieriger, weil das Gehirn immer wieder die Verbindung zwischen dem missglückten Versuch und den entstehenden Angstsymptomen lernt.

Die Lerntheorie spielt außerdem eine wichtige Rolle, wenn es um die Verhaltenstherapie geht, mit der das erlernte ängstliche Verhalten wieder verlernt werden soll.

DOPPELGÄNGER UND GENE

Man kann die Natur
auch mit der Heugabel austreiben,
sie kehrt stets zurück.
Sigmund Freud, Gradiva

Patienten mit Angsterkrankungen berichten häufig, dass auch ihre Eltern oder ihre Geschwister unter denselben Ängsten gelitten haben. In über 20 großen Studien konnte man zeigen, dass in den Familien von Panikpatienten die gleichen Erkrankungen gehäuft auftreten. Die Vielzahl dieser Familienstudien macht eine erbliche Übertragung schon recht wahrscheinlich.

Wenn allerdings in einer Familie Angststörungen gehäuft zu finden sind, muss dies nicht unbedingt auf Vererbung beruhen. Die Übertragung der Ängstlichkeit könnte auch eine Folge des Modelllernens sein. Nur durch Zwillingsstudien kann letztlich der Nachweis erbracht werden, dass eine familiäre Häufung auf Vererbung beruht.

Besonders jene Zwillingsuntersuchungen sind interessant, bei denen ein Zwilling adoptiert wurde und somit in einer fremden Familie ein neues Zuhause fand. Wenn ein Zwilling in desolaten Verhältnissen in Sizilien und der andere als Adoptivkind in einer intakten Familie in San Francisco aufgewachsen ist und dann beide die gleiche Angsterkrankung bekommen, so wäre es ziemlich unwahrscheinlich, dass allein die Erziehung oder ein Lernen am Modell an der Angsterkrankung schuld ist. Allerdings könnte hier kritisch eingewendet werden, dass der Grund der Weggabe eines Kindes häufig eine sozial schwierige Situation ist. So könnte der in der Familie verbleibende Zwilling darunter leiden, dass er weiter den problematischen Einflüssen seiner Ursprungsfamilie ausgesetzt ist. Andererseits könnte der wegadoptierte Zwilling dadurch psychisch geschädigt werden, dass er von der leiblichen Mutter getrennt wird. Wenn eine frühkindliche Traumatisierung Angststörungen fördert, dann hätten beide Zwillinge in dieser Situation einen Grund für die

Entwicklung einer Angststörung, wobei allerdings die Gründe völlig unterschiedlich sind. Diese Einwände schränken den wissenschaftlichen Wert von Adoptionsstudien ein. Abgesehen davon gibt es derartige Adoptionsuntersuchungen mit Angstpatienten noch gar nicht.

Sehr aufschlussreich sind dagegen Untersuchungen, die ein- und zweieiige Zwillinge vergleichen, und zwar solche, die zusammen in derselben Familie aufwuchsen. Während eineiige Zwillinge sich gleichen wie ein Ei dem anderen, so haben zweieiige Zwillinge nicht mehr gemeinsam als Geschwister (eineiige Zwillinge haben zu 100, zweieiige nur zu 50 Prozent identische Gene). Bei einer solchen Untersuchung überprüft man, ob ein Zwilling mit einer Angsterkrankung eine Zwillingsschwester oder einen Zwillingsbruder mit der gleichen Krankheit hat. Den Grad der Übereinstimmung nennt man Konkordanz. Wenn bei den zweieiigen Zwillingen der andere Zwilling auch häufig eine Angsterkrankung hat, so wären wahrscheinlich Umwelt, Erziehung und andere Milieufaktoren als Ursache anzuschuldigen. Wenn aber bei den eineiigen Zwillingen der Gen-Doppelgänger sehr viel häufiger die gleiche Erkrankung hat, als dies bei den zweieiigen der Fall ist, so müsste man die Gene verantwortlich machen.

Der italienische Angstforscher Giancarlo Perna untersuchte Zwillinge mit einer Panikstörung und fand bei den eineiigen Zwillingen eine Übereinstimmung von 73 Prozent, bei den zweieiigen aber nur eine von null Prozent. Auch alle anderen Studien, die die Konkordanzraten für Panikstörung bei eineiigen und zweieiigen Zwillingen erforschten, entdeckten bei den eineiigen Zwillingen durchweg sehr viel höhere Übereinstimmung – ein ziemlich eindeutiger Beweis für eine erbliche Mitverursachung.

Es gibt auch noch andere Hinweise darauf, dass Ängste vererbt werden können. Bei den «Einfachen Phobien» wurde darauf eingegangen, dass viele der unbegründeten Ängste, die wir haben, wie die Angst vor Spinnen oder Schlangen, aus einer Zeit stammen, als wir das Feuer noch mit dem Feuerstein entfachten. Wie haben diese Ängste aber die Jahrtausende überlebt? Es scheint wahrscheinlich, dass solche Ängste von Generation zu Generation immer wieder mit den Genen übertragen wurden.

Zwar kann man noch nicht behaupten, dass Angststörungen «Erbkrankheiten» sind – dazu ist der Vererbungsfaktor zu gering ausgeprägt. Man muss aber davon ausgehen, dass eine gewisse Anfälligkeit für Angsterkrankungen vererbt wird und dass weitere Faktoren hinzukommen müssen – wie zum Beispiel belastende Kindheitserfahrungen –, um eine vollständige Angstkrankheit zum Ausbruch zu bringen.

Dennoch ist die Tatsache, dass Angststörungen einen gewissen Erbfaktor aufweisen, manchen Menschen ein Dorn im Auge. Der australische Psychiater Anthony F. Jorm führte eine Bevölkerungsumfrage durch, um herauszufinden, was die meisten Menschen glauben, wodurch psychische Erkrankungen entstehen. Die Vererbungstheorie kam dabei schlecht weg: Nur die Hälfte der Befragten hielt es für möglich, dass diese Krankheiten auch durch genetische Einflüsse entstehen können, aber über 90 Prozent hielten «Alltagsprobleme» oder «belastende Ereignisse» für die Hauptursachen seelischer Erkrankungen.[73] Warum wollen die Menschen es nicht wahrhaben, dass solche Erkrankungen auch vererbt werden können? Weil oft fälschlicherweise angenommen wird, dass sie dann nicht behandelbar seien und dass sie auch nicht von allein weggehen können. Beides ist nicht richtig, wie wir weiter unten sehen werden.

DAS MINISTERIUM FÜR ABSURDE ANGST

Wenn unser Gehirn so simpel wäre,
dass wir es verstehen könnten, wären wir
so simpel, dass wir es nicht verstehen
würden.
Emerson Pugh, 1997

Mein Gehirn ist mein zweitliebstes Organ.
Woody Allen, Der Schläfer

Wer das Wort Biologie hört, denkt zuerst an Flora und Fauna. Wenn heute allerdings von «biologischer Psychiatrie» die Rede ist, dann hat das wenig mit Waldspaziergängen, Honigbienen oder Lindenblüten zu tun. Mit dem Begriff «biologisch» ist in diesem Fall etwas ganz anderes gemeint. Zunehmend wird man sich bewusst, dass Ängste, Depressionen, Schizophrenien und andere seelische Erkrankungen nicht nur durch Umwelteinflüsse bedingt sind, sondern auch mit Veränderungen biochemischer Vorgänge im Gehirn zu tun haben können. Diese Sparte der Psychiatrie wird die «biologische» genannt. Frühere Richtungen in der Psychiatrie hatten solche Vorgänge nahezu ausgeklammert. Im Gegensatz zu der früheren Psychiatrie ist die biologische Psychiatrie wenig romantisch, sehr handfest und rein wissenschaftlich orientiert. Man versucht, die Ursachen psychischer Erkrankungen bis zur Molekülebene genau zu lokalisieren. Ein bekannter Psychiater beschrieb diese zunehmende Entwicklung wie folgt: «Die Mängel unserer Beschreibung würden wahrscheinlich verschwinden, wenn wir anstatt der psychologischen Termini schon die physiologischen oder chemischen einsetzen könnten … Die Biologie ist wahrlich ein Reich der unbegrenzten Möglichkeiten, wir haben die überraschendsten Aufklärungen von ihr zu erwarten und können nicht erraten, welche Antwort sie auf die von uns gestellten Fragen einige Jahrzehnte später geben würde. Vielleicht gerade solche, durch die unser ganzer künstlicher Bau von Hypothesen umgeblasen wird.» Das Erstaunlichste an dieser Einschätzung ist, dass sie von Altmeister Sigmund

Freud persönlich stammt.[74] In genialer Weise hatte er eine Entwicklung vorhergesehen, die erst viele Jahre nach seinem Tod einsetzte und ausgerechnet seiner eigenen Theorie den Garaus machen sollte.

Keinesfalls ist davon auszugehen, dass sich die biologische Psychiatrie nur mit Molekülen und Chemie beschäftigt und sich mit Gefühlen wie Lust, Trauer, Liebe, Hass, Wut oder Schmerz nicht abgibt. Die biologische Psychiatrie hat sich entwickelt, weil es durch die genaue Aufklärung biochemischer Vorgänge im Gehirn besser als früher gelang, seelische Erkrankungen zu verstehen. Zudem gelang es dadurch, sie besser als früher zu behandeln.

Im Jahre 1967 machten der amerikanische Wissenschaftler Ferris Pitts und sein Mitarbeiter John McClure eine Entdeckung, die in der Wissenschaftswelt eine kleine Revolution hervorrief. Zu dieser Zeit gingen viele Psychiater davon aus, dass Angstattacken allein durch psychische Faktoren ausgelöst wurden. Pitts und McClure gaben Patienten, die unter häufigen Panikattacken litten, eine Tropfinfusion mit einem chemischen Stoff namens Laktat.[75] Laktat ist das Salz der Milchsäure und wird in bestimmten Medikamentenlösungen verwendet. Die meisten dieser Patienten, die freiwillig an diesem Versuch teilnahmen, bekamen durch Laktat eine Panikattacke. Gab man allerdings gesunden Personen die gleiche Infusion, so reagierten diese in der Regel nicht mit Angst. Daraus schloss man, dass bei den Panikpatienten irgendein chemisches Ungleichgewicht besteht. Denn wenn die Panikstörung eine rein «seelische» Störung wäre, könnte ja eine chemische Substanz eine solche Wirkung nicht auslösen. Um auszuschließen, dass die Panikpatienten allein deshalb mit panischer Angst reagierten, weil sie allgemein ängstliche Menschen sind und vielleicht geradezu erwarteten, dass Laktat bei ihnen eine Panikattacke auslöst, führte man den Versuch «doppelblind» durch, das heißt, dass weder die Versuchspersonen noch der Untersucher während des Versuchs wussten, ob die Probanden Laktat oder eine wirkungslose Kochsalzlösung erhielten. Erst nach dem Test wurde ein Umschlag mit einer Liste geöffnet, auf der stand, wer die echte und wer die falsche Lösung erhalten hatte. Es bestätigte sich, dass nur die echte Laktatlösung bei den Patienten zu Angst führte.

Dieser Versuch hatte insofern eine immense Bedeutung, als zum ersten Mal gezeigt werden konnte, dass «irgendetwas» in der Biochemie im Körper der Panikpatienten anders war als bei Gesunden. Damit war der Grundstein zu einer neuen Richtung in der Angstforschung gelegt, die man als die biologische Ära bezeichnen kann. Was genau die Störung ist, die dazu führt, dass Angstpatienten so empfindlich auf Laktat reagieren, hat man bis heute allerdings noch nicht herausgefunden.

Unzählige Untersuchungen beschäftigten sich seither mit möglichen «neurobiologischen Ursachen» der Angststörungen. Um es vorwegzunehmen: Trotz genauer Erkenntnisse über die Teile des Gehirns, die krankhafte Angst vermitteln, haben wir heute immer noch keine genaue Kenntnis, wo und wie im Gehirn die Angst entsteht. Dennoch ist die neurobiologische Forschung seit den sechziger Jahren der Angst immer mehr auf die Spur gekommen, und es wurden spannende Einsichten gewonnen.

Wo im Gehirn entsteht die Angst?

Es gibt mehrere Möglichkeiten, herauszufinden, was eigentlich im Gehirn schief läuft, wenn jemand unerklärliche Angstsymptome hat. Mit Hilfe von Tierversuchen kann man direkte Erkenntnisse über die Vorgänge im Gehirn gewinnen. Oder man kann Patienten mit Angststörungen Blutproben abnehmen und darin verschiedene Stoffe untersuchen. Auch kann man die Patienten mit Hilfe so genannter bildgebender Verfahren untersuchen. Dazu wird der Betroffene in eine Röhre geschoben, um das Gehirn sichtbar zu machen. Zu diesen Methoden gehören die Computertomographie, die Magnetresonanztomographie und andere Verfahren. Außerdem kann man aus der Wirksamkeit bestimmter Medikamente, deren Wirkmechanismus bereits bekannt ist, Rückschlüsse auf die Teile des Gehirns ziehen, die bei einer Angststörung nicht ordnungsgemäß funktionieren.

Die meisten Erkenntnisse über neurobiologische Ursachen der

Angst sind mit Panikpatienten gewonnen worden. Dies liegt daran, dass sie die Gruppe von Angstpatienten bilden, die sich am häufigsten zu einer Behandlung melden. Daher wird im Folgenden häufig nur von der Panikstörung die Rede sein. Man nimmt aber an, dass die Verhältnisse bei den übrigen Angsterkrankungen nicht grundlegend anders sind.

Das Ziel ist, nach einem Gebiet im Gehirn zu forschen, dessen Fehlfunktion die Panikstörung bedingt. Die Suche nach einer derartigen defekten Struktur gleicht bei oberflächlicher Betrachtung der Aufgabe, in einem Auto einen bestimmten Fehler aufzuspüren. Ein Kraftfahrzeugmechaniker würde nach einem defekten Bauteil oder Kabelstrang fahnden, um das fehlerhafte Teil auszutauschen. Er würde die Störung gerne exakt lokalisieren wollen, er hat ja das Bestreben, nur genau das gestörte Teil auszutauschen und nicht noch ein paar andere teure Teile, die gar nicht defekt sind. Geht man von einem vereinfachten «Auto»-Modell aus, so würde man auf der Suche nach der defekten Struktur beispielsweise nach einem abgegrenzten *Hirngebiet* suchen, wie dem «zentralen Grau» oder dem «rechten Mandelkern». Man könnte aber auch bestimmte *Nervenbahnen* verantwortlich machen.

Bei der Fahndung nach der Ursache der Parkinson'schen Erkrankung war man zum Beispiel erfolgreich. Man fand im Gehirn eine kleine Ansammlung von Zellkernen, die *Substantia nigra* («Schwarze Substanz») genannt wird. Bei Parkinson-Kranken ist dieses Gebiet zerstört. In der *Substantia nigra* wird normalerweise der Botenstoff Dopamin gebildet, der den Kranken wegen des Untergangs der Zellen jetzt fehlt. Dies führt zu den Bewegungsstörungen, die für Parkinson-Patienten typisch sind. Man hofft also, die Ursache der Angsterkrankungen eines Tages genauso gut aufklären zu können wie die der Parkinson'schen Erkrankung.

Würde man ein defektes Gehirngebiet bei Panikpatienten finden, so könnte man es natürlich nicht einfach wie bei einem Auto austauschen. Dennoch würde die Entdeckung der gestörten Hirnstruktur die Wissenschaft weiterbringen. Möglicherweise könnte man gezielt eine medikamentöse Therapie entwickeln, die ausschließlich dasjenige Gehirngebiet beeinflusst, das gestört ist, und den Rest des Gehirns in Frieden lässt. Ein Beispiel hierfür wäre die L-Dopa-Therapie der Parkinson'schen Erkrankung, die gezielt den Mangel an Dopamin in der *Substantia nigra* ausgleicht.

Wenn es aber so wäre, dass nicht ein Gehirngebiet, sondern bestimmte «Kabel», also längere Verbindungswege im Gehirn funktionsuntüchtig wären, so würde die Entdeckung dieser Kabelstörung vielleicht helfen, die Angst zu bekämpfen, indem man mit bestimmten Medikamenten speziell diese Nervenbahnen beeinflusst – zum Beispiel, indem man den von diesen Kabeln verwendeten Botenstoff entweder bei der Arbeit unterstützt oder seine Wirkung abschwächt, je nachdem, wie es sich mit dem Defekt verhält.

Natürlich gibt es wesentliche Unterschiede zum «Auto-Modell» – ganz abgesehen auch davon, dass man die menschliche Seele nicht ernsthaft mit einem Kraftfahrzeug vergleichen sollte. So stellt sich beispielsweise die Frage, warum eine Panikstörung in den späteren Lebensjahren meist wieder verschwindet. Die gesuchte Struktur kann dann ja wohl nicht unwiderruflich defekt sein wie ein durchgebrannter Transistor. Genauso kann man sich nicht vorstellen, dass ein durchgebranntes Teil des Gehirns durch eine Behandlung mit Placebo oder allein durch Gespräche oder Übungen wiederhergestellt werden kann, wie es in der Behandlung einer Angsterkrankung möglich ist. Das Aufspüren der schadhaften Gebiete oder Nervenbahnen ist angesichts der Kompliziertheit des menschlichen Gehirns kein einfaches Unterfangen. Wichtig ist es, keine voreiligen Schlüsse zu ziehen. Ein Beispiel: Serotonin ist ein Botenstoff, der von manchen Nervenzellen im Gehirn benutzt wird. Praktisch alle Medikamente, die die Übertragung in diesen Nervenzellen verbessern, indem sie Serotonin erhöhen, wirken bei Angsterkrankungen. Daraus könnte man folgern, dass bei Angststörungen das Serotonin-System gestört ist. Aber vielleicht ist diese Annahme zu einfach. Es könnte auch ebenso gut ein ganz anderes Gehirnsystem fehlerhaft sein, das mit dem Serotonin-System in einem Gleichgewicht stehen sollte. Die serotoninerhöhenden Medikamente könnten dadurch wirken, dass sie dieses andere, bisher unbekannte

System indirekt durch eine Veränderung eines gestörten Gleichgewichts zugunsten des Serotonin-Systems beeinflussen.

In der Anfangszeit der Gehirnforschung stellte man sich das Gehirn als eine Art Computer vor, der sich von einem Commodore Amiga nur dadurch unterscheidet, dass er eine wesentlich größere Rechenleistung hat. Dieses Modell wurde kritisiert; es wurde gesagt, dass das menschliche Gehirn mit seinen Emotionen und Gefühlen wie Sensibilität, Schüchternheit, Überheblichkeit, Charme, Verliebtheit, Verlangen, ohnmächtiger Liebe oder abgrundtiefem Hass mehr ist als eine hochgetaktete Rechenmaschine.

Je mehr man sich allerdings mit dem Gehirn beschäftigt, desto mehr drängt sich die Ansicht auf, dass Gehirn und Computer doch ziemlich viel gemeinsam haben und dass Gefühle und Stimmungen mehr mit Molekülen, Biochemie und elektrischen Erregungen zu tun haben, als wir wahrhaben wollen.

Die Suche nach der defekten Struktur bei den Angststörungen ist mühselig. Die Anfänge der neurobiologischen Angstforschung in den sechziger Jahren glichen dem Versuch, ein Radio mit einem Hammer zu zerschlagen, das Kupfer herauszuschmelzen und daraus zu ermitteln, welche Nachrichten das Radio zuletzt übertragen hatte. Mit den Jahren wurden die neurobiologischen Methoden jedoch immer weiter verfeinert, sodass man ein zunehmend genaues Bild über die Neurobiologie der Angst gewinnt. Trotz der genannten Schwierigkeiten soll in den folgenden Kapiteln versucht werden, das vorliegende Wissen über die Angststörungen und ihre möglichen neurobiologischen Ursachen darzustellen, zu ordnen und Vermutungen darüber anzustellen, welche der beschriebenen Veränderungen am wahrscheinlichsten erscheinen.

Erschrockene Ratten

Wenn Sie nachts auf der Straße einem Fremden begegnen, der ein langes Messer in der Hand hält, werden Sie rasch kombinieren, dass Sie in Gefahr sind. Die Hände schwitzen und zittern, der Mund ist trocken, die Nackenhaare sträuben sich. Sie überlegen, ob Sie lieber wegrennen oder einen Kampf mit dem Gegner aufnehmen müssen.

Das Herz rast, weil es sich für eine mögliche Flucht warmlaufen muss, die Atemfrequenz wird erhöht, um genug Sauerstoff für das Weglaufen bereitzustellen. Ihr Geruchssinn, das Hör- und Sehvermögen verbessern sich, die Pupillen erweitern sich. Wenn Sie sich später an den Vorfall erinnern, werden Sie sich an das Gesicht des Gegners bis ins Detail erinnern. Wenn Sie an den Ort des Geschehens zurückkehren, wird es eventuell zu einem erneuten Aufflammen der Angstreaktion kommen, oder Sie werden diesen Ort in Zukunft vermeiden.

Diese Symptome und Erscheinungen sind die gleichen, die in Tieren vorgehen, die unter Angst leiden. Vieles, was wir über die Neurobiologie der Angst wissen, ist in Tierexperimenten erforscht worden. Tiermodelle für seelische Störungen wurden allerdings immer als problematisch angesehen. Eine Ratte kann keine Depression äußern oder über Halluzinationen klagen. Dennoch gibt es auch für Depressionen und Psychosen Tiermodelle, die bereits zur erfolgreichen Entwicklung neuer Antidepressiva und Medikamente gegen Schizophrenie geführt haben. Tiere können kokainabhängig gemacht werden, um die Gehirnbahnen zu erforschen, die bei der Entstehung der Sucht beteiligt sind. Auf diese Weise kann Drogensüchtigen besser geholfen werden.

Ein Beispiel für einen Tierversuch, mit dem Angst bei Ratten untersucht werden kann, ist das «erhöhte Plus-Labyrinth». Von oben sieht dieses einfache Labyrinth wie ein Plus-Zeichen aus. Dabei handelt es sich um zwei Gänge, die sich kreuzen und die einen Meter über dem Boden schweben. Die Ratte kann auf dem Gang spazieren gehen, der keine seitliche Begrenzung aufweist, oder auf dem anderen, der hohe Wände hat. Normalerweise haben Ratten die Neigung, lieber in den seitlich geschlossenen Gängen als auf den ungeschützten zu laufen. Dies zeigt auch ein Video, das die Erkundungswege der Ratte aufzeichnet. Man zählt einfach, wie viele Male der geschützte oder der ungeschützte Gang betreten wird. Gibt man der Ratte jetzt ein Angst lösendes Medikament, erhöht sich die Anzahl der Läufe auf dem offenen Gang. Dieser Versuch hat eine Bedeutung, wenn man Behandlungen für Angstkrankheiten erforschen will. Wenn man neuartige Angstmedikamente testet, werden sie zunächst Ratten gegeben, um auf dem Plus-Labyrinth ihre angstlösende Wirkung zu testen.

Viele der Erkenntnisse zur Entstehung von Angst stammen von Forschern, die Ratten erschrecken. Sie beruhen auf dem Muster der konditionierten Furcht, das von Iwan Pawlow entwickelt wurde (siehe S. 161). In einem typischen Versuch wird einer Ratte ein «Reiz» präsentiert – meistens ein Ton oder ein Lichtblitz («konditionierter Reiz») –, und gleichzeitig erhält sie einen leichten elektrischen Schlag («unkonditionierter Reiz»). Unkonditionierte Reize sind solche, die schon von Natur aus Angst auslösen, während konditionierte Reize harmlos waren, bis der erbarmungslose Tierforscher sie mit dem echten Gefahrenreiz kombinierte. Nach einigen Durchgängen reagiert die Ratte auf den konditionierten Reiz mit den gleichen körperlichen Angstreaktionen und Verhaltensweisen, selbst wenn der unkonditionierte Reiz gar nicht mehr vorhanden ist.

Das Gleichnis der konditionierten Furcht hat jedoch seine Schwächen. Bei den Ängsten der Versuchstiere handelt es sich um Realängste (etwa der Angst vor einer anderen männlichen Ratte) oder aber um konditionierte Furcht (Angst vor einem elektrischen Schlag im Laborkäfig). Beides ist für die Ratte tatsächlich gefährlich oder schmerzhaft. Die typische Angst bei Menschen mit einer Angststörung ist dagegen eine übertriebene oder unrealistische Angst. Jemand, der in einer Fußgängerzone Panikattacken bekommt, ist ja nicht wirklich in Gefahr. Aus den Tiermodellen können lediglich Rückschlüsse auf die Gehirngebiete gewonnen werden, die für reale Ängste bei Menschen zuständig sind, nicht aber unbedingt auch für unrealistische Ängste wie Fahrstuhlphobien oder scheinbar grundlos ablaufende Panikattacken. Es scheint also so zu sein, dass es im menschlichen Gehirn neben einem «Ministerium für tatsächliche Gefahren» an einer ganz anderen Stelle das «Ministerium für absurde Angst» gibt. Die erstere Instanz kümmert sich um Bedrohungen wie tollwütige Hunde, Heckenschützen oder Vergewaltiger. Sie ist notwendig und sichert unser Überleben. Die zweite Instanz ist nur für unangebrachte Ängste zuständig und hat ihre Berechtigung weitgehend verloren. Es ist ungemein wichtig, dass wir diese Arten von Ängsten immer trennen, wenn wir verstehen wollen, wie krankhafte Angst entsteht.

Enthemmte Affen

Das Gehirn ist wohl das unübersichtlichste Organ des Körpers. Selbst Leute, die sich Hirnforscher nennen, haben oft nur eine vage Übersicht über diesen Monstercomputer. Die Erkenntnisse darüber, welche verschiedenen Gehirnteile an der Auslösung von Angst beteiligt sind, sind vorwiegend am Tiermodell gewonnen worden. Um herauszufinden, welche Funktionen die verschiedenen Systeme haben, hat man den Tieren Verletzungen im Gehirn zugefügt. Dabei werden bei Tieren bestimmte Teile des Gehirns entfernt; anschließend wird beobachtet, welche Ausfälle sich einstellen.

Im Jahre 1938 entfernten der deutsche Psychologe Heinrich Klüver und der amerikanische Neurochirurg Paul C. Bucy bei Affen auf beiden Seiten die Schläfenlappen und den so genannten Hippocampus – einen Teil des Gehirns, dem heute im Zusammenhang mit der Angst große Bedeutung zukommt. Die Affen zeigten gesteigertes sexuelles Verhalten, auch hatten sie keine Angst mehr vor Schlangen oder Menschen. Bei Menschen, bei denen diese Gebiete durch Unfälle, Schussverletzungen, Gehirntumoren oder andere Schädigungen in Mitleidenschaft gezogen worden waren, kam es zu Antriebslosigkeit, Essanfällen oder sexueller Triebenthemmung.[76] Aus diesen Verletzungen, wie auch aus Erkenntnissen, die während Operationen am Gehirn gewonnen wurden, können Rückschlüsse auf die an der Angstauslösung beteiligten Gebiete gezogen werden.

Diese Untersuchungen haben allerdings ihre Einschränkungen. Denn bei diesen Verletzungen wird ja nicht nur ein bestimmtes Hirnareal zerstört, sondern auch alle Bahnen, die durch das zerstörte Areal führen. Diese Bahnen verlaufen vielleicht zu ganz entfernt liegenden Gebieten, und so kann ein falscher Eindruck über die durch die Verletzung geschädigten Gebiete entstehen. Dennoch wurden durch solche Untersuchungen viele wertvolle Informationen gewonnen.

Die anatomischen Strukturen, die an der Auslösung von Angst beteiligt sind – ein Geflecht von zusammenarbeitenden Gehirnteilen –, nennt der amerikanische Psychiater Jack M. Gorman das «Angstnetzwerk».[77] Dazu gehören der Thalamus, die Amygdala, der Hippocampus, das zentrale Grau, der *Locus coeruleus* und der Hypothalamus. Dieses Netzwerk reagiert, wenn der Körper tatsächlich in Gefahr ist, aber auch wenn völlig unnötigerweise aus heiterem Himmel Panikattacken auftreten.

Der Filter im Ehebett

Angst auslösende Informationen von außen – wie bei der Maus der Anblick eines großen Raubvogels – erreichen zunächst einmal ein Gebiet, das die altehrwürdigen Anatomen Thalamus («Ehebett») genannt haben. Dieses Gebiet hat die Funktion eines Filters. Informationen, die unsortiert von allen Sinnesorganen einströmen, sortiert der Thalamus in wichtige und unwichtige. Außerdem sorgt er dafür, dass wesentliche Informationen an die zuständigen Stellen weitergeleitet werden. Der Thalamus hat somit ungefähr die Aufgabe eines Pförtners in einem Betrieb – er nimmt Briefe und Telefongespräche an und leitet sie weiter an die zuständigen Personen, aber man erwartet nicht, dass er den Inhalt der Briefe versteht oder in die Telefongespräche eingreift.

In einer Gefahrensituation werden zwei verschiedene Schaltkreise aktiviert. Einer von diesen Schaltkreisen ist relativ verzweigt und geht zur Hirnrinde, die eine sehr genaue und ausführliche Verarbeitung der eingehenden Informationen vornimmt. Dieser Schaltkreis ist sehr träge und umständlich und braucht etwa 0,3 Sekunden, um zu reagieren. Das ist eine Ewigkeit, wenn es darum geht, schnell auf eine Gefahr zu reagieren.

Vom Thalamus geht aber auch eine rasante Bahn, eine Art Notfall-Telefonleitung, auf direktestem Wege zur Amygdala, um dort eine sofortige Reaktion auszulösen, bevor alles zu spät ist. Die Amygdala ist eine Ansammlung von Zellen im Vorderhirn, die wegen ihres Aussehens «Mandelkern» genannt wird. Die Amygdala kann blitzartig alle möglichen Systeme im Körper aktivieren, damit

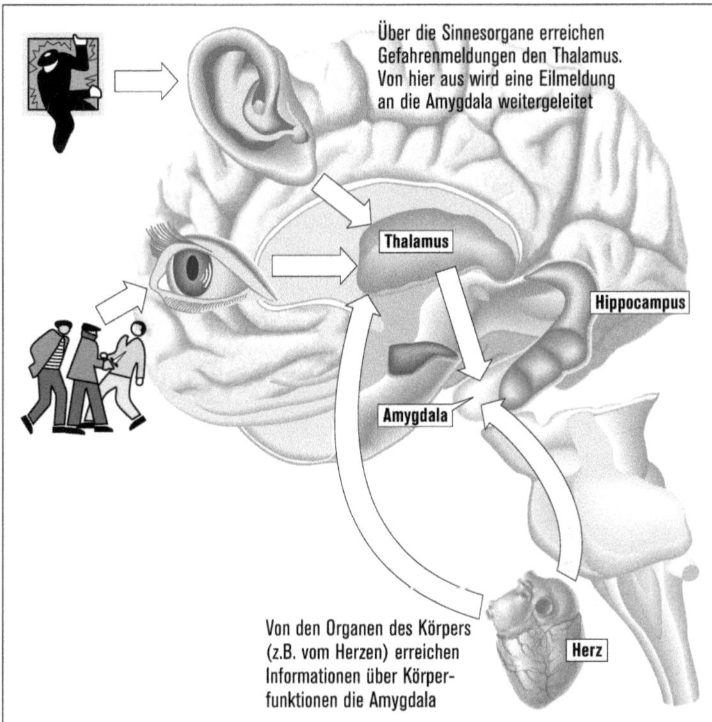

Der schnelle Weg: Eine äußere Bedrohung wird über Augen, Ohren oder Gefühlssinne wahrgenommen. Diese Informationen werden über den Thalamus ohne Umwege an die Amygdala weitergeleitet, damit von dort aus eine rasche Reaktion stattfinden kann. Auch Informationen aus dem eigenen Körper (z. B. «Wie schnell schlägt mein Herz?») erreichen die Amygdala teilweise direkt und teilweise auf Umwegen über den Thalamus.

man wie ein Bulle kämpfen oder wie der Teufel weglaufen kann. Dieser Schaltkreis ist nicht dafür gebaut, eine genaue Analyse einer gefährlichen Situation zu liefern – er soll nur flott sein. Deshalb kann er manchmal einen Fehlalarm auslösen.

Wenn Sie im Dschungel eine Schlange vor sich sehen, machen Sie unwillkürlich eine Schreckbewegung nach rückwärts. Diese Reaktion haben Sie Ihrer Amygdala zu verdanken. Sie funktioniert unglaublich rasch. Wenn man Versuchspersonen Schlangenbilder nur eine 33stel Sekunde lang zeigt, reagieren sie schon mit Angst. In der freien Wildbahn nützt es nichts, wenn man lange überlegt, ob ein plötzlich auftauchendes wildes Tier eine Gefahr darstellt oder nicht.[70] Um nicht des Tigers fette Beute zu werden, muss man ohne nachzudenken reagieren («Erst schießen, dann Fragen stellen»), und dies geht nur über den Notfallschaltkreis.

Die per Schneckenpost weitergeleitete Meldung dagegen ist diejenige, die dafür sorgt, dass uns die Angstsituation auch richtig klar wird. Alle Erregungen müssen den Thalamus passieren, um bewusst zu werden. So kann es sein, dass Sie auf der Autobahn plötzlich quietschende Reifen hören und erst einen Moment später feststellen, dass Sie es selbst waren, der reflexartig auf die Bremse getreten hat, weil vor Ihnen ein Stau entstanden war.

Der Mensch reagiert in der Gefahr wie ein primitives Tier, das gar nicht den Verstand hat, eine gefährliche Situation angemessen zu beurteilen, sondern immer auf Autopilot geschaltet hat. Auch eine Fliege verfügt über ein sehr schnelles Angstnetzwerk, was einem sofort klar wird, wenn man versucht, sie mit bloßen Händen zu fangen.

Die Amygdala – die Achse der Angst

Der Angstforscher Joseph E. LeDoux von der Universität New York ging der Frage nach, was mit einem akustischen Signal passiert, das ein Rattenhirn erreicht. Er trainierte Ratten so, dass sie vor bestimmten Geräuschen Furcht entwickelten. Danach zerstörte er die Hörrinde. Dieser Teil des Gehirns dient dazu, Gehörtes auch bewusst wahrnehmen zu können. Die Ratten konnten Geräusche zwar noch hören, aber nicht mehr ins Bewusstsein bekommen. Trotzdem reagierten die Tiere weiterhin mit Angst auf die Geräusche. Nachdem er jedoch auch noch die Verbindung zur Amygdala gekappt hatte, zeigten die Ratten keine Furcht mehr. Damit war relativ klar, dass die Amygdala eine wichtige Rolle bei der Auslösung von Angst spielt. Es musste also eine direkte Verbindung von den

Ohren zur Amygdala geben, die verdächtige Geräusche sofort ohne Umweg über das Bewusstsein zur Notfallzentrale weiterleitet.

Woher wissen wir, dass bei Menschen, die in völlig harmlosen Situationen Panikattacken bekommen, die gleichen Verhältnisse herrschen wie bei Ratten, die von einem elektrischen Schock oder von einer anderen gewalttätigen Ratte bedroht werden?

Hier kann uns der faszinierende Fall einer Frau weiterhelfen, von der nur ihre Patientennummer bekannt ist. Nennen wir sie «Frau SM046». Sie wurde an der Universität von Iowa untersucht. Diese Frau litt an dem seltenen «Urbach-Wiethe-Syndrom», bei dem die Mandelkerne auf beiden Seiten zerstört sind. Wenn der Neurologe Ralph Adolphs Frau SM046 Bilder von Gesichtern zeigte, hatte sie keine Mühe, Gesichter herauszufinden, die fröhlich, traurig oder ärgerlich sind. Wenn sie aber ein Gesicht sah, das Angst ausdrückte, konnte sie dieses Gefühl nicht wahrnehmen. Sie konnte lediglich sagen, dass es sich um ein intensives Gefühl handelte – das war aber auch alles. Dieser Fall zeigt, dass bei Menschen ebenfalls die Amygdala für Ängste zuständig ist.[78] Der deutsche Wissenschaftler Hans J. Markowitsch, der ein Geschwisterpaar mit dem Urbach-Wiethe-Syndrom untersuchte, beschreibt die Amygdala als eine Art Flaschenhals, den bestimmte Ereignisse durchqueren müssen, um dort eine emotionale Färbung verliehen zu bekommen. Je stärker der emotionale Eindruck ist, den die Amygdala dem Ereignis verleiht, desto höher ist die Wahrscheinlichkeit, dass es im Langzeitgedächtnis abgespeichert werden kann.[79] Vielleicht ist die Amygdala der Ort, der dafür sorgt, dass wir ein umgekipptes Bierglas schneller vergessen als einen implodierten Fernseher.

Es gibt noch weitere Hinweise für die Bedeutung der Amygdala bei der Angstauslösung. Bei Epileptikern, die unter unbehandelbaren Krampfanfällen litten, wurde die Amygdala herausgeschnitten – diese Menschen zeigten keine gelernten Furchtreaktionen mehr.[80] Manchmal wurde bei Epileptikern auch bei vollem Bewusstsein die Amygdala elektrisch gereizt, um herauszufinden, wo im Gehirn die Epilepsie ausgelöst wird (das ist nicht mit Schmerzen verbunden!).

Bei solchen Untersuchungen kam es aber zu Angstreaktionen, die ähnlich wie eine Panikattacke aussehen.[81]

In der Zusammenarbeit mit der Neurologischen Klinik der Universität Göttingen fiel mir auf, dass es einige Patienten gab, die unter einer Epilepsie litten, die aber auch bestimmte Zustände hatten, die Panikattacken ähnelten. Epileptische Anfälle laufen in der Regel so ab, dass der Betroffene das Bewusstsein verliert, hinstürzt, blau im Gesicht wird und heftig mit dem ganzen Körper krampft. Es gibt aber auch Anfälle, bei denen die Kranken nicht bewusstlos werden, sondern verschiedenartige merkwürdige Gefühle schildern, wie Halluzinationen oder Déjà-vu-Erlebnisse. Manche dieser Patienten schilderten Anfälle mit Angst, Schwitzen, Erröten, Luftnot, Herzrasen, Brustschmerz, Übelkeit, Kribbelgefühlen, Hitzewallungen und Kälteschauern – also genau den Symptomen, die auch bei einer Panikattacke auftreten.

Es gab auch Menschen, die abwechselnd zwei Arten von Anfällen hatten, nämlich die «normalen», die mit einem Bewusstseinsverlust einhergingen, sowie andere, die eher Angstanfällen ähnelten. Interessanterweise stellte sich heraus, dass diese Personen oft eine Temporallappen-Epilepsie hatten. Bei dieser Sonderform der Epilepsie kann der Herd im Gehirn, der die Krampfanfälle auslöst, sich in unmittelbarer Nähe der Amygdala oder des Hippocampus befinden. Der Hippocampus, der direkt neben der Amygdala liegt, ist der krampfbereiteste Teil des Gehirns. Bei einigen dieser Patienten wirkten manchmal die Epilepsie-Medikamente nicht zufriedenstellend: Die «normalen» Anfälle bekam man zwar in den Griff; die anderen aber, die eher Angstanfällen glichen, wurden nicht besser, obwohl man die Epilepsie-Medikamente immer weiter erhöhte. Erst als wir diese Menschen mit Antipanik-Medikamenten behandelten, kam es zu einer Besserung.

Die Amygdala scheint also der zentrale Ort zu sein, von dem Panikattacken und andere Angstreaktionen ausgehen. Wird die Amygdala gereizt, kommt es gleich zu einem Feuerwerk von Nervenentladungen. Von diesem Schaltzentrum gehen einige Kabel zu verschiedensten Zentren, die das auslösen, was wir unter einer Pa-

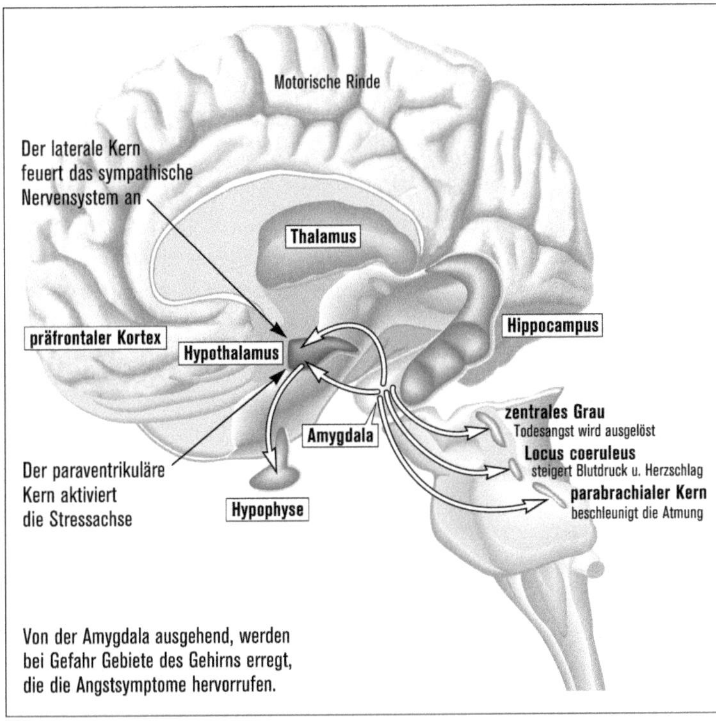

Auslösung von Angstreaktionen: Von der Amygdala ausgehende Nervenbahnen lösen bei Gefahr in Gebieten des Gehirns wie dem lateralen Kern, dem paraventrikulären Kern des Hypothalamus, dem zentralen Grau, dem Locus coeruleus und dem parabrachialen Kern Angstsymptome aus.

nikattacke verstehen. Diese Gebiete heißen zentrales Grau, *Locus coeruleus*, parabrachialer Kern, lateraler Kern und paraventrikulärer Kern.

Das Seepferdchen und der Chinakracher

Während die Amygdala in einer Gefahrensituation damit beschäftigt ist, dem Körper mitzuteilen, was er tun soll, feuert sie aber auch einen benachbarten Zellhaufen an, der Hippocampus (oder auch

«Seepferdchen» oder «Ammonshorn») genannt wird. Der Hippocampus bildet mit der Amygdala zusammen eine Gedächtniseinheit. Er vollzieht Speicher- und Abrufvorgänge im Gedächtnis: Das Seepferdchen vergleicht einen Reiz (wie den Anblick eines riesigen Messers) oder eine Situation (umgeben von mehreren Mitgliedern einer Straßengang) mit bewussten Vorerfahrungen und Erinnerungen, die in der Hirnrinde abgespeichert sind, und führt eine Beurteilung der Bedrohlichkeit oder Wichtigkeit dieser Situation durch.

Oben haben wir über die schnelle, sofortige Reaktion in einer Gefahrensituation geredet, die von der Amygdala aus verbreitet wird. Der Hippocampus ist wahrscheinlich dagegen an der «langsamen» Schreckreaktion beteiligt. Ein Beispiel: Ein lauter Knall führt über die Amygdala zu einer Schreckreaktion. Der Hippocampus vergleicht dieses Geräusch mit Vorerfahrungen. Die Nachfrage ergibt: «Das war nur ein explodierender China-Kracher.» Jetzt kann der Hippocampus Entwarnung geben und weitere Panik und unnötige Fluchtreaktionen abblocken. Diese Reaktion dauert, wie gesagt, etwas länger – auch wenn es sich dabei nur um 0,3 Sekunden handelt. Dass sie länger dauert, liegt wahrscheinlich daran, dass der Gehirncomputer erst einmal auf eine große Festplatte zugreifen muss, um abgespeicherte Erinnerungen zu durchforschen. Diese Datenspeicher finden sich in den äußeren Schichten des Gehirns, in den so genannten sensorischen Assoziationsgebieten.

Der Job des Hippocampus ist es auch, dem Gehirn beim so genannten Kontextlernen zu helfen. Wenn eine Ratte einst einen elektrischen Schlag erhalten hat, während sie einen Ton hörte, merkt sie sich diese Verbindung Ton = Elektroschock. Es reicht dann, allein das Geräusch zu wiederholen, um die Ratte in Angst zu versetzen. Später braucht man noch nicht einmal den Ton – es reicht dann schon, die Ratte in den Käfig zu setzen, in dem sie den Schock erhalten hat, um sie in Angst und Schrecken zu versetzen. Das Kontextlernen hilft ihr, sich zu merken, wo sie gerade war, als sie den Schock erhielt, und was sonst noch in der Umgebung passierte, als dies geschah. Es hilft ihr weiterhin, in Zukunft Situationen zu erkennen, die gefährlich sind. Wenn eine Ratte einen Käfig sieht, in dem sie früher einen elektrischen Schock bekommen hatte («O Gott, wieder dieser Käfig!»), greift das Gehirn auf ein genaues Abbild des Käfigs zurück, das mit allen Einzelheiten im Hinterkopf gespeichert ist. Ein Mensch hat hier vielleicht das Abbild einer Fußgängerzone gespeichert, in der er früher eine Panikattacke erlitten hat. Für Angst auslösende Geräusche ist zum Beispiel der Schläfenlappen zuständig. Hier werden bei Soldaten Schüsse, Krachen oder Explosionen abgespeichert, bei Autofahrern dagegen das Geräusch einer Hupe oder kreischender Bremsen. Im Stirnhirn dagegen gibt es Speicher, die sich verdächtige Gerüche merken. Hier «wittern» Tiere die Gefahr, Brandgeruch warnt einen Feuerwehrmann, und ein merkwürdiger Mief hindert uns daran, fauligen Fisch zu essen. So gibt es für jedes Sinnesorgan ein großes Gebiet im Gehirn, in dem gefährliche Situationen abgespeichert sind.

Ein Gedächtnis wie ein Elefant

Bestimmte länger andauernde traumatische Erfahrungen, wie Jahre in einem Konzentrationslager, ständige Bomben und Schüsse im Krieg oder mehrfache Vergewaltigungen durch den Stiefvater, hinterlassen tiefe Spuren im Gedächtnisspeicher des Gehirns. Für die Speicherung dieser Spuren ist wahrscheinlich auch der Hippocampus verantwortlich. Wenn ein Stresszustand über Jahre anhält, kann sich das sichtbar auf den Hippocampus auswirken. Bruce McEwen, ein Neurowissenschaftler an der New Yorker Rockefeller-Universität, konnte zeigen, dass der Hippocampus unter Dauerstress im wahrsten Sinne des Wortes «die Nerven verliert» und schrumpft.[82] Eine andere Studie bestätigte diese Erkenntnis: In den USA wurden Soldaten mit Kampferfahrung untersucht. Bei den Soldaten, die aufgrund ihrer schrecklichen Kriegserlebnisse eine posttraumatische Belastungsstörung bekommen hatten, war der Hippocampus geschrumpft, wie sich im Vergleich mit Soldaten ohne posttraumatische Belastungsstörung oder gesunden Kontrollpersonen zeigte.[83]

In Bethel untersuchte der Psychiater Martin Driessen 21 Frauen mit einer Borderline-Störung. Sie hatten in ihrer Kindheit schwere belastende Erlebnisse wie Vergewaltigungen erlitten. Im Vergleich zu Gesunden waren bei diesen Frauen Hippocampus und Amygdala geschrumpft.[84] Bei Panikpatienten fand man eine Verminderung des Volumens des Schläfenlappens, wobei aber der Hippocampus nicht verkleinert war.[85] Diese Untersuchungen sind vorläufige Hinweise darauf, dass schwere belastende Lebensereignisse Narben in der Seele in Form von greifbaren neurobiologischen Veränderungen hinterlassen.

Das Grauen im zentralen Grau und das blaue Örtchen

Die Amygdala informiert bei Gefahr auch ein kleines Gebiet, das zentrales Höhlengrau genannt wird. Dieser Name wirkt nicht gerade beruhigend – und in der Tat wird an diesem Ort das Grauen ausgelöst. Wenn Tiere sich bei Gefahr tot stellen, so ist das zentrale Grau dafür verantwortlich. Wenn es bei Menschen gereizt wird, kommt es zu Todesangst, Schwitzen, Herzrasen, Luftnot, Erröten und «Gänsehaut».[86]

Wenn die Amygdala aus allen Rohren schießt, wird zudem ein Gebiet im Gehirn namens *Locus coeruleus* angestachelt. Dies führt dazu, dass der Blutdruck erhöht wird, das Herz rast und die Atmung schneller wird. Das lateinische Wort *Locus* heißt «Ort» (wie auch die Bezeichnung «Örtchen» für eine Toilette nahe legt). *Coeruleus* heißt «himmelblau», weil dieses Gebiet tatsächlich blassblau aussieht, wenn es der Anatom aus dem Gehirn eines Toten herausschneidet. In diesem Kern findet man Noradrenalin, einen Botenstoff, dem im Zusammenhang mit der Angst große Bedeutung zukommt. Wenn man weiß, dass durch das Gehirn wahrscheinlich zehn bis fünfundzwanzig Milliarden Nervenzellen verlaufen, so wundert man sich, dass es insgesamt im ganzen Gehirn nur 15 000 Zellen gibt, die mit Noradrenalin befeuert werden. Und, noch mehr verwunderlich: Etwa 70 Prozent des gesamten Noradrenalins im Gehirn werden im winzigen Gebiet des *Locus coeruleus* produziert. Dieses Gebiet scheint eine wichtige Schaltstelle zu sein.

Im Jahre 1977 reizte der amerikanische Forscher David Redmond bei Affen elektrisch den *Locus coeruleus*. Dadurch wurden sie in panische Angst versetzt. Schließlich operierte er diesen Kern vollständig heraus: Danach waren die Affen komplett angstfrei. Außerdem schienen die Tiere alle Hemmungen verloren zu haben; sie zeigten maßlose Fress- und Trinkanfälle.[87]

Aber noch weitere Vorgänge werden ausgelöst, wenn die Amygdala eine Furchtreaktion in Gang setzt. Die Gesichtsnerven werden aktiviert, sodass ein ängstlicher Gesichtsausdruck entsteht. Das Gehirn wird allgemein unter Strom gesetzt, damit die Aufmerksamkeit erhöht wird. Wer eben noch schläfrig war, ist jetzt hellwach. Die Teile des Körpers, die für Bewegungen zuständig sind, laufen auf Hochtouren. Dies erklärt, warum Menschen, die sich in einer lebensgefährlichen Situation befinden, «Bärenkräfte» entwickeln.

In einem anderen für die Angst wichtigen Zentrum, dem Hypothalamus, löst die Alarmreaktion der Amygdala gleich zwei Kaskaden von Ereignissen aus. Hypothalamus bedeutet einfach: «unter dem Thalamus». Zum einen werden hier Stresshormone ausgeschüttet (siehe S. 199), zum anderen wird das sympathische Nervensystem aktiviert, was allerdings bei den Betroffenen alles andere als sympathische Gefühle auslöst (siehe S. 203).

Dr. Frankenstein und das Stirnhirn

Im Bereich der Stirn befindet sich ein Gebiet, das «präfrontaler Kortex» genannt wird. Dieser Teil der Hirnrinde ist bei Menschen deutlich größer ausgeprägt als bei Tieren. Im Zusammenhang mit Angstreaktionen hat der präfrontale Kortex folgende Funktionen: Er plant, was der Körper in einer Angst auslösenden Situation als Nächstes tun soll, nachdem er von der Amygdala eine Warnmeldung bekommen hat. Falls sich ein Lebewesen für die Flucht entscheidet (der Hase entscheidet sich beispielsweise fast immer für Flucht), informiert der präfrontale Kortex die «motorische Rinde», also das Gebiet, das für Bewegungen zuständig ist. Das Wegrennen oder Hakenschlagen wird also vom präfrontalen Kortex geplant und von der motorischen Rinde ausgeführt, um das Überleben durch Flucht zu garantieren.

Als man noch nicht wusste, wie man eine Agoraphobie therapieren konnte, schlug man in der Behandlung dieser Erkrankung manchmal verzweifelte Wege ein. Bevor die Psychopharmaka eingeführt wurden, gab es für hoffnungslose Fälle schwerster psychischer Erkrankungen keine anderen Behandlungsmöglichkeiten als Elektroschocks, Insulinkuren und Gehirnoperationen. In den fünfziger Jahren wurden Menschen mit einer sehr schweren Agoraphobie am Gehirn operiert – heute eine absurde Vorstellung. Wie bei anderen schweren psychischen Erkrankungen versuchte man die Leukotomie-Operation. Dabei durchtrennte man die Verbindungen zwischen dem Thalamus und dem präfrontalen Kortex. Die Leukotomie wurde später aufgegeben, denn die Operation war ja nicht nur mit einem hohen allgemeinen Risiko behaftet, sondern führte manchmal zu starken Wesensveränderungen, sexueller Enthemmung oder anderen unschönen Persönlichkeitswandlungen. Der britische Psychiater Isaac Marks untersuchte 22 Patienten, bei denen zwischen 1952 und 1962 wegen schwerer Agoraphobie eine Leukotomie durchgeführt worden war.[88] Den meisten der operierten Patienten ging es nach diesem Bericht besser als den nichtoperierten Menschen mit Agoraphobie. Die Persönlichkeitsveränderungen nach der Operation seien, so Marks, nur geringfügig gewesen. Gott sei Dank gibt es heute andere Methoden, eine Agoraphobie zu behandeln. Aber die Frankenstein-Experimente zeigten eines: Die Durchtrennung der Verbindung vom Thalamus zum Stirnhirn führte offensichtlich dazu, dass die Angstsignale von der Amygdala nicht zum präfrontalen Kortex durchgestellt wurden. Diese Verbindung zum präfrontalen Kortex sorgt anscheinend dafür, dass uns die Angst, die wir erleben, auch bewusst wird.

Aber der präfrontale Kortex hat auch die Funktion, nach Beendigung einer Gefahrensituation eine «Alles wieder klar»-Nachricht an die Amygdala zu senden. Wenn bei der Ratte nach einem Elektroschock der Schmerz nachlässt, versucht der präfrontale Kortex die Amygdala wieder zu bremsen. Zumindest sollte er das. Aber es scheint so, dass es einfacher ist, eine Stressreaktion auszulösen, als sie wieder abzuschalten. Dies ist in Situationen wichtig, in denen es um das Überleben geht. Letztlich ist es besser, ab und zu mal Panik zu bekommen, als angesichts einer lebensgefährlichen Situation relaxed herumzustehen oder erst einmal grünen Tee zuzubereiten.

Vielleicht kommt dem präfrontalen Kortex auch im Zusammenhang mit einer Psychotherapie eine wichtige Bedeutung zu. Wenn jemand es schafft, seine Angst zu überwinden, dann liegt es daran, dass sein präfrontaler Kortex die Amygdala im Zaum hält.

Die Achse des Bösen

Wenn die Amygdala in der Gefahr den Hypothalamus aktiviert, kommt es über mehrere Umwege zu einer Ausschüttung der Stresshormone. Dieses verknüpfte System wird die «Stressachse» oder «Hypothalamus-Hypophysen-Nebennierenrinden-Achse» (HHN) genannt. Für jemanden, der unter Angst leidet, ist sie die Achse des Bösen.

Im Hypothalamus wird bei Gefahr ein Hormon ausgeschüttet, das «Corticotropin Releasing Hormone» (CRH) genannt wird. Dieses Hormon setzt wiederum die Hirnanhangdrüse unter Strom. Die Hirnanhangdrüse hängt, wie Sie jetzt richtig vermutet haben, unten am Gehirn. Sie wird auch Hypophyse genannt und schüttet das so genannte Stresshormon «Adrenocorticotropes Hormon» (ACTH) aus. Durch ACTH wird jetzt die Nebenniere aktiviert. Sie ist wie ein Hut mit drei Ecken geformt und sitzt auf der Niere.

Die Nebennierenrinde schüttet wiederum Cortisol aus. Das Stresshormon Cortisol hat sehr viele Funktionen, die alle aufzuzählen hier zu weit führen würde. Vereinfacht gesagt, hat das Cortisol drei Aufgaben: Erstens soll es die Bereitstellung von Energie für den Körper in Form von Zucker gewährleisten. Zweitens dämpft es das Immunsystem, woraus eine Entzündungshemmung resultiert. Drittens steigert es die Wirkung der anderen Stresshormone Adrenalin und Noradrenalin, die aus dem Nebennierenmark ausgeschüttet werden.

Wichtig ist hier nur die Funktion, die es im Zusammenhang mit Angst hat. Wenn es zur richtigen Zeit in der richtigen Menge ausgeschüttet wird, kann Cortisol dabei helfen, uns an Stresssituationen anzupassen. Es sorgt in der Gefahr dafür, dass bestimmte Dienstleistungen des Körpers eingestellt werden, die im Notfall nicht gebraucht werden, wie die Verdauung oder die Immunabwehr. Es hilft, den Körper stattdessen auf die Kampf- oder Fluchtreaktion einzustellen. Auf diese Weise kann er Gefahren besser überstehen.

Ist der Stress allerdings zu stark, kann die Cortisol-Ausschüttung auch schädlich sein. Der in Kanada lebende Arzt Hans Selye beschrieb bereits 1936, dass ständiger Stress schädliche Auswirkungen auf den Körper haben kann – er kann zum Beispiel zu Magenblutungen führen. Menschen, die unter chronischem Stress stehen, können außerdem wegen des abgeschwächten Immunsystems leichter Infektionen bekommen und vielleicht auch empfindlicher für Krebserkrankungen sein.

Lange wusste man nicht, ob Menschen während einer Panikattacke eine Cortisol-Ausschüttung haben, da man dazu ja im Moment der Panikattacke Blut hätte abnehmen müssen. Das stellte eine fast unüberwindliche Schwierigkeit dar. Schließlich bekommen die Menschen die Panikattacken nicht unbedingt, während sie in einem Labor herumsitzen, wo man ihr Blut im selben Moment abzapfen könnte. Panikattacken treten ganz unvermutet auf, während die Betroffenen zu Hause auf dem Sofa sitzen oder einen Freund besuchen. Daher versuchten Wissenschaftler, Panikattacken künstlich im Labor auszulösen, um herauszufinden, was in diesem Moment biochemisch im Körper abläuft. Man gab den freiwilligen Patienten Laktat-Infusionen oder andere chemische Substanzen, mit denen Panikattacken ausgelöst werden können. Das Ergebnis: Die Panikpatienten reagierten nicht mit einer Cortisol-Ausschüttung. Dies war erstaunlich, denn normalerweise würde man erwarten, dass eine Angstattacke ein Musterbeispiel für eine Stresssituation ist und selbstverständlich zu einer Ausschüttung von Stresshormonen führen sollte.

Unsere Arbeitsgruppe nahm an, dass es daran lag, dass die im Labor künstlich ausgelösten Panikattacken eben nicht echten Panikattacken entsprachen. Wir überlegten uns daher, wie wir die Cortisol-Ausschüttung bei echten Attacken messen konnten. Mit Geduld und – im wahrsten Sinne des Wortes – etwas Spucke ersannen wir eine raffinierte Methode, mit der die Stresshormone bei Angstattacken «im wirklichen Leben» ermittelt werden können. Das Cortisol ist nämlich auch im Speichel nachweisbar. Entsprechend gaben wir den Versuchspersonen Röhrchen für Speichelproben mit. Wenn diese plötzlich eine Panikattacke bekamen, mussten sie auf einem Wattebausch herumkauen und uns den Wattebausch nachher im Labor abliefern. In dem Speichelrest konnten wir nachweisen, dass das Stresshormon Cortisol während einer Panikattacke auch tatsächlich anstieg.[89] Auch Forscher im kalifornischen Stanford übernahmen unsere Methode und zeigten, dass Menschen mit einer Autofahrphobie ebenfalls eine Erhöhung des Speichelcortisols aufwiesen, wenn sie über eine volle Autobahn fahren mussten – mit einem Wattebausch im Mund.[90] Diese Versuche zeigten, dass die Stressachse tatsächlich reagiert, wenn es zu Angstsituationen kommt.

Diese Stressachse scheint ein langes Gedächtnis zu haben. Belastende Lebensereignisse in der Kindheit – wie eine lange Trennung von der Mutter – können in späteren Lebensjahren den Menschen nachhaltig anfälliger für seelische Erkrankungen machen. Man hat bislang immer dies vermutet; aber man konnte nicht sagen, was der Grund dafür sein könnte. Vielleicht liegt des Rätsels Lösung in der Stressachse.

Es konnte nämlich gezeigt werden, dass traumatische Ereignisse in frühen Lebensjahren tief greifende und langfristige Wirkungen auf die Stressachse haben. Werden Rattenjunge länger von ihrer Mutter getrennt, zeigen sie im Erwachsenenalter verstärkte emotionale Reaktionen und Stresshormonausschüttungen.[91] Auch bei Affen führten frühe Trennungen Jahre später zu Verhaltensstörungen. Bei diesen Tieren fand man im Erwachsenenalter im Nervenwasser eine erhöhte Menge des Hormons CRH (Cortisol Releasing Hormone), das zu einer Cortisol-Ausschüttung führt.[92] Die Erhöhung der Stresshormone nach langer Trennung von der Mutter hatte bei Versuchstieren schädliche Auswirkungen auf den Hippocampus, der ja, wie erwähnt, unter Stressbelastung schrumpfen kann. Die Veränderungen der Stressachse, die durch frühe Entwicklungsstörungen entstanden, haben Ähnlichkeiten mit den Störungen, die bei traumatisierten oder depressiven Menschen gefunden worden waren.[93]

Der Adrenalinstoß

Die meisten Menschen denken bei Adrenalin an Angst und Schrecken, aber auch an positive Aufregungen. Der Botenstoff (Neurotransmitter) Adrenalin ist als Hormon bereits über hundert Jahre bekannt. Der amerikanische Physiologe Walter B. Cannon war 1914 der Erste, der die «Notfallreaktion» der Tiere und Menschen beschrieb und sie mit dem Adrenalin in Verbindung brachte. Wenn ein Mensch oder ein Tier eine Kampf- oder Fluchtreaktion zeigt, dann ist, so Cannon, das Adrenalin dafür verantwortlich. Es wird im Nebennierenmark und in den Schaltstellen des sympathischen Nervensystems, das im nächsten Abschnitt erklärt wird, gebildet. Es führt zum Beispiel zu einer Erhöhung des Blutdrucks oder des Pulses.

Der Grund, warum die Hirnforscher das Adrenalin im Zusammenhang mit der Angst bisher noch wenig studiert hatten, ist wohl, dass man lange dachte, dass Adrenalin im Gehirn nicht vorkommt. Auch heute ist die Bedeutung des Gehirn-Adrenalins noch weitgehend unerforscht.

Auch ein anderer Botenstoff, das Noradrenalin, wird im Nebennierenmark gebildet. Adrenalin entsteht aus Noradrenalin. Wie Adrenalin ist Noradrenalin ein Neurotransmitter im sympathischen Nervensystem – seine Wirkungen sind allerdings etwas anders als die des Adrenalins. Wenn Cortisol in der Stressachse ausgeschüttet wird, führt dies auch zu einer direkten Einleitung von Adrenalin und Noradrenalin in die Blutbahn. Mit Noradrenalin gespeiste Bahnen gehen vom *Locus coeruleus* aus und erreichen Gebiete im Gehirn, die wir schon kennen gelernt haben – den Hypothalamus, den Thalamus, die Amygdala und den Hippocampus.

Viele Medikamente, die bei Angst wirken, beeinflussen ebenfalls eine Noradrenalin-Ausschüttung – auch ein Grund, warum Noradrenalin im Zusammenhang mit der Angst ein relativ wichtiger Botenstoff ist.

Das unsympathische Nervensystem

Oben hatten wir gesehen, dass die von der Amygdala ausgehende Angstreaktion auch dazu führt, dass ausgehend vom Hypothalamus das sympathische Nervensystem aktiviert wird. Hat jemand eine Panikattacke, so hat er allerdings keine sympathischen, sondern ziemlich unangenehme Gefühle, sodass dieses Nervensystem eigentlich das «unsympathische» heißen sollte.

Alle Reaktionen des sympathischen Nervensystems bereiten den Körper auf Kampf oder Flucht vor. Es ist ein Teil des «autonomen Nervensystems». Charakteristisch ist für das autonome Nervensystem, dass wir seine Funktionen nicht unter Kontrolle haben; so können wir nicht willkürlich das Schwitzen oder die Blässe im Gesicht an- und abstellen – im Gegensatz zum «somatischen Nervensystem», das die Arm- und Beinmuskeln verkabelt und das wir nach Belieben steuern können. Die Vorgänge des sympathischen Nervensystems laufen automatisch ab:

- Die Haare stellen sich zu Berge («Gänsehaut»).
- Die Pupillen erweitern sich, die Augen werden weit aufgerissen.
- Die Haut wird blutleer und bleich, weil das Blut im Körper so umverteilt wird, dass es für die Flucht gebraucht werden kann.
- Die Zähne werden zusammengebissen (und bei Tieren gefletscht, um den Angreifer einzuschüchtern).
- Die Arm- und Beinmuskeln spannen sich an und werden besser durchblutet.
- Das Herz schlägt schneller.
- Der Blutdruck steigt an.
- Die Lungenmuskeln erschlaffen, sodass die Atemwege erweitert werden.
- Die Schweißdrüsen arbeiten stärker (Angstschweiß).
- Im Darm wird Stuhldrang erzeugt, in der Blase Harndrang (daher auch die Ausdrücke «Schiss haben» oder «sich in die Hose machen»).
- Wenn der Stress länger andauert, wird die Produktion von Geschlechtshormonen gedrosselt, und die Lust auf Sex lässt nach.

- Leber und Bauchspeicheldrüse arbeiten zusammen, damit Zucker frei wird. So werden Energievorräte bereitgestellt.

Alle diese körperlichen Erscheinungen haben also durchaus einen Sinn. Auch wenn sie unangenehme Gefühle erzeugen, so helfen sie uns doch, in Gefahrensituationen zu überleben. Menschen, die aber aus heiterem Himmel diese Symptome bekommen, ohne in Gefahr zu sein, fühlen sich dementsprechend unwohl.

Chemie und Wahnsinn

Merkwürdige Verhaltensweisen der Menschen lassen sich oft dadurch erklären, dass die Chemie im Kopf verrückt spielt. Wenn Sie vier Glas Rotwein getrunken haben, erkennen Sie sich manchmal vielleicht selbst nicht wieder. Schüchterne Menschen werden zu Partylöwen und friedfertige Zeitgenossen können auf Krawall gebürstet sein, wenn sie zu viel Alkohol getrunken haben. Aber auch ohne irgendwelche Einflüsse von außen können Veränderungen der chemischen Vorgänge im Gehirn entstehen, die dazu führen, dass Menschen seltsame Dinge tun, wie sich achtzigmal am Tag die Hände zu waschen, sich von fremden Mächten verfolgt zu fühlen, Angst vor Singvögeln zu haben oder sich auf dem Dachboden mit einem Hanfseil zu erhängen.

Man muss sich das Gehirn wie einen großen Computer vorstellen, in dem ein unglaubliches Gewirr von Kabeln (Neuronen) herrscht. Ein Neuron besteht aus einer einzigen, langen, schlauchförmigen Zelle, die am Anfang einen Zellkern hat. Manche Nervenzellen im menschlichen Körper können bis zu einem Meter lang sein. Ein Neuron steht mit vielen anderen Neuronen in Verbindung. Mit Hilfe dieser Kabel wird so etwas wie ein elektrischer Strom weitergeleitet; dies wiederum geschieht durch Neurotransmitter. Das sind Moleküle, die zwischen zwei Nervenendigungen hin- und herspringen. Wenn Sie schon einmal ein Bügeleisen oder andere elektrische Geräte repariert haben, werden Sie vielleicht festgestellt haben, dass die Probleme oft dort auftauchen, wo ein Kabel endet – fast nie ist das Kabel in der Mitte kaputt. Die Störung entsteht meist da, wo ein Kabel festgelötet oder -geschraubt ist. Genauso ist es mit psychischen Krankheiten: Meist findet man das Problem an der Stelle, an der ein Neuron auf ein anderes trifft. An dieser «Lötstelle», die man Synapse nennt, geschieht die Nervenübertragung mit Hilfe von Botenstoffen. Bei vielen psychischen Krankheiten findet man Störungen dieser Neurotransmitter, und zwar dahingehend, dass entweder zu wenig oder zu viel von einem Botenstoff vorhanden ist oder dass er zur falschen Zeit am falschen Ort ist.

Jede Nervenbahn hat ihren speziellen Neurotransmitter – die eine Bahn funktioniert mit Dopamin, die andere mit Serotonin und eine dritte mit Noradrenalin –, so wie manche Autos nur mit Diesel, andere mit Normalbenzin laufen.

Die Wunderdroge Serotonin

Immer wieder wird im Zusammenhang mit Depressionen und Angsterkrankungen ein Hormon erwähnt – das Serotonin. Dieses Hormon kommt an verschiedenen Orten des Körpers vor, im Darm, in der Lunge, in Blutplättchen, aber auch im Gehirn. Es hat verschiedenste Funktionen: Es reguliert den Blutdruck oder wirkt auf die Muskulatur der Lunge und der Blutgefäße. Im Gehirn ist das Serotonin auch als Botenstoff tätig.

Die schwedische Psychiaterin Marie Åsberg untersuchte das Nervenwasser von Menschen, die Selbstmord begangen und dabei besonders «grausame» Methoden angewandt hatten, wie sich die Kehle durchzuschneiden oder vor einen Schnellzug zu werfen.[94] Bei diesen Menschen war das Serotonin im Nervenwasser erhöht. Seit dieser Studie ist die Rolle des Serotonins bei vielen seelischen Krankheiten untersucht worden. Bei Patienten mit Depressionen oder Ängsten findet man immer mehr abnorme Veränderungen des Serotonin-Stoffwechsels. Man vermutet daher, dass bei diesen Erkrankungen eine Störung der Serotonin-Nervenübertragung besteht. Es wäre noch verfrüht zu sagen, was genau das Serotonin im Gehirn bewirkt. Was wir aber wissen, ist, dass bestimmte Medikamente, die die Nervenübertragung in den Serotonin-gesteuerten Bahnen intensivieren, Depressionen und Ängste bessern können.

In der Abbildung auf S. 207 wird die Wirkung der Antidepressiva erklärt. Alle Antidepressiva fördern den Serotonin-Stoffwechsel. Es gibt die trizyklischen Antidepressiva (TZA) und die selektiven Serotonin-Wiederaufnahmehemmer (SSRI, für englisch *selective serotonin reuptake inhibitors*), die dafür sorgen, dass das ausgeschüttete Serotonin im Spalt zwischen zwei Nervenzellen hängen bleibt und nicht wieder in die erste Zelle aufgenommen wird – wo es wirkungslos wäre. Dadurch wird die Serotonin-Wirkung verlängert. Daneben gibt es die Antidepressiva aus der Gruppe der MAO-Hemmer, die ebenfalls dafür sorgen, dass mehr Serotonin übrig bleibt. Dies erreichen sie dadurch, dass sie die Zerstörung des Serotonins bremsen.

Wenn jetzt die Nervenübertragung in den Serotonin-Bahnen besser läuft als vorher, hat das folgende Auswirkung: Die Aktivität dieser Serotonin-Bahnen führt zur Beruhigung. Die Bahnen enden in verschiedenen Gebieten des Gehirns, die sich – zum Beispiel bei einer Panikattacke – künstlich aufgeregt haben, und sorgen dort nun wieder für Ruhe.

Wenn überhaupt ein Stoff als «Wunderdroge» bezeichnet werden kann, dann ist es das Serotonin. Eine Vielzahl von Gefühlen und Emotionen scheint durch diesen Neurotransmitter beeinflusst zu werden. Medikamente, die den Serotonin-Haushalt beeinflussen, spielen nicht nur bei der Behandlung von Depressionen und Ängsten eine Rolle. Die SSRIs können auch bei Zwangsstörungen, posttraumatischen Belastungsstörungen, Mager- oder Esssucht, Aggressivität, Verstimmungszuständen vor der Regelblutung oder chronischen Schmerzen helfen. Weitere Medikamente, die auf andere Art den Serotonin-Haushalt beeinflussen, wirken bei Migräne oder Erbrechen.

Wenn Serotonin so viele unserer Probleme lösen kann, wäre es dann nicht besser, ab und zu etwas Serotonin zu verspeisen? Gäbe es einen vernünftigen Grund, könnte man fragen, warum man diesen Botenstoff nicht gleich ins Trinkwasser tun sollte? Man hat in der Tat versucht, Depressionen zu bessern, indem man Stoffe, die im Körper in Serotonin umgewandelt werden, in Form von Tabletten verabreichte. Diese Stoffe zeigten aber nicht die gewünschte Wir-

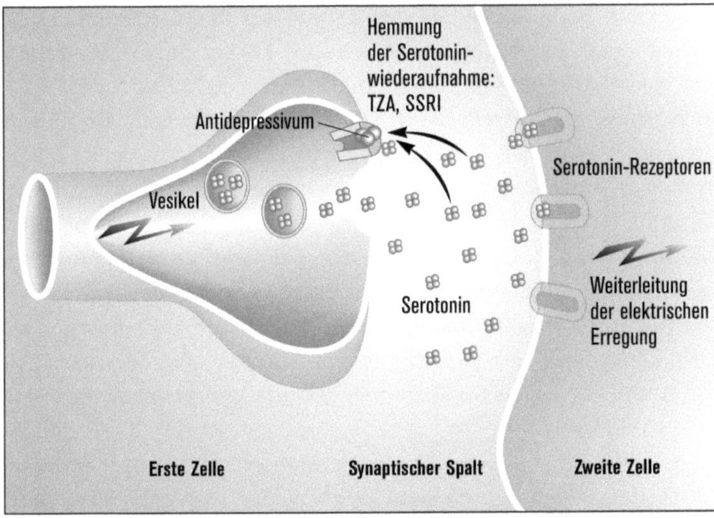

Wirkung von Medikamenten, die den Serotonin-Stoffwechsel beeinflussen:
Der Neurotransmitter Serotonin ist in kleinen Bläschen (Vesikeln) in der ersten Zelle gespeichert. Durch elektrische Impulse wird Serotonin aus diesen Bläschen freigesetzt und in den Spalt zwischen der ersten und der zweiten Zelle ausgeschüttet. An der zweiten Zelle befinden sich Serotonin-Rezeptoren – die Schlösser, in die der Schlüssel Serotonin passt. Durch Bindung der Serotonin-Moleküle an diese Rezeptoren wird die Erregung in der zweiten Zelle weitergeleitet.
Nach getaner Arbeit wird das Serotonin wieder in die erste Zelle aufgenommen. Diese Wiederaufnahme wird durch die trizyklischen Antidepressiva (TZA) und selektiven Serotonin-Wiederaufnahmehemmer (SSRI) gehemmt. So verbleibt mehr Serotonin im Spalt, und die Weiterleitung der elektrischen Erregung wird gefördert.

kung. Daher bleibt nur die Möglichkeit, den Serotonin-Haushalt durch die Verabreichung der erwähnten Antidepressiva zu verbessern.

Falscher Alarm

Eine interessante Theorie zur Entstehung von Angstattacken stammt von dem Psychiater Donald F. Klein von der Columbia-Universität in New York, der einer der Pioniere der Erforschung der Panikstörung ist. Nach seiner «Hypothese des falschen Erstickungsalarms» wird angenommen, dass es im Körper einen Messfühler gibt, der die Menge des Kohlendioxids in der Atemluft misst.[95] Der eingeatmete Sauerstoff wird in Kohlendioxid umgewandelt. Zu viel Kohlendioxid in der Atemluft heißt gleichzeitig: zu wenig Sauerstoff. Bergleute nahmen früher unter Tage eine Wachskerze mit. Wenn diese Kerze zu flackern anfing, war dies für die Kumpel eine Warnung, dass ihnen demnächst der Sauerstoff ausgehen könnte. Irgendwann würde man mit Sicherheit auch selbst merken, dass es an Sauerstoff mangelt, und ein Erstickungsgefühl bekommen, aber dann könnte es schon zu spät sein. Die Kerze ist aber offensichtlich empfindlicher als das im Körper eingebaute Messinstrument, da sie früher reagiert.

Nach der Theorie von Klein ist bei Menschen, die unter einer Panikstörung leiden, dieser Erstickungsmelder zu scharf eingestellt, sodass er einen «falschen Alarm» aussendet. Der Körper vermutet Luftnot, obwohl der Sauerstoffgehalt noch im grünen Bereich ist. Dies führt dazu, dass Menschen bei einer Panikattacke hyperventilieren – sie atmen immer stärker und stärker und haben trotzdem das Gefühl, nicht genügend Luft zu kriegen. Viele Panikpatienten vermuten oftmals, beispielsweise in einem Kaufhaus, in einer U-Bahn, in einem Fahrstuhl oder in einer Menschenmenge, dass die Luft schlecht sei, obwohl alle anderen das Gefühl nicht bestätigen würden. Sie müssen dann fluchtartig den Ort des Geschehens verlassen und «rennen an die frische Luft».

Klein führt mehrere Argumente für seine Theorie an. Als Beleg dafür, dass dieser «Erstickungsmelder» im menschlichen Körper existiert, führt Klein die Existenz einer schrecklichen Krankheit an, die «Undine-Syndrom» genannt wird und Säuglinge befällt. Nach einer germanischen Legende legte die Nymphe Undine, die nicht nur unter Wasser, sondern auch an Land leben konnte, einen Fluch auf ihren untreuen irdischen Mann. Sie nahm ihm die Fähigkeit zu atmen, sodass er im Schlaf starb. Das Undine-Syndrom ist eine angeborene Krankheit, bei der die Säuglinge während des Schlafes plötzlich nicht mehr automatisch weiteratmen, demzufolge keinen

Sauerstoff mehr erhalten und sterben. Diese Kinder zeigen trotz des Sauerstoffmangels erstaunlicherweise keine Erstickungsanzeichen. Sie sterben, weil ihre Lunge nicht den Befehl erhalten hat, stärker zu atmen. Dies wäre ein Hinweis für das Fehlen eines Erstickungs-Detektors bei den Kindern.

Weiterhin führt Klein an, dass Panikpatienten schlechter die Luft anhalten können als gesunde Personen[96] – ein weiterer Hinweis dafür, dass der Erstickungsalarm bei Panikpatienten zu scharf eingestellt ist. Menschen mit Angststörungen und anderen Neurosen seufzen außerdem häufiger als andere. Wer seufzt, holt dabei tief Luft. Könnte es sein, dass dies auch ein Zeichen dafür ist, dass diese Menschen mehr Luft holen müssen als nötig, weil ihr Erstickungsalarm-Melder Sauerstoffmangel signalisiert?

Auch das Gähnen ist ein Phänomen, dass Donald Klein mit seiner Theorie vom falschen Alarm in Verbindung bringt. Gähnen ist ansteckend – eine bekannte Tatsache. Neurotiker gähnen häufiger als Normalpersonen, nach Klein ein weiteres Zeichen für einen überempfindlichen Erstickungsdetektor. Die Beobachtung, dass andere gähnen, werten diese Menschen vielleicht unbewusst so: «Wahrscheinlich ist der Sauerstoffgehalt der Luft zu gering.» Dann gähnen sie automatisch selbst, um den vermeintlichen Sauerstoffmangel auszugleichen.

Erinnern wir uns an das Beispiel des falschen Giftgasalarms, der eine Massenpanik in einer Schule auslöste. Obwohl die Luft komplett rein war, führte die falsche Annahme eines Sauerstoffmangels bei vielen Lehrern und Schülern zu Panikattacken. Auch Personen, die dabei andere beobachteten, wie sie unter «Erstickungsanfällen» litten, ließen sich davon «anstecken» und bekamen Atemnot.

Die Klein'sche Theorie muss allerdings erweitert werden. Panikattacken entstehen wahrscheinlich nicht nur durch eine falsche Luftnot-Meldung, sondern das Ministerium für absurde Angst interpretiert auch andere Berichte über den Betriebszustand des menschlichen Körpers falsch und produziert somit einen Fehlalarm, beispielsweise eine Meldung über einen viel zu schnellen Herzschlag oder eine drohende Ohnmacht.

Direktübertragung aus dem Gehirn

Die spannendsten Forschungsergebnisse haben wir in nicht allzu ferner Zukunft auf einem Gebiet zu erwarten, das «Bildgebung» genannt wird. Mit den verschiedensten Geräten kann man heute Gehirne durchleuchten, wie zum Beispiel mit der Computer- oder der Kernspintomographie. Diese Methoden liefern wunderbare farbige und plastische Bilder des Gehirns, die man auf dem Bildschirm in allen drei Dimensionen drehen und betrachten kann. Mit ihnen könnte man zum Beispiel erst einmal grob feststellen, ob bei Angstpatienten Teile des Gehirns zu klein oder zu groß ausgefallen sind. Wenn das der Fall wäre, würde man in diesen Gebieten die Ursachen der Angst suchen.

Spektakulärer sind aber Verfahren, mit denen man feststellen kann, wo ein Mensch denkt – und zwar *während* er denkt. Zu diesen Methoden gehört die so genannte Single-Photon-Emission Computed Tomography (SPECT), die funktionelle Kernspintomographie (fMRT) oder die Positronen-Emissions-Tomographie (PET). Wenn eine bestimmte Region des Gehirns gerade arbeitet, dann wird dieses Gebiet besser durchblutet. Diesen Blutdurchfluss kann man messen und anschließend ein farbiges Bild des Gehirns erstellen, auf dem die derzeitig aktiven Gebiete zum Beispiel knallrot eingefärbt werden. Jeder Denkprozess lässt sich beispielsweise durch einen höheren Verbrauch an Glukose (Traubenzucker) ermitteln. So ist feststellbar, wo im Gehirn der Mensch gerade Angstgefühle hat oder Rechenaufgaben löst.

Bisher ist man mit solchen Untersuchungen allerdings noch nicht allzu weit gekommen. Die verschiedenen Arbeitsgruppen, die bisher mit den bildgebenden Verfahren nach dem Gebiet gesucht haben, in dem die Angst entsteht, fanden leider an ganz verschiedenen Stellen des Gehirns Auffälligkeiten, sodass wir im Grunde genommen immer noch nicht wissen, wo genau Angst im Hirn ihren Ursprung nimmt.

Im Jahr 1984 entdeckte eine Arbeitsgruppe um den Psychiater Eric Reiman in Arizona einen erhöhten Energieverbrauch in dem Gebiet des Gehirns, das auch heute mit der Auslösung von Angst in

Verbindung gebracht wird. Dieser Befund wurde zunächst als kleine Sensation angesehen – war doch scheinbar der Ort gefunden, an dem die Panik ausgelöst wird.[97] Leider wurde dieser Befund jedoch später als Irrtum entlarvt.[98] Die Signale, die die amerikanischen Forscher gemessen hatten, kamen nicht aus dem Gehirn, sondern vom Schläfenbereich außerhalb des Schädels. Hier verläuft ein Muskel, der zum Beißen verwendet wird. Die Forscher hatten lediglich das «Zähnezusammenbeißen» der ängstlichen Versuchspersonen gemessen – und nicht etwa Tätigkeiten innerhalb des Gehirns. Diese wissenschaftliche «Ente» hatte aber auch ihr Gutes. Fortan wurden alle Untersuchungen mit bildgebenden Verfahren mit einer gewissen Skepsis betrachtet. Bis heute ist es so, dass bei den meisten dieser Untersuchungen nicht sicher ausgeschlossen werden kann, ob es sich bei den gemessenen Veränderungen nicht um Zufallsbefunde oder Kaffeesatzleserei handelt. Gerade im Bereich der Amygdala, dem für die Angst wohl wichtigsten Gebiet, ist die Messung noch sehr schwierig. Es wird wohl noch eine Weile dauern, bis wir mit Hilfe der Bildgebung näher die Vorgänge ergründen können, die sich bei Angstzuständen abspielen. Dann allerdings wird sicher eine revolutionäre, aufregende Ära der Hirnforschung beginnen. Es besteht die Hoffnung, dass wir dann eines Tages unsere Spekulationen und Vermutungen durch Fakten ersetzen können.

Den derzeitigen wissenschaftlichen Stand der Gehirn-Bildgebung kann man am besten mit dem «Nachtwächtersyndrom» umschreiben: Wir sehen die hell erleuchteten Fenster – aber wir haben keine Ahnung, was sich dahinter verbirgt.

Wie entsteht eine Panikstörung? Ein Lehrgang in zehn Schritten

Wir haben nun gelernt, dass von verschiedenen Forschungsrichtungen die unterschiedlichsten Ursachen für krankhafte Ängste angenommen werden. Belastende Kindheitserlebnisse, falsche Erziehung, Lernerfahrungen, Modelllernen, Stress im Leben, die Gene, die Moleküle – völlig verschiedene Gründe wurden vermutet. Wer hat nun Recht? Teilweise widersprechen sich diese Theorien, teilweise lassen sie sich aber verbinden.

Schritt für Schritt soll nun versucht werden, die plausibelsten Erklärungsmöglichkeiten in ein zusammenhängendes Modell einzupassen. Dies werde ich am Beispiel der Panikstörung zeigen, weil diese Erkrankung am besten untersucht ist. Auf die anderen Angststörungen wird weiter unten eingegangen – bei ihnen sind die Verhältnisse ähnlich.

Schritt 1: Patienten mit einer Panikstörung haben eine – wahrscheinlich ererbte – Anfälligkeit für das Auftreten von bestimmten Ängsten.

Im Kapitel über Vererbung war ich darauf eingegangen, dass ein gewisser Erbfaktor als ziemlich wahrscheinlich gelten kann. Allerdings zeigten Untersuchungen, dass das Auftreten von Angststörungen nicht allein durch genetische Übertragung erklärt werden kann, sondern dabei auch noch andere, äußere Faktoren eine Rolle spielen.

Schritt 2: Belastende Kindheitserfahrungen können bei bestehender Anfälligkeit den späteren Ausbruch einer Panikerkrankung begünstigen.

Panikpatienten haben häufiger als gesunde Personen in ihrer Kindheit eine längere Trennung von den Eltern, Gewalt in der Familie, sexuellen Missbrauch oder andere belastende Lebensereignisse erlebt. Sie sind zudem wegen einer erblich bedingten Anfälligkeit ihres «Angstnetzwerks» im Gehirn empfindlicher für emotionale Belastungssituationen – insbesondere für Trennungserlebnisse oder Beziehungsprobleme. Belastende Ereignisse in der Kindheit können möglicherweise zu lang anhaltenden Veränderungen im Gehirn führen.

Schritt 3: Durch aktuelle Stresssituationen (zum Beispiel eine drohende Ehescheidung) kann die Schwelle für das Auftreten von Panikattacken gesenkt werden.

Schwerwiegende belastende Ereignisse im Erwachsenenleben, wie Scheidung oder Tod eines nahen Angehörigen, können zu einem Ausbruch oder zu einer Verschlechterung einer Panikerkrankung führen. Wenn die betreffende Person außerdem schon als Kind belastende Trennungserlebnisse hatte, werden «alte Wunden aufgerissen». Da die Gedächtnisspuren intensiv traumatisch erlebter Situationen lebenslang erhalten bleiben, kann eine drohende Trennung von einer vertrauten Person diese alten Erinnerungen wieder aufleben lassen.

Schritt 4: Veranlagung und äußere Belastungen können zu unterschiedlichen Teilen zur Angsterkrankung beitragen.

Es ist möglich, dass bei einem Menschen mit einer ausgeprägten ererbten «Verwundbarkeit» nur relativ geringe äußere Stressereignisse notwendig sind, um eine ähnlich schwere Angsterkrankung hervorzurufen wie bei einem anderen Menschen, bei dem massive psychische Belastungen mit einem geringer ausgeprägten Erbfaktor zusammentreffen. So ist zu erklären, dass viele Menschen trotz einer völlig normalen Kindheit eine Panikstörung bekommen. Aber ebenso ist es möglich, dass Menschen ohne irgendeine erbliche Belastung von einer Angsterkrankung befallen werden.

Schritt 5: Menschen mit einer Panikstörung haben ein Gefahrenbewertungs-Zentrum im Gehirn, das überempfindlich eingestellt ist.

Irgendwo im Gehirn gibt es ein Zentrum für die Bewertung gefährlicher Situationen. Dieses Zentrum scheint bei Patienten mit Angststörungen aufgrund neurobiologischer Veränderungen überempfindlich zu sein. Ich habe es das «Ministerium für absurde Angst» genannt.

Es braucht keinen Streit mit dem Ehemann, keinen Steuerbescheid, keine Besuchsankündigung von Tante Erika, um eine Panikattacke auszulösen. Scheinbar haben die Betroffenen ein übersensibles Nervensystem, das auf einen harmlosen Reiz mit einer Kaskade von Angstsymptomen reagiert. Zunächst beginnt es mit einem ungefährlichen körperlichen Ereignis, etwa einem leicht erhöhten Puls. Das Ministerium für absurde Angst soll eine realistische Bewertung der Bedrohlichkeit körperlicher Symptome vornehmen, zeigt aber falschen Alarm an. Es erhält zum Beispiel die Meldung: «Amygdala an Zentrale – Der Puls beträgt 98 pro Minute. Ist das noch normal?» Eigentlich sollte jetzt die Information ausgegeben werden: «Zentrale an Amygdala – Das liegt doch noch im grünen

Bereich. Lies das verdammte Handbuch!» Die Zentrale gibt jedoch stattdessen einen Fehlalarm aus und warnt: «Houston, wir haben ein Problem. Herzschlag bedrohlich erhöht, Alarmstufe drei!»

Schritt 6: Die Teufelsspirale der Angst

Jetzt bekommt es das Gehirn mit der Angst zu tun. Das führt nun zu weiteren körperlichen Angstsymptomen, wie zum Beispiel Zittern. Das wird wiederum als bedrohlich bewertet und bedingt die nächsten Angstsymptome, wie Enge im Hals oder Luftnot. Spiralförmig steigert sich auf diese Weise die Angst immer mehr. So treten immer mehr Paniksymptome hinzu, bis schließlich die volle Panikattacke entsteht. Das nennt man die Teufelsspirale der Angst.

Es wird vermutet, dass es sich bei diesem «Ministerium für absurde Angst», das die Bedrohlichkeit eines körperlichen Symptoms falsch bewertet, um die Amygdala und/oder den Hippocampus handelt, die ja beide dicht nebeneinander liegen und eng verbunden sind. Amygdala und Hippocampus arbeiten zusammen, wenn es darum geht, aktuelle Situationen mit früheren Gedächtnisinhalten zu vergleichen und Bewertungen vorzunehmen. Es kann aber auch sein, dass dieses Ministerium eng mit der Amygdala und dem Hippocampus kooperiert. Die Wissenschaft ist jedoch noch nicht so weit, diese Zentrale genau lokalisieren zu können.

Das Bewertungszentrum arbeitet bei Angstpatienten ähnlich wie ein defekter Heizungsthermostat. Ein Thermostat misst die Temperatur, und wenn die gewünschte Wärme erreicht ist, dreht er den Heißwasserzufluss der Heizung ab. Wenn ein solcher Thermostat defekt ist, kann es dazu kommen, dass das Heißwasser ungehindert in den Heizkörper fließt und es im Raum immer wärmer wird. So ähnlich muss man sich das Ministerium für absurde Angst vorstellen: Dieses Bewertungszentrum für körperliche Symptome ist zu empfindlich eingestellt, und so wird immer «volles Rohr» heißes Wasser durch das Gehirn gepumpt.

Ein solches Bewertungszentrum haben natürlich alle Menschen. Man braucht es auch, denn wenn es ein solches nicht gäbe, hätten wir überhaupt keine Rückmeldung über unsere Körperfunktionen. Die Folge wäre zum Beispiel, dass wir nicht merken würden, wenn wir uns beim Sport überanstrengen oder zu lange arbeiten. Ein sehr schneller Herzschlag oder Luftnot zeigt uns normalerweise an, dass wir beim Bergsteigen eine Pause machen sollten. Die natürliche Hemmfunktion dieses Bewertungszentrums kann allerdings außer Kraft gesetzt werden, wenn in einer Gefahrensituation der Überlebenstrieb übermächtig wird. Angst verleiht Bärenkräfte, sagt man. Jemand, der in Todesgefahr ist, kann übermenschliche Kraft und Ausdauer zeigen.

Schritt 7: Die ständigen Panikattacken bestätigen die Patienten in der falschen Annahme, dass sie eine schwere körperliche Krankheit haben.

Paniksymptome treten manchmal aus völliger Ruhe heraus auf. Ein Marathonläufer bei Kilometer 39,5 hätte eine gute Erklärung für sein Herzrasen. Jemand, der eine Panikattacke bekommt, stellt dagegen einen Widerspruch zwischen seinen körperlichen Symptomen und dem Fehlen einer echten Bedrohung fest. Da sich die Patienten ihre «gefährlichen» physischen Symptome nicht erklären können, versuchen sie, die Symptome mit einer schweren körperlichen Krankheit zu erklären. Hierbei verwerten die Patienten ihr Wissen über Medizin. Sie haben zum Beispiel gelesen, dass man sich bei einem Herzinfarkt an die linke Brust greift. Prompt verspüren sie auch hier während einer Panikattacke Stechen oder sogar starke Schmerzen. Während «richtige» Herzinfarkte sich aber nicht unbedingt in dieser Gegend bemerkbar machen, sondern viel weiter gestreut empfunden werden, also auch hinten in der rechten Schulter, so berichten Panikpatienten praktisch nur über Schmerzen in der linken Brust oder im linken Arm – so wie es in Zeitungsartikeln über Herzinfarkte nachzulesen ist.[99]

Auch die Nachricht, dass Vetter Jochen mit 38 Jahren am Herzinfarkt verstorben ist, kann dazu führen, dass ein völlig gesunder Mensch Panikattacken bekommt. Wenn ihm der Hausarzt nun sagt:

«Sie brauchen keine Angst zu haben. Ihr Herz ist völlig gesund und Sie sind noch lange nicht in dem Alter, in dem man normalerweise einen Herzinfarkt bekommt», dann redet ihm das Gehirn ein: «Ja, genau das haben sie Vetter Jochen wahrscheinlich auch erzählt.» Die Patienten fangen schließlich an, den Ärzten zu misstrauen.

Schritt 8: Eine Agoraphobie entsteht durch Angst vor möglichen Panikattacken.

Wenn ein Patient nun mehrere Panikattacken aus heiterem Himmel erfahren hat, findet er nach und nach heraus, dass es vielleicht besser wäre, bestimmte Situationen zu meiden, in denen er eine Panikattacke bekommen könnte. Es handelt sich bei diesen typischen Situationen um solche, in denen das Auftreten einer Panikattacke besonders schlimm wäre. Wenn dieser Patient nämlich auf einem Volksfest zwischen den Massen eingekeilt wäre und sich dann eine Panikattacke entwickeln würde, könnte er nicht schnell genug entkommen. Nun spielt ihm die Phantasie einen Streich: «Wenn ich jetzt eine Panikattacke bekomme, brauche ich einen Arzt.» Was nicht stimmt, denn eine Panikattacke geht auch ohne Arzt vorüber. Und weiter denkt er: «Wenn ich aber einen Arzt brauche, dann könnte er sich nicht den Weg durch die Massen bahnen. Ich würde hier liegen, keiner würde sich um mich kümmern, ich werde hier einfach abkratzen.» In dieser Situation vergisst er auch völlig, dass der Arzt ihm schon mehrmals versichert hat, dass man durch eine Panikattacke nicht sterben kann.

Schritt 9: Durch das Vermeidungsverhalten wird die Angst immer stärker.

Nehmen Sie einmal an, Sie würden Ihren Hund auf eine Herdplatte setzen und dann den Strom anschalten (Hinweis für Kinder: Bitte nicht ausprobieren!). Das müssten Sie vielleicht dreimal exerzieren; dann hat sich der Hund gemerkt, dass mit dieser heißen Platte nicht zu spaßen ist. Er wird eine panische Angst vor der

Platte, vor dem Herd und vielleicht vor der ganzen Küche entwickeln.

Wenn Sie ihm diese Angst nun wieder abtrainieren wollen, könnten Sie ihn wieder unter Anwendung von Gewalt auf die Herdplatte setzen, ohne sie anzuschalten. Diesen Vorgang müssten Sie mehrfach wiederholen, um dem Hund zu demonstrieren, dass von der Platte keine Gefahr mehr ausgeht. Aber: Diesmal ist es nicht mit drei Versuchen getan. Sie brauchen vielleicht 50 Anläufe, um bei Ihrem Hund jetzt die Angst vor der Platte, die sich tief ins Gehirn eingebrannt hat, wieder zu löschen. Dieses Phänomen, dass man Angst zwar mit wenigen Übungen antrainieren kann, aber sehr viel mehr Lektionen braucht, um sie wieder abzutrainieren, nennt man «Löschungsresistenz». Es erklärt, warum das Vermeidungsverhalten oft hartnäckig ist und es manchmal lange braucht, dieses Verhalten in einer Konfrontationstherapie abzutrainieren.

Schritt 10: Panikmache gegen Vernunft

Man muss im Gehirn zwischen «niedrigeren» und «höheren» Zentren unterscheiden. Die höheren Zentren stellen das «denkende Gehirn» dar, das sich in der Hirnrinde befindet, also in der äußersten Schicht. Weiter innen im Gehirn befinden sich Teile, die nicht zu einem vernunftgemäßen Denken fähig sind, sondern nur die Grundfunktionen des Körpers steuern. Diese inneren Strukturen sind bei Menschen und Tieren etwa gleich ausgebildet, während die äußere Schicht, die Rinde (auch Kortex genannt), bei Menschen sehr viel größer ist als bei Tieren.

Amygdala, Hippocampus und der Rest des Angstnetzwerks sind relativ «primitive» Zentren (auch wenn ihre Funktionen uns reichlich kompliziert erscheinen mögen). Sie sind für das Überleben zuständig. Sie kennen keine vernünftigen Überlegungen, sie wägen nicht ab, sondern kennen nur eine Reaktion: Kampf oder Flucht.

Das «Ministerium für absurde Angst» kann das gesamte Gehirn als Geisel nehmen und seine Fähigkeit zum logischen Denken für eine gewisse Zeit lahm legen. Jetzt gibt es aber in der Großhirnrinde andere Gebiete, die in der Lage sind, vernünftig zu denken. Eines davon, nennen wir es das «Engelchen», versucht, die große Ruhe auszustrahlen. Es sagt: «Reg dich wieder ab, kein Grund zur Aufregung, das Herz schlägt ganz normal.» Jetzt gibt es aber einen Chip, der das Gegenteil erzählt. Wir nennen es das «Teufelchen». Er ist mit dem Ministerium für absurde Angst im Bunde und versucht dem Betroffenen einzureden: «Du befindest dich in großer Gefahr. Dein Herz schlägt viel zu schnell. Warum macht es das? Du hast dich doch gerade überhaupt nicht angestrengt, das Herz müsste doch ganz ruhig schlagen. Tut es aber nicht. Wenn dein Herz so schnell schlägt, kann es nur einen Grund dafür geben, nämlich, dass es kaputt ist. Es wird gleich stehen bleiben.» Das Engelchen kontert: «Aber ich war beim Arzt. Er hat ein EKG gemacht. Alles war in Ordnung.» Das Teufelchen hält dagegen: «Es schlägt nicht nur zu schnell, sondern auch unregelmäßig, merkst du das nicht?» Das Engelchen: «Ja, aber der Arzt hat gesagt, ein paar unregelmäßige Herzschläge darf man haben, ohne dass das Herz krank sein muss.» – «Vergiss, was der Arzt gesagt hat. Der weiß auch nicht alles.» Und so geht es immer hin und her. Man kann von einem Bürgerkrieg im Gehirn sprechen.

Das Engelchen kann man vielleicht im präfrontalen Kortex, einem Teil der Großhirnrinde, lokalisieren. Das Teufelchen ist wahrscheinlich auch ein höheres Zentrum, das unter dem negativen Einfluss der Horrormeldungen aus dem Amygdala-Hippocampus-Komplex steht. Engelchen und Teufelchen sind im Prinzip zwei Zentren, die beide durchaus eine wichtige Funktion haben – das Abwägen. In den meisten Situationen des Lebens ist ein Für und Wider sehr sinnvoll. Das gilt auch für reale Angstsituationen. Während Sie Ihr Auto steuern, wägt Ihr Gehirn ständig ab: «Wenn ich nicht ein bisschen schneller fahre, komme ich zu spät zur Besprechung, wenn ich aber zu schnell bin, werde ich vielleicht geblitzt oder fahre gegen einen Baum.» Bei Menschen mit Angstkrankheiten überwiegt aber der Einfluss des übersensiblen Gefahrenbewertungszentrums.

Panikpatienten berichten, dass sie sich normalerweise, wenn sie sich ganz ruhig fühlen, sehr wohl sagen können, dass eine Panikattacke kein lebensbedrohlicher Zustand ist und dass der letzte Gesundheitscheck beim Internisten keinen krankhaften Befund ergeben hat. Wenn aber die nächste Panikattacke kommt, bricht sämtliche Vernunft weg. Plötzlich vermuten sie wieder eine schwere Herzerkrankung und stellen die Kompetenz ihres Internisten infrage. Natürlich werden auch reale Erfahrungen, wie der frühe Tod eines nahen Verwandten oder Freundes, bei allen Überlegungen berücksichtigt. Das Teufelchen ist erfinderisch und bezieht sämtliche medizinischen Kenntnisse des Betroffenen in seine teuflische Argumentation ein. Es übernimmt die Rolle des *Advocatus diaboli* und versucht seine Begründung des nahenden Todes mit fadenscheinigen und völlig an den Haaren herbeigezogenen Argumenten zu unterstreichen.

Manchmal gewinnt bei diesem Streit das Teufelchen; dann bricht die Panikattacke voll aus. Und manchmal gewinnt das Engelchen; dann wird der leichte Anflug von Angst im Keim erstickt. Das scheint von der Tagesform abhängig zu sein. An «guten Tagen» kann der Kampf gegen die Angst erfolgreich sein, an anderen Tagen bricht er zusammen, wobei äußere Stresseinflüsse eine Rolle spielen können (aber nicht müssen).

Selbst die genaue Kenntnis der körperlichen Hintergründe von Angstanfällen nützt nichts, wenn das Ministerium für absurde Angst unsere Vernunft abschaltet. Sigmund Freud, bekanntermaßen ein Spezialist für Ängste, litt selbst unter Panikattacken, war sich aber nicht sicher, ob er nicht eine körperliche Krankheit hatte. Er beklagte: «Es ist ja peinlich für einen Medicus, der sich alle Stunden des Tages mit dem Verständnis der Neurosen quält, nicht zu wissen, ob er an einer logischen oder an einer hypochondrischen Verstimmung leidet.»[7]

Wie entstehen Einfache Phobien?

Die Einfache Phobie wurde als die Angst vor einzelnen Objekten oder Situationen, wie Katzen, Insekten, Höhen, Dunkelheit und anderen Dingen, beschrieben. Im Abschnitt zur Lerntheorie (siehe S. 161) haben wir gesehen, dass man eine Einfache Phobie nicht allein deswegen bekommt, weil man früher eine schlechte Erfahrung gemacht hat. Die Frau, die angesichts einer Maus kreischend auf den Schrank klettert, ist wahrscheinlich nie zuvor von einer Maus gebissen worden.

Die Angstforschung hat bisher noch keine schlüssige Begründung parat, warum manche Menschen bei harmlosen Lebewesen wie Weberknechten oder Dackeln panisch reagieren und andere nicht, obwohl wir ja alle die gleichen Urängste in Form von Engrammen in unserem Gehirn tragen. Auch kann man noch nicht plausibel erklären, warum solche Ängste manchmal erst in späteren Lebensjahren, beispielsweise mit 25 Jahren auftreten, nachdem sie oft jahrelang nicht aktiv waren.

Es ist anzunehmen, dass bei Menschen mit Einfachen Phobien auch ein Ministerium für absurde Angst existiert. Dieses Zentrum, das dafür zuständig ist, die Höhlenmenschen-Urängste im Zaum zu halten und den heutigen Menschen auf den Boden der Tatsachen zurückzuholen, scheint bei dieser Angsterkrankung in seiner Empfindlichkeit falsch eingestellt zu sein. Nahe liegend wäre die Annahme einer genetischen Übertragung, da wir ja diese Steinzeit-Ängste auch auf dem Wege der Vererbung mit in das 21. Jahrhundert genommen haben. Mit Hilfe von Zwillingsuntersuchungen konnte auch hier gezeigt werden, dass Einfache Phobien vererbt werden.[100]

Wie entsteht eine Generalisierte Angststörung?

Die Generalisierte Angststörung ist im Gegensatz zur Panikstörung viel seltener wissenschaftlich untersucht worden. Betrachtet man die wenigen existenten Studien, so kristallisiert sich aber ein ähnliches Bild wie bei den anderen Angststörungen heraus. Mehrere Faktoren kommen dabei zusammen: Zum einen sind belastende Lebensereignisse in der Kindheit, aber auch in den Monaten, die dem Ausbruch der Erkrankung vorangingen, bei Menschen mit einer Generalisierten Angststörung häufiger als bei gesunden Kontrollpersonen. Zu einem gewissen Teil wird auch die Generalisierte Angststörung zum anderen auch von den Eltern auf die Kinder übertragen.

Der amerikanische Vererbungsforscher Kenneth Kendler untersuchte in der so genannten Virginia-Studie 1033 weibliche Zwillingspaare[101] und kam auf einen nicht sehr ausgeprägten Erbfaktor von 30 Prozent für die Generalisierte Angststörung (zum Vergleich: 70 Prozent bei Depressionen). In einer schwedischen Studie wurden 1802 Zwillingspaare untersucht – dort fand man jedoch eine Erblichkeit von 49 Prozent.[102]

Hinsichtlich neurobiologischer Veränderungen gibt es ebenfalls einige Hinweise bei der Generalisierten Angststörung. Im Nervenwasser von Patienten mit dieser Angsterkrankung fand man beispielsweise einen verminderten Gehalt an Serotonin – dem Hormon, das wahrscheinlich bei den Angsterkrankungen und bei Depression die wichtigste Rolle spielt. Auch die Tatsache, dass Medikamente, die den Serotonin-Gehalt erhöhen, eine gute Wirkung bei der Angsterkrankung haben, machen es sehr wahrscheinlich, dass für eine Generalisierte Angststörung ähnliche Ursachen anzunehmen sind wie bei einer Panikstörung.

Wieder haben wir es hier mit einem überempfindlich eingestellten Zentrum zu tun. Hier verlegt sich das Ministerium für absurde Angst darauf, ohne äußere Gefahr den Angstpegel den lieben langen Tag heraufzuregeln. Dies führt zu den körperlichen Symptomen wie Herzrasen oder Zittern, aber auch zu der Schreckhaftigkeit und Nervosität, die für die Angstkrankheit typisch sind.

Wie entsteht eine Soziale Angststörung?

Eine landläufige Meinung ist, dass Menschen mit extremer Schüchternheit in der Regel einen extrem strengen Vater hatten. Dieser hat sein Kind nie zu Wort kommen lassen, seine Meinung nicht akzeptiert und ihm ständig gesagt, was es zu tun oder zu lassen habe. Deswegen reden diese Personen auch noch als Erwachsene mit leiser Stimme, sprechen nur, wenn sie gefragt werden, trauen sich nicht zu widersprechen und können sich nicht durchsetzen.

So einleuchtend diese Theorie ist – nur leider trifft das genaue Gegenteil zu. In Wirklichkeit ist es viel wahrscheinlicher, dass der Vater eines Sozialphobikers ebenfalls schüchtern, zurückhaltend, liebenswert, hilfsbereit war und nicht autoritär und bestimmend. Welche Erklärungen aber hat die Wissenschaft für die Entstehung von sozialen Ängsten?

Eine ausführliche wissenschaftliche Beschäftigung mit der Sozialen Phobie hat erst im letzten Jahrzehnt begonnen. Daher existieren im Vergleich zu anderen Angsterkrankungen nur wenige Studien, die sich mit der Aufklärung der Ursachen einer Sozialphobie befassen. Wie bei anderen Angststörungen wurden traumatische Kindheitserlebnisse, bestimmte Eltern-Kind-Interaktionen, Erziehungsstile, traumatisch erlebte soziale Situationen, Modelllernen, genetische Faktoren sowie neurobiologische Ursachen diskutiert.[103]

Sozial ängstliches Verhalten überträgt sich von den Eltern auf die Kinder. Die Kinder könnten lernen, dass soziale Situationen angstbesetzt sind und man sie am besten vermeiden sollte. Es gibt Hinweise für die Beteiligung des Modelllernens bei der Entstehung der Sozialen Phobie. So berichteten Sozialphobie-Patienten rückblickend, dass ihre Eltern die Denkweisen anderer Menschen für wichtiger hielten als ihre eigenen, und stärker versucht hatten, ihre Kinder zu isolieren, als die Eltern von Agoraphobikern oder gesunden Kontrollpersonen.

Allerdings hatten unsere eigenen Untersuchungen gezeigt, dass Erziehungsfehler wohl wenig zur Entstehung der Sozialen Angststörung beitragen, während Erbfaktoren eine relativ wichtige Rolle zu spielen scheinen.

Die Vertreter der Lerntheorie überprüften noch eine weitere Erklärung für die Entstehung sozialer Ängste. Sie vermuteten, dass ein früheres peinliches Ereignis der Auslöser für die spätere soziale Ängstlichkeit sein könnte. Sie fragten deshalb ihre Versuchspersonen, ob sie sich an ein entsprechendes Ereignis erinnern konnten, bei dem sie einmal so richtig blamiert worden waren. Sie sollten berichten, ob sie als Kinder einmal von einer größeren Gruppe ausgelacht worden waren oder ob sie sich beim ersten Rendezvous, beim Sprechen in der Öffentlichkeit oder auf einer Party ungeschickt, peinlich oder linkisch verhalten hätten. Wenn das in den meisten Fällen zutreffen würde, überlegten die Lerntheoretiker, so hätte man einen Hinweis dafür, dass eine Soziale Phobie durch Lernerfahrungen entstehen könnte. Die Ergebnisse zu dieser Frage waren allerdings spärlich und nicht eindeutig. Zwar berichteten die Patienten mit einer leichteren Sozialphobie tatsächlich häufiger als gesunde Kontrollpersonen, dass sie solche blamablen und kränkenden Erlebnisse gehabt hatten, aber gerade die schwereren Fälle einer Sozialen Phobie konnten sich nicht überzufällig häufig an derartige Erfahrungen erinnern.[104] Abgesehen davon, kann man solche Untersuchungen nur mit Vorsicht interpretieren. Woher wissen wir, dass die Sozialphobiker nicht völlig harmlose Situationen als schlimme Bloßstellung erlebt hatten, weil sie in dieser Hinsicht schon als Kinder für Zurückweisungen empfindlich waren? Für die Entstehung einer Sozialen Phobie durch Lernerfahrungen haben wir also bisher kaum Hinweise.

Anders als Menschen mit einer Panikstörung sind Sozialphobiker noch nicht genügend im Hinblick auf neurobiologische Veränderungen im Gehirn untersucht worden. Man entdeckte zum Beispiel gewisse Veränderungen des Dopamin-Systems. Ansonsten sprechen die wenigen vorliegenden Befunde dafür, dass sich die Soziale Phobie nicht wesentlich von all den anderen Angststörungen unterscheidet.

Scheinbar gibt es auch bei Menschen mit einer Sozialen Phobie ein Ministerium für absurde Angst, das harmlose soziale Situationen als peinlich oder beschämend einstuft. Eine Rolle könnte wiederum die Amygdala spielen: Affen, bei denen man die Amygdala herausoperiert hatte, zeigten weniger Angst in sozialen Situationen.[105] Die Angstfreiheit hatte bemerkenswerte Folgen: Affen, die vor der Entfernung der Amygdala an der Spitze der Rangordnung standen, fielen nach der Operation auf den untersten sozialen Rang in der Affenhorde ab.[106] Die Amygdala scheint so etwas wie eine «soziale Bremse» zu sein, und diese Bremse ist offensichtlich bei Personen mit einer Sozialen Angststörung zu scharf eingestellt.

Es liegt nahe, anzunehmen, dass die Überempfindlichkeit für soziale Situationen zum Teil auf genetischem Wege übertragen wird. Bereits in den siebziger Jahren beschäftigte man sich mit der Vererbung von Schüchternheit. Dazu wurden eineiige Zwillinge mit zweieiigen verglichen. Man fand bei den eineiigen Zwillingen eine erheblich höhere Konkordanzrate als bei den zweieiigen – ein deutlicher Hinweis für die Vererblichkeit der Schüchternheit.[100, 107] Wissenschaftler untersuchten auch adoptierte und nicht adoptierte Kinder ein und zwei Jahre nach der Geburt.[108] Bei den nicht adoptierten Kindern wurde ein Zusammenhang zwischen der Schüchternheit der Mütter und der Kinder festgestellt. Bei den adoptierten konnte man dagegen keine Übereinstimmung zwischen der Schüchternheit der Kinder und derjenigen der Pflegemütter feststellen.

Wie schon dargestellt, hatten wir an der Universität Göttingen eine Untersuchung durchgeführt, um herauszufinden, wie die verschiedenen Risikofaktoren – belastende Ereignisse in der Kindheit, Erziehung, Vererbung oder Geburtsschäden – zusammenarbeiten, um eine Soziale Phobie zu verursachen. Nach dieser Studie schienen längere Trennungen in der Kindheit das Risiko für eine Soziale Phobie zu erhöhen. Andere Risikofaktoren wie sexueller Missbrauch oder Gewalt in der Familie spielten kaum eine Rolle. Der Einfluss der Erziehung war gleich null. Aber das erstaunlichste Ergebnis war, dass das Risiko, eine Soziale Phobie zu bekommen, stark erhöht war, wenn auch schon Eltern oder Geschwister eine Angsterkrankung hatten.[45] Die Vererbung, und das hat uns auch überrascht, schien jedoch die größte Rolle bei der Entstehung dieser Angsterkrankung zu spielen.

Soziale Ängste im Tierreich

«Der Mensch ist das einzige Tier, das erröten kann. Oder Grund dazu hat», sagte Mark Twain. Aber stimmt es, dass Tiere keine Soziale Phobie kennen?

Menschen mit Sozialer Phobie scheuen den direkten Blickkontakt, und das scheint im Tierreich seine Entsprechung zu haben. Manche Haustiere, zum Beispiel Hunde, bekommen Angst oder fühlen sich unwohl, wenn man sie eindringlich anstarrt. Auch Tiere in freier Wildbahn scheuen vor dem durchdringenden Blick eines Au-

Die Angst vor einem starrenden Augenpaar gibt es nicht nur bei Menschen mit einer Sozialen Phobie, sondern auch im Tierreich. Das Tagpfauenauge schreckt einen möglichen Feind dadurch ab, dass es ein Augenpaar imitiert.

genpaares zurück. Dies macht sich eine Schmetterlingsart, das Pfauenauge, zunutze, um seine natürlichen Feinde abzuwehren. Auch der Tintenfisch *Sepia officinalis* verjagt seine Angreifer, indem er an seinem Hinterteil zwei schwarze Flecke produziert, die wie ein Augenpaar aussehen.

Affen haben ein komplexes Sozialsystem, in dem deutliche Hierarchien existieren. Genau wie bei Menschen lassen sich bei den Affen schüchterne und selbstbewusste Wesen ausmachen. Es gibt einen Oberaffen, der sich im Zentrum der Affenkolonie aufhält. Um sich herum versammelt er einige Abteilungsleiter, die ihn gegen Angriffe verteidigen. Der Oberaffe darf mit den meisten Affenweibchen Sex haben. Er bestimmt aber auch, wer in seiner Kolonie wie viele Partnerinnen haben darf. Er kontrolliert, wer in der Gemeinschaft andere durch Schläge in ihre Grenzen weisen darf. Seine Vasallen werden natürlich begünstigt, sodass sie deutlich mehr Weibchen begatten dürfen als Durchschnittsaffen. Es gibt andererseits auch Underdogs bei den Affen, die sich mit einem gewissen Abstand von der Kolonie aufhalten müssen und überhaupt kein Weibchen abbekommen. Jeden Versuch, in die Gemeinschaft zurückzukehren, bestrafen der Oberaffe und seine Gefolgsmänner mit Knüffen. Diese Affen haben ein ähnliches Schicksal wie Menschen mit einer Sozialen Phobie, die nicht versuchen, ihr Problem zu bekämpfen.

Kapitel 5

VIER LÖSUNGEN

WAS HILFT WIRKLICH GEGEN ÄNGSTE?

Die Menschen glauben im
Allgemeinen gern, was sie wünschen.
Gaius Julius Caesar

Spricht man mit Menschen, die schon länger unter Panikattacken leiden, fällt auf, dass sie bisher die unterschiedlichsten Medikamente, Psychotherapien und alternativen Behandlungsformen erhalten haben. Jemand, der für seine Ängste die beste Behandlung sucht, ist in höchstem Maße verunsichert. Der Psychoanalytiker am Stadtpark empfiehlt eine langjährige tiefenpsychologische Therapie und rät, auf keinen Fall Medikamente zu nehmen. Die Psychologin aus der Klinik lehnt ebenfalls die Medikamente ab und empfiehlt eine Gesprächspsychotherapie. Der gemütliche Landarzt hält nichts von dem «Psycho-Gequatsche» und würde Valium verschreiben. Aber auch aus der alternativen Ecke kommen unzählige Vorschläge für die Behandlung von Ängsten. Die hennagefärbte Heilpraktikerin schwört auf homöopathische Kügelchen. Der geschmeidige Körpertherapeut im Gesundheitszentrum will Verspannungen lösen und damit die Angst bekämpfen.

Was verblüffend ist: Auf jede noch so ausgefallene Heilmethode kommen immer einige Dutzend Menschen, bei denen diese Praktiken wahre Wunderheilungen bewirkt haben. Aromatherapie, Ayurveda, Autogenes Training, Beten, Bach-Blüten, Heilöle, Körpertherapie, Motivationstraining und Yoga scheinen alle eine gewisse Wirkung auf Ängste auszuüben. Woran liegt das?

Solange nichts anderes nachgewiesen ist, muss man davon ausgehen, dass die Wirkung der alternativen Methoden auf den Placeboeffekt zurückzuführen ist. Der Glaube versetzt bekanntlich Berge. Eine wirkstofffreie Traubenzuckerpille kann Schmerzen, Migräne, Allergien, Ohrgeräusche, Depressionen und Angsterkrankungen bessern. Die Wissenschaft hat noch keine schlüssige Erklärung dafür. Entscheidend ist nur, dass eine Heilmethode besser wirken muss als eine Placebopille – sonst könnte man ja gleich das Placebo nehmen.

Wie kann aber die Wirkung einer Therapie nachgewiesen werden? Den meisten Menschen ist es nicht möglich, alle «wissenschaftlichen Erkenntnisse», die ihnen vorgesetzt werden, zu überprüfen und herauszufinden, wer wirklich Recht hat. Leider gibt es nicht nur Wunderheiler und Wasserrutengänger, Schamanen und Scharlatane, Kurpfuscher und Quacksalber, sondern auch Menschen, die sich Psychologen, Psychotherapeuten, Psychiater, Professoren, Fachärzte oder Forscher nennen und die uns trotzdem mit Hokuspokus und Humbug veräppeln wollen. Es gibt zwar mehr Dinge zwischen Himmel und Erde, als unsere Schulweisheit sich träumen lässt – aber es gibt noch viel mehr Menschen, die uns erzählen wollen, dass der Mond achteckig ist.

Die Hauptkunden der alternativen Heiler sind neben Krebspatienten – die aus Verzweiflung über die Ohnmacht der Schulmedizin versuchen, jeden Strohhalm zu ergreifen – auch Menschen mit neurotischen Erkrankungen. Gerade Patienten mit Angststörungen, bei denen der Placeboeffekt stark ausgeprägt ist, stellen eine der Haupteinnahmequellen der alternativen Therapeuten dar.

Wie können Sie als Nichtfachfrau oder -mann herausfinden, wer Ihnen mit wissenschaftlich abgesicherten Methoden helfen und wer Ihnen mit Gaukelei das Geld aus der Tasche ziehen will? Es gibt ein paar Tipps, wie man sich schützen kann:

- Hüten Sie sich vor Menschen, die an Ihren Geldbeutel wollen. Wenn Ihnen jemand Bares für die Behandlung von Ängsten abknöpfen will, ist schon etwas faul – denn alle bei Angsterkrankungen wirklich wirksamen Methoden werden von der Kasse bezahlt. Gilt aber auch umgekehrt, dass alles, wofür die Kasse aufkommt, auch wirksam ist? Leider überhaupt nicht. Oft erstatten die Kassen ohne Sinn und Verstand alles, was Ärzte verordnen.

- Hüten Sie sich vor Menschen, die ständig das Wort «ganzheitlich» verwenden. Das ist ein anderer Ausdruck dafür, dass sie nur eine einzige Behandlungsmethode für ganz verschiedene Probleme kennen: für Lebenskrisen und Ängste, Mobbing, Fönbeschwerden, Gliederreißen, Ehestreit, Hämorrhoiden und Hühneraugen.
- Hüten Sie sich vor den Psycho-Talibans, die fundamentalistisch nur eine einzige mögliche Erklärung und eine einzige Behandlungsmöglichkeit für alle Übel dieser Welt sehen.

KANN ES DIE OMA BESSER?

«Die Geschichte der Medizin ist die Geschichte des Placebos», schrieb 1959 der amerikanische Psychiater Arthur K. Shapiro.[109] Damit wollte er sagen, dass die Wirkung vieler Medikamente und Behandlungsmethoden, die vor Beginn des 20. Jahrhunderts von Ärzten angewandt wurden, nicht über die Placebowirkung hinausgingen. Der Schriftsteller François Marie Arouet, besser bekannt als Voltaire, hatte es ähnlich ausgedrückt: «Die Kunst des Arztes besteht darin, den Patienten zu unterhalten, während die Krankheit ihren Lauf nimmt.» Etwas sinngemäß Ähnliches stand auf einem Bierglas, das mir meine Mutter einmal schenkte: «Heilen tut uns Gott allein, der Arzt streicht nur die Spesen ein.»

Gerade im Bereich der psychischen Erkrankungen ist die Placebowirkung besonders stark. Deswegen müssen heute mit jedem Medikament, das bei Angsterkrankungen angewandt wird, Placebostudien durchgeführt werden, bevor das Medikament zugelassen wird. Bei solchen Untersuchungen kommt regelmäßig heraus, dass zum Beispiel bis zu 45 Prozent der mit dem Scheinmedikament Behandelten nach drei Monaten keine Panikattacken mehr haben. Bei diesen hohen Heilungsraten unter Placebo wundert es einen nicht, dass jeder, der eine wie auch immer geartete Behandlung anwendet, einen gewissen Erfolg erzielen kann. Ein neues Medikament muss aber zeigen, dass es deutlich besser wirkt als die Scheinpille aus Gelatine und Traubenzucker.

Wie sieht es aber mit einer Psychotherapie aus? Kann man eine Psychotherapie an einem Placebo messen? «Eine Grippe dauert mit Arzt 14 Tage, ohne Arzt aber zwei Wochen», hatte mir einmal ein selbstkritischer Hausarzt verraten. Das Gleiche gilt zum Teil auch für manche psychotherapeutischen Methoden. Im Jahre 1952 provozierte der Psychologe Hans Jürgen Eysenck, der wegen seiner kritischen Äußerungen lange als ein Enfant terrible der Psychologie galt, die Psychotherapeuten der damaligen Zeit. Er behauptete, denjenigen Patienten, die eine gewisse Zeit mit einer Psychotherapie behandelt wurden, gehe es nicht besser als solchen, die ebenso lange gar keine Behandlung erhielten. Auch ohne Therapie komme es nach einer gewissen Zeit zu einer natürlichen Heilung, der so genannten Spontanheilung.[110] Dies betreffe 64 Prozent aller neurotischen Patienten – und höher waren die Besserungsraten unter einer damaligen Psychotherapie auch nicht. Um es mit Eysencks eigenen Worten auszudrücken: Psychotherapie habe keine besseren Ergebnisse, als «abzuwarten oder von einer dicken Mammi gut bekocht zu werden». Er forderte deshalb, die Qualität der Psychotherapie zu verbessern. Außerdem solle man den Therapieerfolg kontrollieren, und zwar, indem man die behandelten Patienten mit einer Kontrollgruppe vergleiche, die keine Behandlung erhielt.

In der Anfangszeit der Psychotherapieforschung war es üblich, die Erfolge einer Behandlungsmethode ausschließlich anhand von anekdotischen Einzelfallberichten darzustellen – damit war keine Aussage möglich, ob die Heilmethode wirklich geholfen hatte. Ein Fortschritt in der wissenschaftlichen Beurteilung von Therapieerfolgen war schon, dass man in den dreißiger Jahren anfing, Statistiken dieser Art zu erstellen: «Wir haben 104 Patienten behandelt; bei 76 Prozent kam es zu einer Besserung.»

Nun war ja bekannt, dass «neurotische Störungen» – und dazu zählten die Angsterkrankungen – sich auch bessern, wenn man einfach nur abwartet. Also musste es eine Kontrolle geben, damit man herausfinden konnte, ob sich die Störung unter der Therapie tatsächlich deutlicher gebessert habe, als wenn einfach nur die Zeit ins Land gegangen wäre. Dies kann man durch einen Trick herausfinden. Die Psychotherapeuten führen eine Studie durch, bei der zum Beispiel 40 Patienten sofort behandelt werden, eine andere Gruppe von ebenfalls 40 Patienten aber erst drei Monate später. Wer auf die Warteliste kommt, bestimmt das Los. Alle 80 Patienten müssen einen Fragebogen zu ihren Ängsten ausfüllen. Wenn die drei Monate um sind, müssen die Patienten in beiden Gruppen noch einmal den Fragebogen ausfüllen, ohne dass die zweite Gruppe irgendeine Behandlung bekommen hat. Regelmäßig stellt man in solchen Untersuchungen fest, dass sich auch die Ängste der Wartelisten-Patienten nach drei Monaten gebessert haben. Nur wenn sich ein deutlicher Unterschied zwischen den beiden Gruppen zeigt, kann davon ausgegangen werden, dass die Therapie wirklich etwas gebracht hat und die Besserung nicht nur auf der Spontanheilung beruhte. Was ein «deutlicher» beziehungsweise «signifikanter» Unterschied ist, bestimmt der Statistiker aufgrund von Berechnungen, in die auch die untersuchte Fallzahl eingeht.

Das Phänomen der Spontanheilung kann nicht nur die Welt über die wahre Wirkung einer Heilung hinwegtäuschen, sondern auch den Behandler selbst. Viele «Therapieerfolge» entpuppten sich daher als Bluff, wobei nicht nur den Patienten eine tatsächliche Wirkung vorgegaukelt wurde, sondern auch der Therapeut sich selbst hinsichtlich seiner vermeintlichen Erfolge täuschte.

Von den Gegnern kontrollierter Studien wird oft angezweifelt, dass es so etwas wie eine Spontanheilung überhaupt gebe. Wenn das so wäre, müssten die Nervenarztpraxen mit siebzigjährigen Angstpatienten überfüllt sein. Da sich aber Angststörungen mit zunehmendem Alter spontan bessern, ist dies nicht der Fall. Die Alterspyramide für das Auftreten einer Angststörung zeigt ganz klar, dass eine Spontanheilung stattfinden muss.

Wenn sich in einer Untersuchung aber gezeigt hat, dass die Psychotherapiegespräche tatsächlich mehr gebracht haben als Abwarten, muss noch der Nachweis erbracht werden, dass sie auch mehr ausrichten als nur ein kostenfreies Gespräch mit einem freundlichen Menschen. Könnte es nicht reichen, sich öfters mal mit guten Freunden, der Oma oder dem Frisör zu unterhalten? Oder vielleicht zur Abwechslung mal mit der eigenen Frau? Früher, als es noch keine Psychotherapie gab, ging man in die Kirche zur Beichte. Jeder weiß, dass Gespräche viele seelische Wunden heilen können.

Diesen Nachweis bewerkstelligt man heute, indem man eine Psychotherapie mit einer «Pseudopsychotherapie» vergleicht, in der keine spezifischen Therapietechniken angewendet, sondern nur belanglose Gespräche geführt werden. Nur wenn sich dann noch ein Unterschied zwischen der «richtigen» Behandlungsgruppe und dem «psychologischen Placebo» zeigt, kann man sagen, dass die «richtige» Therapietechnik ihr Geld wert ist.

Menschen mit Ängsten zu behandeln macht übrigens Spaß. Diese Erkenntnis gewann ich in meiner Arbeit in der Angstambulanz unserer Universitätsklinik immer wieder. Was die Tätigkeit vergnüglich gestaltet, ist, dass Patienten mit Angsterkrankungen oft angenehme Menschen sind; sie sind nicht selten sensible, feinfühlige, charmante und interessante Mitbürger. Das Befriedigende an der Arbeit ist aber vor allem, dass man oft in relativ kurzer Zeit einen Behandlungserfolg sehen kann, was in der täglichen Arbeit eines Psychiaters nicht gerade der Normalfall ist. Selbst bei Menschen, die schon lange Jahre unter Ängsten litten, ist es meist möglich, eine deutliche Besserung der Lebensfreude zu erreichen. Als besondere Herausforderung sah ich immer an, Menschen zu behandeln, die schon sehr lange unter so genannten therapieresistenten Angsterkrankungen litten und die schon eine ausgedehnte Patientenkarriere hinter sich hatten. Immer wieder musste ich feststellen, dass diese angeblich «aussichtslosen Fälle» über Jahre mit den verschiedensten Methoden behandelt worden waren, aber nicht unbedingt mit den Methoden, deren Wirkung nachgewiesen war. Ich habe mich daher lange damit beschäftigt, alle vorhandenen wissenschaftlichen Studien, die jemals bei Angstpatienten durchgeführt wurden, genau zu analysieren, um herauszufinden, welche Methoden am besten wirken.

Im Folgenden werden vier Lösungsmöglichkeiten besprochen, wie man Ängste bekämpfen kann. Ich bin dabei von folgenden Fragen ausgegangen: Welche psychotherapeutischen Methoden sind nachgewiesen, und wie hat man sich eine solche Therapie vorzustellen? Welche Medikamente sind sinnvoll, welche schaden mehr, als sie nützen? Was ist besser, Psychotherapie oder Medikamente? Kann und soll man beides kombinieren? Gibt es nicht natürliche Heilmittel gegen Ängste? Was kann man selbst gegen die Ängste tun? Können Ängste auch von allein verschwinden?

LÖSUNG 1: PSYCHOTHERAPIE

Die einzigen beiden Psychotherapiemethoden, die von den Krankenkassen erstattet werden, sind die Verhaltenstherapie und die Psychoanalyse (beziehungsweise die «tiefenpsychologisch orientierte Therapie»). Es gibt – leider immer noch – einen Richtungsstreit, der im Wesentlichen zwischen diesen beiden Schulen ausgetragen wird und der auch in den folgenden Überlegungen eine Rolle spielen wird. Ich selbst habe eine tiefenpsychologisch orientierte Psychotherapieausbildung absolviert. Da ich aber nach dem Medizinstudium noch Psychologie studierte, lernte ich auch die Verhaltenstherapie kennen, sodass ich beide Methoden vergleichen konnte.

Bei allen Unterschieden, die zwischen den Therapierichtungen bestehen, darf man jedoch ihre gemeinsame Basis nicht vergessen. Es kommt nämlich entscheidend darauf an, dass zwischen dem Patienten und dem Psychotherapeuten die Chemie stimmt. Der Patient muss sich geborgen fühlen. Es muss wissen, dass er jederzeit aussprechen darf, was er fühlt. Im Psycho-Jargon sagt man: Es muss sich eine Beziehung entwickeln. Ein Therapeut, der kalt wie ein Fisch ist, wird kaum Erfolg haben, auch wenn er noch so viele Lehrgänge absolviert hat und sich selbst hat analysieren lassen. Wenn ein Psychotherapeut verständnisvoll, gütig und einfühlsam ist, wird er auch ohne ausgefeilte Techniken das Ziel erreichen. Aber gerade diese speziellen Techniken sind immer wieder ein Streitpunkt zwischen den diversen Therapieschulen; sie sind aber nur zu einem gewissen Teil für die Besserung einer seelischen Krankheit verantwortlich.

Verhaltenstherapie

Ein Mann mit einer Hundephobie fragt zwei Psychologen, wie sie ihn heilen könnten. Der Psychologe Wolfgang Weichei schlägt ihm vor, ganz vorsichtig zu beginnen, beispielsweise indem er ihm zunächst einen Mops auf den Schoß setzt. Dann würde er nach und nach einen Dackel, einen Foxterrier und immer größere Hunde nehmen, bis man schließlich beim Bernhardiner angelangt ist. Der Psychologe Carl Brutal teilt dem Angsthasen dagegen freundlich, aber bestimmt mit, er werde ihn gleich in der ersten Therapiestunde in einen Käfig mit Dobermännern sperren.

Welche Methode, meinen Sie, wirkt am schnellsten und gründlichsten? Richtig geraten: Die Dobermann-Methode ist, wie sich in Versuchen herausgestellt hat, deutlich besser wirksam als das langsame Herantasten.

In den Anfängen basierte die Verhaltenstherapie auf der Annahme, dass man einen Menschen dressieren könne – wie einen Seehund. Wenn ein Patient ein bestimmtes krankhaftes Verhalten zeigt, wird er bestraft. Wenn er «normales» Verhalten demonstriert, belohnt. Bei dem krankhaften Verhalten kann es sich darum handeln, dass man etwas tut, was man besser nicht tun sollte (wie sich die Haare ausreißen), oder dass man etwas unterlässt, was man lieber tun sollte (wie beispielsweise als Student in einen vollen Hörsaal zu gehen). Belohnung, so hat man dabei herausgefunden, wirkt besser als Bestrafung.

Und, so banal es klingt: Diese Methode hat durchaus ihre Berechtigung, da sie schlichtweg wirksam ist. Der Fortschritt der Verhaltenstherapie gegenüber früheren Psychotherapieverfahren bestand darin, dass man sich nicht mehr aufs Reden verlegte, sondern echtes Handeln gefragt war. Wenn jemand eine Hundephobie hatte, musste er in direkten Kontakt mit dem Hund treten.

Doch die Erfolgsstory der Verhaltenstherapie begann zunächst mit der Warmduscher-Methode. Im Jahre 1958 übertrug Joseph Wolpe die Gesetze der Lernpsychologie auf die Behandlung von Angsterkrankungen.[111] Er begann zunächst Versuche mit Katzen, die er in einen Käfig setzte und dann so lange mit elektrischen Schlägen traktierte, bis sie eine ausgeprägte Angst vor dem Käfig entwickelten. Diese Angst blieb auch bestehen, nachdem die Katzen keine Elektroschocks mehr bekamen. Sie zeigten diese Angst auch in einer Umgebung, die dem Käfig nur ähnlich sah. Dann begann er, den Katzen die Angst wieder abzugewöhnen. Er setzte sie in eine Umgebung, die nur entfernt dem Käfig glich, sodass nur geringe Angst auftrat, und belohnte sie mit Futter. Anschließend baute er nach und nach die Umgebung so um, dass sie immer mehr dem Käfig glich, bis die Katzen auch im ursprünglichen Käfig wieder angstfrei waren. Damit hatte er den wissenschaftlichen Nachweis erbracht, dass Ängste mit dieser Methode abtrainiert werden können. Dieses Prinzip nannte Wolpe die «systematische Desensibilisierung» und übertrug es auf die Therapie ängstlicher Menschen. Seine Behandlungstechnik war immer mit einem Entspannungstraining verbunden, das der amerikanische Psychiater Edmund Jacobson entwickelt hatte. Der Patient sollte zuerst mit Hilfe der Jacobson-Methode «relaxen» und dann in kleinen Schritten an die Angst auslösenden Situationen herangeführt werden. Die Ergebnisse waren recht zufrieden stellend, und man konnte im Vergleich zur psychoanalytischen Therapie bessere Erfolge erzielen.[112, 113]

Die «Schwimm-oder-ertrink-Methode»

Andere Verhaltenstherapeuten wie Isaac Marks kamen auf den Gedanken, Phobien mit einer Art Rosskur zu behandeln. Diese Therapie wird «Flooding» (Überflutung) genannt, weil der Patient derart stark mit Reizen überflutet wird, dass ihm danach ein für alle Mal die Angst «ausgetrieben» sein sollte. Eine Schlangenangst kann man dadurch behandeln, dass der Therapeut zur Sitzung ein Dutzend in einem Zoogeschäft geleaste Schlangen mitbringt, die er dem Patienten in die Hände gibt oder sie ihm in die Haare hängt. Ein Zwangspatient, der eine völlig übertriebene Angst vor Keimen hat, wird genötigt, einen schmutzigen Toilettensitz anzufassen. Jemand mit Höhenangst muss auf einen Kirchturm klettern und von dort oben heruntersehen. *Learning by Doing* – so kann man diese Therapie umschreiben.

Es gibt Crashkurse, in denen gleich eine ganze Reihe von Ängsten systematisch und in kurzer Zeit wegtrainiert wird. Ein besonders drastisches Intensivtraining, das nur drei bis vier Tage dauert, sieht zum Beispiel so aus: Der Patient wird, kurz nachdem er in die Klinik aufgenommen wurde, für eine halbe Stunde in eine handliche Kiste gesperrt, die zugenagelt wird. Nach seiner Befreiung muss er über einen überfüllten Marktplatz gehen. Anschließend soll er auf einen Fernsehturm steigen, sich in eine überfüllte U-Bahn quetschen, in einem Schlafwagen nach Wien fahren und danach in einer vollen Skigondel in 3200 Meter Höhe schweben. Er wird zum Schluss in einem kleinen Sportflugzeug mitgenommen, dessen Pilot sechsmal Starts und Landungen auf dem Acker übt.

Bei dieser «Konfrontationstherapie» kann es natürlich zu starken Angstsymptomen kommen. Nach einer gewissen Zeit hört aber diese Angst von allein auf. Diese brutale Behandlung wirkt besser als die systematische Desensibilisierung – aber warum? Nehmen wir einen Menschen mit einer Agoraphobie, der große Angst hat, einen überfüllten Supermarkt zu betreten. Er versucht vielleicht, vier bis fünf Minuten im Geschäft zu bleiben; wenn die Angst aber zu groß wird, geht er gleich wieder ins Freie. Das wiederholt er vielleicht acht- bis zehnmal, wobei er sich jedes Mal etwas länger im Laden aufhält. Wenn er aber immer dann, wenn die Angst besonders stark ist, den Supermarkt verlässt, speichert sein Gehirn stets die folgende Verbindung ab: «Hineingegangen – große Angst gehabt – hinausgelaufen – Misserfolg.» Jeder frühzeitig abgebrochene Versuch wird im Gehirn auf der langen Liste der Fehlanzeigen notiert,

Der britische Psychiater Isaac Marks ist einer der Begründer der Konfrontationstherapie bei Ängsten

was die Angst nicht bessert. Im Gegenteil: Die Fehlversuche sorgen dafür, dass man noch lange etwas davon hat.

Wenn der Patient aber die Konfrontationsmethode anwendet, soll er nicht nur so lange in der Angst auslösenden Umgebung verharren, bis die Angst die volle Höhe erreicht hat, sondern darüber hinaus noch etwas länger: Die Angst soll wieder von allein abgeflaut sein. Denn Angst bleibt in einer solchen Situation nicht unendlich lange bestehen, sondern löst sich naturgemäß nach einer gewissen Zeit von selbst. Jetzt merkt sich das Gehirn, dass man sich auch in einem Supermarkt aufhalten kann, ohne Angst zu haben. Die Kombination «Dringeblieben – Erfolg» wird jetzt abgespeichert.

Manche Verhaltenstherapeuten sind optimistisch und versprechen, in 15 Einzeltherapiesitzungen die Sache vom Tisch zu haben.[99] In der Realität werden Verhaltenstherapien oft länger, das heißt über 25 bis 50 Stunden ausgedehnt.

Bei manchen Angsterkrankungen kann man diese Technik jedoch einfach deswegen nicht anwenden, weil es nichts zu konfrontieren gibt. Viele Menschen haben beispielsweise ständig Panikattacken aus heiterem Himmel. Auch Menschen mit einer Generalisierten Angststörung wissen oft nicht, wovor sie Angst haben.

In diesen Fällen setzen die Verhaltenstherapeuten eine andere Technik ein, die «kognitive Therapie». Diese Art der Behandlung ist eine Weiterentwicklung der ursprünglichen Verhaltenstherapie. Dabei ging man davon aus, dass der Mensch nicht nur wie eine Laborratte reagiert, sondern auch zu höheren Denkleistungen in der Lage ist.

Bei dieser Methode wird der Patient zum Beispiel darauf vorbereitet, was bei der nächsten Panikattacke passieren könnte. Wird er sie wieder als Katastrophe ansehen? Oder wird er sich sagen: «Oh, es ist nur eine Panikattacke, die geht wieder weg?» Die kognitive Therapie erfordert, dass der Therapeut dem Patienten genau erklärt, wie Panikattacken entstehen und dass man an ihnen nicht sterben kann. Dann werden Denkstrategien besprochen, mit denen der Patient bei der nächsten Panikattacke versuchen kann, sich selbst zu beruhigen.

Wo genau im Gehirn wirkt eine Verhaltenstherapie?

Wir wissen, dass eine Verhaltenstherapie bei Ängsten und Phobien sehr erfolgreich ist. Es gibt Dutzende Studien, die die Wirkung der Verhaltenstherapie anhand von Kontrollgruppenvergleichen nachweisen.[114] Wenn aber eine Panikstörung eine (zumindest teilweise) biologische Ursache hat, wie kann dann eine Behandlung wirken, die bei oberflächlicher Betrachtung zunächst nichts mit Molekülen und Neurotransmittern zu tun hat? Wie kann man allein durch Reden auf die Neuronen einwirken?

Einem Menschen mit einer Spinnenphobie nützt es wenig,

wenn man ihm erklärt, dass er vor einem Dia mit einer Spinne nun wirklich keine Angst haben müsse. Er weiß es längst. Sein «Ministerium für absurde Angst» weiß es jedoch noch nicht und lässt sich durch Worte nicht beeindrucken. Wenn wir eine Blindschleiche sehen, vergessen wir alles, was wir in der Schule über die Harmlosigkeit von Blindschleichen gelernt haben. Das Tier sieht wie eine Schlange aus, und unser Instinkt meldet eine Gefahr. Statt unserer eigenen Gehirnrinde zu vertrauen, verlassen wir uns auf das gesammelte Wissen der Evolution. Wir schrauben unser geistiges Niveau auf das einer Fliege zurück.

Eine Psychotherapie kann wahrscheinlich nicht auf die Amygdala und den Hippocampus in irgendeiner Form einwirken – genauso wenig, wie wir einem Huhn Schach beibringen oder mit einem Meerschweinchen über seine Mutterbeziehung reden können. Diese Zentren sind für unser Überleben zuständig und funktionieren auch im Schlaf oder im Koma. Die Psychotherapie kann aber andere, höhere Zentren im Gehirn beeinflussen, die wiederum das Angstnetzwerk bremsen können. Wie ist das möglich?

Psychotherapie kann wirken, indem die Fähigkeit des Patienten gestärkt wird, Vernunft über körperliche Automatismen zu stellen. Jemand, der an einem rutschigen, steilen Abhang steht, würde automatisch sein Gewicht so verlagern, dass er im Falle eines Sturzes nach hinten (zum Berg) und nicht nach vorne – den Abhang (zum Tal) hinunter – fallen würde. Es würde ihn Überwindung kosten, genau das Gegenteil davon zu tun, nämlich sein Gewicht zum Tal hin zu verlagern. Genau in dieser Situation befindet sich ein Skianfänger, dessen Skilehrer verlangt, er solle jetzt seinen Talski belasten, um weiter den Berg hinunterfahren zu können. In einer solchen Situation muss das Bewusstsein (die Vernunft) über das Unbewusste (den Automatismus) siegen. Nach einigen erfolgreichen Skistunden wird dann der aus niedrigeren Hirnregionen kommende Impuls, sich zur sicheren Seite, also zum Berg hin, zu verlagern, durch höhere Denkzentren überwunden, ohne dass dazu noch Nachdenken und Überwindung notwendig sind.

Eine Verhaltenstherapie muss wie eine Art Skiunterricht gesehen werden. Sie muss einen theoretischen Teil, die kognitive Therapie, und einen praktischen Teil, die Konfrontation, beinhalten. Nachdem der Sinn der Behandlung erklärt wurde (kognitiver Teil), sollten konkrete Übungen vor Ort folgen. Während die Patienten sich zunächst «überwinden» müssen, sich in die Angst auslösenden Situationen hineinzubegeben, geht diese Tätigkeit nach häufiger Übung langsam zur Routine über.

Auf die neurobiologische Ebene übertragen, kann die Wirkung einer Verhaltenstherapie wie folgt erklärt werden: Während «niedrigere» Zentren wie Amygdala oder Hippocampus nicht direkt durch eine Verhaltenstherapie verändert werden können, kann die Behandlung möglicherweise auf höhere Zentren der Gehirnrinde Einfluss haben. Die Verhaltenstherapie wirkt wahrscheinlich auf den präfrontalen Kortex, bei dem es sich um ein höheres Zentrum handelt. Der wiederum kann auf die Amygdala beruhigend einwirken wie ein Pferdeflüsterer auf ein nervöses Pferd.

Weiter oben haben wir über das «Kontextlernen» gesprochen. Damit war gemeint, dass man sich in einem Moment der Gefahr nicht nur den Auslöser der Gefahr (beispielsweise ein gezücktes Messer), sondern auch die Umgebung gemerkt hat, in der diese Gefahr auftrat (etwa eine einsame, finstere Gasse). Für dieses Kontextlernen ist der Hippocampus zuständig. In der Verhaltenstherapie muss die Verbindung des Kontextes mit der Angstreaktion gelöscht werden. In einer Konfrontationstherapie wird man zum Beispiel vom Therapeuten genötigt, sich immer wieder in ein Kaufhaus zu begeben. Dies ermöglicht dem präfrontalen Kortex, beständig auf das Ministerium für absurde Angst einzureden: «Siehst du, es geht doch, tausendmal ist nichts passiert.» Dadurch könnte es zu einer Löschung der über den Hippocampus gelernten Gedächtnisinhalte kommen.

Dieses Modell könnte auch erklären, warum die massive Konfrontation besser wirkt als die systematische Desensibilisierung, also die Technik, bei der man sich langsam an die Angst herantastet. Die Rosskur wirkt schneller und tiefgreifender als das langsame Heranschleichen an Gefahrensituationen. Die meisten Patienten mit einer Agoraphobie berichten, dass sie sich schon vor der Behandlung auch ohne Anweisung eines Psychologen immer wieder den Angst auslösenden Situationen gestellt haben. «Ich bin immer wieder in das Kaufhaus gegangen, aber manchmal ging es partout nicht.» Aber offensichtlich war dieses vorsichtige Herantasten nicht erfolgreich, und eine einzige Panikattacke in einer solchen Situation kann viele halbherzige Versuche zunichte machen. Während einer mittelmäßigen Panikattacke halten sich die Störversuche des Angstnetzwerks und die Korrekturversuche der höheren Zentren in der Hirnrinde die Waage; mal gewinnt das eine, mal das andere Zentrum. Nur durch eine massive Stärkung des «höheren» Zentrums, beispielsweise im Rahmen einer Überflutungstherapie, kann eine mehr oder weniger dauerhafte Vormachtstellung dieses Zentrums erreicht werden.

Es ist aber zu bedenken, dass trotz aller therapeutischen Bemühungen der ursprüngliche Gedächtnisabdruck bestehen bleibt. Hartnäckig hält sich auf der Festplatte das alte Virus, das einen überall Gefahren wittern lässt. Durch neue Erfahrungen mit ähnlichen Bedrohungen kann es wieder erweckt werden. Dies erklärt Rückfälle, die auch trotz einer längeren Verhaltenstherapie auftreten können. Aber unter dem Strich gewinnt letztlich die Vernunft Oberhand. In manchen Fällen kann schon eine kurze Verhaltenstherapie eine Phobie für alle Zeiten unterdrücken.

Verhaltenstherapie bei Panikstörung und Agoraphobie

Wenn Sie unter Panikattacken leiden, sehen Sie die Attacke als einen Zusammenbruch des Systems, als Ausnahmezustand, der nicht lange gut gehen und schlimme Folgen haben kann. Das Herz könnte stehen bleiben, im Gehirn könnte eine Blutader platzen, man könnte ersticken.

Eine Hauptarbeit des Psychotherapeuten wird am Anfang darin bestehen, Ihnen klar zu machen, dass eine Panikattacke eigentlich ein normaler Vorgang ist – der allerdings zur falschen Zeit am falschen Ort auftritt. Der Hase, der den Fuchs sieht, hat die gleichen Symptome; sie sollen ihm helfen, die Flucht anzutreten. Wenn Sie sich auf der Flucht befinden oder Ihnen ein Faustkampf bevorsteht, würden Sie es als ganz normal finden, wenn Sie die identischen Symptome wie bei einer Panikattacke haben – Herzrasen, Schwitzen, Zittern oder Luftnot. Die Reaktion des Körpers auf bestimmte erregende Situationen ist kaum unterschiedlich. Ob Sie nun eine gefährliche, anstrengende oder angenehm erregende Tätigkeit vornehmen – stets reagiert der Körper gleichförmig. Wenn Sie zum Beispiel mit einem Mountainbike über Stock und Stein einen Berg hinunterfahren, haben Sie vielleicht die gleichen Symptome wie bei einer Angstattacke – und trotzdem macht Ihnen das Ganze sogar Spaß.

«I'm going red and my tongue's getting tied, I'm off my head and my mouth's getting dry.» (Ich werde rot und meine Zunge klebt, ich drehe durch und mein Mund ist trocken) – dies sind Zeilen aus einem Lied der Rolling Stones. Sie beschreiben die Gefühle eines jungen Mannes, der ohne Umschweife ein Mädchen bedrängt: «Let's spend the night together» (Lass uns die Nacht zusammen verbringen). Hier werden Symptome beschrieben, wie sie bei einer Panikattacke auftreten, aber in einem ganz anderen Zusammenhang – nämlich bei sexueller Erregung. Dies zeigt, dass der Körper negative von positiver Erregtheit gar nicht unterscheiden kann, sondern in beiden Fällen gleich reagiert. Jedes einzelne Symptom einer Panikattacke, wie Schwitzen oder Herzrasen, ist für sich nicht krankhaft. Es ist die Einschätzung dieser harmlosen Erscheinungen als höchst bedrohliche Symptome, die krank macht.

Der Therapeut wird versuchen, Ihnen die Angst zu nehmen, an einer Panikattacke zu sterben. Denn selbst wenn man zu der Einsicht gelangt ist, dass Panikattacken nicht auf einer lebensgefährlichen Erkrankung beruhen, könnte man ja trotzdem mutmaßen, dass während der Attacke das Herz so extrem schnell schlägt, dass es tatsächlich Schaden nehmen kann.

Eine Technik in der Verhaltenstherapie nennt man «Entkatastrophisieren». Wenn Sie unter einer Panikstörung leiden, malen Sie sich wahrscheinlich alles bis hin zur Katastrophe aus. Das «Ministerium für absurde Angst» im Gehirn versucht Ihnen alle möglichen falschen Argumente und unlogischen Erklärungen als Tatsachen zu verkaufen: «Von einer Panikattacke kann man einen Herzinfarkt bekommen» oder «Schmerzen in der linken Brust sind ein Zeichen für einen Herzinfarkt; also muss ich sterben». Dabei benutzt es Argumente wie ein Winkeladvokat: «Ich kann nicht mit meinem Mann nach Mallorca fliegen, denn ich könnte dort eine Panikattacke bekommen; die könnte lebensbedrohlich werden (falsch); ich brauche dann einen Arzt (falsch); dort gibt es keine deutschen Ärzte (falsch); spanische Ärzte auf Mallorca sprechen kein Deutsch (meist falsch), und aufgrund der Verständigungsschwierigkeiten würden die Ärzte falsche Entscheidungen treffen (falsch) und ich würde sterben (falsch).»

In der Verhaltenstherapie werden diese «Katastrophenphantasien» detailliert durchgesprochen. Eine wichtige Frage wäre hierbei: «Was könnte schlimmstenfalls passieren?» Wenn schließlich die logisch falschen und negativen Annahmen aufgespürt worden sind, werden sie in einem nächsten Schritt in positive umgewandelt: «Wahrscheinlich bekomme ich im Urlaub gar keine Panikattacke, und selbst wenn ich eine habe, brauche ich keinen Arzt, sie geht ja von allein vorbei. Und selbst wenn ich einen Arzt brauchen sollte, wimmelt es auf Mallorca von deutschen Ärzten.»

Manche Verhaltenstherapeuten versuchen sogar, ihre Patienten durch kleine, aber gemeine Übungen in ihrer Praxis an die Symptome einer Panikattacke zu gewöhnen. Sie lassen ihre Patienten durch einen Strohhalm atmen, um künstlich einen Sauerstoffmangel zu erzeugen – so wird das Symptom «Luftnot» simuliert. Sie lassen ihre Patienten zwanzigmal tief einatmen, wodurch sie einen Sauerstoffüberschuss bekommen. Oder sie setzen die Patienten auf ihren Bürostuhl und drehen sie schnell im Kreis, um das Symptom «Schwindel» nachzuahmen. Auch jagen sie ihre Patienten eine Treppe hoch oder lassen sie Kniebeugen machen, um Herzrasen auszulösen.

Sie können solche Übungen aber auch als Hausaufgaben von Ihrem Therapeuten aufbekommen. «Fahren Sie bei schönem Wetter mit dem Auto, schließen Sie alle Fenster und drehen Sie die Heizung voll auf.» Oder: «Gehen Sie in die Sauna und lassen sich einen mörderischen Latschenkieferaufguss verpassen.»

Eine konsequente Fortsetzung solcher Lektionen wären sportliche Betätigungen, beispielsweise das Joggen, dessen Wirksamkeit bei Panikstörung nachgewiesen wurde (siehe S. 327). Hierdurch werden Sie ebenfalls an Symptome wie Herzrasen oder Schwitzen gewöhnt. Wenn Sie vorher vielleicht dachten, dass Sie sich schonen müssten, weil Sie ja felsenfest davon überzeugt waren, eine schwere körperliche Erkrankung zu haben, so werden Sie durch diese sportlichen Aktionen eines Besseren belehrt. Wenn Sie nämlich einen Achtkilometerlauf über Stock und Stein lebend überstanden haben, könnten Sie eigentlich davon ausgehen, nicht unter einer koronaren Herzkrankheit zu leiden.

Der erste Schritt in der Behandlung der Agoraphobie besteht im Erkennen fehlerhafter Einschätzungen. Die typischen Situationen, die ein Agoraphobiker meidet, lösen – bewusst oder unbewusst – bei den Patienten immer die gleichen Fehlbewertungen aus. «Geh da nicht rein, da drin ist es gefährlich», sagt eine innere Stimme. «Ich werde im Theater eine Panikattacke bekommen. Nicht auszudenken! Ich werde ohnmächtig, der Notarzt muss kommen, sie müssen mich da mitten aus der 15. Reihe rausholen, was wird das für ein Aufsehen erregen, alle müssen meinetwegen aufstehen, wahrscheinlich muss ich sterben. Es ist besser, ich bleibe draußen.»

Diese Fehleinschätzungen werden auch «automatische Gedanken» genannt. Ohne dass man es steuern kann, drängen sich einem unlogische Gedanken auf wie: «Ich muss das Kaufhaus verlassen, weil die Luft so schlecht ist.» Oder: «In Fahrstühlen geht die Atemluft aus, wenn sie stecken bleiben.» Sie werden lernen müssen, wie man diese automatischen Gedanken erkennt und durch positive ersetzt: «Ich war schon fünfzigmal in diesem Kaufhaus, und ich habe es jedes Mal überlebt.»

Der zweite Schritt besteht in einer praktischen Übung. In dieser müssen Sie trainieren, sich direkt in bestimmte Angst auslösende Situationen zu begeben. Beispiele für derartige Konfrontationsübungen:

- U-Bahn oder Bus fahren
- Fußgängerzonen oder Massenveranstaltungen besuchen
- Kaufhäuser betreten
- Fahrstuhl fahren
- Von Türmen heruntersehen

Sinnvoll ist es, zuerst einmal damit anzufangen, eine Liste mit häufig vermiedenen Situationen aufzustellen, und zwar beginnend mit der Situation, vor der Sie sich am meisten ängstigen:

1 Menschenmengen
2 enge Räume
3 Autofahren
4 Kaufhäuser
5 Fahrstühlc
6 ...

Jetzt kommt die Stunde der Wahrheit. Sie müssen sich ohne Verzug mitten in die Situation hineinbegeben, die Sie am meisten fürchten. Sie müssen sich massiert mit den Angstsituationen konfrontieren und dabei billigend in Kauf nehmen, dass Sie Angstzustände bekommen. Sie müssen dabei völlig mit Angst überflutet werden. Daher wird die Therapie auch «Flooding» (Überflutung) genannt. Am besten beginnen Sie mit der Situation, die auf Ihrer Liste an erster Stelle steht.

Wir haben gesehen, dass die Überflutung besser wirkt als das langsame Herantasten. Sie müssen also in das Kaufhaus gehen und sich Ihre Panikattacke abholen. Wenn Sie länger drinbleiben, wird die Angst automatisch immer weniger, bis Sie merken, dass Sie irgendwann überhaupt nicht mehr den Wunsch verspüren, das Kaufhaus zu verlassen.

Es gibt noch einen weiteren Grund, warum Sie sich mit der Überflutungsmethode behandeln sollten. Oben hatten wir gelernt, dass es das Phänomen der «Löschungsresistenz» gibt (siehe S. 216). Auf eine Fahrstuhlangst übertragen bedeutet dies: Wenn Sie mehrmals einen Fahrstuhl betreten und Angst bekommen haben und dann gleich bei der nächsten Möglichkeit wieder ausgestiegen sind, hat sich erfahrungsgemäß eine ausgeprägte Angst vor dem Lift aufgebaut. Wenn Sie sich diese Angst jetzt wieder abgewöhnen wollen, sollten Sie am besten vier Stunden lang in vollen und leeren Fahrstühlen – möglichst über 14 Stockwerke – ständig auf und ab fahren. Mit dieser Methode könnten Sie sich relativ rasch für alle Zeiten eine Fahrstuhlangst abtrainieren.

Die nun folgenden Tipps können Ihnen vielleicht helfen, die Therapie effektiver zu gestalten.

➽ Tipp 1: Werden Sie selbständig

Zu Anfang wird Ihr Therapeut bei den Konfrontationsübungen anwesend sein. Es könnte aber sein, dass er Sie schon nach einigen Versuchen allein mit dem Fahrstuhl fahren lässt. Das ist relativ wichtig, da die Anwesenheit des Psychotherapeuten die Angst und somit die Wirksamkeit der Übung abschwächt. Zunehmend müssen Sie nämlich selbständiger werden.

Manche Patienten versuchen mit ihrem Therapeuten zu diskutieren: «Sie können machen, was Sie wollen, ich gehe da nicht rein», sagt vielleicht ein Patient zu seinem Therapeuten, der ihn aufgefordert hat, in einen vollen Bus zu steigen. Und das mit einer Inbrunst, als ob der Therapeut verlangt hätte, er solle über einem Kriegsgebiet mit einem Notfallschirm aus dem Flugzeug springen. Besser ist es, nicht zu lange zu diskutieren, sondern einfach das zu tun, was der Therapeut sagt, nach dem Motto: «Augen zu und durch.»

Nicht selten lehnen Patienten eine Konfrontationstherapie kategorisch ab. Entweder haben sie eine unüberwindliche Angst, sich den gefürchteten Situationen auszusetzen, oder sie erhoffen, ihre Angst auf die laue Art loszuwerden, zum Beispiel durch angenehmes Plauschen in gepflegten Ledersesseln.

Aber stellen Sie sich vor, Sie wollen Skifahren lernen und Ihr Skilehrer tut nichts anderes, als Ihnen ein Video zu zeigen, in dem andere Leute Ski fahren. Vielleicht gibt er noch ein paar Erklärungen ab zu dem, was da auf dem Bildschirm vor sich geht. So lernt man nie Ski fahren! Sie müssen schon selbst raus auf den Berg und mit der Nase in den kalten Schnee fallen.

Tipp 2: Der Krankheitsgewinn

Obwohl jemand, der eine Agoraphobie hat, schwer benachteiligt erscheint, hat er durch die Erkrankung, so paradox es klingt, auch einen Gewinn. Dies zeigt das folgende Beispiel: Eine 43-jährige Frau fühlte sich von ihrem Mann vernachlässigt, da er zunehmend in seinem Beruf – er war Leiter eines Baumarkts – eingespannt war. Zudem traf er sich fast häufiger mit seinen Freunden von der Doppelkopfrunde als mit seiner Ehefrau. Nachdem sie eine schwere Panikstörung mit Agoraphobie entwickelte, machte er sich große Sorgen um seine Frau. Er teilte ihre Furcht, dass vielleicht doch eine schleichende Herzerkrankung hinter den Symptomen stecken könnte, und begleitete sie daher zu zahlreichen Arztterminen. Zunehmend klagte seine Frau, dass sie ohne ihn nicht mehr zum Frisör, zum Optiker oder in die Stadtbibliothek gehen könne. Wenn sie dadurch auch ihre eigene Bewegungsfreiheit immer weiter einschränkte, so merkte sie aber andererseits, dass sie jetzt viel mehr Gelegenheiten hatte, mit ihrem Mann zusammen zu sein. Bewusst oder unbewusst hatte sie dadurch einen Gewinn erzielt.

Behutsam machte ich der Patientin diesen Mechanismus in der Verhaltenstherapie klar. Ich zeigte ihr, dass die Agoraphobie nur die zweitbeste Lösung war, die Aufmerksamkeit des Ehemannes zu erreichen. Ich wies sie darauf hin, dass eine solche Fürsorge der Angehörigen meist nicht lange anhält. Es sei zu erwarten, dass ihr Ehemann, der nun ständig gezwungen war, sie überallhin zu begleiten, irgendwann entnervt sein würde. In einem Paargespräch brachte ich zur Sprache, dass der Ehemann durch die Verhaltenstherapie in einen Konflikt kommen könnte: Einerseits könne er seine Frau nicht ständig begleiten, dadurch fördere er ja nur ihr Vermeidungsverhalten; andererseits könne sie sich, wenn er sie nicht unterstützend begleite, bei ihm deswegen beklagen – bis hin zu dem Vorwurf, dass er sie wahrscheinlich nicht liebe. Es gelang mir, dem Paar deutlich zu machen, dass es in solchen Fällen immer besser ist, wenn der Angehörige mit dem Therapeuten an einem Strang zieht – also empfahl ich dem Mann, sein Frau nicht permanent zu beschirmen.

Tipp 3: Lerne klagen, ohne zu leiden

Die ausführliche Schilderung der körperlichen Ausdrucksformen der Angst, die während der Panikattacken auftreten, verschafft dem Kranken Erleichterung. Mitgeteiltes Leid ist halbes Leid. Und so ist es manchmal für den Betroffenen ausgesprochen angenehm, guten Freunden, Verwandten oder anderen Angstpatienten in epischer Breite sämtliche Symptome einer Angstattacke auszumalen. Wenn sich Partner oder gute Freunde solche Klagen zunächst aufmerksam angehört und mit Mitleid reagiert haben, schlägt dieses Mitgefühl bald in Unverständnis, Ungeduld oder gar offene Ablehnung um. Manche Patienten versuchen daraufhin, sich diese Erleichterung im Gespräch mit dem Arzt oder dem Psychotherapeuten zu verschaffen, indem sie wiederholt auf eine detaillierte Beschreibung ihrer Symptomatik zurückkommen. Der, so meinen sie mit einem gewissen Recht, verdiene ja sein Geld damit, sich die Klagen anzuhören.

Wundern Sie sich aber nicht, wenn der Psychotherapeut irgendwann nicht mehr dazu bereit ist, die hundertzwanzigste Darstellung einer Panikattacke geduldig zu ertragen. Nicht etwa, weil er davon entnervt ist – das ist ja schließlich sein Job –, sondern weil das Klagen nicht gerade zur Besserung der Angst beiträgt. Wenn auch aufmerksames, einfühlsames Zuhören den Aufbau einer therapeutischen Beziehung begünstigt, so muss auch die Gefahr gesehen werden, dass dadurch krankheitsverstärkende Prozesse gefördert werden. Eine Berichterstattung über körperliche Beschwerden wird der Therapeut daher nicht durch aufmerksames Zuhören oder Trostspenden belohnen.

Verhaltenstherapie bei Einfacher Phobie

Kaum eine psychische Erkrankung lässt sich so rasch mit einer Verhaltenstherapie behandeln wie eine Einfache (Spezifische) Phobie. Ohne Diplompsychologe zu sein, hatte Johann Wolfgang von Goethe bereits 1832 beschrieben, wie er sich selbst erfolgreich mit einer Verhaltenstherapie gegen seine Höhenphobie behandelte:

> Ich bestieg ganz allein den höchsten Gipfel des Münsterturms und saß in dem so genannten Hals unter dem Kopf oder der Krone, wie man's nennt, wohl eine Viertelstunde lang, bis ich es wagte, wieder heraus in die freie Luft zu treten, wo man auf einer Platte, die kaum eine Elle ins Geviert haben wird, ohne sich sonderlich anhalten zu können, stehend das unendliche Land vor sich sieht, indessen die nächsten Umgebungen und Zieraten, die Kirche und alles, worauf und worüber man steht, verbergen. Es ist völlig, als wenn man sich auf einer Montgolfière in die Luft erhoben sähe. Dergleichen Angst und Qual wiederholte sich so oft, bis der Eindruck mir ganz gleichgültig war.[115]

Das Prinzip ist sehr einfach: Man muss sich der Angst aussetzen. Wer eine Spinnenangst hat, muss sich Spinnen über den Unterarm laufen lassen; wer Angst vor tiefem Wasser hat, muss hineinspringen. Schon früh haben Verhaltenstherapeuten herausgefunden, dass man, anstatt den Patienten zu erzählen, dass Höhen ungefährlich seien, sie lieber auf einen Turm schickt.

Menschen, die unter einer Einfachen Phobie leiden, gehen allerdings selten zu einem Arzt oder Psychologen und lassen sich deswegen behandeln. Meist haben sie gelernt, die gefürchteten Situationen elegant zu umgehen. Dabei wird ihr Aktionsradius bei weitem nicht so eingeschränkt wie bei den anderen Angsterkrankungen. Trotzdem ist es schade, dass sich viele nicht trauen, ihre Ängste behandeln zu lassen, denn die Einfachen Phobien lassen sich oft in ein paar Sitzungen kurieren.

Eine meiner Patientinnen, die 19-jährige Studentin Jeanine D., hatte im Sommer große Angst, dass ihr eine Wespe in den Hals fliegen und sie dort stechen könnte, sodass sie ersticken müsse. Daher verließ sie das Haus in dieser Zeit überhaupt nicht mehr. An einem Tag mit extremem Wespen-Verkehrsaufkommen kaufte ich zwei

Stücke Erdbeerkuchen mit Schlagsahne und setzte mich mit der Patientin ins Freie. Hunderte von Wespen stürzten sich auf den Kuchen. Auf jedem Stück, das wir in den Mund schoben, saßen mindestens zwei bis drei dieser Insekten, die man vorsichtig wegpusten musste. Tapfer aß die junge Studentin den Kuchen. Heute kann ich zugeben, dass ich den Kuchen damals auch nicht besonders entspannt genießen konnte. Aber die Aktion war erfolgreich: Jeanine D. verlor ihre Angst vor Wespen und konnte sich wieder völlig frei bewegen.

Verhaltenstherapie bei Generalisierter Angststörung

Früher wurden Menschen mit einer Generalisierten Angststörung mit «Entspannungsverfahren» behandelt. Man hatte die Hoffnung, dass sich die große Ruhe, die sich während der Entspannungssitzung ausbreitete, auch auf den Alltag ausdehnen würde. Doch die Hoffnung war, wie man sich denken kann, trügerisch. Zwar fühlten sich sämtliche Patienten während der Entspannungsübungen wunderbar relaxed. Wenn sie aber der Alltag dann mit der vollen Breitseite traf, war es rasch vorbei mit der Ruhe.

Bei der Generalisierten Angststörung beschäftigt man sich in der heutigen Verhaltenstherapie zunächst mit den Angstsymptomen. Dabei muss der Betroffene lernen, dass es sich bei den gespürten Symptomen wie Herzrasen oder Zittern nicht um Anzeichen eines Funktionsausfalls im Körper handelt, sondern um Angstsymptome, die völlig ohne Grund oder in übersteigerter Form auftreten. Hier gelten dieselben Regeln wie bei der Behandlung von Panikattacken.

Zudem muss ein anderes Phänomen angegangen werden: die übertriebene Angst, dass einem selbst, den Verwandten oder anderen lieben Menschen etwas zustoßen könnte. «Als Erstes», so teilte ich meiner Klientin Isabell V. mit, «hören Sie auf, täglich Ihre Tochter anzurufen.» Frau V. rief nämlich ihre Tochter Sandra nicht an, weil sie mit ihr plaudern wollte, sondern weil sie ständig befürchtete, dass ihr oder dem Enkelkind Felix etwas zustoßen könnte. Die Tochter fühlte sich durch diese Anrufe bereits hochgradig bedrängt.

Ich versuchte, mit Frau V. einen Vertrag zu schließen, dass sie nur einmal in der Woche bei ihrer Tochter anrufen dürfe. «Aber was dann? Wenn ich nicht angerufen habe, mache ich mir permanent Sorgen. Von sich aus würde Sandra nie anrufen und sagen, dass alles in Ordnung sei», entgegnete Frau V. «Wenn Ihrer Tochter wirklich etwas Schlimmes zustoßen würde», erwiderte ich, «würden Sie das schneller erfahren, als Ihnen lieb ist. Wenn Sandra sich nicht meldet, ist es das beste Zeichen, dass es ihr gut geht.» Dadurch, dass Frau V. es sich verkneifen musste, einen Kontrollanruf durchzuführen, kam es bei ihr natürlich zu verstärkter Angst. Jetzt musste Frau V. lernen, diese Angst auszuhalten, bis sich der Körper an die durch die Ungewissheit ausgelöste Angst gewöhnt hatte.

Verhaltenstherapie bei Sozialer Phobie
Wie auch bei der Behandlung der anderen Angsterkrankungen teilt sich die Verhaltenstherapie der Sozialen Phobie in einen theoretischen und einen praktischen Teil. Am Anfang wird der Psychotherapeut auf die häufig unrealistische Einschätzung der eigenen Fähigkeiten eingehen, die ein Patient mit einer Sozialen Phobie hat.

Richard F., ein Student der Biologie mit einer Sozialen Phobie, den ich in meiner Sprechstunde behandelte, konnte keine Tageszeitung am Kiosk kaufen, ohne dabei rot zu werden und zu stammeln. Er befürchtete, selbst den einfachen Satz «Eine *Süddeutsche*, bitte» nicht herausbringen zu können, ohne sich dabei zu verhaspeln. Der Zeitungsverkäufer, so nahm er an, könnte ihn für dumm und tölpelhaft halten – was abwegig war, denn Richard F. konnte druckreif formulieren.

In der Therapie geht es darum, solche übertrieben negativen Selbsteinschätzungen zu korrigieren. «Sie haben Ihr Abitur mit 1,4 abgeschlossen», sagte ich zu ihm. «Sie haben gerade ein Begabtenstipendium erhalten. Damit sind Sie wahrscheinlich intelligenter als, sagen wir, 97,3 Prozent der Bevölkerung. Warum, zum Teufel, vermuten Sie, dass Sie unfähiger sind als der ganze Rest der Menschheit?»

Wie die meisten Menschen mit Angsterkrankungen haben auch

Personen mit einer Sozialen Phobie eine zwiespältige Einschätzung ihrer individuellen Fähigkeiten. Einerseits können sie ihre positiven Seiten und Befähigungen durchaus realistisch beurteilen, andererseits werden sie immer Befürchtungen befallen, dass sie auf andere Menschen ungeschickt, linkisch, peinlich, ungebildet oder inkompetent wirken. In der Therapie gilt es, die realistische Selbsteinschätzung zu stärken und die wirklichkeitsferne Geringschätzung der eigenen Talente und Leistungen zu berichtigen.

Die Therapie hat natürlich auch einen praktischen Teil. Der erste Abschnitt dieses Kurses könnte so aussehen, dass mehrere Menschen mit einer Sozialen Phobie in einer Gruppe «Rollenspiele» einüben. In dieser Phase der Therapie ist man unter sich, und die Übungen werden als nicht so unüberwindlich empfunden, da man ja weiß, dass auch die anderen in der Gruppe schüchtern und zurückhaltend sind.

So muss zum Beispiel der Pferdezüchter Karl-Heinz W. vor den anderen Mitgliedern seiner Therapiegruppe eine Rede über Turnierpferde halten. Der Versicherungsangestellte Rudi M. soll mit einem Leidensgenossen ein Streitgespräch spielen, wobei Rudi M. sich selbst und der Gegenpart seinen Abteilungsleiter mimt, der versucht, ihn nach Strich und Faden fertig zu machen. Simone P. darf den anderen Witze erzählen. Jochen K. führt mit einem Teilnehmer der Gruppe ein Bewerbungsgespräch durch.

Im zweiten Teil der Therapie werden die Daumenschrauben angezogen. Jetzt wird der Ernstfall geprobt. Die Teilnehmer der Therapiegruppe müssen in «echte» Situationen hineingehen. Eine typische Übung, die ich mit Patienten in der «Soziale-Phobie-Gruppe» durchführte, sah beispielsweise so aus: An einem Freitagnachmittag traf ich mich mit meinen Patienten in der Fußgängerzone und gab ihnen Anweisungen. Erste Übung: «Sie gehen in ein Handy-Geschäft. Sie lassen sich etwa zwanzig Minuten lang die Eigenschaften eines Handys erklären und fragen, welche Klauseln es im Vertrag gibt. Und das, obwohl Sie die ganze Zeit wissen, dass sie gar kein Handy kaufen wollen. Dann fangen Sie einen Streit an, zum Beispiel, indem Sie sagen, dass das Handy nicht gut in der Hand liege, ein mäßiges Design habe, der Vertrag viel zu teuer sei und so weiter … Ihr Ziel ist es, dass der sonst so superarrogante Verkäufer am Ende schweißgebadet ist.»

Anschließend hatten die Teilnehmer eine besonders peinliche Übung durchzuführen: Sie mussten mit erhobenen Armen durch die Menschenmengen gehen und ertragen, dass die Passanten sie für betrunken oder verrückt hielten. Andere «Blamier-Übungen» folgten: «Fragen Sie bitte Passanten, wo sich das Katholische Postamt befindet.» Zum Schluss teilte ich Regenschirme an meine Gruppe aus. Ein Blick zum Himmel: strahlender Sonnenschein. Die Teilnehmer der Gruppe ahnten schon, was ihnen blühte: Sie sollten mit aufgespannten Regenschirmen durch die Straße laufen. Dabei mussten sie registrieren, wie sich andere Menschen verhalten, die sie dabei beobachten. Die meisten Gruppenmitglieder berichteten nachher, dass sie ganz erstaunt waren, wie wenig Notiz von ihnen genommen wurde. «Das war's für heute, Sie haben Ihre Arbeit gut gemacht», sagte ich dann zu meinen Schützlingen. «Nächste Woche ziehen Sie sich bitte die unmöglichsten Klamotten an: eine zu kurze Latzhose, einen orangefarbenen Schlips, einen Hut mit Gamsbart, was auch immer Sie gerade finden. Sie wissen, wie unser Motto lautet: «Geht nicht, gibt's nicht.»

Meine Erfahrung mit derartigen Übungen war, dass die Patienten zunächst große Angst vor ihnen hatten, sie aber schließlich mit wachsender Begeisterung durchführten.

Verhaltenstherapie bei Prüfungsangst

Die übergroße Angst vor Prüfungen ist eine Unterform der Sozialen Phobie. Meist trifft sie Menschen, die sehr ehrgeizig und leistungsorientiert sind. Sie befürchten – oft ohne Grund –, die Prüfung nicht zu bestehen. Dann kann es dazu kommen, dass sie sich durch ihre unrealistische Angst selbst behindern. Bei den Prüfungsvorbereitungen sind sie so sehr auf ihre Angst vor dem Durchfallen fixiert, dass sie sich nicht auf den Stoff konzentrieren können. Im schlimmsten Fall behindern sie sich tatsächlich selbst, indem sie sich nicht ausreichend auf die Prüfung vorbereiten können.

Ein Hauptziel der Therapie ist es, die eigenen Fähigkeiten besser einschätzen zu können: «Sie haben alle bisherigen Klausuren mit eins oder zwei bestanden. Warum glauben Sie, dass Sie ausgerechnet jetzt durchfallen?», frage ich die Patienten, um sie auf den Boden der Tatsachen zurückzubringen. Außerdem werden in der Therapie die «katastrophischen Befürchtungen» entlarvt, die Menschen mit einer übertriebenen Prüfungsangst haben: «Ich werde einen ganz schrecklichen Prüfer bekommen, und obwohl ich ausreichend gelernt habe, werde ich da sitzen und kein Wort herausbringen, ich werde durchfallen, dann werde ich die Prüfung in einem halben Jahr wiederholen müssen, ich werde wieder durchfallen, dann werde ich aus der Universität geworfen; meine Eltern werden mir kein Geld mehr zahlen, ich muss einen Job als Hilfsarbeiter annehmen ...» Gemeinsam mit dem Therapeuten soll jetzt der Patient versuchen, diese unrealistischen Einschätzungen durch realitätsnähere zu ersetzen.

Psychoanalytisch orientierte Therapie

Verborgen auf der Festplatte

Eine völlig andere Technik wird in der psychoanalytischen Therapie angewandt. Diese Behandlung basiert auf folgender Grundannahme: Die Symptome des Patienten gehen auf seelische Vorgänge zurück, die in der Kindheit aus dem Bewusstsein ins Unbewusste verschoben wurden und da jahrelang verborgen blieben. Wenn es gelingt, diese unbewussten Gedanken aus dem «Maschinenraum der Seele» ans Tageslicht zu holen, verschwinden die Symptome.

Bei diesen verborgenen Gedanken handelt es sich um Konflikte. Was bedeutet nun Konflikt in diesem Zusammenhang? Auf Seite 143 hatten wir über das Es und das Über-Ich gesprochen. Das Es hat bestimmte Wünsche und Begierden, die nicht alle jugendfrei sind. Zum Beispiel kann das kleine Mädchen Anne B. – nach den Vorstellungen der Psychoanalyse – im Unterbewusstsein den Wunsch haben, mit seinem Vater zu schlafen. Das Über-Ich tadelt das Kind für diese Wünsche, obwohl sie niemals in die Tat umgesetzt werden würden. Jetzt setzen so genannte Abwehrmechanismen ein. Ein beliebter Abwehrmechanismus ist die «Verdrängung». Dadurch wird versucht, den Konflikt in eine Ecke der Festplatte des Gehirns zu schieben, die dem Gehirn-User selbst nicht zugänglich ist, nämlich in das Unbewusste. Der Konflikt wird also nicht gelöscht, sondern bleibt auf dem Dachboden des Gehirns unter einer alten verstaubten Wolldecke liegen. Er verhält sich dort aber nicht ruhig, sondern meldet sich ab und zu mit kleinen Sticheleien. Der Abwehrmechanismus der Verdrängung erleichtert also nicht das Leben, sondern macht im Gegenteil krank, weil der verborgene Konflikt aus dem Unbewussten heraus die neurotischen Symptome verursacht.

Später kann der frühere Konflikt durch bestimmte Ereignisse «reaktualisiert» (zum Leben erweckt) werden. Das kleine Mädchen ist inzwischen eine erwachsene Frau, und in einer Kurklinik hat sie einen «Kurschatten» namens Karl-Heinz F. kennen gelernt, mit dem sie Oralverkehr hat. Wieder zu Hause bei ihrem ahnungslosen Mann, packt sie das schlechte Gewissen. Der in ihrem Unbewussten seit der Kindheit schlummernde Konflikt meldet sich jetzt wieder und erzeugt bei ihr eine Angstsymptomatik mit einem Kloß- und Engegefühl im Hals. Dies ist so schlimm, dass sie mehrere hundert Male am Tag schlucken muss. Weder die Patientin noch alle zu Rate gezogenen HNO-Spezialisten sehen den Zusammenhang zwischen dem rätselhaften Kloßgefühl und dem Kurschatten.

Jetzt tritt der Psychoanalytiker auf den Plan. Er wendet bestimmte Techniken an, um an die unbewussten Gedanken von Anne B. heranzukommen. Zum Beispiel lässt er die Patientin in der Therapiestunde einfach erzählen, was ihr gerade einfällt. «Freies Assoziieren» nennt man diese Technik. Der Analytiker hört sich über Stunden genau an, was der Patient berichtet. Das lange, nachdenkliche Schweigen des Analytikers wird von der Patientin jedoch nicht als produktiv empfunden: «Ich erzähle ihm dauernd was – der sitzt aber nur da und sagt nichts. Wie soll ich davon gesund werden?» In Wirklichkeit entdeckt der Analytiker in den scheinbar zusammenhanglosen Schilderungen der Patientin immer wieder Hinweise auf unbewusste Inhalte, die der Patientin selbst verborgen bleiben. Er hofft, dass sich die Klientin dann und wann verplappert und ihm einen «Freud'schen Versprecher» liefert. Dabei handelt es sich um eine Fehlleistung, die das Unbewusste zum Vorschein bringen kann. Wenn eine Frau zum Beispiel sagt: «Ich habe 1997 gegen meinen Mann geheiratet», so lässt dieser Versprecher – Sie haben richtig geraten – auf eine unbewusste Abneigung gegen den Gatten schließen.

Auch die Traumdeutung ist eine Technik, die unbewussten Inhalte aufzudecken. Im Traum, so die Psychoanalyse, melden sich die verborgenen Gedächtnisspuren zurück. Träume seien verschlüsselte Hinweise auf den Konflikt zwischen menschlichen Wünschen und Verboten. Wenn die Patientin am nächsten Tag ihren Traum dem Analytiker erzählt, so kann dieser die zunächst verworren klingenden Traumgeschichten auseinander pflücken und Hinweise auf verborgene Konflikte aufspüren.

Wenn es dann so weit ist, dass der Analytiker genug Material gesammelt hat, geht er zum nächsten Schritt über – zur «Deutung». Damit ist gemeint, dass er der Patientin klar macht, auf welchen verschlungenen Wegen es dazu gekommen ist, dass ihre früheren, unbewussten, sündigen Gedanken in der Kindheit 30 Jahre später zu dem Kloßgefühl geführt haben. Dabei wird die Enge im Hals so interpretiert, dass sie das Gefühl hat, dass der Penis von Karl-Heinz F. noch in ihrem Hals stecken würde. Nach dieser Deutung soll es dann planmäßig zu einer «Katharsis» (Reinigung) der Seele kommen. Die negativen Gedächtnisinhalte treten offen zutage und können dann gelöscht werden. Im Fall der Anne B. würde der Analytiker einen geeigneten Zeitpunkt abwarten und der Patientin dann behutsam seine Deutung des Konflikts erklären, wobei er den Bogen von den verborgenen Inzestphantasien ihrer Kindheit über den Oralverkehr mit dem Geliebten bis hin zum Kloßgefühl zieht.

Warum kann die Patientin aber nicht selbst die verborgenen Inhalte aus ihren eigenen Assoziationen oder Träumen herauslesen? Scheinbar hat das Gehirn eine Sperre eingebaut, die dafür sorgt, dass offensichtliche Hinweise auf versteckte Konflikte vom Betroffenen selbst nicht erkannt werden. Jeder Außenstehende – vor allem aber der Psychoanalytiker mit der entsprechenden Vorbildung – ist in der Lage, solche Dinge zu erkennen, nicht aber der Gehirn-Besitzer selbst. Wird der Patientin nun durch die Deutung des Therapeuten ein Zugriff auf ihre versteckt gebliebenen Denkinhalte gewährt, setzt der Heilungsprozess ein.

Vorher aber regt sich der «Widerstand». Der eingebaute Mechanismus, der dafür gesorgt hat, dass die verbotenen Gedanken im Verborgenen blieben, will auch weiter verhindern, dass sie ins Bewusstsein treten. Daher kann es passieren, dass dem Psychoanalytiker, der seine Klientin mit einer Deutung konfrontiert, Skepsis oder Ablehnung entgegenschlagen. Wenn also der Therapeut zu Anne B. sagt: «Sie wollten als kleines Mädchen mit Ihrem Vater schlafen», und die Patientin entgegnet: «Was haben Sie nur für perverse Gedanken?», so nennt man das Widerstand. Wenn die Patientin die Deutung vehement ablehnt, so wird der Analytiker nicht etwa annehmen, dass er mit seiner Deutung danebenlag, sondern dass er ganz im Gegenteil in ein Wespennest gestochen hat. In weiteren Gesprächen versucht der Therapeut nun, die Klientin davon zu überzeugen, dass er doch Recht hat. Ob ihm das gelingt, hängt davon ab, ob er zu seiner Patientin eine gute Beziehung aufgebaut hat.

Wie in jeder psychoanalytischen Therapie wird auch in der Angstbehandlung die Ausbildung einer «Übertragungsbeziehung» als wichtig angesehen. Mit Übertragung ist gemeint, dass der Psychoanalytiker die Rolle einer früheren Bezugsperson übernimmt. Wird zum Beispiel die Entstehung einer seelischen Erkrankung der problematischen Beziehung zur Mutter zugeschrieben, so kann beispielsweise ein zuverlässiger, Zuneigung zeigender Psychotherapeut die Stelle der früher unzuverlässigen, abweisenden Mutter einnehmen. Nur wenn sich eine tragfähige Übertragungsbeziehung ausgebildet hat, wird es dem Analytiker gelingen, Anne B. von seiner Deutung zu überzeugen. Dann kommt es bei der Patientin zum großen «Aha-Moment», der Konflikt löst sich, und das Kloßgefühl und alle Ängste verschwinden rasch.

So weit die Theorie. Das beschriebene Vorgehen klingt einleuchtend und plausibel. Allerdings bleiben jetzt viele Fragen offen.

Viele Annahmen der Psychoanalyse sind unüberprüfbar. Existiert überhaupt ein Über-Ich? Wir können nicht einen Reißverschluss am Kopf aufmachen und nachsehen, ob es da ist. Gibt es tatsächlich eine Verdrängung? Gedächtnisforscher zweifeln dies an. Melden sich unbewusste Gedanken in den Träumen? Heute weiß man, dass man Träume nicht deuten kann. Die verworrenen Geschichten, die sich in Träumen abspielen, sind, wie ich glaube, nur ein Ausdruck dafür, dass das Gehirn seine Gedanken sortiert. Dabei werden Bruchstücke von Dateien, die quer über die Festplatte des Computers verteilt sind, nachts wieder zusammengeführt («defragmentiert»), um das Gehirn für den nächsten Tag wieder fit zu machen. Aus diesem Gedankensalat unbewusste Inhalte herausfiltern zu wollen ist Kaffeesatzleserei.

Auch diese Fragen bleiben offen: Welche allgemeinen Prinzipien gibt es in der Analyse, Angst zu behandeln? Kann man traumatische Erfahrungen aus der Kindheit viele Jahre später aufdecken? Die wichtigsten Überlegungen aber lauten: Wirkt die tiefenpsychologische Behandlung überhaupt? Wirkt sie besser, als einfach abzuwarten? Wirkt sie besser, als mit der Großmutter zu reden? Wirkt sie genauso gut oder gar effektiver als eine Verhaltenstherapie? Und wirkt sie dauerhaft? Denn was nützt es, die komplizierten Wege zu verstehen, die zu einem neurotischen Symptom geführt haben, wenn es dem Patienten nachher keinen Deut besser geht?

Wenn man in psychoanalytischen Büchern nachlesen will, wie man Menschen mit Angststörungen behandeln sollte, wird man vergeblich nach klaren Handlungsanweisungen suchen. Allgemein gültige Regeln, die man in allen vergleichbaren Lehrbüchern in ähnlicher Form wiederfinden müsste, scheint es nicht zu geben. Manuale, also klare «Gebrauchsanweisungen» zur Durchführung der Behandlung, wie sie in der Verhaltenstherapie angewendet werden, sind in der psychoanalytischen Therapie verpönt. Wie auch jede psychoanalytische Publikation über Ängste ganz verschiedene und immer wieder neue Ursachen für die Erkrankungen sucht, so wird man dementsprechend auch in jedem Artikel völlig unterschiedliche Vorgehensweisen zur Behandlung finden.

In analytischen Lehrbüchern werden den Ausbildungskandidaten höchstens ein paar vage Ratschläge gegeben, wie etwa, man solle «das Ich des Patienten stärken», als sei das so trivial, wie ein Hemd zu stärken, oder man solle die «Angstbewältigungsmechanismen verbessern», ohne dabei näher zu sagen, wie das zu bewerkstelligen sei.

Sicher, jeder Mensch mit Ängsten ist verschieden, und man kann nicht alle über einen Kamm scheren. Angesichts der Millionen von Menschen mit Angsterkrankungen sollte es aber nach hundert Jahren Psychoanalyse möglich sein, etwas Gemeinsames zu finden und ein paar allgemeine Regeln zur Behandlung von Angstpatienten aufzustellen. Wie, wenn man solche schwammigen Methoden in der übrigen Medizin anwenden würde? Stellen Sie sich vor, ein Patient leidet unter heftigem Erbrechen, Kopfschmerzen und allgemeiner Schwäche. Er sucht eine Klinik auf. Der junge Arzt hat keine Ahnung, welche Untersuchungen er durchführen und welche Therapie er anwenden muss. Er ruft seinen Oberarzt, und der teilt ihm mit: «Dieser Mann hat so ein Kopfproblem, und wir sägen vielleicht die Schädelkalotte auf und schauen mal nach. Dann nehmen wir ein Skalpell und einen scharfen Löffel, stochern hier mal rum und da, kratzen ein bisschen was raus und saugen was ab. Der Rest wird sich schon geben.»

Bearbeitung traumatischer Erfahrungen

Was ist nun mit den traumatischen Erfahrungen in der Kindheit, die wohl eindeutig von Patienten mit einer Panikstörung gehäuft berichtet werden (siehe S. 130)? Müssen solche schrecklichen Erlebnisse, wie zum Beispiel ein früherer sexueller Missbrauch, nicht in der Therapie aufgearbeitet werden? Ist es nicht notwendig, so lange im Gedächtnis zu kramen, bis die verschütteten Erinnerungen über frühere Vorkommnisse zutage treten, damit die Seele gereinigt werden kann? So könnte es zum Beispiel sein, dass ein Vater mit seiner Tochter Inzest betrieben hat und die Tochter dieses schreckliche Erlebnis als so belastend empfand, dass sie das Vorkommnis «verdrängt» hat.

Wie bereits gesagt, gibt es dieses behauptete Phänomen der Verdrängung wahrscheinlich nicht. Wenn aber tatsächlich eine Vergewaltigung stattgefunden hat, die auch erinnert wird, muss dann nicht ein solches Ereignis trotzdem in der Therapie besprochen werden, um dem Opfer nachträglich zu helfen?

Das ist eben die Frage. Intuitiv würde man vermuten, dass es wahrscheinlich äußerst schwierig ist, ein 15 bis 30 Jahre zurückliegendes schreckliches Ereignis allein durch Reden wieder gutzumachen. Was aber, wenn man dadurch alles nur noch schlimmer macht, indem man die alten Geschichten wieder aufrollt? Kann es nicht sogar zu einer anhaltenden Verschlechterung der Symptome kommen, wenn alte Wunden wieder aufgerissen werden?

Ehemalige Soldaten, die unter einem «posttraumatischen Belastungssyndrom» litten, weil sie im Krieg grauenhafte Dinge erlebt hatten, versuchte man mit einer Verhaltenstherapie zu behandeln. Da man bei der Therapie von Phobien gelernt hatte, dass Ängste am besten weggehen, wenn man sich mit ihnen auseinander setzt, zeigte man den Exsoldaten im Rahmen einer wissenschaftlichen Untersuchung Filme mit drastischen Kriegsereignissen. Anders als bei der Therapie von Phobien hatte die Rosskur bei den ehemaligen Soldaten aber die umgekehrte Wirkung. In drei solcher Behandlungsstudien kam es zu einer erheblichen Verschlechterung der Symptome. Folglich hat man keine Garantie dafür, dass eine «Traumatherapie» bei Patienten mit belastenden Kindheitsereignissen nicht nach hinten losgeht, wenn man dieses Vorgehen nicht wissenschaftlich korrekt untersucht.

Solange es keine Nachweise für eine spezifische Wirkung der Psychoanalyse gibt, können wir nicht wissen, ob die Bearbeitung kindlicher Traumata die Erkrankung bessert, gleichlässt oder sogar verschlechtert. Selbst wenn man eine Mitverursachung der Angsterkrankung durch ein traumatisches Kindheitserlebnis als sehr wahrscheinlich annimmt, so muss das nicht heißen, dass man diese Erkenntnis überhaupt dazu verwenden kann, um die Erkrankung zu heilen. Die *Analyse* einer seelischen Störung ist eben nicht das Gleiche wie die *Heilung*. Vielleicht ist das Wissen über Ursachen der Erkrankung für den Patienten genauso hilfreich wie ein wunderbar scharfes Ultraschallbild, das eine Leber voller Krebsmetastasen zeigt.

Mordgedanken auf der Spur

René F., ein Chemiestudent, kam in meine Sprechstunde. Er berichtete, dass er seit drei Jahren wegen einer Zwangsstörung eine Psychoanalyse mache. Sein Symptom sei, dass er ständig denken müsse, dass er einen geliebten Menschen ermorden könnte – zum Beispiel seine hübsche Freundin oder seine eigene Mutter. Dies ist übrigens ein typischer Zwangsgedanke, wie er bei vielen Menschen mit einer Zwangsstörung auftritt. Allerdings bleibt es immer bei den Gedanken. Es kommt praktisch nie vor, dass jemand diesen Zwangsgedanken in die Tat umsetzt. Natürlich gibt es Männer, die ihre Freundin ermorden; dann handelt es sich aber so gut wie nie um Menschen mit einer Zwangsstörung.

Renés Freundin Claudia traute ihm eigentlich nicht zu, dass er irgendjemandem ein Haar krümmen könnte. Trotzdem war ihr nicht wohl in ihrer Haut, wenn sie nachts neben ihm im Bett lag. Würde René seine bizarren Gedanken eines Tages nicht vielleicht doch in die Tat umsetzen? Dennoch erschien ihr der Gedanke zu abwegig, als dass sie den Entschluss fasste, sich von ihrem Freund zu trennen.

René kam ihr zuvor. Er löste die Beziehung zu Claudia, weil er «nicht mit Sicherheit ausschließen konnte, dass er ihr nicht doch etwas antue». Das Schlimme an Zwangsgedanken ist, dass immer Restzweifel bleiben. Immer wieder wird überlegt, ob es nicht doch zum Äußersten kommen könnte. Diese Angst beschäftigt den Betroffenen dann 16 Stunden täglich.

Dies alles berichtete René F. seinem Psychotherapeuten, Dr. Winterstein. In unzähligen Sitzungen sprach René über seine Kindheit und seine Eltern, die beide sehr ordnungsliebende, pedantische Menschen waren, wobei diese zwanghaften Züge lange nicht das krankhafte Ausmaß angenommen hatten wie bei ihrem Sohn. Der Analytiker führte den Gedanken des Klienten, seine Freundin ermorden zu wollen, auf eine latente Homosexualität zurück, eine Deutung, mit der René nichts anfangen konnte.

Bald hatte er eine neue Freundin, und es kam, was kommen musste. In dem gleichen Maße, in dem er sich in sie verliebte, wuchsen wieder die Zweifel, ob er sie nicht ermorden könnte, ohne es zu wollen. Er trennte sich wieder.

Nach zwei Jahren Analyse fragte er den Therapeuten, wann er denn damit rechnen könne, dass die Symptome sich unter der Therapie bessern würden. Bisher habe er immer nur eine Verschlimmerung beobachtet. Dr. Winterstein wollte sich nicht festlegen und entgegnete, eine Therapie brauche manchmal lange. Er sei aber auf dem besten Wege, den zugrunde liegenden Konflikt herauszuarbeiten, und es sei nicht ungewöhnlich, dass es gerade dann zu einer Verschlechterung komme, wenn man dem Konflikt auf der Spur sei.

Nach einem weiteren Jahr waren neue, eigentümliche Symptome hinzugekommen. René musste ständig alles Mögliche kontrollieren: «Habe ich die Haustür abgeschlossen, den Herd ausgemacht, die Kaffeemaschine ausgeschaltet, das Licht ausgeknipst?» Fünf- bis sechsmal musste er zurücklaufen, um alles erneut zu überprüfen. Wenn er auf der Straße ging, musste er die Gehwegplatten nach einem bestimmten Muster betreten, weil er sonst befürchtete, dass auf magisch-mystische Art etwas Furchtbares passieren könnte.

René wurde immer verzweifelter, und immer intensiver wurden die Gedanken, seinem Leben ein Ende zu setzen, da er keinerlei Hoffnung auf Besserung sah. Im Gegenteil: Er litt immer stärker unter seinen Zwangsgedanken und -handlungen.

In dieser Situation suchte René F. meine Sprechstunde auf. Er erzählte mir seine Geschichte und sprach davon, dass er in einer Zeitschrift von einem neuen Medikament namens Clomipramin gelesen habe, das man jetzt zunehmend bei Zwangspatienten einsetze. Sein Therapeut halte zwar überhaupt nichts von Medikamenten; er sei aber so verzweifelt, dass er trotz seiner eigenen Skepsis nun dieses Medikament probieren wolle.

Ich teilte ihm mit, dass Clomipramin nicht wirklich ganz neu sei, sondern schon seit vielen Jahren erfolgreich im Kampf gegen Zwangskrankheiten eingesetzt werde. Ich ließ ihn einen Fragebogen ausfüllen, um objektiv den Schweregrad der Zwangserkrankung festzustellen, und schrieb ihm ein Rezept.

Zum verabredeten Termin, eine Woche später, erschien René F. nicht. Erst nach einem Jahr kam er wieder in die Sprechstunde. Er erzählte, dass er das Medikament damals nicht habe einnehmen wollen, ohne zuvor seinen Therapeuten zu fragen. Der aber habe die Hände über dem Kopf zusammengeschlagen und gesagt, er müsse jetzt erst einmal genau analysieren, warum René die Therapie beenden und ein Medikament einnehmen wolle. Ausgerechnet jetzt sei der schlechteste Zeitpunkt, da die Besserung unmittelbar bevorstehe.

Diese Analyse dauerte also ein weiteres Jahr. René F. kam erneut zu mir, noch verzweifelter als im Vorjahr. Das wiederholte Ausfüllen des Fragebogens ergab, dass sich im Verlaufe des Jahres nichts gebessert hatte. René beendete seine Psychoanalyse, trotz erheblicher Vorwürfe seitens des Therapeuten, und wir begannen eine Behandlung mit Clomipramin. Eine von mir vorgeschlagene Verhaltenstherapie wollte er nicht beginnen, da er den Glauben an die Psychotherapie verloren hatte. Nach vier Wochen trat unter dem Medikament eine deutliche Besserung ein, und nach acht Wochen waren die Symptome bis auf einen minimalen Rest verschwunden. Nach vielen Jahren konnte René jetzt endlich ohne Zwänge leben. Er nahm sein Studium wieder auf, das er jahrelang auf Eis gelegt hatte, schloss es mit einer Zwei ab und bekam eine gute Stelle als Chemiker. Er fand eine neue Freundin, mit der er noch heute zusammen ist.

Leider ist dieser Fallbericht kein Einzelschicksal. In meiner Arbeit in der Angstambulanz habe ich unzählige Patienten gesehen, bei denen eine jahrelange psychoanalytische Behandlung kaum eine Besserung gebracht hatte und die nach einer Umstellung auf Medikamente oder Verhaltenstherapie innerhalb von Wochen symptomfrei waren.

Im Kapitel über das psychoanalytische Modell zur Entstehung von psychischen Krankheiten wurden ja bereits Zweifel laut, dass dieses Erklärungsmodell erhebliche Lücken hat und vor allem nicht belegbar ist. Die Glaubwürdigkeit des Modells würde sich erheblich steigern, wenn es Nachweise gäbe, dass die analytische Therapie wirksamer sei, als «abzuwarten und von einer dicken Mammi bekocht zu werden». Genau diesen Wirksamkeitsnachweis ist die Psychoanalyse bisher schuldig geblieben; auf der großen weiten Welt wurden bislang solche Untersuchungen nicht veröffentlicht. Es existieren nur zwei Studien, in denen die Psychoanalyse bei Patienten mit Angststörungen kontrolliert untersucht wurde. Beides waren Vergleiche mit einer Verhaltenstherapie, und aus beiden kann lediglich geschlossen werden, dass die Verhaltenstherapie wirkt. Und dass sie besser wirkt als die Psychoanalyse. Ob die Psychoanalyse überhaupt bessere Ergebnisse erzielt als gar keine Therapie, kann man mit diesen Studien eben nicht nachweisen, da es in den Untersuchungen keine entsprechende Kontrollgruppe gab. In der ersten Studie wurden 32 Agoraphobie-Patienten mit Psychoanalyse therapiert. Eine weitere Gruppe von 37 Patienten wurde ebenfalls analytisch behandelt, erhielt aber zusätzlich eine Verhaltenstherapie mit Konfrontationsübungen. Die besseren Resultate wurden in der Gruppe erreicht, die zusätzlich eine Verhaltenstherapie erhielt.[116] Die zweite Studie untersuchte Patienten mit einer Generalisierten Angststörung. In dieser Untersuchung wurde eine Gruppe von Patienten mit Verhaltenstherapie und eine andere mit Psychoanalyse behandelt – die Verhaltenstherapie gewann wieder.[117] Und mit diesen beiden Studien hat es sich schon – weitere gibt es nicht, in denen die Psychoanalyse bei Angststörungen (nach heutiger Definition) überprüft wurde. Was sind die Gründe, dass die orthodoxen Analytiker sich seit über einem Jahrhundert hartnäckig weigern, kontrollierte Studien auf den Tisch zu legen? Scheuen sie die immense Arbeit, die eine derartige Forschung machen würde? Halten sie einen solchen Aufwand für unnötig, weil die Krankenkassen auch ohne Wirkungsnachweis das Geld bezahlen (denn die Psychoanalyse ist genauso wie die Verhaltenstherapie erstattungsfähig)?

Oder befürchten sie, dass entsprechende Studien die Unwirksamkeit der Analyse aufzeigen würden, worauf dann eines Tages der Geldhahn der Krankenkassen zugedreht werden könnte?

Groß angelegte Studien mit vielen Patienten und Kontrollgruppen sind von den Vertretern der Psychoanalyse auch aus folgendem Grund abgelehnt worden: Man müsse, so ihre Argumentation, jedes Schicksal als Einzelfall betrachten. Einzelfallberichte über Behandlungserfolge seien ausreichend, um die Wirksamkeit zu belegen. Wenn man auch allergrößte Skepsis an den Tag legen muss, wenn nur über einzelne Fälle von Besserungen berichtet wird, so verstärken sich die Zweifel noch, wenn man sich tatsächlich einmal die Fallberichte über psychoanalytische Therapien bei Angststörungen ansieht. Ich habe mir die Mühe gemacht, nach solchen Berichten in der Literatur zu suchen.

Die veröffentlichten Einzelfälle, die ich fand, ließen nicht gerade auf eine rasche, durchgreifende Besserung schließen, selbst wenn die Therapien von ausgewiesenen Experten auf diesem Gebiet durchgeführt wurden. In dem von Stavros Mentzos herausgegebenen psychoanalytischen Buch «Angstneurose» wird beispielsweise eine Patientin beschrieben, bei der man heute Panikstörung mit Agoraphobie diagnostizieren würde.[60] Sie wurde über sechs Jahre in 338 Therapiestunden behandelt.[55] Man kann den langen Bericht mehrfach von vorne bis hinten durchlesen – nirgendwo findet man einen Hinweis darauf, dass es der Patientin nach dieser Mammuttherapie besser ging. Was kann das bedeuten? Entweder, dass die Therapie nichts genützt hat – was man vermuten kann, denn warum hatte sie sonst so lange gedauert? Oder, dass die Autorin des Beitrags es gar nicht für nötig gehalten hatte, auf die Besserung hinzuweisen, weil sie es ohnehin als selbstverständlich ansah, dass eine Panikstörung durch eine Psychoanalyse besser wird? Was einen aber stutzig macht, ist, dass die Patientin über all die Jahre von der Therapeutin ein Medikament verschrieben bekam. Wie das, war die Psychotherapie allein denn nicht ausreichend? Und warum musste es ein Tranquilizer sein, also ein Medikament, das nach jahrelangem Gebrauch abhängig macht?

Ein immer wieder gehörtes Argument ist, dass eine Psychoanalyse sehr, sehr lange dauert und man deswegen keine kontrollierte Studie machen könne. Es gibt allerdings eine (einzige) Studie, die die Wirkungen der Langzeit-Psychoanalyse untersucht hat: die Menninger-Studie. Die Menninger-Klinik in Topeka, Kansas, ist eine der berühmtesten psychoanalytischen Kliniken. Obwohl die Studie von Fachleuten als eine der besten Studien zur Psychoanalyse angesehen wird, gab es keine Kontrollgruppe, sodass ihre Aussagekraft begrenzt ist. In dieser Studie wird über eine einzige Patientin mit Agoraphobie berichtet, die nach über 25 Jahren Analyse noch immer unter erheblichen Symptomen litt. Und dennoch wurde sie von ihren Therapeuten den «sehr guten» Behandlungserfolgen hinzugerechnet.[118]

Die amerikanischen Psychiaterinnen Barbara Milrod und Katherine Shear durchforsteten die gesamte psychoanalytische Literatur auf der Suche nach Fallberichten über Patienten mit einer Panikstörung.[61] Sie fanden 35 Fälle – nicht gerade viel angesichts der Tatsache, dass weltweit Millionen solcher Patienten in Behandlung sind. Erschreckend war auch, wie ungenau sich diese Berichte lasen. Bei den meisten Fallbeispielen wurde noch nicht einmal angegeben, wie lange die Therapie gedauert hatte, oder es wurden so wunderbar präzise Angaben wie «sehr lang» oder «kurz» gemacht – in wissenschaftlichen Artikeln ein Unding. Auch hielten es die Autoren der Fallberichte nicht immer für nötig, zu berichten, ob die Therapie denn auch geholfen hatte. Dennoch gelangen die Autorinnen der Übersicht zu dem Schluss, es sei in den meisten Fällen zu einer «dramatischen Besserung» gekommen. Aber was verstanden sie unter einer «dramatischen Besserung»? «Die Paniksymptome waren besser zu managen», so die Antwort der Autorinnen. «Oft waren die Symptome tatsächlich weniger schwer; aber auch wenn dies nicht der Fall war, konnten die Patienten ihre Symptome verlässlicher und auf organisiertere Weise als vorher beschreiben.» Wenn der ganze Erfolg einer Therapie darin besteht, dass der Patient die Symptome besser schildern kann, muss irgendetwas schief gelaufen sein.

Insgesamt habe ich nicht einen einzigen Fallbericht gelesen, bei dem innerhalb von acht bis zwölf Wochen eine Symptomfreiheit erreicht wurde, was bei einer Behandlung mit Medikamenten oder Verhaltenstherapie eigentlich Standard ist.

Wenn man noch nicht einmal bei veröffentlichten Einzelfallberichten auf eine verlässliche Wirkung der Psychoanalyse bei Angsterkrankungen schließen kann (wobei davon auszugehen ist, dass mit größter Wahrscheinlichkeit nur die einigermaßen gut gelaufenen Fälle veröffentlicht wurden), wie kann man dann guten Gewissens diese Therapieform bei Angsterkrankungen empfehlen?

Die Kur im Schwarzwald

Patienten mit Angststörungen werden immer wieder für mehrere Monate in psychoanalytische Kliniken geschickt, die in Deutschland reichlich zu finden sind. Im Schwarzwald soll es mehr psychosomatische Kliniken geben als im gesamten Rest der Welt. Wie steht es nun um die Wirksamkeit einer stationären psychoanalytischen Therapie?

Es gibt nur eine ernsthafte Studie dazu. Auch diese wurde offen, also ohne Kontrollgruppe durchgeführt.[119] Die Ergebnisse waren ernüchternd: Bei 60 Prozent der Patienten mit einer Generalisierten Angststörung kam es zu einer Verschlechterung, bei Patienten mit einer Agoraphobie zeigte sich eine minimale Verbesserung, die sich aber schon sechs Wochen nach der Therapie wieder verflüchtigt hatte (im Vergleich dazu kommt es in anderen Studien bei 30 bis 50 Prozent der Angstpatienten, die nur eine Placebopille erhalten haben, zu deutlichen Besserungen). Entsprechend ist der Schluss zu ziehen, dass es den Menschen, die sich einer stationären Psychoanalyse unterziehen, nach der Therapie wahrscheinlich sogar schlechter geht als den Angstpatienten, die überhaupt nicht behandelt wurden.

Die Datenlage zur Behandlung von Angststörungen mit Psychoanalyse kann man zusammenfassend nur als beklagenswert bezeichnen. Wäre die Psychoanalyse ein Medikament, dann würde sie von den Gesundheitsbehörden nicht die Zulassung zur Behandlung von Angsterkrankungen bekommen. Da aber für die Zulassung von Psychotherapien bisher keine Richtlinien angewendet werden, zahlen die Krankenkassen weiter die Behandlung.

Selbst der Erfinder der Psychoanalyse, Sigmund Freud, war von der Wirkung der Analyse bei Phobien nicht recht überzeugt und empfahl eine Verhaltenstherapie: «Man wird kaum einer Phobie Herr, wenn man abwartet, bis sich der Kranke durch die Analyse bewegen lässt, sie aufzugeben. Er bringt dann niemals jenes Material in die Analyse, das zur überzeugenden Lösung der Phobie unentbehrlich ist. Man muss anders vorgehen. Nehmen Sie das Beispiel eines Agoraphoben; es gibt zwei Klassen von solchen, eine leichtere und eine schwerere. Die Ersteren haben zwar jedes Mal unter Angst zu leiden, wenn sie allein auf die Straße gehen, aber sie haben darum das Alleingehen noch nicht aufgegeben; die anderen schützen sich vor der Angst, indem sie auf das Alleingehen verzichten. Bei diesen Letzteren hat man nur dann Erfolg, wenn man sie durch den Einfluss der Analyse bewegen kann, sich wieder wie Phobiker ersten Grades zu benehmen, also auf die Straße zu gehen und während dieses Versuches mit der Angst zu kämpfen. Man bringt es also zunächst dahin, die Phobie soweit zu ermäßigen, und erst wenn dies durch die Forderung des Arztes erreicht ist, wird der Kranke jener Einfälle und Erinnerungen habhaft, welche die Lösung der Phobie ermöglichen.»[120] Freuds Ratschläge sprachen sich nicht herum. Seine Nachfolger wendeten sie nicht an und versuchten die Phobien ausschließlich durch Reden zu behandeln.

Die deutschen Psychoanalytiker Richter und Beckmann urteilten über Patienten mit Herzneurosen: «Eine große Psychoanalyse kommt für die allermeisten Herzneurotiker nicht infrage, worüber weitgehend Einigkeit unter den Kennern dieses Krankheitsbildes herrscht.»[59]

Größenwahn

Die Zeiten sind allerdings vorbei, als die Psychoanalyse die gesamte Psychoszene beherrschte und mit wilden Spekulationen strapazierte. In den sechziger Jahren entglitt die Überschätzung der therapeutischen Fähigkeiten der Analyse ins Bodenlose, wie ein besonders krasses Beispiel zeigt: Alexander Mitscherlich, ein berühmter Psychoanalytiker, beschrieb die Wunderheilung einer tuberkulösen Kaverne durch eine Psychoanalyse. Hierzu muss erklärt werden, dass die Tuberkulose, eine heute eingedämmte Erkrankung, in den sechziger Jahren noch eine sehr häufige und schwere Krankheit war, die auch durch sehr aggressive Antibiotika manchmal nicht zu behandeln war. Unter einer Kaverne versteht man einen geschwürähnlichen, eingekapselten Tuberkuloseherd, der selbst mit stärksten Tuberkulosemitteln damals extrem schwer in den Griff zu bekommen war. Hier nun Mitscherlichs Schilderung der Heilung:

> Er hatte eine große infraklavikuläre Kaverne auf der rechten Seite. Rasch ergab sich in der Analyse eine Konfliktsituation, die als umgekehrter Ödipus-Konflikt beschrieben werden kann. Das Verhältnis des jungen Mannes zu seiner Mutter bestand aus einer intensiven, hasserfüllten Eifersucht; aber gleichzeitig war sein gesamter Charakter durch eine weit reichende Identifikation mit ihr geprägt. Er idealisierte seinen Vater und verehrte ihn als Helden. Bei einer Sitzung berichtete er über eine Erinnerung an einen Besuch in einem Naturgeschichte-Museum, bei dem er zum ersten Mal einen menschlichen Fötus sah. Dieser Anblick erfüllte ihn mit Ekel. In diesem Kontext interpretierte ich seine passive Homosexualität und die Kaverne als einen Versuch, seinem Vater ein Kind zu gebären. Während der Nacht nach der Sitzung erbrach sich der Patient mehrfach und hatte einen schweren Kreislaufkollaps. Acht Tage später zeigte die Röntgenuntersuchung, dass die Kaverne verschwunden war.[121]

Mitscherlich behauptet in diesem Beispiel gleich zwei Dinge, nämlich dass die tuberkulöse Kaverne (a) nicht etwa durch einen Bazillus, sondern durch einen psychodynamischen Konflikt entstanden und (b) durch die Deutung dieses Konflikts geheilt worden sei. Wenn Sie sich jetzt an den Kopf greifen und am gesunden Menschenverstand des Autors zweifeln, kann man Ihnen das nicht verübeln. Solche abenteuerlichen Behauptungen brachten nicht nur die Psychoanalyse, sondern die gesamte Zunft der Psychiater und Psychologen in Misskredit.

Zusammenfassend muss man also sagen, dass die Ursachen der Angsterkrankungen durch die Psychoanalyse kaum erklärt werden können und dass die reine analytische Therapie wahrscheinlich keine ausgeprägte spezifische Wirkung hat. Dies entspricht auch den Beobachtungen, die meine Mitarbeiter und ich in der Behandlung von Angstpatienten gemacht haben. In vielen Jahren haben wir nicht einen einzigen Patienten gesehen, bei dem die Analyse eine dramatische Besserung der Angstsymptome herbeigeführt hatte.

Dass sich die Psychoanalyse so lange als dominante Theorie zur Entstehung und Behandlung von Ängsten behaupten konnte, spricht nicht unbedingt dafür, dass doch etwas Wahres dran ist, sondern sagt einiges aus über die Leichtgläubigkeit der Menschen.

Sicher, es gibt zahlreiche Analytiker, die eine gute Therapie machen und ihren gesunden Menschenverstand nicht im Analytischen Institut abgegeben haben. Auch möchte ich an dieser Stelle betonen: Alles, was hier gesagt wurde, heißt nicht, dass es jemandem, der sich in einer psychoanalytischen Therapie befindet, nicht besser gehen kann. Wenn jemand eine sehr gute Beziehung zu seinem analytischen Therapeuten hat und dieser gut zuhören kann, verständnisvoll, einfühlsam und Anteil nehmend ist und es zu einer deutlichen Besserung der Symptome gekommen ist, sollte er diese Therapie auf jeden Fall weiterführen. Wenn aber nach einem Zeitraum von, sagen wir, sechs Monaten kein Fortschritt abzusehen ist, sollte man sich wirklich überlegen, ob nicht eine Verhaltenstherapie oder eine medikamentöse Behandlung eingeleitet werden sollte.

Klientenzentrierte Gesprächstherapie

In der klientenzentrierten Gesprächspsychotherapie bemüht sich der Therapeut, vereinfacht gesagt, den Patienten nicht durch bestimmte Techniken zu beeinflussen, sondern ihn zu einer Selbstveränderung zu bringen, indem er ein besonders gutes Beziehungsklima aufbaut, das von Wertschätzung, Verständnis und Einfühlsamkeit geprägt ist. Im Gegensatz zur Analyse, bei der der Therapeut steuernd («direktiv») vorgeht, lernt der Klient, wie er sich selbst heilen kann. Diese Therapierichtung, die von dem amerikanischen Exanalytiker Carl Rogers als Alternative zur Psychoanalyse entwickelt wurde, ist in Deutschland weit verbreitet, obwohl sie nicht von den Krankenkassen erstattet wird.

Die Wirksamkeit der klientenzentrierten Gesprächspsychotherapie wurde in einer Studie an Angstpatienten untersucht.[122] Eine Gruppe erhielt eine übliche Gesprächstherapie und die andere eine um verhaltenstherapeutische Elemente erweiterte Gesprächstherapie. In beiden Gruppen kam es zu einer Besserung, jedoch fand sich kein wesentlicher Unterschied zwischen ihnen. Aus diesem Ergebnis kann man aber nicht herauslesen, ob die Gesprächspsychotherapie auch besser wirkt als «gar nichts machen» oder «nette Gespräche mit dem Patienten führen», da ein Vergleich mit den entsprechenden Kontrollgruppen fehlt. Erst wenn solche Studien vorliegen, kann die Anwendung der klientenzentrierten Gesprächspsychotherapie bei Angstpatienten empfohlen werden.

Ganz entspannt im Hier und Jetzt

Wer angespannt ist, muss sich entspannen. Da Menschen mit Ängsten angespannt sind, wäre es wohl das Beste, wenn sie sich entspannen. Das klingt logisch. Verschiedene Entspannungstechniken wurden ausprobiert, um Ängste, Nervosität und Unruhe zu heilen. Aber helfen sie wirklich? Anders gefragt: Wer hat eigentlich das Gerücht aufgebracht, dass Psychotherapie etwas mit Entspannung zu tun hat?

Stellen Sie sich vor, Sie lernen snowboarden. Das kann ganz unterhaltsam sein, aber nach einer Stunde werden Sie völlig angespannt oder erschöpft oder beides sein. Auch nach einem Computerkurs für Anfänger in der Volkshochschule werden Sie sich vollkommen ausgelaugt fühlen. Eine Psychotherapie gegen Ängste hat – ebenso wie Snowboardfahren oder Computerkurse – etwas mit einem Lernprozess zu tun. Auch in der Psychotherapie lernt man etwas – nämlich mit Ängsten umzugehen. Und wie bei jeder Lehrstunde, in der man etwas aufnimmt, muss man anschließend damit rechnen, schachmatt zu sein. Sie würden nicht auf den Gedanken kommen, von einem Spanischlehrer zu verlangen, dass er Ihnen Spanisch beibringt, ohne dass Sie Vokabeln pauken müssen. Sie würden ebenso nicht erwarten, dass Sie Judo oder Taekwondo lernen, ohne Hämatome davonzutragen.

Das ist wahrscheinlich auch der Grund, warum die so genannten Entspannungsverfahren meist ziemlich wirkungslos sind – wenigstens was die Behandlung von Angsterkrankungen angeht. Im günstigsten Fall ist man während der Entspannungsstunde wunderbar gelöst und ausgeglichen. Aber: Was nützt es einem total nervösen Menschen, wenn er eine Stunde pro Woche ausspannen und entkrampfen kann, die restlichen 167 Stunden der Woche aber gänzlich in seinen Ängsten verfangen ist? Natürlich ist es der Sinn eines Entspannungsverfahrens, nicht nur während des Einübens entspannt zu bleiben, sondern auch, dieses Verfahren immer dann anzuwenden, wenn im Laufe des täglichen Lebens ein Angst- oder Unruhezustand aufkommt. Aber genau das klappt meistens nicht, wie mir Patienten regelmäßig berichten.

Zu den Entspannungsverfahren gehören das Autogene Training, die Progressive Muskelrelaxation, die Hypnose und das Biofeedback.

Das *Autogene Training* wird immer wieder von Ärzten zur Behandlung der Panikstörung empfohlen; die Unterweisung in diesem selbst angewandten Verfahren wird von der Krankenkasse erstattet. Bei dieser Technik versucht man, sich selbst in eine Art Trance zu versetzen – indem man sich Floskeln wie «Mein Arm wird ganz schwer» oder «Mein Herz schlägt ganz ruhig» vorspricht. Diese Technik klingt nach einer phantastischen Methode, um Unruhe und Ängste zu bekämpfen. Aber: In der Praxis hat das Autogene Training keine Wirkung gezeigt. In der einzigen vorhandenen Untersuchung zu der Behandlung von Angstpatienten durch Autogenes Training zeigte die Methode keine Ergebnisse – es kam es nicht zu einer Abnahme der Panikanfälle.[123]

Die Anwendung dieser Methode kann sogar schädlich sein. Panikattacken können durch Entspannungsübungen provoziert werden.[124] Mindestens die Hälfte meiner Patienten hatte zuvor schon versucht, mit dem Autogenen Training zu entspannen. Ich lernte jedoch keinen kennen, bei dem es gewirkt hatte. Einige berichteten, dass sie Panikattacken bekamen, wenn sie sich einreden wollten, dass ihr Herz ganz ruhig schlage.

Die *Progressive Muskelrelaxation* ist dagegen eine Entspannungsmethode, bei der die Muskeln abwechselnd angespannt oder entspannt werden. Diese Methode wurde ebenfalls bei Angstpatienten angewandt. In Vergleichen mit einer Verhaltenstherapie oder Medikamenten schnitt die Relaxation immer schlechter ab und ist daher nur bedingt empfehlenswert. Die bei Angstpatienten ohnehin vorhandene verstärkte Beobachtung der eigenen Körperfunktionen wird durch solche Verfahren noch gefördert anstatt abgebaut.

Zur *Hypnose* schildere ich eine Szene, die ich einmal im Fernsehen sah: Der Meister hat einen schmuddeligen, etwas zu langen schwarzen Anzug an. Er ist übergewichtig und spricht undeutlich. Drei junge Männer stehen vor ihm, etwas verlegen. Der Meister geht auf den ersten in der Reihe zu, hält ihm ein silbernes Pendel etwas über Stirnhöhe dicht vor die Augen und murmelt: «Du schläfst schon.» Der junge Mann geht langsam zu Boden, gestützt vom Meister. Auf Befehl steht er auf, hüpft plötzlich wie ein Huhn über die Bühne und gackert dabei. Rasch geht der Meister zum nächsten Opfer. Der zweite Mann legt sich auf den Boden, rollt sich wie ein Baby zusammen und lutscht am Daumen. Der dritte Mann wird über zwei Stühle gelegt, sodass nur die Füße und der Kopf jeweils auf einem Stuhl aufliegen. Trotzdem hängt sein Körper nicht durch, sondern ist steif wie ein Brett. Der Meister klettert auf den Mann und springt auf ihm herum.

Von medizinischen Hypnotiseuren wird eine solche Show abwertend als «Jahrmarktshypnose» bezeichnet. Dennoch demonstrieren diese Beispiele die Kraft der Hypnose. Schon früh hat man versucht, seelische Störungen zu heilen, indem man Menschen in Trance versetzte. Die medizinische Hypnose will allerdings nichts mit Schaustellern zu tun haben, die hypnotische Scherze auf Kosten ihrer Opfer machen. Der Begründer der medizinischen Hypnose war der deutsche Arzt Franz Anton Mesmer, der allerdings noch nicht den Ausdruck Hypnose verwendete, sondern vom «animalischen Magnetismus» sprach.

Die medizinische Hypnose soll dem Zweck dienen, Entspannung herbeizuführen und psychische Beschwerden zu lindern. So wird die Hypnose in der Psychiatrie eingesetzt: Der Patient legt sich auf eine bequeme Couch. Der Hypnotiseur lässt ihn auf einen Punkt oberhalb der Augen blicken – zum Beispiel auf einen über Augenhöhe gehaltenen silbernen Kugelschreiber. Dann spricht er Hypnoseformeln wie «Ihre Arme werden ganz schwer» oder «Ihre Augen sind so schwer, dass sie zufallen». Wenn der Patient das Stadium der Trance erreicht hat, werden Formeln gesprochen, die eine noch nach der Hypnose anhaltende Entspannung, ein Nachlassen chronischer Schmerzen oder die Aufgabe des Rauchens erreichen sollen. Zur Beendigung der Hypnose werden die Anfangsformeln wieder rückgängig gemacht, wie beispielsweise «Sie öffnen die Augen und sind frisch und wach».

In meiner Ausbildung als Psychotherapeut musste ich einen Hypnosekurs belegen. In einem Hotelzimmer in Lindau am Bodensee lagen wir auf gemütlichen Ledersofas und hypnotisierten uns gegenseitig. Wir fanden es verblüffend, wie leicht man in den Zustand der Trance kommen konnte. Nach dem Kurs war man herrlich entspannt und konnte sich den Allgäuer Käsespätzle und dem Weißwein widmen.

Aber wie steht es um die Wirksamkeit der Hypnose bei Angststörungen? Alle medizinischen Hypnotiseure würden selbstverständlich dazu raten, Angsterkrankungen immer mit Hypnose zu behandeln. Die einzigen beiden vorliegenden Untersuchungen sprechen der Hypnose aber jegliche Wirkung ab. In einer Studie zur Behandlung von Ängsten durch Hypnose kam es nicht zu einer Reduktion der Panikanfälle.[123] In einer anderen wurde Verhaltenstherapie plus Hypnose mit reiner Verhaltenstherapie verglichen – die zusätzliche Hypnose zeigte keine Wirkung.[125] Wahrscheinlich ist es so wie bei den anderen Entspannungsverfahren: Die Zeit der Trance wird als wohltuend und ablenkend empfunden, aber am nächsten Tag, wenn der Alltag wieder zuschlägt, ist der Zauber verflogen.

Auch Sigmund Freud hatte ursprünglich als Hypnotiseur begonnen. Er war eigens nach Paris gereist, um bei dem berühmten Psychiater Jean-Martin Charcot die Hypnose zu erlernen. Wie bekannt ist, gab er jedoch später diese Methode wegen nicht ausreichender Wirksamkeit auf und erfand die Psychoanalyse.

Auch das *Biofeedback* wird zu den Entspannungsmethoden gerechnet. Sie haben es sich auf einer Liege bequem gemacht. Um die Brust wird Ihnen ein Messfühler geschnallt, der Ihre Atmung misst und durch akustische Signale wiedergibt. Auch Ihr Herzschlag kann so übertragen werden, dass Sie ihn hören. Neben Ihnen steht ein kleiner Kasten, zu dem die Kabel von Ihrem Körper verlaufen und der Geräusche von sich gibt. Sie nehmen zum Beispiel über den Lautsprecher wahr, dass Ihr Herzschlag viel zu rasch ist. Durch «bewusstes Entspannen» schaffen Sie es, den Herzschlag immer weiter zu reduzieren, und der Kasten meldet es Ihnen zurück, wenn Sie es geschafft haben. Auch die Gehirnströme können durch Biofeedback-Methoden in den grünen Bereich gebracht werden – so die Vertreter dieser Technik. Auf diese Weise lernt man, aktiv eine Kontrolle über Körperfunktionen und durch Willensanstrengung zu erreichen, die normalerweise automatisch ablaufen und die offensichtlich bei einer Angsterkrankung außer Kontrolle geraten sind. Man übernimmt sozusagen selbst die Führung über vorher nicht steuerbare Symptome.

Wie auch andere alternative Heilmethoden soll das Biofeedback fast alle Krankheiten bessern – wie Migräne, Spannungskopfschmerz, Störungen des Verdauungssystems und natürlich auch Angstzustände.

Klingt gut – aber funktioniert es denn? Die einzige kontrollierte Studie wurde bei Patienten mit einer Generalisierten Angststörung durchgeführt. Drei Biofeedback-Techniken wurden mit einer Kontrollbedingung («Pseudo-Meditation») verglichen. Alle drei Biofeedback-Therapien zeigten aber keine besseren Ergebnisse als die Kontrollbehandlung.[126]

Bewusst atmen – aus der Sicht eines Angstforschers kann das eigentlich nicht gut sein. Besser wäre es, völlig unbewusst zu atmen.

Es ist ja gerade das Problem der Angstpatienten, dass sie ihren Körper zu sehr beobachten und über körperliche Funktionen nachdenken, die gesunde Menschen völlig ohne Einschaltung des Kopfes ihren Körper machen lassen. Die Natur hat den Körper so eingerichtet, dass er auch im Schlaf oder im Koma weiteratmet – und zwar automatisch. Auch der Herzschlag wird automatisch gesteuert. Jemand mit einer Angsterkrankung, der sowieso schon krankheitsbedingt zu einer verstärkten Körperbeobachtung neigt, könnte völlig entsetzt über seinen erhöhten Herzschlag sein, sodass er, anstatt sich zu beruhigen, ziemlich nervös wird oder gar eine Panikattacke bekommt.

Musik- und Tanztherapie

Hilft Chopin gegen Panikattacken, Bossa Nova gegen Soziale Phobie, Hard Rock gegen eine Generalisierte Angststörung? Denkbar wäre es, denn durch Musik werden Emotionen ausgelöst, und positive Emotionen führen zur Ausschüttung von Endorphinen, den Glückshormonen. Diese wiederum können Panik und Ängste blockieren. Manche Menschen bekommen die Endorphinausschüttung bei ruhiger Klaviermusik von Beethoven, andere bei meditativen Sitarklängen und wieder andere, wenn die Punk-Band Geiseldrama alle Regler auf zehn gestellt hat. Könnte das nicht in der Therapie ausgenutzt werden? Sollte man nicht Angstpatienten einer professionellen Musiktherapie zuführen?

In einer Musiktherapie kann man den Patienten mit einem Klangstrom berieseln, oder man lässt die Gruppe gemeinsam – ohne Stress – musizieren. Aber: Wir wissen nicht, ob eine Musiktherapie auch wirklich hilft. Es gibt überhaupt keine kontrollierten Untersuchungen zu dieser sympathisch erscheinenden Therapierichtung. Die einzige unkontrollierte Untersuchung wurde mit «regredierten Alterspatienten» durchgeführt und zeigt auch nicht schlüssig, dass die Musiktherapie bei diesen Menschen hilft.[127] Ich glaube, es ist eine fromme Hoffnung, dass Ängste mit Musiktherapie behandelt werden können.

Es soll auf keinen Fall abgestritten werden, dass Musik eine entspannende Wirkung hat. Während ich diese Zeilen schreibe, höre ich Musik. Aber auch hier gilt, dass die Entspannung möglicherweise gerade so lange anhält, wie die Musiktherapie durchgeführt wird, und vielleicht noch eine Dreiviertelstunde danach. Doch was nützt es einem, wenn die Angst zwar schwindet, solange man im Therapieraum die Triangel bedient, wenn am nächsten Tag auf dem Weg zur Arbeit die Panik wiederkommt?

Auch eine Tanztherapie wird für Patienten mit Ängsten empfohlen. Manche Menschen praktizieren in der Turnhalle zu meditativer Musik Ringelpiez mit Anfassen, andere tanzen in der Diskothek, und wieder andere üben lateinamerikanische Standardtänze – denkbar wäre es, dass rhythmische Bewegungen zu Musik das Wohlgefühl steigern, Verspannungen lösen und vielleicht sogar Ängste bessern. Nur – darüber wissen wir nichts Genaues. Die Tanztherapie wurde bisher nur in einer einzigen unkontrollierten Untersuchung bei Schizophrenen angewandt.[128] Niemand hat je versucht, die Wirkung bei Angstpatienten zu untersuchen.

Körpertherapie und Bioenergetik

Vielleicht gehören Sie zu denjenigen Menschen, die unter dem Begriff «Körperarbeit» so etwas wie Holzhacken oder Steineschleppen verstehen. Dann kennen Sie sich aber mit dem Psycho-Jargon nicht so gut aus. Unter Körperarbeit wird eine Reihe von Therapieformen verstanden, bei denen das Berühren, Streicheln, Massieren und «bewusste Atmen» im Vordergrund stehen. Sogar Berührungen zwischen Therapeut und Patient – bei anderen Psychotherapieformen ein absolutes Tabu – sind nicht ausgeschlossen. Es wird angenommen, dass die Therapeuten zu manchen Patienten über den Körper leichter Zugang bekommen als über die Sprache. «Seelische Blockaden», deren Ursache in negativen Kindheitserfahrungen gesehen wird, führen nach dieser Theorie zu Muskelverspannungen, die durch eigene Körperarbeit aufgelockert werden sollen.

Der Wiener Psychoanalytiker Wilhelm Reich, der 1931 in die USA emigrierte, begann vor über 50 Jahren als Erster, die «im Muskelpanzer gebundenen Affekte» nicht nur durch «charakteranalytische Arbeit» zu behandeln, sondern auch durch direkte Manipulation der verspannten Muskelgruppen. Dabei sollten heftige emotionale Entladungen freigesetzt werden, die letztlich zu einer Entspannung des Gesamtorganismus und zu einem gesteigerten Selbstwertgefühl führen sollen. Reichs Ziel war die Wiederherstellung der «Orgastischen Potenz».[129]

Alexander Lowen war einer von Reichs Patienten. Später wandelte er sich vom Patienten zum Therapeuten. Aus Reichs Körpertherapie entwickelte er die Bioenergetik. In seinem Buch «Bioenergetik» berichtete er über mehrere Patienten, die er körpertherapeutisch behandelte. Er führte ihre psychischen Probleme in fast allen Fällen darauf zurück, dass sie als Kinder von ihrer Mutter Einläufe bekommen hatten.[130] Einläufe? Ich habe in meiner Kindheit von meiner Mutter nie Einläufe bekommen, und Sie wahrscheinlich auch nicht. Kann es sein, dass es in dem Viertel in New York, in dem Lowen aufwuchs, üblich war, Kindern bei jeder unpassenden Gelegenheit Einläufe zu geben? Oder dass der Autor selbst von seiner Mutter Einläufe erhalten hatte und sie ihm derart verhasst waren, dass er später seine gesamte Theorie über die Entstehung von psychischen Krankheiten darauf aufbaute?

Es ist zwar richtig, dass Menschen mit Angststörungen oft starke Muskelverspannungen haben. Dies ist – wie so manches Angstsymptom – ein Relikt aus unserer animalischen Vorzeit. Ein Tier, das sich auf Kampf oder Flucht vorbereitet, muss alle Muskeln anspannen. «Lass die Schultern hängen», sagt mein Zahnarzt vor dem Bohren zu mir, und erst dann merke ich, dass ich die Schultern bis zu den Ohren hochgezogen habe. Da der Körper von Angstpatienten ständig Kampf- oder Fluchtsituationen simuliert, obwohl gar keine Gefahr droht, kommt es zu den unnötigen, lang anhaltenden Muskelverspannungen, die schließlich zu dauerhaften Gelenk- und Gliederschmerzen führen können.

Aber kann eine solche Körperarbeit die Ängste bekämpfen, indem sie die indirekten Folgen – nämlich die Muskelverspannungen – angeht? Rein theoretisch gesehen, dürften Körpertherapie, Fangopackungen und Massagen im günstigsten Fall die Muskelschmerzen kurzfristig lindern, aber nicht ihre Ursache, nämlich die Angsterkrankung, beseitigen, da ja der Ursprung nicht in den Rückenmuskeln, sondern im Gehirn liegt.

EMDR

Stellen Sie sich vor, Sie leiden an einer schweren seelischen Erkrankung. Jemand würde Ihnen erzählen, er könne Sie von diesem Leiden heilen, indem er Ihnen zwei Finger vor das Gesicht hält und diese dann seitlich bewegt, während Sie die Finger mit den Augen verfolgen, bis sie fast aus dem Gesichtsfeld verschwunden sind. Erfolge könne man bereits nach drei Sitzungen sehen. Erstaunlicherweise gibt es aber tatsächlich eine Therapierichtung, die auf diesem schlichten Prinzip basiert. Erfunden wurde diese neue Behandlungsmethode, die «Eye Movement Desensitization and Reprocessing Therapy» (EMDR) genannt wird, von der kalifornischen Psychologin Francine Shapiro. Zunächst entwickelte sie diese Methode, um Patientinnen zu behandeln, die ein schweres Trauma erlitten hatten, zum Beispiel eine Vergewaltigung in der Kindheit. Es wurden auch kontrollierte Untersuchungen durchgeführt, um festzustellen, ob diese Therapie bei einer so genannten posttraumatischen Belastungsstörung tatsächlich wirksam ist. Eine Analyse dieser Studien ergab aber keinen Hinweis dafür, dass die Augengymnastik zum Erfolg der Behandlung beitrug.[131]

Später behaupteten Vertreter dieser Therapieform, dass sie auch bei vielen anderen seelischen Erkrankungen helfe. So wurde die Wirksamkeit der «Fingermethode» auch bei Menschen mit einer Panikstörung untersucht. Dabei verglich man die EMDR-Behandlung mit zwei Kontrollbedingungen: zum einen mit einer «Warteliste» und zum anderen mit einem «Aufmerksamkeits-Placebo» – das heißt, in dieser zweiten Gruppe wurde den Patienten Aufmerksamkeit und Zuwendung geschenkt, ohne dass die Fingermethode zur Anwendung kam. Das Ergebnis: Die Häufigkeit von Panikattacken war am Ende die gleiche, egal, ob die Patienten nun mit EMDR, mit der Aufmerksamkeits-Placebo-Gruppe oder gar nicht behandelt wurden.[132]

Bei EMDR handelt es sich wahrscheinlich um den am besten vermarkteten Psycho-Mumpitz seit langem. Dass diese Methode sich rasend schnell verbreitet hat und von vielen Psychotherapeuten angewandt wird, sagt einiges darüber aus, in welchem Zustand sich eine bestimmte Psycho-Szene befindet. Patienten mit schweren seelischen Traumata zu behandeln gilt unter Psychotherapeuten, ehrlich gesagt, als harte Nuss. Zwar wurden viele Bücher über die Behandlung dieser Erkrankungen geschrieben, die Therapieerfolge erreichen dennoch oft nicht das Wünschenswerte. Und da kommt eine geschäftstüchtige Psychologin aus den USA und reduziert all unser Wissen über die Seele auf Zeige- und Mittelfinger, und schon ist die Welt wieder in Ordnung. Dass sich diese Schamanenmethode durchsetzen konnte, kann nur durch die allgemeine therapeutische Hilflosigkeit bei der Behandlung traumageschädigter Patienten erklärt werden.

LÖSUNG 2: MEDIKAMENTE

Zahlreiche Medikamente stehen zur Verfügung, mit denen Ängste behandelt werden können. Aber welche sind die richtigen? Im Folgenden werden alle Medikamente mit ihren Vor- und Nachteilen beschrieben. Die Behandlung mit Psychopharmaka macht manchen Menschen Angst und wirft viele Fragen auf: Machen alle Psychopharmaka süchtig? Wie lange muss man die Mittel einnehmen? Gibt es nicht natürliche Heilmittel gegen Ängste?

Der amerikanische Psychiater Donald F. Klein weiß über die Anfänge der medikamentösen Behandlung von Angsterkrankungen zu berichten: Im Hillside Hospital in New York, in dem Klein als junger Assistenzarzt im Jahre 1959 arbeitete, gab es einige extrem ängstliche Patienten, die sich trotz intensiver stationärer Psychotherapie nicht besserten.[133] Manche hatten sogar Elektroschocks erhalten, die allerdings ebenfalls nicht halfen. Im Jahre 1952 war in Europa das Neuroleptikum Chlorpromazin entdeckt worden. Da Chlorpromazin gegen Schizophrenie half und Schizophrenie nach

Der amerikanische Psychiater Donald F. Klein begründete das moderne Konzept der «Panikstörung» und begann als Erster die Behandlung von Angsterkrankungen mit Antidepressiva

der damaligen Sicht auch eine Art Angstkrankheit war (weil die Psychoanalyse ausnahmslos alle psychischen Krankheiten auf Angst zurückführte), folgerte man im Umkehrschluss, müsse es auch gegen Angstneurosen helfen. Also gab man im Hillside Hospital den Patienten mit Angstzuständen und Agoraphobie Chlorpromazin. Allerdings half das Mittel nicht besonders gut; bei manchen Patienten verschlechterten sich sogar die Angstzustände, oder sie bekamen zu viele Nebenwirkungen. Klein überlegte sich nun, wie er seinen hoffnungslosen Patienten Erleichterung verschaffen konnte.

Bei dem Versuch, neue Schizophreniemittel zu entwickeln, war in Europa das neue Medikament Imipramin entstanden. Es wirkte aber nicht gegen Schizophrenie. Der Schweizer Psychiater Roland

Kuhn wendete es anschließend bei Depressionen an – und es hatte eine unglaubliche Wirkung. Das erste Antidepressivum war gefunden worden.[134] Mehr aus Verzweiflung begann der junge Arzt Donald Klein, das mysteriöse neue Mittel Imipramin bei einigen seiner schwer kranken Patienten anzuwenden. Ab der dritten Behandlungswoche beobachtete das Pflegepersonal eine Veränderung. Ein Angstpatient war vorher mindestens dreimal am Tag ins Stationszimmer gelaufen, um sich Beistand zu holen, weil er trotz bester körperlicher Verfassung glaubte, sofort sterben zu müssen. Der Patient hatte, wie wir heute sagen würden, eine Panikstörung. Die Schwestern setzten sich dann zwanzig Minuten zu ihm, hielten seine Hand und versuchten beruhigend auf ihn einzureden. Schließlich ging er wieder, um jedoch nach ein paar Stunden mit den gleichen Beschwerden wiederzukommen. Alle Versuche, ihn mit Psychoanalyse zu behandeln, führten nicht zu einer Änderung seines Verhaltens.

Nachdem der Patient mehrere Wochen lang Imipramin bekommen hatte, meldeten die Schwestern dem Arzt, dass der Patient keine Todesangst mehr äußerte. Auch die anderen Angstpatienten hörten nach der Behandlung mit Imipramin auf, über ihre Symptome zu klagen. Sie gingen allein in den Esssaal hinunter, verließen sogar selbständig das Gelände und fühlten sich insgesamt viel sicherer. Jetzt wurde deutlich, dass eine neue Behandlungsmöglichkeit für diese schwer beeinträchtigten Menschen gefunden worden war. Donald Klein prägte für diese Patienten den Begriff der «Panikstörung» und begann eine Placebo-kontrollierte Doppelblindstudie, in der sich seine Beobachtungen bestätigten, dass Imipramin diese Ängste hervorragend bessern konnte.[135] Seit dieser Zeit wurden Millionen von Panikpatienten erfolgreich mit Imipramin therapiert.

Als ich Mitte der achtziger Jahre begann, Angstpatienten mit diesem Medikament zu behandeln, musste ich noch den Widerstand meiner eigenen Kollegen überwinden, die der Meinung waren, dass Angsterkrankungen nicht mit Medikamenten therapiert werden sollten. Die wissenschaftlichen Erkenntnisse aus Amerika brauchten damals noch viele Jahre, um über den Großen Teich zu gelangen. Ich war jedenfalls überrascht und zufrieden, dass ich mit Imipramin rasche und durchgreifende Erfolge erzielen konnte, und das oft bei Patienten, die jahrelang erfolglos behandelt worden waren. Heute wenden wir Medikamente an, die noch besser sind als das Imipramin, da sie weniger Nebenwirkungen verursachen.

Sind Psychopharmaka Teufelswerk?

Es ist eine ganze Reihe von Medikamenten bekannt, die bei Angststörungen helfen können. Dennoch erstaunt es, dass oft nur ein geringer Teil der Angstpatienten mit Medikamenten behandelt wird – was wohl hauptsächlich auf Vorurteilen gegen diese beruht.

Sind Psychopharmaka wirklich so schlecht wie ihr Ruf? Ein junger Psychiater beklagte sich einmal bei mir: «Jeder meint besser zu wissen als ich, was die beste Behandlung bei einer Angsterkrankung sei. Jeder Laie auf diesem Gebiet weiß ganz genau, dass Psychopharmaka nur schädlich sind und von den Ärzten nur verordnet werden, damit sie Zeit für Gespräche sparen und weil sie von der Psychopharmakaindustrie Geld zugesteckt bekommen, wenn sie die Pillen verschreiben. Kein Wunder, dass mir fast jeder Patient, der hier hereinspaziert, als Erstes entgegenschleudert: ‹Eins sage ich Ihnen gleich, Herr Doktor, Ihre Pillen nehme ich schon gar nicht.› In keiner anderen medizinischen Fachrichtung außer in der Psychiatrie ist es normal, dem Arzt erst mal zu erzählen, dass seine Behandlung völlig falsch sei. Das ist frustrierend.»

Der Leipziger Psychiater Matthias Angermeyer führte Anfang der neunziger Jahre eine Umfrage bei über 300 Personen durch. Er wollte herausfinden, welche Meinung die Allgemeinheit zu einer Behandlung seelischer Erkrankungen mit Psychotherapie oder Medikamenten hat.[136] Die Ergebnisse waren niederschmetternd.

Die Befragten bekamen die Beschreibungen verschiedener Fälle vorgelegt, darunter den einer Schizophrenie, einer Depression sowie einer Panikstörung. Sie mussten sich dazu äußern, ob sie bei der dargestellten Erkrankung eine Psychotherapie beziehungsweise eine Psychopharmakotherapie für sinnvoll halten oder von einer solchen abraten würden. Das Resultat war eindeutig: Bei allen drei Erkrankungen wurde die Psychotherapie klar bevorzugt. Als Behandlung für eine Panikstörung kamen für 54 Prozent Medikamente nicht infrage, dagegen favorisierten ebenfalls 54 Prozent eine Psychotherapie. Als positiv beurteilten nur 20 Prozent die Pillenbehandlung; die Psychotherapie dagegen wurde nur von zwölf Prozent als nicht empfehlenswert bezeichnet. Wohlgemerkt: Hier wurden nicht Patienten oder deren Angehörige befragt, sondern gesunde Personen, die vielleicht die erwähnten Krankheiten nur vom Hörensagen kannten.

Diese Ergebnisse widersprechen allerdings komplett der Erkenntnis von Experten. Ein Psychiater müsste zum Beispiel mit einem Kunstfehlerprozess rechnen, wenn er versuchen wollte, seine schizophrenen Patienten ohne Medikamente zu behandeln. Von 1955 bis 1985 sank in den USA die Zahl der wegen einer Schizophrenie in einer geschlossenen Anstalt eingesperrten Patienten von 600 000 um ein Viertel auf 450 000. Was war 1955 passiert? Das erste Mittel gegen Schizophrenie, das Chlorpromazin, war in den Krankenhäusern eingeführt worden. Zwangsjacken und Gummizellen konnten in der Folge abgeschafft werden, und die Patienten vermochten mit Medikamenten zu Hause ein einigermaßen glückliches und zufriedenes Leben zu führen, anstatt in Asylen dahinzuvegetieren. Eine solche positive Revolution hatte es in der Psychiatrie nie zuvor gegeben. Zwei Jahre später wurde das Antidepressivum Imipramin eingeführt. Jetzt gab es zum ersten Mal die Möglichkeit, Depressionen zu behandeln, die ohne Behandlung jahrelang anhalten können und jeden Zehnten in den Selbstmord treiben.

Warum sind die Menschen trotz der offensichtlichen Erfolge der Psychopharmakologie dennoch so negativ gegen Medikamente eingestellt? Als Argument gegen die Psychopharmaka wurde von den von Matthias Angermeyer befragten Personen unter anderem genannt, dass die Medikamente die Krankheit nicht «an der Ursache packen», sondern nur die Symptome zudecken, indem man benebelt gemacht wird. Außerdem wurde pauschal angenommen, dass alle Psychopharmaka zur Abhängigkeit führen. Bei diesen Meinungen handelt es sich aber um Vorurteile. Hier die häufigsten Irrtümer über Psychopharmaka:

▼ Irrtum Nr. 1: Psychopharmaka stellen doch nur ruhig

Viele Menschen denken, dass Psychopharmaka ihre Wirkung lediglich dadurch ausüben, dass sie den Patienten müde machen. In Wirklichkeit können Psychopharmaka sehr viele unterschiedliche Effekte ausüben: Es gibt Medikamente, die hauptsächlich gegen Verfolgungswahn wirken, andere, die bei Depressionen helfen, und wieder andere, die Rückfälle von Manien verhindern. Nicht alle machen schläfrig; manche Psychopharmaka verbessern ganz im Gegenteil den Antrieb, gerade wenn ein depressiver Patient unter ständigem Energiemangel und Abgeschlagenheit leidet. Bei anderen Medikamenten dagegen ist die beruhigende Wirkung erwünscht und wird gezielt eingesetzt. Die Medikamente, die in erster Linie gegen Angsterkrankungen eingesetzt werden, wie die SSRIs (siehe S. 293), gehören jedoch nicht zu den Mitteln, die müde machen. Sie wirken entweder antriebssteigernd, was ja oft erwünscht ist, oder einfach nur neutral – das heißt, dass sie weder müde machen noch zu Aufgekratztheit führen.

▼ Irrtum Nr. 2: Die Nebenwirkungen sind schlimmer ▼ als die Krankheit

Psychopharmaka haben Nebenwirkungen – das stimmt. Leider ist die medizinische Forschung noch nicht so weit, dass man schwere psychische Erkrankungen völlig ohne Nebenwirkungen wegzaubern kann. Kein Arzt würde jedoch Psychopharmaka verordnen, wenn am Ende die Nebenwirkungen schlimmer als die Krankheit wären. Die Medikamente, die bei Angsterkrankungen verordnet werden, gehören allerdings zu denjenigen, die in der Regel gut verträglich sind. Die meisten Menschen, die diese Mittel einnehmen, haben, nach einer kurzen Eingewöhnungszeit, praktisch keine Nebenwirkungen.

▼ Irrtum Nr. 3: Alle Psychopharmaka machen ▼ abhängig

Viele Menschen denken, dass sämtliche Psychopharmaka abhängig machen. Dies ist nicht richtig: Antidepressiva, Neuroleptika und zahlreiche andere Psychopharmaka tun das nicht. Allerdings können bestimmte Personen bei länger dauernder Einnahme von Beruhigungsmitteln (zum Beispiel aus der Gruppe der Benzodiazepine, siehe S. 299) eine Sucht entwickeln. Diese äußert sich dann in der Unfähigkeit, das Medikament abzusetzen, und manchmal in einem Verlangen nach einer Dosissteigerung. Benzodiazepine helfen gut gegen Ängste, da sie aber das Problem der möglichen Abhängigkeitsentwicklung haben, werden sie nur noch in bestimmten Fällen verordnet. Die bei Angsterkrankungen empfohlenen Medikamente – die Antidepressiva – lösen jedoch keine Sucht aus.

▼ Irrtum Nr. 4: Psychopharmaka verändern ▼ die Persönlichkeit

Der Einsatz von Medikamenten in der Behandlung psychischer Störungen löst fast regelmäßig bestimmte Befürchtungen aus: Patienten stellen sich die Frage, ob ihre persönlichen Eigenarten, Verhaltensweisen und Charakterzüge durch die Tabletten beeinflusst werden können. Manche werden das Gefühl nicht los, sich den Pillen auszuliefern. Beklemmung bereitet die Vorstellung, das eigene Fühlen und Denken werde von einer Pille gesteuert. Oder setzt man gar die «chemische Keule» ein, um die Persönlichkeit so umzuwandeln, wie es andere als wünschenswert ansehen?

Es ist aber ein weit verbreitetes Vorurteil, dass Psychopharmaka die Persönlichkeit der Menschen verändern können. Gott sei Dank können Psychiater den Charakter der Menschen durch Pillen nicht beeinflussen. Weder kann aus einem frei denkenden, fröhlichen Menschen ein willenloser Roboter gemacht werden noch aus einem zurückhaltenden, schüchternen Menschen ein spritziger Alleinunterhalter. Psychopharmaka bringen lediglich einen krankhaften Zustand wieder in den Normalzustand.

▼ Irrtum Nr. 5: Die Einnahme eines Psychopharmakons ▼ ist Ausdruck einer Niederlage

Die Einnahme einer Psychopille ist keinesfalls Ausdruck einer Kapitulation vor der Erkrankung. Für die Auseinandersetzung mit der eigenen psychischen Erkrankung braucht man ein gewisses Maß an Stabilität. Manchmal sind die Betroffenen zu Beginn einer Behandlung zu beeinträchtigt für eine Psychotherapie. Zum Beispiel ist ein Mensch mit einer schweren Agoraphobie oft noch nicht in der Lage, bestimmte verhaltenstherapeutische Übungen in die Tat umzusetzen. Seine Angst ist zu groß, sein Antrieb ist zu blockiert, und die Gedanken drehen sich permanent im Kreis. Nach einigen Wochen psychopharmakologischer Behandlung ist der Patient viel eher in der Lage, seine Ängste zu überwinden.

▼ Irrtum Nr. 6: Psychotherapie wirkt immer besser ▼ als Psychopharmaka

Die oben erwähnte Umfrage in der deutschen Bevölkerung ergab auch, dass die meisten Leute glauben, dass eine Psychotherapie praktisch immer besser wirke als eine Behandlung mit Psychopharmaka. Es wäre eine schöne Utopie, wenn man alle seelischen Krankheiten ausschließlich mit Gesprächen und Übungen behandeln könnte. Es gibt seelische Krankheiten – wie die Schizophrenie –, bei denen fast nur die medikamentöse Behandlung Erfolg hat und eine Psychotherapie lediglich eine zusätzliche, unterstützende Funktion besitzt. Bei den Angsterkrankungen stehen Medikamente und Psychotherapie gleichwertig nebeneinander. Aufgrund von wissenschaftlichen Untersuchungen weiß man heute, bei welchen Krankheiten welche Therapieformen besser helfen als andere.

▼ Irrtum Nr. 7: Psychopharmaka taugen nichts, ▼ weil sie nicht auf Dauer wirken

In der Regel helfen Psychopharmaka nur so lange, wie sie eingenommen werden. Antidepressiva allerdings haben eine Wirkung, die nach der letzten Verabreichung noch weit darüber hinaus (mithin einige Wochen oder Monate) anhalten kann. Die Tatsache, dass manche Psychopharmaka nicht auf Dauer wirken, sollte man nicht zum Anlass nehmen, sie überhaupt nicht einzunehmen. Sicher wäre es schön, wenn die Wissenschaft Mittel erfinden würde, die die Krankheiten ein für alle Mal wegzaubern könnten. Ein Zuckerkranker muss sich beispielsweise damit abfinden, dass er ein Leben lang Insulin spritzen muss – sonst würde er verfrüht sterben.

Es wird in diesem Zusammenhang oft gesagt, dass eine Psychotherapie im Gegensatz zu den Psychopharmaka eine dauerhafte Wirkung habe. Aber: Auch bei Erkrankungen, bei denen eine Psychotherapie helfen kann, ist nicht garantiert, dass die Krankheit vollständig und für immer beseitigt wird.

▼ Irrtum Nr. 8: Seelische Krankheiten kann man ▼ viel besser mit natürlichen Mitteln heilen

Viele Patienten haben die Hoffnung, dass man seelische Krankheiten mit natürlichen Mitteln, also Zubereitungen aus Pflanzen oder homöopathischen Arzneien, heilen kann. Groß ist die Zahl der mit oder ohne Rezept erhältlichen Präparate, die zur Behandlung aller Arten von seelischen Störungen angeboten werden. Allerdings ist bei vielen dieser Zubereitungen nie erprobt worden, ob sie wirklich helfen. Für die meisten natürlichen Präparate gibt es nur spärliche oder gar keine gesicherten Wirksamkeitsnachweise. Und da der Großteil dieser Mittel auch nicht auf ihre Verträglichkeit getestet wurde, besteht sogar die Gefahr, dass sie schädlich sind.

Selbst wenn ein Medikament nur auf Rezept erhältlich ist oder in der «Roten Liste» steht, dem Standardwerk, das alle Medikamente enthält, ist dies keine Garantie dafür, dass die Wirkung nachgewiesen wurde. Der Verbraucher hat leider aufgrund fehlender staatlicher Regelungen nicht die Möglichkeit, auf einfachem Wege herauszubekommen, ob ein Mittel für eine bestimmte Krankheit geeignet ist oder nicht.

Auch wenn Sie jemanden kennen, bei dem ein so genanntes alternatives Mittel geholfen hat, ist das noch kein Beweis, dass sich die Krankheit nicht ebenso ohne dieses gebessert hätte. Es könnte genauso gut sein, dass die Symptome auch ohne das Medikament verschwunden oder mit einem «richtigen» Medikament viel schneller auskuriert worden wären.

Welche Psychopharmaka wirken?

Nicht alle Psychopharmaka, die als Angstmedikamente angepriesen werden, sind tatsächlich auch geeignet. Die Tabelle auf der folgenden Seite zeigt diejenigen Medikamente, von denen wir wissen, dass sie bei einer Angststörung helfen. Nur diese Präparate sind vom deutschen Bundesinstitut für Arzneimittel für die Behandlung von Angststörungen zugelassen – in Österreich und der Schweiz werden die gleichen Mittel verwendet.

Wie wirken Psychopharmaka?

Es erscheint oft wenig plausibel, dass Gefühle, Stimmungen, Wahrnehmungen, Erleben und Denken durch «Chemie für die Seele» beeinflussbar sind. Viele Menschen irritiert es, dass die Heilung seelischer Krankheiten so mechanistisch abzulaufen vermag. Gehirnzentren für Stimmung, Affekte und seelischen Antrieb können zum einen anlagebedingt vermehrt «störanfällig» sein, sie können aber auch andererseits durch die Einwirkung biochemischer Veränderungen als Ausdruck belastender und überfordernder Lebensumstände in ihrer Funktion gestört werden. Daher liegt es nahe, dass solche biologischen Fehlfunktionen durch ein Medikament korrigierbar sind.

Serotonin-Wiederaufnahmehemmer (SSRI) und Venlafaxin

Die Nummer-eins-Mittel in der Angstbehandlung, die heute nahezu von allen Experten empfohlen werden, sind die selektiven Serotonin-Wiederaufnahmehemmer (SSRI). Sie gehören zu der Gruppe der Antidepressiva und wurden ursprünglich entwickelt, um Depressionen zu behandeln. Schnell fand man heraus, dass sie auch bei Ängsten sehr gut helfen. Die SSRI hemmen, wie bereits gesagt, die Wiederaufnahme von Serotonin, verlängern dadurch seine Wirkung und fördern somit die Tätigkeit der Serotonin-Neuronen. Diese Neuronen haben die Aufgabe, Aufregung im Angstnetzwerk

Medikamente mit gesicherter Wirkung bei Angststörungen

Gruppe	Wirkstoffe	Vorteile	Nachteile
Selektive Serotonin-Wiederaufnahme-hemmer (SSRI)	z. B. Citalopram, Escitalopram, Paroxetin, Sertralin	keine Abhängigkeit, weniger Nebenwirkungen als TZA	wirken erst nach 2-6 Wochen; zu Beginn Unruhe oder Übelkeit, sexuelle Störungen u. a. Nebenwirkungen
Selektive Serotonin-Noradrenalin-Wiederaufnahme-hemmer (SSNRI)	z. B. Venlafaxin	keine Abhängigkeit, weniger Nebenwirkungen als TZA	wirkt erst nach 2-6 Wochen; zu Beginn Unruhe oder Übelkeit, sexuelle Störungen u. a. Nebenwirkungen, bei hoher Dosis Blutdrucksteigerung
Trizyklische Antidepressiva (TZA)	z. B. Clomipramin	keine Abhängigkeit	wirken erst nach 2-6 Wochen; Mundtrockenheit, Müdigkeit, Verstopfung, Gewichtszunahme u. a. Nebenwirkungen
Benzodiazepine	z. B. Alprazolam	wirken sofort, gut verträglich	Müdigkeit u. a. Nebenwirkungen; Abhängigkeit möglich
Reversibler MAO-Hemmer	Moclobemid	keine Abhängigkeit, weniger Nebenwirkungen als TZA	wirkt erst nach 2-6 Wochen; Schwindel, Kopfschmerzen, Müdigkeit u. a. Nebenwirkungen
Azapiron	Buspiron	keine Abhängigkeit	wirkt erst nach 2-6 Wochen; Schwindel, Kopfschmerz, Nervosität u. a. Nebenwirkungen

zu stoppen. Sie sind die Bremsleitungen für verschiedene Gebiete im Gehirn, die für die Angstsymptome verantwortlich sind, und bringen diese wieder zur Ruhe.

Venlafaxin ist ein Mittel, das eine ähnliche Wirkung hat wie die SSRIs. Während die SSRI nur die Serotonin-Wiederaufnahme hemmen, wirkt Venlafaxin auch noch auf Noradrenalin-Neuronen.

Diese Medikamente kann man als einen Segen für Angstpatienten betrachten, da Millionen Menschen mit ihnen angstfrei leben können. Sie sind in der Lage, ihr Dasein wieder ohne Einschränkungen zu führen, und können wieder ihrem Beruf nachgehen. Ebenso kehren Lebensfreude und optimistisches Denken zurück.

Das klingt jetzt alles sehr positiv; jedoch gibt es zwei Haken bei der Sache. Der erste besteht darin, dass die Wirkung manchmal erst nach Wochen einsetzt. In den meisten Fällen geschieht das nach etwa zwei Wochen, doch bei manchen Patienten dauert es auch vier, sechs oder sogar acht Wochen, bis die volle Wirkung eingetreten ist. Zudem sollte man auch nicht davon ausgehen, dass hierbei einfach ein Schalter umgelegt wird, und die Angst ist weg. Vielmehr ist es so, dass die Wirkung erst nach und nach einsetzt. Eines Tages stellt man verblüfft fest: «Oh, jetzt habe ich ein paar Tage keine Angst gehabt.»

Der zweite Haken besteht in den Nebenwirkungen. Die ersten Tage der Behandlung sind manchmal schwierig für den Patienten. Während sich die Wirkung zunächst überhaupt nicht zeigt, wird anfangs oft als störend empfunden, dass Unruhe und Nervosität sogar noch weiter zunehmen können. Dies liegt daran, dass das Medikament in den ersten 14 Tagen ungefähr das Gegenteil von dem anstellt, was es eigentlich machen soll. Gerade Angstpatienten reagieren noch empfindlicher auf diese Medikamente als Menschen, die die gleichen Pillen wegen einer Depression einnehmen.

Wer in dieser schwierigen Phase das Medikament absetzt, der wird nie erfahren, wie gut es eigentlich wirkt. «Es könnte sein», pflege ich meinen Patienten zu sagen, «dass Sie in den nächsten Tagen etwas unruhig werden oder schlecht schlafen. Sie müssen da durch, es dauert aber nur einige wenige Tage, dann wird es besser.»

Es kann zu einer gewissen Übelkeit kommen, die aber meist nicht so schlimm ist, dass man das Mittel absetzen müsste. Auch diese Nebenwirkung bessert sich nach einigen Tagen, wenn sie überhaupt auftaucht. Was praktisch nicht eintritt, ist Müdigkeit – niemand muss benebelt herumlaufen.

Weitere mögliche Nebenwirkungen sind Kopfschmerzen, Schwitzen oder Durchfälle. Bei manchen Medikamenten kann eine Gewichtszunahme auftreten, bei anderen dagegen eine Gewichtsabnahme. Bei längerer Einnahme gibt es noch eine problematische Nebenwirkung, die meist erst dann zum Vorschein kommt, wenn die Krankheitssymptome bereits vollständig weg sind: Es stellen sich Sexprobleme ein. Bei Frauen lässt die Lust auf Sex nach, und bei Männern kommt es zu Ejakulationsstörungen. Dies ist ärgerlich, zeigt sich aber nur bei wenigen Menschen und verschwindet bald nach dem Absetzen wieder. Eine Angsterkrankung reduziert allerdings grundsätzlich das Lustempfinden, sodass man möglicherweise schon lange kaum noch an Sex dachte. Wenn sich aber nach erfolgreicher Behandlung die Lebensfreude wieder meldet, fällt es einem irgendwann ein: «Da war doch noch was?»

Bleibt die Frage, wie lange diese Medikamente eingenommen werden müssen. Wenn sich die Angstsymptome nach ein paar Wochen deutlich gebessert haben oder sogar verschwunden sind, verspürt mancher Patient die Lust, die Pillen wieder abzusetzen, um seinen Körper nicht unnötig einer chemischen Belastung auszusetzen. Experten raten allerdings dazu, die SSRIs noch monatelang nach der Besserung weiter einzunehmen. Oft wird eine Einnahme von mindestens zwölf Monaten angeraten (manchmal auch bis zu 24 Monaten), um Rückfälle zu vermeiden.

Wenn die Arzneimittel nach längerer Zeit abgesetzt werden, treten in seltenen Fällen so genannte Absetzphänomene auf, die sich in Unruhe, Ängstlichkeit, Schlafstörungen, und Schwindelgefühlen äußern können. Man kann dann nicht gut unterscheiden, ob es sich dabei um eine Rückkehr der alten Angstsymptome oder um echte Absetzphänomene handelt. Nach einigen Tagen verschwinden diese Symptome – wenn es kein Wiederaufflammen der alten Erkrankung war. Diese Absetzsymptome sind längst nicht so schlimm wie die Entzugssymptome, die man nach einer langen Einnahme von Benzodiazepinen bekommen kann. Man kann sie vermeiden, wenn man das Mittel nicht abrupt weglässt, sondern langsam die Dosis verringert.

Auch wenn diese Medikamente Nebenwirkungen haben können, ist es nicht so, dass sie schlimmer sind als die Krankheit, gegen die die Pillen helfen sollen. Denn auch die Angstkrankheiten verursachen viele körperliche Symptome wie Übelkeit, Kopfschmerzen, Schlaflosigkeit oder Magen-Darm-Probleme. Die weitaus meisten Patienten vertragen diese Medikamente jedoch ohne Probleme. Es gibt auch keine Hinweise darauf, dass eine monate- oder sogar jahrelange Einnahme irgendwelche Spätschäden verursacht. Ich habe in den letzten Jahren Tausende von Angstpatienten mit solchen Mitteln behandelt, und die meisten waren glücklich darüber, dass es etwas gab, was ihnen helfen konnte.

Trizyklische Antidepressiva (TZA)

Die trizyklischen Antidepressiva (TZA) gibt es bereits seit über 50 Jahren. Lange Zeit waren sie nicht nur bei Depressionen, sondern auch bei Angsterkrankungen die wichtigsten Medikamente. Imipramin und Clomipramin sind typische Vertreter, die in vielen Studien bei Angstpatienten untersucht wurden. Auch heute werden sie noch regelmäßig eingesetzt. Die TZA hemmen die Wiederaufnahme des Serotonins in die erste Zelle eines Serotonin-Neurons. Das Gleiche machen sie mit dem Noradrenalin in den Noradrenalinbetriebenen Neuronen.

Die TZA beeinflussen auch bestimmte Rezeptoren im Gehirn, die mit der Wirkung der Antidepressiva nichts zu tun haben. Zum Beispiel hemmen sie so genannte Histaminrezeptoren, was zu Müdigkeit führen kann. Durch Blockade weiterer Rezeptoren kann es zu Mundtrockenheit kommen, einer Nebenwirkung, die manchmal als störend empfunden wird und die auch nicht – wie andere Nebeneffekte – nach ein paar Tagen verschwindet. Weitere mögliche Nebenwirkungen sind Verstopfung oder Gewichtszunahme. Gerade wegen der müde machenden Eigenschaften sind diese Mittel für berufstätige Leute weniger gut geeignet als die SSRIs. Auch die Gewichtszunahme, die bei manchen Menschen erheblich sein kann, ist ein Nachteil gegenüber den SSRIs, von denen die meisten kaum eine Wirkung auf das Körpergewicht haben. Wie alle Antidepressiva brauchen auch die TZA zwei oder mehr Wochen, bis ihre Wirkung einsetzt.

MAO-Hemmer

Die so genannten Monoaminoxidasehemmer (MAO-Hemmer) wurden früher häufig zur Behandlung von Depressionen, aber auch bei Angsterkrankungen eingesetzt. Heute spielen sie kaum noch eine Rolle, da sie einen entscheidenden Nachteil haben: Wer einen MAO-Hemmer einnimmt, muss eine bestimmte Diät einhalten. Bestimmte Nahrungsmittel sind verboten, zum Beispiel Gouda (mittelalt) und Rotwein (obwohl gerade diese Kombination wunderbar schmecken kann). Wer MAO-Hemmer verabreicht bekommt, erhält vom Arzt eine lange Liste mit Lebensmitteln, die man parallel dazu nicht essen sollte. Wenn ein Patient die korrekte Diät nicht einhält, können gefährliche Wechselwirkungen auftreten. Nur in Fällen, in denen alle anderen Mittel versagt haben, sollte man die MAO-Hemmer Tranylcypromin oder Phenelzin versuchen (Letzteres ist nur im Ausland erhältlich). Amerikanische Angstexperten schwören in verzweifelten Fällen auf Phenelzin.

Moclobemid

Ein neueres Mittel, Moclobemid, ist ein reversibler Monoaminoxidasehemmer. Es führt nicht zu den gefährlichen Wechselwirkungen der alten MAO-Hemmer, und zudem wird es in der Regel gut vertragen. In den ersten Behandlungstagen können Unruhe oder Schlafstörungen auftreten. Es empfiehlt sich daher, das Medikament nicht nach 17 Uhr einzunehmen. Weitere Nebeneffekte sind Mundtrockenheit, Kopfschmerzen, Schwindel, Magen-Darm-Beschwerden oder Übelkeit. Allerdings sind diese Nebenwirkungen selten, und die meisten Patienten berichten, dass sie das Medikament ohne Probleme vertragen. Es wird vor allem bei der Sozialen Phobie eingesetzt. Seine Wirkung bei anderen Angststörungen ist nicht ausreichend nachgewiesen. Es dauert mindestens zwei Wochen, bis der Effekt einsetzt.

Buspiron
Das Mittel Buspiron wird Menschen mit einer Generalisierten Angststörung gegeben. Bei anderen Angsterkrankungen – so beispielsweise bei der Panikstörung und der Sozialen Phobie – wirkte es nicht besser als ein Placebo. An Nebenwirkungen können Kopfschmerzen, Schwindel, Benommenheit, Nervosität, Erregung und Magen-Darm-Probleme auftreten.

Beruhigungsmittel
Beruhigungs- oder Schlafmittel werden bei Angsterkrankungen, Unruhe- und Erregungszuständen, Stress und Schlafstörungen gegeben. Zwischen Beruhigungs- und Schlafmitteln gibt es prinzipiell keinen Unterschied. Die Hauptgruppe von Beruhigungsmitteln, die bei den Angsterkrankungen verabreicht werden, sind die Benzodiazepine. Mittel wie Valium, Lexotanil oder Tafil sind bekannt. Diese Medikamente wirken besonders schnell und zuverlässig gegen Ängste.

Der am häufigsten im Gehirn vorkommende Botenstoff ist die Gamma-Aminobuttersäure (GABA). An 50 Prozent der Schaltstellen im Gehirn ist GABA beteiligt, ein Stoff, der dazu da ist, Neuronen, die sich erregt haben, wieder zu beruhigen. Benzodiazepine wirken, indem sie die Wirkung der GABA unterstützen. Wenn GABA also als Bremse fungiert, dienen die Benzodiazepine sozusagen als «Bremskraftverstärker».

Man nimmt an, dass es einen natürlichen Stoff im menschlichen Körper gibt, der der eigentliche Schlüssel für das Schloss des GABA-Rezeptors ist. Dieser Stoff muss den Benzodiazepinen ähneln und auf das Gehirn eine beruhigende Wirkung ausüben. Umgekehrt gesagt, die Benzodiazepine helfen gegen Angst, weil sie dem natürlichen Stoff, der für die Bindung an den GABA-Rezeptor vorgesehen

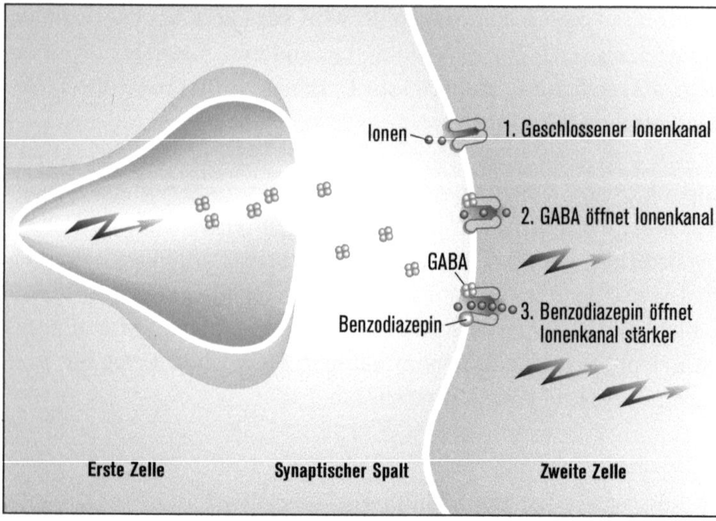

Die Wirkung von Benzodiazepinen: GABA ist ein Botenstoff; die GABA-Nervenzellen sorgen im Gehirn allgemein für Beruhigung.
1. Der Ionenkanal ist geschlossen.
2. Ein GABA-Molekül dockt am Rezeptor an. Dadurch kommt es zu einer Öffnung des Ionenkanals. Wenn er geöffnet ist, können Ionen hindurchströmen. Dadurch wird die Erregung der Nervenzelle ausgelöst.
3. Dockt jetzt auch noch ein Benzodiazepin-Molekül an, wird der Ionenkanal noch weiter geöffnet. Die Zelle wird noch stärker erregt. So unterstützt das Benzodiazepin-Medikament den natürlichen Stoff GABA bei der Arbeit

ist, verwandt sind. Noch wird dieser natürliche Stoff verzweifelt gesucht, und wer ihn findet, kann sich des Nobelpreises sicher sein. Denn anders als die Benzodiazepine würde der natürliche Stoff nicht süchtig machen, sonst würde man ja von seiner eigenen Hirnchemie abhängig werden. Könnte man diesen Stoff in Pillen pressen, wäre es das perfekte Medikament.

Anders als die Antidepressiva, die nur auf die wenigen Serotonin-Neuronen wirken, bremsen Benzodiazepine mit einem «Rundumschlag» die Hälfte aller Vorgänge im Gehirn aus, nämlich diejenigen, an denen GABA beteiligt ist. Deswegen wird man müde oder taumelig, wenn man eine zu hohe Dosis eines solchen Medikaments einnimmt.

Übrigens wirken nicht nur die Benzodiazepine, sondern auch andere Beruhigungsmittel, zum Beispiel aus der Gruppe der Barbiturate, am GABA-Rezeptor. Auch Alkohol greift hier an. Daher sind Bier, Wein und Schnaps ebenfalls schnelle und wirksame Angstlöser, was sie für Angstpatienten sehr gefährlich macht.

Lange Zeit waren Benzodiazepine die Medikamente, die bei Menschen mit Ängsten am häufigsten eingesetzt wurden. Ihre Wirkung ist verführerisch. Ein Benzodiazepin ist wie ein kleiner Kognak: Eben noch in heller Aufregung, sieht nach dieser Pille alles ganz anders aus. Im Gegensatz zu den Antidepressiva helfen sie nicht erst nach Wochen, sondern schon in den ersten Minuten nach der Einnahme – ein unbestreitbarer Vorteil.

Zu den Nebenwirkungen gehören allerdings Müdigkeit, eine Verlängerung der Reaktionszeit, was das Autofahren einschränkt, und ein «Kater» nach dem Aufwachen. Die problematischste Nebenwirkung ist allerdings die Möglichkeit einer Suchtentwicklung. Wenn man diese Medikamente einige Monate eingenommen hat, kann es zu einer Abhängigkeit kommen, die sich dadurch äußert, dass man nach dem abrupten Absetzen der Benzodiazepine sogar eine noch stärkere Unruhe oder Angst als vor der Behandlung haben kann. Aus diesem Grund verspürt man den Wunsch, die Mittel immer weiter einzunehmen. Diese Sucht entwickelt sich aber nur bei einem kleineren Teil der Patienten. Man kann nicht für alle Patienten pauschal sagen, wie lange man Benzodiazepine einnehmen kann, ohne in die Gefahr einer Sucht hineinzurutschen. Manche nehmen die Tabletten jahrelang, ohne die Dosis steigern zu müssen, und können sie anschließend ohne Probleme absetzen. Andere sind bereits nach Wochen körperlich von diesen Beruhigungsmitteln abhängig. In sehr seltenen Fällen kommt es auch zu einer ständigen Dosissteigerung – bis zum Zehn- oder Zwanzigfachen der Normaldosis –, wobei sich die Patienten die Tabletten von mehreren Ärzten besorgen. Wer eine solche Abhängigkeit entwickelt, lässt sich oft nicht vorhersehen; oft sind es aber Menschen, die auch Alkohol, Schmerzmittel oder Drogen suchtmäßig konsumieren. Bei dieser Struktur ist aber oft eine längere Behandlung notwendig.

Die Arzneimittel aus dieser Gruppe gehören zu den am meisten verordneten Medikamenten überhaupt. Sie werden aber von Fachärzten für Psychiatrie erheblich zurückhaltender verordnet als von Allgemeinmedizinern. Es gibt manche Ärzte, die es wegen der Suchtgefahr kategorisch ablehnen, Benzodiazepine überhaupt zu verordnen. Fachleute raten aber, diese Arzneimittel nicht prinzipiell abzulehnen, sondern sie in bestimmten Fällen sehr vorsichtig einzusetzen. In dem Zeitraum, in dem die oben erwähnten Antidepressiva noch nicht wirken (das heißt die ersten zwei bis vier Wochen), kann man durchaus zusätzlich ein Benzodiazepin geben, um den Patienten nicht unnötig lange auf den Angst lösenden Effekt warten zu lassen. Das Mittel kann dann nach vier bis acht Wochen wieder abgesetzt werden, wenn das Antidepressivum inzwischen seine volle Wirkung entfaltet hat.

Antihistaminika

Manchmal werden so genannte Antihistaminika bei Angst- und Spannungszuständen gegeben. Diese Mittel wirken eigentlich hauptsächlich deswegen, weil sie ruhig stellen. Die Antihistaminika machen nicht abhängig. Sie werden aber nicht routinemäßig bei Ängsten eingesetzt.

Neuroleptika

Neuroleptika sind eigentlich Mittel gegen Schizophrenie. Wenn ein Schizophrener unter Verfolgungswahn leidet oder ständig Stimmen hört, können diese Symptome mit Neuroleptika gezielt behandelt werden. In den siebziger Jahren therapierten Ärzte Angsterkrankungen oft mit Neuroleptika, allerdings in sehr viel niedrigeren Dosen als in der Schizophreniebehandlung. Die Neuroleptika haben den Vorteil, dass sie beruhigend wirken, ohne abhängig zu machen. Jedoch sollte man Neuroleptika nicht länger als drei Monate gegen Ängste einnehmen, da sonst schwerwiegende Nebenwirkungen auftreten könnten. Heute werden diese Mittel deswegen nicht mehr zur Behandlung von Ängsten empfohlen.

Betablocker

Betablocker sind eigentlich Mittel gegen zu hohen Blutdruck. Aber auch wenn das Herz zu schnell schlägt oder die Hände zittern, würde ein Betablocker helfen. Folglich dachten manche Mediziner, dass Betablocker auch gegen die Symptome der Angsterkrankungen helfen könnten.

In den achtziger Jahren machte man Versuche mit jungen Musikern, um herausfinden, ob die Bühnenangst schwindet, wenn sie einen Betablocker einnehmen.[137] Konzertgeiger haben zum Beispiel große Angst, beim Auftritt zu zittern, da der Zuhörer das ja sofort am Geigenton wahrnehmen würde. Zwar zeigte das Medikament insofern einen Erfolg, dass das Zittern besser wurde; eine Wirkung auf die Angst vor dem Publikum, also das Lampenfieber, konnte aber nicht gezeigt werden. Einen direkten Einfluss auf die Angstzentren im Gehirn kann man sich auch deshalb kaum vorstellen, da die in diesen Versuchen verwendeten Betablocker gar nicht durch die Blut-Hirn-Schranke des Gehirns hindurchkommen.

Trotzdem verbreitete sich die Unsitte, Bühnenangst mit Betablockern zu behandeln. Bei jedem Stehgeiger gehörte es zum guten Ton, einen Betablocker zu nehmen. Und nicht genug damit: Man übertrug die vermeintliche Wirkung auch auf Angstpatienten. Als man jedoch zum ersten Mal placebokontrollierte Studien mit Angstpatienten durchführte, stellte sich heraus, dass die Betablocker nicht besser halfen als das Scheinmedikament.

Naturheilkundliche Mittel – die alternativen Arzneien

Arnikablüten, Baldrian, Basilikum, Bohnenkraut, Brombeerblätter, Eisenkraut, Goldrute, Hopfen, Johanniskraut, Klatschmohn, Lindenblüten, Malvenblüten, Melisse, Orangenknospen, Passionsblume, Ruprechtskraut, Salbei, Sanddorn, Steinklee, Thymian, Veilchen, Veilchenwurzel – alle diese Pflanzen mit den wohlklingenden Namen werden als Heilmittel gegen Ängste angepriesen. Pflanzen, die seit Jahrhunderten als Arzneien gegen verschiedene Krankheiten empfohlen werden, unterzieht man zuvor einer bestimmten Prozedur, um sie als Medikament verwenden zu können. Zum Beispiel vermutete man, dass Knoblauch eine lebensverlängernde Wirkung habe. Um aus Knoblauch ein Heilmittel herstellen zu können, zerstampft man eine Knoblauchknolle, legt sie in Alkohol ein, wartet etwas ab, gibt das Ganze durch ein Sieb und verwendet die gewonnene Flüssigkeit als Heilextrakt. Dadurch gehen die alkohollöslichen Bestandteile in den Extrakt über.

In vielen Fällen entstanden auf diese Weise sinnvolle Heilmittel. Aber nicht alles, was natürlich ist, ist auch gesund. Fingerhut, Knollenblätterpilz und Tollkirsche sind Beispiele dafür, dass man als Folge der Einnahme natürlicher Stoffe durchaus einen unnatürlichen Tod erleiden kann. Aber auch normalerweise unschädliche Pflanzen können bei bestimmten Menschen Allergien, eine verstärkte Blutungsneigung oder bei schwangeren Frauen eine Totgeburt auslösen. Beispiele für Pflanzen, die bei Menschen unter Umständen schädlich oder giftig sein können, sind Minze, Knoblauch, Kamille, Ginseng, Thymian oder Baldrian.

Liest man Statistiken über die Häufigkeit von ärztlichen Verordnungen bei Angsterkrankungen, so stehen pflanzliche Präparate immer ganz oben auf der Liste. Aber welche Bedeutung haben naturheilkundliche Arzneien in der Behandlung von Ängsten tatsächlich?

Johanniskraut

Extrakte aus dem Johanniskraut *(Hypericum perforatum)* sind wohl die am meisten verkauften naturheilkundlichen Mittel. Das Johanniskraut wird auch als «Unserer Frauen Bettstroh», «Mannskraft», «Jageteufel» gehandelt – welche Wirkung auch immer damit angedeutet werden soll. Mittel, die Extrakte aus dem Johanniskraut enthalten, wurden bei Depressionen untersucht. Bei leichten und mittelschweren Depressionen konnte man in Doppelblindstudien eine gewisse Wirkung beobachten, die allerdings umstritten ist, da in einer sehr guten kontrollierten Untersuchung kein besserer Effekt als bei einem Placebo feststellbar war. Johanniskraut ist aber auch nicht völlig unschädlich. Wer das Mittel einnimmt, sollte besser nicht in die Sonne oder ins Sonnenstudio gehen, denn es könnte eine Sonnenallergie auslösen. Es kann außerdem zu Wechselwirkungen mit anderen Mitteln kommen.

Abgesehen davon gibt es keine Untersuchungen, die eine Wirkung des Johanniskrauts bei Angsterkrankungen zeigen. Man kann die Wirkung bei Depressionen nicht auf die Angsterkrankungen übertragen. Daher ist die Anwendung des Johanniskrauts bei Angststörungen nicht zu empfehlen.

Kava-Kava

Eingeborene in Papua-Neuguinea und anderen Ländern trinken in ihrer Freizeit am liebsten ein Getränk, das man Kava-Kava nennt. Früher wurden die Wurzeln zerkaut, in Schalen gespuckt und mit Wasser zu einem würzigen Mix angerührt. Der Weltumsegler James Cook hat 1780 die Wirkung der Pflanze bei den Polynesiern genau beobachtet und beschrieben. Kava-Kava ist ein Extrakt des Rauschpfeffers *(Piper methysticum)*, und man schätzt, dass bis zu 30 Prozent der männlichen Bevölkerung von Papua-Neuguinea keiner geregelten Tätigkeit nachgehen können, weil sie sich mit diesem Trunk berauschen und ihren Frauen das Arbeiten überlassen.

Bei uns gab es Extrakte aus Kava-Kava in Pillenform, die zur Behandlung von Angst angepriesen wurden. Gott sei Dank hatten diese Essenzen nicht die zerstörerische Wirkung des echten Kava-Kava-Getränks, vielleicht, weil die Dosis, die hierzulande in die Tabletten gepresst wurde, für einen Rausch nicht ausreichte. Immerhin wurden sogar Doppelblindstudien mit Kava-Kava durchgeführt. Die meisten wiesen jedoch Mängel in der Methodik auf und konnten nicht zweifelsfrei eine Wirkung demonstrieren, und die einzige Untersuchung, die methodologisch korrekt durchgeführt worden war, zeigte nicht den geringsten Unterschied zwischen Kava-Kava und einem Placebo.[138]

Viele Ärzte haben das Mittel vielleicht deswegen verordnet, weil sie auf einen Placeboeffekt gehofft hatten. Dabei gingen sie möglicherweise von der Annahme aus, dass das Mittel – wenn es auch nichts Besonderes bewirkt – wenigstens keine Nebenwirkungen hat. Im Jahre 2002 wurden jedoch allen Kava-Kava-haltigen Präparaten vom Bundesamt für Arzneimittel die Zulassung entzogen. Der Grund: Es bestand Grund zu der Annahme, dass die Mittel bei manchen Patienten für die Leber hochgiftig waren. Einige Patienten hatten nämlich ein Leberversagen, einige starben, und andere mussten eine Lebertransplantation über sich ergehen lassen. Wie konnte das passieren?

Nach dem Arzneimittelgesetz werden nur Medikamente zugelassen, bei denen durch mehrere placebokontrollierte Doppelblindstudien die Wirkung nachgewiesen wurde. Außerdem muss durch jahrelange Tierversuche ausgeschlossen werden, dass das Mittel Kurz- oder Langzeitschäden hervorruft. Kommissionen aus Fachleuten überprüfen alle Medikamente genauestens auf ihre Wirkung und ihre Sicherheit. Alle – bis auf die naturheilkundlichen Mittel. Für diese Gruppe hatte man Sonderregelungen eingeführt: Es mussten keine Doppelblindstudien vorgelegt werden, und außerdem wurden keine Tierversuche verlangt, mit denen man eine Giftigkeit der Mittel hätte ausschließen können. Aus falsch verstandener Sympathie für die naturheilkundlichen Mittel setzte man die Gesetze der Logik und Vernunft für diese Präparate außer Kraft. So kam es, dass jahrelang viel Geld für unwirksame Mittel ausgegeben wurde, die nicht nur unnütz, sondern zum Teil auch noch giftig waren.

Noch heute kann man zu Lasten der Krankenkasse naturheilkundliche, homöopathische und anthroposophische Mittel verordnen, die weder auf ihre Wirksamkeit noch auf ihre Unschädlichkeit überprüft worden sind. Für diese Präparate wird in manchen Bereichen mehr Geld ausgegeben als für die kontrollierten Medikamente – Hunderte von Millionen, die dann anderswo fehlen. Allein 350 000 Verordnungen für Kava-Kava pro Jahr schlugen bei den Krankenkassen mit Millionen von Euro zu Buche.

Baldrian

Baldrian *(Valeriana officinalis)* ist ein Gewächs mit weißen bis purpurroten Trugdolden, dessen Wurzel als Beruhigungsmittel verwendet wird. Das Mittel wird bei allen Zuständen von Nervosität, Schlaflosigkeit, nervösen Herzbeschwerden, Herzklopfen, Hysterie, Angstzuständen, psychischem Stress, Schulstress und Prüfungsangst angepriesen. Baldrian hat einen durchdringenden Geruch, den Katzen lieben. Schon die alten Griechen und Römer kannten Baldrian. Trotzdem wurden die beruhigenden Eigenschaften der Baldrianpflanze erst um 1800 von dem deutschen Arzt Christoph Wilhelm Hufeland entdeckt.

Der brasilianische Pharmakologe Roberto Andreatini untersuchte einen Baldrianextrakt bei Patienten mit einer Generalisierten Angststörung. Sie fanden keinen wesentlichen Unterschied zum Placeboeffekt, sodass dieses Mittel höchstens über den festen Glauben daran wirken kann.[139] Dieses Naturmittel ist übrigens nicht nebenwirkungsfrei: Wird Baldrian länger als drei bis vier Wochen genommen, kann es zu Kopfschmerzen oder Herzklopfen kommen.

Melisse

Die Melisse *(Melissa officinalis)* gilt als Beruhigungsmittel. Mit Melisse als Badezusatz erreichen uns die Probleme des Alltags nicht mehr. Aber auch Extrakte zur Einnahme werden angeboten. *Melissa* heißt wörtlich übersetzt «Biene». Diese Bezeichnung charakterisiert den Nektarreichtum der Pflanze. Ihr Duft ist zitronenartig. Die Blätter, vor der Blüte gesammelt, wurden im Mittelalter gegen unruhige Träume, Melancholie und Hysterie hoch gelobt. Ob die Melisse allerdings tatsächlich bei Ängsten hilft, wie fast jedes naturheilkundliche Buch behauptet, ist bisher noch nie untersucht worden.

Bekannt wurde die Pflanze vor allem in Form des Melissengeistes, den die Nonne Maria Clementine Martin im Jahre 1775 erfunden hatte. Dieser Melissengeist ist heute noch bei älteren Damen beliebt. Die beruhigende Wirkung tritt vielleicht auch wegen des hochprozentigen Alkoholgehalts ein.

Bach-Blüten

Edward Bach war ein homöopathischer Arzt in England. Bach, der von 1886 bis 1936 lebte, riet, Blüten von Blumen, Sträuchern und Bäumen (zum Beispiel von Steinrose, Lärche, Kastanie oder Ulme) in kristallene Gefäße mit reinem Quellwasser zu legen und sie in das helle Sonnenlicht zu stellen (das sieht sicher sehr dekorativ aus). Während die Blüten im Wasser vor sich hin welken, werden – so Bach – ihre heilenden Kräfte auf das Wasser übertragen. Dieses Wasser wird anschließend als Heilmittel verwendet. Damit die Lösung nicht faulig wird, wird sie mit Alkohol – einem guten Weinbrand oder einem klaren Schnaps – versetzt und vor der Einnahme mit Wasser verdünnt. Nach Bach hilft zum Beispiel gelbes Sonnenröschen gegen Angstzustände, Bleiwurz bei Unsicherheit, Lärche bei Niedergeschlagenheit und Sumpfwasserfeder bei Einsamkeit.

Die einzige kontrollierte Studie, die je mit Bach-Blüten bei ängstlichen Menschen durchgeführt wurde, stammt aus Freiburg.[140] An der dortigen Universität erhielten Studenten mit Examensangst einen Bach-Blüten-Extrakt mit Weinbrand oder Placebotropfen, die lediglich verdünnten Weinbrand enthielten. Bei allen Studenten kam es zu einer Minderung der Examensangst – ob sie jetzt Placebo oder Bach-Blüten einnahmen. Da die «Arznei» nur in Tropfen ausgeschenkt wurde, reichte die Alkoholmenge nicht aus, um den beruhigenden Effekt zu erklären. Es handelt sich also auch bei der vermeintlichen Wirkung der Bach-Blüten nur um einen Placeboeffekt.

Homöopathische Mittel

In der Naturheilkunde werden ganze Pflanzen oder zumindest Extrakte daraus zu Arzneimitteln verarbeitet. Die Homöopathie geht dagegen ganz anders vor. Sie nimmt einen Stoff, der nicht unbedingt «natürlich» (im Sinne von «gesund») sein muss. Es kann sich dabei sogar um etwas ziemlich Giftiges handeln, wie zum Beispiel Schwefel, Arsen, Knollenblätterpilz oder Schlangengift. Dieser Stoff wird anschließend stark verdünnt und in Pillen gepresst. Der Begriff «Homöopathie» – leitet sich von *homoion pathos* (ähnliches Leiden) ab. Damit ist gemeint, dass ein Stoff, der in zu hoher Dosis ein bestimmtes Leiden hervorrufen würde, in geringer Dosis ein Heilmittel gegen ebenjenes Leiden sein könnte.

Das dachte jedenfalls Christian Friedrich Samuel Hahnemann, der Erfinder der Homöopathie, im 18. Jahrhundert. Chinin war das damals wichtigste Mittel zur Fieberbekämpfung. Hahnemann bekam von hohen Dosen Chinin Fieber. Er entwickelte daher die Theorie, dass hoch dosiertes Chinin Fieber verursache, niedrig dosiertes aber Fieber senke, und dehnte diese Vorstellung auf die gesamte Medizin aus. Nur zu dumm, dass er der einzige Mensch war, bei dem Chinin Fieber auslöste – Hahnemann reagierte vermutlich allergisch auf Chinin. Dies war zwar der erste Denkfehler in der Geschichte der Homöopathie, aber nicht der letzte.

Die homöopathischen Mittel werden stark verdünnt und müssen dabei jeweils «zehnmal gegen den Erdmittelpunkt auf einen harten Gegenstand gestoßen» werden – sonst helfen sie nicht. Die Verdünnungen («Potenzierungen») werden in Zahlen ausgedrückt. «D30» heißt zum Beispiel, dass es sich um eine Verdünnung von 1 zu 10^{30} handelt (also 1 zu 1 000 000 000 000 000 000 000 000 000 000). Man kann sich also ausrechnen, dass es Glück wäre, wenn sich bei diesem Präparat überhaupt in einem von 50 Kügelchen im Röhrchen ein einziges Molekül des Wirkstoffes befindet. Eine medizinische Wirkung von einem solchen Mittel zu erwarten wäre das Gleiche, als wenn jemand behaupten würde, er könne bei einem Menschen, der in Konstanz in den Bodensee uriniert, Diabetes diagnostizieren, indem er in Lindau eine Wasserprobe entnimmt.

Es gibt unzählige homöopathische Präparate, und natürlich behaupten deren Hersteller, dass man selbstverständlich auch alle Angsterkrankungen damit heilen könne. Den Beweis dafür mit Hilfe einer Doppelblindstudie zu erbringen, lehnen sie aber nonchalant ab. Nur ein einziges Mal wurde versucht, für zwei homöopathische Mittel nachzuweisen, dass sie stärker beruhigend wirken als Placebo. Leider war bei beiden Präparaten die Wirkung von Placebo nicht zu unterscheiden.[141]

Sicher – jeder kennt jemanden, der einen kennt, bei dem die Homöopathie eine wahre Wunderheilung vollbracht hat. Diesen leuchtenden Einzelbeispielen stehen jedoch unzählige Misserfolge gegenüber. Sehr viele meiner Angstpatienten hatten homöopathische Mittel gegen Ängste eingenommen, ich suche immer noch denjenigen, der mir berichtet, dass er eine durchschlagende Wirkung bemerkt hat.

Zusammenfassend gesagt, gibt es leider kein einziges naturheilkundliches oder homöopathisches Präparat, das bei Angsterkrankungen wirkt.

Was ist besser – Medikamente oder Psychotherapie?

Die Bevölkerung hat, wie schon gesagt, keine gute Meinung über die Psychopharmaka. Selbst viele Fachleute verbreiten oft die Ansicht, dass die Psychotherapie den Medikamenten haushoch überlegen sei. Auf keinen Fall, so diese Experten, dürfe man Medikamente und Psychotherapie kombinieren.

Doch sollten wir nicht vergessen, dass es nicht nur eine alleinige Ursache für die Angsterkrankungen gibt. Bei den meisten Menschen müssen mehrere Gründe zusammenkommen, um eine solche Krankheit auszulösen. Logisch wäre es dann, davon auszugehen, dass die biologischen und seelischen Ursachen auch zweigleisig bekämpft werden sollten. In der Praxis wird dies auch zunehmend gemacht. In einer amerikanischen Untersuchung stellte sich heraus, dass zwei Drittel aller Psychotherapiepatienten auch gleichzeitig mit Psychopharmaka behandelt werden.[142]

Trotzdem gibt es noch viele Psychiater und Psychologen, die gegen eine solche Kombination wettern. Es existiert eine Gruppe von orthodoxen Verhaltenstherapeuten, die von ihren Patienten verlangen, dass vor einer Verhaltenstherapie sämtliche Medikamente abgesetzt werden. Nach deren Ansicht ist es notwendig, dass ein Patient, der eine «Konfrontationsübung» durchführt (also sich während der Therapie in eine Angst auslösende Situation begibt), die Angst voll durchleben muss. Wenn er aufgrund einer Pille keine Angst mehr spüre, sei die Maßnahme wirkungslos.

Das ist aber blanke Theorie, die durch die Praxis nicht bestätigt wird. Untersuchungen ergaben, dass das Ergebnis der Behandlung nicht dadurch verbessert wird, wenn der Patient die Übung unter allergrößter Angst absolviert.[143] Offensichtlich ist es so, dass die Methode auch wirkt, wenn sie angstfrei durchgeführt wird. Ganz unabhängig davon, ist es dem Patienten natürlich lieber, wenn er völlig locker in die Übung gehen kann. Für einen schweren Phobiker kann eine Verhaltenstherapie ohne Medikamente das Gleiche bedeuten, wie in einem Fluss voller Piranhas schwimmen zu lernen. Kein Wunder, dass 25 Prozent der Patienten, die ohne Medikamente eine Konfrontationstherapie machen wollen, die Behandlung frühzeitig abbrechen.

Auch manche fundamentalistischen Psychoanalytiker lehnen eine Kombinationstherapie ab. Wenn die Angst unterdrückt werde, so deren Argumentation, bleibe dem Patienten die Quelle seiner Probleme weiterhin verschlossen.[144] Es fragt sich, ob es wirklich notwendig ist, dass die Patienten die zermürbenden Symptome der Panikattacken erleiden müssen, damit die Psychoanalyse wirkt.

Es wird noch ein weiteres Argument gegen eine Kombinationsbehandlung angeführt: Wenn ein Patient durch eine reine Psychotherapie gesund werde, schreibe er den Erfolg sich selbst zu. Wenn sich ein Patient durch ein Medikament besser fühle, führe er den Erfolg auf das Medikament zurück. Abgesehen davon, dass ich diesen Effekt in der Praxis nie beobachtet habe, wäre es wahrscheinlich vielen Patienten egal, worauf sie den Erfolg zurückführen, so er denn eintritt.

Als Nachteil der medikamentösen Therapie wird weiter angenommen, dass die Wirkung der Medikamente nur so lange anhalte, wie sie verabreicht werden. Die Psychotherapie wirke dagegen dauerhaft.

Ich hatte bei der Behandlung sehr vieler Patienten die Erfahrung gemacht, dass es eigentlich denjenigen am besten ging, die gleichzeitig mit einem Medikament und einer Verhaltenstherapie therapiert wurden. Da die persönlichen Erfahrungen aber begrenzt sind und es möglich ist, dass man die eigenen Behandlungserfolge zu positiv einschätzt, sollte man sich zusätzlich auf veröffentlichte Untersuchungen stützen, in denen Wissenschaftler auf der ganzen

Welt viele tausend Patienten behandelt haben. Also analysierte ich alle kontrollierten Studien zur Behandlung von Angsterkrankungen, die in Fachzeitschriften publiziert wurden.[114] Dabei interessierten mich folgende Fragen:

1. *Wirkt Psychotherapie besser oder schlechter als Medikamente?*
   Hier zeigte sich, dass Psychotherapie und Medikamente ungefähr gleich gute Ergebnisse erzielten (vielleicht mit der Ausnahme der Sozialen Phobie, bei der die Medikamente etwas besser abschnitten).
2. *Wirkt Psychotherapie plus Medikament besser oder schlechter als Psychotherapie allein?*
   Hier zeigte sich ziemlich eindeutig ein Vorteil für die Kombination gegenüber der alleinigen Psychotherapie. Wenn auch in manchen Studien die zusätzliche Einnahme des Medikaments keinen zusätzlichen Gewinn brachte, so überwiegt bei weitem die Zahl der Studien, die die Kombination befürworteten. Überhaupt keine Studie konnte zeigen, dass der Erfolg einer Psychotherapie durch die Verabreichung eines Medikaments verschlechtert oder sogar zunichte gemacht wird.
3. *Wirkt Medikament plus Psychotherapie besser oder schlechter als ein Medikament allein?*
   Einige Studien konnten nachweisen, dass es den Patienten besser geht, wenn sie außer dem Medikament noch eine Verhaltenstherapie bekommen. Es gab aber auch mehrere Untersuchungen, in denen durch die zusätzliche Verhaltenstherapie kein weiterer Gewinn erzielt wurde.
4. *Hält nach Beendigung der Therapie die Wirkung der Psychotherapie oder der Medikamente länger an?*
   Man würde vermuten, dass nach der Beendigung einer medikamentösen Therapie am nächsten Tag die Symptome wiederkommen, während die Wirkung der Psychotherapie monate- oder jahrelang vorhält. In der Wirklichkeit sieht es aber ganz anders aus: In den Studien wirkten sowohl Medikamente als auch Psychotherapie «ein bisschen dauerhaft». Nur in einer einzigen

Untersuchung wirkte die Verhaltenstherapie länger als die Medikamente; in allen anderen fünf Studien ging es den Medikamenten-Patienten nach den Monaten ohne Behandlung nicht schlechter als den Verhaltenstherapie-Patienten. Bei beiden Methoden waren die Patienten auch Monate nach Beendigung der Therapie stärker gebessert als solche, die überhaupt keine Behandlung bekommen hatten. Aber beide Maßnahmen lassen mit der Zeit in ihrer Wirkung nach und müssen nach einer gewissen Zeitspanne wiederholt werden, um die Behandlungseffekte zu erhalten. Dies ist auch meine Erfahrung mit Patienten, die ich jahrelang betreut habe: Viele kommen nach einigen Jahren wieder zurück, um sich eine «Auffrischimpfung» abzuholen. Die gute Nachricht: Bei der zweiten Behandlung dauert es meist nicht so lange, bis die Besserung wieder eingetreten ist.

Alles in allem hatte die genaue Analyse der Studien ein relativ eindeutiges Ergebnis: Man kann jedem Angstpatienten empfehlen, sich mit Medikamenten *und* Psychotherapie behandeln zu lassen.

Für einen Angstpatienten ist aber nicht immer nur entscheidend, welche der beiden Methoden besser wirkt. Bei Menschen, die sich partout nicht einer Psychotherapie unterziehen wollen, wird sie auch nicht besonders gut helfen. Wer aus philosophischen Gründen Medikamente ablehnt, wird vielleicht auch nicht die volle Wirkung verspüren. Auch die möglichen Nebenwirkungen der Medikamente sind manchmal ein Grund, sich gegen sie zu entscheiden. In Studien, in denen Medikamente mit Psychotherapie verglichen wurden, stellte man jedoch immer wieder fest, dass die Zahl derjenigen, die die Studie vorzeitig abbrachen, in der Medikamentengruppe nicht größer war als in der Psychotherapiegruppe – ein Zeichen dafür, dass die Tabletten ebenso gut vertragen wurden wie die Psychotherapie.

Wer eine schnelle Besserung will, der wäre eher ein Kandidat für ein Medikament, denn bei einer Psychotherapie ist nicht mit einer vergleichbar raschen Gesundung zu rechnen. Zu bedenken ist auch, dass es manchmal einige Monate dauert, bis man überhaupt einen

Termin bei einem Psychotherapeuten bekommt. In dieser Zeit ist mit der medikamentösen Therapie oft schon eine deutliche Besserung eingetreten.

Leider haben manche Patienten in unterversorgten Gebieten oft keine andere Wahl, da der nächste Verhaltenstherapeut zweieinhalb Autostunden hinter den sieben Bergen wohnt.

Werden wirksame Behandlungsmethoden auch eingesetzt?

Moritz G., 39 Jahre, Diplomingenieur aus einer südniedersächsischen Universitätsstadt, litt seit dreieinhalb Jahren an plötzlichen, schweren Angstanfällen. Er suchte mehrere Hausärzte, Internisten, Heilpraktiker, Psychologen und Nervenärzte auf, darunter einen Universitätsprofessor. Die Spezialisten stellten die verschiedensten Diagnosen: «psychovegetative Erschöpfung», «Migräne», «phobischer Schwankschwindel», «larvierte Depression» oder «Midlife-Crisis». Moritz G. erhielt Betablocker, pflanzliche Beruhigungsmittel, homöopathische Herzmittel, Johanniskraut und ein Mittel gegen Schizophrenie. Nichts von alledem half. Auch eine tiefenpsychologische Therapie, Rebirthing und ein Meditationswochenende auf La Gomera änderten nichts daran, dass seine Angstattacken immer schlimmer wurden.

Als er in meine Sprechstunde kam, machte ich, wie üblich, eine genaue Auflistung der bisherigen Medikamente und Psychotherapieversuche und musste feststellen, dass bisher keiner der vielen Behandler die richtige Diagnose, nämlich die einer Panikstörung, gestellt hatte. Auch keine der bisher angewandten Heilmethoden gehörte zu denjenigen Maßnahmen, die bei einer Panikstörung empfohlen werden. Bis auf eine Ausnahme: Moritz G. hatte gerade eine längere Indienreise hinter sich. Dort, in einem gottverlassenen Dorf, hatte er eine seiner Panikattacken erlitten. Er suchte den Dorfarzt auf, der in einer zwei mal zwei Meter großen Hütte praktizierte. Er hatte wenig Zeit für unseren Patienten, da vor dem Verschlag noch etwa 25 weitere Personen warteten. Auf einem kleinen Zettel notierte er die Diagnose «Panic Disorder» (Panikstörung) und die Namen zweier Medikamente, die mir wohlbekannt waren, da ich sie auch oft verordne. Der Patient musste also bis nach Hinterindien reisen, um zum ersten Mal eine richtige Diagnose zu erhalten und zum ersten Mal zwei Medikamente empfohlen zu bekommen, die auf der ganzen Welt von Experten bei einer Panikstörung angewendet werden. Der indische Dorfarzt war offensichtlich besser informiert als alle Experten der Universitätsstadt, die er bis dahin aufgesucht hatte.

Dies ist vielleicht ein besonders krasses Beispiel, aber es kommt immer wieder vor, dass in Deutschland, einem Land mit einem viel gerühmten Medizinsystem, Menschen mit Angsterkrankungen nicht richtig diagnostiziert und behandelt werden. Es besteht hierzulande sogar eine höhere Chance, dass man gerade mit den falschen Methoden traktiert wird, wenn man sich mit einer Angsterkrankung in Behandlung begibt. Das ergaben zwei Umfragen, die wir vor einigen Jahren durchführten. Wir interviewten 100 Patienten mit einer Panikstörung über die Behandlungen, die sie für ihre Angsterkrankung erhalten hatten, und fragten sie auch, was davon nach ihrer Meinung geholfen hatte.[145] Außerdem befragten wir 103 Ärzte, Psychologen und Psychotherapeuten, was sie bei einer Panikstörung für die gängige Therapie hielten.[146] Die Ergebnisse beider Erhebungen waren niederschmetternd.

Die Behandlungsmethoden, die sich als wirksam erwiesen hatten (beispielsweise die Verhaltenstherapie oder die Therapie mit SSRI), wurden nach Aussagen der Patienten in den seltensten Fällen angewandt. Stattdessen wurden ihnen Medikamente mit zweifelhafter Wirkung bei Angsterkrankungen (beispielsweise Neuroleptika, pflanzliche Mittel oder Betablocker) verordnet. Auch im Bereich der nichtmedikamentösen Maßnahmen wurden den Patienten Methoden angedient, deren Wirkung bei Angsterkrankungen dahingestellt werden kann – wie das Autogene Training oder die Psychoanalyse.

Eine erstaunliche Tatsache zeigte sich, als wir die Patienten fragten, wie die jeweiligen Therapien gegen ihre Angst gewirkt hatten. Die Patienten bezeichneten genau die Methoden als wirksam, die sich auch in wissenschaftlichen Studien als effektiv erwiesen hatten – zum Beispiel die Verhaltenstherapie oder die SSRIs. Die pflanzlichen Psychopharmaka und andere alternative Methoden wie «dynamische Meditation nach Bhagwan» oder Bach-Blüten-Therapie wurden als praktisch wirkungslos bezeichnet. Man kann nicht annehmen, dass die Patienten die entsprechenden Veröffentlichungen in Fachzeitschriften gelesen hatten. Trotzdem empfanden sie die Wirkung der abgesicherten Methoden als besser als die der alternativen – ein Zeichen dafür, dass man sich auf die Studien verlassen kann.

Auch die Befragung der Ärzte und Psychologen bestätigte die Darstellung der Patienten. Nichtpsychiater verordneten an erster Stelle pflanzliche Präparate (46 Prozent), gefolgt von homöopathischen Kügelchen (32 Prozent). Ganze drei Prozent der Allgemeinärzte versorgten ihre Patienten mit den wirksamen SSRI-Antidepressiva. Unter den Psychotherapiemethoden wurde am häufigsten die Psychoanalyse für sinnvoll erachtet (44 Prozent), erst an zweiter Stelle die Verhaltenstherapie (28 Prozent).

Seit dieser Untersuchung sind nun einige Jahre vergangen, und es bleibt zu hoffen, dass sich die Behandlungsmethoden langsam an den Stand des Fachwissens angeglichen haben.

LÖSUNG 3: WAS MAN SELBST TUN KANN

Nicht immer muss jemand, der unter Ängsten leidet, gleich zum Nervenarzt. In vielen Fällen geht es auch ohne Medikamente oder Psychotherapie. Unzählige Menschen haben leichtere Ängste, die manchmal genauso plötzlich verschwinden, wie sie aufgetaucht sind. Im Folgenden gibt es einige Tipps, von denen Menschen mit Ängsten profitieren können. Die Selbstbehandlung von Ängsten kann sehr erfolgreich sein. Aber: Es kann auch irgendwann der Punkt erreicht sein, an dem man nicht mehr weiterkommt. Dann sollte man nicht zögern und sich helfen lassen.

Zuerst folgen allgemeine Tipps für Menschen mit Ängsten. Im Anschluss daran finden Sie noch spezielle Anmerkungen zu den einzelnen Angsterkrankungen.

➡ Tipp 1: Erkennen Sie Ihre Angst

Die erste Maßnahme, Ängste zu bekämpfen, ist, sie zu erkennen. Das ist manchmal gar nicht so einfach. Herzrasen, Kopfschmerzen, Bauchschmerzen, Muskelschmerzen, Zittern oder Schwindel lassen einen nicht als Erstes an ein psychisches Problem, sondern eher an eine internistische Krankheit denken. Die Angsterkrankungen haben manchmal die ärgerliche Eigenschaft, dass sie dem Gehirn suggerieren, dass das Problem in Wirklichkeit nicht ein seelisches sei, sondern eine handfeste körperliche Krankheit, die nicht von einem spinnerten Seelenklempner, sondern von einem gescheiten Internisten behandelt gehört. Anstatt der Psychopharmaka sollten lieber ordentliche Herz-, Blutdruck-, Magen- oder Schmerzmittel zur Anwendung kommen, so vermuten die Betroffenen. Die Ärzte haben dann ihre liebe Mühe, den Patienten zu überzeugen, dass er körperlich vollkommen gesund ist.

Wenn ein Patient es akzeptieren kann, dass seine Krankheit psychischer Natur ist, wird die Behandlung um vieles einfacher.

➡ Tipp 2: Ignorieren Sie die Angst

Wenn man die Angst als Angst erkannt hat, ist eine der simpelsten Lösungen, sie in der Folge einfach zu ignorieren und zum Tagesgeschäft überzugehen. Vielen Menschen gelingt es, über die kleineren Befindlichkeitsstörungen, die durch harmlose Ängste ausgelöst werden, hinwegzusehen. Wenn man sich erst einmal im Klaren darüber ist, dass diese leichten Symptome keine gesteigerte Bedeutung haben und ungefährlich sind, so kann man sie wie Luft behandeln. Das sollte man natürlich nur bis zu einem gewissen Ausmaß der Angst machen. Wenn man das Gefühl hat, nicht mehr Herr der Lage zu sein, sollte man sich in Behandlung begeben.

➡ Tipp 3: Finden Sie sich nicht mit Ihren Ängsten ab

Eine reelle Chance hat man nur, wenn man nicht versucht, sein Leben nach den Ängsten auszurichten. Nehmen Sie keine Umwege in Kauf, um bestimmten Dingen auszuweichen. Verzichten Sie nicht auf schöne Dinge im Leben, nur um Ihr Nervenkostüm zu schonen.

Vermeiden Sie keine Partys, aus Angst, dort Angst zu bekommen. Geben Sie nicht Ihr Flugticket zurück, weil Sie befürchten, den Flug nicht zu überstehen. Wechseln Sie nicht den Job, um Angst auslösenden Situationen aus dem Weg zu gehen.

Lassen Sie nicht die Angst über Ihr Leben bestimmen, sondern lassen Sie Ihr Leben über die Angst bestimmen.

Tipp 4: Stellen Sie sich nicht so an

«Reißen Sie sich doch einfach zusammen!» Diesen Spruch haben Sie sicher schon von Ihrem Partner, von Ihren Kindern oder von Ihrem Hausarzt gehört. Viele Ratgeber für Menschen mit Ängsten haben fast nur eine Sorte von Ratschlägen für die Betroffenen parat. Dazu gehören Sätze wie «Lernen Sie, mit Ihren Ängsten zu leben», «Denken Sie positiv», «Stellen Sie sich der Angst», «Weichen Sie nicht aus» oder «Stellen Sie sich nicht so an». Wenn das wirklich so einfach wäre, sagen Sie jetzt. Ganz recht! Dies sind Durchhalteparolen von Leuten, die selbst nicht unter Angst leiden. Es ist wirklich nicht leicht, eine Panikattacke wie eine Lampe einfach auszuknipsen. Wenn man sich nicht gerade mitten in einer Angstattacke befindet, kann man alle möglichen guten Vorsätze fassen. Im Ernstfall sieht aber alles ganz anders aus.

Trotzdem haben die Leute Recht, die Ihnen raten, nicht vor den Angst auslösenden Situationen zu kneifen. Jedes Ausweichen, Bangemachen oder Verdrücken macht die Angst noch schlimmer. Sie werden Ihre Ängste niemals in den Griff bekommen, wenn Sie sich wie ein Käfer auf den Rücken legen und sagen: «Los, Leute, helft mir.» Kein Therapeut der Welt kann Ihnen helfen, wenn Sie nur ihn arbeiten lassen und selbst nicht die Konsequenz ziehen, sich den Ängsten zu stellen. «Wasch mir den Pelz, aber mach mich nicht nass» – mit dieser Einstellung kann es sehr lange dauern, bis man seine Ängste verliert. Stattdessen sollte man sich lieber überwinden und von Worten zu Taten schreiten. «Just Do It» – Mach es einfach –, dieser Slogan eines Sportartikelherstellers gehört den meisten Menschen mit Phobien ins Stammbuch geschrieben. Stellen Sie sich einen Mann vor, der erst dann ins Wasser gehen will, wenn er schwimmen kann. «Nichts ist unmöglich» – diesen Satz, der wiederum aus der Automobilwerbung kommt, müssen sich Menschen mit unrealistischen Ängsten immer wieder einreden.

Einer meiner Patienten lehnte es kategorisch ab, einen Fahrstuhl zu betreten; er habe dies seit 18 Jahren nicht mehr getan. Ich stand abrupt von meinem Sessel auf, forderte den Patienten auf, mit mir zu kommen, ging mit ihm um die Ecke zum nächsten Fahrstuhl und wollte ihn hineinschieben. Da er stärker war als ich, schaffte ich es nicht. Darauf sagte ich, er solle freiwillig hineingehen, ansonsten könne er sich einen anderen Therapeuten suchen. Käsebleich betrat er den Fahrstuhl und fuhr mit. Seit diesem Tag nahm er nicht mehr die Treppe, um zu mir zu kommen.

Tipp 5: Lassen Sie sich nicht ablenken

Es gibt zahlreiche Dinge, die man tun kann, um Ängste durch Ablenkung zu lindern. Gitarre spielen, laute Musik hören, ein heißes Bad nehmen, in die Sauna gehen, Tennis spielen, Ski fahren, sich massieren lassen, am Computer spielen, guten Sex haben oder sich selbst befriedigen sind nur einige Beispiele. Manche Verhaltenstherapeuten raten allerdings davon ab, sich bei allen aufkommenden Ängsten ablenken zu wollen. Stattdessen empfehlen sie, die Angst auf sich einwirken zu lassen und sie auszuhalten. Andererseits werden gerade die schönen Künste nicht selten hauptsächlich deswegen ausgeübt, um Ängste jeder Art zu kompensieren. So manche Sonate wurde komponiert, so manches Poem gereimt, so manche Kurzgeschichte geschrieben, um übergroße Ängste auszugleichen.

Es gibt aber Leute, deren ganzes Leben darin besteht, vor ihren Ängsten wegzulaufen, indem sie ihren Terminkalender mit allen möglichen wichtigen und unwichtigen Dingen voll stopfen. Das kostet Kraft und ist nicht der direkteste Weg, gegen die Angst anzugehen.

Tipp 6: Bauen Sie auf keinen Fall Stress ab

In manchen Ratgebern für Angstpatienten steht, man solle Stress abbauen, dann werde es einem gleich besser gehen. Es ist jedoch nicht so, dass Angsterkrankungen durch Stress entstehen – obwohl das jeder intuitiv vermuten würde.

Wenn Sie zum Beispiel «guten Stress» (Eustress) haben – weil Sie zum Beispiel einen interessanten Beruf, mehrere Hobbys oder viele nette Bekannte haben, dann hat es keinen Sinn, diese Art von Stress abzuschaffen. «Schlechten Stress» (Distress) sollte man dagegen versuchen zu reduzieren, denn er kann Angsterkrankungen fördern (wenn auch nicht verursachen). Das geht aber meist nicht so leicht, wie den Eustress abzubauen. Gute Stressarten hat man sich ja meist selbst auferlegt und kann sie somit auch schneller abstellen – zum Beispiel, indem man aus dem Karnevalsverein austritt. Ungleich schwieriger ist es, den schlechten Stress abzubauen. Kann ein Arbeitnehmer in einer kränkelnden Firma seine Angst vor Entlassung einfach abstellen? Kann eine von Sorgen geplagte Mutter von drei Kindern ihre Kleinen einfach kündigen wie ein Zeitungsabonnement? Kann ein Ehemann die Angst um seine krebskranke Frau einfach ignorieren?

Daher sind Ratschläge, den schlechten Stress zu reduzieren, zwar meist gut gemeint, aber oft nicht realisierbar.

➽ Tipp 7: Sie sind völlig normal

Menschen mit Angsterkrankungen plagt vor allem immer wieder eine Frage: «Ich war doch immer ziemlich stabil. Jetzt soll ich plötzlich ein Fall für den Nervenarzt sein?» Angsterkrankungen können auch diejenigen Menschen treffen, die sich selbst als fest auf dem Boden stehend betrachten und sich nie für labil, nervös und sensibel gehalten haben. Und so ist es auch: Menschen mit Angsterkrankungen sind oft die normalsten Menschen der Welt – wenn man von ihrem Angstproblem absieht.

➽ Tipp 8: Reden Sie mit anderen Menschen

Teilen Sie Ihre Sorgen mit anderen Menschen. Es verschafft eine unglaubliche Erleichterung, mit Freunden, Bekannten oder Verwandten über Ängste zu reden.

Aber aufgepasst: Wer zu sehr damit beschäftigt ist, anderen

Menschen lange Geschichten über die eigenen Symptome zu erzählen, kann sich damit selbst schaden. Menschen, die unter Ängsten leiden, wissen manchmal nicht, wie sie auf andere wirken. Zunächst stellen sie fest, dass es ihnen Erleichterung bringt, über ihre Ängste und Sorgen zu reden. Auch die Gesprächspartner reagieren zunächst mit Interesse, Mitleid und Hilfsbereitschaft. Sie hören sich zunächst geduldig die Beschwerden an und versuchen, Trost zu spenden. Irgendwann kommt der Moment, an dem das Mitgefühl langsam in Genervtsein und später in offene Ablehnung übergeht. Ein Mann kann das «ständige Gejammer» seiner Frau über Herzrasen und Schwindelgefühle nicht mehr hören. Kinder fühlen sich von ihrer Mutter, die sich ständig vergewissert, ob es ihnen gut geht, bedrängt und kontrolliert. Ein Mädchen will sich von seinem Freund trennen, der sein Juraexamen immer weiter hinausschiebt, weil sie ihn mittlerweile für lebensunfähig hält.

Dies ist eine Erkenntnis aus der Verhaltenstherapie: Wer für eine ausführliche Schilderung von Angstsymptomen von seinem Gesprächspartner durch aufmerksames, mitfühlendes Zuhören belohnt wird, wird in diesem Verhalten bestärkt. Er wird immer mehr seinen Trost im Jammern und Klagen suchen, anstatt das Gegenteil zu tun – nämlich mit dem Gestöhne aufzuhören und sich den Ängsten zu stellen.

Auch wenn es paradox klingt: Das Lamentieren zu unterbinden sollte eines der ersten Ziele in der Selbstbehandlung sein. Denn die Geduld Ihrer Gesprächspartner könnte irgendwann ein Ende nehmen. Intuitiv merken die Partner, Verwandten, Freunde oder Bekannten, dass den Beschreibungen von Angstsymptomen keine «handfeste» medizinische Erkrankung zugrunde liegt. Instinktiv merken sie, dass sie das phobische Vermeidungsverhalten nicht unterstützen sollten. Sie versuchen Sie zunächst mit freundlichen Aufforderungen, später mit Drohungen davon abzubringen, und sie weigern sich zunehmend, Sie zu begleiten oder anderweitig zu unterstützen. Sie wiederum fühlen sich nicht verstanden, und so ist der Streit vorprogrammiert.

Wenn Sie unter Ängsten leiden, so werden Sie sich auf Dauer

keine Freunde machen, wenn Sie Ihr Problem permanent nach außen tragen. Wer immer missmutig, trübselig und freudlos wirkt, der läuft Gefahr, von anderen verlassen zu werden. Eine Beziehung, die auf Mitleid basiert, hat keine Dauer. Ihre Mitmenschen wollen nicht in den Sog Ihres Stimmungstiefs hineingezogen werden. Wenn Sie dazu neigen, andere Menschen im übertriebenen Maße mit Ihren Sorgen zu behelligen, versuchen Sie einmal, so zu tun, als ob es Ihnen bestens geht, obwohl genau das Gegenteil der Fall ist. Sie werden in kürzester Frist merken, dass Sie mit diesem Verhalten den anderen viel besser gefallen. Entsprechend sind plötzlich auch diese Menschen Ihnen gegenüber positiver eingestellt. Sie reden länger mit Ihnen und biegen nicht rasch um die Ecke, wenn Sie in Sicht kommen. Also: Spielen Sie den anderen etwas vor. Tun Sie so, als ob alles im grünen Bereich sei. Lachen Sie, wenn Ihnen zum Weinen zumute ist. Versuchen Sie, die große Ruhe auszustrahlen, auch wenn Sie innerlich beben. Eines ist klar: Das ist schwer, kostet Kraft und macht nicht immer Spaß. Aber Sie werden merken, dass Ihre Umwelt wohlwollend reagiert und Sie freundlicher behandelt. Und nach und nach werden Sie merken, dass Ihre zunächst aufgesetzte gute Stimmung durch eine echte gute Laune ersetzt wird.

Tipp 9: Wollen Sie überhaupt gesund werden?

Vielleicht wollen Sie Ihre Ängste ja gar nicht loswerden. Das ist schwer vorstellbar, denn dann hätten Sie ja nicht bis hierher weitergelesen. Aber im Ernst: Überlegen Sie ehrlich, ob Sie sich wirklich einen Gefallen tun, wenn Sie Ihre Ängste abschütteln. Ist es nicht so, dass Sie auch ein paar Vorteile durch Ihre Ängste haben? Hier und da mal eine Krankschreibung, eine Kur im Schwarzwald, tröstende Worte durch ein gute Freundin, viele interessante Stunden bei einem einfühlsamen Psychologen, das Mitleid der Freunde vom Tennisclub und überhaupt die viele Arbeit, die Ihr Partner Ihnen abgenommen hat, um Sie zu schonen!

Ziehen Sie Bilanz: Wenn die Vorteile der Angsterkrankung gegenüber den Nachteilen überwiegen, sollten Sie sich vielleicht entscheiden, sie gar nicht loswerden zu wollen – oder?

Oder ist es nicht besser, auf diese trügerischen Vorteile zu verzichten und zu versuchen, die Welt durch positives Denken zu erobern? Wer seine Ängste kultiviert, der schränkt seine Bewegungsfreiheit immer weiter ein. Das Leben wird zu einem einzigen großen Beschwerdebuch.

Tipp 10: Wer den Schaden hat, spottet jeder

Beschreibung

Man sollte meinen, dass Menschen, die unter krankhaften Ängsten leiden, das Mitleid der übrigen, angstfreien Menschen hervorrufen. Die «normale» Bevölkerung hat aber ganz im Gegenteil eine denkbar schlechte Meinung von diesen bedauernswerten Menschen – von Mitleid keine Spur. In einer Umfrage des britischen Psychiaters Arthur Crisp stellte sich heraus, dass der Normalverbraucher Angstpatienten in die Nähe von gefährlichen Geisteskranken rückt.[147] Während aus der Sicht eines Psychiaters die Menschen mit Angsterkrankungen alles andere sind als bedrohliche Wahnsinnige, hielt in dieser Untersuchung die Hälfte der Normalbevölkerung Patienten mit einer Panikstörung für unberechenbar. Ein Viertel der Befragten in Großbritannien meinte, dass diese Menschen eine Gefahr für andere darstellen. Auch waren viele der befragten Briten der Meinung, dass die Krankheit nicht behandelbar sei, dass die Kranken «selbst schuld» seien und sich nur «zusammenzunehmen» brauchten. Diese Äußerungen hängen mit dem Stigma zusammen, das allen Menschen mit einer seelischen Erkrankung anhaftet.

Allerdings waren hier Menschen interviewt worden, die nicht unbedingt mit Angstpatienten bekannt waren, sondern die Krankheit vielleicht nur vom Hörensagen kannten. Wer Angstpatienten kennt, weiß, dass sie in der Regel freundliche, friedliche, hilfsbereite und zuvorkommende Menschen sind und keinerlei Bedrohung von ihnen ausgeht.

Tipp 11: Ernähren Sie sich nicht gesund

Linksdrehender Joghurt, Müsli mit Apfelschnitzen und Sonnenblumenkernen können ja ganz lecker schmecken. So finden sich in Büchern zur Behandlung von Angststörungen auch wohlmeinende Ratschläge zur gesunden Ernährung.

Die Wichtigkeit einer gesunden Ernährung kann gar nicht oft genug betont werden. Wäre es nicht schön, wenn man Ängste ganz einfach dadurch wegzaubern könnte, indem man das Richtige isst? Am besten noch etwas, was sogar lecker schmeckt, wie etwa Avocados, Walnüsse, kaltgepresstes Olivenöl oder handgewürgte Blutorangen?

In Büchern über Angsterkrankungen werden Vorschläge gemacht, was man essen muss, damit sich die Angst bessert. Aber: Man weiß überhaupt nichts darüber, ob man den Verlauf einer Angststörung durch Essen und Trinken beeinflussen kann. Ich glaube, es ist eine naive Hoffnung, dass Panikattacken durch Trockenobst, Knäckebrot oder Grünkernbratlinge gebessert werden können.

Vielleicht steckt hinter den Ernährungsratschlägen die Vorstellung, dass der Angstpatient in irgendeiner Form selbst an seinem Zustand schuld sei und sich deswegen bestrafen müsse. Ein ungesunder Lebenswandel wird somit indirekt als Ursache der Krankheit ausgemacht. Daher werden manchmal auch äußerst lustfeindliche Nahrungsmittel für solche Diäten vorgeschlagen, wie Magerquark, Weizenkleie, Hefeextrakt oder Diabetikermarmelade.

Damit soll nicht gesagt werden, dass eine gesunde Ernährung nicht sinnvoll ist. Nach wie vor gehören Jägerschnitzel, Pommes frites, Currywürste und Schweinebraten zu den wahren Killern. Diese Speisen verursachen die meisten Todesfälle durch Herzinfarkte, Hochdruck, Übergewicht oder Zuckerkrankheit. Aber das hat nichts mit Angsterkrankungen zu tun.

Selbsthilfe bei Panikattacken und Agoraphobie

Bei jeder Angstkrankheit liegen die Verhältnisse anders. Daher werden im Folgenden für jede Form von Ängsten ganz spezielle Tipps zur Selbstbehandlung gegeben.

➧ Tipp 1: Der Fehler sitzt oberhalb der Halskrause

Finden Sie sich mit der Möglichkeit ab, dass Ihre Panikattacken nicht körperlicher, sondern seelischer Natur sind. Versuchen Sie nicht, den Arzt davon zu überzeugen, dass er noch weitere Untersuchungen bei Ihnen durchführen soll, obwohl er die Diagnostik für abgeschlossen hält. Man muss sich darüber im Klaren sein, dass die Störung oberhalb und nicht unterhalb der Halskrause liegt. Das heißt im Klartext: Nicht das Herz, nicht die Lunge sind defekt, sondern aus dem Gehirn kommen die Falschmeldungen, dass das Herz oder die Lunge falsch funktionieren – ohne dass das tatsächlich der Fall ist. Gehirnkrankheiten muss man mit Mitteln behandeln, die im Gehirn wirken. Herzrasen, das durch eine Panikerkrankung hervorgerufen wird, kann man also nicht mit Herzmitteln bekämpfen – das wäre, als wenn man versuchen würde, ein Loch im Auspuff dadurch zu reparieren, dass man den Motor austauscht.

Wenn man ständig unter körperlichen Zuständen leidet, die das Bild einer körperlichen Krankheit täuschend echt imitieren, so kommen manchmal Zweifel auf, ob der Arzt wirklich alle notwendigen Untersuchungen gemacht hat. Leider zählt es zu den Symptomen der Krankheit, dass das Ministerium für absurde Angst Ihnen immer wieder einreden will, dass Sie doch etwas Schlimmes haben. Es gehört zum Programm der Angstüberwindung, dass man sich genau das verkneift, was man gerne tun möchte, nämlich sich immer wieder rückzuversichern, ob nicht doch eine organische Krankheit vorliegt.

➧ Tipp 2: Panikattacken bringen Sie nicht um

Man kann an einer Panikattacke nicht sterben. Das Ministerium für absurde Angst in Ihrem Gehirn macht sich zwar einen Spaß daraus, Ihnen genau das einzureden, aber eine Panikattacke führt nicht zum Herzstillstand. Sie können keinen Gehirnschlag bekommen, und Sie können auch nicht ersticken. Selbst wenn uns ein Chip im Gehirn einreden will, dass wir gleich ohnmächtig werden, so kann das nicht passieren, da der Körper sich während einer Panikattacke in einem Zustand befindet, den man ungefähr als das Gegenteil einer Ohnmacht bezeichnen kann. Das Gehirn und der Körper befinden sich im Stadium höchster Wachheit.

Sämtliche Vorgänge, die während einer Panikattacke im Körper ablaufen, gehören zum Notfallprogramm des Körpers. Das einzige Problem ist, dass diese Notfallreaktion an der falschen Stelle auftritt – wenn nämlich gar keine reale Gefahr besteht. Sie haben Symptome, als wenn Sie sich auf der Flucht befinden, sitzen dabei aber auf einem weichen Sofa.

➽ Tipp 3: Besorgen Sie sich ein Beißholz

Wie gesagt, ist es wichtig, sich den Angst auslösenden Situationen auszusetzen und nicht zu kneifen. Und: Bleiben Sie so lange in dieser Situation, bis die Angst wieder nachlässt. Das Einzige, was jetzt passieren kann, ist, dass Sie unangenehme Angstgefühle entwickeln. Die Natur hat es leider so eingerichtet, dass man sich bei Angstzuständen unbehaglich fühlt. Ein Mittel dagegen wäre, sich ein handliches Beißholz zu schnitzen, auf dem man herumkaut, wenn die Angst aufkommt. Es ist wichtig, zu lernen, die Angst *auszuhalten*. Denn wenn man anfängt, bestimmte Situationen zu vermeiden, aus Angst, eine Panikattacke zu bekommen, die man nicht durchstehen kann, dann verfestigt sich die Angst auf Dauer.

➽ Tipp 5: Vertrauen Sie Ihrem Körper

Wenn die nächste Panikattacke kommt, machen Sie einmal folgenden Versuch: Bleiben Sie nicht auf Ihrem Stuhl sitzen, sondern rennen Sie im Laufschritt eine Treppe hoch, hacken Sie Holz im Garten, oder machen Sie einfach 50 Kniebeugen. Sie werden merken, dass Ihr Körper dazu in der Lage ist. Wenn Sie wirklich nahe am Herzinfarkt wären, könnten Sie unmöglich schwere körperliche Verrichtungen ausführen. Diese Übungen dienen nur dazu, das Ministerium für absurde Angst zu überzeugen, dass Ihr Körper noch voll fit ist.

➽ Tipp 6: Sport ist Mord – oder?

Sport ist Mord – das zumindest scheinen Menschen mit einer Panikerkrankung zu glauben. Menschen, die unter schweren Angstanfällen mit Herzrasen oder Luftnot leiden, befürchten ja, ein schwaches Herz zu haben, und sind davon überzeugt, sich deswegen schonen zu müssen. Sie vermeiden aus diesem Grund oft jegliche sportliche Betätigung und sind im Durchschnitt weniger ausdauernd als Normalverbraucher.

Da immer wieder in der Zeitung steht, dass Sport gesund sei und den Menschen das seelische Gleichgewicht wiedergebe, wollten der Psychiater Andreas Broocks und ich in einer groß angelegten Untersuchung herausfinden, ob eine Panikstörung mit Sport behandelt werden kann.[148] Wie auch bei allen anderen solchen Studien war es wichtig, eine Kontrollgruppe mit zu untersuchen. Würde man beispielsweise Menschen mit Angsterkrankungen über den Aschenplatz jagen und nach einigen Monaten eine Besserung feststellen, wüsste man nicht, ob diese tatsächlich durch das Laufen entstand oder allein durch den festen Glauben, dass die Plackerei ja zu etwas nütze sein müsse. Deshalb teilten wir unsere Patienten in drei Gruppen: Die erste musste dreimal pro Woche etwa fünf Kilometer joggen, die zweite bekam das Medikament Clomipramin, von dem bekannt war, dass es gut bei einer Panikstörung hilft, und die dritte Gruppe erhielt ein Placebo.

Das Ergebnis war erfreulich: Zwar war das Joggen nicht ganz so wirksam wie das Medikament, dennoch ging es den Patienten in der Jogger-Gruppe deutlich besser als denjenigen, die das Scheinmedikament erhalten hatten. Damit hatten wir die erste kontrollierte Studie durchgeführt, die bewies, dass Sport bei irgendeiner psychischen Erkrankung zu helfen vermag.

Wie kann nun aber der Dauerlauf eine Panikstörung bessern? Das kann man mit einer Besserung der Krankheitsbefürchtungen erklären. Wenn Sie fünf bis zehn Kilometer laufen, bekommen Sie Herzrasen, Luftnot, Schwitzen, Zittern, Schwindel – alles Symptome, die auch bei einer Panikattacke auftreten. Die Patienten konnten sich nun durch das Rennen an diese Symptome gewöhnen und so auf die nächste Panikattacke vorbereiten. Auch ihre Annahme, «Ich habe eine Herzerkrankung, ich müsste eigentlich tot umfallen, wenn ich mich anstrenge», wird durch die Sporttherapie widerlegt. So sagte mir einer der untersuchten Patienten: «Ich bin jede Woche ein paar Kilometer mehr gelaufen, so fit war ich noch nie. Wenn ich wirklich was am Herzen hätte, wäre ich jetzt schon tot.»

Selbsthilfe bei einer Generalisierten Angststörung

Zwei Dinge sind es, die den Menschen mit einer Generalisierten Angststörung zu schaffen machen: erstens die ständig aufkommenden körperlichen Angstsymptome und zweitens die unangemessenen oder übertriebenen Sorgen.

Tipp 1: Ihr Körper ist in Ordnung

Vieles, was bei der Panikstörung über körperliche Symptome gesagt wurde, gilt auch hier. Wichtig ist es zu lernen, dass Symptome wie Herzrasen, Zittern, Luftnot, Schwindel, Magenschmerzen, Durchfall oder Harndrang nicht Anzeichen eines Funktionsausfalls Ihres Körpers sind, sondern Angstsymptome, die allerdings völlig ohne Grund oder in übersteigerter, übertriebener Form auftreten.

Tipp 2: Das Bundesgesundheitsministerium warnt: Leben ist gefährlich für die Gesundheit

Die Generalisierte Angststörung ist charakterisiert durch übergroße Befürchtungen um Angehörige: den Ehemann, die Freundin, die Kinder, die Enkel oder die Eltern. Man nimmt aber auch an, dass einem selbst etwas Schlimmes passieren könnte: ein Unfall, ein Schlaganfall, ein Raubüberfall. Bis zu einem gewissen Grad sind solche Sorgen noch sinnvoll. Aber bei dieser Angsterkrankung sind die Kümmernisse übertrieben und gehen oft an der Realität vorbei.

Wenn Sie zu einer überzogenen Furcht neigen, sollten Sie immer überprüfen, ob das, was Sie befürchten, auch statistisch wahrscheinlich ist.

Jürgen F. fuhr nicht Auto, reiste nicht in fremde Länder, trank keinen Alkohol, aß kein Fleisch, kaufte nur Lebensmittel aus biologischem Anbau, vermied die pralle Sonne, ging nicht mit vollem Magen baden, mied gefährliche Sportarten, schluckte regelmäßig Vitamin-, Eisen-, Magnesium- und Hefetabletten, nahm bei jeder Grippe gleich Antibiotika, trug immer warme Wollunterwäsche und starb in jungen Jahren an Lungenkrebs, obwohl er nie eine einzige Zigarette geraucht hatte. Dieses Beispiel zeigt, dass man sich nicht vor allen Risiken schützen kann. Wenn man sich auf sämtliche Gefahren vorbereitet, kann das Leben sehr freudlos verlaufen. Stattdessen sollte man sich mit einem gesunden Fatalismus dem Leben stellen.

Bedenken Sie: Ein Leben ohne Genüsse dauert auch nicht länger, es kommt einem nur länger vor.

Tipp 3: Was ist wirklich passiert?

Wenn Sie schon morgens Angst vor Dingen haben, die Ihnen am Tage passieren können, machen Sie doch einmal Folgendes: Schreiben Sie den ganzen Tag über auf, was Sie alles befürchteten (das Taxi kommt nicht rechtzeitig, ich werde den Zug verpassen, ich werde zu spät bei meiner Schwiegermutter eintreffen, sie wird schimpfen und es meinem Mann sagen ...). Abends ziehen Sie dann Bilanz und schreiben in eine zweite Spalte, was alles davon eingetreten ist – oder nicht. Nach einer Woche werden Sie merken, dass die meisten Ihrer Befürchtungen nicht eingetreten sind.

Tipp 4: Behalten Sie Ihre Sorgen für sich

Wer sich große Sorgen um seine Verwandten macht, neigt auch dazu, diese ständig zu äußern. Wenn man den Kindern sagt, dass sie beim Fahrradfahren den Helm aufsetzen sollen, ist das gerechtfertigt. Aber manchmal haben derartige Ermahnungen auch den gegenteiligen Effekt. Wenn man die Kinder mit unzähligen unbegründeten Ängsten quält, hören sie irgendwann nicht mehr hin. Wenn man einen Sohn, der an einem schönen Sommertag ohne Regenschirm das Haus verlassen will, so behandelt, als ob er ohne schusssichere Weste zu einem Bandenkrieg gehen will, wird man irgendwann nicht mehr ernst genommen. Wenn man dazu neigt, sich zu viele Sorgen zu machen, sollte man sich dreimal überlegen, ob man diese Befürchtungen auch gleich laut äußert. Man tut dies ja nicht nur, um für andere eine Gefahr zu vermeiden, sondern um sich selbst von einer vermeintlichen Schuld zu entlasten: «Wenn dann doch etwas passiert, hat es jedenfalls nicht daran gelegen, dass ich nicht ständig davor gewarnt habe.»

Selbsthilfe bei einer Sozialen Phobie

➽ Tipp 1: Sie sind nicht so wichtig, wie Sie denken

Menschen mit einer Sozialphobie haben meist Angst vor Situationen, in denen sie im Mittelpunkt stehen. Vor anderen Menschen reden, einen Raum betreten, in dem schon andere sitzen, oder auf einer Bühne stehen sind Situationen, in denen Sozialphobiker fürchten, von anderen negativ betrachtet zu werden. Besteigen sie einen Bus, denken sie, dass alle anderen Fahrgäste sie anstarren.

Das Paradoxe ist, dass diese Menschen, die von sich immer nur das Schlechteste denken, sich andererseits so wichtig nehmen, dass sie denken, alle Passagiere im Bus würden nur sie anstarren, als wenn diese keine anderen Probleme hätten. Dabei vergessen Sozialphobiker, dass die meisten anderen Menschen nur mit sich selbst beschäftigt sind. Gehen Sie immer davon aus, dass andere von Ihnen viel weniger Notiz nehmen, als Sie befürchten. Und lösen Sie sich von dem automatischen Gedanken, dass andere gleich etwas Negatives über Sie denken. Vielleicht bewundert der Herr gegenüber gerade Ihren frischen Teint, anstatt sich über den winzigen Fleck auf Ihrer Bluse zu mokieren.

➽ Tipp 2: Trainieren Sie Psychokarate

Menschen mit einer Sozialphobie haben bei Meinungsverschiedenheiten die Angewohnheit nachzugeben. Zwar heißt es: «Der Klügere gibt nach», aber andererseits bekommt man in dieser Welt nicht immer das, was einem zusteht, wenn man ständig nur einlenkt. Vor allem geht es auch um das schlechte Gefühl und die Demütigung, unter der man leidet, wenn man ständig Zugeständnisse macht. Man fühlt sich auf die Dauer herabgesetzt und klein und verliert seine Selbstachtung.

Daher sollte man den Umgang mit kleinen und größeren Auseinandersetzungen im Alltag trainieren. Psychokarate wird diese Technik auch genannt. Üben Sie zum Beispiel mit Menschen, die Sie nicht gut kennen, wie man die Oberhand gewinnt:

- Stauchen Sie einen Radfahrer zusammen, der ohne Licht fährt oder auf dem Bürgersteig herumkurvt.
- Keifen Sie hemmungslos eine Frau an, die sich im Supermarkt vordrängeln will.
- Weisen Sie jemanden zurecht, der in der Nichtraucherzone zu qualmen anfängt.
- Beschimpfen Sie mit Begeisterung jemanden, der leichtfüßig aus seinem Auto springt, das er soeben auf einem Behindertenparkplatz geparkt hat.

Machen Sie alles das, was jemand tun würde, der sich gerne als Volkspolizist und Querulant aufspielt. Aber denken Sie bei solchen Übungen immer daran, dass es nicht darum geht, andere zu schurigeln, sondern um therapeutische Lektionen, die Ihnen helfen, Ihre Soziale Phobie zu überwinden. Dies ist aber erst die Phase I Ihres Lernprogramms, nicht die Endphase.

Phase II sieht so aus: Wenden Sie das Gelernte bei Menschen an, die Sie gut kennen und gegenüber denen Sie sich durchsetzen wollen – versuchen Sie jetzt aber nicht mehr, aggressiv zu sein, sondern angemessen zu reagieren. Wenn Sie eines Tages gelernt haben, sich gegen Ihre Mitmenschen durchzusetzen, kommt nämlich der Punkt, bei dem Sie aufpassen müssen, dass Sie nicht über das Ziel hinausschießen. Wenn Ihnen jemand auf den Fuß tritt, gibt es drei Möglichkeiten zu reagieren. Ein übertrieben selbstbewusster Mensch würde den anderen anbrüllen: «Nehmen Sie Ihren verdammten Käsequanten von meinem Fuß, sonst haue ich Ihren Kopf zwischen die Rippen, dass Sie aussehen wie ein Affe hinter Gittern.» Der schwere Sozialphobiker würde mit leiser Stimme sagen: «Entschuldigen Sie bitte, dass mein Fuß unter Ihrem steht.» Es gibt aber noch den dritten Weg, dem anderen zu verzeihen und ihn anzulächeln. Das Endziel einer erfolgreichen Selbstbehandlung sollte sein, immer eine Punktlandung hinzubekommen, also in Auseinandersetzungen weder klein beizugeben noch eine völlig überzogene Reaktion zu zeigen. Ihr Verhalten sollte zwischen Unterwürfigkeit und Überheblichkeit liegen. Angstbeißer werden Personen genannt, die ihre eigenen Ängste dadurch überspielen wollen, dass sie gegenüber Menschen der unteren Ebene garstig und gemein sind. Nach oben buckeln sie, nach unten treten sie. Das ist keine Haltung, die Sie anstreben sollten. Ihr Endziel sollte sein, immer die angemessene Handlungsweise zu finden.

➽ Tipp 3: Scheuen Sie sich nicht, zur Behandlung zu gehen

Die Soziale Phobie ist die zweithäufigste Angsterkrankung. Dennoch ist erstaunlich, wie selten Menschen mit einer Sozialphobie sich bei einem Arzt oder Psychologen melden. In einer Untersuchung zeigte sich, dass sich nur 33 Prozent der Befragten mit einer Sozialen Phobie jemals wegen psychischer Probleme bei einem Arzt gemeldet hatten. Aber auch diejenigen, die sich in Behandlung begeben hatten, rückten dann nicht mit der Sprache raus und verschwiegen, was eigentlich ihr Hauptproblem war, nämlich ihre krankhafte Schüchternheit. Insgesamt schafften es in dieser Untersuchung nur drei Prozent aller Sozialphobiker, beim Arzt oder Psychologen über ihr eigentliches Problem, die sozialen Ängste, zu reden. Diese Zurückhaltung, die natürlich durch die Krankheit selbst erklärbar ist, führt leider dazu, dass nur ein Bruchteil der Menschen mit einer Sozialen Phobie überhaupt behandelt wird.

Ärztliche Hilfe nehmen am ehesten die Betroffenen in Anspruch, die beruflich und sozial integriert sind, über vergleichsweise gute verbale Ausdrucksmöglichkeiten verfügen, jedoch aufgrund ihrer Position durch die Sozialphobie Nachteile erwarten: der Bankfilialdirektor, der große Angst vor Kundengesprächen oder Vorstandssitzungen hat und daher darüber nachdenkt, seinen hervorragend dotierten Beruf aufzugeben; der Berufsmusiker, der befürchtet, beim Trompetensolo zu versagen; die Lehrerin, die Angst hat, von ihren Schülern für inkompetent gehalten zu werden. Da aber gerade die schwer Betroffenen große Angst haben, sich überhaupt einem Arzt anzuvertrauen – aus Furcht, abgewertet zu werden –, gibt es eine hohe Dunkelziffer von nicht bemerkten Sozialphobien. In dieser Gruppe finden sich Menschen, die eine besonders ausgeprägte Einschränkung durch die Angststörung erfahren: der Arbeiter, der keine Freunde hat, keine Frau kennen lernt und seine Ängste mit Alkohol zu bekämpfen versucht; die Büroangestellte, die sich nichts sehnlicher wünscht als eine Familie und Kinder, aber nicht in der Lage ist, sich mit einem Mann zu verabreden, und deshalb in tiefe Depressionen fällt; die Hausfrau, die alle Kontakte mit Freunden und Bekannten meidet und damit ihre Ehe belastet.

Tipp 4: Sie haben eine große Zukunft

Menschen mit einer Sozialen Phobie können eine große Zukunft vor sich haben, wenn sie ihre Ängste einigermaßen im Griff haben. Da sie sich permanent anstrengen, anderen zu gefallen und es allen recht zu machen, gelingt es ihnen oft, im Beruf oder in den schönen Künsten Karriere zu machen. Wer sich ständig selbst kritisiert, arbeitet an sich und versucht, immer perfekter zu werden. Die Angst liefert die Energie, die man braucht, um besser zu sein als die anderen.

Einer meiner Patienten kam in meine Praxis, da er stets Angst hatte, im Seminar vor seinen Mitstudenten und dem Dozenten zu sprechen oder etwas an die Tafel zu schreiben. Nach kurzer Therapie nahm er einen Job als studentische Hilfskraft an und führte selbst die Seminare, vor denen er früher Angst hatte. Heute hält er als Physikprofessor täglich Vorlesungen. Ein anderer meiner Patienten hatte große Angst vor dem Vorsingen bei der Aufnahmeprüfung in einer Musikschule. Heute ist er ein erfolgreicher Opernsänger. Ein Versicherungsvertreter fürchtete sich enorm vor seinem Abteilungsleiter. Heute hat er dessen Job; sein Vorgänger wurde degradiert und ist jetzt sein Untergebener. So könnte ich die Liste derjenigen fortsetzen, die ihre Angst in Energie umgewandelt haben. Mit zunehmendem Erfolg im Beruf, das konnte ich beobachten, wuchs auch ihre Selbstsicherheit.

Wenn Sie Ihre Chancen nutzen, können Sie als Ex-Sozialphobie-Patient danach besser dastehen als diejenigen, die Sie wegen ihres sicheren Auftretens bewundert haben.

Umgang mit Angst am Arbeitsplatz

Ängste am Arbeitsplatz sind in unserer Zeit besonders häufig. Meine Ratschläge können selbstverständlich dann nicht helfen, wenn Arbeitsplätze in Gefahr sind, weil es der Wirtschaft schlecht geht. Aber vielleicht sind sie eine Hilfe, wenn die Ängste vor dem Verlust des Jobs zu seelischen Nöten führen.

Tipp 1: Machen Sie eine Realitätsprüfung

Sind Ihre Ängste am Arbeitsplatz berechtigt oder sind sie übertrieben und unrealistisch? Wenn Sie ohnehin das Gefühl haben, dass Ihre Ängste am Arbeitsplatz völlig überzogen sind, dann können Sie sicher sein, dass Ihre Probleme in einer Sozialen Phobie bestehen. Wenn Sie sich dagegen nicht sicher sind, ob Ihre Ängste überhaupt den Tatsachen entsprechen, versuchen Sie, eine Realitätsprüfung durchzuführen. Gibt es Hinweise, dass Sie gekündigt werden könnten, oder ist das nur eine vage Befürchtung? Sind Ihre Leistungen wirklich unterdurchschnittlich, oder kann man im Großen und Ganzen mit Ihnen zufrieden sein? Fragen Sie Ihren Chef, was er von Ihnen hält, ob er Sie weiterbeschäftigen will, wie es der Firma geht. Fragen Sie Kollegen, was sie meinen. Wenn diese Realitätsprüfung ergibt, dass Ihre Ängste nicht angebracht sind, sondern mehr mit Ihrem mangelnden Selbstwertgefühl zusammenhängen, dann könnte Ihre Angst auch im weitesten Sinne unter den Begriff Soziale Phobie fallen.

Wenn Sie allerdings schon die dritte Abmahnung erhalten haben, Ihr Schreibtisch bereits leer geräumt ist oder die Firma die Zahlung Ihres Gehalts eingestellt hat, sollten Sie sich ernsthaft Sorgen machen, denn Ihre Angst ist begründet.

➡ Tipp 2: Fühlen Sie sich nicht gleich überfordert

Nicht nur bei denjenigen, die in der Hierarchie ganz unten stehen, sondern auch in der Führungsriege jeder Firma und jedes Betriebs existieren Ängste. Wer aufgestiegen ist, hat nicht nur mehr Vorteile und mehr Geld, sondern auch mehr Verantwortung. Nicht selten gibt es Leute, denen diese Verantwortung über den Kopf wächst und die nachts nicht schlafen können, weil sie über anstehende Entscheidungen grübeln müssen. Menschen mit sozialen Ängsten rufen deshalb nicht laut «Hier!», wenn eine Beförderung ansteht. Lieber ertragen sie es, weiter von einem Vorgesetzten gegängelt zu werden, von dem sie eigentlich wissen, dass er ihnen nicht das Wasser reicht. Vielleicht steckt dahinter auch die Angst, nach einer Rangerhöhung wieder degradiert zu werden.

Wenn ein beruflicher Aufstieg ansteht: Trauen Sie sich das zu! Eine Stufe höher in der Hierarchie ist nicht nur mit einem Mehr an Verantwortung, sondern auch mit höherer Lebensqualität verbunden. Es kann zwar sein, dass Sie noch mehr arbeiten müssen, aber Sie können häufiger das machen, was Ihnen Spaß macht, und die unangenehmen Dinge an andere delegieren.

➡ Tipp 3: Lernen Sie, Ihre Erfolge anzuerkennen

Menschen mit einer Sozialen Phobie haben oft eine verzerrte Wahrnehmung ihrer eigenen Erfolge. Wenn etwas schlecht läuft, geben sie sich selbst die Schuld. Wenn aber etwas gut läuft, führen sie dies nicht auf ihre eigene Leistung, sondern auf Zufall, Glück oder andere günstige Umstände zurück. Wenn sie eine Prüfung mit Bravour bestanden haben, sagen sie: «Das waren ganz leichte Fragen.» Wenn sie für eine wichtige Aufgabe vorgeschlagen werden, sagen sie: «Der Chef muss sich getäuscht haben.» Oder sie werten denjenigen ab, der große Stücke auf sie hält: «Der Idiot hat nicht gemerkt, dass ich überhaupt keine Ahnung habe.»

Lernen Sie, Ihre Erfolge ins rechte Licht zu rücken. Wenn Sie drei Prüfungen mit einer Eins oder Zwei abgeschlossen haben, gibt es keinen vernünftigen Grund, anzunehmen, dass Sie in der nächsten Prüfung mit Pauken und Trompeten durchfallen.

➡ Tipp 4: Lernen Sie, ohne Lob auszukommen

Viele Arbeitnehmer, die ihren Job ganz passabel machen, wundern sich, dass sie nie gelobt werden. Wenn Sie auch dieses Gefühl haben, dass Sie perfekt arbeiten, aber nie Lob zu hören bekommen, dann kann es daran liegen, dass Sie einen zwanghaften Chef haben. Solche Menschen bringen es nicht fertig, ein gutes Wort fallen zu lassen, selbst wenn sie mit Ihrer Arbeit zufrieden sind. Zufrieden sind sie aber selten. Solche Vorgesetzten befürchten, dass ein Mitarbeiter sofort in seiner Leistung nachlassen würde, wenn man ihn durch Anerkennung seiner Arbeit in Sicherheit wiegt. Trösten Sie sich damit, dass solche Menschen nie glücklich werden. Werden Sie damit fertig, dass Sie nicht ständig zu hören bekommen, wie gut Sie sind. Denken Sie an den Satz des deutschen Humoristen Robert Gernhardt: «Keine Sau will mehr rühmen, aber jedes noch so dumme Schwein will berühmt werden.»

Tipp 5: Lernen Sie, mit der Angst zu leben

Wenn Ihr Arbeitsplatz aber tatsächlich in Gefahr ist, und zwar hauptsächlich aus Gründen, die Sie nicht zu vertreten haben, dann hat es keinen Sinn, sich zu grämen.

In den USA kleben die Menschen nicht an ihrem Job. «Hire and fire» – heuern und feuern – heißt es dort, entsprechend weniger streng sind die Sozialgesetze. Aber auch die Arbeitnehmer haben sich daran gewöhnt, mal hier ein Jahr, mal dort ein Jahr zu arbeiten, dann entweder selbst zu kündigen oder aber geschasst zu werden. Ein Amerikaner zieht durchschnittlich siebenmal im Leben um und wechselt achtmal den Arbeitsplatz. Man zieht in eine völlig andere Stadt, baut rasch neue Bekanntschaften auf, bekommt dort aber identisch aussehende Hamburger zu essen – und trauert nicht der alten Heimat nach. In Japan dagegen versucht man, das ganze Leben bei einer Firma zu bleiben. Wer miserabel arbeitet, wird nicht unbedingt gekündigt. Man setzt diesen Mitarbeiter in eine hintere Büroecke und baut einen Paravent aus Reispapier um ihn herum auf, damit die anderen Mitarbeiter nicht sehen, wie schlecht er arbeitet. Auch kann er dort ungestört Harakiri begehen.

Da haben wir es in Europa noch etwas besser. Trotzdem neigen Deutsche im Allgemeinen dazu, immer genau den Job gut zu finden, den sie gerade haben, obwohl er objektiv nicht gut ist. Mit anderen Worten: Wenn Sie tatsächlich gekündigt werden, überlegen Sie sich: Ist es wirklich die große Katastrophe? Oder kann ich vielleicht sogar einen viel besseren Job bekommen?

In von Arbeitslosigkeit besonders betroffenen Regionen sind Ängste und Depressionen, aber auch die negativen Folgen wie Alkoholmissbrauch, verbreitet. Dort macht sich oft das Gefühl der «erlernten Hilflosigkeit» breit. Die Menschen lernen, dass sie ihr Schicksal nicht mehr in der Hand haben. Ob sie viel oder wenig arbeiten, grantig oder freundlich sind – alle sind bei Massenentlassungen gleich betroffen. Es entwickelt sich Resignation.

LÖSUNG 4: DAS VERSTREICHEN DER ZEIT

Dies ist die einfachste Lösung zur Bekämpfung von Ängsten: Sie brauchen gar nichts dafür zu tun. Sie brauchen nur Geduld zu haben. Viele kleinere Anwandlungen von Angst gehen nach Tagen, Wochen oder Monaten von selbst weg. Auch ist es ziemlich unwahrscheinlich, dass einen die Angst noch mit fünfzig Jahren plagt. Der Altersgipfel für Angsterkrankungen liegt bei 36 Jahren. Danach steigt die Chance, dass sich die Angst irgendwann in Luft auflöst – selbst wenn Sie sich nicht behandeln lassen. Die Zeit arbeitet für Sie, und wenn die Ängste bei Ihnen nur wenig ausgeprägt sind, brauchen Sie vielleicht nichts weiter zu tun, als Tee zu trinken und abzuwarten. Allerdings ist es bei deutlichen Angstsymptomen nicht sinnvoll, lediglich auf die Zeit zu bauen. Es wäre auch ein schwacher Trost, wenn Sie noch zehn Jahre warten müssten, bis die Angst aufhört. In solchen Fällen sollte man den notwendigen Schritt in die Therapie tun. Trotzdem lautet die gute Nachricht: Eines Tages geht es Ihnen besser, selbst wenn sämtliche Therapien versagen.

Bedenken Sie: Auch nach einer erfolgreichen Angstbehandlung kann noch ein Rest von Angst übrig bleiben, der durch allergrößte

Willensanstrengung, die raffinierteste Psychotherapie und die besten Pillen nicht wegzutherapieren ist. Und das soll wohl auch so sein. Ihre Ängste gehören zu Ihrer Persönlichkeit. Viele Ihrer positiven Seiten beruhen vielleicht auf Ihren kleinen Ängsten. Keine noch so gute Therapie kann aus einem feinfühligen, verletzlichen, sensiblen oder empfindlichen Menschen einen groben, furchtlosen, herzlosen und unempfindlichen Haudegen machen.

DER SECHSTE SINN UND DIE WUNDERDROGE

Eine verblüffend neue Möglichkeit, Ängste zu therapieren, kommt auf uns zu: die Behandlung mit Pheromonen. Pheromone sind Duftstoffe, die Tiere in Form von Dämpfen aus ihrer Haut absondern, um das andere Geschlecht anzuziehen. Jahrelang hat man geglaubt, dass solche Pheromone nur bei Tieren, nicht aber bei Menschen existieren. Vor kurzer Zeit erst hat man aber ein neues menschliches Sinnesorgan entdeckt, das «vomeronasale Organ» – im wahrsten Sinne des Wortes der sechste Sinn. Dieses Organ ist in der Lage, Pheromone in der Luft aufzuspüren, wobei Pheromone nicht nur im Zusammenhang mit sexueller Anziehungskraft, sondern auch mit Angst interessant sind. Diese chemischen Stoffe können nämlich beim anderen Geschlecht eine Beruhigung auslösen.

Der kalifornische Arzt David Berliner hat Vomeropherin entwickelt, ein Pheromon, das mit Hilfe eines Nasensprays inhaliert werden kann. Die beruhigende Wirkung tritt sofort ein und hält zwei bis vier Stunden an – leider nur bei Männern, ohne dass man weiß, warum.

Nicht nur bei Angststörungen, sondern auch bei Depressionen, Verstimmungen während der Regelblutung, bei Fressanfällen, Aggressionen, Kaufrausch und sogar bei Kleptomanie (krankhaften Diebstählen) soll die Wunderdroge helfen. Man stelle sich das vor: Frauen sprayen sich bei Panikattacken einen Hub in die Nase; Männer nehmen die Spraydose mit zum Rendezvous und nebeln die Angebetete heimlich ein; Hausfrauen nehmen das Aerosol mit zum

Shopping, um Kauforgien zu verhindern; die Polizei versprüht die Substanz bei einer Massenschlägerei, und plötzlich umarmen sich alle Kontrahenten; Diätpläne sind out und werden durch eine kleine Sprühdose ersetzt.

Noch sind solche Ankündigungen allerdings mit Vorsicht zu genießen, denn bisher fehlen überzeugende wissenschaftliche Nachweise für die behaupteten Wirkungen. Und vielleicht ist das Vomeropherin nicht das, was die Menschheit noch gebraucht hat.

«Die perfekte Droge. Euphorisierend, narkotisch, angenehm halluzinogen. Hat alle Vorteile der Christenheit und des Alkohols, aber nicht deren Nachteile. Nimm dir Ferien von der Realität ...» – die Rede ist von «Soma», der Wunderdroge. In dem 1932 erschienenen Zukunftsroman «Schöne neue Welt» von Aldous Huxley müssen alle Menschen jeden Tag zwei Tabletten Soma einnehmen – ob sie wollen oder nicht. Damit kommen die alltäglichen Sorgen, die heutige Menschen plagen, gar nicht erst auf. Die Pille hat auch keinerlei Nebenwirkungen, so sind immer alle Menschen gut gelaunt und ohne Probleme.

Leider gibt es Soma heute noch nicht. Dennoch denken Forscher darüber nach, wie die Angsttherapie verbessert werden kann. Ideal wäre eine Mittel, das so rasch und elegant wie die Benzodiazepine wirkt, aber nicht deren Nachteile hat, nämlich Müdigkeit und eine mögliche Abhängigkeit. In diesem Buch war die Rede von einem Stoff, der wahrscheinlich im menschlichen Körper existiert und der der natürliche Schlüssel des GABA-Rezeptor-Schlosses ist. Dieser körpereigene Stoff, den wir noch nicht entdeckt haben, kreist im Körper und sorgt dafür, dass wir uns wieder beruhigen, wenn unser Herz in Wallung geraten ist. Er hat eine angstlösende Wirkung. Wenn es gelänge, diesen Stoff zu identifizieren und im Labor nachzubasteln, könnte es sein, dass man das ideale Angstmedikament gefunden hat. Jedenfalls hätte es nicht die Nachteile der Antidepressiva, die erst nach frühestens zwei Wochen wirken. Es hätte auch nicht die Nachteile der Benzodiazepine, die träge und süchtig machen können. Es hätte praktisch keine Nebenwirkungen. Mit anderen Worten: Es gäbe praktisch keinen Grund, diesen Stoff nicht ins Trinkwasser zu tun. Oder?

Aber vielleicht wollen wir Menschen gar nicht völlig ohne Angst leben wie geklonte Menschen in der «Schönen neuen Welt»?

SCHLUSSWORT

Die Natur hat uns mit zwei Arten von Ängsten ausgestattet, der Angst vor tatsächlich existierenden Gefahren – die uns schützen und am Leben erhalten soll – und der anderen, scheinbar unnötigen, absurden Angst. Aber auch diese Angst hat ihren Sinn. Sie kann in Energie und Tatkraft umgewandelt werden. Sie macht uns kreativ und phantasievoll, erfinderisch und ideenreich. Wer Ängste überwunden hat, kann stärker sein als ein Mensch, der sie nie empfunden hat.

Die Entstehung von Ängsten erklärt man sich heute vielschichtiger als früher. Wir müssen uns wahrscheinlich von dem Gedanken lösen, dass allein Erziehungsfehler unserer Eltern an der Angst schuld sind. Stark belastende Erlebnisse in der Kindheit können in unserem Gehirn überdauern, um Jahrzehnte später unerklärliche Ängste auszulösen. Angst kann uns aber auch mit den Genen mitgegeben werden wie Sommersprossen und Hammerzehen. Sie kann auch eine lästige Erbschaft von unseren Vorfahren sein, die ihre Schutzfunktion heute verloren hat. Und neuere Erkenntnisse der Wissenschaft zeigen uns, dass die biochemischen Vorgänge in unserem Gehirn uns mehr beeinflussen, als wir bisher geglaubt haben.

Angst kann so stark werden, dass sie die Ausmaße einer Krankheit annimmt und das Leben unnötig schwer macht. Aber wir müssen diese Angst nicht still erdulden. Wir können gegen sie kämpfen, sie abtrainieren und überwinden. Dadurch können wir unseren Lebensradius erweitern und ein reicheres Leben führen.

In den letzten Jahren hat es für die Menschen, die unter Angsterkrankungen leiden, positive Veränderungen gegeben: Die Krankheitsbilder werden häufiger erkannt, die Theorien zur Entstehung von krankhaften Ängsten sind genauer geworden, und die Behandlung wurde verbessert. Mit Hilfe der Psychotherapie und der medikamentösen Behandlung konnte die Lebensqualität der Patienten entscheidend verbessert werden. In den vielen Jahren, in denen ich Patienten mit Angsterkrankungen behandelt habe, sah ich viele Menschen, die nach einem leidvollen, isolierten, von Furcht zerfressenen Leben ihre Ruhe, Freiheit und Lebensfreude wiedergewinnen konnten.

Aber auch wenn es heute möglich ist, die schlimmen Ausprägungen der Angst im Schach zu halten, wird es immer ein Traum bleiben, völlig ohne Angst leben zu können. Nicht nur, weil wir wissen, dass das Leben endlich ist, sondern auch weil die Angst zu uns gehört. Sie macht uns zu dem, was wir sind.

WÖRTERBUCH DER ANGST

ACTH	→ Adrenocorticotropes Hormon
Adrenalin	Stresshormon, das im Nebennierenmark ausgeschüttet wird und ein Botenstoff des sympathischen Nervensystems ist
Adrenocorticotropes Hormon	ACTH, auch Corticotropin. Wird in der → Hypophyse ausgeschüttet; führt zur Ausschüttung von → Cortisol aus der Nebennierenrinde
Agoraphobie	Angst in Menschenansammlungen oder engen Räumen
Ammonshorn	→ Hippocampus
Amygdala	auch Mandelkern genannt; Teil des → limbischen Systems im Gehirn, der direkt dem → Hippocampus anliegt und zahlreiche Funktionen im Bereich der Angstauslösung hat
Angstnetzwerk	Geflecht von zusammenarbeitenden Gehirnteilen, die an der Auslösung von Ängsten beteiligt sind. Umfasst den → Thalamus, die → Amygdala, den → Hippocampus, das → zentrale Grau, den → Locus coeruleus und den → Hypothalamus
Angstneurose	früherer Begriff für Angsterkrankung
Antidepressiva	Medikamente gegen Depressionen; helfen auch bei Angsterkrankungen
Antihistaminika	Beruhigungsmittel; helfen auch bei Allergien
Autogenes Training	Selbst angewandte Entspannungstechnik, die auf den deutschen Psychiater und Theologen Johannes Heinrich Schultz zurückgeht
Bach-Blüten	Therapie, die auf den homöopathischen Arzt Edward Bach zurückgeht. Blüten werden in

	Wasser gelegt und in die Sonne gestellt; das Wasser wird als Heilmittel verwendet
Benzodiazepine	Beruhigungs- und Schlafmittel; werden bei Angsterkrankungen verwendet
Betablocker	Mittel gegen hohen Blutdruck
Biofeedback	Entspannungsmethode, bei der Körperfunktionen wie Herzschlag und Atmung hörbar gemacht werden. Der Anwender soll so lernen, diese Körperfunktionen zu kontrollieren und zu entspannen
Botenstoff	→ Neurotransmitter
Corticotropin	→ Adrenocorticotropes Hormon
Cortisol	Stresshormon, das aus der Nebennierenrinde ausgeschüttet wird. Führt bei einer Kampf- oder Fluchtreaktion zur Ausschüttung von → Adrenalin und → Noradrenalin
Cortisol Releasing Hormone	wird im → Hypothalamus ausgeschüttet und führt in der → Hypophyse zur Ausschüttung von → ACTH
CRH	→ Cortisol Releasing Hormone
Dysmorphophobie	Krankhafte Vorstellung, körperlich entstellt oder unansehnlich zu sein
Einfache Phobie	auch Spezifische Phobie genannt. Bezeichnet die Angst vor einzelnen Dingen, wie Tieren, Höhen, Blut usw.
Erlernte Hilflosigkeit	Von Martin Seligman entwickeltes Konzept, nach dem Depressionen entstehen können, wenn jemand ungenügende Kontrolle über sein Schicksal hat
Es	Begriff aus der Psychoanalyse. Unbewusste Instanz, die die ungesteuerte Befriedigung der Triebe (Hunger, Sex) anstrebt. Gegenspieler des → Über-Ichs
Flooding	→ Überflutungstherapie
Gamma-Aminobuttersäure (GABA)	Botenstoff im Gehirn, der für allgemeine Beruhigung sorgt. → Benzodiazepine verstärken die Wirkung von GABA
Generalisierte Angststörung	Angststörung, die durch ständige, unerklärliche Angst gekennzeichnet ist, aber auch durch übertriebene Sorgen um Mitmenschen
Hippocampus	auch Seepferdchen oder Ammonshorn genannt; Teil des → limbischen Systems; bei der

	Auslösung von Angstreaktionen im Kontext von Stressereignissen beteiligt, vollzieht Speicher- und Abrufvorgänge im Gedächtnis und liegt im Gehirn unmittelbar der Amygdala an
Hirnanhangdrüse	→ Hypophyse
Homöopathie	auf C. F. Samuel Hahnemann zurückgehende Therapierichtung. Geht davon aus, dass ein in einer sehr geringen Dosis gegebener Stoff ein Heilmittel gegen ein bestimmtes Leiden sein könnte, wenn er in hoher Dosierung ein ähnliches Leiden hervorruft
Hyperventilation	bei Panikattacken auftretende zu starke Atmung, die durch fälschlicherweise angenommenen Sauerstoffmangel entsteht
Hypophyse	auch Hirnanhangdrüse genannt. Hormondrüse unterhalb des Gehirns. Im Hypophysenvorderlappen wird → ACTH ausgeschüttet (auch Hirnanhangdrüse)
Hypothalamus	Steuerzentrum im Gehirn. Hier wird bei Angst das sympathische Nervensystem und die → Hypothalamus-Hypophysen-Nebennierenrinden-Achse aktiviert
Hypothalamus-Hypophysen-Nebennierenrinden-Achse	Regelkreis der Körpers, der die Ausschüttung von Stresshormonen regelt
Imipramin	→ trizyklisches Antidepressivum; erstes Medikament, das bei einer Panikstörung eingesetzt wurde
Katharsis	Begriff aus der Psychoanalyse; wenn ein unbewusster Konflikt durch die Deutung des Psychoanalytikers zutage tritt, soll es zu einer Heilung («Reinigung») der Symptome kommen
Klaustrophobie	Angst in engen oder verschlossenen Räumen; tritt häufig bei Menschen mit → Agoraphobie auf
Klientenzentrierte Gesprächspsychotherapie	Psychotherapierichtung, die von Carl Rogers als Alternative zur Psychoanalyse entwickelt wurde. Im Gegensatz zur Analyse, bei der der Therapeut steuernd («direktiv») vorgeht, lernt der Klient hier, wie er sich selbst heilen kann
Kognitive Therapie	Weiterentwicklung der ursprünglichen Verhaltenstherapie, die höhere Denkfunktionen

	berücksichtigt. Wird auch bei Ängsten angewandt, die nicht wie → phobische Ängste durch → Überflutung behandelt werden können
Konfrontationstherapie	Verhaltenstherapie, bei der der Patient sich den Angst auslösenden Situationen stellt
Kontextlernen	bei traumatischen Erfahrungen lernt man nicht nur die Verbindung des Ereignisses mit Angst, sondern verbindet auch die Umgebung (Kontext) mit Angst
Kortex	Rinde (graue Substanz) des Gehirns
Laktat	chemischer Stoff, der in der Medizin eingesetzt wird, aber auch Panikattacken auslösen kann
Limbisches System	komplexes System aus mehreren Strukturen im Inneren des Gehirns (u. a. → Amygdala, → Hippocampus, → Thalamus, → Hypothalamus), das zahlreiche Funktionen kontrolliert (vegetatives System, Emotionen, Motivation, Bewusstsein, Gedächtnis). Ihm kommt große Bedeutung im Zusammenhang mit Angststörungen, Depressionen und anderen seelischen Erkrankungen zu
Locus coeruleus	Kern im Gehirn; enthält etwa die Hälfte aller noradrenergen Neuronen des Gehirns; an der Entstehung von Panikattacken beteiligt
Mandelkern	→ Amygdala
MAO-Hemmer	→ Monoaminoxidase-Hemmer
Monoaminoxidase-Hemmer	Medikamente gegen Angst und Depressionen
Nebenniere	Drüse, die auf der Niere sitzt. Bei Stress und Angst werden aus der Nebennierenrinde → Cortisol, aus dem Nebennierenmark → Adrenalin und → Noradrenalin ausgeschüttet
Neurose	früherer Begriff, der die Angststörungen und andere seelische Erkrankungen von den Psychosen (Schizophrenie u. a.) abgrenzte. Der Begriff wurde kritisiert und steht kurz vor der Abschaffung, weil er suggerieren sollte, dass «neurotische» Erkrankungen allein auf seelischen Konflikten und nicht auf organischen Ursachen beruhen
Neurotransmitter	Botenstoff; chemische Substanz, die für die

	Übertragung einer elektrischen Erregung von einer Nervenzelle zur anderen sorgt, nachdem er am → Rezeptor angedockt ist (zum Beispiel → Serotonin)
Noradrenalin	Botenstoff im Gehirn
Panikstörung	Angsterkrankung, die mit häufigen Angstattacken einhergeht und häufig mit einer → Agoraphobie gepaart ist
Pheromone	Pheromone sind Duftstoffe, die Tiere in Form von Dämpfen aus ihrer Haut absondern, um das andere Geschlecht anzuziehen
Phobie	krankhafte Furcht vor harmlosen Dingen beziehungsweise übersteigerte Furcht vor realen Gefahren
Placebo	Scheinmedikament; wird in Doppelblindstudien verwendet
Progressive Muskelrelaxation	Entspannungsverfahren; geht auf den amerikanischen Psychiater Edmund Jacobson zurück
Rezeptor	Stelle an einer Nervenzelle, an der sich ein → Neurotransmitter bindet, um seine Wirkung auszuüben
Selektive Serotonin-Wiederaufnahmehemmer (SSRI)	Medikamente aus der Gruppe der → Antidepressiva, die bei Angsterkrankungen wirksam sind
Serotonin	→ Neurotransmitter, der im Gehirn, aber auch im übrigen Körper vorkommt und eine wichtige Rolle bei den Angsterkrankungen spielt
Soziale Phobie	Menschen mit einer Sozialen Phobie haben Angst in Situationen, in denen sie sich blamieren könnten – sie leiden unter extremer Schüchternheit
SPECT	Single-Photon-Emission Computed Tomography; bildgebendes Verfahren
Spezifische Phobie	→ Einfache Phobie
SSRI	→ Selektiver Serotonin-Wiederaufnahmehemmer (von engl. *selective serotonin reuptake inhibitor*)
Stresshormone	Hormone, die unter Stress oder in Gefahrensituationen ausgeschüttet werden (→ Cortisol, → Adrenalin, → Noradrenalin)

Sympathisches Nervensystem	Teil des vegetativen Nervensystems; wird bei Angst aktiviert
Synapse	Kontaktstelle zweier Nervenzellen, in deren Spalt die Neurotransmission durch → Neurotransmitter stattfindet
Systematische Desensibilisierung	Technik der Verhaltenstherapie, bei der der Patient in kleinen Schritten mit Angst auslösenden Situationen konfrontiert wird
Thalamus	Gehirngebiet, das eingehende Informationen von den Sinnesorganen zunächst einmal filtert, bevor sie an die zuständigen Stellen weitergeleitet werden
Trauma	belastendes Lebensereignis
Trizyklische Antidepressiva (TZA)	Medikamente aus der Gruppe der → Antidepressiva, die bei Depressionen, aber auch bei Angststörungen helfen
Überflutungstherapie	Technik der Verhaltenstherapie, bei der sich der Patient massiv und lange mit Angst auslösenden Situationen auseinander setzen muss (auch Flooding genannt)
Über-Ich	Begriff aus der Psychoanalyse; unbewusste Instanz, die Normen und Werte vertritt. Gegenspieler des → Es
Vegetatives Nervensystem	Nervensystem im Körper, das die Lebensfunktionen wie Herzschlag usw. steuert. Seine Funktionen laufen automatisch ab
Zentrales Grau	Gebiet im Gehirn, das bei Angstreaktionen erregt wird. Hier entsteht die Todesangst beziehungsweise der Totstellreflex bei Tieren

TEST: LEIDEN SIE UNTER EINER ANGSTERKRANKUNG?

Mit dem folgenden Test können Sie herausfinden, ob Sie unter einer Angststörung leiden. Es gibt verschiedene Angststörungen. Es ist auch möglich, dass mehrere Angststörungen gleichzeitig bestehen.
Die wichtigsten sind:

- Panikstörung mit oder ohne Agoraphobie
- Generalisierte Angststörung
- Soziale Phobie
- Einfache (Spezifische) Phobie

Mit diesem Test kann natürlich keine genaue Diagnose gestellt werden. Wenn aber aufgrund dieses Tests der Verdacht einer Angststörung bestätigt wird, sollten Sie einen Arzt oder einen Psychologen aufsuchen.

Jeder Mensch leidet mehr oder weniger unter Ängsten. Dieser Test kann Ihnen helfen, zu unterscheiden, ob sich diese Ängste noch im Rahmen halten oder ob sie schon krankhaft sind.

Panikstörung

Leiden Sie unter folgenden Symptomen:

- ❑ Herzrasen oder unregelmäßiger Herzschlag
- ❑ Schwitzen
- ❑ Zittern oder innerliches Beben
- ❑ Mundtrockenheit
- ❑ Luftnot
- ❑ Engegefühl oder Kloß im Hals
- ❑ Schmerzen, Druck oder Enge in der Brust
- ❑ Übelkeit oder Magenbeschwerden
- ❑ Schwindel, Unsicherheit, Benommenheit oder Angst, in Ohnmacht zu fallen
- ❑ Gefühl, nicht da zu sein oder neben sich zu stehen
- ❑ Angst, die Kontrolle zu verlieren oder verrückt zu werden
- ❑ Angst zu sterben
- ❑ Hitzewallungen oder Kälteschauer
- ❑ Taubheits- oder Kribbelgefühle in den Gliedmaßen oder im Gesicht

Treten diese Symptome in Form von plötzlichen Angst- und Panikzuständen auf, die zwischen 10 Minuten bis 2 Stunden andauern? Haben Sie dabei mindestens 4 dieser Symptome gleichzeitig?
Wenn Sie diese Symptome nicht in Form von heftigen Attacken, sondern mehr über den Tag verteilt haben, sehen Sie bitte unter Generalisierte Angststörung nach. ❑ **JA**

Treten diese Panikattacken entweder aus heiterem Himmel auf oder in den Situationen, wie sie unter Agoraphobie beschrieben sind (oder beides)? ❑ **JA**

Beide Kästchen mit **JA** beantwortet:

✘ Es besteht der Verdacht, dass bei Ihnen eine Panikstörung vorliegt

Agoraphobie

Anmerkung: Eine Panikstörung ist häufig mit einer Agoraphobie verbunden

Haben Sie in den folgenden Situationen Angst oder Beklemmungsgefühle? Vermeiden Sie solche Situationen? Können Sie solche Situationen nur in Begleitung aufsuchen?

❑ öffentliche Verkehrsmittel
❑ Theater, Kino
❑ Menschenmengen
❑ Versammlungen oder Feste
❑ Enge Räume wie Fahrstühle
❑ Geschlossene Räume oder Tunnel
❑ Autofahren im Stau oder an der roten Ampel stehen
❑ Kaufhaus
❑ Schlange stehen
❑ Allein weite Reisen unternehmen
❑ Allein zu Hause zu sein

Treffen mindestens 2 dieser Situationen für Sie zu und führt die Vermeidung dieser Situationen in irgendeiner Form zur Einschränkung Ihrer Lebensqualität?

❑ **JA**

✘ Es besteht der Verdacht, dass bei Ihnen eine Agoraphobie vorliegt

Generalisierte Angststörung

Leiden Sie unter den folgenden Symptomen:

- ❑ Herzrasen oder unregelmäßiger Herzschlag
- ❑ Schwitzen
- ❑ Zittern oder innerliches Beben
- ❑ Mundtrockenheit
- ❑ Luftnot
- ❑ Engegefühl oder Kloß im Hals
- ❑ Schmerzen, Druck oder Enge in der Brust
- ❑ Übelkeit oder Magenbeschwerden
- ❑ Schwindel, Unsicherheit, Benommenheit oder Angst, in Ohnmacht zu fallen
- ❑ Gefühl, nicht da zu sein oder neben sich zu stehen
- ❑ Angst, die Kontrolle zu verlieren oder verrückt zu werden
- ❑ Angst zu sterben
- ❑ Hitzewallungen oder Kälteschauer
- ❑ Taubheits- oder Kribbelgefühle in den Gliedmaßen oder im Gesicht

Leiden Sie unter mindestens 4 der Symptome, wobei allerdings diese Symptome nicht gleichzeitig in Form von heftigen Panikanfällen auftreten (siehe Panikstörung), sondern mehr oder weniger über den Tag verteilt auftreten? ❑ **JA**

Leiden Sie zusätzlich unter:

- ❑ Unruhe oder Nervosität
- ❑ Konzentrationsschwierigkeiten
- ❑ Reizbarkeit
- ❑ Einschlafstörungen
- ❑ Übertriebene Reaktionen auf kleine Schrecksituationen ❑ **JA**

Haben Sie außerdem häufig Sorgen oder Befürchtungen, z. B. dass Ihnen oder einem Familienmitglied ein Unglück passieren könnte? ❑ **JA**

Alle 3 Kästchen mit **JA** beantwortet?

✘ Es besteht der Verdacht, dass bei Ihnen eine Generalisierte Angststörung vorliegt

Soziale Phobie

Haben Sie Angst in Situationen, in denen Sie befürchten, dass andere Leute negativ über Sie urteilen könnten, Ihr Aussehen kritisieren könnten oder Ihr Verhalten als dumm, peinlich oder ungeschickt ansehen könnten? Beispiele für solche Situationen sind:

- ❑ Ich habe in Restaurants Angst, dass ich mich dort peinlich benehmen könnte
- ❑ Ich habe große Angst vor Respektspersonen
- ❑ Ich hasse es, wenn mich jemand bei der Arbeit beobachtet
- ❑ Ich habe viel zu wenig Durchsetzungsvermögen
- ❑ Ich habe große Angst vor Situationen, in denen ich einen Vortrag halten müsste, einen Witz erzählen oder etwas an die Tafel schreiben müsste
- ❑ Wenn ich weniger schüchtern wäre, hätte ich beruflich aufsteigen können
- ❑ Ich hätte Angst, wenn man bei einem Zusammensein von Bekannten, Freunden oder Verwandten über mich redet, während ich dabei bin.

Haben Sie mindestens 2 dieser Fragen mit **JA** beantwortet? ❑ **JA**

In den genannten Situationen kommt es bei mir zu körperlichen Erscheinungen, wie (mindestens 1):

- ❑ Erröten
- ❑ Zittern
- ❑ Angst, mich zu übergeben
- ❑ Gefühl, auf die Toilette zu müssen ❑ **JA**

Beide Kästchen mit **JA** beantwortet?

✘ Es besteht der Verdacht, dass bei Ihnen eine Soziale Phobie vorliegt

Einfache (Spezifische) Phobie

Haben Sie starke Angst vor bestimmten Dingen oder Situationen, wobei die Angst jedoch nur auf wenige Dinge oder Situationen, z. B. auf 1 oder 2 beschränkt bleibt?

Beispiele hierfür sind:

❑ Insekten oder Spinnen

❑ Tiere (Katzen, Hunde, Pferde)

❑ Naturgewalten (Donner, Sturm, tiefes Wasser)

❑ Blut, Verletzungen, Spritzen

❑ Situationen wie Höhen, Fahrstuhl, Tunnel

Haben Sie mindestens 1 der obigen Dinge angekreuzt? ❑ **JA**

Empfinden Sie diese Angst als übertrieben beziehungsweise stärker als andere Menschen? ❑ **JA**

Beide mit **JA** beantwortet?

✘ Es besteht der Verdacht, dass bei Ihnen eine Einfache Phobie vorliegt

Ist die Angst bei mir schon krankhaft?

Wenn Sie aufgrund des vorhergehenden Tests eine Vermutung haben, dass bei Ihnen eine Angststörung vorliegen könnte, Sie sich aber nicht sicher sind, ob dies noch «normal» oder «krankhaft» ist, beantworten Sie bitte folgende Fragen:

- ❑ Ich denke mindestens 50 Prozent des Tages über meine Ängste nach
- ❑ Wegen meiner Ängste habe ich mein Leben völlig umgestellt, sodass ich viele Dinge nicht tun kann, die ich gerne machen würde
- ❑ Wegen meiner Ängste trinke ich häufig zu viel Alkohol oder nehme zu viele Beruhigungstabletten ein
- ❑ Meine ständigen Ängste führen dazu, dass ich depressiv und niedergeschlagen bin
- ❑ Wegen meiner Ängste habe ich bereits Selbstmordgedanken gehabt
- ❑ Wegen meiner Ängste habe ich ernsthafte Schwierigkeiten im Beruf
- ❑ Wegen meiner Ängste habe ich Probleme mit meiner Partnerschaft

Haben Sie mindestens 1 der obigen Fragen mit **JA** beantwortet? ❑ **JA**

✘ Es ist anzunehmen, dass Sie an einer behandlungsbedürftigen Angststörung leiden. Sie sollten dies mit einem Arzt oder Psychologen besprechen

DANK

Ich danke meiner Lektorin Regina Carstensen, Uwe Naumann vom Rowohlt Verlag und außerdem Ruth Becker, Merle Haust und Julia Sauk für die Durchsicht des Manuskripts.

Meiner Familie danke ich für ihre Geduld.

Göttingen, den 1. Juni 2004

Borwin Bandelow

ANMERKUNGEN UND LITERATUR

1 Apotheken Umschau: 2, 2002

2 Riemann, F. E.: Grundformen der Angst: Eine tiefenpsychologische Studie. München/Basel, Reinhardt Verlag 1990

3 Dugatkin, L. A.: Tendency to inspect predators predicts mortality risk in the guppy (Poecilia reticulata). Behavior and Ecology 3, S. 124–127, 1992

4 Kierkegaard, S.: Der Begriff Angst. Hamburg, Felix Meiner Verlag 1984

5 Barloon, T. J., und Noyes, R., Jr.: Charles Darwin and panic disorder. Journal of the American Medical Association 277, S. 138–141, 1997

6 Wheeler, S.: Terra Incognita. New York, N. Y., Random House 1996

7 Jones, E.: Das Leben und Werk von Sigmund Freud. Band 1 (S. 361). Bern, Huber 1960

8 Enciclopedia dell'arte antica classica e orientale: Rom, 1965

9 www.phobialist.com

10 Rapoport, J. L.: The boy who couldn't stop washing. New York, E. P. Dutton 1989

11 Herbig, R.: Pan, der griechische Bocksgott. Versuch einer Monographie. Frankfurt, Vittorio Klostermann 1949

12 Martinez, J. M., et al.: Ambulatory monitoring of respiration in anxiety. Anxiety 2, S. 296–302, 1996

13 Freud, S.: Über die Berechtigung, von der Neurasthenie einen bestimmten Symptomenkomplex als «Angstneurose» abzutren-

nen (1895). Gesammelte Werke I. Frankfurt, Fischer 1964, S. 319
14 Freud, S.: Obsessions and Phobias: Their Psychical Mechanism and Their Aetiology (1885). In: Complete Psychological Works, Standard Edition, Volume 3. London, Hogarth Press 1962
15 de Beurs, E., et al.: Continuous monitoring of panic. Acta Psychiatrica Scandinavica 90, S. 38–45, 1994
16 Benedikt, M.: Über «Platzschwindel». Allgemeine Wiener Medizinische Zeitung 15, S. 488–489, 1870
17 Westphal, C.: Die Agoraphobie, eine neuropathische Erscheinung (Vortrag am 16.5.1871, Berliner medicinisch-psychologische Gesellschaft), S. 161. Archive der Psychiatrie (Berlin) 3, S. 138–161, 1872
18 Fontane, T.: Brief an Karl Zöllner (1889), aus: Theodor Fontane, Von Dreißig bis Achtzig. München, dtv 1975
19 Lelliott, P., et al.: Onset of panic disorder with agoraphobia. Toward an integrated model. Archives of General Psychiatry 46, S. 1000–1004, 1989
20 Amering, M., et al.: Die erste Panikattacke: eine ungenützte Chance zur Prävention der Panikstörung und ihrer Komplikationen. Psychiatrische Praxis 24, S. 65–68, 1997
21 Klerman, G. L., et al.: Panic Anxiety and its Treatments. Washington, DC, American Psychiatric Press 1993
22 Burton, R.: Die Anatomie der Schwermut. Frankfurt, Eichborn 2003
23 Schickel, J.: Strophen und Verse von Sappho. Frankfurt, Insel 1978
24 Starcevic, V., et al.: Panic disorder patients at the time of air strikes. Depression and Anxiety 16, S. 152–156, 2002
25 Jones, T. F.: Mass psychogenic illness: role of the individual physician. American Family Physician 62, S. 2649–2653, 2655–2646, 2000
26 Phillips, D. P., et al.: The Hound of the Baskervilles effect: natural experiment on the influence of psychological stress on timing of death. British Medical J 323, S. 1443–1446, 2001

27 Chowdhury, A. N.: Glans penis perception of Koro patients. Acta Psychiatrica Scandinavica 87, S. 355–357, 1993
28 Tseng, W. S., et al.: A sociocultural study of koro epidemics in Guangdong, China. American Journal of Psychiatry 145, S. 1538–1543, 1988
29 Katschnig, H., und Amering, M.: Panic attacks and panic disorder in cross-cultural perspective. Frontiers in Clinical Neurosciences 9, S. 67–80, 1990
30 Seedat, S., und Nagata, T.: Cross-cultural aspects of social anxiety disorder. In: Bandelow, B. und Stein, D. J. (Hg.): Social Anxiety Disorder. New York, N. Y., M. Dekker, 2004, S. 117–130
31 Brown, S. A., Irwin, M., und Schuckit, M. A.: Changes in anxiety among abstinent male alcoholics. Journal of Studies on Alcohol 52, S. 55–61, 1991
32 Marshall, J. R.: The diagnosis and treatment of social phobia and alcohol abuse. Bulletin of the Menninger Clinic 58, S. A58–66, 1994
33 Narrow, W. E., et al.: Revised prevalence estimates of mental disorders in the United States: using a clinical significance criterion to reconcile 2 surveys' estimates. Archives of General Psychiatry 59, S. 115–123, 2002
34 Kessler, R. C., et al.: Lifetime and 12-month prevalence of DSM-III-R psychiatric disorders in the United States. Results from the National Comorbidity Survey. Archives of General Psychiatry 51, S. 8–19, 1994
35 Bandelow, B., et al.: Postpartum panic and the protective power of pregnancy. submitted
36 Bandelow, B.: Panik und Agoraphobie. Ursachen, Diagnose und Behandlung. Wien, Springer 2001
37 Seligman, M. E.: Learned helplessness. Annual Reviews of Medicine 23, S. 407–412, 1972
38 Harlow, H. F.: The nature of love. American Journal of Psychology 13, S. 673–686, 1958
39 Bowlby, J.: Maternal care and mental health. WHO Monographs 2. Geneva, WHO 1951

40 Bandelow, B., et al.: Early traumatic life events, parental attitudes, family history, and birth risk factors in patients with panic disorder. Comprehensive Psychiatry 43, S. 269–278, 2002
41 Bandelow, B., et al.: Early traumatic life events, parental attitudes, family history, and birth risk factors in patients with borderline personality disorder and healthy controls. Psychiatry Research, im Druck, 2004
42 Freud, S.: Abriss der Psychoanalyse. Frankfurt, Fischer 1970
43 Faravelli, C.: Life events preceding the onset of panic disorder. Journal of Affective Disorders 9, S. 103–105, 1985
44 Harlow, H. R., und Zimmermann, R. R.: Affectional responses in the infant monkey. Science 130, S. 421–432, 1959
45 Bandelow, B., et al.: Early traumatic life events, parental rearing styles, family history of psychiatric disorders, and birth risk factors in patients with social anxiety disorder. European Archives of Psychiatry and Clinical Neurosciences, im Druck, 2004
46 Freud, S.: Ueber die Berechtigung, von der Neurasthenie einen bestimmten Symptomencomplex als «Angstneurose» abzutrennen (S. 319). Gesammelte Werke I (1895). Frankfurt, Fischer 1964
47 Freud, S.: Hemmung, Symptom und Angst (1926). Gesammelte Werke XIV. Frankfurt, Fischer 1968, S.134
48 Freud, S.: Hemmung, Symptom und Angst (S. 134). Gesammelte Werke XIV. Frankfurt, 1968, Fischer 1926
49 Freud, S.: Studien über Hysterie. Katharina. London, Imago 1952, S. 184–195
50 Loftus, E., Joslyn, S., und Polage, D.: Repression: a mistaken impression? Development and Psychopathology 10, S. 781–792, 1998
51 Paris, J.: Memories of abuse in borderline patients: true or false? Harvard Review of Psychiatry 3, S. 10–17, 1995
52 Loftus, E. F.: Falsche Erinnerungen. Spektrum der Wissenschaft Januar, S. 62–67, 1998
53 König, K.: Angst und Persönlichkeit. Das Konzept vom steuern-

den Objekt und seine Anwendungen (S. 20, 24). Göttingen, Vandenhoeck und Ruprecht 1996
54 Bassler, M.: Psychodynamische Konzepte zur Ätiologie der Panikstörung und Agoraphobie. In: Bandelow, B. (Hg.): Angst- und Panikerkrankungen. Bremen, Uni-Med, 2003, S. 67–71
55 Schlierf, C.: Vom Übergangsobjekt zur Objektbeziehung: Therapie mit einer Angstpatientin. In: Mentzos, S. (Hg.): Angstneurose. Frankfurt, Fischer, 1994, S. 47–72
56 Bassler, M.: Psychodynamische Ätiologie und Therapie der Sozialen Phobie. In: Bandelow, B. (Hg.): Angst- und Panikerkrankungen. Bremen, Uni-Med, 2003, S. 130–133
57 Bräutigam, W., und Christian, P.: Psychosomatische Medizin. Stuttgart, Thieme 1985
58 Hoffmann, S. O., und Hochapfel, G.: Neurosenlehre, psychotherapeutische und psychosomatische Medizin. Stuttgart, Schattauer 1999
59 Richter, H.-E., und Beckmann, D.: Herzneurose. Stuttgart, Thieme 1973
60 Mentzos, S. H.: Angstneurose. Frankfurt, Fischer 1994
61 Milrod, B., und Shear, M. K.: Dynamic treatment of panic disorder: a review. Journal of Nervous and Mental Diseases 179, S. 741–743, 1991
62 Zimmer, D. E.: Tiefenschwindel – Die endlose und die beendbare Psychoanalyse. Reinbek, Rowohlt 1986
63 Watson, J. B., und Rayner, R.: Conditioned emotional responses. Journal of Experimental Psychology 3, S. 1–14, 1920
64 Skinner, B. F.: The behavior of organisms. New York, Appleton Century Crofts 1938
65 Menzies, R. G., und Clarke, J. C.: The etiology of fear of heights and its relationship to severity and individual response patterns. Behaviour Research and Therapy 31, S. 355–365, 1993
66 DiNardo, P. A., et al.: Etiology and maintenance of dog fears. Behaviour Research and Therapy 26, S. 241–244, 1988
67 Seligman, M. E. P.: Phobias and preparedness. Behavior Therapy 2, S. 307–320, 1971

68 Gibson, E. J., und Walk, R. D.: The «visual cliff». Scientific American 202, S. 64–71, 1960
69 Mineka, S., und Cook, M.: Immunization against the observational conditioning of snake fear in rhesus monkeys. Journal of Abnormal Psychology 95, S. 307–318, 1986
70 Öhman, A., Flykt, A., und Esteves, F.: Emotion drives attention: detecting the snake in the grass. Journal of Experimental Psychology – General 130, S. 466–478, 2001
71 Bandelow, B., et al.: Cardio-respiratory and other symptom clusters in panic disorder. Anxiety 2, S. 99–101, 1996
72 Beck, A. T., Emery, G., und Greenberg, R. L.: Anxiety disorders and phobias – a cognitive perspective. New York, Basic Books 1985
73 Jorm, A. F., et al.: Public beliefs about causes and risk factors for depression and schizophrenia. Social Psychiatry and Psychiatric Epidemiology. 32, S. 143–148, 1997
74 Freud, S.: Jenseits des Lustprinzips (1920). In Gesammelte Werke XIII. Frankfurt, Fischer 1957, S. 65
75 Pitts, F., und McClure, J.: Lactate metabolism in anxiety neurosis. New England Journal of Medicine 277, S. 1329–1340, 1967
76 Klüver, H., und Bucy, P. C.: Journal of Psychology 5, S. 33–54, 1938
77 Gorman, J. M., et al.: Neuroanatomical hypothesis of panic disorder, revised. American Journal of Psychiatry 157, S. 493–505, 2000
78 Adolphs, R., et al.: Impaired recognition of emotion in facial expressions following bilateral damage to the human amygdala. Nature 372, S. 669–672, 1994
79 Markowitsch, H. J., et al.: The amygdala's contribution to memory. A study on two patients with Urbach-Wiethe disease. Neuroreport 5, S. 1349–1352, 1994
80 Kuhar, M. J.: Neuroanatomical substrate of anxiety. A brief survey. Trends in Neurosciences July, S. 307–311, 1986
81 Fish, D. R., et al.: Clinical responses to electrical brain stimula-

tion of the temporal and frontal lobes in patients with epilepsy. Pathophysiological implications. Brain 116, S. 397–414, 1993
82 McEwen, B. S.: Stress and the aging hippocampus. Frontiers in Neuroendocrinology 20, S. 49–70, 1999
83 Gurvits, T. V., et al.: Magnetic resonance imaging study of hippocampal volume in chronic, combat-related posttraumatic stress disorder. Biological Psychiatry 40, S. 1091–1099, 1996
84 Driessen, M., et al.: Magnetic resonance imaging volumes of the hippocampus and the amygdala in women with borderline personality disorder and early traumatization. Archives of General Psychiatry 57, S. 1115–1122, 2000
85 Vythilingam, M., et al.: Temporal lobe volume in panic disorder. A quantitative magnetic resonance imaging study. Psychiatry Research 99, S. 75–82, 2000
86 Nashold, B. S., Wilson, W. P., und Slaughter, G.: The midbrain and pain. In: Bonica, J. J. (Hg.): Advances in Neurology, Volume 4: International Symposium on Pain. New York, Raven Press, 1974, S. 191–196
87 Redmond, D. E.: Alterations in the function of the nucleus locus coeruleus. A possible model for studies of anxiety. In: Hanin, I. und Usdin, E. (Hg.): Animal Models in Psychiatry and Neurology. Oxford, Pergamon Press, 1977, S. 293–306
88 Marks, I. M., Birley, J. L., und Gelder, M. G.: Modified leucotomy in severe agoraphobia. A controlled serial inquiry. British Journal of Psychiatry 112, S. 757–769, 1966
89 Bandelow, B., et al.: Salivary cortisol in panic attacks. American Journal of Psychiatry 157, S. 454–456, 2000
90 Alpers, G. W., et al.: Salivary cortisol response during exposure treatment in driving phobics. Psychosomatic Medicine 65, S. 679–687, 2003
91 Meaney, M. J., et al.: Individual differences in the hypothalamic-pituitary-adrenal stress response and the hypothalamic CRF system. Annals of the New York Academy of Sciences 697, S. 70–85, 1993
92 Coplan, J. D., et al.: Persistent elevations of cerebrospinal fluid

concentrations of corticotropin-releasing factor in adult nonhuman primates exposed to early-life stressors. Implications for the pathophysiology of mood and anxiety disorders. Proceedings of the National Academy of Sciences of the United States of America. 93, S. 1619–1623, 1996

93 Heim, C., et al.: Persistent changes in corticotropin-releasing factor systems due to early life stress. Relationship to the pathophysiology of major depression and post-traumatic stress disorder. Psychopharmacology Bulletin 33, S. 185–192, 1997

94 Åsberg, M., Bertilsson, L., und Martensson, B.: CSF monoamine metabolites, depression, and suicide. Advances in Biochemical Psychopharmacology 39, S. 87–97, 1984

95 Klein, D. F.: False suffocation alarms, spontaneous panics, and related conditions. An integrative hypothesis. Archives of General Psychiatry 50, S. 306–317, 1993

96 Asmundson, G. J., und Stein, M. B.: Triggering the false suffocation alarm in panic disorder patients by using a voluntary breath-holding procedure. American Journal of Psychiatry 151, S. 264–266, 1994

97 Reiman, E. M., et al.: Neuroanatomical correlates of anticipatory anxiety [published erratum appears in Science 1992 Jun 19; 256(5064):1696]. Science 243, S. 1071–1074, 1989

98 Drevets, A.: PET images of blood flow changes during anxiety. Correction. Science 256, S. 1696, 1992

99 Margraf, J., und Schneider, S.: Panik. Angstanfälle und ihre Behandlung. S. 43, 1989

100 Kendler, K. S., et al.: The genetic epidemiology of phobias in women. The interrelationship of agoraphobia, social phobia, situational phobia, and simple phobia. Archives of General Psychiatry 49, S. 273–281, 1992

101 Kendler, K. S., et al.: The structure of the genetic and environmental risk factors for six major psychiatric disorders in women. Phobia, generalized anxiety disorder, panic disorder, bulimia, major depression, and alcoholism. Archives of General Psychiatry 52, S. 374–383, 1995

102 Roy, M. A., et al.: A twin study of generalized anxiety disorder and major depression. Psychological Medicine 25, S. 1037–1049, 1995
103 Bandelow, B., und Charimo Torrente, A.: The role of environmental factors in the etiology of social anxiety disorder. In: Bandelow, B. und Stein, D. J. (Hg.): Social Anxiety Disorder. New York, N.Y., Marcel Dekker, 2004, S. 267–298
104 Stemberger, R. T., et al.: Social phobia: an analysis of possible developmental factors. Journal of Abnormal Psychology 104, S. 526–531, 1995
105 Amaral, D. G.: The primate amygdala and the neurobiology of social behavior: implications for understanding social anxiety. Biological Psychiatry 51, S. 11–17, 2002
106 Rosvold, H. E., Mirsky, A. F., und Pribram, K. H.: Influence of amygdalectomy on social behavior in monkeys. Journal of Comparative and Physiological Psychology 47, S. 173–178, 1954
107 Torgersen, S.: The nature and origin of common phobic fears. British Journal of Psychiatry 134, S. 343–351, 1979
108 Daniels, D., und Plomin, R.: Origins of individual differences in infant shyness. Developmental Psychology 21, S. 118–121, 1985
109 Shapiro, A. K.: The placebo effect in the history of medical treatment. American Journal of Psychiatry, 1959
110 Eysenck, H.: The effects of psychotherapy. An evaluation. J Consult Psychol 16, S. 319–324, 1952
111 Wolpe, J.: Psychotherapy by reciprocal inhibition. Stanford, CA, Stanford University Press 1958
112 Lazarus, A.: Grouptherapy of phobic disorders by systematic desensitization. Journal of Abnormal and Social Psychology 63, S. 504–510, 1961
113 Gelder, M., et al.: Desensitization and psychotherapy in the treatment of phobic states. A controlled inquiry. British Journal of Psychiatry 113, S. 53–73, 1967
114 Bandelow, B.: Angst- und Panikerkrankungen. Bremen, Uni-Med 2003
115 Goethe, J. W.: Aus meinem Leben. Dichtung und Wahrheit. Ers-

ter Teil. Goethes Werke in 12 Bänden, Bd. 8. Weimar, Aufbau-Verlag 1968
116 Hoffart, A., und Martinsen, E. W.: Exposure-based integrated vs. pure psychodynamic treatment of agoraphobic inpatients. Psychotherapy 27, S. 210–218, 1990
117 Durham, R. C., et al.: Cognitive therapy, analytic psychotherapy and anxiety management training for generalised anxiety disorder. British Journal of Psychiatry 165, S. 315–323, 1994
118 Wallerstein, R. S.: Forty-Two Lives in Treatment. A Study of Psychoanalysis and Psychotherapy. New York, Guilford Press 1986
119 Bassler, M., und Hoffmann, S. O.: Stationäre Psychotherapie der Angststörungen – ein Vergleich der therapeutischen Wirksamkeit bei Patienten mit generalisierter Angststörung, Agoraphobie und Panikstörung. Psychotherapie, Psychosomatik, Medizinische Psychologie 44, S. 217–225, 1994
120 Freud, S.: Wege der psychoanalytischen Therapie. In: Gesammelte Werke. Band 12. London, Imago Publishing Co. 1947
121 Mitscherlich, A.: Methods and principles of research on psychosomatic fundamentals. In: Jores, A. und Freyberger, H. (Hg.): Advances in Psychosomatic Medicine. New York, Robert Brunner, 1961, S. 21
122 Teusch, L., Böhme, H., und Finke, J.: Konfliktzentrierte Monotherapie oder Methodenintegration? Nervenarzt 72, S. 31–39, 2001
123 Stetter, F., et al.: Ambulante Kurzzeittherapie bei Angstpatienten mit Autogenem Training und Hypnose. Ergebnisse und 3-Monats-Katamnese. Psychotherapie, Psychosomatik und Medizinische Psychologie 44, S. 226–234, 1994
124 Cohen, A. S., Barlow, D. H., und Blanchard, E. B.: Psychophysiology of relaxation-associated panic attacks. Journal of abnormal psychology 94, S. 96–101, 1985
125 Van Dyck, R., und Spinhoven, P.: Does preference for type of treatment matter? A study of exposure in vivo with or without hypnosis in the treatment of panic disorder with agoraphobia. Behavior Modification 21, S. 172–186, 1997

126 Rice, K. M., Blanchard, E. B., und Purcell, M.: Biofeedback treatments of generalized anxiety disorder: preliminary results. Biofeedback and Self-Regulation 18, S. 93–105, 1993
127 Grawe, K., Donati, R., und Bernauer, F.: Psychotherapie im Wandel. Von der Konfession zur Profession. Göttingen, Hogrefe 1994
128 Christrup, H. J.: The effect of dance therapy on the concept of body image. The Psychiatric Quarterly Supplement 36, S. 296–303, 1962
129 Reich, W.: Die Entdeckung des Orgons 1/Die Funktion des Orgasmus. Köln, Kiepenheuer und Witsch 1993
130 Lowen, A.: Bioenergetik, Therapie der Seele durch Arbeit mit dem Körper. Reinbek, Rowohlt 1986
131 Cahill, S. P., Carrigan, M. H., und Frueh, B. C.: Does EMDR work? And if so, why? A critical review of controlled outcome and dismantling research. Journal of Anxiety Disorders 13, S. 5–33, 1999
132 Goldstein, A. J., et al.: EMDR for panic disorder with agoraphobia: comparison with waiting list and credible attention-placebo control conditions. Journal of Consulting and Clinical Psychology 68, S. 947–956, 2000
133 Klein, D. F.: Anxiety reconceptualized. Gleaning from pharmacological dissection. Early experience with imipramine and anxiety. Modern Problems in Pharmacopsychiatry 22, S. 1–35, 1987
134 Kuhn, R.: Über die Behandlung depressiver Zustände mit einem Iminodibenzyl-Derivat (G22 355). Schweizer Medizinische Wochenschrift 87, S. 1135–1140, 1957
135 Klein, D.: Delineation of two drug-responsive anxiety syndromes. Psychopharmacology 5, S. 397–408, 1964
136 Angermeyer, M. C., Held, T., und Gortler, D.: Pro und contra: Psychotherapie und Psychopharmakotherapie im Urteil der Bevölkerung. Psychotherapie, Psychosomatik und Medizinische Psychologie 43, S. 286–292, 1993
137 James, I., und Savage, I.: Beneficial effect of nadolol on anxiety-

induced disturbances of performance in musicians: a comparison with diazepam and placebo. American Heart Journal 108, S. 1150–1155, 1984

138 Connor, K. M., und Davidson, J. R.: A placebo-controlled study of Kava kava in generalized anxiety disorder. International Clinical Psychopharmacology 17, S. 185–188, 2002

139 Andreatini, R., et al.: Effect of valepotriates (valerian extract) in generalized anxiety disorder: a randomized placebo-controlled pilot study. Phytotherapy Research 16, S. 650–654, 2002

140 Wallach, H., Rilling, C., und Engelke, U.: Efficacy of Bach-flower remedies in test anxiety: A double-blind, placebo-controlled, randomized trial with partial crossover. Journal of Anxiety Disorders 15, S. 359–366, 2001

141 Cialdella, P., Boissel, J. P., und Belon, P.: Specialités homéopathiques en substitution de benzodiazépines. Etude en double-insu vs. placebo. Thérapie 56, S. 397–402, 2001

142 Olfson, M., et al.: National trends in the use of outpatient psychotherapy. American Journal of Psychiatry 159, S. 1914–1920, 2002

143 Emmelkamp, P., und Mersch, P.: Cognition and exposure in vivo in the treatment of agoraphobia. Short-term and delayed effects. Cognitive Therapy Research 6, S. 77–88, 1982

144 Danckwart, J. F.: Anmerkung zur Indikation und Kontraindikation für die gleichzeitige Anwendung von psychoanalytischer Psychotherapie und Psychopharmakotherapie. Psyche 33, S. 528–544, 1979

145 Bandelow, B., et al.: What treatments do patients with panic disorder and agoraphobia get? European Archives of Clinical Psychiatry and Neurosciences 245, S. 165–171, 1995

146 Bandelow, B., et al.: Panic disorder – acceptance of the diagnostic entity and preferred treatment. Anxiety 1996, S. 99–101, 1996

147 Crisp, A. H., et al.: Stigmatisation of people with mental illnesses. British Journal of Psychiatry 177, S. 4–7, 2000

148 Broocks, A., et al.: Comparison of aerobic exercise, clomipramine, and placebo in the treatment of panic disorder. American Journal of Psychiatry 155, S. 603–609, 1998

REGISTER

BILDNACHWEIS

NZZ-Folio, Januar 2003, Gerhard Glück: S. 34
ullstein bild: S. 48, 163, S. 226
Österreichische Nationalbibliothek, Bildarchiv, Wien: S. 57
Staatliche Antikensammlungen und Glyptothek, München: S. 83
picture-alliance/akg-images/Horst Maack: S. 101
Aus: Wolfgang M. Pfeiffer, Transkulturelle Psychiatrie, Thieme, Stuttgart, 1994: S. 105
Kessler, R. C., et al.: Lifetime and 12-month prevalence of DSM-III-R psychiatric disorders in the United States. Results from the National Comorbidity Survey. Archives of General Psychiatry 51, S. 8–19, 1994: S. 109
Harlow Primate Laboratory, University of Wisconsin, Madison, USA: S. 126
BF Skinner Foundation, Cambridge MA, USA: S. 164
Privatsammlung Isaac Marks: S. 241
Privatsammlung Donald F. Klein: S. 285

TIGHT OIL RESERVOIRS

Unconventional Reservoir Engineering Series

TIGHT OIL RESERVOIRS

Characterization, Modeling, and Field Development

HADI A. BELHAJ
Petroleum Engineering Professor
Khalifa University of Science and Technology, UAE

ELSEVIER

G|P P|

Gulf Professional Publishing
An imprint of Elsevier

Gulf Professional Publishing is an imprint of Elsevier
50 Hampshire Street, 5th Floor, Cambridge, MA 02139, United States
The Boulevard, Langford Lane, Kidlington, Oxford, OX5 1GB, United Kingdom

ISBN: 978-0-12-820269-2

For information on all Gulf Professional publications
visit our website at https://www.elsevier.com/books-and-journals

Publisher: Cockle, Charlotte
Acquisition Editor: Fran Kennedy-Ellis
Editorial Project Manager: Heron, Rupinder K.
Production Project Manager: Erragounta Saibabu Rao
Cover Designer: Mark Rogers

Typeset by STRAIVE, India

Dedication

This book is dedicated to the one who taught me how to read and write before entering school, my late elder brother Abdul-Qader Belhaj.

Contents

About the author

Hadi A. Belhaj is a petroleum engineering faculty member at Khalifa University (KU) teaching a variety of graduate and undergraduate courses covering reservoir engineering, unconventional reservoir characterization, modeling, drilling engineering, petroleum economics, risk analysis, hydrogen resourcing, storage, and recovery to CCUS. Dr. Belhaj has more than 40 years of combined industrial and academic experience with key qualifications and research achievements in reservoir engineering, reservoir simulation, modeling fractured reservoirs, EOR, reservoir stimulation, sand production, unconventional reservoirs, and decarbonized fossil fuels. Geographically, his experience spreads over North America, Europe, North Africa, Asia, and the Middle East. Prior to KU/PI merging, Dr. Belhaj was engaged with the Petroleum Institute, Texas Tech University, and Dalhousie University, respectively. From 1982 until 2000, Dr. Belhaj worked with Schlumberger and the Libyan National Oil Corporation (LNOC), respectively. Dr. Belhaj is Distinguished Member of the Society of Petroleum Engineers (SPE). For his unwavering 40-year-long continued outstanding services with passion, commitment, and dedication to the SPE and its members at all levels, the SPE honored Dr. Belhaj with the 2021 SPE Distinguished Service Award. Dr. Belhaj also is the recipient of 2013/2020 SPE Regional Distinguished Achievement for Petroleum Engineering Faculty Award and the 2019 SPE Regional Reservoir Description and Dynamics Award. He is currently a member of the JPT Editorial Committee and SPE-ATCE Technical Program Technical Committee and has served on numerous other SPE and non-SPE educational, research, and judging-related committees as well as conferences workshops, forum programming, and organizing committees. Dr. Belhaj has contributed several consortium research proposals dealing with petroleum and energy challenges generating more than 17 million dollars of research grants. Dr. Belhaj has published more than 150-refereed journal and conference articles. Dr. Belhaj is a member of other professional societies and organizations around the globe including the Society of Special Core Analysts (SCA), the International Society for Porous Media, and the

OMAE-ASME. Dr. Belhaj currently serves as the Associate Editor for the *Journal of Petroleum Exploration and Production Technology* and the *Petroleum Science and Technology Journal*. Dr. Belhaj earned a PhD from Dalhousie University, Canada, an MSc from the Technical University of Nova Scotia, Canada, and a BSc from the University of Tripoli, Libya.

Preface

Securing new hydrocarbon resources from both conventional and unconventional reservoirs to quench the world's thirst for energy will be a challenging task despite the inexorable fluctuation of oil and gas prices, environmental constraints, and contraction of the world economy. Some believe that the petroleum industry is passing through a critical juncture shadowed by an energy transition period where hydrogen fuel cells are projected to be the world's main supply of energy shortly. Decarbonizing fossil fuels and sourcing hydrogen from natural gas and other raw hydrocarbons make the future of the petroleum industry even brighter, having the potential to make fossil fuels cleaner and thus more attractive to the public sector. Conventional oil reservoirs suffer from low recovery factors that average around 50%. Recovery factors of unconventional reservoirs are even gloomier with less than 10%. This shows the lack of understanding of such reservoirs and the mechanisms blamed for trapping large amounts of residual oil saturation.

This book series under the title "Unconventional Reservoir Engineering" consists of seven volumes:

1. Unconventional Reservoir Engineering—Vol. I: Tight Oil Reservoirs
2. Unconventional Reservoir Engineering—Vol. II: Tight Gas Reservoirs
3. Unconventional Reservoir Engineering—Vol. III: Coalbed Methane Reservoirs
4. Unconventional Reservoir Engineering—Vol. IV: Gas Hydrate Reservoirs
5. Unconventional Reservoir Engineering—Vol. V: Heavy Oil Reservoirs
6. Unconventional Reservoir Engineering—Vol. VI: Deep & Ultra Deep Gas Reservoirs
7. Unconventional Reservoir Engineering—Vol. VII: Shale Gas Reservoirs

The book series covers all types of unconventional reservoirs that, in one way or another, are dramatically different from the common reservoirs we have known for a long time. The unconventionality of these reservoirs is caused by the poor quality of either rock properties, fluid properties, or, in some cases, both. Generally speaking, each volume consists of 10 chapters aiming at important aspects of such reservoirs. Chapter 1 of this volume (Volume I) introduces the remaining subjects of the nine chapters.

Chapter 2 describes the logical pattern of classifying these reservoirs, while Chapter 3 explains the geological background and how these reservoirs developed over long geological periods. Chapter 4 introduces the methodologies and procedures to evaluate these reservoirs (formation evaluation), and Chapter 5 targets the characterization of such reservoirs (static modeling). On the other hand, Chapter 6 describes very systematically the approaches to model fluid flow through such exceptional reservoirs based on well-defined governing mechanisms. Chapter 7 introduces practical workflow to develop these reservoirs, while Chapter 8 develops potential economic schemes for these reservoirs under constraints of uncertainty and risk involvement. Chapter 9 is assigned specifically to producing practices of clean fossil fuel in light of the energy transition scope with an emphasis on CO_2 capture and sequestration (CCS). Finally, Chapter 10 concludes the book with thorough discussions of the remaining challenges and lays the ground for potential future solutions. This treatment is adopted throughout the seven volumes of the book series, including the present volume, which covers "Tight Oil Reservoirs."

This book series is a perfect textbook and/or reference book for teaching and may serve as an excellent resource for students and academicians alike, but it may also help the research and development domain in understanding the nature of such special reservoirs. The author believes that the book can support the oil and gas industry in developing unconventional reservoirs. Although is very helpful, the reader doesn't need to have prior knowledge of reservoir engineering to benefit from this book. The book material is presented in a concise, integrated, and practical style. Development of the models deployed simple mathematical derivations to reach forms of partial differential equations that can be solved using mathematical or numerical approaches.

Hadi A. Belhaj

Acknowledgment

I appreciate the support of Khalifa University of Science and Technology and wish to thank my students who helped me a lot with the editing and the permission-obtaining process, on top of them Mr. Mohammed AlDhuhoori and Ms. Fatima Alhameli.

CHAPTER 1

Introduction

Unconventional reservoirs represent the impending revolution in the oil and gas sector as a result of the significant expansion in global energy consumption predicted by the United States Energy Information Association Outlook (U.S. Energy Information Administration, 2012) and the increasing depletion of traditional hydrocarbon supplies. Due to the increased demand, active exploration of unconventional accumulations that were previously shelved because of production challenges is now being explored and largely produced. Unconventional reservoirs include varied geological features (Harris, 2012;), inconstant geochemical characteristics, complicated petrophysical properties, instabilities in fluid phase behavior, and a variety of controlling flow mechanisms. Unconventional reservoirs include various reservoir types such as coalbed methane, tight oil and gas, heavy oil, shale oil and gas, gas hydrates, and other types.

Due to the nature of the formation of tight reservoirs, low permeability is one of the characteristics leading to reservoir unconventionality, in consort with the low porosity and capillary pressure. Moreover, the mentioned characteristics resulted in exploration and production complexity and difficulties (Salahuddin et al., 2018). The tightness of reservoirs is the result of a confluence of factors, including the depositional environment and the diagenesis process that occurs after the depositional environment.

Tight oil is oil confined in reservoirs with low or ultra-low rock permeability, leading to poor reservoir flow efficiency. The permeability of the rock matrix is generally in the 10–1 mD range or less, while the porosity is between 1% and 10%. Some sandstone and carbonate reservoirs may have significantly poorer permeabilities for conventional development (Moridis et al., 2010). Tight sandstone gas is gas generated in sandstone and has a permeability matrix of less than 10–1 mD and a porosity threshold of less than 10%. There are no obvious traps or direct caprocks, although regional seals are well-formed (Zou et al., 2013). Because of the reservoir's unconventionality as a consequence of the weakly permeable medium, it was evident that a better solution was critical to understanding the behavior of fluid flow, the flow regime, and forces/mechanisms governing such medium. Diffusion, viscous, convection, desorption, inertial, capillary, sorption, and viscoelastic

Tight Oil Reservoirs
https://doi.org/10.1016/B978-0-12-820269-2.00005-6

forces are present in unconventional reservoirs and influence fluid flow. Based on their regulating impact, these mechanisms are divided into two groups: trapability and displacement (Belhaj et al., 2019). Trapability forces contribute to the trapping of the wetting phase fluid, while displacement governs fluid movement across the porous medium at the nano-, micro-, and macrodimensions. The flow in porous media is influenced by several physical processes and mechanisms depending on the reservoir type and conditions, as well as the forces operating as trapability or displacement, where the influence of some forces dominates more than other forces (Belhaj et al., 2019). As a result, the existing technique of calculating pressure drop and flow concentration equation—Darcy's—is inadequate owing to its lack of precision and validity due to ignoring the majority of the controlling factors. Furthermore, understanding the unconventional reservoir will assist in creating a novel and economically viable model for unconventional well development that takes into consideration the desorption effect along with diffusion.

This book comes at a very critical time where the future of fossil fuel and other energy resources at large is at stake. The need for smart technologies to produce cheap oil and gas while eliminating or substantially reducing the negative environmental impacts is a must for the petroleum industry to continue leading the worldwide energy resources. The author believes that producing oil and gas will remain for quite a long time, and the need for increasing the recovery factor from unconventional oil resources will be the only resort after depleting most of the conventional plays. This will attract more investors to these types of reservoirs and hence expand exploration, drilling, production, and R&D support. We require very strict industrial practices and regulations to ensure safe and environmentally friendly operations. The zero-emission policy must be a prime target. Hydrogen energy is believed to be the world's future energy resource. There is also a great chance to resource hydrogen from fossil fuels like hydrocarbon gases, coal, and even crude oil. This comes with the challenges of utilizing the effluent carbon (e.g., construction material) and establishing efficient CO_2 capture and sequestration (CCS) programs. The near future will carry more good news for the energy sector through the discovery of naturally trapped hydrogen in geological subsurface strata and produce it in the same manner as natural gas reservoirs. This will pave the road for a perfectly clean "White" energy resource.

References

Belhaj, H.A., Qaddoura, R., Ghosh, B., Saqer, R., 2019. Modeling fluid flow in tight unconventional reservoirs: nano scale mobility/trapability mechanistic approach! In: SPE-198676-MS, SPE Gas & Oil Technology Showcase and Conference, Dubai, UAE, 21–23 October. https://doiorg.libconnect.ku.ac.ae/10.2118/198676-MS.

Harris, C., 2012. What Is Unconventional Resources? AAPG Annual Convention and Exhibition, Long Beach, CA, USA.

Moridis, G.J., Blasingame, T.A., Freeman, C.M., December 2010. Analysis of mechanisms of flow in fractured tight-gas and shale-gas reservoirs. In: Proceedings of the SPE Latin American and Caribbean Petroleum Engineering Conference. Society of Petroleum Engineers, Lima, Peru, pp. 1–3.

Salahuddin, A.A., Seiari, A., Jamila, M., Shehhi, A., Abdulla, S., Khaled, E., Hammadi, A., November 2018. Tight reservoir: characterization, modeling, and development feasibility. In: Paper presented at the Abu Dhabi International Petroleum Exhibition & Conference, Abu Dhabi, UAE., https://doi.org/10.2118/192778-MS.

U.S. Energy Information Administration, 2012. EIA—Independent Statistics and Analysis. Short-Term Energy Outlook—U.S. Energy Information Administration (EIA). Available from: https://www.eia.gov/outlooks/steo/. (Accessed 7 June 2021).

Zou, C.N., Yang, Z., Tao, S.Z., Yuan, X.J., Zhu, R.K., Hou, L.H., Wu, S.T., Sun, L., Zhang, G.S., Bai, B., 2013. Continuous hydrocarbon accumulation over a large area as a distinguishing characteristic of unconventional petroleum: the Ordos Basin, North-Central China. Earth-Sci. Rev. 126, 358–369.

CHAPTER 2

Classification of unconventional reservoirs

UCRs are just like people! No matter how you classify them, each one remains unique!

Keywords: Unconventional reservoirs, Classification of UCRs, Tight shale, Tight source rock, Low permeability, Micro-/nanoscale

2.1 Reservoir classification strategy

Unconventional reservoirs (UCRs) have received significant interest in recent years and have become a major supplier to the oil and gas market. Increasing demand for energy has now forced the oil industry to consider unconventional resources more seriously. Academic research and industrial-based R&D efforts for the last two decades have made significant progress on the commercial development of unconventional resources encouraged by increased oil prices during this time span. Rapid technological advancement with respect to horizontal drilling and hydraulic fracturing contributed significantly to the development of such energy resources. However, a thorough understanding of the complexity of unconventional reservoirs and generating affordable and efficient technologies to develop them are still way beyond the petroleum industry's expectations. The gas recovery from unconventional reservoirs is still lagging behind the desired level of production. It is no secret that unconventional reservoirs hold massive energy resources that could suffice future energy consumption for hundreds of years to come. Unfortunately, the recovery factor from these reservoirs is less than 10%. This is because technologies to develop and produce these resources are shadowed a by lack of understanding of the formation and development of these reservoirs. Up-to-date characterization and modeling of UCRs are one of the most difficult tasks to achieve due to the complex nature of micro- and nanopore formation and anomalous fluid flow behavior. In many cases, the recovery factor from unconventional reservoirs is as low as 3% to 7% of the oil initially in place (OIIP). The permeability of some unconventional strata is in the range of the nano-Darcy scale.

https://doi.org/10.1016/B978-0-12-820269-2.00010-X

Properties like permeability, total organic content, thermal maturity, and absorbing capacity of gas onto organic materials are among the many controlling factors of the storage capacity and flow potential of unconventional reservoirs.

Unconventional reservoirs can be defined as reservoirs with distinguishable geological characteristics, variable geochemical characteristics, complex petrophysical properties, challenges in well completion, fluid phase behavior, and flow mechanism oddities. The characterization of conventional reservoirs itself is still very difficult to achieve with reasonable satisfaction despite the many years of technological development and the accumulation of experience in this area in the form of many discoveries over recent years. In addition to those conventional reservoir challenges, characterization and modeling of unconventional reservoirs is an even a bigger hurdle and poses many difficulties due to a lack of understanding of geology and rock/fluid interactions in these reservoirs. Many important parameters are hard to determine, and some of them are still unknown. Conventional rock and fluid characterization quantifying the constitutive reservoir relationships is a priority. To characterize and model unconventional reservoirs, which is crucial for their development, it is very important to address fluid flow behavior through the nanopores of tight formations. Traditional methodologies and tools used to characterize, model, and develop unconventional reservoirs can no longer be used to achieve the purpose and expectation of unconventional reservoirs. Unlike with conventional reservoirs, the modeling of unconventional reservoirs should consider not only the simple viscous forces term articulated in Darcy's law, but also many other important forces including viscoelastic, capillary, inertia, advection, convection, sorption, and desorption forces, which influence fluid flow through the nanopores of tight unconventional formations. Fully grasping and incorporating the effects of these mechanisms to fluid flow through unconventional reservoirs is a must. Building a comprehensive model to predict fluid flow through these tight formations incorporating macro-, micro-, and nanoporous scales is crucial and fundamental to modeling the fluid flow behavior in unconventional reservoirs. After building a basic model for each mechanism and assessing its effect on flow characteristics, it becomes possible to combine these basic models into a comprehensive one that combines the influences of these forces on fluid flow behavior within tight porous media. It is also important to validate these sought models' predictions through a parametric study and define the critical parameters and their relative sensitivities. Variations of reservoir conditions including temperature, pressure, rock, and fluid properties would show the influences of these parameters on fluid flow behavior. Such models, once established, would have a big impact on developing unconventional reservoirs and hence lower their production capital and operating costs.

The first task to undertake is establishing a matrix to differentiate between conventional and unconventional reservoirs and then emphasize the classification of unconventional reservoirs. Classification of unconventional reservoirs can be different depending on the purpose of the classification, or the perspective of the classifier. Classifiers may choose their criteria based on the resource's geology and environment, quality and characteristics, complexity and difficulty of development, quality of the hydrocarbon produced, etc. This chapter reviews some of the interesting classifications and focuses on the classification adopted for the characterization and modeling of such types of reservoirs.

Classification of petroleum reservoirs has never been unique and definite throughout the history of the petroleum industry. Classifiers are always biased to their background, purpose, and style of thinking when trying to classify petroleum reservoirs. Petroleum reservoirs are, generally, classified into two categories: conventional and unconventional. Conventional petroleum reservoirs, traditionally, represent the entire history of the petroleum industry. Although unconventional reservoirs have been discovered, they have never been developed for the complications of their rock and/or fluid properties that make their capital and operational cost a big concern until recent years. On the one hand, many of the conventional reservoirs have been put in production for many decades, while many others have already been abandoned. The knowledge and methods required to develop these types of reservoirs are generally established. That is not to say everything is known; a mere 25% global recovery factor of many of them suggests otherwise. Producing the remaining 75% is still an area of active research. Alternatively, unconventional reservoirs are still in their infancy stage, and serious production from some of these reservoirs is less than two decades old. Although two decades may seem like a long time, the global recovery factor from unconventional reservoirs is almost negligible. Those developed among them have less than a 10% recovery factor. Unlocking the trapped oil and gas in these reservoirs with affordable technology is a major industrial challenge and serious R&D topic.

Unconventional reservoirs revolutionized the way we think of conventional reservoirs. Many of the innovative ideas and breakthroughs initially intended for unconventional reservoirs made their way to applications in conventional reservoirs. Horizontal well staged fracturing and 3D seismic are just examples of the innovations that fueled the unconventional hydrocarbon boom in North America and made their way to conventional reservoirs. This migration of technology resulted in improved recoveries, reduced costs, or both. Likewise, many of the developed theoretical concepts had influenced and changed our perception of conventional reservoirs. These could include the coexistence of conventional and unconventional reservoirs, the distribution of oil and gas accumulation, migration of hydrocarbons, and hydrocarbon trap theory, to name a few. The latter was formally introduced in 1934 by McCollough (McCollough, 1934). As a result, our idea of what constitutes a petroleum trap has been forever changed.

Strategies for identifying and evaluating unconventional reservoirs are considerably different from those of conventional reservoirs. In unconventional reservoirs, the goal is to recognize continuous or semicontinuous accumulations and then identify hydrocarbon enrichment spots (conventionally, known as sweet spots) that would be economically feasible to produce under the current market conditions. On the other hand, conventional reservoirs are identified by recognizing a trap that accounts for a hydrocarbon accumulation. This accumulation is then evaluated and developed for hydrocarbon production potential with an objective of preferably high and stable production for quite a long period of time.

2.2 Classification of petroleum systems

Before the classification question of conventional and unconventional reservoirs is addressed, it is only appropriate to address why petroleum systems are classified into conventional and unconventional reservoirs. Traditionally, shallow wells were drilled and hydrocarbons would flow through them naturally to the surface. Over the years, slow, but steady technological improvements were made to access more complex and challenging reservoirs, but the fundamental approach to drilling and completion did not change much. However, in the early 1990s, George Mitchell was the first to develop a technique that combines horizontal drilling with hydraulic fracturing. This is how hydraulic fracturing in its modern sense started. This revolutionary technique represented a leapfrog in technology that signaled the birth of the shale oil boom. Vast unconventional accumulations that were considered uneconomic in the past suddenly became major sources of oil and gas and a very important element of the energy supply equation.

The result was an increase in oil production by over 10 million barrels per day over the following three decades in the United States alone. In addition, a new term was coined for these types of accumulations, "unconventional reservoirs" (UCRs). The unconventional reservoirs do not only require entirely new development strategies but also pose very different petrophysical and fluid properties along with non-Darcy flow characteristics. Nowadays, many scientists even question the applicability of the fundamental laws of fluid flow in porous media to these reservoirs. Given the many differences between these two types of reservoirs, a new research body has developed all around the world, and the need for a new and appropriate way to classify these reservoirs became apparent.

2.2.1 Classification of conventional petroleum reservoirs

Conventional petroleum reservoirs can be broadly classified as oil and gas reservoirs. These broad classifications can be further classified depending on several criteria: fluid composition, initial reservoir pressure and temperature, and pressure and temperature of the surface production. These are usually governed by phase diagrams; however, the discussion of conventional phase diagrams (in many cases referred to as pressure/volume/temperature—PVT analysis) is not within the scope of this book.

Initial reservoir pressure is of central importance in further classifying conventional oil reservoirs. If the initial reservoir pressure is above the bubble-point pressure, then the reservoir is classified as an undersaturated oil reservoir, while reservoirs with initial pressure equal to the bubble-point pressure are classified as saturated oil reservoirs. In case the initial reservoir pressure is below the reservoir pressure, then it would be classified as saturated with gas-cap reservoir. Moreover, oil reservoirs can be classified based on crude oil quality and properties into black oil, low-shrinkage oil, volatile oil, and near-critical crude oil.

Unlike with oil reservoirs, initial reservoir temperature plays a central role in classifying gas reservoirs. In this respect, the four most important subclassifications are discussed here. The first type is the retrograde gas-condensate gas reservoir. This reservoir has a temperature between the critical temperature and cricondentherm of a reservoir fluid. The second type is the near-critical gas-condensate reservoirs. As the name suggests, this type of subclass of reservoirs is reserved for reservoirs with a temperature near the critical temperature. The third type is the wet-gas reservoirs. Most "gas" accumulations fall into this category. It includes gas reservoirs with a temperature above the cricondentherm of the hydrocarbon mixture. In this type of gas reservoir, very light hydrocarbon liquid condenses out of the gas in the reservoir and through the production stream as temperature drops from the reservoir to the surface conditions. The fourth type is dry-gas reservoirs. In this case, the hydrocarbon gas stays in a single phase in the reservoir, and during production, it is only to be accompanied by some water, as is the case with all oil and gas production.

There exist many other classifications of conventional hydrocarbon reservoirs. Here, the discussion will be restricted to two important classifications, on the basis of storage and flow characteristics of the reservoir and on the basis of reservoir geometry.

2.2.1.1 Classification on the basis of storage and flow characteristics of the reservoir

Storage and flow characteristics are governed by hydrocarbon storage domain and dominant flow channels. The first is the porous reservoirs; these are the type of reservoirs that relate most to a porous medium. In this case, intergranular pores are the main storage domain. Typically, these would be sandstone, conglomerate, bioclastic limestone, and oolitic limestone reservoirs. The second is the fracture porosity reservoirs, where natural fractures are the main flow domain, while the porous matrix is the main storage domain. They are also referred to as dual-porosity single-permeability reservoirs. The permeability of these reservoirs is usually low, but the fractures reach long distances. Examples of these types of reservoirs include the Spraberry Trend oil field in the United States and the Renqiu carbonatite oil field in China. The third type is fractured reservoirs, where the natural fractures are not only the main flow domain but also the main storage domain. The pores in these reservoirs are either nonexistent or disconnected. Typically, these reservoirs would be tight carbonatite, metamorphic rock, and mud shale gas reservoirs. The fourth type is fracture porosity reservoirs. In these reservoirs, the hydrocarbons are stored in both the fracture and matrix domains (these reservoirs are also referred to as dual-porosity dual-permeability reservoirs). In addition, the fractures only reach short distances. The fifth type is combined fracture-vuggy-pore reservoirs, where the fracture and matrix domains, as well as the vugs, contribute to the storage capacity and flow potential of hydrocarbons (these reservoirs are also referred to as triple-porosity reservoirs).

2.2.1.2 Classification on the basis of reservoir geometry

In this type of classification, reservoirs are categorized based on their geometry. They are divided into massive, stratified, fault block, and lenticular reservoirs in accordance with the geometry.

The first type is massive reservoirs; these could be oil or gas reservoirs. The most important feature is the high effective thickness (more than 32 ft). The second is stratified reservoirs, and these are typically anticline traps with complete structure and well-established oil-water interface. The reservoir would be stratified into smaller strata and varying permeabilities. The Daqing reservoir in China is one of the prominent examples of this type of reservoir. The third type is fault block reservoirs, where major faults subdivide the reservoir into fault blocks of varying sizes. These reservoirs are also stratified. Some of the faults may be sealing resulting in various oil-water contacts and even different initial reservoir pressures. The fourth is lenticular reservoirs, and this type refers to the overlapping body of sand lenses. Lenses are defined as sand bodies with a length-to-width ratio equal to or less than 3.

The preceding discussion shows that conventional reservoirs can be classified in different ways depending on the background of the classifier and the purpose and criterion of classification. Each classification is important and supports its purpose and does necessarily abolish or carry absolute advantage over the others. This is a very important concept that shall be carried over to the next section when the classification of unconventional reservoirs is discussed.

2.2.2 Classification of unconventional petroleum reservoirs

Unconventional reservoirs are usually unbounded and spread over a very large area. Furthermore, production from a certain well may not necessarily affect other neighboring wells. This necessitates a different approach in classification and evaluation. Like conventional reservoirs, many different classification criteria can be applied to unconventional reservoirs. However, there is no scientific consensus on classifications even on the most basic level. In this section, the most common classification schemes will be discussed. Later, it will introduce the classification developed for the purpose of characterization and modeling of tight unconventional reservoirs.

In 2007, the Society of Petroleum Engineers (SPE), World Petroleum Council (WPC), American Association of Petroleum Geologists (AAPG), Society of Petroleum Evaluation Engineers (SPEE), Society of Exploration

Geophysicists (SEG), and Petroleum Resources Management System (PRMS) convened to establish a new comprehensive classification framework for petroleum resources (Chan et al., 2012). In this event, special attention was paid to the emerging unconventional resources.

The 2007 PRMS defined two types of petroleum resources: conventional and unconventional resources. In this definition, conventional resources are described as belonging to a discrete geological structural feature and/or a stratigraphic condition and they are bounded by it. The downdip contact is typically an aquifer. As a result, the accumulation is substantially affected by the buoyancy of petroleum in water. The definition also specifies that conventional resources are usually produced through wellbores and require little to no processing before the sale. Unconventional resources, on the other hand, are defined as continuous, unbounded accumulations of hydrocarbons, pervasive throughout vast areas. These accumulations are not affected by hydrodynamic influences. They require specialized extraction technologies and may require significant processing before the sale. These definitions present a striking contrast between conventional and unconventional resources in terms of accumulation size, boundaries, access, and processing requirement before the sale.

The boundary between conventional and unconventional reservoirs is far from well-defined. Many reservoirs may have poorly defined boundaries such as basin-centered gas. These reservoirs are a subject of controversy with respect to classification as outlined by Aguilera and Harding (2007). Fig. 2.1

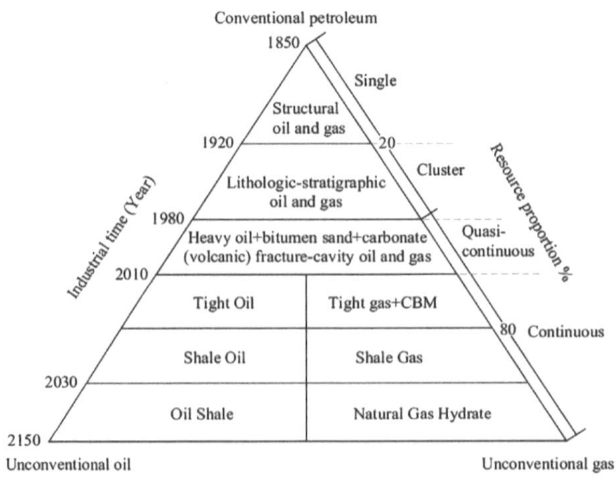

Fig. 2.1 Petroleum resource triangle (Zou, 2017).

shows the resource triangle developed by (United Nations Economic Commission for Europe UNECE, 2013). The triangle shows the undefined boundary between conventional and unconventional reservoirs. This outlines the difficulty in classifying some reservoirs in their simplest form. The triangle also shows the relationship between the need for improvement in technology and increased hydrocarbon pricing with unconventional reservoirs. That are unavailable to be prodcued commercially either due to low commodity prices, unavailable technology to produce them, or a combination of both. An example of the aforementioned issue is gas hydrates production where no commercial recovery technology is available notwithstanding low gas prices.

The PRMS system classifies the following plays as unconventional: extra heavy oil, bitumen, tight gas formations, coalbed methane, shale gas, oil shale, and gas hydrates. The PRMS classification is oversimplified and suggests the use of analogies to assess prospective plays. The need for a more thorough classification cannot be overstated. The misclassification of a certain play may jeopardize its commerciality, especially when that classification helps in determining the technology requirement and the associated risk of developing the play for potential investors.

The PRMS classifies unconventional reservoirs in general terms based on several known attributes distinctly associated with each type of reservoir. However, unconventional petroleum reservoirs can be classified from a variety of different perspectives. These may include reservoir rock type, hydrocarbon maturity and density, hydrocarbon coupling relationship, origin, source-reservoir-caprock assemblage, and continuation of the play. These classifications are adapted from Zou (2017). The rock type refers to reservoir rock type; for instance, these could be sandstones or shales. Maturity and density refer to the fluid type of the reservoir. Hydrocarbon coupling relationship refers to the state in which the hydrocarbon is trapped with respect to the reservoir rock, such as in the case of gas hydrates where gas-water-solid are intercorrelated in an intricate pressure-temperature diagram. Origin refers to the organic or inorganic origin of the hydrocarbon matter. Hydrocarbon sources can be viewed as the migration path of the hydrocarbon materials or lack thereof. Finally, continuation refers to the areal pervasiveness of hydrocarbon accumulations (Table 2.1).

The classifications that emphasize the most contrast between conventional and unconventional reservoirs are those based on hydrocarbon origin and continuation. These two classifications are mutually exclusive to conventional reservoirs. This means that if a hydrocarbon is migrated from

Table 2.1 Classification of unconventional reservoirs.

Reservoir rock type	Tight sandstone oil/gas, shale oil/gas, CBM, carbonate fracture-cavity oil/gas, volcanic reservoir oil/gas, metamorphic reservoir oil/gas	
Hydrocarbon maturity and density	Oil shale, heavy oil, oil sandstone, shale oil, tight oil, shale gas, coal-derived gas, tight gas	
Hydrocarbon coupling relationship	Liquid/solid coupled (tight oil and gas, shale oil and gas, coal-derived gas), gas/water/solid integrated (natural gas hydrates), gas/water infused (water-soluble gas), hydrodynamic barrier (hydrodynamic seal gas)	
Origin	Thermal-origin, biologic-origin, mixed-origin oil/gas, organic-origin, inorganic-origin, mixed-origin oil/gas	
Hydrocarbon source	Self-source	Nonself-source
	CBM, shale oil/gas	Tight sandstone oil/gas
Continuation	Continuous petroleum accumulation	Quasicontinuous petroleum accumulation
	Tight sandstone oil/gas, shale oil/gas, CBM	Carbonate fracture-cavity oil/gas, volcanic oil/gas reservoir, metamorphic oil/gas reservoir, heavy oil, oil-sand, natural gas hydrates

Modified from Zou (2017).

the source or is found in a single or in the vicinity of other reservoirs, relatively small in size, it is certainly a conventional reservoir. Furthermore, it would usually belong to the conventionally defined petroleum system. In other words, they are found in very well-defined traps. Single traps are usually found in structures formed by tectonic activity at structural highs, while cluster traps are found in stratigraphic or lithological reservoirs. On the other hand, unconventional reservoirs are continuous and quasicontinuous (they may be referred to as semicontinuous) accumulations in large areas such as basin centers and slopes.

Another classification of unconventional reservoirs was proposed by Cander (2012). The classification states that unconventional reservoirs are those that require technology to improve their permeability to viscosity ratios (Fig. 2.2). Permeability is the rock property set to represent the rock-side unconventionality, while viscosity is singled as the fluid property to represent the fluid-side unconventionality. The unconventional technology is focused on these two properties for improvement. Generally speaking, hydraulic fracturing of horizontal wells is the main technology used to

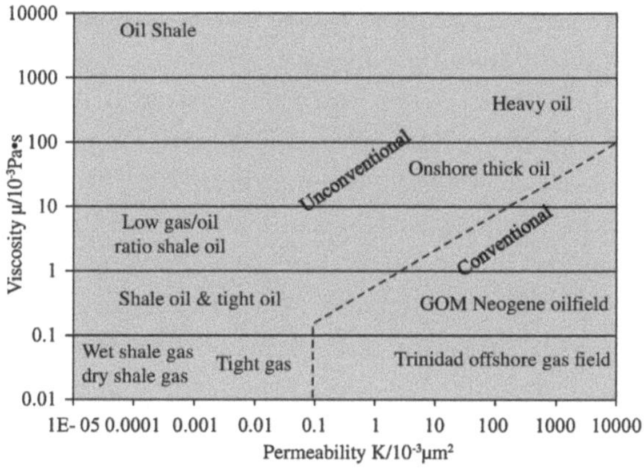

Fig. 2.2 Classification of petroleum reservoirs into conventional and unconventional. On the *x*-axis is the permeability and on the *y*-axis is the viscosity (Zou, 2017).

alter the gross permeability of the reservoir, while thermal methods are primarily used to alter viscosity.

Another classification for unconventional reservoirs suggested is by Donovan et al. (2017). They proposed that there exist two distinct permeability types of unconventional reservoirs: source rock plays and tight rock plays. The former represents mudstone reservoirs and an organic-rich source rock. Source rock plays are referred to as retained systems in which the generated hydrocarbon by the organic matter is stored inside its pores at equilibrium. As a result, these reservoirs do not require the traditional petroleum trap system as do conventional reservoirs. Eagle Ford, Woodford, Marcellus, Barnet, and Haynesville fields are examples of source rock systems. Tight rock plays, on the other hand, are typically silt-size and very fine-grained sand-sized sandstones and carbonates. Tight rock plays are referred to as migrated systems where the reservoir is not the source rock. Therefore, these reservoirs require structural and stratigraphic traps. Bakken, Codell, Montney, and the Midland Basin Wolfcamp are examples of tight rock plays.

One fact that almost everyone has agreed upon is that classifications of unconventional reservoirs vary considerably from their conventional counterparts. For instance, classifications on the basis of crude quality are unheard of in unconventionals, even though crude quality varies substantially from extremely heavy to extremely light (e.g., shale oil). Classifications that consider reservoir storage and transmission qualities, pressure and temperature, and many other characteristics are similarly nonexistent. While unconventional reservoirs can vary considerably in porosity, permeability, pressure, and temperature, there are several reasons to explain this perplexing trend. The first possible reason is that geologists are more interested in classifying unconventionals than petroleum engineers. Petroleum engineers are more interested (at least for the time being) in maximizing and sustaining production from unconventionals. Secondly, production from unconventionals is generally still constrained to North America. This means that most producers are small companies, and these companies are more interested in producing "whatever" is available to them. In this case, oil grade or quality is not a concern as long as a profit can be made. Given the vast accumulations, hydrocarbons that cannot currently be sold, or have potential near future market, are never produced. However, as production from unconventional reservoirs becomes more global, a return to the old classification schemes may be observed. Furthermore, production from unconventional reservoir is immensely considered noncommunicative, and production from isolated zones is accessed largely by hydraulic fracturing. Therefore, overall reservoir pressure and temperature are not meaningful and critical parameters for the assessment of these plays.

2.2.2.1 Tight oil reservoirs

As the name suggests, tight oil is a subclass of unconventional reservoirs reserved for reservoirs with abnormally low permeability containing light oil (Zhang et al., 2015). A more accurate name is light tight oil (LTO) and should not be confused with oil shale. The permeability range is between 0.1 and 0.00001 mD. Such low permeabilities are usually found in tight sandstone, tight shale, and carbonate reservoirs. It is worth mentioning here that lower permeabilities are usually associated with source rock plays. These reservoirs are only productive through technologically advanced techniques such as horizontal wells, multilateral wells, and hydraulic fracturing. In addition, the oil price must be high enough and the operating cost should be low enough to justify the viability of these reservoirs, as is the case with most unconventional reservoirs. Furthermore, these reservoirs usually span large areas and are considered continuous. Tight light oil has an API gravity higher than 40 degrees, making them among the highest quality crudes and, hence, the most expensive.

2.2.2.2 Tight gas reservoirs

Tight oil and tight gas have a lot in common. Tight gas is a subclass of unconventional sandstone reservoirs reserved for reservoirs with abnormally low permeability containing gas. Like tight oil, the permeability range is between 0.1 and 0.00001 mD. The porosity is also poor, usually less than 10%, but that is acceptable range in this type of reservoir. Commercial production is only available through horizontal wells, multilateral wells, hydraulic fracturing, and favorable gas prices. Furthermore, tight gas is usually in contact with the source rock suggesting a short migration distance.

2.2.2.3 Deep and ultra-deep gas reservoirs

In the past, deep and ultra-deep gas reservoirs were understood to have no economic value. However, as the demand for cleaner sources of energy including global gas prices increases, the prospects for the development of these reservoirs became more realistic, especially with the development of affordable technology to access them. The technological development is largely supported by the experience gained by international oil companies in developing deep offshore oil reservoirs, especially in Brazil and the Gulf of Mexico. Deep to ultra-deep reservoirs are usually high-quality reservoirs. The barrier to development in this case is the challenging drilling and completion. Deep reservoirs are defined with depths >3000 m, while ultra-deep reservoirs are at depths >6000 m. One such successful ultra-deep gas development is the Schoenkirchen Uebertief gas field in Austria (Secklehner et al., 2010). Another example of such kind is the Jing-70 gas well drilled to a total depth of 4000 m and has been brought into production by hydraulic fracturing in China (Ding et al., 2004).

2.2.2.4 Shale gas reservoirs

Shale is an organic-rich fine-grained sedimentary rock. Traditionally, shale is thought of as a source rock. With the development of horizontal drilling and hydraulic fracturing techniques, this thinking became obsolete and has been updated. Many shale deposits around the world are gas-rich, which promises a flourishing future supply of natural gas from many places around the world. This means that shale gas makes both the source rock and the reservoir. The gas is generally thought to be stored in three states: adsorbed in the organic matter, free gas in pores and fractures, and solution gas in liquid (Dong et al., 2015). The porosity of shale reservoirs is generally low. The pores are classified as matrix (intergranular) pores, micropores (intragranular), and nanopores (organic). Shale gas reservoirs are generally very large, and they can be found in widespread gentle slopes, depression areas, and basin margins. In addition, the thickness of the gas-rich strata could be great. The permeability of shale gas is generally ultra-low, typically 10 to 100 nano-Darcy (Cipolla et al., 2010).

The Barnett shale in the United States has launched the shale gas boom. The technology requirement to commercialize the Barnett shale gas is the development of a wellbore with a huge reservoir contact. This is achieved through pumping of large volumes of low-viscosity fluid (slick water) combined with low concentration of small proppants to achieve a complex highly nonlinear fracture network (Cipolla et al., 2010). This technique is the exact opposite of conventional hydraulic fracture techniques.

2.2.2.5 Gas hydrate reservoirs (GHRs)

Hydrates are formed when high pressure and low temperature cause the water molecules to form an ice-like structure. If hydrocarbons are present, the water molecules trap the gas within them as they freeze, forming gas hydrate reservoirs. These reservoirs are classified as unconventional. The fact that these hydrocarbon gases are trapped within water molecules results in smaller hydrocarbon molecules, resulting in a cleaner product than any other hydrocarbon source. Consequently, gas hydrates are expected to become the most favorable targets for exploration and development in the next few decades.

Gas hydrates are so abundant that, in total, they account for more hydrocarbons than conventional oil, conventional gas, and coal deposits combined (Fakher et al., 2018). However, the production of gas hydrates is difficult. It requires upsetting the equilibrium between methane and water by a process called hydrate dissociation. The upsetting could be done in three ways: reducing the reservoir pressure, increasing the reservoir temperature through in situ thermal stimulation, and altering the thermodynamic properties by the introduction of material such as thermodynamic inhibitors or carbon dioxide flooding. All the methods are difficult to conduct and make lucrative areas of active research. Gas hydrates can be classified by complexity, the number of phases initially present, and the location of the hydrate layer (Fakher et al., 2018).

2.2.2.6 Heavy and extra heavy oil reservoirs

Heavy and extra heavy oil refers to high-viscosity high-density crude oil. The viscosity is usually above 50 cP, and the density is below 20 degrees API. Another important characteristic of this type of unconventional resource is the high fraction of heavy components. Extra heavy oil is a term that refers to bitumen. The distinction is made by viscosity and density, where bitumen is much denser and more viscous. A loose definition of heavy and extra heavy is as follows: Crude oil with a viscosity between 50 and 20,000 cP and/or an API gravity between 10 and 20 degrees is considered heavy, and crude oil with viscosity higher than 10,000 cP and/or an API gravity of less than 10 degrees is considered extra heavy or bitumen. The United Nations Institute for Training and Research (UNITAR) classifies heavy oil at reservoir temperature as follows: Crude oil with viscosity of 50–10,000 cP is viscous oil; that with a viscosity of greater than that is considered bitumen; that with an API gravity of 10–20 degrees is heavy oil; and that with an API gravity less than 10 degrees is ultra-heavy oil.

As for all other unconventional resources, the unconventional technologies required to produce heavy and extra heavy oil make them unconventional. The production technology is tied to the burial depth of these hydrocarbons. These are open-mine and in situ methods. Reservoirs that are 3–75 m deep are usually candidates for mining, while deeper reservoirs are usually candidates for in situ production. In situ production techniques include cold production with sand, water flooding, steam flooding, in situ combustion, microbial treatment, and in situ catalysis. Of those, steam-assisted gravity drainage (SAGD), huff and puff, and cold production are the most popular techniques.

2.2.2.7 Coalbed methane (CBM) reservoirs

Coalbed methane (CBM), or marsh gas, is a natural gas stored in coal beds. It is mainly methane gas (CH_4), the majority of which is adsorbed in coal beds with some free gas and gas dissolved in water. Just like gas hydrates, CBM is both the source and the reservoir with no clear traditional reservoir definition. In addition, they are continuous resources, present over large areas. Coal beds are naturally fractured, low-pressure, water-saturated gas reservoirs. The key to the production of CBM is proper dewatering of the coal bed. Dewatering achieves three goals: depressurizing the reservoir so that methane desorbs from the surface of the coal, draining the naturally fractures off water to allow the migration of gas to the wellbore, and lowering the water saturation increases gas relative permeability. Dewatering is achieved by a variety of pumps, including sucker rods, electric submersibles, progressive cavities (PC), and gas lifts (Staff, 1995).

2.3 What makes reservoirs unconventional

The discussion on all types of unconventional reservoirs has a common theme: They all require advanced technology to develop and high oil price to economically produce while promising unlimited access to hydrocarbons. The technological requirement, at its essence, is solving a rock properties issue, a fluid properties issue, or in some cases both. In the case of shale gas, for instance, the ultra-low permeability requires horizontal multilateral wells with a very sophisticated hydraulic fracturing program. In the case of heavy or extra heavy oil, the oil is too viscous to flow on its own, which requires thermal stimulation to produce. Therefore, a criterion that classifies unconventional reservoirs on the basis of permeability and viscosity is reasonable. It has been mentioned before that these two properties, one represents the rock and the other represents the fluid, respectively, are the ones that we need to improve. However, such classification overlooks an important trait. This is usually the difference between certain types of reservoirs in the sense that for specific types, the source is the same as the reservoir. Therefore, Fig. 2.2 is suggested to be the basis for the classification of unconventional reservoirs. The figure produced by Donovan et al. (2017) encompasses all the important traits that aid in classifying unconventional resources. It considers permeability, viscosity, and source retention in the classification.

2.4 Classification of tight unconventional reservoirs

Tight unconventional reservoirs are the most important common unconventional resources. They signaled the beginning of the oil and gas boom in North America, raising the daily oil production from a humble 4 MMBbls/day of oil in 2005 to an enormous 13 MMBbls/day of oil in 2019. The significance of tight unconventional oil and gas reservoirs to the world energy supply cannot be overstated.

A review of the available published criteria shows that what is considered a tight unconventional reservoir varies considerably in many aspects. In the Middle East, for example, 10 mD is considered tight, while in the United States, a permeability below 0.1 mD is considered tight. For the purposes of our discussion and in the context of unconventional reservoirs, the range of permeability is 0.0001–0.000001 mD (or 0.1 mD to nano-Darcy). This means that flow in these types of tight formations could be at the micro-/nanoscale. Moreover, low permeability is not the only hindrance to the development of tight gas reservoirs. These reservoirs are also known for their low to ultra-low porosity and poor horizontal continuity.

Reservoirs that qualify in this classification include tight sandstone oil and gas, with the latter being the more important. This is because the flow of fluids in such tight formations is very difficult, so natural gas reservoirs are more prominent and important in this category. Tight oil still has a very important role to play, however, especially with the advancement of technology. Tight gas is classified into six types: deep gas, shale gas, tight gas sands, CBM, shallow microbial gas sands, and natural gas hydrates (Schmoker, 2005). Stephen (2006) defined tight gas reservoirs as reservoirs with low to ultra-low permeability that can only be produced with large-scale hydraulic fracturing. Moreover, tight sandstone gas is also referred to as deep basin gas because gas is generally found in the deep center part of the basin and continuously spreads outward.

As mentioned earlier, tight oil and tight gas have much in common. Tight oil permeability ranges between 0.1 and 0.00001 mD. The porosity is also poor, usually less than 10%. However, there is no formal standard definition of tight oil. Commercial production of tight oil requires technologies such as horizontal and multilateral drilling and hydraulic fracturing. Furthermore, tight oil is usually found in low-permeability shale, siltstone, sandstone, and carbonate reservoirs. It follows that tight (light) oil is very light for it to be produced from such extremely low-permeability reservoirs.

Tight oil can be classified into three main types: carbonate tight oil, sandstone tight oil, and gravity flow tight oil. Some other characteristics that can help identify tight oil are as follows: source and reservoir coexist with unclear trap boundaries, a large area of high-quality source rock, and very light crude of API gravity over 40 degrees API.

For the purpose of this book, which is mainly focused on the characterization and modeling of tight unconventional reservoirs, the developed matrix for classification of petroleum reservoirs according to their tightness (mainly permeability-based) has been adopted. Hence, tight unconventional reservoir classification is based on this matrix. Fig. 2.3 shows the developed

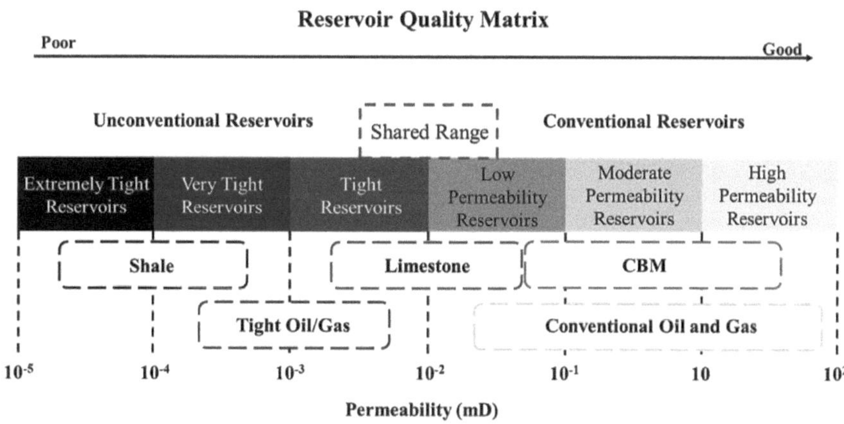

Fig. 2.3 Tight unconventional reservoir classification matrix used.

reservoir quality matrix used throughout this book. This criterion clearly depicts that tight unconventional reservoirs typically have permeability values lower than 0.015 mD ranging from tight, to very tight, to extremely tight rocks, and conventional reservoirs would have permeability values above 0.15 mD ranging from low, to moderate, to high permeability. It is important to know that there will always be a common permeability range shared between the conventional and unconventional reservoirs, typically, between 0.015 and 0.15 mD.

References

Aguilera, R., Harding, T., 2007, January. State-of-the-art of tight gas sands characterization and production technology. In: Canadian International Petroleum Conference. Petroleum Society of Canada.

Cander, H., 2012. PS what are unconventional resources? A simple definition using viscosity and permeability. In: AAPG Annual Convention and Exhibition. American Association of Petroleum Geologists and Society for Sedimentary Geology, Tulsa, US.

Chan, P.B., Etherington, J., Aguilera, R., 2012. Using the SPE/WPC/AAPG/SPEE/SEG PRMS to evaluate unconventional resources. SPE Econ. Manag. 4 (2), 119–127.

Cipolla, C.L., Lolon, E.P., Erdle, J.C., Rubin, B., 2010. Reservoir modeling in shale-gas reservoirs. SPE Reserv. Eval. Eng. 13 (04), 638–653.

Ding, Y., Jiang, T., Wang, Y., Sun, P., Xu, Z., Wang, X., Zeng, B., 2004, January. A case study of massive hydraulic fracturing in an ultra-deep gas well. In: SPE Asia Pacific Oil and Gas Conference and Exhibition. Society of Petroleum Engineers.

Dong, T., Harris, N.B., Ayranci, K., Twemlow, C.E., Nassichuk, B.R., 2015. Porosity characteristics of the Devonian Horn River shale, Canada: insights from lithofacies classification and shale composition. Int. J. Coal Geol. 141, 74–90.

Donovan, A.D., Evenick, J., Banfield, L., McInnis, N., Hill, W., 2017, September. An organofacies-based mudstone classification for unconventional tight rock & source rock plays. In: Unconventional Resources Technology Conference, Austin, Texas, 24-26 July 2017. Society of Exploration Geophysicists, American Association of Petroleum Geologists, Society of Petroleum Engineers, pp. 3683–3697.

Fakher, S., Abdelaal, H., Elgahawy, Y., El Tonbary, A., Imqam, A., 2018, June. Increasing production flow rate and overall recovery from gas hydrate reservoirs using a combined steam flooding-thermodynamic inhibitor technique. In: SPE Trinidad and Tobago Section Energy Resources Conference. Society of Petroleum Engineers.

McCollough, E.H., Wrather, W.E., Lahee, F.H. (Eds.), 1934. Structural influence on the accumulation of petroleum in California. In: Problems of Petroleum Geology. AAPG, Tulsa, pp. 735–760.

Schmoker, J.W., 2005. US geological survey assessment concepts for continuous petroleum accumulations. In: US Geological Survey. 1. US Geological Survey, pp. 1–9.

Secklehner, S., Arzmüller, G., Clemens, T., 2010, January. Tight ultra-deep gas field production optimisation-development optimisation and CO_2 enhanced gas recovery potential of the Schoenkirchen Uebertief gas field, Austria. In: SPE Deep Gas Conference and Exhibition. Society of Petroleum Engineers.

Staff, J.P.T., 1995. Alternative dewatering system-coalbed methane wells. J. Pet. Technol. 48 (8), 699–700.

Stephen, A.H., 2006. Tight gas sands. J. Pet. Technol. 58 (6), 88–94.

United Nations Economic Commission for Europe (UNECE), 2013. Study on Current Status and Perspectives for LNG in the UNECE Region. United Nations, Geneva.
Zhang, K., Sebakhy, K., Wu, K., Jing, G., Chen, N., Chen, Z., Hong, A., Torsæter, O., 2015, September. Future trends for tight oil exploitation. In: SPE North Africa Technical Conference and Exhibition. Society of Petroleum Engineers.
Zou, C., 2017. Unconventional Petroleum Geology. Elsevier.

CHAPTER 3

Geology of tight unconventional oil reservoirs

it is about time to introduce a new reservoir engineering term ... that is unconventional petroleum geology!

Keywords: Unconventional petroleum geology, Tight UCR formation, Source rock, Quasinear-source accumulation, Thermal evolution, Hydrocarbon maturity

3.1 Petroleum geology of tight unconventional reservoirs

There are many geological features that characterize the tight unconventional oil reservoirs, but perhaps the most important geological characteristic is the fact that the source rock is the reservoir rock associated with the source type of tight unconventional oil reservoirs. For the near-source type, the reservoir quality could be the difference between the source rock and the nearby reservoir rock as the first allows very limited migration of oil and the second limits this migration process for a long geological time. Among the other geological characteristics of the tight unconventional oil reservoirs are the following:

1. Hydrocarbon traditional traps (known, also, as reservoirs, or structures) are undistinguishable; i.e., there is no obvious distribution of rocks, which store hydrocarbon inside them and restrict them from moving further.
2. Oil and gas are controlled by short-distance migration with limited buoyancy displacement. The mature source rock resources have high gas/oil ratios and high yields.
3. Tight oil is divided into two main groups: original and secondary, based on genesis. The geological characteristics of the original low-permeability tight oil are fine-grained deposits, which contain high quantity shale, poor sorting, and primary pores. These pores are not affected by diagenesis, resulting in brittleness rocks, high porosity, and low permeability. On the other hand, the secondary low-permeability tight oil is a result of digenesis effects that reduce both porosity and permeability and consequently create a tight formation.

https://doi.org/10.1016/B978-0-12-820269-2.00006-8

4. Small pore-throat radii and high capillary pressure are typical physical properties of tight reservoir. In addition, it has a high original water saturation, which varies between 30% and 40% and could reach 60%, and a viscosity of less than 3 cP.
5. Very low hydrodynamics with an unclear edge water drive and poor natural energy supply in oil-rich zone because of lithological controls. Oil recovery is affected mainly by the elasticity and the dissolved gas drive. Thus, the primary recovery factor is between 8% and 12%, which is extremely low, whereas the secondary recovery factor can be improved up to 25% to 30% by injecting water.
6. Well-developed natural fracture networks that can help in the migration of hydrocarbons and networks for the injected water during the secondary recovery.
7. Oil-rich zone is highly heterogeneous and characterized by alternating sandstone and mudstone. Furthermore, there is an immense variation in sandstone thickness and permeability due to the instability of the sedimentary environment. As a result, oil-water contact is not easily distinguished, including in determining its presence.

Tight oil is distributed on the basin of the sedimentary slopes, which control the tight oil accumulation (Zou, 2017). Several conditions were necessary for the formation of the tight oil reservoir accumulation; these include, mainly, the need for stable structural deposition, suitable conditions for near-source accumulation, and preserved conditions for total subsidence. The tight oil reservoirs exhibit geological distribution characteristics such as the continuous accumulation of near-source rock along the bedding, while stratigraphic flat regions showed high enrichment of tight oil.

3.1.1 Geological generation of unconventional hydrocarbon resources

Unconventional hydrocarbon resources are generated during the thermal evolution of source rocks. In addition, oil is generated from and detected in source rocks at a relatively low maturity stage, and oil shale is formed. Fig. 3.1 shows the relationship between type I–II kerogen maturity and the type of developed hydrocarbons. During the mature stage, source rocks generate and expel a large amount of oil and gas, which accumulates in tight reservoirs close to source rocks to form tight oil and remains inside source rocks to form shale oil. During the overmature stage, source rocks mainly generate gas, which accumulates in tight reservoirs adjacent to source rocks to form tight gas, while a large amount of remaining gas inside source rocks is

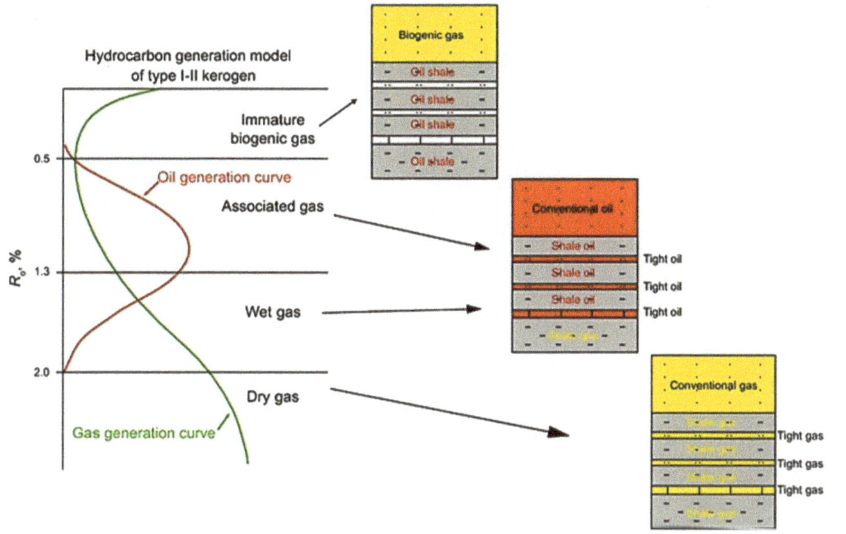

Fig. 3.1 Relationship between type I–II kerogen maturation and generated hydrocarbon types (Song et al., 2015).

identified as shale gas (Song et al., 2015). The conditions required for the generation of tight oil include (a) sufficiently a large amount of organic material predominantly derived (directly or indirectly) from the main primary producers—higher plants on land and phytoplankton in aquatic environments; (b) preservation of the organic matter, which requires a low-energy depositional environment (e.g., low water current velocities and limited wave action) to prevent recycling/erosion of organic matter; and (c) influx of detrital material, which should not overwhelm the organic matter.

Maturation occurs in processes that stretch millions of years in which the processes of diagenesis, catagenesis, and metagenesis take place. Fig. 3.2 demonstrates the maturation stages of tight oil. About 10% to 20% of oils and gases are formed during diagenesis. Most of these are formed during the catagenesis and metagenesis of the residual biogenic organic matter (Tissot and Welte, 1984).

Thermal maturity is the necessary process to convert organic matter into oil when organic matter is transformed to oil or gas by the heat within the source rock. There are three levels of thermal maturity: early (low), mid (peak), and late (high) that lead to immature, mature, and overmature source rocks, respectively. The thermal maturity depends on the depth of burial and

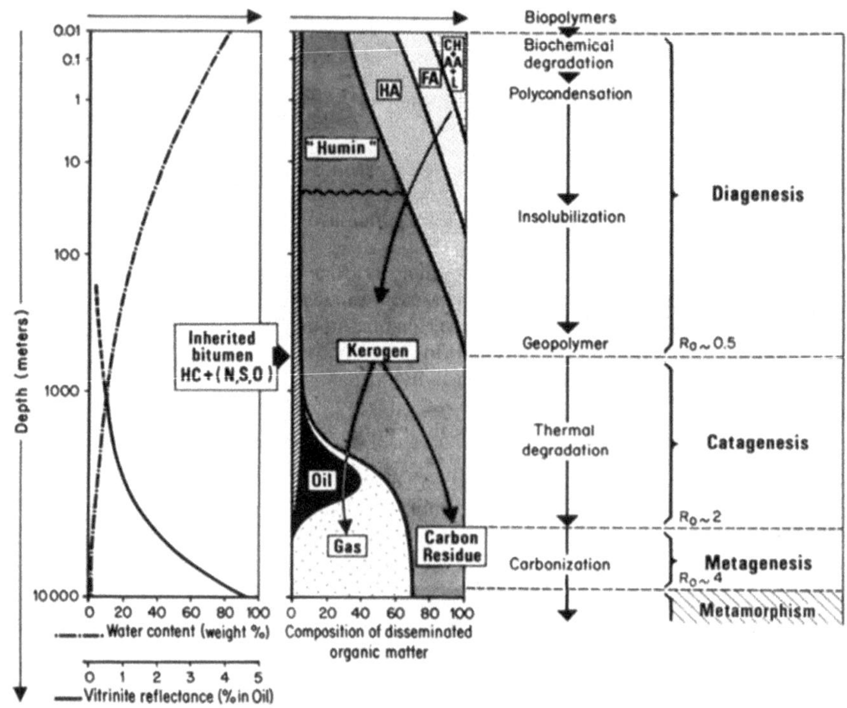

Fig. 3.2 Maturation stages of tight oil generation (Tissot and Welte, 1984).

geothermal gradient. Many existing geochemical methods can determine the level of thermal maturity such as vitrinite reflectance, pyrolysis T_{max}, and biomarker maturity ratios. The vitrinite reflectance is used to define the kerogen maturity. In addition, oil generation window (Ro) can be between 0.65% and 1.3%. Beyond this window, the generation of gas starts. Biomarkers also include molecular fossils used to define the amount or extent of maturity (Mallick, 2014).

Based on this understanding of the unconventional reservoir geology, special attention should be paid to the source rock where the hydrocarbons have been developed from primitive organic sediments into kerogen and then into fully matured oil and gas. Unlike conventional reservoirs, in many unconventional resources, the source rock and the reservoir rock are the same. Therefore, thoughtful evaluation of the source is required to correctly characterize, classify, and appropriate valuation of these reservoirs. Just as important is the evaluation of the organic matter. This is especially true in the case of tight oil reservoirs because these reservoirs usually develop in the source rock and thereafter accumulate in either the same source rock or a nearby source. This makes the migration distance of these reservoirs either nil or very short, allowing for continuous charging and nonbuoyancy accumulation. The natural fracture network existing in these rocks assists the hydrocarbons in their migration to the nearby reservoir. In addition, there are no clear trap boundaries, and the oil is dispersed over a large area. These reservoirs are usually of low quality, and they are characterized by low matrix permeability and low porosity. This is a result of low reservoir maturity (in both organic and inorganic matter), poor sorting, prevalence of fine grains and cement, and epidiagenesis. The permeability is usually in the micro-/nanoscale, and the porosity is usually less than 10%.

Tight oil reservoirs can be classified as primary or secondary based on genesis. As a result, the primary type did not undergo intense diagenesis; therefore, the original pore structure was preserved, meaning the reservoir still possesses a relatively high porosity. However, it still has fine grains, poor permeability, and a high shale content. The reservoir rock is brittle and has an underdeveloped fracture network. The secondary type experienced intense diagenesis, along with compaction and cementation, resulting in ultra-low permeability and low porosity reservoir.

The aforementioned processes that the accumulation experienced result in poor petrophysical properties such as high water saturation, reaching up to 60%, complicated pore network, nanosize pore-throat radii, high heterogeneity, and high capillary pressure. In addition, the accumulation usually consists of laminated sandstone and mudstone. The sandstone strata vary in height, with each layer pertaining to varying shale content, resulting in a varying vertical permeability and water saturation and distorted water-oil contact. Due to the highly heterogeneous reservoir system along with the weak energy support (traditional drive mechanisms), the recovery factor typically does not exceed 10%.

Given what we know about tight oils by now, a formal definition for tight oil reservoirs is warranted. A tight oil reservoir is defined as an oil accumulation within or near the source rock. The source rock is usually high-quality shale, while near-source reservoirs could be shale, siltstone, sandstone, or carbonate in the oil generation window. The accumulation is described as continuous and without a well-defined boundary. Either way, the reservoir would be described as having ultra-low permeability ($<<0.1$ mD) and a porosity ($\leq 10\%$) with no natural productivity. The oil is economically produced by stimulation, mainly hydraulic fracturing.

3.1.2 Sedimentation environment of tight UCRs

Most unconventional reservoirs are usually found in basin-filling environments. Given that most unconventional resources extend over vast geographical areas, it is not difficult to locate potential resources. The difficulty arises from identifying high-quality oil-rich plays, which requires a detailed study of geological, geophysical, geochemical, and engineering data. This could be achieved through analysis and integration of multiscale data acquisition technologies, such as regional geological studies, 3D-seismic, logs, cores, CT scans, and many others.

Different depositional environments, processes, and stratigraphic characteristics result in different types of accumulations. Fig. 3.3 shows an illustrative sedimentary basin including the typical location of conventional and unconventional reservoirs. Location is one aspect of the differences that make unconventionals what they are. One instance of the importance of location is the degree of compaction, which plays an important role in determining the permeability and porosity of unconventional plays.

Tight oil sedimentary basins usually consist of sapropelic organic-rich source beds and adjacent tight sandstone, carbonate, and siltstone reservoirs. They are usually located within or close to the oil generation window in a sedimentary basin (Selley and Sonnenberg, 2014). Tight oil can be found downdip from regional water-saturated intervals and updip from basin-center tight gas accumulations.

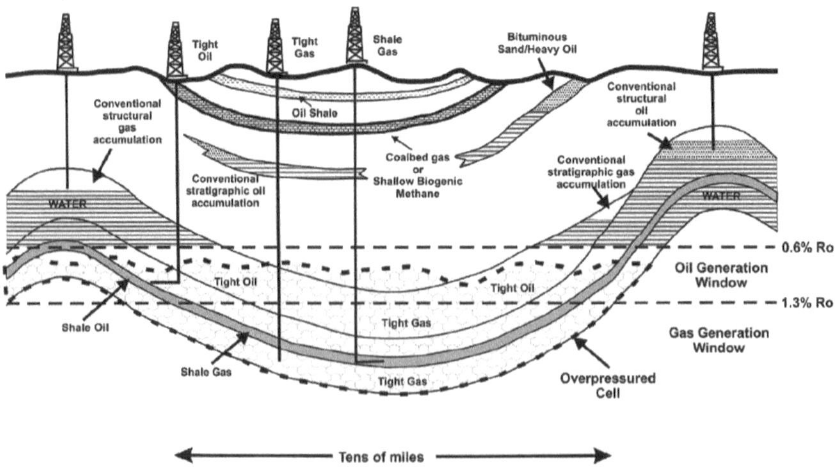

Fig. 3.3 An illustration of the distribution of conventional and unconventional reservoirs. The diagram shows tight oil and gas reservoirs with respect to depth and hydrocarbon generation window (Selley and Sonnenberg, 2014).

3.2 Geological aspects of shale and tight plays

Shales are usually deposited in quiet water environments such as hemipelagic rain, hyperpycnal flows, turbidity current flows, tempestites and wave-reworked deposits, and contourites (Slatt, 2011). These depositional environments have three characteristics in common: temporal changes in water depths, energy levels, and degree of bottom-water oxygenation. These qualities explain the systematic fining or coarsening upward of some shale plays, which accounts for why these types of plays possess ultra-low permeability, but not the high organic matter content. Organic rich shales suggest that the deposition environment must be deep and anoxic, explaining the variation in quality among shale plays. As a result, the interest will be restricted to organic-rich shales.

Historically, not much attention has been paid to the distinction between shales and clays. However, when discussing unconventional plays, the importance of the distinction cannot be overlooked. In unconventional plays, shale refers to a geological formation, more accurately described as facies. Organic-rich shale facies can be described as fine-grained rock that contains primarily the following minerals: clay, quartz (detrital), calcite, dolomite, feldspar, and other heavy and hydrothermal minerals. It is important to note that not all minerals are present in all shales. Based on this description, shale can be appropriately classified as compact mudstone.

One of the most challenging aspects of the study of unconventional reservoirs, especially tight and ultra-tight reservoirs, is understanding the storage capacity and the flow potential of these reservoirs. Fine grains and high compaction result in a small size pore-throat radius and complicated capillaries. In terms of storage capacity, studies have revealed six types of porosities in shales:

1. Organo-porosity: Porosity of the organic matter, developed as a result of hydrocarbon generation.
2. Porous floccules.
3. Porous fecal pellets: fine-grained particles produced by microorganisms with as much as 15% microporosity.
4. Porosity of fossil fragments.
5. Microchannels.
6. Micron and large-scale fractures.

Organo-porosity and porous floccules are by far the most important types of porosity in shales. They provide the main storage and transmission capacity in shale plays. Moreover, reservoir organic richness expressed by the total organic carbon (TOC) and kerogen (types I to IV) is the main assessment criterion for the quality of unconventionals. High-quality shales are usually characterized by high TOC (>3%) and type II/III kerogen. Type II/III kerogen is oil- and gas-prone. Furthermore, high TOC rocks are accompanied by higher API gamma-ray count. In shales, API gamma-ray count decreases vertically, in a pattern referred to as parasequence.

3.3 Source and near-source rock-type unconventional reservoirs

Tight oil accumulations are found in a high source rock or near a high-quality source rock. The accumulations are vast in size and boundaryless. One can classify tight oil accumulations in terms of their areal relationship to the high-quality source rocks. The classification is divided into four different types: source plays, near-source plays, intersource plays, and interbedded-source plays, as modified from the classification of Zhang et al. (2015).

In sources plays, the source rock and the reservoir rock are the same. In this case, the organic pores of the source rock contain the oil, which is generated in these pores and accumulates inside them. These plays consist mainly of shale rock. An example of this type of play is the Woodford tight oil play in the Anadarko Basin.

Near-source plays can be found above, below, and adjacent to the source rock. These types of reservoirs are usually found near high-quality sources with conventional trap-like features. The source and the reservoirs are separated but in close proximity, and the oil migrates from the source to the very close reservoir. Good-quality source rock might allow for slight migration over a long geological time, but nearby reservoirs do not allow further migration of these oils. The reservoir has ultra-low permeability; therefore, oil cannot migrate by buoyancy. Important accumulations of this type include the Cleveland tight oil play in the Anadarko Basin and the Mississippi limestone tight oil play also in the Anadarko Basin. Both plays are supplied from below by high-quality source rock. Other examples include the Three Forks in the Williston Basin and the Buda in the Gulf Basin; both are tight dolomite oil plays. In addition, both are supplied from above by a high-quality source rock, in which oil overcomes buoyancy and migrates downward due to the pressure difference.

In intersource plays, the reservoir is sandwiched between two layers of source rock, where both source rock layers supply the reservoir with hydrocarbons. The reservoir layer is usually of high thickness. In addition, these types of reservoirs are considered the best type of tight unconventional oil plays. An example of this type of play is the Bakken tight oil in the Williston Basin. In this case, the oil-bearing zone is a tight limestone sandwiched by high-quality source rocks.

In case multiple layers of the reservoir and the source rocks are interbedded vertically, the play is referred to as an "interbedded-source" play. Usually, any given reservoir layer would be of a small thickness. These layers are also usually highly undistinguishable, and the accumulation can be further subdivided based on the shale-to-formation thickness ratio. The subdivisions include in-source mud-subordinated play, in-source mud-dominated play, and interbedded-source play. Examples of these types of plays are the Montney oil play in the Alberta Basin in Canada and Qingshankou Formation in the Songliao Basin in China.

References

Mallick, A., 2014. Factors controlling shale gas production: geological perspective. SPE J. 1–9, SPE-171823-MS. https://doi.org/10.2118/171823-MS.

Selley, R.C., Sonnenberg, S.A., 2014. Nonconventional petroleum resources. In: Elements of Petroleum Geology, third ed. Gulf Professional Publishing, pp. 427–482.

Slatt, R.M., 2011. Important geological properties of unconventional resource shales. Cent. Eur. J. Geosci. 3 (4), 435–448.

Song, Y., Li, Z., Jiang, L., Hong, F., 2015. The concept and the accumulation characteristics of unconventional hydrocarbon resources. Pet. Sci. 12 (4), 563–572. https://doi.org/10.1007/s12182-015-0060-7.

Tissot, B.P., Welte, D.H., 1984. Petroleum Formation and Occurrence, second revised and enlarged ed. Springer-Verlag, Berlin, Heidelberg.

Zhang, K., Sebakhy, K., Wu, K., Jing, G., Chen, N., Chen, Z., Hong, A., Torsæter, O., 2015, September. Future trends for tight oil exploitation. In: SPE North Africa Technical Conference and Exhibition. Society of Petroleum Engineers.

Zou, C., 2017. Unconventional Petroleum Geology, second ed. Petroleum Industry Press.

CHAPTER 4

Formation evaluation of tight unconventional reservoirs

UCRs resource continuity is a big concern that makes their evaluation very challenging!

Keywords: Formation evaluation, Tight UCR assessment, Well-based, Petrophysical properties, Geomechanical, Geochemical

4.1 Tight unconventional reservoir production background

Unconventional hydrocarbons of tight reservoirs were first produced as gas from shales in 1821 in New York, United States (Lin, 2016). However, the development and production of shale gas only progressed initially in the 1870s in the western part of the United States after it was explored in the Mississippian and Devonian shales in the west of Kentucky in 1863. Nevertheless, these accumulations were not significant, and only in 1914, the first shale field (Big Sandy field) was discovered (Kemper et al., 1988). Drilling through gas shale reservoirs in the Big Sandy was then spread, and by end of the 1920s, the largest gas reserves in the world were reported, as a result (Lin, 2016). With the steep inclination of conventional reserves and increasing demands for energy, the US government turned back to budgeting and investing in unconventional resources in the late 20th century. The research was conducted on various aspects such as petroleum engineering, geochemistry, and geology to estimate and produce the unconventional reserves (Curtis, 2002). A major breakthrough in the production from unconventional reservoirs came in 1981, when a successful hydraulic fracturing operation that used slick water as a fracturing fluid was conducted for the Barnett shale. This success led to the implementation of the first technical and economically feasible development and production from the unconventional reservoir of the Barnett field in 1998. The tendency to explore and develop other unconventional formations was encouraged and rapidly implemented from Devonian, Michigan, Devonian Ohio, Cretaceous Lewis, Fayetteville, and Woodford shales.

Tight Oil Reservoirs
https://doi.org/10.1016/B978-0-12-820269-2.00007-X

Even though these reservoirs are produced in huge economic quantities, our understanding of these accumulations is still limited. Only a small portion of the reserves is produced, leaving a considerable amount of these reserves (almost 90%) in the ground. Therefore, it is of great importance to understand the nature of the unconventional reservoirs as well as provide a complex measure to quantify them and propose solutions to improve their productivity.

4.2 Formation evaluation: Conventional versus unconventional reservoirs

By definition, formation evaluation is the study that encompasses all available reservoir data and information and analyzes them to establish an integrated reservoir model, thus enabling the development of the subsurface formation of interest to economically deplete the reservoir. Formation evaluation of conventional reservoirs is a very challenging task to perform to date. Unconventional reservoir formation evaluation is even more challenging and different from that of conventional ones. In the following section, a review of formation evaluation for conventional reservoirs is discussed in comparison with current state-of-the-art methods of formation evaluation for unconventional reservoirs.

4.3 Formation evaluation of conventional reservoirs

Seismic surveys provide detailed geological information about the subsurface structure from which an acreage area can be assessed to give a prediction of the extent of a reservoir. However, characteristics of the reservoir, which define the quantitative and qualitative features of the formation, are only obtained after a number of wells are drilled in the reservoir. Reservoir characteristics are estimated by conducting a formation evaluation analysis of the subsurface properties, which are mainly obtained by various methods such as wireline well logging and core analysis. In conventional petroleum reservoirs, formation evaluation is significant in determining hydrocarbon-in-place and reserve estimates, in addition to a clear indication of the ability of the wells to produce commercially. For instance, in order to have an estimation of the oil in place for a formation of interest, volumetric calculation is performed using Eq. (4.1) (Fanchi, 2010).

$$\text{Original oil in place} = \frac{7758\, Ah\phi\,(1 - S_w)}{B_o} \tag{4.1}$$

where A is the closure area of the reservoir (acres); h is the thickness of the formation (feet); ϕ is the porosity of the reservoir (fraction of the bulk volume); S_w is the reservoir water saturation (fraction of the pore volume); and B_o is the oil formation volume factor (bbl/STB).

It is noteworthy to indicate that the area in Eq. (4.1) is obtained from the seismic study, or even from a subsurface geological study, and the formation volume factor is determined through laboratory analysis (PVT report). The three remaining parameters (h, ϕ, and S_w) required for the volumetric calculations are obtained from formation evaluation operations. This shows how significant it is to perform this evaluation to build a critical decision tree based on risk analyses that should help in taking a proper course of action to proceed and develop, or stop and abandon the block under exploration.

The three parameters are obtained using a significant number of tools and techniques, and a combination of the data obtained and analyzed using these methods for the reservoir properties yields a suitable evaluation of the formation. The formation evaluation process can be thought of as a cycle of data analysis in which data obtained from various methods are continuously evaluated, correlated, and compared with other data until a clear understanding of the reservoir characteristics is obtained. As such, this practice is a continuous process which keeps updating as new data become available throughout the life of the reservoir.

Formation evaluation is a long process based on the accumulation of data from the exploration, testing, logging, production, and development phases until the abandonment of the well(s) as shown in Fig. 4.1. The data obtained are generally analyzed and integrated to yield the main three parameters mentioned earlier as well as other important parameters such as pressure and temperature of the reservoir.

This is a very brief of how we handle formation evaluation for conventional reservoirs. The main concern is how to conduct formation evaluation for unconventional reservoirs.

4.4 Formation evaluation of unconventional reservoirs

4.4.1 Unconventional reservoir concept

The concept of unconventional hydrocarbon reservoirs is mainly referred to as the oil and/or gas reserves that are not recoverable with the current constraints of economic and technical conditions. This implies that the definition of reserves from these reservoirs will be changing with technological improvements and economic conditions. Generally, similar to conventional

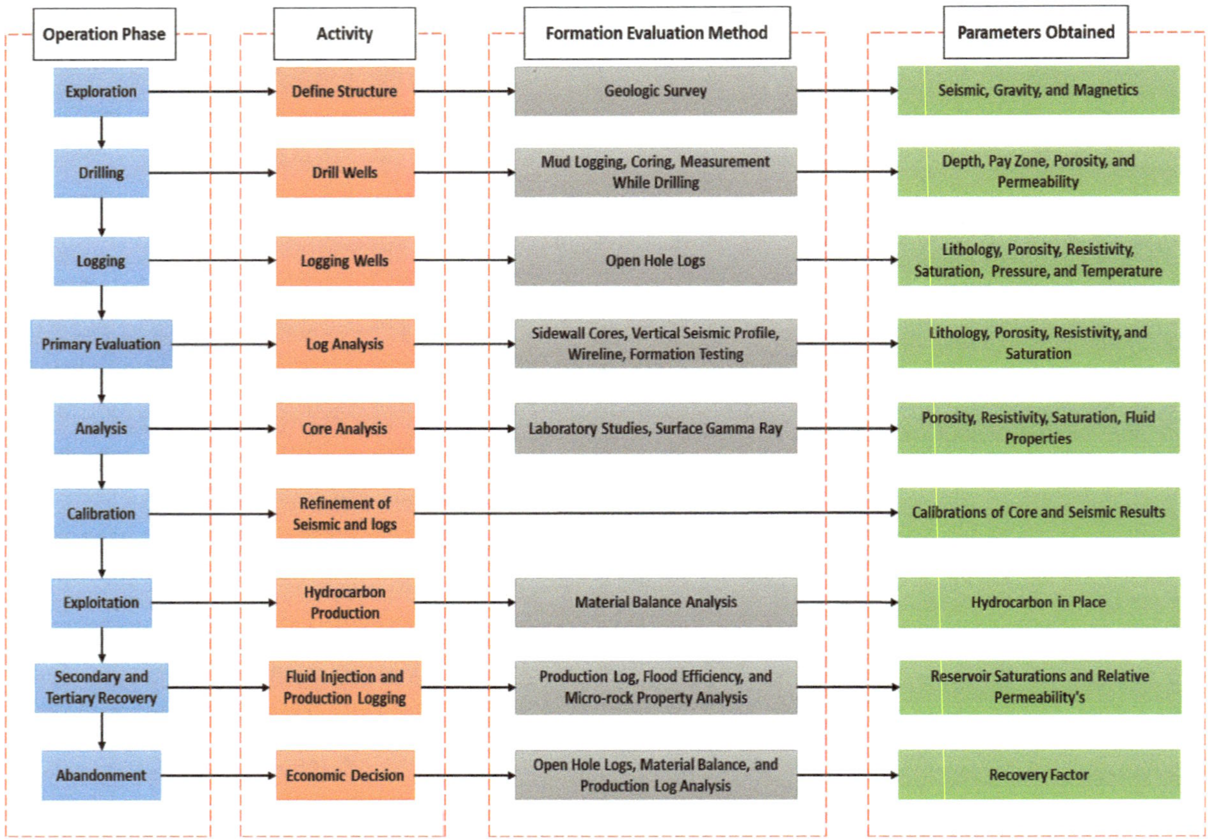

Fig. 4.1 Formation evaluation throughout the life of a well/reservoir.

reservoirs, unconventional reservoirs are mainly categorized into unconventional natural gas and unconventional oil resources. These two categories are then subdivided into tight oil/gas, heavy oil, shale oil/gas, natural gas hydrates, and coalbed methane (Zou, 2017).

Conventional reservoirs are discrete accumulations of hydrocarbons trapped in geological structures formed by faults or stratigraphic conditions found in porous and permeable sands or carbonates, which are migrated from the source rock a long time ago. Typical conventional reservoirs are accumulated in structures, which are in contact with an aquifer or gas cap. These aquifers or gas caps will normally provide a natural energy to support and drive the hydrocarbons to the wellbore and to the surface. Unconventional reservoirs, on the other hand, exist in hydrocarbon accumulations that are spread over a large area but are significantly less porous and permeable. Such accumulations will require special extraction technology, such as fracturing operations, dewatering, and other EOR activities.

Although hydrocarbon accumulations in the conventional reservoirs are considerably less than those in the unconventional reservoirs, it yields highly produced volumes of hydrocarbons with ease using the existing knowledge and technology. In contrast, hydrocarbon reserves in unconventional reservoirs are considerably higher, but their production is very limited. Fig. 4.2 shows a schematic of the reported conventional and unconventional reservoirs adopted from a plot of natural productivity versus viscosity (Zou, 2017). The top of section of the schematic represents the conventional

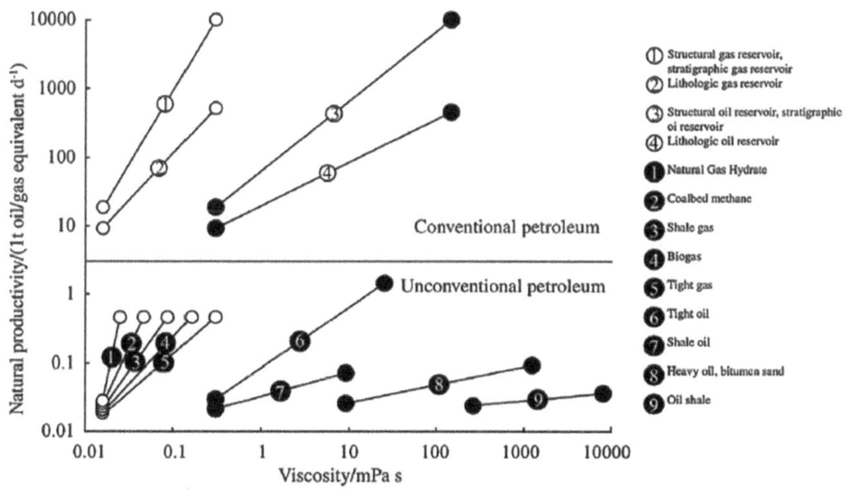

Fig. 4.2 Schematic showing conventionality of the hydrocarbon reservoirs (Zou, 2017).

reservoirs characterized by high permeability and low viscosity, whereas the conventionality of the hydrocarbons decreases with a reduction of permeability below 0.1 mD and increase of viscosity above 10 cP peaking at critical values for unconventional reservoirs.

Fig. 4.2 also shows that some of the unconventional reservoirs are easier to produce considering the economic and technology constraints and their rock and fluid properties. For instance, tight gas reservoirs are relatively easier to produce compared to oil shales because of the low viscosity of the gases and available technologies to free considerable amounts of the gases trapped in them.

4.4.2 Importance of unconventional reservoirs

The first industrial oil well was drilled in Pennsylvania, United States, in 1859 (Ginsberg, 2009). Initially, exploration and development were slow and gradual until the significant increase in oil and gas production was observed in 1920. The increase amounts to approximately 0.11×10^9 tons of oil equivalent as shown in Fig. 4.3. Further understanding of petroleum geology and accumulation conditions of hydrocarbon from the 1920s to the 1950s led to the development of the tricone bits and the evolution of rotary drilling, especially the use of drilling motors. By 1955, the equivalent oil and gas production jumped to 1.05×10^9 tons. The theories of oil generation, petroleum geology, and horizontal drilling continued to develop significantly from the 1960s to the 1990s, resulting in a rapid increase in oil and

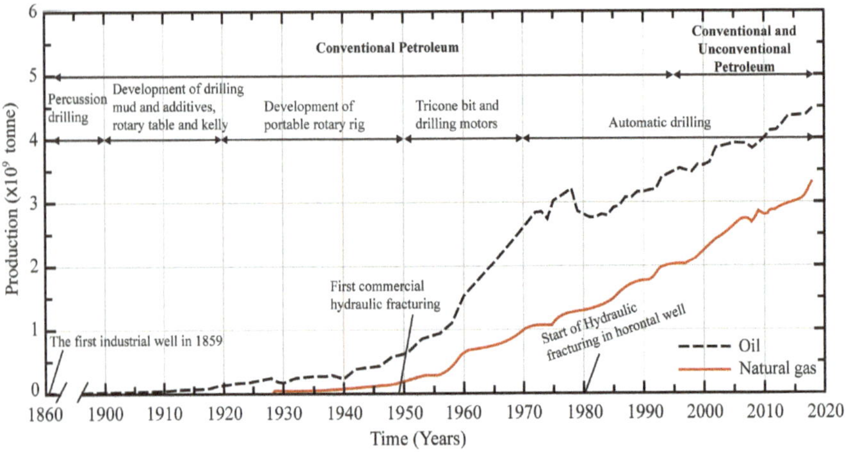

Fig. 4.3 Oil and gas production development over the years. *(Adopted from BP statistical review of world energy 2020.)*

gas production of more than 5.2×10^9 tons of oil equivalent by 1995. Hydrocarbon production technologies were extensively applied after 1995 by using high-resolution seismic imaging, fine reservoir characterization, and numerical simulations of petroliferous systems. As a result, production had increased significantly over the last decade.

The advancement of multistage horizontal drilling as well as the decline in conventional hydrocarbon reserves led to progress in unconventional oil and gas exploration and development. This resulted in an increased hydrocarbon production of approximately 7.5×10^9 tons by 2019. Currently, the oil and gas industry has pumped big investments into the unconventional resources, which are proven to hold a significant amount of untapped hydrocarbon resources.

4.4.3 Challenges in formation evaluation of unconventional reservoirs

Formation evaluation techniques and tools for conventional reservoirs have been developed for more than a century, which explains the advancements in technology and to some extent the understanding of conventional reservoirs.

On the other hand, tight formations and heavy oil unconventional reservoirs are less challenging as compared to other types of unconventional reservoirs bearing the fact that many of them have been discovered and developed. Because of the several types of existing unconventional reservoirs and their different properties and conditions due to variations in their geological characteristics, there is currently no direct method capable of quantifying and estimating reservoir parameters, reserves, etc. (Jia et al., 2016). Moreover, the complexity in unconventional reservoirs in terms of flow mechanisms, storage capacity, and matrix/fracture domains with existing natural and induced fractures has made it more difficult to characterize and model them (Clarkson et al., 2012).

Since unconventional reservoirs are diversified and unenviably characterized by unique features, it is very difficult to specify unique methods to evaluate them. The discussion in the next sections will be dedicated to the tight unconventional reservoirs, the subject of this book.

4.4.4 Typical tight UCR formation evaluation steps

The formation evaluation of unconventional reservoirs is an accumulation of data used to make the evaluation of the formation in the vicinity of the wellbore to determine the economics of producing a specific well. This is unlike formation evaluation for conventional reservoirs, which uses reservoir-based techniques to evaluate the bulk properties of the reservoir. Considering this, the evaluation is mainly a well-based approach. Generally, the evaluation task starts with the core or drilling cutting level and continues to scale up to larger levels covering a wide area around the well as shown in Fig. 4.4.

Typically, the development and production of a well involve the estimation and integration of the reservoir properties around the well and hydraulic fracture characterization. This step is important in identifying the type of the reservoir to be dealt with and determining the model to be utilized to describe the reservoir. It is noteworthy to indicate that a good calibration between log analysis and core analysis yields a very good estimation of reservoir properties as reported in recent literature (Jacobi et al., 2008; Sondergeld et al., 2010a). The next step is to use the estimated reservoir and fracture characteristics to develop reservoir model and fracture model to design different scenarios specifically for the upcoming fracturing program. These models are then used to establish cumulative production profile scenarios along with the encountered cost to yield net cash flow (NCF) profiles

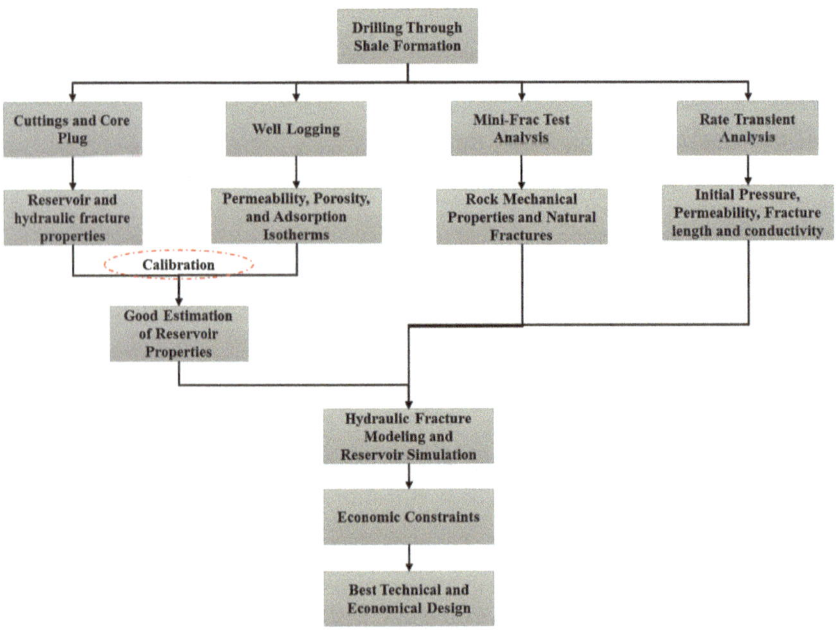

Fig. 4.4 Schematic showing the steps of evaluating tight unconventional reservoirs.

and determine the decisive economic parameters. Finally, the best technical and economic scenario will be chosen as the preferred plan to design and develop the next well to be drilled.

The next section will discuss, in detail, each evaluation technique used to estimate the reservoir and fracture properties.

4.4.5 Assessing tight unconventional reservoirs

Unconventional hydrocarbon supplies have had a huge effect on global production and the oil and gas market, thus becoming supportive and, in many instances, alternative to traditional oil and gas supplies. There are documented principles and fundamentals that help in the assessment of unconventional reservoirs in both resource and well scales. Unlike conventional reservoirs, unconventional reservoir hydrocarbons are independent of the traditional supporting aquifer and their accumulations do not result from the buoyancy of the hydrocarbon through the water leg. Unconventional hydrocarbons also cannot be seen as separate pools or geological traps, which are marked by downdip contacts. Therefore, it is not possible for these accumulations to be evaluated using the conventional assessment methods, and hence, specialized evaluation techniques should be developed and used.

The abundance of unconventional hydrocarbon resources in general, and the unconventional oil in particular, qualifies these resources to be the future fossil fuel suppliers. To date, 54 countries around the globe have been reported as having significant recoverable unconventional oil resources (Wang et al., 2016a). Table 2.1 shows the major unconventional oil reserves in countries and regions.

It can be concluded from Table 4.1 that there is a tremendous amount of unconventional oil, some of which is recoverable, while the available technology and economic constraints prevent their production. Nevertheless, the vast majority of these oils are still geologically approximated. Available and used assessment methods are discussed in the next section.

There are important issues related to the unconventional hydrocarbon resource evaluations, which must first be discussed, including the formation and distribution of geological conditions, determination of evaluation parameters and methods, and identification of potential recoverable areas.

There are generally two themes for tight unconventional reservoir assessment: the hydrocarbon-in-place assessment and the reservoir performance assessment.

Table 4.1 Estimated recoverable and geological unconventional oil distribution (Wang et al., 2016a).

Country	Unconventional oil (10^8) tones	
	Recoverable	Geological
North America	1500	12,940
Russia	890	4530
South America	630	6325
Europe	480	3310
Asia	380	2960
Middle East	290	1740
Africa	200	1630
Oceania	50	970
Total reserves	4420	34,400

4.4.6 Hydrocarbon-in-place assessment

Various approaches can be conducted to assess/estimate the total oil in place of a conventional oil reservoir. An example of this is the conjecture of the back of the envelope, geochemical modeling, and numerical simulations by using all available reservoir data. Using these approaches commonly yields a rough estimation of the hydrocarbons in place (Collett, 1995; Johnson, 1996).

It is significant that oil-in-place estimates are useful from a geological and geochemical point of view. For instance, they assist in identifying the oil affluence of a basin, utilized as calibration data in models, which explain the mechanisms of the reservoir systems, and compare relative sizes of the continuous resources in different areas. The initial estimates and assessment of the oil in place may be the first indication to determine if considerable cost, effort, and time are worthy of a specific accumulation development.

Nevertheless, these estimations of the oil in place appear to be of minimal significance, as most of the estimated hydrocarbon in place typically cannot be produced at least in the near future. More near-term resource prediction can be improved by combining the estimated oil in place with other two elements: future reserve potential addition and forecast span for almost 50 years (McCabe, 1998). The oil-in-place calculations in the form of a recovery factor impose these limiting elements. This implies that the recovery factor is the percentage of total oil in place that can be recoverable over a predicted period of time. Recovery factors may be expressly defined or indirectly incorporated into computer models used as one of the input variables for the future potential of oil production. It is also important to mention that the recovery factor that is used for the reserve calculations is estimated for the entire shale oil accumulation and not only for the individual wells. The hydrocarbon-in-place calculations were based on only a 10-ft interval, which is the interval of the sandstone formation. The hydrocarbon in place was underestimated by the exclusion of the thinner formation and other formations with similar low productivity characteristics. This led to the increase in the estimation of the recovery factor, thus resulting in a poor correlation between the two variables (Johnson, 1996).

Another significant element of the evaluation methods of tight unconventional oil accumulations is the product of the recovery factor by the total hydrocarbon in place. The resulting product is particularly sensitive to any error in estimation of the recovery factor. An example for this element is the overestimation of the hydrocarbon in place reported by Collett (1995).

The combination of the oil in place and the recovery factor to assess the unconventional oil accumulation is to some extent close to the concept of production of the conventional hydrocarbon. While some elements that need caution are listed in this debate, the method provides a viable way to assess potential reserve additions over the long term of the reservoir life span.

4.4.7 Reservoir performance assessment

Methods for the assessment of unconventional hydrocarbon accumulations based on reservoir performance depend on reservoir output characteristics as the main indicator for predicting future reservoir potential. Understandably, these methods are suitable for unconventional oil accumulations with existing production history. The assessment will normally rely on knowledge and reservoir simulations from analog reservoirs in case of the absence of adequate drilling and production data.

To understand the assessment of unconventional oil reservoir efficiency, it is common to represent these reservoirs with oil-charged cells as shown in Fig. 4.5 (Schmoker, 1995).

This helps in visualizing the cells as contributors in oil production at various amounts, but the characteristics of production and therefore cell economics of unconventional oil reserves can vary considerably. These oil cells can be categorized into three groups of resource assessment: (1) untested cells; (2) tested cells while drilling; and (3) cells that are not tested but have a potential of production at some point during the life span of the reservoir as shown in Fig. 4.6.

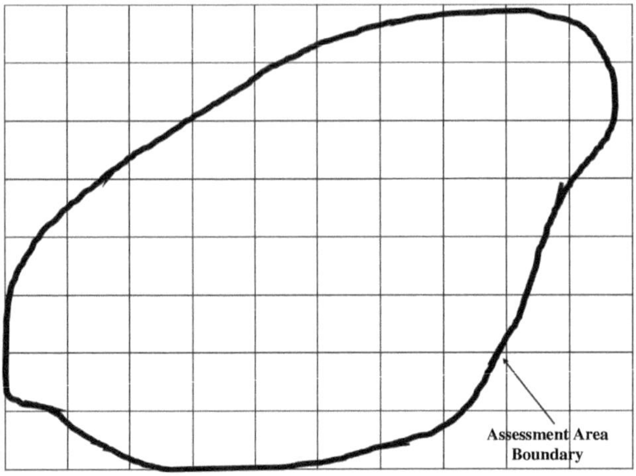

Fig. 4.5 Schematic showing the concept of dividing the unconventional hydrocarbon reservoir into producing cells. *(Adopted from Schmoker, J.W., 1995. Method for assessing continuous-type (unconventional) hydrocarbon accumulations. In: Gautier, D.L., Dolton, G.L., Takahashi, K.I., Varnes, K.L. (Eds.), National Assessment of United States Oil and Gas Resources—Results, Methodology, and Supporting Data: U.S. Geological Survey Digital Data Series. U.S. Geological Survey.)*

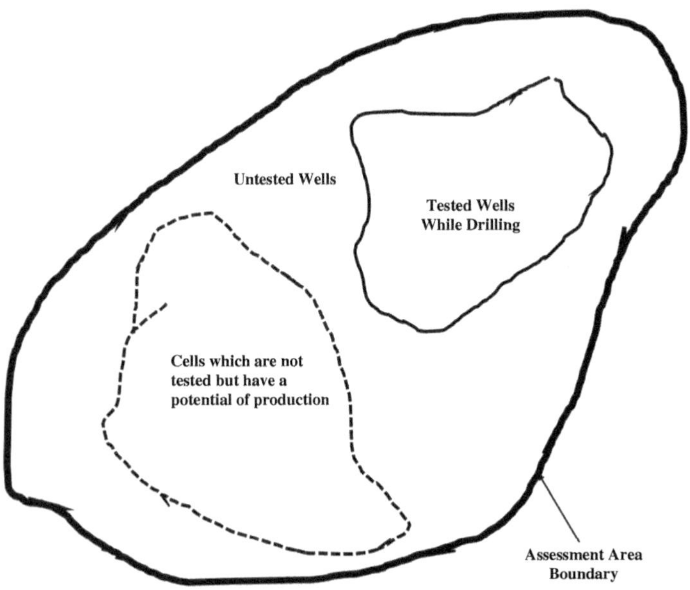

Fig. 4.6 An illustration of resource assessment category for the unconventional hydrocarbon-charged cells. *(Adopted from Schmoker, J.W., 1999. US Geological Survey Assessment Model for Continuous (Unconventional) Oil and Gas Accumulations—The "FORSPAN" Model. US Department of the Interior, US Geological Survey.)*

This introduces the notion that future planning does not contain the entire unconventional oil reservoir within a certain time frame, but may instead concentrate on hydrocarbon enrichment spots (HESs) with more favorable output conditions than the entire accumulation.

Schmoker (1999) initially proposed the number of nontested cells, which could contribute within the specified time frame to be estimated based on the cell performance evaluation model. The assessment utilizes the extent of the geological area, the proportion of the nontested area relative to the overall area, the proportion of the nontested area that has possible reserve supplements over the forecasted time, and the nontested area of cells with possible reserve addition over the forecast period.

There are considerable uncertainties associated with the four variables, which result in a wide range of uncertain values. Thus, the resulting parameters with considerations associated with cells, which are not tested but have potential in the future, can be used to provide a probability distribution.

After creating a probability distribution for the uncertain values mentioned earlier, another probability distribution is created for the hydrocarbon ultimate recovery for each of the nontested cells that could add reserves in the given time frame. This probability distribution is established using data from analog reservoir performance.

It is important to indicate that methods of assessment focused on reservoir productivity by referring to the production history obtained from the assessed area, or analog reservoir in case the earlier unavailable, may serve as initial inputs of their reserve estimates. These parameters are not fully trusted for estimating other reservoir parameters such as water saturation, porosity, and permeability because unconventional reservoirs are well-based, and thus, specific petrophysical reservoir data are obtained only by drilling wells penetrating the formation of interest in that specific area. The input parameters from historical production can be chosen to represent perceived impacts of future changes. Historical data, while standing as a good start for model prediction, should not restrict any future plans to determine the hydrocarbon enrichment spots for future developments.

4.5 Assessment case study # 1

The US Geological Survey (USGS) reported a formation evaluation study of unconventional hydrocarbon reserves of the Devonian Three Forks Formation and Mississippian Bakken Formation in the Williston Basin Province of North Dakota, Montana, and South Dakota as shown in Fig. 4.7.

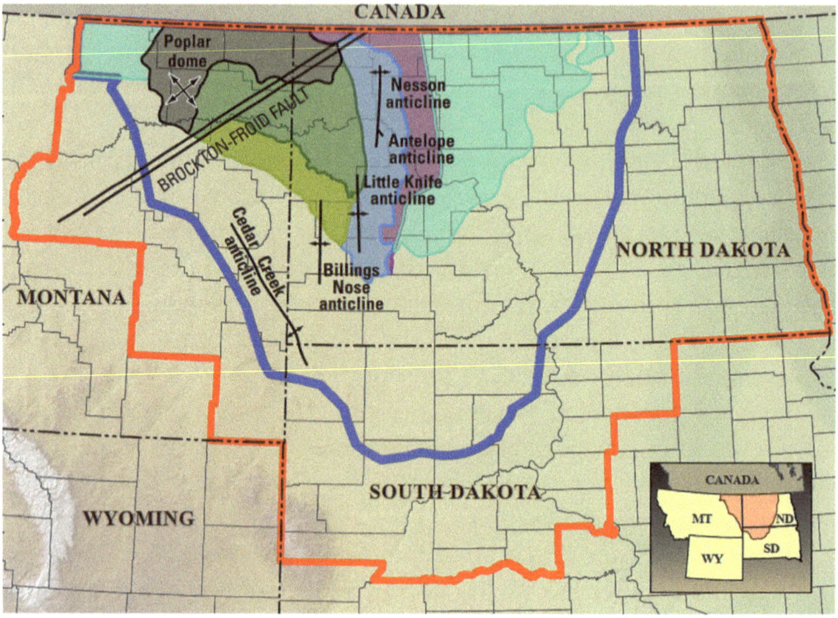

Fig. 4.7 Map illustrating the reported formations by the US Geological Survey (Gaswirth et al., 2013).

For the period of 2008 to 2013, almost 4000 wells were drilled in the Bakken and Three Forks formations. These formations provided considerable geological information, which helped in the assessment and evaluation of the hydrocarbon reserves. Furthermore, assessment of the Three Forks Formation was not applicable before 2008 due to lack of data. Using the reservoir geology to perform the assessment, the survey reported an estimation of 7.4×10^9 barrels of undiscovered volumes of oil, $6.7 \times 10^{12}\,\text{ft}^3$ of natural gas, and 0.53×10^9 barrels of dissolved natural liquid gas in the Three Forks and Bakken formations (Gaswirth et al., 2013).

A total of six continuous assessment units and two conventional assessment units were recognized for the total petroleum system in the Bakken. Five of the continuous assessment units and one conventional assessment units are in the Bakken Formation, and one continuous assessment unit and one conventional assessment unit are in the Three Forks Formation. Key input data used in the continuous assessment units in the Bakken and Three Forks formations are shown in Table 4.2. The average potential production area for the six units had been identified based on the potential reserves. Then, the areas that are potentially located around the drainage area

Table 4.2 Key assessment for continuous assessment units in the Bakken total petroleum system (Gaswirth et al., 2013).

	Elm Coulee-Billings Nose Continuous Oil AU 50310161			
1	**Minimum**	**Mode**	**Maximum**	**Calculated mean**
Potential production area of AU (acres)	1,400,000	1,600,000	1,800,000	1,600,000
Average drainage area of wells (acres)	320	400	600	440
Percent of AU untested	51	69	80	67
Percent of AU in sweet spots	24	27	30	27
Success ratios (%)	98	99	100	99
Average EUR (MMBO)	0.15	0.18	0.22	0.182
	Central Basin Continuous Oil AU 50310162			
2	**Minimum**	**Mode**	**Maximum**	**Calculated mean**
Potential production area of AU (acres)	2,800,000	3,100,000	3,400,000	3,100,000
Average drainage area of wells (acres)	320	400	600	440
Percent of AU untested	80	87	91	86
Percent of AU in sweet spots	24	29	70	41
Success ratios (%)	98	99	100	99
Average EUR (MMBO)	0.225	0.25	0.325	0.254
	Nesson-Little Knife Continuous Oil AU 50310163			
3	**Minimum**	**Mode**	**Maximum**	**Calculated mean**
Potential production area of AU (acres)	2,600,000	2,800,000	3,000,000	2,800,000
Average drainage area of wells (acres)	320	400	600	440
Percent of AU untested	65	76	84	75
Percent of AU in sweet spots	35	38	85	53
Success ratios (%)	98	99	100	99
Average EUR (MMBO)	0.26	0.3	0.35	0.302

Continued

Table 4.2 Key assessment for continuous assessment units in the Bakken total petroleum system (Gaswirth et al., 2013)—cont'd

	Eastern Transitional Continuous Oil AU 50310164			
4	**Minimum**	**Mode**	**Maximum**	**Calculated mean**
Potential production area of AU (acres)	1,800,000	1,900,000	2,000,000	1,900,000
Average drainage area of wells (acres)	320	400	600	440
Percent of AU untested	70	79	93	81
Percent of AU in sweet spots	10	15	20	15
Success ratios (%)	98	99	100	99
Average EUR (MMBO)	0.375	0.425	0.55	0.431
	Northwest Transitional Continuous Oil AU 50310165			
5	**Minimum**	**Mode**	**Maximum**	**Calculated mean**
Potential production area of AU (acres)	500,000	2,000,000	3,100,000	1,866,667
Average drainage area of wells (acres)	320	400	600	440
Percent of AU untested	94	98.8	99.5	97
Percent of AU in sweet spots	10	15	45	23
Success ratios (%)	80	90	95	88
Average EUR (MMBO)	0.075	0.15	0.25	0.154
	Three Forks Continuous Oil AU 50310166			
6	**Minimum**	**Mode**	**Maximum**	**Calculated mean**
Potential production area of AU (acres)	5,000,000	10,000,000	25,000,000	13,333,333
Average drainage area of wells (acres)	220	400	600	407
Percent of AU untested	89	96.5	99.2	95
Percent of AU in sweet spots	10	50	90	50
Success ratios (%)	80	90	95	88
Average EUR (MMBO)	0.18	0.22	0.275	0.222

Table 4.3 The six assessment units' assessment results (Gaswirth et al., 2013).

		Total undiscovered resources		
Total petroleum systems (TPS) and assessment units (AU)	**Field type**	**Oil (MMBO) Mean**	**Gas (BCFG) Mean**	**NGL (MMBNGL) Mean**
Elm Coulee-Billings Nose Continuous Oil AU 50310161	Oil	283	283	22
Central Basin Continuous Oil AU 50310162	Oil	1122	1122	88
Nesson-Little Knife Continuous Oil AU 50310163	Oil	1149	1149	90
Eastern Transitional Continuous Oil AU 50310164	Oil	883	441	35
Northwest Transitional Continuous Oil AU 50310165	Oil	207	145	11
Three Forks Continuous Oil AU 50310166	Oil	3731	3583	281
Total continuous resources		**7375**	**6723**	**527**

of the wells have been extracted from the average area. According to the drainage area identified for potential production wells, a static study has been conducted to determine the hydrocarbon enrichment spots for these wells.

The USGS estimated technically recoverable continuous (unconventional) resources for six of the AUs defined in the Bakken and Three Forks formations, resulting in an estimated 7375×10^6 barrels of oil, 6723×10^9 ft^3 of natural gas, and 527×10^6 barrels of natural liquid gas, as given in Table 4.3. This includes mean-estimated oil resources from the Elm Coulee-Billings Nose Continuous Oil AU (283×10^6 barrels of oil), the Central Basin Continuous Oil AU (1122×10^6 barrels of oil), the Nesson-Little Knife Continuous Oil AU (1149×10^6 barrels of oil), the Eastern Transitional Continuous Oil AU (883×10^6 barrels of oil), the Northwest Transitional Continuous Oil AU (207×10^6 barrels of oil), and the Three Forks Continuous Oil AU (3731×10^6 barrels of oil).

4.6 Assessment case study # 2

Another case study is reported on the shale formation in the Baltic Basin located in Northern Poland as shown in Fig. 4.8. Tens of wells have been drilled in this region to explore and investigate unconventional oil production, yielding valuable information gathered from the retrieved sets of core

Fig. 4.8 Map illustrating the location of the shale formation investigated in the Baltic Basin (Sowiżdżał et al., 2020).

samples and logging data used to establish the overlaying formations of the subsurface in the Baltic Basin (Sowiżdżał et al., 2020).

The assessment showed that for the oil in place, the geochemical assessment method gave very interesting estimation figures in the investigated shale formation. The method was a prime tool to provide reliable information and data for the development of the shale formation, specifically at the early stage.

The unique characteristic of shale structure rich in oil and gas enabled the hydrocarbon-in-place assessment of direct geochemical measurement of hydrocarbons in rock samples from the liquid-rich shale interval to be carried out. The benefit of the geochemical data-based oil resource evaluation approach is the fact that porosity and fluid saturation details are not available at early stages of exploration and development; hence, this method operates without the need of such data. It primarily refers to knowledge about the saturation of fluid that is typically the product of well log data analysis, which may be unclear for shale formations. The laboratory methods available for determining the amount of hydrocarbons found in rock samples are available as follows:

- Extracting hydrocarbons conveyed by leaching (ESM) by the use of organic solvents and evaluating extract quantity at a temperature of 60°C after solvent evaporation and then measuring nonvolatile hydrocarbons mainly (component $C12^{+}$).

- Rock-Eval (*R*) pyrolytic analysis of shale rock samplings to evaluate the liquid hydrocarbons based on the *S*1 criteria, expressing the weight of the free hydrocarbons in a rock sample of up to 300°C (mg HC/g rock) as it releases volatile hydrocarbons in a pyrolytic oven.

Determination of the Rock-Eval pyrolysis and *S*1 parameters is much easier than extracting the solvents because it is an early, simple, and straightforward procedure. The oil in place for a given shallow formation thickness can be easily scaled up. In this assessment, the evaluators considered the Rock-Eval *S*1 data to be the primary form of oil in place estimating methodology and used solvent extraction procedures to establish a correction coefficient.

The oil resource calculation procedure for shale formation of a given volume is calculated using Rock-Eval *S*1 (Eq. 4.2) (Sowiżdżał et al., 2020).

$$\text{Oil content} = \frac{V_o}{V_r} = \frac{S1*\rho_r}{\rho_o} \tag{4.2}$$

where V_o is the oil volume; V_r is the rock volume; *S*1 is the oil content per gram of rocks; and ρ_r and ρ_o are rock density and oil density, respectively.

Introducing a coefficient for accounting evaporation loss (*c*1) in the formula can be used to estimate hydrocarbon in place as shown in Eq. (4.3) (Sowiżdżał et al., 2020):

$$\text{OIIP} = \frac{V_o*\rho_r*S1*c1}{\rho_o}*10^{-3} \tag{4.3}$$

4.7 Data source and valuation

In the previous sections, the initial assessment of unconventional reservoirs and their formation evaluation from economical perspective have been discussed. In the following sections, the type of the required parameters (data) and how these parameters are obtained and processed are introduced.

What makes unconventional hydrocarbon reservoirs distinct from the conventional reservoirs is that they are the source and the trap (storage) of the hydrocarbons. As discussed earlier, conventional resources include migration and accumulation in sandstone or carbonate rock formations. In contrast, the unconventional hydrocarbon source rock is the same as the reservoir at which the organic matter was buried and developed at high temperature and high pressure over a very long geological time. This organic matter went through stages of development from organic matter to finally matured oil and/or gas. This in fact also helped in forming extra porosity in the source rock where the hydrocarbon is stored.

There are generally three types of analyses that are needed for the evaluation of reservoir properties as shown in Fig. 4.9. Each type requires some important parameters that require understanding and evaluation to assess the tight unconventional reservoir. These properties are mainly obtained from 3D-seismic survey, well log analysis, and core analysis and will be discussed in detail in the following sections.

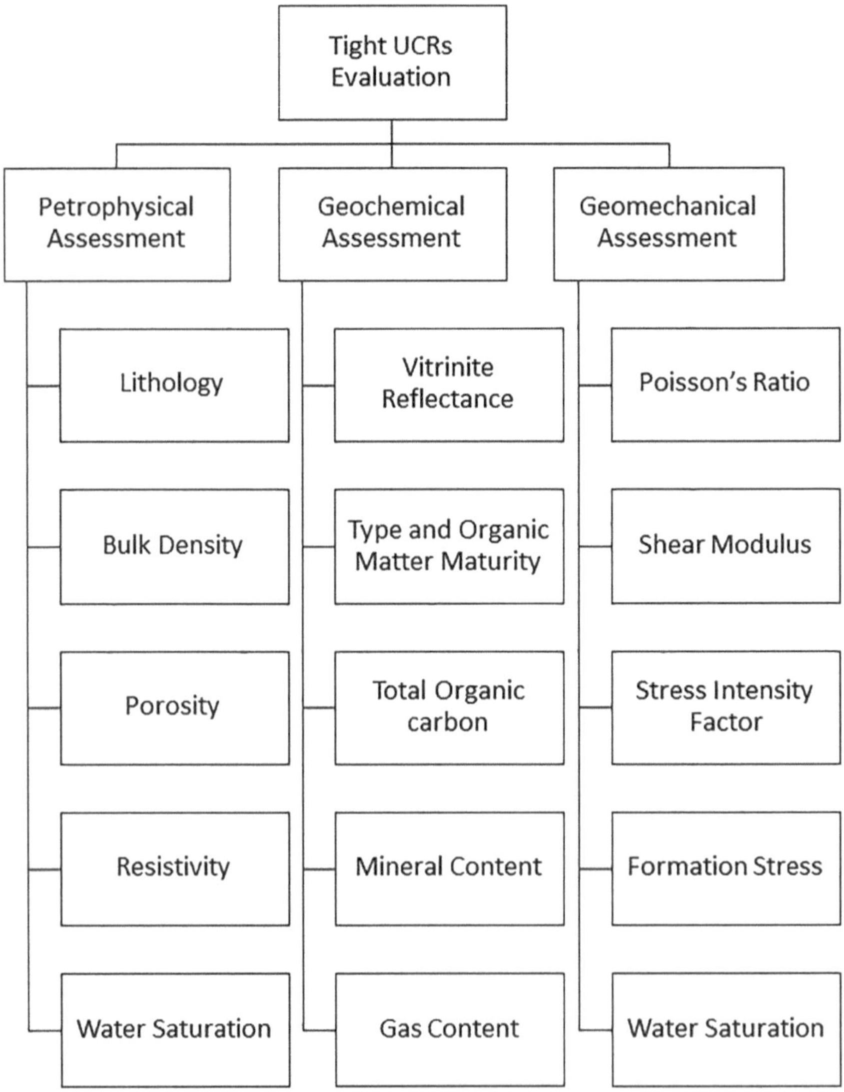

Fig. 4.9 Types of data and parameters used for tight unconventional reservoir evaluation.

4.7.1 Petrophysical assessment

Petrophysical properties are used to characterize unconventional reservoirs as medium to coarse clastic elements and finer components such as sands, silts, and clays, which contribute to the formation of the reservoir (Glorioso and Rattia, 2012). The following are the most significant elements that are analyzed using the petrophysical properties to evaluate the unconventional reservoirs.

4.7.1.1 Lithology

Recovering samples from the reservoir is the best method to examine the lithology of unconventional reservoir. This is, however, normally costly and technically difficult. Core plugs are retrieved from the reservoir during drilling wells by side wall coring, or wireline taker. There are other means of obtaining representative samples such as mud logs, which are initially obtained while drilling, but there are also challenges in terms of locating each cutting to a specific depth. It is also challenging to use these cuttings as representative samples due to the size limitations relative to the reservoir scale. The next source of lithological information can be obtained from logging the well where the formation is divided into layers and rock typing.

Currently, there are various methods to determine the lithology of tight unconventional reservoirs using existing conventional logging methods such as the cluster analysis, neural network, and cross-plot methods. The lithology of tight unconventional reservoirs can be determined by performing the gamma ray, thorium-potassium cross-plot, density resistivity, and acoustic time resistivity (Fan et al., 2016; Jianqiang et al., 2013; Mosheni, 2010).

For example, log cross-plotting is used to determine the lithology of a typical stratum (Dawei et al., 2016). The area studied had some lithological data from different locations of the reservoir with much consistency in the lithology retrieved from drilled wells. It was observed that in some areas, the existing logs can still be utilized by uniform criterion to characterize and classify the lithology. Cross-plotted gamma ray and compensated neutron logs yielded more deterministic values for the different lithology descriptions in the region. This study revealed categorizing the lithology in the area of investigation into four types: sandstone, siltstone, argillite, and tuff. Fig. 4.10 shows the resulted cross-plot.

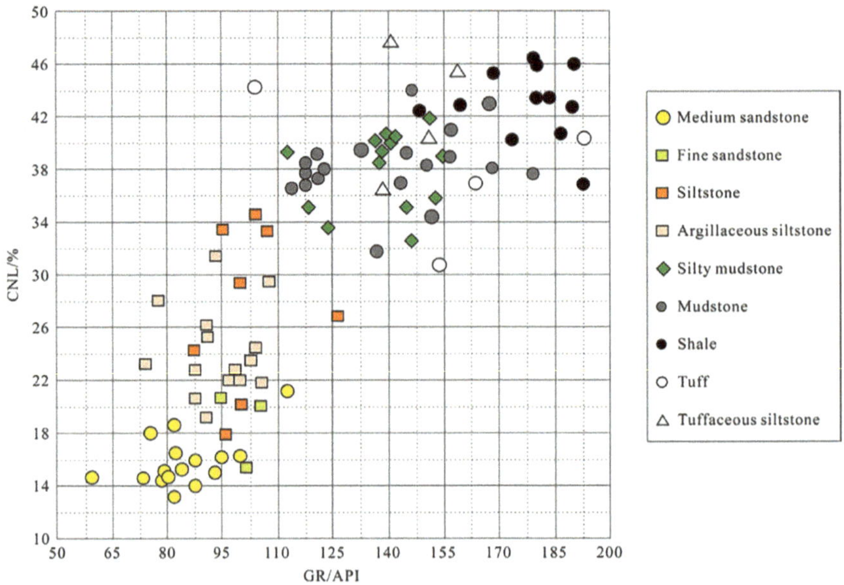

Fig. 4.10 A cross-plot of gamma ray versus compensated neutron logs for lithology determination (Dawei et al., 2016).

4.7.1.2 Bulk density

The rock bulk density is a function of the minerals forming the rock, voids within the matrix and fluids saturating the porous media. Any changes in one of these factors will result in changes in the bulk density. Typically, density is measured directly from rock samples by taking the weight of the rock in atmospheric pressure and immersing it in water. The determined volume of the water entering the pore spaces adds extra weight to the original rock weight that has been initially recorded. The density will be calculated from the difference in the weight of the sample as well as the volume of the water and bulk volume of the rock sample. Table 4.4 shows some of the bulk densities of the most predominant reservoir rocks.

The rock density can be determined from the seismic data at the exploration phase of the tight unconventional reservoirs by the seismic inversion or geostatistical methods. This gives the ability to establish a structure map of the subsurface and predict the depth burial of the unconventional reservoir, as well as the major contributing minerals. Although fluid and lithology properties of the formation are not detected by the stand-alone P-wave data, the availability of the S-wave response facilitates these types of determinations (Barnola and White, 2001).

Table 4.4 Bulk density of common reservoir rocks.

Rock	Density (g/cc)
Shale	2.06–2.66
Sandstone	2.0–2.5
Quartzite	2.6–2.7
Clay	1.6–2.6
Limestone	2.6–2.8
Dolomite	2.3–2.9
Granite	2.5–2.7

In general, bulk density petrophysical analysis is proven to be of significant value as an acoustic indicator of the existence of source rocks, which are mainly tight unconventional shale reservoirs. Moreover, the development of heavy oil and oil sands requires precise density estimation to predict the shale location that might disturb the recovery operations such as steaming (Gray et al., 2006).

4.7.1.3 Porosity

For tight unconventional reservoirs (specifically shales), the porosity is represented by the water stored, which is interacting with the clays, fluid in a free state located in capillary spaces and large pores (Kuila et al., 2014), and microfractures as illustrated in Fig. 4.11. Extra porosity is actually added to the structure by kerogen, which releases oil and gas, providing additional porosity. Tight unconventional reservoir porosity determination

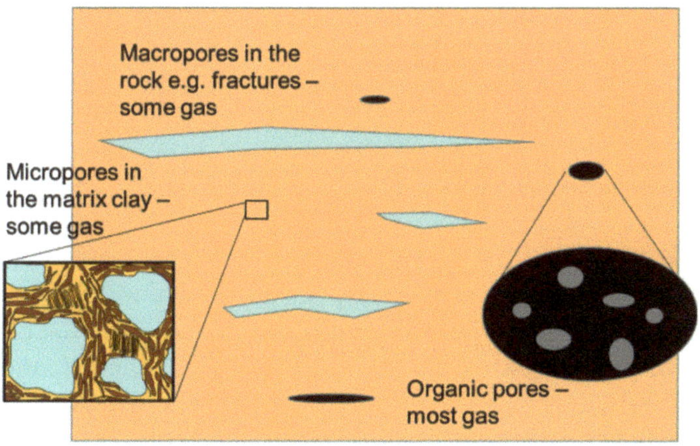

Fig. 4.11 Types of porosity in tight unconventional reservoirs (Kuila et al., 2014).

represents another challenge, because the reservoirs are normally rich in organic matter or kerogen, are heterogamous, and have a considerably low porosity (Pan et al., 2015). Conventional methods for porosity determinations are not precise and to some extent inaccurate (Jiang et al., 2016).

Currently, there are mainly two types of techniques for the determination of porosity for the tight unconventional reservoirs: (1) radiation and (2) fluid penetration methods (Chen et al., 2018).

There are various advanced techniques for radiation methods that provide direct porosity determinations (Clarkson et al., 2013), which are as follows:

- Scanning electron microscopy (SEM)
- Field emission scanning electron microscopy (FESEM)
- Small-angle neutron scattering (SANS)
- Ultra-SANS
- 3D reconstruction
- Computed tomography (CT)

In addition to the radiation method, the fluid penetration method also offers a range of techniques that are useful for a good estimation of porosity in unconventional reservoirs, which are as follows:

- Low-temperature nitrogen adsorption/desorption (LTNA)
- Mercury intrusion porosimetry (MICP)
- Nuclear magnetic resonance (NMR)

Due to the variations in experimental conditions for the LTNA and MICP, each method has a range of pressure, temperature, and fluid properties. Results from both tests normally yield nanoscale to microscale porosity, which are combined to give a better estimation of the porosity. The only drawback of these two methods is that they are only able to detect the interconnected pores (traditionally used to calculate effective porosity). In contrast, NMR is able to provide a pore size distribution of the immersed sample with liquid and show the pores filled with liquid, regardless of the connectivity of the pores (traditionally used to calculate total or absolute porosity).

4.7.1.4 Permeability

In conventional reservoirs, permeability is typically calculated using Darcy's law after performing core-flooding experiments in the laboratory and achieving a steady-state flow. However, in tight unconventional reservoirs in which the range of permeability is as small as the nanoscale, making permeability estimation is much more complex. Other issues with permeability measurements for tight unconventional reservoirs are sample microcracks, saturation alteration induced during coring, and the high heterogeneity, which complicates the estimation of the formation permeability and makes the rock more subject to microcracks (Suarez-Rivera and Fjaer, 2012).

The lithology of unconventional reservoirs is quite complicated with organic and inorganic solid content, in addition to a discrepancy in fluid saturation distribution due to large variations of reservoir wettability preferences, suggesting that fluid mobility is not solely dependent on the simple pressure drop and viscous force theory known in the case of conventional reservoirs (Sondergeld et al., 2010b). Some of the proposed mechanisms currently under investigation are Knudsen diffusion and molecular diffusion, as well as pore pressure-dependent diffusion (Sinha et al., 2012; Fathi et al., 2012). Due to these mechanisms, the permeability of the unconventional reservoirs is considerably different when measured with gas or liquid. This in fact is caused by the relative difference between the mean free path of the fluid and the pore size. This leads to suppression of the molecular collisions, which alters the fluid flow mean velocity. For instance, 173.6 and 58.8 nm are the average free paths of helium and nitrogen. For the same conditions of ambient pressure and temperature, the mean free path is almost 0.0025 nm for water. Knowing the average pore throat for tight unconventional reservoirs ranging between 5 and 50 nm, the resulting flow will significantly vary for the gas and liquid.

Although several correction parameters have been proposed in the literature such as the Klinkenberg and Knudsen relationships to correct the gas slippage and the molecular collisions, the variations in these values are still a great challenge. These challenges stem from the fact that other considerations should be made to describe the impact of adsorbed hydrocarbons in the fluid flow in the shale as well as the impact of the anisotropy of the permeability (Sondergeld et al., 2010b; Vermylen, 2011). When considering these two effects with the existing correction factors, a better estimation of tight unconventional reservoir permeability can only be achieved with better accuracy.

If we go back and check the original definition of permeability as the ability of a rock to transmit fluids within them, then for tight unconventional reservoirs, the concept and understanding of the permeability will itself be changed. The reason for this is that the contributions of the non-Darcy (associated with the nanoscale) mechanisms to fluid displacement, or fluid trapability, are much predominant and significant in such tight porous media than in conventional reservoir porous media flow. More discussions on these mechanisms and their influences are discussed in Chapter 8 in the section on modeling.

4.7.1.5 Resistivity

Fundamentally, conventional reservoirs are caches of oil and gas, while unconventional reservoirs produce and store oil and gas. Produce, here, means that more oil and gas are added with the undergoing process of maturity that takes place in the source rock. The irony is that this process is continuous before discovery, after discovery, and probably forever! With hydrocarbon maturity and release of more oil and gas within the tight unconventional reservoirs, resistivity of the formation changes from nonresistive due to high water content into resistive due to hydrocarbon generations (Meissner, 1991). In petrophysical analysis of tight unconventional reservoirs, this behavior is significant in determining the type of fluid in a formation as well as the source rock maturity indication. Resistivity logs are generally not stand-alone logs and are used along with other logs such as sonic and porosity logs to estimate related reservoir properties.

SP logs are used to calculate the resistivity in a formation. These steps are usually necessary to be followed in the calculations of the water resistivity from the SP logs:

- Determine formation temperature.
- Calibrate mud filtrate resistivity to formation temperature.
- Convert mud filtrate resistivity to the equivalent mud filtrate resistivity.
- Determine the SP log values at the targeted formation based on the shale baseline and determine the equivalent water resistivity.
- Calibrate the equivalent water resistivity to the water resistivity at formation temperature.

4.7.1.6 Water saturation

The challenge in evaluating tight unconventional reservoirs is that for all petrophysical calculations of reservoir properties, the kerogen or organic matter properties should be included in all calculations (Zuber et al., 2002). The complexity of structure network of the tight unconventional reservoirs and accumulations of all matrix and organic matter impact the precision of the tools used in logging. Although the determination of water saturation has less attention in the literature compared to porosity determination, a good estimation of the water saturation is significant to determine the feasibility of production from tight unconventional reservoirs.

It is noteworthy to mention that, because of the existence of kerogen and relative richness of clays in unconventional reservoirs, the traditional Archie equation is not applicable to estimate the water and hydrocarbon saturations. Another constraint of using the Archie equation is that the water resistivity in unconventional formations has many complexities, as mentioned earlier, which need to be estimated. There have been some attempts in the literature to set a constant value for the resistivity by investigating resistivity at low to high salinity to calculate the water saturation, but many believe that the resulting water saturation value is not representative of the actual reservoir value (Zuber et al., 2002; Martini et al., 2008).

Yu et al. (2018) conducted a comprehensive study for estimating water saturation using three methods: (1) the Archie method; (2) Waxman-Smits method; and (3) Indonesia method. Their study also attempted to improve these methods to come up with better estimation and characterization of the water saturation in tight unconventional reservoirs. Despite all the efforts, the Archie equation and its modified versions had drawbacks with overestimation of water saturation. The second method (Waxman-Smits) was found to be more suited for the tight unconventional reservoir, but includes some uncertain resistivity parameters. Therefore, the modified Indonesia method is recommended to determine the water saturation of the tight unconventional reservoir because it was found, to some extent, to yield better representative values (Yu et al., 2018).

4.7.2 Geochemical assessment

As illustrated in the previous sections, petrophysical estimation of unconventional hydrocarbon reservoirs presents a wide range of challenges and uncertain parameters. These challenges stem from the fact that tight unconventional reservoirs are typically source rocks. The existence of organic matter, richness in clay content, low porosity, and ultra-low permeability implies a different set of methods to evaluate these reservoirs. Geochemical analysis offers a great source of information about tight unconventional reservoirs to assess their reservoir worth by calculating the hydrocarbon in place and reserves. Some of the most important geochemical properties in this respect are discussed in the following sections.

4.7.2.1 Vitrinite reflectance

In tight unconventional reservoirs, the exposure of the sediments to temperature is a very important indicator. This indicator reflects the thermal maturity of the unconventional hydrocarbons. Thermal maturity shows the decomposition of an organic matter (kerogen) to determine if the hydrocarbon is in the gas or oil window.

Thermal maturity can be determined using the vitrinite reflectance (% R_0), which indicates the highest exposed sediment to the paleo-temperature. This temperature is not typically the bottomhole temperature as the organic-rich muds are normally uplifted to lower depths with lower temperature after maturation. The organo-clastic vitrinite matter is typically catagenetic modified tissue of the woody plant. Normally, a light beam shines on the polished surface of the matter if a fragment of this matter exists in kerogen as autochthonous or in the rock. This reflectance and its intensity/amount are received by a photomultiplier for recording. When vitrinite is detected, the data are recorded in the form of a histogram showing values of the standard deviation and mean value of the matter present in the formation. The amount of data recorded can vary depending on vitrinite fragments typically ranging between 1 and 50 recordings. Then, the mean value of these recordings is used to form a thermal maturity map of the formation. The typical method in vitrinite reflectance study for a well is running the test over the whole formation with an extra 500 ft above the formation of interest to establish a constructive maturity map. An illustration of the thermal maturity map for one of the wells in the Barnett shale formation is shown in Fig. 4.12. By fitting all of the parameters of the Barnett formation, it shows a good correlation between the samples falling in the late oil window and almost entering the wet gas window represented by the dotted line.

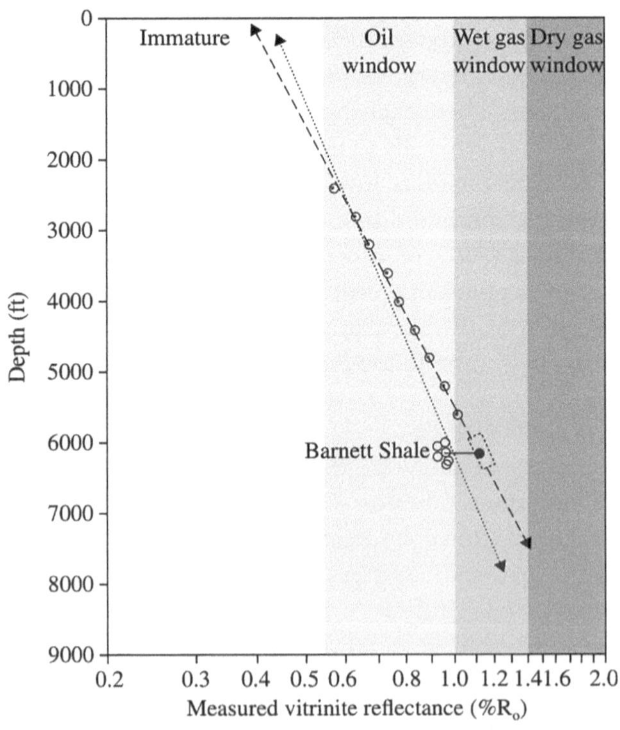

Fig. 4.12 Vitrinite reflectance of the Barnett shale (Rezaee, 2015).

4.7.2.2 Types and maturity of the organic matter

The initial state of all hydrocarbons is in the form of organic-rich mud. These muds were deposited at different locations such as lakes, marine environments, or even in swamps. The type of organic matter embedded in the mud depends on the environment of deposition. The ratio of hydrogen to carbon and the ratio of oxygen to carbon are used to categorize the different types of organic matter (Tissot and Welte, 2013). This organic matter is called a kerogen, which, over time, breaks down into heavier molecules such as oil and gradually into smaller molecules such as gas until only a single hydrocarbon is formed (methane). There are generally four types of kerogens depending on the ratios of hydrogen and oxygen to carbon, respectively, as shown in Table 4.5.

From this table, it can be observed that kerogen of type I and type II is from algal and planktonic material, with the highest H/C, which with thermal maturation will create oil. Kerogen of type III typically consists of woody materials and will generally make gas during thermogenic maturation. Finally, kerogen of type IV is typically neither oil nor gas (primarily composed of vitrinite).

The main challenge of tight unconventional reservoir evaluation starts at this point, because the formation rock is actually the source and the reservoir is where the hydrocarbons are kept.

4.7.2.3 Total organic carbon (TOC)

Another important parameter for the evaluation of tight unconventional reservoirs is the total organic carbon (TOC). The proportion of the weight of organic carbon in the unconventional reservoirs is referred to as TOC representing the organic carbon quantity. The density of the organic carbon is considerably lower than that of the matrix of the rock, which makes it occupy a considerable volume of the rock matrix. There are mainly two types of TOCs in the rock matrix: organic carbon hydrogen-poor and organic carbon hydrogen-rich. The hydrogen-poor type is considered as

Table 4.5 Kerogen types and properties.

Type	Form	Origin	H/C ratio	O/C ratio
I	Alginite	Algal	>1.4	<0.1
	Amorphous	Algal (structureless)		
II		Planktonic (structureless)	1.2–1.4	~0.1
	Exinite	Skins of spore and pollen		
III	Vitrinite	Fibrous and woody plant	0.7–1.0	>0.1
IV	Inertinite	Oxidized woody debris	<0.5	<0.15

a nongenerative organic carbon because it does not have a potential for generating commercial petroleum. The hydrogen-rich type, on the other hand, is referred to as a generative organic carbon as it can generate commercial petroleum under certain maturation conditions.

To determine the amount of the oil or gas that can be generated from the unconventional source rocks as supportive to the TOC evaluation, the hydrogen content can be considered for such evaluation and can be calibrated to the source rock TOC. Hydrogen content is also an important factor to determine the type of the generated hydrocarbon. For instance, to form a methane gas in the source rock, four hydrogen atoms need to be attached to one carbon atom. The same can be said about the existence of gases such as ethane and propane of the hydrocarbon series. The source rock pyrolysis is a type of qualitative measurement used to estimate the amount of the hydrogen in the rock matrix, which is normally referred to as the hydrogen index.

At present, the literature offers some empirical correlations, which are based on various considerations and data from logging to estimate the TOC for a rock matrix. The first efficient model was developed for the estimation of TOC utilizing the density of the formation.

This model was mainly used for estimation of the proportion of the TOC volume in the Devonian shale from which the percentage of the weight is measured as shown in Eq. (4.4) (Schmoker, 1979).

$$\mathrm{TOC_{vol}} = \frac{\rho_b - \rho}{1.378} \tag{4.4}$$

where ρ_b and ρ are bulk density and density of the matrix without organic matter, respectively. This model was further modified to be used for another formation (Bakken shale) as shown in Eq. (4.5) (Schmoker, 1980);

$$\mathrm{TOC_{vol}} = \frac{(100*\rho_o) - (\rho - 0.99*\rho_{mi} - 0.039)}{R_\rho(\rho_o - 1.135*\rho_{mi} - 0.675)} \tag{4.5}$$

where ρ_o is the organic matter density; R_ρ is the organic matter to carbon ratio; and ρ_{mi} is the bulk density.

More models were reported in the literature for the estimation of TOC using logs such as sonic transit time and deep resistivity logs, which were referred to as $\Delta \log R$ model as shown in Eq. (4.6) (Passey et al., 1990):

$$\Delta \log R = \log 10\left(\frac{R}{R_{\mathrm{base}}}\right) + 0.02*(\Delta t - \Delta t_{\mathrm{base}}) \tag{4.6}$$

where R and R_{base} are the formation resistivity and the base formation resistivity, respectively. Δt and Δt_{base} are the sonic transit times for formation and base formation, respectively.

This model is ultimately one of the most utilized models for the evaluation of TOC in unconventional reservoirs.

4.7.2.4 Mineral content

Tight unconventional reservoirs are geological rocks composed mainly of clay size mineral grains (illite, kaolinite, and smectite), typically formed by deposition of fine sediments at the bottom of seas or lakes in fairly quiet environments. Shale may contain other minerals such as quartz, chert, and feldspar (Wang et al., 2016b). Tight unconventional formations are the most prolific sedimentary rocks in the earth's crust. Unconventional formations play a major role in hydrocarbon recovery because they can serve as hydrocarbon source rock, seals, and reservoirs as experienced in the unconventional oil/gas plays.

The following is a case demonstrating the mineral contents obtained from the XRD study for three different formations C, P, and K (Rezaee, 2015) as shown in the ternary plot in Fig. 4.13.

The three studied samples have dominated matrix of silica, with relatively high contents of quartz in C and P samples as compared with K sample, which has high clay contents. Mineral composition is an important parameter to understand the complexity of the fluid flow in tight

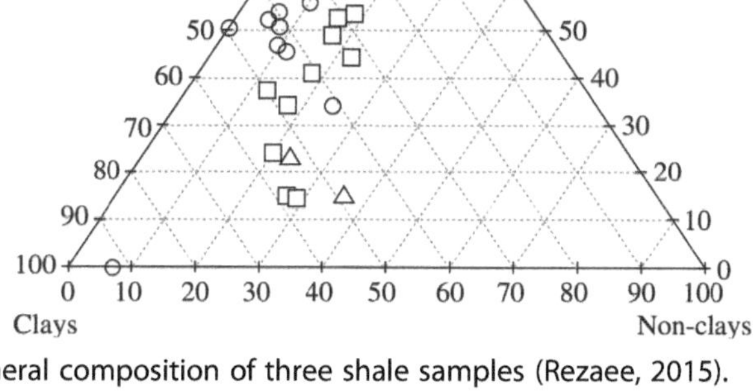

Fig. 4.13 Mineral composition of three shale samples (Rezaee, 2015).

unconventional reservoirs where formations with higher heterogeneity and clay content are more difficult to produce from and have more adsorption issues.

4.7.2.5 Gas content

Gas exists in oil and gas tight unconventional reservoirs mainly in two forms: free gas, and adsorbed gas or even adsorbed in water (Zhou et al., 2016) as shown in Fig. 4.14. The adsorbed gas is considered the most important component of the reservoir gas as it represents the largest gas content in the reservoir. This portion of gas is generally higher than the free gas, and estimation of the gas content is important for the tight unconventional reservoir evaluation and development. Samples were retrieved from the formation during drilling and preserved inside special canisters to keep them at reservoir conditions to properly measure the gas adsorption and desorption in these unconventional plays.

There are several theories about gas generation and storage within unconventional reservoirs. Proven discovered reservoirs revealed that gas is adsorbed in the unconventional formation in the kerogen as well as in the matrix (clay) domains, whereas the free gas is stored mainly in the pore spaces and natural fractures and fissures (Wang and Reed, 2009). There are

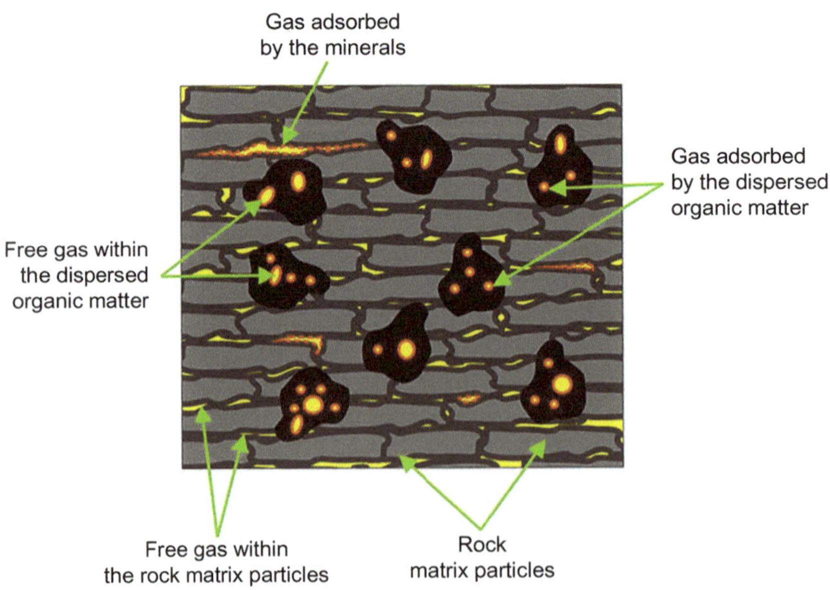

Fig. 4.14 Forms of gases in tight unconventional reservoirs (Dyrka, 2020).

interesting models capable of portraying production performance with distinct calculation of the free gas different from the adsorbed gas (Xia et al., 2017). In order to produce from the adsorbed gas portion, it is important for the reservoir to produce a significant amount of the free gas through the depletion process for the adsorbed gas to desorb (Mengal and Wattenbarger, 2011).

Because of the fact that a significant amount of gas exists in the adsorbed form, it is important to estimate this quantity as accurately as possible because of the vital role that this amount plays in describing the potential of the unconventional reservoir production (McGlade et al., 2013). This helps in a better estimation of the gas in place and the gas reserves (recoverable gas) that can be produced by selecting the best production strategy.

4.7.3 Geomechanical evaluation

Another assessment tool required for the formation evaluation of tight unconventional reservoirs is the geomechanical evaluation. This part of the evaluation is concerned with the evaluation of the mechanical properties of the reservoirs in order to understand the natural fracture system in the formation near the wellbore as well as designing efficient scheme to hydraulically fracture the formation.

4.7.3.1 Poisson's ratio

Poisson's ratio is an important mechanical property, which describes the deformation behavior of a material (rock, in this case) if a stress is applied to this material. Poisson's ratio can be more elaborated and understood from the concept of strain.

Furthermore, we can understand the strain concept by looking at Hooke's law stating that there is a proportional relationship between extending/compressing a spring and its stretched length. This concept is actually applicable to all materials that are brittle or ductile with difference in terms of plastic and elastic material properties. Part of Hooke's law governs the relationship between stress and strain. By applying a stress to a material, deformation takes place and strain can be calculated by finding the relation between the changes in material length after stress to the original length. The relationship between stress and strain is elaborated in Fig. 4.15.

Poisson's ratio is calculated using Eq. (4.7) at which the deformation along the stress axis is divided by the deformation of the material along the perpendicular axis (Zhang, 2019). Poisson's ratio is an indicator of the brittleness and strength of the formation, and normally, formations with higher Poisson's ratio values require higher stress to fracture them.

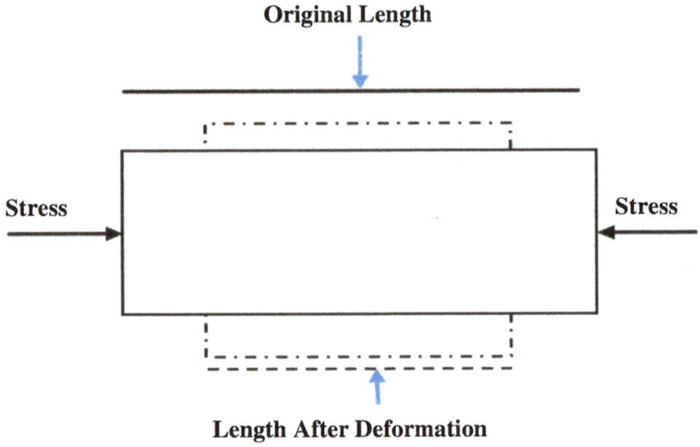

Fig. 4.15 Strain resulting from compression stress.

$$v = -\frac{\varepsilon_l}{\varepsilon_p} \tag{4.7}$$

where ε_l and ε_p are the lateral and perpendicular deformations (strains), respectively.

Different rock formations will have different Poisson's ratio values. This is particularly important to determine the fracture height and whether or not the lower and higher formations will be fractured given a specific fracturing pressure.

4.7.4 Shear modulus

The shear modulus *G* is referred to as a response of a material to the applied shear. It can be determined by dividing the shear stress by the shear strain as shown in Eq. (4.8) (Rajput and Thakur, 2016).

$$G = \frac{\text{Shear stress}}{\text{Shear strain}} \tag{4.8}$$

The shear modulus is an important property used to give an indication of the material resistance to the deformation induced by shear. Highly resistant materials will normally resist shear, and thus, the shear energy will be transmitted into the material quickly. This behavior is common in materials that are rigid, and hence, it is called the modulus of rigidity. It is noteworthy to mention that shear moduli derived from seismic normally yield higher values than the experimentally measured values in the laboratory. This is happening because the seismic measurements use conditions of low-strain and material elasticity.

4.7.4.1 Young's modulus

Fig. 4.16 shows different stages of how a material responds to a given amount of stress. Depending on the properties of the material, the response will fall under elastic or plastic regions.

The region in Fig. 4.16 from point O to point A represents Young's modulus (E) region, which can be described as the region of elasticity and calculated by dividing the stress by strain. Under the elastic region, the deformed material normally goes back to its original shape upon stress lift. On the other hand, if the materials fall into the plastic region, the materials deform and never return to its original shape.

Young's modulus gives information about the rock stiffness in which higher values of Young's modulus imply higher stress required to deform a material. In tight unconventional reservoirs, this rock property is particularly of great importance because Young's modulus effects the stress required for closure and thus controls the height of the fracture. If there is a big difference between the vertical stress and the minimum horizontal stress in the formation, which is defined by Young's modulus, the stress of the closure is higher than that of the isotropic rocks. This behavior yields anisotropic behavior, which is mainly exhibited by rocks associated with high clay percentage. This gives an indication of whether the formation is ductile or brittle, which determines the suitability of horizontal well fracturing. For ductile formations, the proppant would be pumped into the fracture, and therefore, conductivity will be reduced.

4.7.4.2 Stress intensity factor

The concentration stress factor is used in many engineering functions, but has limited applications in hydraulic fracturing. One issue is that the factor provides information about the stress at the stress point without information about the bulk stress. Another drawback is that it gives very large values, approaching infinity, for the stress concentration at the fracture tip where the radius becomes very small and is approaching zero. Thus, a new approach that helps in understanding rock behavior when designing fracture jobs has been proposed (Moore and Booth, 2014).

A stress intensity factor K is proposed to give a solution for the limited application of the stress concentration. Mathematical modeling represents that the treatment of the fractured bodies under stress can be used. In this model, the minimum horizontal stress (σ_x) at any length away from the fracture tip can be estimated using Eq. (4.9):

$$\sigma_x = \frac{\sigma\sqrt{a\pi}}{\sqrt{2\pi x}} \tag{4.9}$$

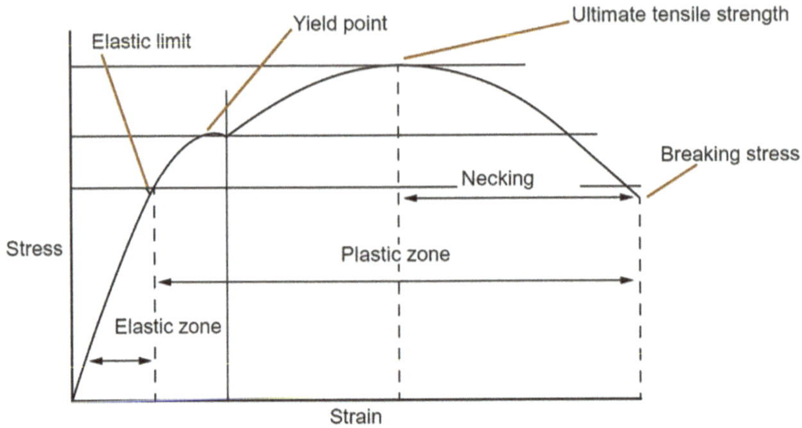

Fig. 4.16 Typical stress-strain curve (Singh and Verma, 2019).

where σ is the stress that is applied to the formation; a is the length of the crack; and x is the length away from the fracture tip. The distribution of the stress ahead of the fracture is illustrated in Fig. 4.17.

The stress σ and the square root of (πa) can be represented by the symbol K, which is referred to as the stress intensity factor. Therefore, Eq. (4.9) can be rewritten with the intensity factor in Eq. (4.10):

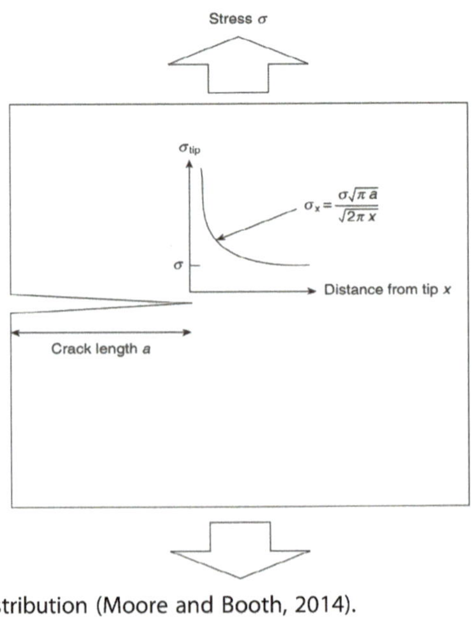

Fig. 4.17 Stress distribution (Moore and Booth, 2014).

$$\sigma_x = \frac{K}{\sqrt{2\pi x}} \tag{4.10}$$

The concept of the intensity factor demonstrated that, if K is known, then the distribution of the stress around the fracture tip is also known. Moreover, when two fractures having various lengths are under stress by various forces with a similar stress intensity factor, the distribution of the stress around both fractures is identical.

4.7.4.3 Formation stress

In unconventional reservoirs, it is essential to optimize the hydrocarbon production from the tight formations. Therefore, it is significant to provide the highest possible surface of contact between the formation and the fracture. The distribution of stress along the tight unconventional reservoir horizontal well section is the main parameter in forming hydraulic fractures and determining their propagation behavior (King, 2010). It is proven from field applications that the vertical, minimum, and maximum horizontal (σ_v, σ_h and σ_H) stresses are the most important parameters that control fracture creation and propagation. Other parameters such as the modulus, strength, interfaces, and pressure gradients have relatively less effect (Simonson et al., 1978). Fig. 4.18 shows the in situ vertical, minimum, and maximum stresses and their effect on the fracture conductivity and propagation. It can

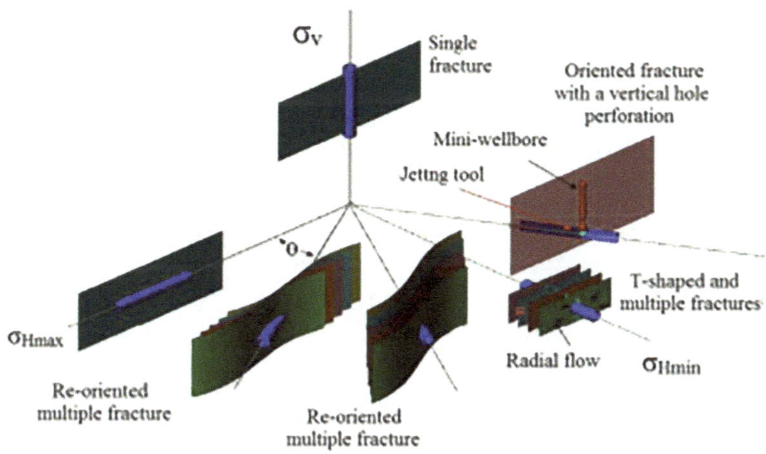

Fig. 4.18 Schematic showing different fracture geometries depending on the in situ stresses (Li et al., 2015).

also be observed that the fracture type and orientation are controlled and determined by the three stresses.

These stress principles are the main factors for the determination of the nature of the created fracture where production is mostly contributed to by main and secondary fractures (Daneshy, 2009).

4.8 Role of macro-, micro-, and nanoscale assessment of tight unconventional reservoirs

Unconventional reservoirs have various structures with different pore sizes, ranging from micrometers to nanometers. Hydrocarbons in general and gas in particular might exist in the unconventional reservoirs in many states as mentioned earlier either reserved in the free gas mainly in the formation of fractures and nanopores or adsorbed in kerogen and/or water. Conventional formations are described by the pores at the microscale, and tight unconventional reservoirs, however, are characterized by the pores at the nanoscale. It is claimed that a comprehensive study of the geology of the earth on smaller scales such as the nanoscale will provide a geologic explanation on smaller scales and that these will reveal more about the geological phenomenon of the earth subsurface stratum (Ju and Li, 2009). Thus, it is possible to say that a better understanding of the pores on nanoscale will improve our understanding of the behavior and conditions of the tight unconventional reservoirs.

Generally, reservoir pores are in two forms: the main pore that is the main storage of the fluid and the pore throat. In tight unconventional reservoirs, the microscale and the nanoscale of the pore system are significant as shown in Fig. 4.19. Structures at the nanoscale are those formations with dominating pores at 1–1000 nm, whereas microscale structures are those formations with dominating pore systems of 1000 nm to 1 mm (Ju and Li, 2009).

The pore system in tight unconventional reservoirs is one of the most important parameters to evaluate reservoir development because it represents the capacity at which hydrocarbons are stored as well as the deliverability potential of the reservoir. One of the first references to the nanoscale is for the Barnett shale for both pore network and organic pore with the most reserves found in the kerogen (organic matter) with nanopores of diameters of approximately 100 nm (Zou et al., 2013). Studies in various unconventional reservoirs yield results that pores micro to nanoscales dominate the major significance of the void space for the unconventional reservoirs with

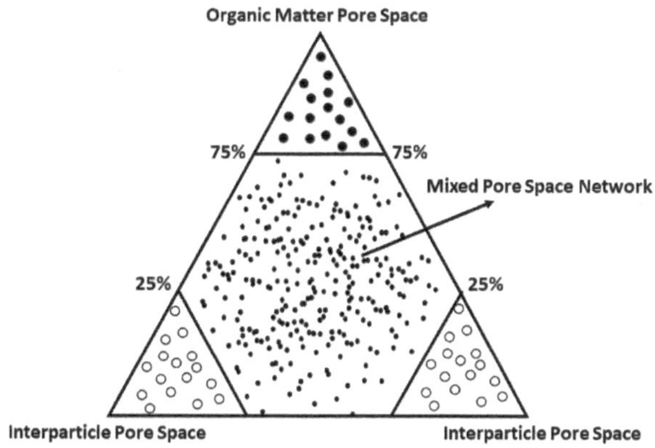

Fig. 4.19 Pore system in tight unconventional reservoirs.

the vast pores in the microscales to nanoscales coexist in the unconventional reservoirs controlling the hydrocarbons migration and storage capacity (Loucks et al., 2009).

The pore structure system of unconventional reservoirs can be categorized based on the pore diameters: (1) micropores with pore diameters less than 2 nm; (2) mesopores with pore diameters ranging from 2 to 50 nm; and (3) macropores with pore diameters larger than 50 nm (Sing, 1985). These categories are used in the unconventional reservoir characterization and evaluation of the pore systems. Current methods to determine and evaluate the pore structure system for unconventional reservoirs are described next.

4.8.1 Mercury intrusion capillary pressure (MICP)

Mercury is used as intrusion substance in reservoir rocks because of its nonwetting properties. Therefore, mercury has the ability to enter the interconnected pores and spaces without infiltration by capillary actions. MICP testing uses a dry rock sample (not a sample powder) to perform the pore size distribution test. A rock sample is placed in a vessel, which is vacuumed of air, and then, the mercury is forced into the sample. The pressure of injected mercury is gradually increased to allow for more mercury to access more interconnected pores in the sample. The mercury injection is continued until the required pressure is achieved yielding a particular mercury intrusion to the pore spaces. Typically, the highest pressure in an MICP allows the mercury to access the small pore with almost 3 nm diameter. The volume intruded can be used to give a good estimation of the interconnected pore size distribution of the unconventional reservoir, which is normally above 2 nm using the capillary (Eq. 4.11):

$$\Delta P = \frac{2\Upsilon \cos\theta}{r_{\text{pore}}} \tag{4.11}$$

where ΔP is the capillary pressure; θ is the angle between the mercury and rock surface; Υ is the mercury surface; and r_{pore} is the radius of the pore throat.

The work done (w) to force the mercury into the pore system of the rock sample can be calculated from the area under the curve of the intrusion profile represented by Eq. (4.12):

$$w = \frac{1}{\Upsilon \cos\theta} \int_0^v P dV \tag{4.12}$$

One drawback of using this method is that the extrusion of the mercury is not similar to the intrusion, making it difficult to decide whether to use the intrusion or extrusion profile to estimate the pore size distribution of the sample.

4.8.1.1 Example of the use of MICP

MICP curves for the injection pressure and the mercury volume for one of the samples from the Bakken shale formation are shown in Fig. 4.20.

The plot shows that, at the beginning of mercury injection, a high volume of mercury intruded the shale and then started to increase at a slower rate as the mercury started to access the smaller pores. Then, pore size distribution can be calculated by using Eq. (4.12).

4.8.2 Gas adsorption method

In tight unconventional reservoirs, one of the most common techniques used to find the pore size distribution and characterize a rock sample is the gas adsorption method. The first successful practice of measuring gas adsorption was by using nitrogen at ambient temperature (Dewar, 1904). Langmuir introduced the concept of gas adsorption, but it was on a monolayer level only, which had limited application in the determination of the pore system and surface area (Langmuir, 1917). Later, others proposed advanced methods to demonstrate the adsorption at multiple layers using the nitrogen gas (Benton and White, 1932). An extension method of the Langmuir isotherm is the Brunauer-Emmett-Teller (BET), which added the advantage of using the adsorption isotherm at multilayer level, giving

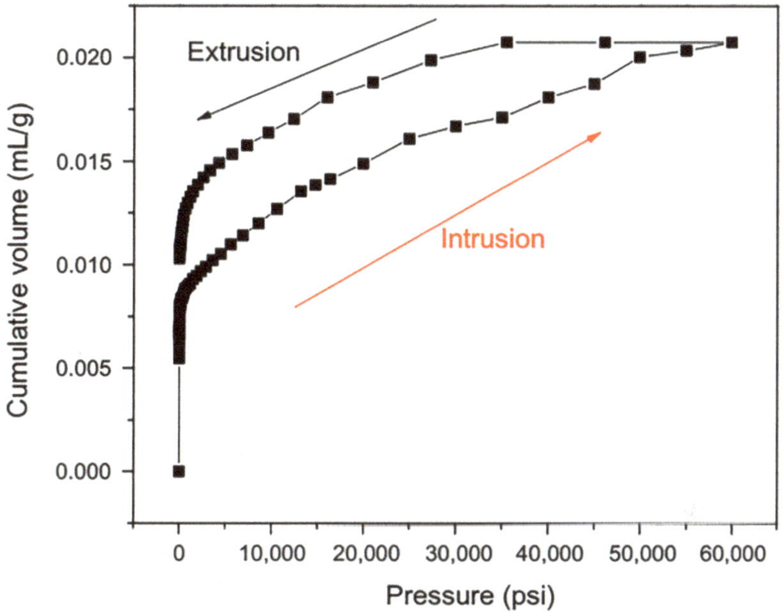

Fig. 4.20 Mercury intrusion and extrusion for a Bakken shale sample (Liu et al., 2017).

better estimation of pore size distribution and surface area of tight unconventional reservoirs in addition to conventional reservoirs (Brunauer et al., 1938).

In gas adsorption tests, the samples are initially crushed into a powder and sieved to yield a certain grain size for a better estimation of the surface area for experimental study purposes. The samples are then degassed at a certain temperature depending on the type of the rock samples, normally 120°C for Marcellus shale samples for a period of day to remove any water moisture in the sample. Finally, nitrogen or carbon dioxide adsorption isotherms are conducted depending on the pore size distribution (to estimate micropores, usually, a carbon dioxide is used). Adsorption is then recorded at a very low-pressure injection where the gas is adsorbed in the pore surface with increasing pressure.

4.8.2.1 Example of the gas adsorption

The nitrogen adsorption of a Longmaxi Formation crushed core sample is shown in Fig. 4.21 (Liu et al., 2018). Noticeably, increasing the relative pressure from 0.0 to 1.0 introduced a considerable gas adsorption in the Longmaxi sample. Initially, the adsorption was rapid, followed by gradually linear but slower adsorption. From the BET point of view, the change from the rapid adsorption to the slower (change of the adsorption curve slope) is

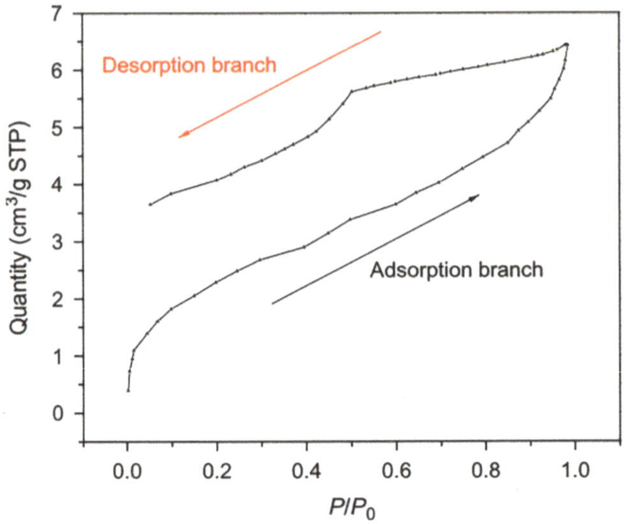

Fig. 4.21 Gas adsorption test for Longmaxi shale sample (Liu et al., 2017).

the end of the monolayer adsorption and the beginning of the multilayer adsorption (Liu et al., 2017). Finally, when the relative pressure approaches unity, adsorption becomes rapid again. Normal BET profile includes a hysteresis for the sample to test how the desorption behavior of a gas in a certain rock which indicate a mesopores dominant type of pore system in the Longmaxi samples.

4.8.3 Scanning electron microscopy (SEM)

Scanning electron microscopy is an important technique to evaluate the morphology of rock samples. It uses different signals, which are formed by electron interactions with the rock sample to produce high-quality images. Similarly, but more accurately, field emission scanning electron microscopy (FESEM) uses the same concept as the SEM, but is featured with higher resolution with the potential to give a better evaluation of the morphology of the unconventional reservoirs at nanoscale.

The rock sample must first be mechanically polished prior to testing to remove the resin around the sample to observe its morphology. There are various polishers such as diamond polishers as well as sandpaper polishers in various ranges of sizes that can be utilized to do the surface polishing for the rock sample. While this might result in irregularities in the topography of the unconventional rock sample, it gives a better estimation of the sample morphology. Due to the polishing effect, an argon ion can be used to provide a better flat surface for a better estimate of the pore system.

To analyze the SEM, or FESEM images, sample images are recorded in grayscale images, and software is normally used to estimate the pore system of the rock.

4.9 Static modeling role in formation evaluation of unconventional reservoirs

The static model of tight unconventional reservoirs is a continuously developing process as at the early stages not much of qualitative and quantitative data are available. As more data and analyses become available, the static model for a specific prospect is updated. The three assessment methodologies (petrophysical, geochemical, and geomechanical) discussed earlier provide the input components for the static modeling. Conventional reservoir traditional methods for assessment and formation evaluation definitely are neither enough nor applicable for unconventional reservoirs. The uncertainties surrounding unconventional reservoirs including rock facies distribution and the difficulties to identify them along with the formation of the rock and hydrocarbons make understanding and characterization of such reservoirs necessary, yet difficult to achieve (Yarus and Carruthers, 2014). Typically, a multiscenario modeling process should be established and prioritized to prepare a better estimation of the property distribution and development plan (Yarus and Carruthers, 2014).

The elasticity of the reservoir rock plays a major role in the static modeling of the unconventional reservoirs at which the three stress directions discussed earlier determine the quality and best practice to model the hydraulic fracture program for unconventional reservoirs. Nevertheless, the petrophysical and geomechanical properties are equally important to determine economic feasibility of a particular well. Static modeling is utilizing all available data to serve in constructing a structure map by analyzing the three assessments' outputs and identifying the best areas within the resource for potential development and production. However, there are other concerns that make static modeling of unconventional reservoirs more complicated. The existence of natural fractures within the tight matrix system, in addition to the induced hydraulic fractures, is among those complications. Therefore, tight unconventional reservoir modeling packages should include segments to represent the natural and induced fractures separately.

4.9.1 Reservoir-scale model

A reservoir-scale model is normally used for unconventional reservoir static modeling for two benefits: (1) It gives a 3D stochastic deterministic model for the whole reservoir property distribution of the resource; and (2) the model can also provide an initial reservoir development planning such as well locations. The most important element added to unconventional reservoir modeling over the conventional reservoirs is the in situ mechanical properties.

Typically, the static model should include reservoir property distribution and natural and induced fracture systems to support the drilling plan design and the hydrocarbon-in-place and reserve estimates. Ultimately, this model can be used as a reference for the basin model for rock property distribution validation (Yarus and Chambers, 2006).

4.9.2 Basin-scale model

Another important static model is the basin-scale model, which provides important information about the geological history such as erosion and sedimentation of the formation and geomechanical information such as the diagenesis prediction and thermal maturity. Another important parameter that the basin-scale model provides is the prediction of the processes and development of fluids and solids during sedimentation, which gives indications about accumulation environment of the unconventional reservoir. As the name implies, the basin model is normally created to cover the whole basin or a very large portion of it. This kind of detailed historical geological descriptive model, from the time of sedimentations through the development and maturation stages, is important specifically for unconventional reservoir modeling, whereas conventional reservoir modeling is only concerned with the current and recent geological history of the reservoir (Yarus and Carruthers, 2014).

4.9.2.1 Case study

This is a case of the basin-scale model established for the Wolfberry play in the Midland Basin. The area investigated is approximately 8000 mile^2, which contains almost 12 districts within the same basin. With the privilege of preexisting wells of more than 300 wells in the area, basin properties were collected from the existing wells and used for the estimation and analyses of the petrophysical properties of the basin.

The average thickness of the basin was estimated at approximately 1700 ft with considerable variations along the extended area of the basin.

The developed basin model is characterized by the specific interval, complications of geology, and rich shale content. The model of the

Wolfberry play is developed to continuously investigate the regions of source rocks. This was done through model self-iterations, which can correct the amount of hydrocarbon generated with geological time.

The basin property distribution significantly varied because of the variation in thermal maturity burial history, paleo-deposition, and sediment sourcing. For instance, the type of petroleum accumulation was of type 2 and 3 which is distributed all over the basin, total organic carbon (TOC) also varied with an average value of 2.

4.9.3 Burial history model

After creating reservoir- and basin-scale models, usually, these two models are combined to make a higher precision model. Through this model, initially, the pressure and temperature gradients of the tight unconventional reservoir are estimated. This is important to provide an initial estimation of the fluid and rock properties of the formation as a function of time yielding calibrated data of these properties. This is a very critical step because calibration errors might occur leading to reservoir property population accuracy issues. The properties that can be obtained from the burial history model are valuable for predicting the petrophysical, geochemical, and geomechanical properties needed for their assessments.

4.10 Hydrocarbon enrichment spot identification

The final stage of the modeling process for the tight unconventional reservoirs is the model optimization for the selection of the HC enrichment spots (HESs). This part will actually accommodate both the static modeling and the predictive dynamic modeling with the advantage of creating a better modeling approach utilizing available actual data from nearby well/s or wells that have been already developed in the same area. The combination of these two models provides a better understanding and characterization of the tight unconventional reservoirs, thus supporting their development. This assists in establishing predictive schemes to develop existing wells and determine locations for future wells based on the potential HES criterion. HES criterion, also, plays a major role in the fate of enhanced oil recovery schemes that are projected to make a large impact on oil production from tight unconventional reservoirs.

References

Barnola, A., White, R., 2001. Gardner's relations and AVO inversion. First Break 19, 607–611.
Benton, A.F., White, T.A., 1932. The sorption of gases by iron. J. Am. Chem. Soc. 54, 1820–1830.
Brunauer, S., Emmett, P.H., Teller, E., 1938. Adsorption of gases in multimolecular layers. J. Am. Chem. Soc. 60, 309–319.
Chen, F., Lu, S., Ding, X., He, X., Xing, H., 2018. The splicing of backscattered scanning electron microscopy method used on evaluation of microscopic pore characteristics in shale sample and compared with results from other methods. J. Pet. Sci. Eng. 160, 207–218.
Clarkson, C.R., Jensen, J.L., Chipperfield, S., 2012. Unconventional gas reservoir evaluation: what do we have to consider? J. Nat. Gas Sci. Eng. 8, 9–33.
Clarkson, C.R., Solano, N., Bustin, R.M., Bustin, A., Chalmers, G., He, L., Melnichenko, Y.B., Radliński, A., Blach, T.P., 2013. Pore structure characterization of north American shale gas reservoirs using USANS/SANS, gas adsorption, and mercury intrusion. Fuel 103, 606–616.
Collett, T.S., 1995. Gas hydrate resources of the United States. In: National Assessment of United States Oil and Gas Resources on CD-ROM: US Geological Survey Digital Data Series. US Geological Survey, p. 30.
Curtis, J.B., 2002. Fractured shale-gas systems. AAPG Bull. 86, 1921–1938.
Daneshy, A.A., 2009. Factors controlling the vertical growth of hydraulic fractures. In: SPE Hydraulic Fracturing Technology Conference. Society of Petroleum Engineers.
Dawei, C., Xuanjun, Y., Chuanmin, Z., Cong, T., Mengshi, W., 2016. Logging-lithology identification methods and their application: a case study on Chang 7 member in Central-Western Ordos Basin, NW China. China Pet. Explor. 21, 117–126.
Dewar, J., 1904. The absorption and thermal evolution of gases occluded in charcoal at low temperatures. Proc. R. Soc. Lond. 74, 122–127.
Dyrka, I., 2020. Petrophysical Properties of Shale Rocks. (Online). Available from: https://infolupki.pgi.gov.pl/en/gas/petrophysical-properties-shale-rocks.
Fan, J., Wang, Y., Wang, J., 2016. Research and application of oil shale logging identification method of Yuqia area. Coal Technol. 35, 130–132.
Fanchi, J.R., 2010. Geology. In: Fanchi, J.R. (Ed.), Integrated Reservoir Asset Management. Gulf Professional Publishing, Boston (Chapter 3).
Fathi, E., Tinni, A., Akkutlu, I.Y., 2012. Shale gas correction to Klinkenberg slip theory. In: SPE Americas Unconventional Resources Conference. Society of Petroleum Engineers.
Gaswirth, S.B., Marra, K.R., Cook, T.A., Charpentier, R.R., Gautier, D.L., Higley, D.K., Klett, T.R., Lewan, M.D., Lillis, P.G., Schenk, C.J., 2013. Assessment of undiscovered oil resources in the bakken and three forks formations, Williston Basin Province, Montana, North Dakota, and South Dakota, 2013. In: US Geological Survey Fact Sheet, 3013.
Ginsberg, J., 2009. The development of the Pennsylvania oil industry. In: History of Oil before. American Chemical Society National Historic Chemical Landmarks.
Glorioso, J.C., Rattia, A.J., 2012. Unconventional reservoirs: basic petrophysical concepts for shale gas. In: SPE/EAGE European Unconventional Resources Conference and Exhibition. Society of Petroleum Engineers, Vienna, Austria.
Gray, F.D., Anderson, P.F., Gunderson, J.A., 2006. Prediction of shale plugs between wells in heavy oil sands using seismic attributes. Nat. Resour. Res. 15, 103–109.
Jacobi, D.J., Gladkikh, M., Lecompte, B., Hursan, G., Mendez, F., Longo, J., Ong, S., Bratovich, M., Patton, G.L., Shoemaker, P., 2008. Integrated petrophysical evaluation of shale gas reservoirs. In: CIPC/SPE Gas Technology Symposium 2008 Joint Conference. Society of Petroleum Engineers, Calgary, Alberta, Canada.

Jia, C., Zheng, M., Zhang, Y., 2016. Some key issues on the unconventional petroleum systems. Pet. Res. 1, 113–122.
Jiang, F., Chen, D., Wang, Z., Xu, Z., Chen, J., Liu, L., Huyan, Y., Liu, Y., 2016. Pore characteristic analysis of a lacustrine shale: a case study in the Ordos Basin, NW China. Mar. Pet. Geol. 73, 554–571.
Jianqiang, W.Y.L.Z.G., Xuefeng, Z., Yong, W., 2013. Discussion on an evaluation method of shale oil and gas in Jiyang depression: a case study on Luojia area in Zhanhua sag. Acta Pet. Sin. 34 (1), 83–91.
Johnson, R.C., 1996. An Assessment of in-Place Gas Resources in Low-Permeability Upper Cretaceous and Lower Tertiary Sandstone Reservoirs, Wind River basin, Wyoming. 96 US Geological Survey, p. 264.
Ju, Y., Li, X., 2009. New research progress on the ultrastructure of tectonically deformed coals. Prog. Nat. Sci. 19, 1455–1466.
Kemper, J.R., Frankie, W.T., Smath, R.A., Moody, J.R., Johnston, I.M., Elkin, R.R., 1988. History of gas production from Devonian shale in eastern Kentucky. AAPG Bull. 72 (8).
King, G.E., 2010. Thirty years of gas shale fracturing: what have we learned? In: SPE Annual Technical Conference and Exhibition. Society of Petroleum Engineers.
Kuila, U., McCarty, D.K., Derkowski, A., Fischer, T.B., Prasad, M., 2014. Total porosity measurement in gas shales by the water immersion porosimetry (WIP) method. Fuel 117, 1115–1129.
Langmuir, I., 1917. The constitution and fundamental properties of solids and liquids. II. Liquids. J. Am. Chem. Soc. 39, 1848–1906.
Li, Q., Xing, H., Liu, J., Liu, X., 2015. A review on hydraulic fracturing of unconventional reservoir. Petroleum 1, 8–15.
Lin, W., 2016. A review on shale reservoirs as an unconventional play – the history, technology revolution, importance to oil and gas industry, and the development future. Acta Geol. Sin. 90, 1887–1902.
Liu, K., Ostadhassan, M., Zhou, J., Gentzis, T., Rezaee, R., 2017. Nanoscale pore structure characterization of the Bakken shale in the USA. Fuel 209, 567–578.
Liu, K., Ostadhassan, M., Kong, L., 2018. Multifractal characteristics of Longmaxi shale pore structures by N2 adsorption: a model comparison. J. Pet. Sci. Eng. 168, 330–341.
Loucks, R.G., Reed, R.M., Ruppel, S.C., Jarvie, D.M., 2009. Morphology, genesis, and distribution of nanometer-scale pores in siliceous mudstones of the Mississippian Barnett shale. J. Sediment. Res. 79, 848–861.
Martini, A.M., Walter, L.M., McIntosh, J.C., 2008. Identification of microbial and thermogenic gas components from upper Devonian black shale cores, Illinois and Michigan basins. AAPG Bull. 92, 327–339.
McCabe, P.J., 1998. Energy resources - cornucopia or empty barrel? Am. Assoc. Pet. Geol. Bull. 82, 2110–2134.
McGlade, C., Speirs, J., Sorrell, S., 2013. Methods of estimating shale gas resources–comparison, evaluation and implications. Energy 59, 116–125.
Meissner, F.F., 1991. Petroleum Geology of the Bakken Formation Williston Basin, North Dakota and Montana.
Mengal, S.A., Wattenbarger, R.A., 2011. Accounting for adsorbed gas in shale gas reservoirs. In: SPE Middle East Oil and Gas Show and Conference. Society of Petroleum Engineers.
Moore, P.L., Booth, G., 2014. The Welding engineer's Guide to Fracture and Fatigue. Elsevier.
Mosheni, P., 2010. Gothic and Hovenweep Shale Play Opportunity on the Ute Mountain Ute Indian Reservation, Colorado. Indian Mineral Development Act, Michigan.
Pan, Z., Ma, Y., Connell, L.D., Down, D.I., Camilleri, M., 2015. Measuring anisotropic permeability using a cubic shale sample in a triaxial cell. J. Nat. Gas Sci. Eng. 26, 336–344.

Passey, Q., Creaney, S., Kulla, J., Moretti, F., Stroud, J., 1990. A practical model for organic richness from porosity and resistivity logs. AAPG Bull. 74, 1777–1794.
Rajput, S., Thakur, N.K., 2016. Rock properties. In: Rajput, S., Thakur, N.K. (Eds.), Geological Controls for Gas Hydrate Formations and Unconventionals. Elsevier (Chapter 5).
Rezaee, R., 2015. Fundamentals of Gas Shale Reservoirs. John Wiley & Sons.
Schmoker, J.W., 1979. Determination of organic content of Appalachian Devonian shales from formation-density logs: geologic notes. AAPG Bull. 63, 1504–1509.
Schmoker, J.W., 1980. Organic content of Devonian shale in western Appalachian Basin. AAPG Bull. 64, 2156–2165.
Schmoker, J.W., 1995. Method for assessing continuous-type (unconventional) hydrocarbon accumulations. In: Gautier, D.L., Dolton, G.L., Takahashi, K.I., Varnes, K.L. (Eds.), National Assessment of United States Oil and Gas Resources—Results, Methodology, and Supporting Data: U.S. Geological Survey Digital Data Series. U.S. Geological Survey.
Schmoker, J.W., 1999. US Geological Survey Assessment Model for Continuous (Unconventional) Oil and Gas Accumulations—The "FORSPAN" Model. US Department of the Interior, US Geological Survey.
Simonson, E., Abou-Sayed, A., Clifton, R., 1978. Containment of massive hydraulic fractures. Soc. Pet. Eng. J. 18, 27–32.
Sing, K.S., 1985. Reporting physisorption data for gas/solid systems with special reference to the determination of surface area and porosity (recommendations 1984). Pure Appl. Chem. 57, 603–619.
Singh, J.P., Verma, S., 2019. Woven Terry Fabrics. Elsevier.
Sinha, S., Braun, E.M., Passey, Q.R., Leonardi, S.A., Wood III, A.C., Zirkle, T., Boros, J.A., Kudva, R.A., 2012. Advances in measurement standards and flow properties measurements for tight rocks such as shales. In: SPE/EAGE European Unconventional Resources Conference & Exhibition-From Potential to Production. European Association of Geoscientists & Engineers (cp-285-00034).
Smlease, 2020. Strength of Material.
Sondergeld, C.H., Newsham, K.E., Comisky, J.T., Rice, M.C., Rai, C.S., 2010a. Petrophysical considerations in evaluating and producing shale gas resources. In: SPE Unconventional Gas Conference. Society of Petroleum Engineers, Pittsburgh, Pennsylvania, USA.
Sondergeld, C.H., Ambrose, R.J., Rai, C.S., Moncrieff, J., 2010b. Micro-structural studies of gas shales. In: SPE Unconventional Gas Conference. Society of Petroleum Engineers.
Sowiżdżał, K., Słoczyński, T., Kaczmarczyk, W., 2020. Estimation of the oil-in-place resources in the liquid-rich shale formations exploiting geochemical and petrophysical data in a 3D high-resolution geological model domain: Baltic Basin case study. Geofluids 2020, 5385932.
Suarez-Rivera, R., Fjaer, E., 2012. How important is the poroelastic effect to completion design on tight shales? In: 46th US Rock Mechanics/Geomechanics Symposium. American Rock Mechanics Association.
Tissot, B.P., Welte, D.H., 2013. Petroleum Formation and Occurrence. Springer Science & Business Media.
Vermylen, J.P., 2011. Geomechanical Studies of the Barnett Shale. Stanford University, Texas, USA.
Wang, F.P., Reed, R.M., 2009. Pore networks and fluid flow in gas shales. In: SPE Annual Technical Conference and Exhibition. Society of Petroleum Engineers.
Wang, H., Ma, F., Tong, X., Liu, Z., Zhang, X., Wu, Z., Li, D., Wang, B., Xie, Y., Yang, L., 2016a. Assessment of global unconventional oil and gas resources. Pet. Explor. Dev. 43, 925–940.
Wang, S., Javadpour, F., Feng, Q., 2016b. Fast mass transport of oil and supercritical carbon dioxide through organic nanopores in shale. Fuel 181, 741–758.

Xia, Y., Jin, Y., Chen, K.P., Chen, M., Chen, D., 2017. Simulation on gas transport in shale: the coupling of free and adsorbed gas. J. Nat. Gas Sci. Eng. 41, 112–124.
Yarus, J.M., Carruthers, D., 2014. Modeling unconventional resources with geostatistics and basin modeling techniques: characterizing sweet-spots using petrophysical, mechanical, and static fluid properties. AAPG Search Discov., 41362.
Yarus, J.M., Chambers, R.L., 2006. Practical geostatistics-an armchair overview for petroleum reservoir engineers. J. Pet. Technol. 58, 78–86.
Yu, H., Wei, X., Wang, Z., Rezaee, R., Zhang, Y., Lebedev, M., Iglauer, S., 2018. Review of water saturation calculation methods in shale gas reservoir. In: SPE Asia Pacific Oil and Gas Conference and Exhibition. Society of Petroleum Engineers.
Zhang, J.J., 2019. Rock physical and mechanical properties. In: Zhang, J.J. (Ed.), Applied Petroleum Geomechanics. Gulf Professional Publishing (Chapter 2).
Zhou, S., Yan, G., Xue, H., Guo, W., Li, X., 2016. 2D and 3D nanopore characterization of gas shale in Longmaxi formation based on FIB-SEM. Mar. Pet. Geol. 73, 174–180.
Zhu, H., Ju, Y., Lu, W., Han, K., Qi, Y., Neupane, B., Sun, Y., Cai, J., Xu, T., Huang, C., 2017. The characteristics and evolution of micro-nano scale pores in shales and coals. J. Nanosci. Nanotechnol. 17, 6124–6138.
Zou, C., 2017. Meaning of unconventional petroleum geology. In: Zou, C. (Ed.), Unconventional Petroleum Geology, second ed. Elsevier (Chapter 2).
Zou, C., Zhang, G., Yang, Z., Tao, S., Hou, L., Zhu, R., Yuan, X., Ran, Q., Li, D., Wang, Z., 2013. Concepts, characteristics, potential and technology of unconventional hydrocarbons: on unconventional petroleum geology. Pet. Explor. Dev. 40, 413–428.
Zuber, M.D., Williamson, J.R., Hill, D.G., Sawyer, W.K., Frantz, J.R., J. H., 2002. A comprehensive reservoir evaluation of a shale reservoir-the New Albany shale. In: SPE Annual Technical Conference and Exhibition. Society of Petroleum Engineers.

CHAPTER 5

Reservoir characterization of tight unconventional reservoirs

...Tight UCRs are characterized by either no clear transition zone or the whole reservoir is a transition zone! Hence, SCAL properties use become unconventional!

Keywords: Static modeling, Tight UCR characterization, CT XRD NMR SEM, UCR transition zone, UCR data integration, Ordos Basin

5.1 Reservoir description

Reservoir description is a technique for qualitative and quantitative evaluation of reservoirs in their discovered state, as well as a tool for completing the reservoir's characterization and, ultimately, forecasting its behavior. While describing tight unconventional reservoirs is not an exception, it does require an unconventional procedure to accomplish. All available data can contribute to the description of tight unconventional reservoirs. The primary data sources are geological, seismic, and well logging, and the final reservoir scenario can be updated as new data become available. Among the characteristics of such reservoirs, descriptions are the reservoir type, petrophysical properties, fluid properties and their distributions, initial reservoir pressure and temperature, and in situ stresses. The description of the reservoir is critical for reservoir characterization.

5.1.1 Conventional reservoir description

In comparison with drilling an increasing number of oil wells, reservoir description is more effective and economical. In the modern era, particularly when exploring and developing complex reservoirs is challenging, oil prices are low, and costs and timeliness are critical, reservoir description is the primary method for comprehending and guiding reservoir development.

According to conventional reservoir descriptions, the three critical reservoir elements are the trap, the reservoir, and the fluid. The reservoir description is used to examine how these three elements change over time.

Tight Oil Reservoirs
https://doi.org/10.1016/B978-0-12-820269-2.00001-9

This is the fourth modification. As a result, the description includes both static and dynamic elements. The static description is critical in this report.

To fully comprehend the reservoir description, it is necessary to have a working knowledge of its contents. There is a straightforward method for displaying the reservoir description, which can be introduced chronologically or during the development phase.

The exploration stage encompasses everything from the initial well discovery to the formulation of a reservoir development strategy. It encompasses both the exploratory and evaluation phases of reservoir exploration. During this period, information is scarce. They primarily consist of data from exploration wells and evaluation wells, and seismic data. Geologists and field engineers can analyze data and make reasonable assumptions using petroleum geology theories. Structural geology, sedimentology, and geochemistry all contribute to the foundation of research and sequence stratigraphy. Seismic stratigraphy and lithology will aid in the interpretation of data, particularly seismic data. Geologists and engineers can gain a better understanding of structural systems and structural styles, sedimentary systems and sedimentary facies, diagenesis and diagenetic history, stratigraphic division and system channel types, source rocks, and fluid geochemical characteristics during this stage.

This is the beginning of the reservoir development plan's implementation during the early stages of development. The purpose of reservoir description during this period is to clarify the law of oil and gas enrichment, identify high-yield oil areas, simulate reservoir fluid flow, and forecast potential burst water floods and reservoir sensitivity. These efforts will benefit modern reservoir management and will aid in the advancement of oil production and the utilization of recoverable reserves. Using logging data, the reservoir parameters can be further estimated. The main methods are key well research and multiwell evaluation. The basic element of this analysis is the small layer in the oil formation. Using all of the above, it is possible to grasp the geological features that may affect fluid flow, fluid property changes and distribution, and fluid interaction with oil fields.

The main description and characterizations are as follows:

(1) Sedimentary microfacies-lithofacies
(2) Diagenetic reservoir facies
(3) Fracture facies
(4) Petrophysical facies
(5) Reservoir heterogeneity

(6) Geochemistry and distribution characteristics of fluids
(7) Geological characteristics of the interaction between fluid and flow field in porous media

Following this characterization, it is possible to create a geological static model of the reservoir and determine the developed reserves.

The development plan was fully implemented between the middle and late stages of development. Following this stage, tertiary oil recovery will occur. This step is comparable to dynamic modeling, which is not discussed in this chapter.

In actual production practice, given the time required for exploration and the cost of development, it is not appropriate to describe reservoirs in stages. Thus, reservoir description pervades the entire exploration and development process, from the discovery of the first well to the depletion of the oil field, a process known as progressive exploration and development.

The description of a reservoir can be static or dynamic. Static reservoir description is primarily used to study the oil field's structural characteristics, the sedimentary facies and microfacies of the reservoir, the reservoir's microscopic characteristics, the spatial distribution of reservoir parameters, the reservoir's heterogeneity, and the calculation of oil and gas geological reserves.

The primary objectives of dynamic description are to alter the fundamental dynamic parameters of oil and gas reservoirs, generate production levels and water injection profiles, and modify static models throughout the development process. Static reservoir description is the starting point and foundation for oil field research, whereas dynamic reservoir description is the enhancement and development of static description.

Unconventional petroleum geology is a relatively new field of study within petroleum geology. The types of unconventional oil, fine-grained sediments, and micro- and nanoscale reservoirs are distinct from conventional reservoirs in this subdiscipline. The mechanism by which oil and gas are formed, their distribution characteristics, enrichment methods, evaluation methods, core technologies, development strategies, and economic viability are also distinct from traditional experiences and methods. Needless to say, without unconventional oil, humanity will pay a higher price or may even lose the opportunity to develop and utilize the unexplored wealth.

5.1.2 Differences between conventional and unconventional reservoirs

We discussed the reservoir description of conventional reservoirs in the preceding section. Through numerous engineering practices, it has been established that all theories, experiences, and methods are valuable and effective. We are pleased to see that all of these technologies apply to unconventional reservoirs. However, due to the distinctions between conventional and unconventional reservoirs, the application of all of these theories, experiences, and methods to the development of unconventional reservoirs is impractical. To develop appropriate theories for unconventional reservoirs, we must first compare them to conventional reservoirs. By comparing the characteristics of these two types of reservoirs, we will be able to determine how to modify existing theories and methods to develop new unconventional reservoirs and guide their exploration. This section will define the terms unconventional and conventional reservoirs. Geologists and engineers are looking for resource-capacity reservoirs extended in large areas rather than traditional traps that are sought in the conventional reservoir case. This means that the conventional trap accumulation theory is ineffective for developing unconventional oil reservoirs.

We discussed previously how traditional reservoir descriptions are based on trap theory to establish a tectonic framework during the exploration phase. For many years, hydrocarbon migration from source rocks to traps was a well-known phenomenon in petroleum geology. As a result, developing an efficient accumulation trap entails locating oil or natural gas. The trap has historically been regarded as the reservoir's fundamental unit. Then, when determining the trap's value, it is necessary to consider the seismic source, reservoir, overburden, trap, migration, and preservation. All of these six factors affect the future development of conventional oil reservoirs due to the temporal and spatial structure of geological conditions.

Unconventional reservoirs are described differently. Continuous or quasicontinuous accumulation is emphasized, as opposed to conventional traps. The source-reservoir structure and continuous reservoir concept provide the framework for reservoir description, and not the trap theory. As a result, even large areas devoid of traps may contain commercially valuable resources. It is centered on two aspects of time-space matching: the close arrangement of large nanoscale pore-throat reservoirs and the generation, expulsion, and accumulation of petroleum.

The description concentrates on the evaluation conditions for source rocks and reservoirs, as well as the threshold and effectiveness of petroleum charging, petroleum migration and flow mechanisms, and core area evaluation standards. Oil migration follows a path that is distinct from conventional routes. Unusual migration can be primary or short-distance secondary. The primary drivers of migration and accumulation are pressurized hydrocarbon generation and capillary pressure difference. Additionally, the internal fluid flow is always non-Darcy.

In general, unconventional reservoirs are no longer interested in traps. The detection of oil accumulation will then be adjusted accordingly.

In addition, unconventional reservoirs have five different characteristics when compared with conventional reservoirs. All these differences make the reservoir difficult to describe and characterize (Unconventional Petroleum Geology, 2017).

5.1.3 Source-reservoir characteristics

The relationship between source and reservoir can be interpreted as symbiotic in the majority of unconventional reservoirs. This relationship encompasses two distinct types of petroleum accumulation: integrated source-reservoir accumulation and near-source oil and gas accumulation. They can also be referred to as source oil and gas, as they are located near the source of oil and gas. Years of production experience have shifted the realization of petroleum accumulation theory away from conventional trap reservoirs and toward conventional accumulation areas and then toward unconventional accumulation measures. All of these developments demonstrate the petroleum industry's prosperity and growth. The trap is considered small, and the surrounding area contains oil and gas on its own. Simply put, an accumulation zone is a collection of small amounts of oil and gas with similar geological characteristics. They are all defined or determined by the earlier discussed boundary theory for oil and natural gas. Unusual reservoirs are entirely different. There is no border around the oil to "encircle" it. They congregate in nanoscale pore networks, carbonate cracks, and cavities. Assessing the area, such as calculating the developed reserves, will be difficult using this accumulation theory.

5.1.4 Migration and accumulation characteristics

As previously stated, unconventional reservoirs lack physical boundaries that "enclose" oil and gas. Rather than a pool that tightly confines the oil and gas, the accumulation unit is a large oil depot that contains scattered small pieces of oil and gas. The role of buoyancy is limited during migration and accumulation, and non-Darcy flow, which is ignored in conventional characterization, is the dominant factor. Adsorption and diffusion forces may also affect accumulation and may even be the primary factor. Although conventional reservoirs lack an exact boundary, unconventional reservoirs can contain oil and gas using hydrocarbon expulsion pressure and capillary pressure. Indeed, the force that is lost in conventional systems is great in unconventional reservoirs. Without detailed analysis, certain phenomena in unconventional oil reservoirs are difficult to comprehend.

As previously stated, unconventional migration could be primary or short-distance secondary migration. The distance is relatively short in comparison with conventional migration. For the source-reservoir-integrated type, the oil or gas would remain in the location where it was developed. This category includes coalbed methane (CBM) and shale oil. Fluids saturating these accumulations may be able to move quickly as a result of infiltration-diffusion and overpressure. As previously stated, unconventional migration can be primary or short-distance secondary, and this short-distance migration is relatively very short in comparison with conventional migration. Oil or natural gas remains at their initial resource where they have been developed to mature hydrocarbons in the case of the source-reservoir-integrated type.

5.1.5 Reservoir characteristics

In unconventional reservoirs, the pore-throat diameter varies greatly from nanometer, micrometer to macroscopic. Establishing a suitable system or model to characterize fluid flow in porous media also has its problems. For example, the pore-throat diameter of the Middle Permian Lucaogou Formation in the Bogda area of the Junggar Basin is usually 5 to 2000 nm.

The nanometer diameter means that the reservoir is so compact that the fluid flow space in its pores and throats is extremely limited. Its physical characteristics cannot meet the requirements of geoscientists and field engineers. Generally, their porosity is less than 10%, and their permeability is in the range of 10^{-6} to $1 \times 10^{-3}\,\mu m^2$. Fortunately, the presence of microcracks increases permeability, but it also exacerbates multiscale problems.

5.1.6 Distribution characteristics

In contrast to conventional oil and natural gas, unconventional oil can exist as negative structural units. Additionally, the slope is the origin of unconventional reservoirs within the water source or near the basin's center, and they occur continuously or intermittently in large areas of local enrichment. This precludes the origin theory from explaining why oil distribution is not constrained by secondary tectonic belts. This shift transforms the entire basin into a valuable area for economic exploration, rather than a constrained space based on conventional wisdom. Hydrocarbons are not arranged in any particular order, or random distribution rather in unconventional reservoirs, they accumulate in pools. Their existence may be continuous due to the lack of reservoir boundaries. In comparison with conventional oil reservoirs, short-term migration implies that the source rock and the oil reservoir may be extremely close to one another or even identical. A typical example is shale oil from the Lucaogou Formation of the Middle Permian in the Bogda area of the Junggar Basin.

While there is no "oil pool," unconventional oil reservoirs with continuous accumulation merit development as well. Three critical factors for dispersion or continuous accumulation are high-quality source rocks, large reservoirs, and source-reservoir symbiosis.

5.1.7 Flow characteristics

Because the reservoir is small and the throat is narrow, fluid cannot flow autonomously. Darcy's law alone is insufficient to describe the nanometer-scale underground flow, while non-Darcy flows are significantly more difficult to comprehend and predict. For instance, in tight sand, both Darcy flow and non-Darcy flow exist concurrently. The flow rate is primarily determined by *k*- and water saturation, rather than by the more conventional variables. The complexity of flow then far exceeds that of conventional flow in the case of stagnant flow, nonlinear flow, and quasi-linear flow. There is, however, some good news. Numerous minute cracks provide space for the accumulation of hydrocarbons. Oil and gas are dispersed throughout the rocks and collect in the cracks, making them an ideal location for exploration.

5.1.8 Significance of tight unconventional reservoir description

In the last 10 years, oil prices have been on a roller-coaster. Once the world was even worried about oil supply shortages and rising oil prices. In the past 5 years, OPEC had to cut production to maintain oil prices. It cannot be denied that political issues, economic weakness, and the COVID-19 pandemic are the factors causing this situation, but the prosperity of shale oil and other unconventional oil storage areas should be the most important reason. Due to the subversion of many principles of conventional oil reservoirs, rapid engineering practice provides a broad space for research. In unconventional petroleum geology, if there is no clear and modified reservoir description theory, then exploration will consume costs that the energy industry cannot afford (Unconventional Petroleum Geology, 2017).

(1) *New understanding of effective reservoirs*

In conventional petroleum geology, tight rocks and source rocks should be traps and hydrocarbon sources and have no economic value. However, combined with engineering practice, the oil and natural gas scattered in the pore throat may flow into the cracks, which is the most lucrative store (sweet spots). This new understanding is beyond the scope of traditional reservoir theory.

(2) *New understanding of caprock sealing*

The traditional theory does not analyze tight oil, gas reservoirs, and water problems. By modifying the theory, tight oil and gas reservoirs can act as their caprocks, and water can also help seal oil and gas.

(3) *New understanding of the trap*

For the description of unconventional reservoirs, it is no longer necessary to consider the issue of traps because oil or natural gas will be scattered in the tiny pores of the main reservoir. Moreover, the poor fluidity of the fluid makes it difficult for the fluid to migrate and loses its original role of trapping.

(4) *New understanding of the migration dynamics*

In the traditional theory, buoyancy is an important factor in oil migration. For unconventional reservoirs, the small size of pores and pore throats reduces the effect of buoyancy, making them insignificant or even unnecessary. The pressure of the generated hydrocarbon and the capillary pressure difference become the main factors instead, and Darcy and non-Darcy mechanisms are both acting.

(5) *New understanding of accumulation location*

Basin centers, slopes, and other negative tectonic units may accumulate oil and gas in unconventional reservoirs. The places that are considered sweet spots will change entirely.

5.1.9 Complications/remedies of unconventional reservoir description

As previously stated, such distinctions exist between unconventional and conventional reservoirs. In terms of reservoir description, the nature of unconventional reservoirs will put conventional reservoir characterization methods to the test.

For instance, Shilaif reservoirs face difficulties estimating recoverable hydrocarbons and determining sweet spots in the presence of complex lithology, low porosity, and disordered organic matter accumulation.

Without this work, stimulation techniques such as horizontal wells and SRV would be incapable of achieving the desired design results (Bhatt et al., 2018).

Additionally, unconventional reservoir descriptions require more work than conventional reservoir descriptions for multiscale pores. Each level, from macro to micro to nano, has its method. The following is a brief overview of the method. Certain technologies, such as remote sensing sedimentology, digital outcrop, sequence stratigraphy, seismic reservoir sequence, and reservoir logging, can be used at the macrolevel. To locate oil accumulation areas, two-dimensional and three-dimensional distributions of regional evolution descriptions are required, which can be obtained using certain techniques. For example, at the microscopic level (from centimeters to micrometers), the deposition, diagenesis, and evolution of fine-grained sediments are required for rock evaluation. Microscopes, industrial CT, micro-CT, and SEM can all be used to collect these data. Nanopores and throats have been studied and analyzed at the molecular level, and nanotechnology can be used to investigate the structure and flow patterns of pore throats, as well as the occurrence, accumulation, and migration of oil.

Unconventional reservoirs are economically insignificant from conventional perspectives and development capabilities. With the advancement of petroleum engineering technology, particularly the widespread use of horizontal wells and the expansion of oil reservoir production, the potential sweet spot has expanded and surpassed the boundaries of conventional petroleum geological theory. To improve the exploration and development of unconventional oil reservoirs, it is necessary to develop corresponding geological theories. Exploration of unconventional oil reservoirs will be more effective and efficient with a thorough understanding of oil reservoirs. This is the purpose of describing and characterizing unconventional reservoirs.

5.2 Macro-/micro-/nanoscale role in tight unconventional reservoir characterization

5.2.1 Scale definition

It is important to understand the multiple scales of tight unconventional reservoirs. For example, there is a significant amount of organic matter in the shale matrix, and most of the pores in shale exist in the organic matter at the nanometer scale. Considering the diversity of various or tight unconventional oil reservoirs, many porosity classification standards have been proposed, and related research is underway. Among them, the standards proposed by the International Union of Pure and Applied Chemistry (IUPAC) and the classification of Loucks, etc., have been widely selected and accepted (Wang et al., 2019a; ; Loucks et al., 2012).

The IUPAC standard divides pores into three types: micropores (<2 nm), mesopores (2–50 nm), and macropores (>50 nm). This classification works well in shale, where nanoscale pores dominate the reservoir. However, it is not suitable for tight sandstone filled with micron-sized pores. In the latter system of Loucks et al., the pores are divided into nanopores (<1 μm), micropores (1–62.5 μm), and mesopores (62.5 μm–4 mm). This classification can reasonably divide the pores of various scales in tight sandstone, although it cannot be used in other types of tight unconventional reservoirs due to geological characteristics and diagenesis. In addition, according to the practice of the shale gas industry, there is another method of dividing the pore size into different levels: (1) Macroscale: The scale ranges from m to km, which is mainly used to evaluate shale gas reservoirs. (2) Mesoscale: The scale ranges from millimeters to meters, mainly used for shale gas fracture description and fracturing mechanism research. (3) Microscale: The scale ranges from micrometers to millimeters and is mainly used for experimental simulation of the study of shale gas micropermeability mechanism and seepage law. (4) Nanoscale: The scale ranges from nanometers to micrometers and is mainly used for shale. (5) Molecular scale/subnanoscale: The order of scale is lower than the nanoscale, and the research and analysis of the flow mechanism of shale gas are mainly used.

To better classify pores, researchers always consider the fractal structure and pore connectivity. For example, Sakhaee-Pour and Bryant used MICP to classify the pores of tight sandstone as (1) mainly intergranular pores and (2) mainly intragranular pores. The use of porosity spectrophotometry to show a system with three levels of micropores, mesopores, and macropores through the pore fractal structure has been conducted by many researchers.

Through all these studies, we can realize that the classification criteria vary with geological conditions, reservoir types, resource properties, and many other factors. There is no universal classification standard system that can be considered superior than the others because all these classifications and grouping have greatly supported and guided the development of oil fields in the past. We can only say that based on the diversity and complexity of multiple pore scale system, more research is needed for further development.

In addition, further research on multiscale classification needs to be discussed. So far, low-temperature nitrogen adsorption (LTNA), nuclear magnetic resonance (NMR), mercury porosimetry, and other technologies have been introduced to help establish a new classification system. Various studies have shown its advantages and disadvantages. It can be concluded that no single technology meets the requirements of classification work. In further research, data integration from certain technologies may be a trend. It is critical to comprehend the multiple scales at which tight unconventional reservoirs operate. For instance, the shale matrix contains a high concentration of organic matter, and the majority of the pores in shale are located in the organic matter at the nanometer scale. Numerous porosity classification standards have been proposed, and related research is underway in light of the diversity of various or tight unconventional oil reservoirs. Among them, the International Union of Pure and Applied Chemistry's (IUPAC) standards and the Loucks classification have been widely selected and accepted (Wang et al., 2019a; Loucks et al., 2012).

The IUPAC standard classifies pores as micropores (less than 2 nm), mesopores (2–50 nm), and macropores (greater than 50 nm). This classification is particularly useful in shale, where nanoscale pores predominate. It is not, however, suitable for dense sandstone with micron-sized pores. A new system constituting three types of pores: nanopores (1 m), micropores (1–62.5 m), and mesopores (62.5 m–4 mm) replaced the previously well-known macro and micro systems. This classification is useful for classifying the pores of various scales in dense sandstone. However, it is not suitable for use in other types of tight unconventional reservoirs due to its geological and diagenesis characteristics. Additionally, the shale gas industry employs another method for classifying pore sizes: (1) At the macroscale: The scale is between meters and kilometers and is primarily used to evaluate shale gas reservoirs. (2) Mesoscale: This scale ranges from millimeters to meters and is primarily used to describe shale gas fractures and to conduct research on fracturing mechanisms. (3) Microscale: This scale ranges from micrometers to millimeters and is primarily used for experimental simulations of the micropermeability mechanism and seepage law in shale gas. (4) Nanoscale: This scale, which is used primarily for shale, ranges from nanometers to micrometers. (5) Molecular scale/subnanoscale: This scale is smaller than the nanoscale and is primarily used for research and analysis of the flow mechanism of shale gas.

To improve the classification of pores, researchers always take into account the fractal structure and pore connectivity. For instance,

Sakhaee-Pour and Bryant classified the pores in tight sandstone as (1) primarily intergranular pores or (2) primarily intragranular pores using MICP. We can infer from these studies that classification criteria vary according to geological conditions, reservoir types, resource properties, among other factors.

Additionally, further research into multiscale classification should be discussed. To date, technologies such as low-temperature nitrogen adsorption (LTNA), nuclear magnetic resonance (NMR), mercury porosimetry, and others have been used to assist in the establishment of a new classification system. Numerous studies have demonstrated both its benefits and drawbacks. As a result, only one technology is capable of meeting the requirements of classification work. Further research indicates that data integration via specific technologies may be a trend.

5.2.2 Significance of nanoscale

Macro- and microscales are not unfamiliar terms to petroleum geologists and petroleum engineers, as conventional development is already replete with them. In comparison, nano is a novel concept that has been chosen for further discussion.

"Nano" is a new term in conventional reservoir theory, and researchers have been concentrating their efforts on it since the discovery of unconventional reservoirs. Shale oil and gas are produced from ultra-tight reservoirs. Furthermore, the term "nano" does not refer exclusively to spatial proportions. The time required for fluid to flow through the interior and the distinct flow mechanisms observed at conventional scales are all the results of scale changes. More importantly, it adds new dimensions to our understanding of atomic and molecular processing. The types and distribution of nanopore throats are described and discussed in light of the rapid advancement of technology, particularly high-speed and high-resolution imaging techniques such as FESEM, FIB, and nano-CT. With these new insights, it is possible to observe, analyze, and apply additional details of petroleum geology and oil field engineering.

Nanoscale pore-throat systems dominate in dense unconventional oil reservoirs, with local pores ranging in size from a few millimeters to a few microns. China's exploration policy demonstrates this. This understanding is predicated on the Yanchang Formation tight sandstone and shale oil reservoirs, Upper Paleozoic tight sandstone gas reservoirs in the Ordos Basin, Jurassic tight sandstone, and limestone oil reservoirs, and Lower Paleozoic marine shale gas reservoirs in the Sichuan Basin. All of the above

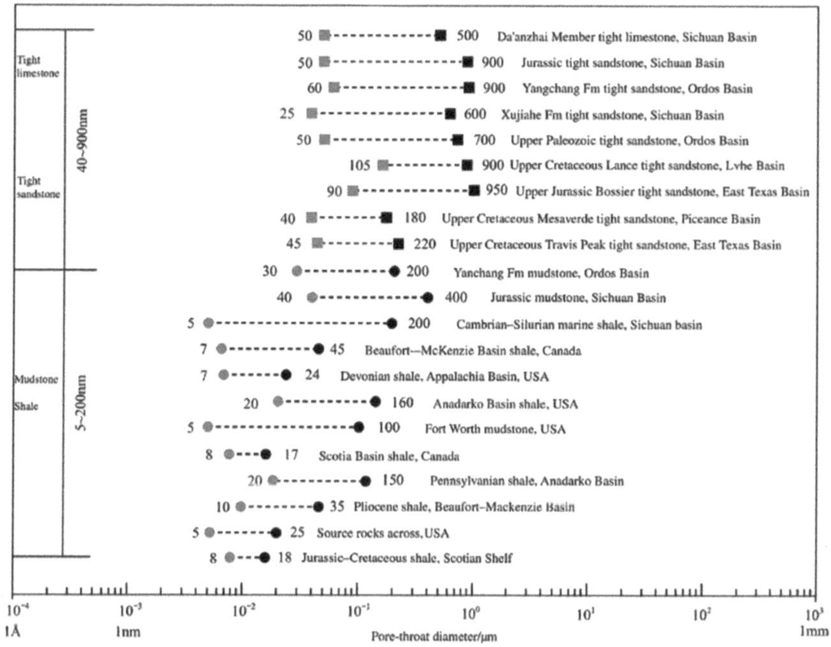

Fig. 5.1 Pore-throat size distribution of global unconventional reservoirs (Unconventional Petroleum Geology, 2017).

have pore sizes ranging from 5 to 700 nm. Depending on the resource and rock type, the difference in pore size may be negligible. Fig. 5.1 represents the pertinent information.

Primary intergranular pores, intercrystalline pores, intergranular pores, intragranular pores, and organic pores are all types of pores. Pores between particles and pores between primary particles are particularly valuable economically, as they may contain oil in UCRs, for example, reservoirs of compact sandstone or compact limestone. While organic pores have nothing to do with oil, they can serve as a reservoir for shale gas production and migration. Additionally, it can be used to determine the amount of shale gas present. Thus, the volume of organic rock in potential shale gas reservoirs can be evaluated to determine whether the reservoir has industrial potential.

This section introduces and discusses Zou's classification (Unconventional Petroleum Geology, 2017). The classification consists of three tiers: (1) Primary and secondary micropores are classified according to their origins; (2) intergranular and intragranular pores are classified according to their development positions; and (3) organic pores and microcracks are classified according to their characteristics. Then, using the matrix surrounding the hole as a guide, determine the name. Zou summarizes the application of this mechanism in a flowchart (Unconventional Petroleum Geology, 2017).

Given that the size of the flow channel in the dense UCR is significantly smaller than in conventional reservoirs, the permeability is typically 109 to 103 m^2. Additionally, Darcy's flow law cannot be used for UCR due to the non-linear flow in the microfluidic path. As a result, permeability alone cannot adequately describe internal fluid flow. As a result, it is necessary to combine geological theory and engineering experience to conduct additional research on the mechanism of nanoscale fluids (Table 5.1).

The most obvious difference between conventional and unconventional reservoirs is their "tight" nature. Traditionally, the porosity of conventional oil reservoirs is usually 15%–35%, and the permeability is usually $(50\text{–}1000) \times 10^{-3}\,\mu m^2$. However, for the unconventional reservoirs, the difference between porosity and permeability is 2%–10% and $(0.001\text{–}1) \times 10^{-3}\,\mu m^2$, respectively. Compared with the conventional reservoirs, the unconventional reservoirs mainly exist in the microporous and ultra-microporous area, rather than the conventional macroporous area. Fig. 5.2 illustrates the physical properties of some representative oil and gas fields in the world and China.

Pores and throats on a nanoscale are critical in unconventional reservoirs, compelling the industry to modify, adjust, or at the very least reconsider its theories about accumulation and flow mechanisms. The formation's diverse distribution scale has resulted in the production of a variety of hydrocarbons.

At the millimeter or larger scale level (that is, when the diameter exceeds 1 mm), the internal fluid flows smoothly and is considered to be part of the pipeline flow. The oil is contained in interconnected pores and cracks. At the micron level, that is, between 1 mm and 1 m in diameter, capillary resistance prevents the previous level's free flow, and the fluid obeys Darcy's law. When the diameter of the fluid reaches the nanometer level, that is, less than 1 m or even smaller, the enormous viscous force and molecular interaction may cause the fluid to become restricted on the rock surface. The fluid can be either adsorbing or diffusing. As a result, fluid cannot flow freely through the nanopores. Conventional methods of increasing pressure or heating the fluid are ineffective in this case. Their only option is to diffuse as molecules or micelles.

In summary, the nanometer scale has provided numerous new insights into the evolution of UCR. It outperforms conventional flow patterns and pore-throat systems.

Table 5.1 Classifications of microscopic pores and throats in tight reservoirs by origin (Unconventional Petroleum Geology, 2017).

Classifications of microscopic pores and throats in tight reservoirs by origin											
			Argillite			Tight sandstone			Tight limestone		
Pore genesis	Pore types		Pore connectivity	Development degree	Pore diameter (nm)	Pore connectivity	Development degree	Pore diameter (nm)	Pore connectivity	Development degree	Pore diameter (nm)
Primary pores	Intergranular micropores		Isolated or connected	Slight	8–610 (230)	Isolated or connected	Slight	20–250 (170)	Isolated or connected	Slight	30–200 (80)
	Intercrystalline micropores		Isolated	Slight	60–100 (30)	Isolated	Slight	Not detected	Isolated	Slight	Not detected
Secondary pores	Intragranular micropores	Organic micropores	Connected or isolated	Developed	15–890 (200)						
		Organic mineral micropores	Connected or isolated	Quite developed	10–610 (270)	Connected or isolated	Developed	20–4000 (1000)	Connected or isolated	Developed	50–400 (200)
	Intergranular corrosion micropores		Connected	Quite developed	10–4080 (1200)	Connected	Developed	50–5000 (1500)	Connected or isolated	Slight	100–400 (150)
	Microfractures		Quite connected or quite isolated	Slight	50–1800 (600)	Quite connected or quite isolated	Quite developed	30–570 (430)	Quite connected or quite isolated	Slight	100–350 (300)
Example			Xujiahe Fm and Silurian, Sichuan Basin; Yanchang Fm, Ordos Basin			Xujiahe Fm, Sichuan Basin; Yanchang Fm, Ordos Basin			Jurassic, Sichuan Basin		

Figures in parentheses represent average values.

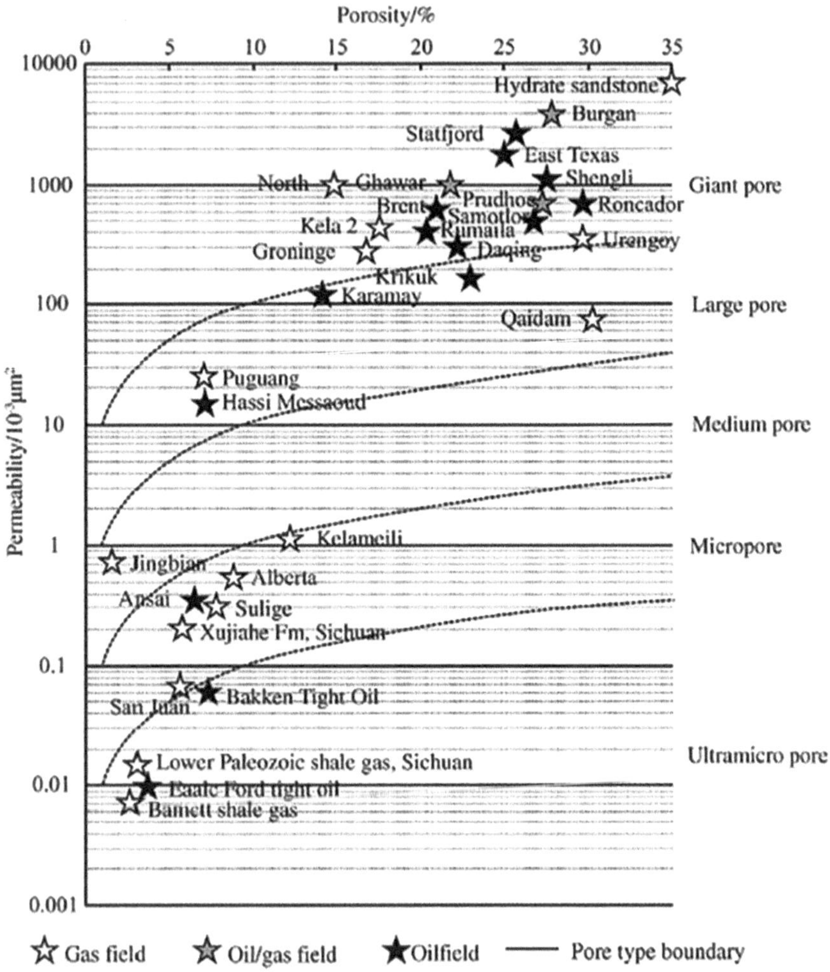

Fig. 5.2 Classification of the reservoir according to permeability and porosity (Unconventional Petroleum Geology, 2017).

5.2.3 Interrelations of reservoir scales

When we consider the conventional flow pattern in porous media, we notice that the size of the flow field remains relatively constant. In this case, the model describing the fluid flow can simulate the fluid flow using similar sizes without significantly altering the description of the fluid flow field.

However, the scale is reduced to the nanometer level for unconventional reservoirs, resulting in a model size range of millimeters to nanometers. The values of various points can vary by a 1000-fold. This drastic change resulted in the model being deformed. Additionally, it is incorporated into the numerical model. Such a dramatic shift is nearly impossible to reverse, and as a result, it is necessary to comprehend the nanoscale geophysical properties and flow mechanisms. This enables the combination of large-span scales to describe the flow in nanopores, microcracks, and hydraulic cracks.

A tight formation, for example, is composed of two reservoirs and seepage materials, namely a tight matrix and fractures. The density matrix can be measured in micrometers or nanometers, while the fracture can be measured in micrometers to millimeters. Multiscale can be discussed in three ways: (1) the distinction between medium-scale and spatial scale distributions; (2) the time scale distinction between fluid mass transfer velocity in different media; and (3) the distinction between different media's mass transfer mechanisms. In summary, the scale, time, and mechanism of various media or scales can be considered independently and then connected sequentially. A connection can be established based on the foregoing.

5.3 Flow mechanisms of shale nanochannels

5.3.1 Problem definition

On April 20, 2020, a historic event occurred on the New York Mercantile Exchange. The price of light crude oil delivered in May fell to −37.63 dollars per barrel. For products with negative prices, this is very unusual. There is no doubt that the COVID-19 pandemic and the weak economy have reduced the oil demand. However, it cannot be ignored that the shale revolution in the United States in 2008 enabled the country to reverse the downward trend in oil production and in recent years gradually eliminated its dependence on imported oil or energy. The huge supply improvement has caused the oil supply to exceed demand. This is the main reason for the dramatic scene of negative prices.

However, if we focus on the production of shale resources, the revolution comes from field engineering practice, not a theoretical revolution. In other words, through testing, entrepreneurs and engineers have found a way to develop shale resources, rather than theory guiding practice. Without theoretical proof, revolution can also be regarded as a risk. Therefore, explaining the production of shale is still an immature theory. Engineers and scientists are still puzzled by the theory of shale oil and gas production.

Although the price is so low, and many oil giants (such as British Petroleum (BP)) have decided to withdraw from hydrocarbon development, the theory of shale oil and gas exploration and development has practical significance. First, hydrocarbon energy such as oil and natural gas is still the world's main energy source. If we calculate the prices of different types of energy, oil and natural gas still maintain an advantage. They must be the first choice of many developing countries. Therefore, understanding the theory of shale resource development can ensure energy supply and even support a country's independent energy. Secondly, it involves technical or theoretical details of shale resource development. Compared with conventional petroleum resources, one of the biggest differences is the pore size. In conventional reservoirs, the pore size is usually in the micron range, but for shale reservoirs, the nanolevel is so common for the pore size. This is why people once believed that shale oil and gas had no economic exploration value. If we only focus on the diameter scale itself, we can understand that the limitations of nanoscale realization are the root cause of misunderstandings about shale reservoirs. The study of shale oil and gas reservoirs, especially, their nanoscale adsorption and types of nanochannels, is undoubtedly of great importance to understand the nature of their nanoflow mechanisms.

5.3.2 Nanoscale flow

In 2007, a simple and effective model (Javadpour et al., 2007) was proposed to describe the gas flow in shale nanopores. This model uses the diffusion transport mode as a constant diffusion coefficient. In addition, due to the extremely small pore size, it ignores the effect of viscosity. The slipstream on the shale surface is also measured by using the diffusion coefficient, which is consistent with the Knudsen diffusion rate. Furthermore, it has been indicated that the subdivision of the N-S equations was necessary because there is no sliding boundary, and molecular dynamics is unacceptably large time-consuming for industrial use (Fig. 5.3).

Zou et al. (2012) proposed the concept of "nano-hydrocarbons" in 2012. Nano-hydrocarbons refer to the use of nanotechnology or nanoscale pores for research and production of reservoirs. Shale oil, shale gas, coalbed methane (CBM), tight sandstone oil, and natural gas can be classified as nano-diagenesis. The permeability and porosity of oil and water in nanopores are very poor, which is mainly driven by ultra-high pressure. Resources can be stored and migrated extensively and continuously among coexisting resources. Fig. 5.4 shows Zou's distribution of conventional and unconventional hydrocarbon accumulation types.

In 2012, a comprehensive discussion on the thermodynamics of multiphase flow in unconventional reservoirs was conducted

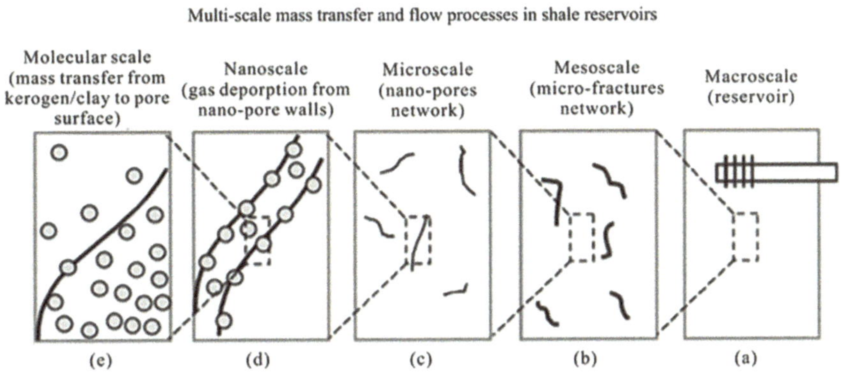

Fig. 5.3 Gas evolution and production in shale gas sediments at different length scales (Wood and Hazra, 2017).

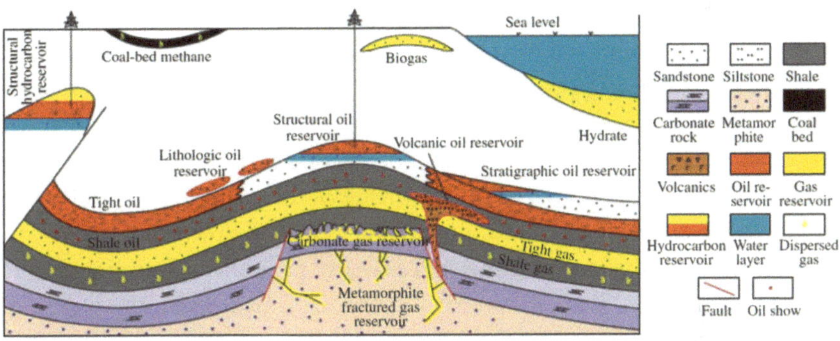

Fig. 5.4 Distribution of conventional and unconventional hydrocarbon accumulation types (Zou et al., 2012).

(Firincioglu et al., 2012). Thermodynamics is needed to simulate the phase states that may affect fluid flow. The limitations of unconventional oil reservoirs result in the suppression of bubble points, which makes it more difficult to release oil in the reservoir. The results show that suppressing the bubble-point pressure will affect the saturated part of the liquid volume factor and extend the unsaturated part of the curve. In 2013, Ozkan (Firincioglu et al., 2013) proposed a super bubble-point suppression-related model for the traditional oil model in nanoflow. With the development of unconventional oil reservoirs, traditional models have modified the black oil model to describe the oil reservoirs more accurately. Because the former is greater than the latter, the bubble-point pressure generated by the restriction exceeds the capillary pressure. The behavior of the constituent phases should be considered to calculate the bubble point that cannot be achieved by the conventional black oil model. The study proposed a correlation to express the relationship between bubble point, capillary pressure, and gas-oil ratio. Three unconventional oil samples were selected for the correlation analysis. After modification, the proposed simulator can consider PVT data with different phase pressures and total bubble-point suppression. A trilinear seepage model considering abnormal diffusion (Ozcan et al., 2014) was introduced and replaced with a seepage formula for unconventional fractured reservoirs based on dual porosity. From the model, the new abnormal diffusion form has no clear requirements for the characteristic parameters of the matrix and medium. Considering the huge changes in scale, a flow model that considers abnormal diffusion may be more effective and accurate in predicting flow in the matrix and fractures. In 2016, Albinali and Ozkan also proposed an analysis model of a highly heterogeneous crack-nanothroat system (Albinali and Ozkan, 2016a). This model is used to solve the problem that the continuity assumption is invalid in the nanopore and matrix and the fracture system has a large span of physical property changes. This model uses anomalous diffusion in a highly uneven velocity field. The model calculates the flow in the fracture region between the fractures, thereby simplifying the flow process to transient single-phase flow. The advantage of this model is that due to the consideration of abnormal diffusion, it can reduce the dependence on the inherent details of the matrix and other physical properties. In the same year 2016, Albinali and Ozkan adopted an abnormal diffusion method in engineering practice, namely Eagle Ford and Niobrara wells (Albinali and Ozkan, 2016b). Homogeneous and dual-porous media idealization is applied together with normal and abnormal diffusion models, respectively (Fig. 5.5). The estimated value of permeability can be obtained through the normal diffusion model. The abnormal diffusion model can obtain the subdiffusion index and phenomenological coefficient, while the subdiffusion index indicates the severity of flow obstruction. The phenomenological coefficient represents the comprehensive characteristics of the rock, the heterogeneity of the flow zone, and the flow characteristics.

Shale gas has been extensively studied and can guide the development of shale oil. A numerical model of multimechanism flow in shale gas reservoirs has been established (Swami et al., 2013). The researchers introduced four gas storage mechanisms in the reservoir, gas in natural fractures, free gas in matrix pores, adsorbed gas and dissolved gas in kerogen. The model considers these four mechanisms and three interconnected systems, namely between the matrix and the fracture set, between the matrix and the

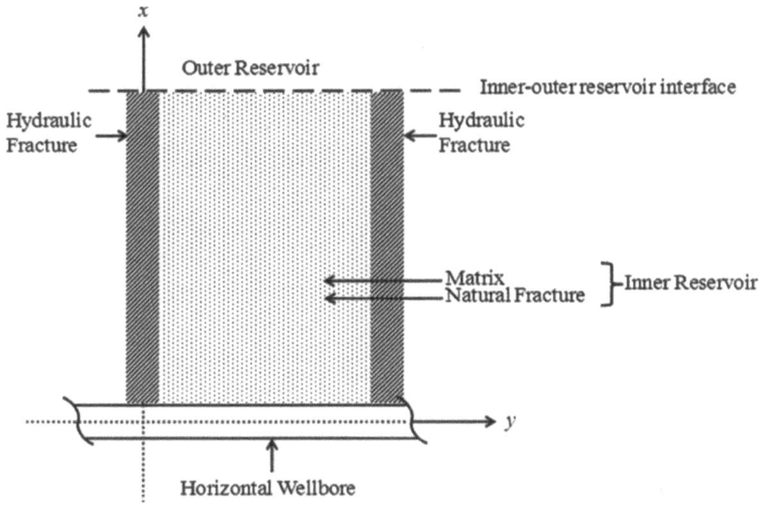

Fig. 5.5 Trilinear model and dual-permeability idealization (Albinali et al., 2016).

adsorbed gas, and between the matrix and the kerogen volume. And the model has been verified by laboratory experimental data. Fig. 5.6 represents a fluid flow model for a shale sample.

Phase behavior is critical for unconventional reservoirs because of the multiscale pore size and the variation due to the very small scale, namely the nanoscale. Alharthy et al. (2013) introduced a correlation that can change parameter identification from the conventional scale to the nanometer level and micrometer level. The dual penetration component model was selected. It also allows and describes the phase behavior difference between the crack and the matrix. In addition to the multilevel flow hierarchy from the matrix to the fractures to the wells, considerations and representations are also made. For accurate and successful calculations, some grid improvements have been introduced.

Nagarajan et al. (2013) introduced laboratory experimental methods and the lattice Boltzmann method to characterize rock and fluid parameters, such as porosity, permeability, fluid saturation, and capillary pressure. They also discussed the impact of these parameters on performance predictions. In this study, the suppression of bubble-point pressure and related viscosity, oil volume factor, and gas-oil ratio were analyzed through sensitivity studies, and a relative permeability model was established using the lattice Boltzmann method. To conduct sensitive research, a fan-shaped model considering the fracture network in the matrix is established. Some field

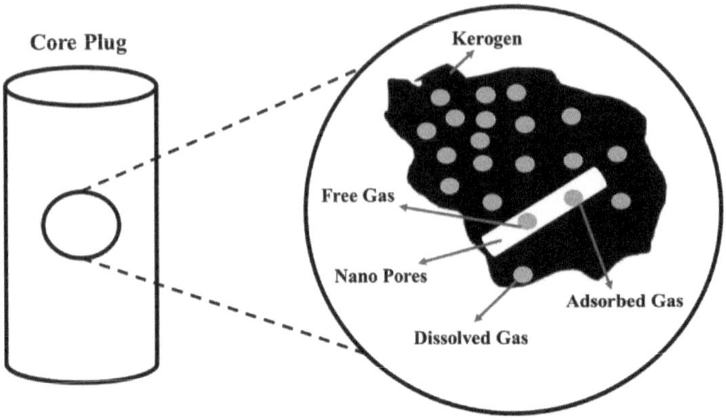

Fig. 5.6 Model for fluid flow in shale sample and four storage mechanisms.

parameters in the initial stage and the final recovery stage, such as effective permeability, unconventional PVT behavior, and interfacial tension, are discussed and considered.

In 2013, a cyclic permeability and porosity measurement system was proposed (Bertoncello and Honarpour, 2013). In this system, the gas permeability, porosity, Klinkenberg permeability, and other parameters were tested and analyzed. The system uses focused ion beam scanning steady-state, transient pulse attenuation technology, gas expansion technology, and mercury immersion image analysis electron microscope (FIB-SEM) to evaluate the porosity and permeability of rock samples. The researchers proposed a Darcy flow model for shale with core permeability because 10 nano-Darcy needs more discussion.

In 2015, due to the large sample size, the physical properties of rocks obtained from multiple experiments were usually inconsistent. Alternatively, high-resolution 3D imaging can be combined with image analysis and numerical simulation to estimate attribute values. Due to the limited sample size, the strong heterogeneity makes the results of these applications uncertain. The study used three samples for SEM and other measurements to study the transmittance in the holes. High-resolution photomicrographs are used to study the characteristics of pore type, size, distribution, and connectivity, and their influence on macroflow was discussed. In addition, porosity, permeability, rock type, and composition are the subjects of this research, and wettability can be discussed based on these analyses (Saraji and Piri, 2015).

For shale gas, the apparent permeability depends on the type of pore pressure fluid and the pore structure. And there is a significant difference between the apparent permeability and the inherent permeability observed in the experiment; that is, nitrogen flows through the nanomembrane. Furthermore, considering the convection and diffusion models, a mathematical model (Guo et al., 2015) was established to characterize the gas flow in the nanopore. Taking into account convection and Knudsen diffusion, the apparent permeability is modified. The mathematical model is verified through experiments. Compared with the Knudsen/Hagen-Poiseuille analysis solution and existing models in the literature, the proposed model performs well.

The facies behavior in shale or other unconventional oil reservoirs is different from the corresponding pressure drop characteristics. Today, it is difficult to test the fluid properties in shale. Alfi et al. (2015)) designed a nanofluid platform to verify the numerical simulation results of phase behavior in nanochannels. The study investigated different hydrocarbon liquids at different temperatures. The relationship between temperature and bubble-point pressure is discussed.

In 2015, molecular dynamics was used to modify the electric potential parameters to simulate the contact angle of mercury drops on graphite (Wang et al., 2016a). The effects of pore size, geometry, and temperature on the wettability of mercury in organic nanopores were simulated and analyzed. The mercury contact angle is negatively related to the pore size. Due to the special surface characteristics of shale, the conventional interpretation program of MICP has been modified to adapt to the flow field. When the pore size is less than 5 nm, considering the contact angle and surface tension, the pore size distribution derived from MCP and adsorption will be better matched. In other words, the smaller the aperture, the greater the influence of these two parameters. They also analyzed the values of these two factors at different temperatures and pore sizes. Then, in 2016, Wang et al. discussed shale oil adsorption and its impact on recovery (Wang et al., 2015), as shown in Fig. 5.7. The density is not uniform, and its oscillation from the hole surface to the center plane is weakened. The pore size, temperature, pressure, and oil composition as well as other parameters are also discussed. Through simulation, (1) multiple adsorption layers of oil on the surface are explained; (2) the size of the slit and the composition of the oil determine the number of layers; (3) heavier hydrocarbons are more likely to be adsorbed; and (4) circular pores are easier to form adsorption than slit-shaped pores. On this basis,

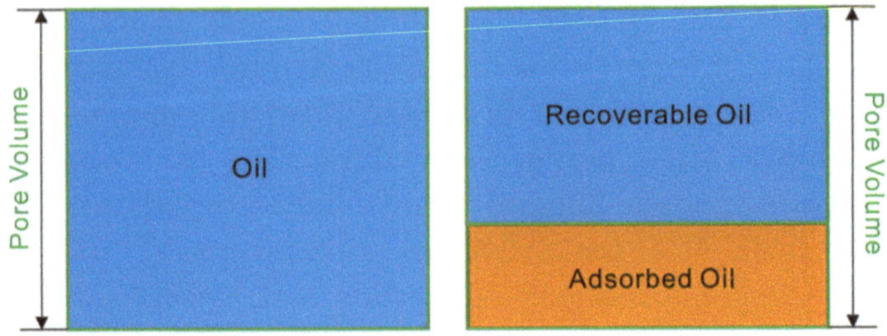

Fig. 5.7 Adsorbed oil (Wang et al., 2015).

an estimation model of recoverable reserves is proposed. Based on this theory, more oil is adsorbed in the formation awaiting exploration. In early 2016, Wang et al. (2016b) simulated oil flow in inorganic substances. Choose the oil phase as octane and the inorganic substance as quartz. The size of the hole ranges from 1.7 to 11.2 nm. According to equilibrium molecular dynamics (EMD), there is an octane layer on the surface of the quartz. When the pore diameter is greater than 3.6 nm, for example, in this case, the density, self-diffusion, and viscosity are similar to those of bulk liquids. The near-surface octane molecules flow more slowly (Fig. 5.8).

Capillary pressure and relative permeability have a great influence on fluid flow in nano- and microchannels. These two mainly depend on the pore topology, interfacial tension, and contact angle. Therefore, using SEM, Kleindiek MM3A-EM, and MIS micromanipulators and microinjection systems, SONYPlayStation controllers, etc., the wettability of nanolevel and microlevel samples was studied (Deglint et al., 2016). Three methods were carried out to study wettability: (1) using distilled water for condensation and evaporation experiments, (2) analyzing ultra-low temperature frozen samples that absorbed formation fluids, and (3) microinjecting distilled water directly onto the samples.

In 2016, Afsharpoor and Javadpour (2016) focused on studying the slipstream and pore shape of shale reservoirs to analyze their impact on nanoscale fluids. The shape of the hole is obtained by the SEM method. According to the observation results, the shape includes five types of slit (rectangle, oval, triangle, square, and circle). Generally, the flow in a circular hole is considered Hagen-Powell flow and cannot be effectively attributed to shape changes. Compared with the traditional model, the new model considers the sliding boundary, which is traditionally set as nonslip. Therefore, there are two differences between the new model and the conventional model: (1) Several types of hole shapes are observed from SEM images, and

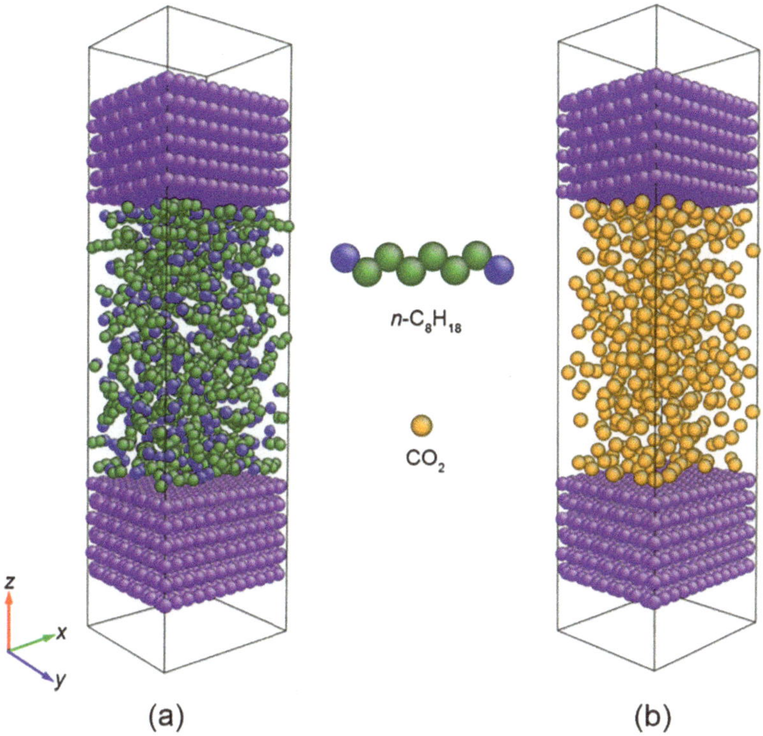

Fig. 5.8 Snapshots of the MD simulation box: (A) *n*-octane and (B) carbon dioxide molecules in a 5.24nm graphene slit (perspective view) (Wang et al., 2016c).

(2) slipstream can be easily described. By using this model, an overestimation of apparent permeability may help simplify the shape of the pores. In addition, fluid slippage is common in noncircular cores, which exacerbates the influence of the former. Fig. 5.9 represents normalized shapes.

Then, driven by the pressure of nonequilibrium molecular dynamics (NEMD), octane flow introduced two methods to characterize the behavior: (1) slip length and effective viscosity and (2) apparent viscosity. The Navier-Stokes equation greater than 1.7nm is valid, and the slip length and viscosity correction cannot be ignored. The slip length reaching 0.9nm may bring about exponential changes. In the second half of 2016,

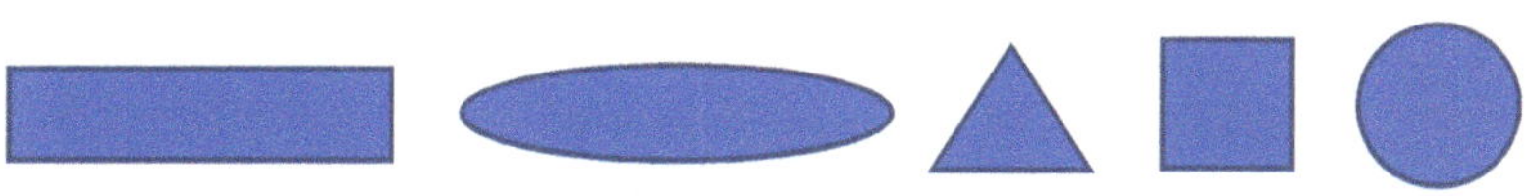

Fig. 5.9 Normalized shapes.

Wang et al. (2016c) proposed the mechanism of oil and supercritical carbon dioxide flowing in organic nanopores. The flow process is derived from pressure, and octane and supercritical carbon dioxide are selected as simulation materials. The flow field is set as a slit-shaped organic nanopore. The range of nanopores is from 1.5 to 11.2 nm, and some different thermodynamic conditions that simulate reservoir conditions are also introduced in the simulation. Through balanced molecular dynamics simulation, the density distribution map can be obtained, in addition to the layered structure of the internal fluid. From the simulation results, the adsorption of $scCO_2$ takes precedence over C_8H_{18} and CH_4, and as the pore size increases, the adsorption phase changes from a single row of chains to several monolayers of closed fluid. In addition to equilibrium molecular dynamics, nonequilibrium molecular dynamics (NEMD) is also introduced to describe the velocity distribution and fluid dynamics under a unique pressure gradient. Research suggests that the velocity distribution in organic gaps is plug-shaped, while the velocity distribution in inorganic gaps is parabolic. Compared with the traditional Hagen-Powell flow, which ignores the slip flow effect, the flow velocity is faster, exceeding 1–3 orders of magnitude. Two models can be integrated into the existing framework to simulate the flow process: (1) petroleum (petroleum) flow in organic matter and (2) $scCO_2$ flow in organic matter. Sliding mold length and apparent viscosity are the two parameters of the above model, which depend to a large extent on driving force, pore size, and temperature.

In his doctoral dissertation (Kazemi, 2017), Kazemi proposed research on the physical properties of kerogen and its carbon dioxide sequestration potential. The physical properties of kerogen refer to the adsorption and transport mechanism of fluid storage and transport. The main method for conducting research is molecular simulation. First, establish a simplified kerogen model to study the storage and transportation of natural gas. Then, the maturity of kerogen was analyzed, and the results showed that the higher the maturity of kerogen, the higher its adsorption capacity. These discussions have been verified by experimental data. Further molecular simulations were carried out on the adsorption of methane and carbon dioxide, and the results showed that carbon dioxide has a better adsorption capacity than methane. This shows that injecting carbon dioxide can increase the production of hydrocarbons in shale because methane molecules are desorbed and produced in the presence of water.

In 2017, Wang and Sheng (2017) studied density and viscosity curves using the SLD-PR transmission model. The SLD-PR transport model is the abbreviation of the simplified local density-Peng-Robinson transport model and is based on the following two assumptions: (1) The geometry of the hole settles with the unique width of the gap, and (2) the vertical position is different from the gap and the hole wall is the same as the chemical potential. The model assumes that the airflow is viscous. They further chose the slit permeability model to achieve the effect of density and viscosity changes. The results of the model are verified by molecular dynamics simulation. The density profile, viscosity profile, pressure influence, and pore size influence are discussed. The researchers proposed that the effects of adsorption or density changes play a major role in the airflow, and viscosity changes are the main factors affecting oil flow. As the pore size increases, the permeability tends to Darcy permeability. The model results verified by molecular simulations are convincing.

In 2018, molecular dynamics was used to study natural gas and water flowing in the inorganic matrix of shale (Liu et al., 2018b). The study discussed the two-phase flow of methane and water on the nanoscale. The focus of the simulation is the flow process of slit-shaped silica nanopores with hydrophilic surfaces. Due to the hydrophilic surface, it is easy to form a sandwich structure of water-methane-water and bubbles in the water bridge. For single-phase flow (e.g., gas), Darcy's law may be invalid due to slip flow in the nanopore. For a single water flow, there are different pressure gradients, and there are thin films, bridges, and pillars in the nanopores. The water flow in the nanopore also does not follow Darcy's law. This difference is due to the uneven number density distribution, which is attributed to the electrostatic interaction and hydrogen bonding between the water and the surface. Since the pore size is in the nanometer range, the effect cannot be ignored as usual. Moreover, the two-phase flow shows that the gas velocity is not affected by different water flow patterns such as columns and bridges. It is suggested that for two-phase flow in nanopores, the gas phase can follow Darcy flow. The reason for this phenomenon may be that the friction between water and gas reduces the effect of gas backflow.

In 2018, nanoscale fluidic chips were used to study the flow pattern of water-oil flow (Liu et al., 2018a). Due to the presence of nanopores and cracks, the pore size is only an order of magnitude larger than fluid molecules. The wettability and other fluid flow mechanisms may vary with traditional theories. In this study, the fluid chip is used to visualize the flow in nanoscale channels to directly study the flow of water and oil. During the drainage process, there is a piston-like flow in the channel, and the remaining relative flow behavior has limited influence. In the process of imbibition, the origin layer of water or oil will become thin and gradually disappear, which is called "fading" in this study. In addition, the experiment also found that the abnormal inlet pressure is similar to the starting pressure.

In 2018, an analytical model of spontaneous absorption (Shen et al., 2018) was established to describe the absorption process. The model couples several equations that consider slip effects and dynamic contact angles which enabled the model to capture water absorption characteristics of slip boundary, pore structure, and pore curvature fractal dimension. Studies have shown that when the slip length is increased to the equivalent diameter of the tube, the water absorption speed may be the highest.

Capillary pressure and relative permeability (Shi et al., 2018) are also important parameters for the study of carbonate reservoir transition zones. In addition, the complex wettability, pore geometry, and heterogeneity in the reservoir affect the fluid flow in the transition zone.

In 2018, Sun et al. proposed an analytical model of oil transport in nanopores (Sun et al., 2019). The model takes into account the viscosity of the adsorption zone. The results show that 1 and 2 nm are the critical values of thickness. Below 1 nm, the flow rate increases slowly with the increase of the contact angle. Above 2 nm, the speed increases rapidly.

Le and Murad proposed a mathematical model to describe the nanoscale shale flow in 2018 (Le and Murad, 2018). This model considers the two-phase flow of oil and gas in shale with multiple pores. The pores include hydraulically broken nanopores and micropores. Discrete fracture modeling is introduced here. And the cracks are incorporated into the matrix model as $(n-1)$ interfaces $(n=2, 3)$. The solid phase is divided into three categories: organic matter, pyrophosphate network, and inorganic matter. Organic matter is composed of kerogen and adsorbed gas. The coking soil network is composed of organic solids and micropores with oil inside. The inorganic phase constitutes clay, quartz, calcite, and other components, and the composition of each phase determines its different characteristics. The scorched earth and the network are considered to be channels for multiphase flow in nanoscale. The kerogen separately distributed in the matrix can be a reservoir for adsorbing gas, and the effective coefficients in the pressure and saturation equations are closely related to shale pore structure, volume fraction, and total organic content (TOC). The constitutive law of this model is used to describe the gas adsorption process in nanopores and is modified by the results of local unit calculations. All relevant parameters and theories are introduced from the original physical theory. The model provides a new way of thinking that can identify nanoscale flow and summarize and simply use available theories to obtain a mathematical model to effectively simulate the flow.

The composition of the mixture was discussed and regarded as a factor affecting the flow of hydrocarbon water in shale organic nanochannels (Li et al., 2019). There is a critical value for the hydrocarbon to water ratio. Before the critical value, the flow rate will decrease exponentially, and after the critical value, the flow rate will remain constant. This stability may be due to adsorption on organic surfaces. In addition, the slip flow is also considered by introducing the correction of the NS equation with slip boundary. The results of the relationship between the composition of the total flux mixture and the composition of the slip length were verified by molecular dynamics simulation.

Carbon dioxide injection is effective in conventional reservoirs and is expected to play a role in unconventional reservoirs. Some performed well in different shale reservoirs, while others performed poorly. Studies have been conducted (Fakher and Imqam, 2019) to study the flow mechanism of carbon dioxide in nanopores and the precipitation of asphaltenes, which can plug pores and reduce oil recovery. The researchers chose nanocomposite membranes in all experiments. The studied parameters or so-called control variables include carbon dioxide injection pressure, temperature, oil viscosity, carbon dioxide soaking time, porous media thickness, nanopore size, and pore heterogeneity. The increase in injection pressure can lead to higher oil recovery and shorter interruption times. It also increases the percentage of asphaltenes in the extracted oil. Temperature is good for oil recovery, but temperature also increases the proportion of asphaltenes in the bypass oil, which may cause blockages. Asphaltenes are the main factors in oil viscosity. Compared with conventional reservoirs, the thickness, heterogeneity, and pore size of porous media have a great influence.

In 2019, a model of oil transport through elliptical nanopores was proposed (Wang et al., 2019a). This model considers the near-wall oil flow in the inorganic matrix and the adsorbed oil flow in the organic matrix. Consider also the influence of the nanopore shape (that is, the ellipse). Based on this model, the apparent permeability is discussed. Both molecular dynamics and lattice Boltzmann methods are used to verify the model. Starting from the use of the model, the influence of shaft size and wall oil interaction (variation with size) on fluid flow is analyzed. The effect of cross-sectional shape (constant cross-sectional area) on flow fluctuations is also studied. Fig. 5.10 represents a nanopore with elliptical cross sections.

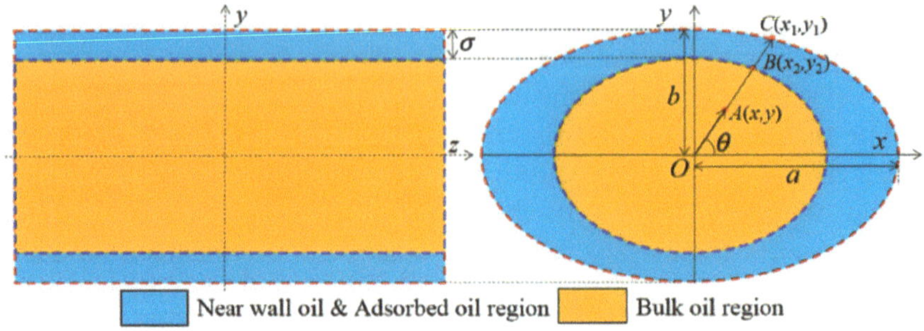

Fig. 5.10 Nanopore with elliptical cross sections (Wang et al., 2019a).

Cui conducted an oil flow model and related analysis in 2019 (Cui, 2019). In the model, the mixed wettability or wettability changes (so-called pore radius reduction and viscosity increase) are modified by corresponding corrections. Some variables such as pore radius, initial water-to-wet ratio, relative adsorption thickness, and surface coverage were analyzed for sensitivity. The impact of these variables on (1) flow enhancement, (2) the relative importance of all mechanisms, (3) the difference between organic pores/inorganic pores/microcracks, and (4) the overall contribution of asphaltenes are also discussed.

In 2019, a model based on molecular dynamics (MD) simulation data was established for nanoscale oil flow (Zhang et al., 2019). The slipstream and varying viscosity are considered in the model. The model can then be integrated into the generalized lattice Boltzmann method, thus becoming an effective and practical alternative method for studying the molecular dynamics of nanoscale flows. Based on this, the calculation can be extended from a single hole to the medium. The application of this model shows that the viscosity of the fluid affects the transportation of inorganic and organic substances. The slip flow effect mainly appears in organic pores, while it can be ignored in inorganic pores. In addition, to slip flow, the apparent oil permeability can also be changed with the total organic content (TOC).

In 2019, the mixed migration of petroleum and methane in inorganic nanopore throats was studied through molecular dynamics (Zhang et al., 2020a). Specifically, MD is used to simulate oil streams with different methane content. By analyzing the force experienced by the oil when passing through the nanopores, the dynamic transfer characteristics of different methane fractions are clarified. In addition to parameters such as interfacial tension, diffusion coefficient, and interaction energy, calculations and analyses were also carried out. The influence of temperature on flow is also discussed.

In 2020, the water-oil flow in shale nanoporous media was studied (Zhan et al., 2020). The research method is molecular dynamics, and the nanopore type is quartz, which is a hydrophilic channel. The fluid distribution, heterogeneous fluid characteristics, liquid-wall interaction, and water-oil sliding are considered in the model. Through this model and related research, a new understanding of the layered oil-water two-phase flow in hydrophilic nanochannels is proposed.

In addition to molecular dynamics (MD) simulations, the lattice Boltzmann method (LBM) has also been introduced into nanoflow (Zhang et al., 2020c,d). The LBM method considers the molecular interaction between water and the inner wall of the solid. Then, the lattice Boltzmann model can study water flow in shale nanopores. It is analyzed based on a 3D random number model, which describes the conditions of organic and inorganic substances (researchers chose hydrophilic clay minerals). Then, other data are needed, such as pore size, shape, and distribution, porosity, and mineralogy. LBM is a mesoscopic method, which has a higher scale than molecular simulation (MS). Although some details are missing, the amount of calculation has declined exponentially. Through this work, the shrinkage and expansion effects of the pore-throat system can be detected, and nanoscale water slip can be reduced. The swelling effect caused by the interaction with the surface clay exceeds the slip effect. More importantly, molecular interactions are also interpreted as slippage, which will be considered in the following work. Not only that, but the obvious slippage is also related to wettability. Dozens of studies on nanochannel water flow have verified the methods in the following work and have good results.

In 2020, the vacuum absorption method was introduced to study the storage and transportation of oil/water in shale. The preliminary and basic experiments are N_2 adsorption, scanning electron microscopy (SEM), X-ray diffraction, and Rock-Eval pyrolysis to characterize rock properties. Through the above experiments, the total organic carbon (TOC) and kerogen thermal maturity (R_o) can be obtained, and water and *n*-dodecane are selected for the vacuum absorption experiment. The amount of water in organic pores, the amount of oil in organic and inorganic pores, and the amount of dissolved oil can be obtained. A mathematical model is derived from the experimental results. The water flow in the inorganic zone is a capillary flow, while the oil in the organic matter consists of capillary action and diffusion, which is attributed to kerogen. In order to consider the diffusion flow, a physical model of the double diffusion layer was established to describe the migration of oil from pores to kerogen. Through the corresponding experiments of related mathematical models, the two factors of capillary pressure and dissolution rate constant in the model are obtained.

In 2020, the COMSOL Multiphysics platform was used to simulate shale oil flow (Wang et al., 2020a). For the organic matter, inorganic matter, natural fractures, and multiscale pores in hydraulic fracturing, the simulation selects the triple continuous model to simulate the fluid flow in the matrix and fractures, and the discrete fracture model (DFM) of hydraulic fracturing. In addition, the temperature is another important factor in increasing shale oil recovery and activating more adsorbed oil. Compared with free oil, adsorbed oil is more sensitive to temperature.

In 2020, the macroporous classical Monte Carlo (GCMC) method (Sui et al., 2020) will be used to study the mobility of hydrocarbons in nanopores. Combined with molecular dynamics (MD) simulation, the method to realize the flow mechanism is more effective and diversified. The hydrocarbon selected in this study is *n*-octane (pentane, dodecane). The rock-type nanopore is dolomite, and its shape or hole is slit. Through equilibrium molecular dynamics (EMD), the adsorption phase density, surface molecular-scale structure, and diffusion parameters can be obtained and further analyzed. The thickness or number of the adsorption layers is related to the pore size and negatively related to the temperature. Furthermore, pressure has a limited effect on the adsorption layer. For the surface type of dolomite, *n*-octane maintains a preferential arrangement parallel to the underground. The molecules there accumulate well and diffuse slowly. Compared with the three types of hydrocarbons, the surface of dolomite is easier to adsorb long-chain alkanes. Then, using nonequilibrium molecular dynamics (NEMD), the pressure-driven flow, such as viscosity and slip length, was analyzed. The driving force is positively correlated and has little effect on the effective viscosity of *n*-octane.

5.3.3 Nanoscale debate

Since shale gas exploration is earlier than oil, shale gas research leads the research of shale oil. Thus, this experience is taken as a reference in the R&D domain. In 2007, the shale gas flow in nanopores was investigated (Javadpour et al., 2007). The diffusive effect and slip flow were mentioned in the research. The mentioned slip flow would perform impressively in the research of shale oil.

In 2012, the concept of nano-hydrocarbons was classified and developed (Zou et al., 2012). From the perspective of petroleum geology, shale oil can be considered nano-hydrocarbons. The development of shale oil can learn from some common experiences of the same type. During the period of 2012 to 2016, Erdal Ozkan of the Colorado School of Mines and others conducted several useful studies on the nanoscale (Firincioglu et al., 2012, 2013; Ozcan et al., 2014; Albinali and Ozkan, 2016a,b). In these studies, phase behavior, bubble point suppression, and abnormal diffusion were discussed, and an analysis model of a highly heterogeneous crack-nanotube system was proposed. Due to the nanoscale, the phase behavior is different from conventional reservoirs, and there is bubble-point suppression at such a small nanoscale. A trilinear model is proposed to replace the flow formula of unconventional fractured reservoirs based on dual porosity, which fully takes into account the diversity of scales. This model may be closer to reality. The model further introduces anomalous diffusion into the invalidity of the continuity hypothesis by replacing the high heterogeneous velocity. This brings about a solution; that is, a unique physical description can replace conventional descriptions that are invalid due to proportional problems.

In 2013, Javadpour conducted advanced research on shale gas in 2007. In this study, four gas storage mechanisms were introduced (Swami et al., 2013). It is easy to think of the storage and migration of shale oil. Organic and inorganic substances and special adsorbed kerogen are similar to shale gas storage.

Another study in 2013 started with phase behavior analysis and selected dual permeability to determine pore-to-pore flow (Alharthy et al., 2013). Some areas need to be further modified to make the pores, matrix, and fractures have different scales, which may reach a difference of thousands of times. The dual-permeability hypothesis may be valid in conventional reservoirs, but more discussion is needed in the utilization of unconventional reservoirs.

A study introduced the lattice Boltzmann method (LBM) to simulate fluid flow in a wide range of pores (Nagarajan et al., 2013). LBM is a classic mesoscopic method that uses Navier-Stokes flow equations under the assumption of continuity. It may be effective for other unconventional reservoirs. But to be used in shale, some modifications are still needed. Some research will be presented later to discuss this issue.

Characterizing the characteristics of the rock is also very important. For example, the study concluded that Darcy flow is dominant in shale nanopores (Bertoncello and Honarpour, 2013), because slip flow and adsorption are ignored, so in shale, there may be no conclusion in oil.

In addition to flow models, petrophysical properties are needed to characterize nanopores, because special properties may be attributed to special flow phenomena. The study used 3D high-resolution imaging and scanning electron microscopy (SEM) to characterize the type, size, and composition of the holes. These works can lay the foundation for analyzing the properties of shale flow zones (Saraji and Piri, 2015).

In 2015, Guo proposed a mathematical model (Guo et al., 2015) to characterize the gas flow in nanopores. Shale oil can ultimately be attributed to some type of industrial use analysis or empirical model, not limited to the laboratory, which is another inspiration. In this study, considering convection and Knudsen diffusion, the apparent permeability was changed. This suggests that oil shale research may undergo the same modification to make full use of existing theories.

It is difficult to conduct experiments directly on in situ shale nanopores; therefore, it is a good choice to find an alternative method of experimenting on a similar platform. A nanofluidic platform designed by Alfi et al. (2015) verified the numerical simulation results of the phase behavior in the nanochannel. These provide methods for conducting nanoflow experiments and observing them directly.

Wang and Javadpour conducted several studies, focusing on nanoscale hydrocarbon flow (Wang et al., 2015, 2016a,b,c). The themes of this series of studies are different flow area types or nanochannel types, pore characteristics, temperature, wettability, pressure, oil composition, adsorption effects, and hydrocarbon types. All research is mainly carried out through molecular dynamics, including two types: equilibrium and nonequilibrium. Compared with previous studies, these studies analyze the movement of molecules in an attempt to find out the mechanism at the nanoscale. Their results provide a reasonable basis for modifying or establishing more realistic new hypotheses. There are, however, limitations. For example, it relies on a high-performance computer that can only explain the flow mechanism and cannot be used directly in oil field calculations. In order to amplify the results and use mathematical equations to characterize nanoscale flow mechanisms, more attention may be needed in future research.

At the nanometer level, due to the small size, capillary forces dominate. In 2016, Deglint used advanced integrated equipment for experience and observation (Deglint et al., 2016). This research focuses on using distilled water as a fluid to study the basic mechanism of the basic concept of nanoflow. All knowledge needs to be summarized and requires high-end industrial applications. In addition to integration, it can also meet the needs of nanoflow research.

Another article by Afsharpoor and Javadpour focuses on slipstream and pore shape (Afsharpoor and Javadpour, 2016). When the scale decreases exponentially, Darcy's law may be invalid in this case, and slip flow is attributed to unpredictable high flux in shale reservoir industry practice. In addition, the shape of the pores in the nanopores has a greater influence on the flow than at the microscopic level. Integrating slipstream effects into the amplification model is also the goal of future research.

The physical properties of kerogen and carbon dioxide sequestration are strongly related. Kerogen, often discussed with organics and inorganics, is different from conventional reservoir conditions (Kazemi, 2017). Reservoir and flow zone rock types cause differences in nanoscale flow in shale. In addition, the combination of research and field practice shows that carbon dioxide can replace methane in shale reservoirs. The reason may be different adsorption capacity. It can be explained at the molecular level, and it also contains the practical significance of the further development of shale. In addition, the impact of carbon dioxide on heavy hydrocarbons needs to be further studied and revealed.

The SLD-PR transport model (simplified local density-Peng Robinson transport model) is introduced to study the density and viscosity curves (Liu et al., 2018b). The results of this study have been validated by molecular dynamics, making it more convincing. It also supports adsorption, which is essential for shale oil flow analysis.

Liu et al. (2018b) studied methane and water flow in the organic matrix of shale. Molecular dynamics is still the main method. In this study, wetting properties such as hydrophilicity and hydrophobicity were discussed. Since wettability affects contact angle and thus capillary force, it is also a valuable research target. In addition to studying single-phase flow (i.e., single-water flow), some membranes, bridges, and columns can also be observed in the channel. This phenomenon also stimulates the root cause of abnormal flow.

Molecular dynamics methods can be used to study the flow mechanism of water and oil through fluid chips (Liu et al., 2018a). This method is very intuitive, and results show that the effect experiment method can explain the basic process and can help verify the simulation method and further mathematical models.

The process of draining and absorbing water is critical to the flow of nanopores. In this process, the slipstream effect is the obvious reason for the formation of flow characteristics (Shen et al., 2018). An analytical equation is proposed to describe the water absorption process considering the slip boundary. This equation has been verified by previous research. This research only inspired the results of molecular dynamics and can be used as a basis for a mathematical and analytical model or equation development. Sun's work (Sun et al., 2019) supports the following view: Based on the understanding of nanoscale viscosity and adsorption, an analytical model is proposed.

Compared with the above research, a more complex mathematical model is proposed, which systematically considers the flow of oil and gas in shale. If the model can establish more connections with molecular dynamics, then the model will be more useful, efficient, and convincing for field and industrial applications.

Nowadays, the focus of research on nanoscale fluid flow is to simplify the complex flow process, which is meaningful for revealing its basic mechanism. One or two components in the fluid in the nanoflow are impossible. The work of Li et al. (2019) solved this problem by changing the fluid composition from the beginning. Through research, different components have different processes. If you consider the composition of oils, long-chain alkanes, and short-chain alkanes or oils containing dissolved gases, the problem will be more complicated and requires further discussion. This study (Fakher and Imqam, 2019) proposed that asphaltenes can block pores, which supports the recognition that fluid composition has different effects on the flow.

A previous study (Afsharpoor and Javadpour, 2016) briefly discussed the different hole types (Wang et al., 2019a). In the study, the oval shape was selected, and the focus of the study was the near-wall oil flow in the inorganic matrix and the adsorbed oil flow in the organic matrix. The focus of this part is the use of molecular dynamics and the lattice Boltzmann method. This is an upgrade that can lead research results from nanoscale to industrial practice.

Then, in 2019, the research results can be integrated into the generalized lattice Boltzmann method to replace molecular dynamics. This is the direction of future research. More research can be found on nanoscale oil flow (Zhang et al., 2020a; Zhan et al., 2020; Wang et al., 2020a). All these studies have enriched the research content and made the research system more systematic.

This series of studies (Zhang et al., 2020c,d) systematically introduced the lattice Boltzmann method (LBM) into this research field. This can also support the upgrading of practical research methods. A large-scale classical Monte Carlo (GCMC) method was introduced (Sui et al., 2020). This inspired the researchers. The method is not limited to a specific type, and more research is being conducted on the shale oil flow mechanism. To understand the flow of shale oil in nanochannels, some concepts need to be clarified.

5.3.3.1 Slip flow

From Fig. 5.11A, we can see that the traditional flow velocity on the surface is zero, which has been proven and used in fluid mechanisms for many years. (B) proves that nanoscale flow is different from traditional forms.

5.3.3.2 Adsorption

Adsorption is the process by which ions, atoms, or molecules attach to the surface of solid material. In shale oil reservoirs, oil atoms or molecules of different compositions are attached to organic matter.

5.3.3.3 Inorganic and organic matter

Organic compounds always contain carbon, while inorganic compounds contain metals and other elements. Shale oil flow will vary in different situations (Fig. 5.12).

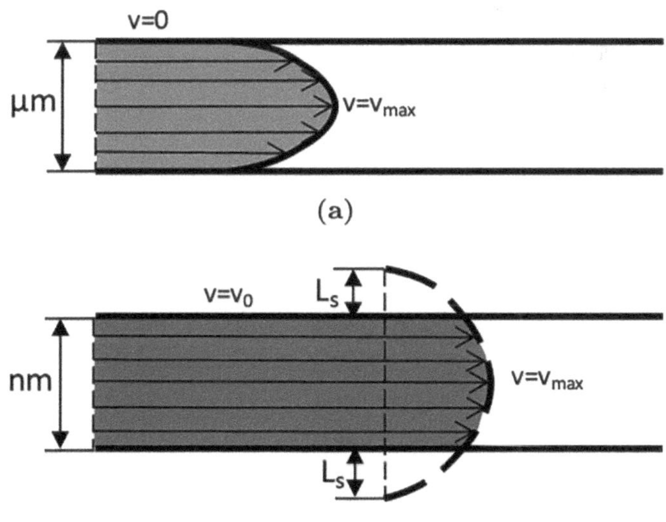

Fig. 5.11 Schematic of slip condition in micro- (A) and nanoscale (B) systems (Shen et al., 2018).

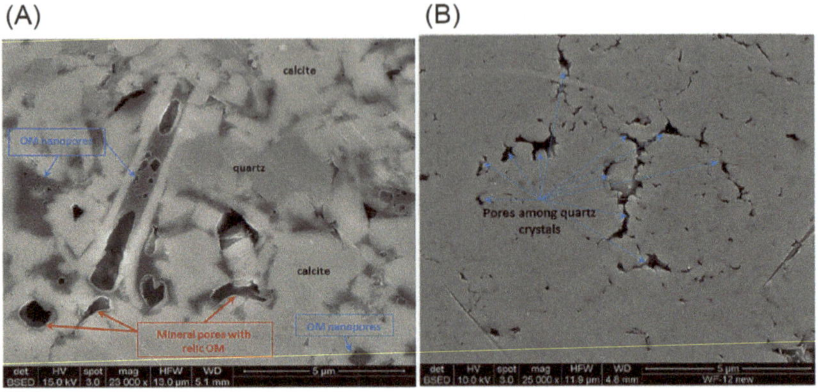

Fig. 5.12 (A) SEM image of an Eagle Ford Shale sample showing nanopores in OM and interparticle pores in the inorganic matter (IM) composed of quartz and calcite. The *black areas* correspond to OM, in which the *darkest spots* represent pores (Wang et al., 2016c). (B) SEM image of an ion-milled Woodford chert sample, composed of 90% quartz, with a minor amount of organic matter, clay minerals, and carbonate (Wang et al., 2016b).

5.3.4 Summary of nanoscale

1. Molecular dynamics (MD) is not the only way to study shale oil flow. The lattice Boltzmann method (LBM) and Monte Carlo classic (GCMC) are increasingly used. Since the MD method requires a lot of computational workloads, it is not realistic to use this method in industrial practice. A high-level model is needed that can not only accurately simulate the flow rate, but also has an acceptable computational workload. Therefore, integrating existing data and theories and modifying traditional theories to develop effective numerical models will be the goal of future work.
2. The study of slip flow effects, adsorption, material types, pore shape diversity, and wettability (such as contact angle) is very important to be considered for mathematical modeling and hence should be more studied and comprehended. The model can not only be derived from mathematical theories but also can be verified by simulation results, which makes the model more convincing and authentic.
3. Since the previous research is mainly based on the basic mechanism research, there are many simplifications in the material, fluid type, fluid composition, and other aspects of the watershed. In addition to the sliding boundary effect and adsorption, it should also include other mechanisms, such as convection, diffusion, and water flow.

5.4 Tight unconventional reservoir transition zone description

In the reservoir, there is no sharp separation plane for oil and water. There is an area where oil and water are mixed in different proportions. In this area, oil and water gradually coexist with changes in saturation. This area is often called the transition area. The transition zone is located at the bottom of the reservoir and is formed by the loss of buoyancy pressure in the hydrocarbon phase. The pore-throat diameter and fluid density determine its thickness. Hydrocarbons and water are usually produced during production testing. The transition zone (Bera and Belhaj, 2016) refers to the contact area between the oil-bearing zone and the gas cap or between the oil-bearing zone and the edge/bottom water. In the transition zone, due to capillary pressure, the oil saturation gradually changes longitudinally.

The thickness of the transition zone is related to its physical properties. The thickness is inversely proportional to the regional permeability. For a given oil layer thickness, the area of the transition zone depends on the dip angle. As the tilt angle decreases, the area will increase.

The capillary pressure is inversely proportional to the capillary radius. The smaller the capillary radius, the higher the capillary pressure. The height of the capillary will increase during the wetting phase. Therefore, due to the different diameters of the capillaries in the transition area, the liquid levels of these capillaries are not uniform. This is why the transition zone can maintain a relative thickness instead of a sharp separation plane. The capillary pressure equation can be written as follows (Shi et al., 2018):

$$P_c = \Delta\rho g h = \frac{2\sigma\cos\theta}{r} \tag{5.1}$$

where the P_c is the capillary pressure; the $\Delta\rho$ is the difference between two liquid densities, kg/m^3; g is the gravity acceleration, m/s^2; h is the rising height of the wetting phase in the capillary; σ is the surface tension, mN/m; and the r is the capillary radius, mm. Since the fluid density difference between oil and water is smaller than the difference between oil and gas, the thickness of the oil-water transition zone is usually greater than the thickness of the oil-gas transition zone.

The thickness of the transition zone will vary with water saturation and oil saturation. The relationship is as follows:

$$h(S_w) = \frac{p_c(S_w)}{9.81(\rho_w - \rho_o)} \tag{5.2}$$

where the $p_c(S_w)$ is the subsurface pressure, ρ_w and ρ_o are the subsurface density of water and oil, respectively, and the $h(S_w)$ is the transition zone thickness.

5.4.1 Tools for determining transition zone

5.4.1.1 Scanning electron microscope (SEM)

Scanning electron microscope (SEM) is an observation method between transmission electron microscope and optical microscope. It can obtain high-quality and spatial resolution images, which can describe the details of the sample (Perry, 2017).

As a most advanced instrument, SEM has been widely used in petroleum exploration. It is possible to describe and obtain material information through SEM, such as terrain (surface characteristics or "appearance" of an object), morphology (shape and size), composition (elements and compounds that make up the material), chemical properties, grain orientation, texture (smoothness or roughness), and crystallographic information (the arrangement of atoms in the material). When exposed to high-energy electron beams, visual information can be collected, magnified, and re-imaged. Through this process, details can be preserved and depicted, making SEM a powerful tool for characterizing materials.

For petroleum geology, SEM can help lithofacies analysis to clarify the mechanism of action, such as the influence of sedimentary facies and diagenesis on porosity and permeability. Through this, the details of the diagenesis of different mineral phases can be displayed, and various cement types and pore geometries can be described and analyzed (Aala et al., 2017).

5.4.1.2 Mercury injection capillary pressure (MICP)

One of the tools used by the researchers is mercury injection capillary pressure (MICP). By injecting mercury into holes and throats, geological samples can be characterized. The injection pressure can be increased to 60,000 psi (413.7 MPa). The pressure corresponds to the size of the hole and throat. Washburn proposed an equation to calculate the pore size as follows:

$$D = \frac{4\gamma \cos(\theta)}{-P_c} \tag{5.3}$$

In the equation, we could notice that the test is influenced by the surface tension γ and contact angle θ, and the pore diameter D varies with the two parameters mentioned above. Usually, the contact angle is not a determined value, which would fluctuate with materials nature and the pressure. In this equation, the contact angle of mercury is mostly set as 140 degrees or 130 degrees. And the tension is always set as 486 dyn/cm.

In addition, pore volume and porosity are important for us to understand the transition zone, but they are not enough. Utilizing the MICP, the pore-throat size distribution and mercury intrusion saturation curve can be obtained, and the permeability and relative permeability can be estimated. In the transition zone filled with multiphase fluid, the relative permeability is meaningful for further analysis.

5.4.1.3 Reservoir rock typing (RRT)

Reservoir rock classification can characterize the dynamic behavior of geological facies, thereby helping to determine the transition zone. The dynamic behavior or geological facies can be characterized or discussed from three aspects: (1) rock texture, (2) diagenesis (determination of spatial change, etc.), and (3) interaction between rock and internal fluid. In addition, rock texture mainly depends on porosity, permeability, and pore size distribution. The interaction between the rock and the internal fluid is characterized by wettability, capillary pressure, and relative permeability. As for the characteristics of the transition zone, the pore system contains at least two types of fluids. The fluid-rock interaction is very complex; therefore, a good understanding of relative permeability, capillary pressure, and wettability is essential for further research.

Reservoir rock classification is not a single isolation tool for studying flow or dynamic behavior. It is a collaborative system that considers geological theories, an understanding of rock physics, and related results of special core analysis (this method will be discussed later in this chapter). In order to describe the flow behavior in the target area, based on the geological facies or so-called petrographic facies, parameters related to petrophysical and SCAL theory are introduced. All these integrated materials can explain the flow behavior more accurately.

For reservoir rock type (RRT), it is difficult to describe the lithofacies due to the easy change of lithofacies. Lithofacies may vary with facies characteristics, diagenesis, and rock-fluid interactions. For conditional reservoirs, similar lithofacies will be considered the same in the same depositional environment. However, due to diagenesis, the lithofacies in the transition zone may exhibit completely different properties. Therefore, the assessment cannot be based solely on the lithofacies depositional environment. For a given height above the free water level, even under the same geological conditions and different diagenesis, the porosity-permeability relationship, capillary pressure, wettability, and water saturation are the decisive properties to characterize the lithofacies display. This attribute can classify lithofacies deposited in the same depositional environment into different groups.

5.4.1.4 Special core analysis (SCAL)

Considering the complexity of the underground, other laboratory techniques can be used to introduce underground NMR experiments to the surface. After the equivalent NMR laboratory analysis of the nucleus, this technique can characterize the attributes of the nuclear sample, commonly referred to as special core analysis (SCAL) (Mirzaei-Paiaman et al., 2020), which plays a noteworthy role in collecting capillary pressure, relative permeability, and other important reservoir characteristics. SCAL conducted flow experiments on core plugs from the reservoir. Compared with conventional core analysis (RCA) (McPhee et al., 2015) or conventional core analysis (CCA), SCAL conducts additional experiments to obtain two-phase fluid flow characteristics, wettability, relative permeability, etc. Due to time and money, RCA and CCA are usually carried out with the help of RCA to improve efficiency and economy (Mohammadmoradi and Rahimzadeh, 2016).

5.4.1.5 Conventional core analysis (CCA)

Conventional core analysis (CCA), sometimes denoted as routine core analysis (RCA), is a common laboratory data measurement and is traditionally complemented by the special core analysis (SCAL). Both types of data are crucial for reservoir characterization and modeling. CCA/RCA is based on performing experiments on dry samples under ambient or rated stress and temperature conditions. The corresponding fluid properties and petrophysical properties will be collected. SCAL is usually tested on plugs to understand petrophysical and fluid properties.

Generally, a typical CCA/RCA seeks saturation, porosity, air (nitrogen) and Klinkenberg permeability, and probe (or profile) permeability. The core sample diameter is usually 1 or 1.5 in. To measure saturation and porosity, it is best to use a larger diameter plug. The saturation, porosity, and permeability of the entire diameter or the entire core sample can be measured by CCA/RCA. However, considering the cost of time and money, full core analysis will not be the first choice. Only when the plug or core sample does not represent the entire wellbore (in other words, the cause of heterogeneity), the entire core analysis, such as sandstone conglomerate or natural fracture carbonate analysis, is performed.

5.4.2 Significance of transition zone investigation

According to traditional petroleum geology, some areas with no exploitation value have become oil reservoirs with a certain scale of production capacity. The transition zone is one of them. Therefore, the missing areas before development meet the needs of industrial development. By analyzing capillary pressure and relative permeability, many mechanisms in the transition zone can be explained. They are, however, susceptible to complex fluid saturation distribution in the transition zone. The complex relationships within the transition zone make the modeling very difficult; hence, the inclusion of these two reservoir characteristics is inevitable. Therefore, for the further development of the transition zone, more investigation is needed, and a deeper understanding of the transition zone is required for effective reservoir evaluation in both static and dynamic modes.

5.4.3 Factors affecting transition zone characteristics

The exhaustive review by Bera and Belhaj (2016) proposed that the main factors affecting the transition zone are static and dynamic rock types, lithofacies analysis, and diagenesis, capillary pressure and relative permeability behavior under fluid saturation, and moisture wet rocks.

5.4.3.1 Static and dynamic reservoir rock typing

The accurate definition of reservoir rock types in the transition zone helps to accurately calculate the true initial fluid distribution. The rock type of RRT reservoir can be integrated with geological facies and rock properties to determine the rock type. In addition, the petrophysical properties obtained from RRT can also be used for static modeling in saturation analysis and simulation.

5.4.3.2 Petrophysical analysis and diagenesis

The chemical diagenesis and the development of petrophysical structure have an impact on the properties of the transition zone. The above two items are determined by detrital composition, textural parameters, tectonic setting, burial depth, composition, and basinal fluid flow patterns. In addition, the interaction between sedimentary facies and diagenesis is a key factor in evaluating reservoir quality. In addition to these two effects, diagenesis can also help determine spatial changes, the timing of diagenetic processes, and their impact on the pore system. Heterogeneity is very common in the transition zone from the macro to the micro to the nanolevel. The reason for the heterogeneity can be considered as the complicated conditions of sedimentary facies, diagenesis, and structural characteristics. The study of petrology and diagenesis, as well as the relationship between diagenesis and sedimentary facies, is of great significance for understanding reservoirs. These are based on the analysis of the plug or the entire well core to understanding the heterogeneous characteristics.

5.4.3.3 Hysteresis capillary pressure and relative permeability behaviors

In order to understand the fluid flow pattern and saturation distribution in the transition zone, other studies should be conducted on capillary pressure and relative permeability. In the transition zone, capillary pressure and relative permeability will affect the distribution of oil and water and fluid flow. However, unlike conventional reservoirs, capillary pressure and relative permeability will vary with location and have hysteresis behavior. These behaviors are irreversible and depend on the characteristics of the flow path. Generally, the complexity of hysteresis behavior can be attributed to saturation characteristics, such as its path or history. Saturation characteristics show differences related to certain rock characteristics, such as relative permeability and capillary pressure. In addition, the hysteresis of the contact angle is related to the wettability of the rock surface, and the wettability will vary with changes in the external environment. This hysteresis can be attributed to contact angle hysteresis, fluid retention, and wettability. Two factors may affect the contact angle hysteresis: the inlet contact angle when absorbing water and the receding contact angle when draining. The fluid retention in the pore system pushes the fluid interface to an unstable state. In terms of mechanism, when the curvature of the interface advances in drainage, instability will occur. It can be observed that the unstable configuration changes rapidly from the wetting stage to the porous system. Haines jump is defined as this transition or violent jump, showing a hysteresis between water absorption and drainage.

As for relative permeability, hysteresis changes its effect on fluid flow. The characteristics of relative permeability prove that wettability and water saturation are highly variable and unpredictable. During the excretion and absorption of water and oil, the relative saturation and relative permeability of water are the decisive factors affecting fluid flow behavior. The relative permeability behavior is also applicable to oil and brine systems, which is different from oil-water contact due to its characteristics.

5.4.3.4 Wettability envelope

The initial oil saturation has a strong relationship with the wettability of the rock. The value of initial oil saturation can classify the wettability of the rock as oil wettability, water wettability, or medium wettability according to the wettability of the rock. In research, there are many different methods for evaluating rock wettability, such as the Amott wettability test and Amott-Hervey wettability test. Although the capillary pressure is dominant in the transition zone, the wettability of water injection is of inevitable significance and cannot be ignored. The wettability also affects the recovery process because the oil saturation considered in the recovery process depends on the wettability. In addition, the relationship between resistivity index and saturation is also related to wettability. These two parameters are considered in the dynamic modeling of the transition zone development. As for oil recovery in the transition zone, wettability is worth discussing.

5.4.3.5 Electrical resistivity and saturation exponent

The wettability of the transition zone changes exponentially according to the heterogeneity. The analysis of fluid flow behavior is very important to describe the wettability distribution. Based on this understanding, parameters such as initial oil saturation can be calculated or estimated more accurately. For the total reservoir, considering the fluid dynamics and in situ geological knowledge, the saturated wettability state can be determined more accurately.

To perform logging analysis more effectively and accurately, resistivity is an important parameter of reservoir rocks and is widely used in logging practice. The resistivity can be used to evaluate a parameter of porosity saturation in logging (as an Archie parameter). Archie parameter (also known as Archie cementing factor m) is a rock parameter used to estimate porosity and permeability in a rock system. For the transition zone, there is too much oil waiting to be developed, and it is delayed due to technical limitations, conservative theories, and insufficient understanding. Characteristic parameters such as resistivity and water saturation can better promote the industrial development of resources in the transition zone.

5.5 Role of CT/XRD/NMR/SEM

It is unusual to choose a single research method from articles related to reservoir characterization, oil development, fracture analysis, etc. Here, we study and introduce these technologies one by one to better understand the technology.

5.5.1 CT

X-ray computed tomography can be referred to simply as CT because of its many uses in characterization.

In 2017, X-ray tomography was used to quantitatively model the anisotropy and curvature of the permeability pathway in clay-rich mudstone (Backeberg et al., 2017). In shale, permeability is critical because it has a great influence on resource migration. Due to the deposition layering of the deposition stack, the magnetic permeability in different directions is different from each other. The anisotropic directional permeability exhibits a relatively high permeability, which is parallel to the laminate, and the lowest permeability is perpendicular to the laminate. Here, CT technology is used to quantify 3D interconnection paths to describe the anisotropy of shale. One to two orders of magnitude of permeability anisotropy can be obtained through experiments, and 2D or 3D with CT can explain the interconnection paths in shale. In addition to CT, a tortuosity factor can also be obtained to explain the significant reduction in diffusion transmission. The decrease may come from convolutions of the flow channel.

In 2018, advanced CT was used to analyze the fractal dimension of pore space. The fractal theory was introduced to quantitatively describe the heterogeneity of pore structure diversity and the corresponding impact on oil and gas (Schmitt Rahner et al., 2018). In this study, shale and tight gas sandstone (TGS) samples from Brazil were analyzed by high-resolution CT. Due to the multiscale characteristics of unconventional reservoir rocks, it is difficult to describe the precise distribution of pore structures. Therefore, two voxel sizes/resolutions (0.064 μm, from 0.46 to 1.20 μm) were selected for observation or experiment. The purpose of observing very small pores (ganglia), the main pore network, and organic particles, is to be able to treat them as segmented structures in the sample set to quantify the fractal dimension. In this process, box-counting (BC) and hole distribution (PSD) methods are used. The average FD of shale is 1.78 to 2.59, and the average FD of tight gas sandstone is 2.36 to 2.46. Considering factors related to fluid transport, such as specific surface area, porosity, and permeability, the fractal dimension introduces several correlations.

5.5.2 XRD

In early 1989, XRD was used as one of the tools to study and discuss shale diagenesis. The XRD in this study focused on the improvement of the content of illite in illite/montmorillonite.

In 2016, detection and quantitative evaluation of organic-related pores in tight UCR were carried out (Ge et al., 2016), as shown in (Table 5.2). In this study, XRD was used to quantify the mineral composition and its content. Fig. 5.13 represents a pie chart of the mineral constitution of the samples by Ge.

From the table, we can observe the mineral composition of each sample. The pie chart will merge the sample data and prove the potential mineral composition of the rock.

The microcrystalline structure and chemical structure of kerogen can also be characterized by XRD (Wang et al., 2019b). In the kerogen of the Longmaxi shale, the microcrystalline structure parameters including the interlayer spacing can be calculated from the XRD data. They can be used to evaluate the periodicity of stacked structures.

XRD can also support formation damage analysis (Zhang et al., 2020b). In the research, XRD can distinguish nonclay minerals and clay minerals as the core. XRD should be performed before the sensitive damage test. XRD can also be used to study the geochemical properties of the wettability of kerogen and organic-rich mudstone. In this study, X-ray diffraction was used to quantify the concentration of minerals in mudstones of different maturities. In addition, in 2020, XRD is used to evaluate the brittleness index, and BI (brittleness index) is derived through XRD to verify the proposed method (Gogoi and Chatterjee, 2020). XRD can also be used in conjunction with XRF to determine the types and locations of different minerals on the fracture surface (Jin et al., 2020). With XRF, it can also establish quantitative methods to limit the mineralogy in mudstone (Hupp and Donovan, 2018).

XRD can also indicate quartz and low clay content in shale. These processes were carried out in 2012 (Bai et al., 2013). XRD can clearly show the ratio of clay minerals (chlorite and illite) to nonclay minerals (calcite, dolomite, and quartz).

In order to better evaluate the formation and characteristics of the reservoir, XRD and cable geochemical data can be integrated to solve the problem of insufficient core data in other wells (Quirein et al., 2010). To achieve this goal, XRD data can be converted into synthetic wired geochemical element data. One can think of conversion as a relationship between mineral data and synthetic cable data. With these, even without core testing, the required core data can be obtained or predicted from wired data. In addition, XRD can be used to establish constraints between predicted mineralogy.

Table 5.2 Mineral constitution of the measured samples by XRD (Ge et al., 2016).

Sample no.	Mineralogical content (wt%)						
	Clay	Anhydrite	Quartz	K-feldspar	Plagioclase	Calcite	Dolomite
1	0.90	1.00	16.30	0.00	30.10	0.00	51.70
2	0.85	0.00	10.25	0.00	8.10	0.00	80.80
3	0.87	0.00	8.33	2.40	11.00	0.00	77.40
4	0.70	1.10	24.50	0.00	24.10	0.00	49.60
5	1.20	0.00	19.70	0.00	14.00	0.00	65.10
6	0.90	0.00	26.20	0.00	17.00	0.00	55.90
7	1.30	0.00	41.80	0.00	9.10	0.00	47.80
8	0.88	0.00	16.62	0.00	17.40	1.70	63.40
9	0.90	0.00	25.90	5.30	5.80	0.00	62.10
10	0.60	0.00	25.30	4.10	0.00	0.00	70.00
11	0.70	0.00	23.90	7.10	0.00	4.10	64.20
12	0.50	0.00	54.50	3.50	5.40	8.70	27.40
13	0.60	0.00	15.20	0.90	2.00	0.00	81.30
14	0.65	0.00	23.05	2.60	7.00	4.60	62.10
15	0.80	0.00	65.30	3.20	6.30	13.90	10.50
16	0.90	0.00	45.00	3.80	22.20	13.50	14.60
17	0.70	0.00	23.50	0.00	15.50	23.10	37.20
18	0.80	0.00	38.00	6.00	13.80	16.80	24.60
19	0.70	0.00	30.90	8.10	24.10	17.70	18.50
20	0.80	1.30	24.90	0.00	31.10	11.50	30.40
21	0.60	0.00	32.50	0.00	22.20	2.10	42.60
22	0.90	0.00	21.20	0.00	26.00	8.20	43.70
23	0.50	0.00	45.20	7.70	8.00	22.90	15.70
24	1.20	0.00	56.20	0.00	12.80	12.80	17.00
25	0.60	0.00	16.60	2.30	7.30	5.50	67.70
26	1.20	0.00	53.30	4.70	18.90	17.30	4.60

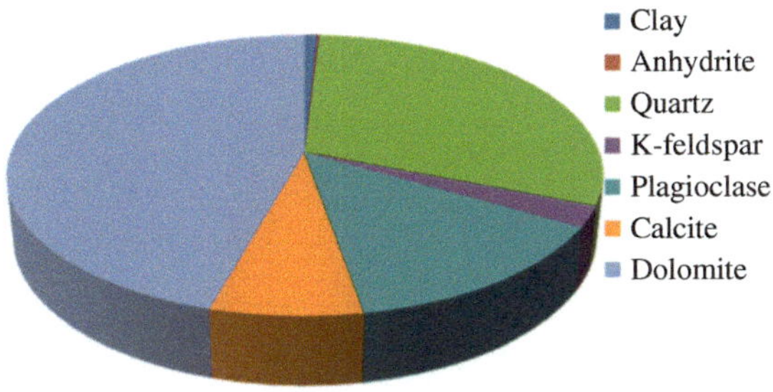

Fig. 5.13 Pie chart of the mineral constitution for given samples (Ge et al., 2016).

5.5.3 NMR

The application of NMR in the petroleum industry can be directly used for logging or analyzing rock samples. Both methods can help you understand the nature of underground rocks.

In the petroleum industry, nuclear magnetic resonance (NMR) is one of the effective tools for evaluating porosity, pore size, and fluid type. This method differs from other methods due to its noninvasiveness (Washburn et al., 2013). This method can be evaluated without causing additional damage to or destruction to the cores. However, due to extraction (cleaning) and re-saturation operations, the original state of the sample may be altered, which may bring some errors to the obtained results. Compared with other methods, however, NMR has obvious advantages. As shown in Fig. 5.14, the type of test element, working magnetic resonance frequency, and corresponding magnetic field strength may be the reasons for the successful application of NMR.

Through laboratory nuclear magnetic resonance, oil, water, asphalt, and kerogen can be detected.

The ^{1}H (hydrogen) NMR relaxation method is used to characterize reservoir characteristics, and another method recently proposed is ^{23}Na (sodium). Low-field NMR characterizes liquid properties; high-field NMR characterizes kerogen inclusions, crushed samples, and small samples. ^{13}C (carbon) high-field NMR is mainly used for structural analysis of kerogen and is not often used to determine saturation analysis. In the market, low-field NMR analyzers are mainly provided by Oxford Instruments and Magritek, while Bruker provides high-field equipment.

The terms "low field" and "high field" can be classified by the value of the magnetic field strength. It is the parameter of the analyzer. Generally, for low magnetic fields, the magnetic field strength of ^{1}H 2 MHz is with 0.05 T

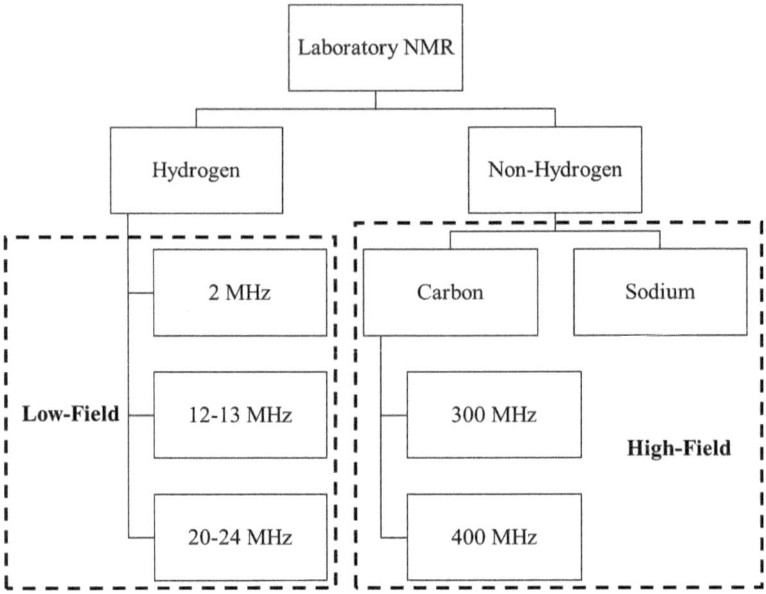

Fig. 5.14 Variations of laboratory NMR method applied for oil shales (Washburn et al., 2013).

(Habina et al., 2017); for high magnetic fields, the magnetic field strength of ^{1}H 400 MHz is with 9.4 T (Yang and Kausik, 2016). The exact value varies by device.

Usually, these tools run at a frequency of 2 MHz. Since this value is set in the field logging tool, it can be directly compared between field logging data and laboratory measurements. When heavy organic components (such as asphalt or kerogen) are not allowed to be detected at 2 MHz, the study will introduce a higher frequency low-field NMR analyzer to complete the test. Although it is generally believed that kerogen and some bitumen cannot be detected at 2 MHz, using a 2 MHz core analyzer (optimized for shale) is the opposite (Cao et al., 2013).

In 2019, Song and Kausik (2019) discussed the application of NMR in unconventional shale reservoirs. They mentioned that traditional methods face challenges due to low porosity, low permeability, complex lithology, and low fluid composition. These may be attributed to the complexity of rocks and fluids in unconventional reservoirs. NMR is an effective tool for measuring these qualities, such as petrophysical parameters, fluid properties, and determining reservoir productivity. The fluid composition of kerogen, bitumen, light/heavy oils, gas, and brine in the formations could be measured with the ratio of T_1/T_2, which has been found important to the measurement. The theories of relaxation, measurement methods, and data inversion techniques were also introduced in the paper.

Another study in 2019 introduced the NMR as one of the methods to evaluate the liquid saturation in organic-rich unconventional reservoirs. The multifrequency nuclear magnetic resonance (NMR) and the NMR rock analyzer were used to supply the shale form workflows (Nikolaev and Kazak, 2019). They provide the completed information on the type and volume of fluids in shale pore.

Another study in 2019 introduced NMR as one of the methods for evaluating liquid saturation in organic-rich unconventional reservoirs. Multifrequency nuclear magnetic resonance (NMR) and NMR rock analyzers are used to provide workflows in the form of shale (Nikolaev and Kazak, 2019). They provide complete information about the type and volume of fluid in shale pores.

Taking the Dongping bedrock reservoir as an example, comprehensive methods can be used to evaluate the damage to the formation by water and alkali sensitivity (Zhang et al., 2020b). NMR is one of these methods. In the integrated approach, NMR will determine the pore size distribution through its relaxation time measurement. There are two types of relaxation: longitudinal relaxation (T_1) and lateral relaxation (T_2). These two can help quantify the amount of fluid.

Recently, water injection and CO_2 injection were considered as potentially effective methods to improve shale oil recovery (Wang et al., 2020b), through the exposure test based on nuclear magnetic resonance (NMR) to analyze the oil stream containing CO_2. In this study, the T_2 spectrum was used to reflect oil. The oil content of low-permeability shale can be calculated by the NMR T_2 spectrum.

In 2020, a method for measuring the surface relaxation rate of conventional and unconventional reservoirs was proposed. Surface relaxivity (ρ) is an inherent rock property, which can well describe the pore size distribution in the formation through low-field NMR. The value of surface relaxation varies with rock mineral types and their distribution, rock surface wettability, and other petrophysical properties. Therefore, the surface relaxation degree should be determined according to the specific situation. However, the existing NMR methods are expensive and require supplementary non-NMR methods. As for experiments performed under high pressure, the rock sample should be consolidated and cylindrical. This requirement limits the use of NMR methods for unconsolidated and thin unconventional rocks. This study thus attempts to provide a method of using rock samples of different particle sizes to generate pores of corresponding sizes. In this model, the geometric constant and the specific surface of the grains are converted to the surface of the hole, and it is only possible through NMR to calculate ρ by modifying the NMR control equation. Three unconventional rocks (Qusaiba shale, Jafurah carbonate mudstone, and Eagle Ford) and two conventional rocks (Berea sandstone and Indiana limestone) have been used to verify the effectiveness of this method.

In 2020, another study on wettability and water saturation estimation was conducted (Newgord et al., 2020). In this study, resistivity and nuclear magnetic resonance (NMR) are integrated. Traditionally, wettability models require additional input to obtain estimates. The integration of resistivity and nuclear magnetic resonance (NMR) can reduce the number of input parameters. Specifically, the proposed workflow is based on the integration of nonlinear resistivity and NMR-based petrophysical models. The input of the resistivity model includes the resistivity and brine of the rock fluid system, porosity, and parameters related to pore geometry. The parameters required for the NMR model include the lateral (T_2) response of the rock-fluid system, saturated fluid, water-wet water-saturated hydrocarbons, and hydrocarbon-wet hydrocarbon-saturated rocks. At the same time, Tandon, Newgod, and Heidari also researched by introducing new NMR wettability (Tandon et al., 2020). The new index is a function of the transverse magnetization (T_2) of the mixed wet rock, the overall relaxation and saturation of each fluid, and the T_2 distribution of intact water-wet and hydrocarbon-wet samples of the same type of rock. The new wettability index can potentially improve the speed and reliability of NMR-based wettability characterization. In addition, nuclear magnetic resonance logging can also be used to classify pore facies. It can be integrated with other methods and introduce machine learning methods to process log data (Xu et al., 2020). In this study, NMR logging data can illustrate the actual pore space. Then, the original data are decomposed into the porosity of the box, that is, the T_2 distribution.

5.5.4 SEM

In 2018, a method combining energy dispersion spectrometer (EDS) under field emission scanning electron microscope (FE-SEM) was proposed to characterize the mineralogical heterogeneity of UCR (Du et al., 2018). Research shows that two-dimensional characterization methods and techniques can still enable understanding of rocks, and then, the authors proposed a model that considers both resolutions (10 nm) and representativeness (20 mm) to discover minerals. From the observation results, it can be seen that the microscopic heterogeneity of the reservoir is positively correlated with (1) the ratio of the maximum value to the minimum value and (2) the mean square error of each mineral parameter in slices from eight different directions.

In 2019, a series of SEM methods were used to study the influence of water and alkali sensitivity on formation damage (Zhang et al., 2020b). In this study, SEM experiments and fixed-point SEM experiments were introduced to describe the pore structure. SEM is to characterize the pore structure before the damage, while fixed-point SEM is to describe the change of the specific surface area before and after damage. SEM can also be used to observe pores in organics as shown in Fig. 5.15. The results show that most pores are submicron (5–100 nm) (Bai et al., 2013).

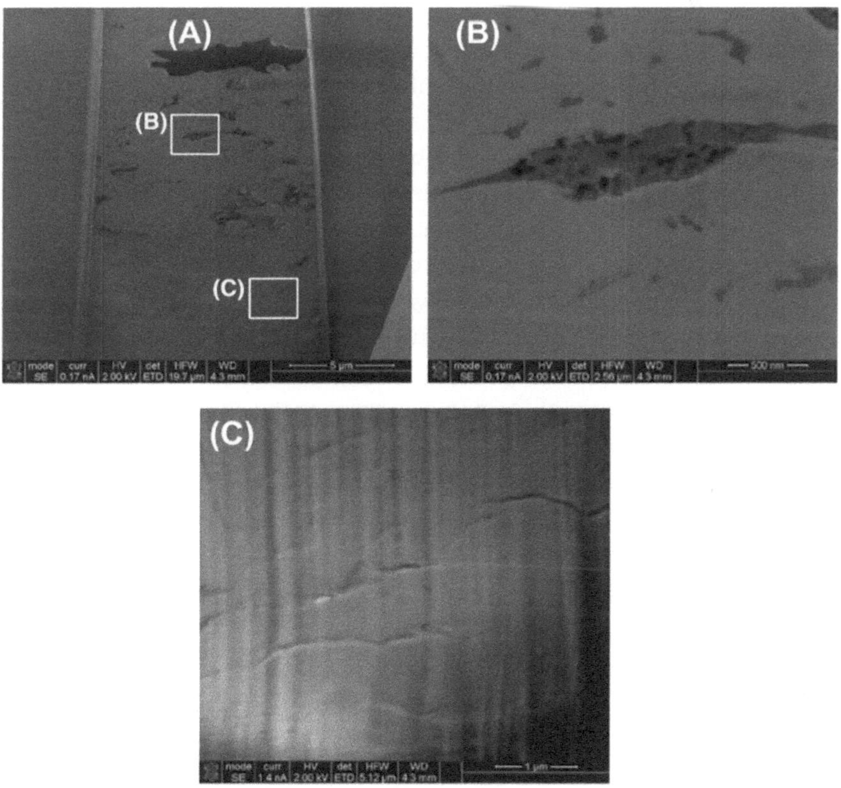

Fig. 5.15 SEM images of Fayetteville shale: (A) vuggy microporosity, (B) in the organic matter, kerogen nanoporosity occupies about 40%–50% of the area, and (C) nanonatural fractures(Bai et al., 2013).

5.6 Tight unconventional reservoir data integration

During the static modeling of unconventional reservoirs, many methods can be used to better understand the reservoir. Different technologies such as logging data, CCA data, SCAL data, and well test data have their uses.

5.6.1 Well logging data

Logging technology is a mature technology that can record information about the geological structure penetrated by the borehole. Typically, logging (discussed later) uses physical measurements lowered into the borehole to gather information and then transmit it to the surface. Common logging records are sonic logging (DT), gamma-ray logging (GR), resistivity logging (IND), density logging, etc.

In 2004, three porosity log data were used together to estimate shale volume (Kamel and Mabrouk, 2003). In the research, equations with neutron, density, and acoustic logging parameters were proposed. And this equation takes into account the influence of matrix, fluid, and shale parameters.

In addition, logging data can also be used to analyze the impact of thermal maturity. In this study, the maturity index (MI) is derived from log data. Three types of data are used: neutron porosity, deep resistivity, and density porosity. This indicator has two assumptions: (1) Hydrocarbons will not migrate over long distances; and (2) water saturation and fluid density will decrease with increasing thermal maturity. It is related to the quantitative ratio of gasoline and provides an empirical relationship.

In 2011, some factors of logging data were analyzed to derive petrophysical parameters to estimate the amount of shale (Szabó, 2011). One factor related to shale content comes from logging. Then, to use it in longer intervals, a nonlinear relationship is introduced.

In 2012, Quirein et al. conducted a study that showed that logging data can evaluate the porosity, TOC, and hydrocarbon content of shale reservoirs (Quirein et al., 2012). The study selected Eagle Ford Shale as an example. In this shale reservoir, the properties of different fluids, namely natural gas, condensate gas, and oil, vary with the maturity of the rock. The logarithm of increment *R*, density, and the logarithm of uranium can help estimate total organic carbon (TOC). In addition, nuclear magnetic resonance logging can measure the apparent total porosity of organic shale formations. This method only considers fluid and ignores kerogen. Mineralogy logging data can help complex refractive index method (CRIM) calculate accurate dielectric porosity, while porosity and hydrocarbons are not affected by this. And integration of logs and other tools can be used to calculate the amount of kerogen, hydrocarbon content, etc.

The shale gas reservoir characterization workflow was introduced in 2012 (Chopra et al., 2012). In the workflow, the resistivity logging curve is effective in this process, because mature rocks have higher resistivity. Other logging curves such as acoustic wave, density, resistivity, and porosity can also help estimate TOC.

The combination of logging technology and 3D-seismic technology is introduced to quantitatively evaluate oil shale (Jia et al., 2012). In this study, logging data indicated that the characteristics of oil shale came from logging responses to organic matter and the rock matrix. The presence of high organic matter is (1) stronger radioactivity and higher gamma value than rock matrix, (2) higher resistivity, (3) longer sound wave propagation time, (4) lower density, and (5) higher neutron porosity value. Maity also used similar 3D-seismic and logging data in 2012 (Maity and Aminzadeh, 2012), as illustrated in Fig. 5.16 and similar use was made to reservoirs in India (Yerramilli et al., 2013) and Nigeria (Adeoti et al., 2014).

In 2010, Euzen et al. (2010) introduced logging cluster analysis. In 2014, a case study of electrical facies was conducted using logging data through

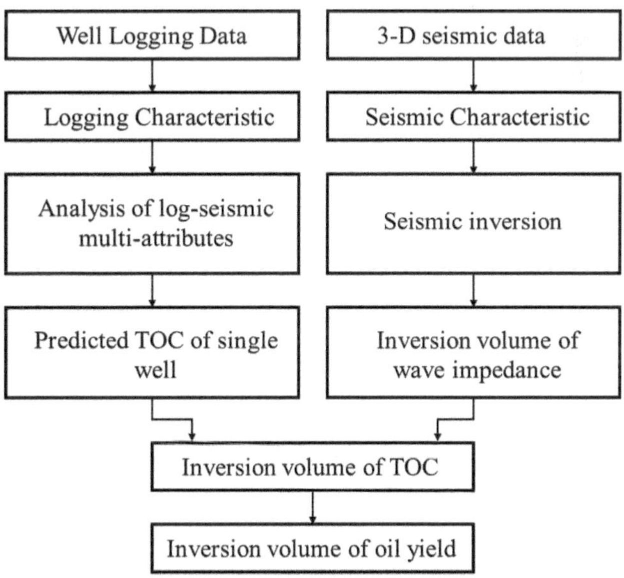

Fig. 5.16 Evaluation flowchart of a geophysical technique of oil shale.

cluster analysis (Torghabeh et al., 2014). Use input data from sonic logging (DT), gamma-ray logging (GR), resistivity logging (IND), and autogenous potential (SP) to derive functions.

In 2016, the logging data based on the cross-plot method were used to investigate shale carbonate gas reservoirs (Moradi et al., 2016). In the study, the volume and distribution pattern of shale were estimated. The results show that the distribution of shale is mainly stratified. Effective porosity is negatively related to depth.

In 2019, a static reservoir model of the El Wastani Formation was established using 2D-seismic and logging data (Abd El-Gawad et al., 2019). The study used 20 2D-seismic lines and logging data from 4 wells. In the workflow, use logging data to obtain petrophysical parameters, and then, perform facies modeling and petrophysical modeling. Fig. 5.17 shows the workflow of static reservoir modeling.

5.6.2 Core analysis data

The core analysis is to study reservoir rock samples in the laboratory. The sample can come from during or after drilling. Through core analysis, key characteristics of the reservoir, such as porosity, permeability, and wettability, can be determined. These parameters have a great influence on oil and gas production. Just like the logging data introduced earlier, core analysis is another effective way to measure these key attributes. For unconventional reservoirs such as shale, core analysis has its advantages because it can reveal vertical and lateral heterogeneity. In addition, through core analysis, anisotropy, organic matter content, maturity, fluid content, fluid sensitivity, and other geomechanical properties can be obtained. All of these can support the use of logging and seismic methods.

In industry practice, conventional (routine) core analysis and special core analysis are part of core analysis. For conventional core analysis, it is the analysis often used in the analysis process, and it is the simplest and most direct method to describe the characteristics of the reservoir. CCA uses smaller samples to represent the core interval. Therefore, it is assumed that the pore system should be uniform. If the change is large, more frequent sampling is required. The test content usually includes porosity, grain density, horizontal permeability, fluid saturation, and lithology description.

In addition, core gamma logging and vertical permeability testing were performed. The test is usually carried out at room temperature, and the pressure can be atmospheric, formation pressure, or both. For special core

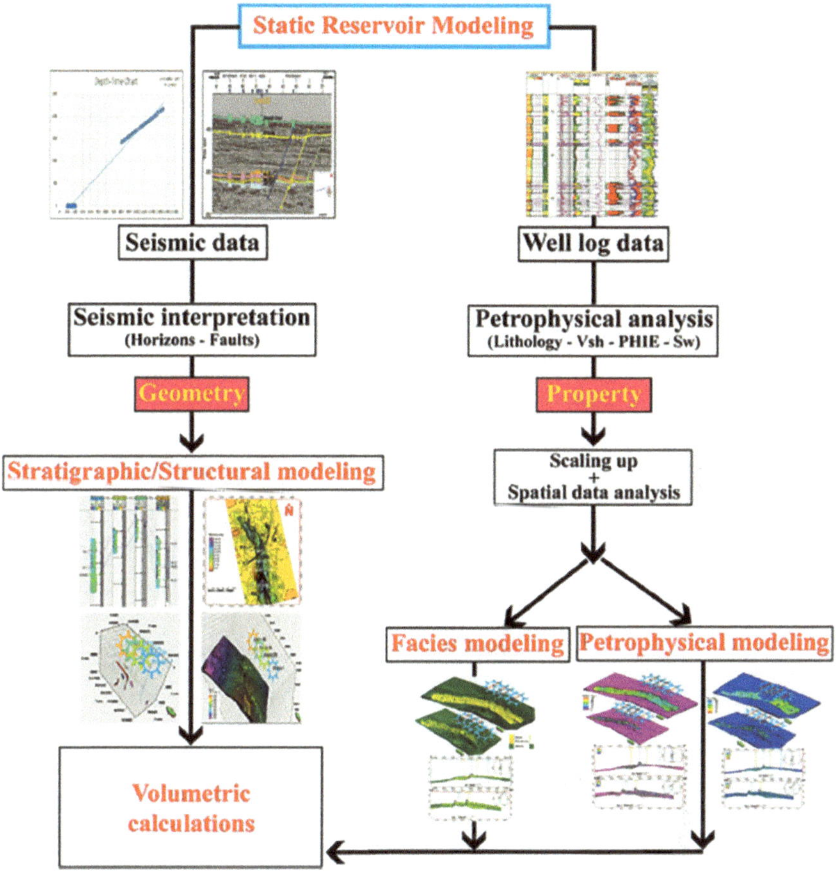

Fig. 5.17 Static reservoir modeling workflow (Abd El-Gawad et al., 2019).

analysis (SCAL), two-phase flow characteristics, relative permeability, capillary pressure, wettability, and electrical characteristics can be tested, which makes it the "special" characteristics of CCA or RCA. According to time and economic requirements, CCA can be performed through oil wells, and SCAL can be performed at specific intervals.

In this section, the conventional core analysis and special core analysis are put together to introduce the core analysis data and its influence on the static modeling of unconventional reservoirs.

In 2011, the key points of reservoir engineering for unconventional gas reservoirs are discussed (Clarkson, 2011). During the discussion, the workflow for optimizing the development of unconventional gas reservoirs (UGRs) was introduced. A new method was used to determine the heterogeneity of pore size distribution and nuclear contamination.

A core analysis method for low-permeability reservoirs was proposed (Clarkson et al., 2019). The method is based on the theory of rate transient analysis. Commercial laboratories usually use two methods for core plug analysis, namely nonsteady-state pulse decay permeability (PDP) and steady-state method (SS). For SS, the on-time is too long due to nanotubes. Neither PDP nor SS can describe the transition part or the entire process of fluid flow from pores to fractures to wells. Therefore, a research method with the aid of rate transient analysis (RTA) is proposed.

In 2013, a series of multiscale imaging methods describing the characteristics of unconventional reservoirs were introduced (Alberts et al., 2013). In this study, 3D imaging and conventional description were performed through geological rock classification and heterogeneity characterization on the core/sensory scale. CT and micro-CT can be used to characterize mineralogy, grain structure, and porosity. SEM, FIBSEM, etc., are used to describe the nanopore structure, secondary porosity, diagenetic minerals, etc. In addition, the wettability can be analyzed by SEM and micro-CT.

In 2015, Simpson et al. discussed the need for a standardized core analysis workflow in tight unconventional reservoirs (Simpson and Fishman, 2015). In the research, the problem of mismatch between core data and log data was mentioned, and an extended analysis was carried out.

5.6.3 Well testing data

Well testing is used to evaluate website and field performance and diagnose reservoir characteristics. Through well testing, information such as formation transmittance, reservoir degree, and average reservoir pressure can be obtained.

In 2013, Bahrami and Siavoshi (2013) described the reservoir fluid state of unfractured and hydraulically fractured unconventional reservoirs. In addition, they also proposed testing and interpretation methods and related examples. For well test interpretation, the diagnosis of reservoir fluid state is essential for reservoir characterization. Due to the special unconventional reservoir, the flow regime is still unclear. Therefore, the diagnostic plot of instantaneous pressure and its derivative cannot be used for interpretation. This inefficiency may be due to extensive wellbore storage effects, fracture characteristics, and heterogeneity. Therefore, it is necessary to modify the conventional interpretation of well test analysis. This research proposes a transient analysis technique with high-order pressure derivative and rate transient analysis (RTA) to solve this problem. A similar study was conducted in 2016, and reservoir simulations were carried out and provided support for the 2013 study (Bahrami et al., 2016).

As discussed by Bahram, the flow state needs to be further discussed. In 2013, Zhao et al. proposed a triple porosity model (Zhao et al., 2013). In their research, the triple porosity model can be used to describe the gas flowing from the formation to the multifractured horizontal well (free condition or adsorption condition). The model can then explain the transient pressure and rate drop behavior.

Azari discussed the challenges of well testing in conventional reservoirs (Azari et al., 2019). The discussion mainly focused on tight gas reservoir areas. Through research, we can learn that: (1) CT nitrogen extraction can help well flow during well testing; (2) downhole closure can shorten well testing time; and (3) compared with conventional methods, unconventional methods require longer pressure buildup (PBU).

5.7 Ordos basin, Northcentral China case study

5.7.1 Static and dynamic modeling

There are two types of reservoir models: static models and dynamic models. Geologists create static models to provide a static description of the reservoir. The static model is usually executed before production. In the static model, information such as the structure of fluid flow paths and barriers in the reservoir, the characteristics of the pore space structure, grain quality (size, distribution, and cementation), and the composition and distribution of fluids can be estimated and mapped. The dynamic model covers the well-being of the macro-/microscale of the reservoir after the production starts. It is a prediction, through simulation, of fluid flow and saturation distribution changes within the reservoir throughout production time span. Hence, all development schemes and practices adapted for depletion, fluid condition, and pressure changes should be recorded and analyzed.

5.7.2 Research on the Ordos Basin, Northcentral China

Here, a static reservoir model is taken as an example to illustrate the process and work of static characterization. Taking the Ordos Basin in Northcentral China as an example, the static model work in UCR characterization is introduced.

In this study, the spatial distribution, petrophysical parameters, hydrocarbon generation, reservoir conditions, and hydrocarbon retention were discussed by core analysis, SP and other well logging techniques, carbon dioxide adsorption at low temperature and low pressure, nitrogen adsorption at low temperature, and low pressure and mercury injection method, etc. It can be seen from the research that the Chang 7 lacustrine shale in the Fuxian area of the Ordos Basin is thick and successively distributed and has good hydrocarbon generation conditions. In addition, the development of intergranular pores, dissolution pores, organic pores, and microfractures in shale has good oil-bearing properties, providing basic geological conditions for the formation of shale oil. There are a large number of silt layers in the Chang 7 shale, and the pores of the silt layer are micron level, with good physical properties, high brittleness, good oiliness, and small cracks. This is a good place to store shale oil.

Another study was conducted on the Chang 9 member of the Triassic Yanchang Formation in the southern margin of the Ordos Basin. Its content mainly relates to the characteristics of turbidite and its influence on the accumulation of organic matter. The research methods are core observation, particle size analysis, TOC determination, and pyrolysis. The research can draw the following conclusions: (1) The Chang 9 member of the Yanchang Formation is mainly semideep lake, deep lake, shallow lake, and sublacustrine fan and (2) semideep lake oil shale and mudstone organic matter types. The deep lake area of Chang 9 member is II_1, and the upper and lower turbidite mudstone, shale, and silty mudstone types are III and II_2.

There are two types of reservoirs, namely source reservoir integration and adjacent reservoirs. Choose Mesozoic Triassic shale oil province and Upper Paleozoic Carboniferous-Permian shale gas in the Ordos Basin. Oil and natural gas are mainly distributed near-source kitchens or large-area storage sources. Compared with conventional oil reservoirs, shale oil reservoirs are large in volume and low in permeability. The reservoir has a stable structural environment, extensive source rocks, and a large superimposed tight reservoir.

The gas-rich shale reservoir of the seventh member (Chang 7) of the Yanchang Formation in the Ordos Basin has been used as a research object. The research uses outcrop, core, and well logging data, combined with thin-layer observation, scanning electron microscope observation, X-ray diffraction analysis, and other methods and techniques. First, the sedimentary facies and their sedimentary characteristics and distribution were determined and studied. Secondly, the zoning characteristics, mineral composition, and geochemical characteristics of the lithological combination (such as kerogen type, organic matter abundance, and maturity) are studied. Third, the pores and fractures of shale reservoirs are discussed. In addition, the factors affecting porosity and other petrophysical parameters are also studied. Using logging data and gas characteristics, more gas adsorption and desorption experiments are analyzed. The research results of the Chang 7 shale in the Ordos Basin show that: (1) The formation depth becomes deeper from east to west. Sections 3 and 2 of Chang 7 maintain their thickness and are distributed in the southwestern part of the formation. (2) The organic carbon content is 4.59 wt%, the substance types are II_1 and II_2, and the organic matter is in the mature stage. (3) The types of pores are mainly intergranular pores, dissolving pores, and organic hose pores. (4) The abundance and maturity of organic matter, mineral composition, laminar flow development, and tectonic movement are the main factors for fracture development. (5) From west to east, from south to north, natural gas tends to accumulate. (6) Based on the above results, Chang 7 shale should be divided into three development zones. These works systematically describe the characteristics of the Chang 7 shale reservoir in the Ordos Basin.

In 2019, Cui et al. carried out a work focusing on the orderly accumulation of hydrocarbons formed by shale(Cui et al., 2019). In this work, the Chang 7 shale strata can be divided into five categories: outcrop oil shale, medium-buried fractured shale oil, medium-buried ICP shale oil, large-buried shale gas, and tight oil regions. This classification takes into account the concept of "orderly accumulation and coexistence."

Another study discussed the relationship between sediment filling structure and low-grade petroleum systems. The structure is the middle-upper Triassic Yanchang Formation and Yanchang Formation oil and gas system in the Ordos Basin. The research started with the structure-sedimentary coupling relationship. By analyzing the sedimentary filling characteristics of the Ordos inland depression basin in the middle of the Late Triassic, a sedimentary model of filling in a cake-like structure was established. The types and distribution characteristics of low-grade petroleum resources and the control of sedimentation on the distribution of low-grade petroleum resources are the focus of this research. The characteristics of low-grade oil reservoirs are studied through analysis of the accumulation combination, resource type, accumulation dynamics, oil abundance, and scale. Studies have shown that the low-grade resources in the basin are a symbiotic complex of multiple resources, with reservoirs superimposed in three dimensions.

For vertical and horizontal directions, as the distance from the position to the core increases, the oil abundance will decrease. In addition to the types of low-grade resources, it also includes unconventional oil and gas reservoirs to ultra-low-permeability reservoirs, and then to medium- and low-permeability reservoirs.

In 2019, Jinhua et al. (2020a) focused on the Mesozoic Yanchang Formation in the Ordos Basin. In the research, the geological characteristics of Chang 7 shale oil were discussed and the progress of exploration and development was clarified. According to the current research situation, the Chang 7 shale oil of the Yanchang Formation in the Ordos Basin refers to the tight sandstone and shale oil reservoirs in the Chang 7 source rock without long-distance migration.

Shale oil is divided into three types: multiphase overburden type (type I), thin interlayer sandstone type (type II), and pure shale (type III). The classification criteria are lithological connections and other factors. According to Fu's research, it can be concluded that Chang 7 shale oil has the following characteristics: large area mud reservoir, tight fluid-tight reservoir, high oil saturation, light oil, high gas, and high oil content, shallow burial, and large resources. In 2020, research about Chang 7_3 submember of Triassic Yanchang Formation in the Ordos Basin was conducted. The laminae combination and shale oil enrichment patterns were discussed in the research. Core observation, thin section analysis, XRF element measurement, XRD analysis, AMICS mineral analysis, SEM, high-resolution laser Raman spectroscopy analysis, micro-FTIR spectroscopy analysis, and other methods were utilized in this research. Through research, flakes can be classified into four types: tuff-rich flakes, organic matter-rich flakes, feldspar-quartz powder flakes, and clay flakes. The two types of oil-bearing layers can be divided into "rich organic layer + silty feldspar-quartz layer" and "rich organic layer + tuff-containing layer."

The first layer maintains high organic matter and is filled in the potassium feldspar dissolving holes in the powdery granular feldspar-quartz plate. This type forms oil migration and accumulation circles in organic shale. The second type of oil is not mature and mainly accumulates in the intergranular pores of interlayered thin sandstone. The circle ranges from organic-rich shale to interbedded thin sandstone.

More research has been conducted on the Chang 7 member of the Triassic Yanchang Formation in the Ordos Basin, Northwest China. In the study of Jinhua et al. (2020a), the geological characteristics and exploration practice of shale oil were discussed. The following conclusions can be drawn: (1) The average organic matter abundance of black shale and dark mudstone is 13.81% and 3.74%, respectively. (2) The most effective place is sandstone sandwiched in the shale formation. The average thickness of sandstone is 3.5 m. (3) Sandstone and siltstone have small holes of 2–8 μm and throats of 20–150 nm. Although there are a large number of micropores and nanopores, fracturing can increase the conductivity exponentially. (4) Historically, high-strength hydrocarbons were formed. This generation created a pressure difference between the hydrocarbon source and the thin sandstone. The value can be 8–16 MP, which can make oil saturation more than 70%.

Li et al. (2019) discussed the third submember (Chang 7_3) of the Triassic Chang 7 member. In the study, the core of Well B-1 was systematically observed. Some techniques such as rock organic petrology analysis are used for evaluation. Through research, the exploration potential of the two rock types is discussed. For black-layered shale and layered mudstone, although the oil content is high, fixed oil dominates, but they have no potential for oil production. For gray-brown-layered, thin-layered massive tuff and layered tuff (shale) siltstone, the oil is mainly free oil, which indicates that shale oil has good exploration potential. Another study done by Jinhua et al. (2020) is about the Chang 7 member type II shale oil. In the research, two horizontal wells of Chengye-1 and Chengye-2 and the core, thin section, logging, and geochemical data of the pilot well of Chengye-1 were selected for analysis. Studies have shown that the reservoir types of these two wells are mainly thick shale with several layers of thin siltstone and fine sandstone in between. The thickness of the sandstone layer is 1–5 m. A single sand body is very small, with a thickness of 25–20 m and a horizontal direction of 100–300 m. The pore types are intergranular pores, dissolved pores, intragranular pores, intercrystalline pores, organic pores, and cracks. The maximum size of the intercrystalline pores is 0.1–3 μm and the maximum is 21 μm. The fracture of the horizontal part develops along the E-W direction. The porosity and permeability of sandstone are 6%–12% and less than 0.5 mD, respectively. The shale porosity and permeability are less than 2%, and the permeability is less than 0.01 mD.

Another study described the shale reservoir of the Chang 7 member of the Yanchang Formation in the Ordos Basin. In this study, they first mentioned the controversy about the concept and classification of shale oil. They believe that these arguments can be attributed to the understanding of the lithology of effective reservoirs. The conflict is whether the pure shale sandwiched in the shale system or sandstone siltstone is the reservoir. The reason is doubts about the storage capacity and mobility of shale reservoirs. To further understand the mechanism, low-temperature adsorption, high-pressure mercury injection, CT scan, and nuclear magnetic resonance (NMR) were used in the research. Through the above methods, the lithology, physical properties, pore structure, morphology, and fluid mobility of the rock samples were studied. The results show that the reservoir belongs to the shale series with a small amount of sandstone and siltstone. In shale with low porosity and pore size, the reservoir and migration capacity is limited. And considering the mobility, the pore structure exceeds the influence of the pore size.

Huang et al. (2022) conducted an analysis and focused on the lithological characteristics and genetic types of the Chang 7 member of the Yanchang Formation in the Triassic Ordos Basin. In this study, the rocks are mainly composed of argillaceous minerals, with a small number of organic components and terrestrial silt. The genetic types are mainly deep lake-semideep lake facies, delta facies, and swamp facies. The types of reservoir spaces are interstitial and matrix micropores. The hydrocarbon components continue to rise and change with the law of thermal evolution. When the thermal evolution approaches the end of the oil window period, a large number of hydrocarbons have migrated to adjacent nonsource rock interbeds. Due to its petrophysical properties, the oil content in sandstone interlayers is better than that in shale. And the hydrocarbon components are mainly saturated hydrocarbons and aromatic hydrocarbons. From the core samples of the H317 well of Chang 7 member, the characteristics of the sandstone layer and some mudstone or shale are analyzed. In these areas, it has good oil properties, good physical properties of the layer, high brittle mineral content, and good viscosity and density of the internal fluid. In other words, the oil there has potential for exploration.

Finally, Huang et al. (2022) also conducted research to study oil potential and oil mobility. The data also come from well H317. In this section, they believe that the movable threshold (hydrocarbon emission threshold) of the shale system is 70 mg/g TOC. Based on these understandings, then, a shale evaluation template for the Chang 7 shale system that takes into account the influence of oil potential and fluidity was established. In this template, the layers or reservoirs there can be divided into three categories, namely effective, potential, and ineffective. The template was then used to evaluate the lithology of the H317 well case. In this well, sandstone layers, silty mudstone, and some massive mudstone can be regarded as effective types. Black shale oil contains a lot of components and has poor fluidity. Even with good oil-bearing systems, other technologies (such as in situ heating) should be used to complete petroleum exploration.

References

Aala, A.I.M., Hadi, B., Jorge, S.G., Achinta, B., 2017. Petrographic and diagenetic studies of thick transition zone of a middle-east carbonate reservoir. J. Pet. Gas Eng. 8, 1–10. https://doi.org/10.5897/JPGE2016.0244.

Abd El-Gawad, E.A., Abdelwahhab, M.A., Bekiet, M.H., Noah, A.Z., ElSayed, N.A., Fouda, A.E.E., 2019. Static reservoir modeling of El Wastani formation, for justifying development plans, using 2D seismic and well log data in scarab field, offshore Nile Delta, Egypt. J. Afr. Earth Sci. 158, 103546. https://doi.org/10.1016/j.jafrearsci.2019.103546.

Adeoti, L., Onyekachi, N., Olatinsu, O., Fatoba, J., Bello, M., 2014. Static reservoir modeling using well log and 3-D seismic data in a KN field, offshore Niger Delta, Nigeria. Int. J. Geosci. 05, 93–106. https://doi.org/10.4236/ijg.2014.51011.

Afsharpoor, A., Javadpour, F., 2016. Liquid slip flow in a network of shale noncircular nanopores. Fuel 180, 580–590. https://doi.org/10.1016/j.fuel.2016.04.078.

Alberts, L., Bakke, S., Bhattad, P., Carnerup, A., Knackstedt, M., Øren, P.-E., Sok, R., Varslot, T., Young, B., 2013. Characterization of unconventional reservoir core at multiple scales. In: Unconventional Resources Technology Conference, Denver, Colorado, 12–14 August 2013. Presented at the Unconventional Resources Technology Conference. Society of Exploration Geophysicists, American Association of Petroleum Geologists, Society of Petroleum Engineers, Denver, Colorado, USA, pp. 1577–1586, https://doi.org/10.1190/urtec2013-160.

Albinali, A., Ozkan, E., 2016a. Analytical modeling of flow in highly disordered, fractured nano-porous reservoirs. In: SPE Western Regional Meeting. Presented at the SPE Western Regional Meeting. Society of Petroleum Engineers, Anchorage, Alaska, USA, https://doi.org/10.2118/180440-MS.

Albinali, A., Ozkan, E., 2016b. Anomalous diffusion approach and field application for fractured nano-porous reservoirs. In: SPE Annual Technical Conference and Exhibition. Presented at the SPE Annual Technical Conference and Exhibition. Society of Petroleum Engineers, Dubai, UAE, https://doi.org/10.2118/181255-MS.

Albinali, A., Holy, R., Sarak, H., Ozkan, E., 2016. Modeling of 1D anomalous diffusion in fractured nanoporous media. Oil Gas Sci. Technol. 71 (4), 56.

Alfi, M., Nasrabadi, H., Banerjee, D., 2015. Confinement effects on phase behavior of hydrocarbon in nanochannels. In: Volume 7B: Fluids Engineering Systems and Technologies. Presented at the ASME 2015 International Mechanical Engineering Congress and Exposition. American Society of Mechanical Engineers, Houston, Texas, USA, V07BT09A010.

Alharthy, N.S., Nguyen, T., Teklu, T., Kazemi, H., Graves, R., 2013. Multiphase compositional modeling in small-scale pores of unconventional shale reservoirs. In: SPE Annual Technical Conference and Exhibition. Presented at the SPE Annual Technical Conference and Exhibition. Society of Petroleum Engineers, New Orleans, Louisiana, USA, https://doi.org/10.2118/166306-MS.

Azari, M., Hamza, F., Hadibeik, H., Ramakrishna, S., 2019. Well-testing challenges in unconventional and tight-gas-formation reservoirs. SPE Reserv. Eval. Eng. 22, 1371–1384. https://doi.org/10.2118/190025-PA.

Backeberg, N.R., Iacoviello, F., Rittner, M., Mitchell, T.M., Jones, A.P., Day, R., Wheeler, J., Shearing, P.R., Vermeesch, P., Striolo, A., 2017. Quantifying the anisotropy and tortuosity of permeable pathways in clay-rich mudstones using models based on X-ray tomography. Sci. Rep. 7, 14838. https://doi.org/10.1038/s41598-017-14810-1.

Bahrami, H., Siavoshi, J., 2013. Interpretation of reservoir flow regimes and analysis of Welltest data in hydraulically fractured unconventional oil and gas reservoirs. In: SPE Unconventional Gas Conference and Exhibition. Presented at the SPE Unconventional Gas Conference and Exhibition. Society of Petroleum Engineers, Muscat, Oman, https://doi.org/10.2118/164033-MS.

Bahrami, N., Pena, D., Lusted, I., 2016. Well test, rate transient analysis and reservoir simulation for characterizing multi-fractured unconventional oil and gas reservoirs. J. Pet. Explor. Prod. Technol. 6, 675–689. https://doi.org/10.1007/s13202-015-0219-1.

Bai, B., Elgmati, M., Zhang, H., Wei, M., 2013. Rock characterization of Fayetteville shale gas plays. Fuel 105, 645–652. https://doi.org/10.1016/j.fuel.2012.09.043.

Bera, A., Belhaj, H., 2016. A comprehensive review on characterization and modeling of thick capillary transition zones in carbonate reservoirs. J. Unconv. Oil Gas Resour. 16, 76–89. https://doi.org/10.1016/j.juogr.2016.10.001.

Bertoncello, A., Honarpour, M.M., 2013. Standards for characterization of rock properties in unconventional reservoirs: fluid flow mechanism, quality control, and uncertainties. In: SPE Annual Technical Conference and Exhibition. Presented at the SPE Annual Technical Conference and Exhibition. Society of Petroleum Engineers, New Orleans, Louisiana, USA, https://doi.org/10.2118/166470-MS.

Bhatt, P., Zhunussova, G., Uluyuz, S., Baig, M., Makarychev, G., Mendez, A., Povstyanova, M., 2018. Integrated reservoir characterization for successful hydraulic fracturing in organic rich unconventional plays—a case study from UAE. In: Abu Dhabi International Petroleum Exhibition & Conference. Presented at the Abu Dhabi International Petroleum Exhibition & Conference. Society of Petroleum Engineers, Abu Dhabi, UAE, https://doi.org/10.2118/192845-MS.

Cao, X., Yang, J., Mao, J., 2013. Characterization of kerogen using solid-state nuclear magnetic resonance spectroscopy: a review. Int. J. Coal Geol. 8.

Chopra, S., Sharma, R.K., Keay, J., Marfurt, K.J., 2012. Shale gas reservoir characterization workflows. In: SEG Technical Program Expanded Abstracts 2012. Presented at the SEG Technical Program Expanded Abstracts 2012. Society of Exploration Geophysicists, pp. 1–5, https://doi.org/10.1190/segam2012-1344.1.

Clarkson, C.R., 2011. Reservoir Engineering for Unconventional Gas Reservoirs: What Do We Have to Consider?, p. 45.

Clarkson, C.R., Vahedian, A., Ghanizadeh, A., Song, C., 2019. A new low-permeability reservoir core analysis method based on rate-transient analysis theory. Fuel 235, 1530–1543. https://doi.org/10.1016/j.fuel.2018.07.115.

Cui, J., 2019. Oil transport in shale nanopores and micro-fractures: modeling and analysis. J. Pet. Sci. Eng. 178, 640–648. https://doi.org/10.1016/j.petrol.2019.03.088.

Cui, J.W., Zhu, R.K., Luo, Z., Li, S., 2019. Sedimentary and geochemical characteristics of the Triassic Chang 7 member shale in the southeastern Ordos Basin, Central China. Petrol. Sci. 16 (2), 285–297.

Deglint, H.J., DeBuhr, C., Clarkson, C.R., Krause, F.F., Aquino, S., Vahedian, A., Ghanizadeh, A., 2016. Understanding wettability heterogeneity at the micro and nano scale in unconventional light oil reservoirs. In: Proceedings of the 4th Unconventional Resources Technology Conference. Presented at the Unconventional Resources Technology Conference. American Association of Petroleum Geologists, San Antonio, Texas, USA, https://doi.org/10.15530/urtec-2016-2461328.

Du, S., Pang, S., Shi, Y., 2018. A new and more precise experiment method for characterizing the mineralogical heterogeneity of unconventional hydrocarbon reservoirs. Fuel 232, 666–671. https://doi.org/10.1016/j.fuel.2018.06.012.

Euzen, T., Delamaide, E., Feuchtwanger, T., Kingsmith, K.D., 2010. Well log cluster analysis: an innovative tool for unconventional exploration. In: Canadian Unconventional Resources and International Petroleum Conference. Presented at the Canadian Unconventional Resources and International Petroleum Conference. Society of Petroleum Engineers, Calgary, Alberta, Canada, https://doi.org/10.2118/137822-MS.

Fakher, S., Imqam, A., 2019. Asphaltene precipitation and deposition during CO2 injection in nano shale pore structure and its impact on oil recovery. Fuel 237, 1029–1039. https://doi.org/10.1016/j.fuel.2018.10.039.

Firincioglu, T., Ozkan, E., Ozgen, C., 2012. Thermodynamics of multiphase flow in unconventional liquids-rich reservoirs. In: SPE Annual Technical Conference and Exhibition. Presented at the SPE Annual Technical Conference and Exhibition. Society of Petroleum Engineers, San Antonio, Texas, USA, https://doi.org/10.2118/159869-MS.

Firincioglu, T., Ozgen, C., Ozkan, E., 2013. An excess-bubble-point-suppression correlation for black oil simulation of nano-porous unconventional oil reservoirs. In: SPE Annual Technical Conference and Exhibition. Presented at the SPE Annual Technical Conference and Exhibition. Society of Petroleum Engineers, New Orleans, Louisiana, USA, https://doi.org/10.2118/166459-MS.

Ge, X., Fan, Y., Cao, Y., Li, J., Cai, J., Liu, J., Wei, S., 2016. Investigation of organic related pores in unconventional reservoir and its quantitative evaluation. Energy Fuel 30, 4699–4709. https://doi.org/10.1021/acs.energyfuels.6b00590.

Gogoi, T., Chatterjee, R., 2020. Multimineral modeling and estimation of brittleness index of Shaly sandstone in upper Assam and Mizoram areas, India. SPE Reserv. Eval. Eng. 23, 708–721. https://doi.org/10.2118/200498-PA.

Guo, C., Xu, J., Wu, K., Wei, M., Liu, S., 2015. Study on gas flow through nano pores of shale gas reservoirs. Fuel 143, 107–117. https://doi.org/10.1016/j.fuel.2014.11.032.

Habina, I., Radzik, N., Topór, T., Krzyżak, A.T., 2017. Insight into oil and gas-shales compounds signatures in low field 1H NMR and its application in porosity evaluation. Microporous Mesoporous Mater. 252, 37–49. https://doi.org/10.1016/j.micromeso.2017.05.054.

Huang, H., Li, R., Lyu, Z., Cheng, Y., Zhao, B., Jiang, Z., Zhang, Y., Xiong, F., 2022. Comparative study of methane adsorption of Middle-Upper Ordovician marine shales in the Western Ordos Basin, NW China: Insights into impacts of moisture on thermodynamics and kinetics of adsorption. Chem. Eng. J., 137411.

Hupp, B.N., Donovan, J.J., 2018. Quantitative mineralogy for facies definition in the Marcellus shale (Appalachian Basin, USA) using XRD-XRF integration. Sediment. Geol. 371, 16–31. https://doi.org/10.1016/j.sedgeo.2018.04.007.

Javadpour, F., Fisher, D., Unsworth, M., 2007. Nanoscale gas flow in shale gas sediments. J. Can. Pet. Technol. 46. https://doi.org/10.2118/07-10-06.

Jia, J., Liu, Z., Meng, Q., Liu, R., Sun, P., Chen, Y., 2012. Quantitative evaluation of oil shale based on well log and 3-D seismic technique in the Songliao basin, Northeast China. Oil Shale 29, 128. https://doi.org/10.3176/oil.2012.2.04.

Jin, X., Zhu, D., Hill, A.D., McDuff, D.R., 2020. Effects of heterogeneity in mineralogy distribution on acid-fracturing efficiency. SPE Prod. Oper. 35, 147–160. https://doi.org/10.2118/194377-PA.

Jinhua, F.U., Shixiang, L.I., Xiaobing, N.I.U., Xiuqin, D.E.N.G., Xinping, Z.H.O.U., 2020a. Geological characteristics and exploration of shale oil in Chang 7 member of Triassic Yanchang Formation, Ordos Basin, NW China. Pet. Explor. Dev. 47 (5), 931–945.

Jinhua, F., Shixiang, L., Yuting, H., Xinping, Z., Jiangyan, L., Shutong, L., 2020b. Breakthrough of risk exploration for Class II shale oil in Chang 7 member of the Yanchang Formation and its significance in the Ordos Basin. China Petrol. Expl. 25 (1), 78.

Kamel, M.H., Mabrouk, W.M., 2003. Estimation of shale volume using a combination of the three porosity logs. J. Pet. Sci. Eng. 40, 145–157. https://doi.org/10.1016/S0920-4105(03)00120-7.

Kazemi, M., 2017. Molecular Simulation of Transport and Storage in Shale (PhD). West Virginia University Libraries, https://doi.org/10.33915/etd.5950.

Le, T.D., Murad, M.A., 2018. A new multiscale model for flow and transport in unconventional shale oil reservoirs. Appl. Math. Model. 64, 453–479. https://doi.org/10.1016/j.apm.2018.07.027.

Li, Z., Yao, J., Kou, J., 2019. Mixture composition effect on hydrocarbon–water transport in shale organic nanochannels. J. Phys. Chem. Lett. 10, 4291–4296. https://doi.org/10.1021/acs.jpclett.9b01576.

Liu, S., Ma, Y., Bai, B., 2018a. Flow patterns of oil–water two-phase flow during pressure-driven process in nanoscale fluidic chips. Microfluid. Nanofluid. 22, 39. https://doi.org/10.1007/s10404-018-2057-1.
Liu, B., Qi, C., Zhao, X., Teng, G., Zhao, L., Zheng, H., Zhan, K., Shi, J., 2018b. Nanoscale two-phase flow of methane and water in shale inorganic matrix. J. Phys. Chem. C 122, 26671–26679. https://doi.org/10.1021/acs.jpcc.8b06780.
Loucks, R.G., Reed, R.M., Ruppel, S.C., Hammes, U., 2012. Spectrum of pore types and networks in mudrocks and a descriptive classification for matrix-related mudrock pores. AAPG Bull. 96 (6), 1071–1098.
Maity, D., Aminzadeh, F., 2012. Reservoir characterization of an unconventional reservoir by integrating microseismic, seismic, and well log data. In: SPE Western Regional Meeting. Presented at the SPE Western Regional Meeting. Society of Petroleum Engineers, Bakersfield, California, USA, https://doi.org/10.2118/154339-MS.
McPhee, C., Reed, J., Zubizarreta, I., 2015. Routine core analysis. In: Developments in Petroleum Science. Elsevier, pp. 181–268, https://doi.org/10.1016/B978-0-444-63533-4.00005-6.
Mirzaei-Paiaman, A., Asadolahpour, S.R., Saboorian-Jooybari, H., Chen, Z., Ostadhassan, M., 2020. A new framework for selection of representative samples for special core analysis. Pet. Res. 5, 210–226. https://doi.org/10.1016/j.ptlrs.2020.06.003.
Mohammadmoradi, P., Rahimzadeh, A., 2016. Characterization of Flow Units in a Carbonate Reservoir: A Case Study., p. 4.
Moradi, S., Moeini, M., Ghassem al-Askari, M.K., Mahvelati, E.H., 2016. Determination of shale volume and distribution patterns and effective porosity from well log data based on cross-plot approach for a Shaly carbonate gas reservoir. IOP Conf. Ser. Earth Environ. Sci. 44, 042002. https://doi.org/10.1088/1755-1315/44/4/042002.
Nagarajan, N.R., Honarpour, M.M., Arasteh, F., 2013. The critical role of rock and fluid in unconventional shale reservoir performance. In: Unconventional Resources Technology Conference, Denver, Colorado, 12–14 August 2013. Presented at the Unconventional Resources Technology Conference, Society of Exploration Geophysicists, American Association of Petroleum Geologists. Society of Petroleum Engineers, Denver, Colorado, USA, pp. 1230–1247, https://doi.org/10.1190/urtec2013-125.
Newgord, C., Posenato Garcia, A., Heidari, Z., 2020. Joint interpretation of electrical resistivity and NMR measurements to estimate wettability and water saturation. SPE Reserv. Eval. Eng. 23, 772–782. https://doi.org/10.2118/200499-PA.
Nikolaev, M.Y., Kazak, A.V., 2019. Liquid saturation evaluation in organic-rich unconventional reservoirs: a comprehensive review. Earth-Sci. Rev. 194, 327–349. https://doi.org/10.1016/j.earscirev.2019.05.012.
Ozcan, O., Sarak, H., Ozkan, E., Raghavan, R.S., 2014. A trilinear flow model for a fractured horizontal well in a fractal unconventional reservoir. In: SPE Annual Technical Conference and Exhibition. Presented at the SPE Annual Technical Conference and Exhibition. Society of Petroleum Engineers, Amsterdam, The Netherlands, https://doi.org/10.2118/170971-MS.
Perry, S.E., 2017. Comparing and Contrasting Analytically Quantified Porosity and Pore Size Distributions in the Wolfcamp Formation From SEM Imaging, Nuclear Magnetic Resonance (NMR), and Crushed Rock Core Analysis. #42123, AAPG, p. 12.
Quirein, J., Witkowsky, J., Truax, J.A., Galford, J.E., Spain, D.R., Odumosu, T., 2010. Integrating core data and wireline geochemical data for formation evaluation and characterization of shale-gas reservoirs. In: SPE Annual Technical Conference and Exhibition. Presented at the SPE Annual Technical Conference and Exhibition. Society of Petroleum Engineers, Florence, Italy, https://doi.org/10.2118/134559-MS.
Quirein, J.A., Murphy, E., Praznik, G., Witkowsky, J.M., Shannon, S., Buller, D., 2012. A comparison of core and well log data to evaluate porosity, TOC, and hydrocarbon

volume in the eagle ford shale. In: SPE Annual Technical Conference and Exhibition. Presented at the SPE Annual Technical Conference and Exhibition. Society of Petroleum Engineers, San Antonio, Texas, USA, https://doi.org/10.2118/159904-MS.

Saraji, S., Piri, M., 2015. The representative sample size in shale oil rocks and nano-scale characterization of transport properties. Int. J. Coal Geol. 146, 42–54. https://doi.org/10.1016/j.coal.2015.04.005.

Schmitt Rahner, M., Halisch, M., Peres Fernandes, C., Weller, A., Sampaio Santiago dos Santos, V., 2018. Fractal dimensions of pore spaces in unconventional reservoir rocks using X-ray nano- and micro-computed tomography. J. Nat. Gas Sci. Eng. 55, 298–311. https://doi.org/10.1016/j.jngse.2018.05.011.

Shen, Y., Li, C., Ge, H., Guo, X., Wang, S., 2018. Spontaneous imbibition process in micro–nano fractal capillaries considering slip flow. Fractals 26, 1840002. https://doi.org/10.1142/S0218348X18400029.

Shi, S., Belhaj, H., Bera, A., 2018. Capillary pressure and relative permeability correlations for transition zones of carbonate reservoirs. J. Pet. Explor. Prod. Technol. 8, 767–784. https://doi.org/10.1007/s13202-017-0384-5.

Simpson, G.A., Fishman, N.S., 2015. Unconventional Tight Oil Reservoirs: A Call for New Standardized Core Analysis Workflows and Research. International Symposium of the Society of Core Analysts, p. 12.

Song, Y.-Q., Kausik, R., 2019. NMR application in unconventional shale reservoirs—a new porous media research frontier. Prog. Nucl. Magn. Reson. Spectrosc. 112–113, 17–33. https://doi.org/10.1016/j.pnmrs.2019.03.002.

Sui, H., Zhang, F., Wang, Z., Wang, D., Wang, Y., 2020. Molecular simulations of oil adsorption and transport behavior in inorganic shale. J. Mol. Liq. 305, 112745. https://doi.org/10.1016/j.molliq.2020.112745.

Sun, F., Yao, Y., Li, X., Li, G., 2019. An analytical equation for oil transport in nanopores of oil shale considering viscosity distribution. J. Pet. Explor. Prod. Technol. 9, 517–524. https://doi.org/10.1007/s13202-018-0486-8.

Swami, V., Settari, A.(.T.)., Javadpour, F., 2013. A numerical model for multi-mechanism flow in shale gas reservoirs with application to laboratory scale testing. In: EAGE Annual Conference & Exhibition Incorporating SPE Europec. Presented at the EAGE Annual Conference & Exhibition incorporating SPE Europec. Society of Petroleum Engineers, London, UK, https://doi.org/10.2118/164840-MS.

Szabó, N.P., 2011. Shale volume estimation based on the factor analysis of well-logging data. Acta Geophys. 59, 935–953. https://doi.org/10.2478/s11600-011-0034-0.

Tandon, S., Newgord, C., Heidari, Z., 2020. Wettability quantification in mixed-wet rocks using a new NMR-based method. SPE Reserv. Eval. Eng. 23, 0896–0916. https://doi.org/10.2118/191509-PA.

Torghabeh, A., Rezaee, R., Moussavi-Harami, R., Pradhan, B., Kamali, M., Kadkhodaie-Ilkhchi, A., 2014. Electrofacies in gas shale from well log data via cluster analysis: a case study of the Perth Basin, Western Australia. Open Geosci. 6. https://doi.org/10.2478/s13533-012-0177-9.

Unconventional Petroleum Geology, 2017. Unconventional Petroleum Geology. Elsevier, p. ii, https://doi.org/10.1016/B978-0-12-812234-1.09001-4.

Wang, X., Sheng, J.J., 2017. Understanding oil and gas flow mechanisms in shale reservoirs using SLD–PR transport model. Transp. Porous Media 119, 337–350. https://doi.org/10.1007/s11242-017-0884-2.

Wang, S., Feng, Q., Javadpour, F., Xia, T., Li, Z., 2015. Oil adsorption in shale nanopores and its effect on recoverable oil-in-place. Int. J. Coal Geol. 147–148, 9–24. https://doi.org/10.1016/j.coal.2015.06.002.

Wang, S., Javadpour, F., Feng, Q., 2016a. Confinement correction to mercury intrusion capillary pressure of shale nanopores. Sci. Rep. 6, 20160. https://doi.org/10.1038/srep20160.

Wang, S., Javadpour, F., Feng, Q., 2016b. Molecular dynamics simulations of oil transport through inorganic nanopores in shale. Fuel 171, 74–86. https://doi.org/10.1016/j.fuel.2015.12.071.

Wang, S., Javadpour, F., Feng, Q., 2016c. Fast mass transport of oil and supercritical carbon dioxide through organic nanopores in shale. Fuel 181, 741–758. https://doi.org/10.1016/j.fuel.2016.05.057.

Wang, H., Su, Y., Zhao, Z., Wang, W., Sheng, G., Zhan, S., 2019a. Apparent permeability model for shale oil transport through elliptic nanopores considering wall-oil interaction. J. Pet. Sci. Eng. 176, 1041–1052. https://doi.org/10.1016/j.petrol.2019.02.027.

Wang, X., Zhu, Y., Liu, Y., Li, W., 2019b. Molecular structure of kerogen in the Longmaxi shale: insights from solid state NMR, FT-IR, XRD and HRTEM. Acta Geol. Sin. 93, 1015–1024. https://doi.org/10.1111/1755-6724.13870.

Wang, Z., Fan, W., Sun, H., Yao, J., Zhu, G., Zhang, L., Yang, Y., 2020a. Multiscale flow simulation of shale oil considering hydro-thermal process. Appl. Therm. Eng. 177, 115428. https://doi.org/10.1016/j.applthermaleng.2020.115428.

Wang, H., Lun, Z., Lv, C., Lang, D., Luo, M., Zhao, Q., Zhao, C., 2020b. Nuclear-magnetic-resonance study on oil mobilization in shale exposed to CO_2. SPE J. 25, 432–439. https://doi.org/10.2118/190185-PA.

Washburn, K.E., Birdwell, J.E., Seymour, J.D., Kirkland, C., Vogt, S.J., 2013. Low-Field Nuclear Magnetic Resonance Characterization of Organic Content in Shales., p. 12.

Wood, D.A., Hazra, B., 2017. Characterization of organic-rich shales for petroleum exploration & exploitation: a review-part 3: applied geomechanics, petrophysics and reservoir modeling. J. Earth Sci. 28 (5), 779–803. https://doi.org/10.1007/s12583-017-0734-8.

Xu, R., Deng, T., Jiang, J., Jobe, D., Xu, C., 2020. Integration of NMR and conventional logs for vuggy facies classification in the Arbuckle formation: a machine learning approach. SPE Reserv. Eval. Eng. 23, 0917–0929. https://doi.org/10.2118/201102-PA.

Yang, D., Kausik, R., 2016. ^{23}Na and ^{1}H NMR relaxometry of shale at high magnetic field. Energy Fuel 30, 4509–4519. https://doi.org/10.1021/acs.energyfuels.6b00130.

Yerramilli, S.S., Yerramilli, R.C., Vedanti, N., Sen, M.K., Srivastava, R.P., 2013. Integrated reservoir characterization of an unconventional reservoir using 3D seismic and well log data: a case study of Balol field, India. In: SEG Technical Program Expanded Abstracts 2013. Presented at the SEG Technical Program Expanded Abstracts 2013. Society of Exploration Geophysicists, pp. 2279–2284, https://doi.org/10.1190/segam2013-0548.1.

Zhan, S., Su, Y., Jin, Z., Zhang, M., Wang, W., Hao, Y., Li, L., 2020. Study of liquid-liquid two-phase flow in hydrophilic nanochannels by molecular simulations and theoretical modeling. Chem. Eng. J. 395, 125053. https://doi.org/10.1016/j.cej.2020.125053.

Zhang, T., Li, X., Yin, Y., He, M., Liu, Q., Huang, L., Shi, J., 2019. The transport behaviors of oil in nanopores and nanoporous media of shale. Fuel 242, 305–315. https://doi.org/10.1016/j.fuel.2019.01.042.

Zhang, Y., Fang, T., Ding, B., Wang, W., Yan, Y., Li, Z., Guo, W., Zhang, J., 2020a. Migration of oil/methane mixture in shale inorganic nano-pore throat: a molecular dynamics simulation study. J. Pet. Sci. Eng. 187, 106784. https://doi.org/10.1016/j.petrol.2019.106784.

Zhang, L., Zhou, F., Pournik, M., Liang, T., Wang, J., Wang, Y., 2020b. An integrated method to evaluate formation damage resulting from water and alkali sensitivity in Dongping bedrock reservoir. SPE Reserv. Eval. Eng. 23, 187–199. https://doi.org/10.2118/197058-PA.

Zhang, T., Javadpour, F., Li, X., Wu, K., Li, J., Yin, Y., 2020c. Mesoscopic method to study water flow in nanochannels with different wettability. Phys. Rev. E 102, 013306. https://doi.org/10.1103/PhysRevE.102.013306.

Zhang, T., Javadpour, F., Yin, Y., Li, X., 2020d. Upscaling water flow in composite nanoporous shale matrix using lattice Boltzmann method. Water Resour. Res. 56. https://doi.org/10.1029/2019WR026007.
Zhao, Y., Zhang, L., Zhao, J., Luo, J., Zhang, B., 2013. "Triple porosity" modeling of transient well test and rate decline analysis for multi-fractured horizontal well in shale gas reservoirs. J. Pet. Sci. Eng. 110, 253–262. https://doi.org/10.1016/j.petrol.2013.09.006.
Zou, C., Yang, Z., Tao, S., Li, W., Wu, S., Hou, L., Zhu, R., Yuan, X., Wang, L., Gao, X., Jia, J., Guo, Q., 2012. Nano-hydrocarbon and the accumulation in coexisting source and reservoir. Pet. Explor. Dev. 39, 15–32. https://doi.org/10.1016/S1876-3804(12)60011-1.

CHAPTER 6

Dynamic modeling of tight unconventional reservoirs

...after abandonment, large amounts of Residual Oil left in reservoirs shows our lack of understanding to tight UCRs!

Keywords: Dynamic modeling, Tight UCR flow mechanisms, Non-Darcy flow, Diffusion, Viscous, Sorption, Viscoelastic

Abbreviations

α	Biot coefficient
α_r	rarefication coefficient for Beskok-Karniadakis model
β	the non-Darcy flow coefficient, determined by porosity and permeability
$\beta\rho\|v\|v$	the term representing the liquid-solid interaction, kg/(m s^2)
γ	interfacial tension, dyne
δ	ration of gas molecule diameter to pore diameter, m
ΔP	pressure on the sample, Pa
ε_{Lm}	swelling strain
ε_s	strain related to volume change due to the sorption process
ε_s	swelling strain
ε_V	volumetric strain
η	reduced density, normalized
η_m	viscosity of the material, Pa S
$\theta_{\mathbf{surface}}$	fraction of total available surface sites occupied by molecules
θ	gas convergence, defined by p and p_L
θ	gas covered area ratio
$\theta_{\mathbf{wetting}}$	wetting angle of the liquid on the surface of the capillary
λ	mean free path, m
λ_p	phase mobility, 1/Pa s
μ_g	gas viscosity in the sample, MPa s
$\frac{\mu}{k}\mathbf{v}$	the term representing viscous part which need to be overcome by the pressure, Pa/m
μ_g	viscosity of gas phase, Pa s
μ_o	viscosity of oil phase, Pa s
μ_w	viscosity of water phase, Pa s
μ	fluid viscosity, Pa s
$\overrightarrow{\mathbf{v}'_{gm}}$	apparent velocity vector in matrix, m/s
v	fluid velocity, m/s
v_1	postcollisional velocities, m/s

https://doi.org/10.1016/B978-0-12-820269-2.00003-2

v	postcollisional velocities, m/s
v^*	precollisional velocities, m/s
v_r	relative velocity of the colliding atoms, m/s
v_o	velocity for oil phase, m/s
v_w	velocity of water phase, m/s
v_1^*	precollisional velocities, m/s
v_g	velocity of gas phase, m/s
v_p	volumetric flow rates for one phase, m/s
v_x	the velocity of Darcy's law, in one direction (direction x), m/s
v_y	the velocity of Darcy's law, in one direction (direction y), m/s
v_z	the velocity of Darcy's law, in one direction (direction z), m/s
ξ_{1o}	non-Darcy flow coefficient ξ_1 for oil phase, MPa/m
ξ_{2o}	non-Darcy flow coefficient ξ_2 for oil phase, MPa/m
ξ_{1w}	non-Darcy flow coefficient ξ_1 for water phase, MPa/m
ξ_{2w}	non-Darcy flow coefficient ξ_2 for water phase, MPa/m
ξ_1, ξ_2	non-Darcy flow coefficients for Guo's model, MPa/m
ξ_h	peak asperity height, mm
ρ_o	density of oil phase, kg/m^3
ρ	density of specific material, kg/m^3
ρ	gas density in the sample, kg/m^3
ρ_p	gas density, kg/m^3
ρ_p	the density of a specific phase, kg/m^3
ρ_a	adsorbed gas density, g/cm^3
ρ_a^0	maximum density of adsorbed gas at high pressure, g/cm^3
ρ_d^0	dissolved gas density in kerogen, g/cm^3
ρ_f	density of free gas, g/cm^3
ρ_g	density of gas phase, kg/m^3
ρ_{ga}	gas density under standard conditions, g/cm^3
ρ_r	rock bulk density, kg/m^3
ρ_s	density of gas-bearing reservoir, g/cm^3
ρ_w	density for water phase, kg/m^3
σ	fracture length in the unit cross-sectional area, m
σ_{md}	molecular diameter, Å
σ_{stress}	stress, Pa
σ_t	tangential momentum accommodation coefficient
σ_{TMAC}	tangential momentum accommodation coefficient (TMAC)
τ	fluid yield stress, Pa
$\tau_{diffusion}$	diffusion time for the gas movement, s
τ_t	tortuosity
ϕ_0	original porosity
ϕ	porosity
ϕ_f	fracture porosity
ϕ_m	porosity of the matrix
ϕ_{m0}	initial pore porosity
χ	dimensionless permeability correction coefficient
ω	difference between self-diffusion and surface diffusion

$\frac{\partial C}{\partial x}$	the derivative of concentration with respect to x, mol $\mathrm{kg}^{-1}\,\mathrm{m}^{-1}$
$\frac{\partial p}{\partial x}$	the pressure gradient in the x direction, Pa/m
$\frac{\partial p}{\partial y}$	the pressure gradient in the y direction, Pa/m
$\frac{\partial p}{\partial z}$	the pressure gradient in the z direction, Pa/m
$\left(\frac{\partial u}{\partial n}\right)_s$	velocity gradient along the surface normal or perpendicular to the flow direction, 1/m
∇P	the pressure gradient, 1/Pa s
a_{ws}	coefficient in Wang and Sheng's model for nonlinear part
a	could be also expressed as the product of β and ρ_g
A	cross-sectional area of sample, m^2
a_1, a_2	experimental parameters in tight reservoirs
A_h	cross-sectional area of the fracture perpendicular to the flow direction, m^2
a_s	shape factor of the matrix blocking, m^{-2}
b_k	Klinkenberg coefficient
b_s	slip coefficient for Beskok-Karniadakis model
b_{slip}	the slip coefficient and would be as −1 when the flow pattern belongs to slip flow
b_{ws}	coefficient in Wang and Sheng's model for threshold pressure
C	parameter for unit conversion
C_1	constants or functions of Kn for a model related to slip boundary condition
C_2	constants or functions of Kn for a model related to slip boundary condition
D	depth of phase, m
D_{diff}	diffusion constant, m^2
D_{12}^*	effective diffusivity of species 1 in species 2 adjusted for the porous medium
D_{21}^*	effective diffusivity of species 2 in species 1 adjusted for the porous medium
D_{ij}^e	effective gas diffusivity of species i in species j
D_k	Knudsen diffusion coefficient, m^2/s
$D_{i,k}$	Knudsen diffusivity of species i
$D_{1,k}$	Knudsen diffusivity of species 1 adjusted for the porous medium
$D_{2,k}$	Knudsen diffusivity of species 2 adjusted for the porous medium
$\frac{d\varepsilon}{dt}$	strain changing with time, S^{-1}
D_{app}	the apparent diffusion coefficient to evaluate the gas exchange between matrix and fracture, m^2/s
d	pore diameter, m
d	the depth in x direction, m
$\frac{dC}{dx}$	concentration gradient, mol m^{-2} s
D_d	heterogeneous distribution of the interconnected void areas
D_f	pore fractal number
d_m	gas molecule diameter, m
D_s	surface diffusion coefficient, m^2/s
E	a factor introduced to reflect the non-Darcy effect
$E_{modulus}$	elastic modulus of the material, $\mathrm{N/m}^2$
E	the non-Darcy effect parameter, calculated by β, ρ, v, ΔP
e_h	hydraulic aperture, mm
f	a factor for C_1 and C_2 calculation, $f=\max[1/Kn, 1]$
$f(r,t)$	concentration of the substance depending on time, mol/kg
$f(Kn)$	permeability multiplier relative to Knudsen number

Fo	a critical parameter to determine whether or when the fluid flow follow the non-Darcy flow
J_{ads}	adsorption flux of gas per unit time on unit area, kg/(m s^2)
J_{des}	desorption flux of gas per unit time on unit area
J_{diff}	mass flux due to diffusion in kerogen, kg/m^{2}s
J	mass flux, kg/m^{2}s
J_{surf}	mass transfer for the adsorbed gas, kg/m^2 s
k_{∞}	absolute permeability, D
k_{mapp}	apparent permeability of the matrix, D
K_{des}	desorption permeability
k_{∞}	intrinsic permeability
K_{ro}	relative permeability of oil phase, 10 μm^2
$\widehat{k}$	unit vector associated with their relative positions at the time of the impact
K_{rw}	relative permeability of water phase, 10^{-3} μm^2
K	absolute permeability of the media, m^2
k_a	apparent permeability, D
k_a	derivative of the absorbed density with respect to the gas density in the matrix
k_B	Boltzmann constant $k_B = 1.3805 \times 10^{-23}$ J/K
k_D	Darcy permeability, i.e., the intrinsic permeability, mD
k_{f-eff}	effective permeability, mD
k_{Kn}	Knudsen flow apparent permeability, mD
Kn	Knudsen number
K_p	coefficient of Henry's law
K_{rg}	relative permeability of gas phase, 10^{-3} μm^2
K_s	bulk modulus, GPa
k_{slip}	apparent permeability at slip flow regimes, mD
l	sample length, m
L	length of sample, m
L_m	the phase mobility in diagonal matrix
m	gas mass, mg
M	gas molecular weight, kg/mol
M	the molecular weight of the gas, kg/mol
M	molecular mass for shale gas, $M = m/n$, kg/mol
$m_e(p_f)$	adsorbed gas content in equilibrium state
M_{mm}	molar mass, kg/mol
N	concentration of the adsorbed material, mol/kg
n	number of the capillaries in the cross
$n_{a,\ abs}$	molar number of absolute adsorbed gas
$n_{a,\ ex}$	molar number of excessive adsorbed gas
$N_{Avogadro}$	Avogadro's constant, 6.02×10^{23}/mol
n_c	the number of components present in the system
$n_{d,\ abs}$	molar number of absolute dissolved gas
$n_{d,\ ex}$	molar number of excessive dissolved gas
n_{ex}	molar number of total excessive sorbed gas
n_L	Langmuir molar number, mmol/g
N_t	mass flux of gas transport in porous media, kg/(m s^2)
p	gas pressure, Pa
p_{m0}	initial pore pressure

P_1	pressures at the inlet, Pa
P_2	pressures at the outlet, Pa
P_c	capillary pressure, dyne/cm
p_f	pore pressure in the fracture network, Pa
p_g	pressure of gas phase, Pa
P_L	Langmuir pressure constant
p_L	Langmuir pressure, MPa
P_{Lm}	Langmuir constants for pressure, MPa
p_m	pore pressure calculated based on the Langmuir isotherm law, Pa
p_o	pressure of oil phase, Pa
p_w	pressure for water phase, Pa
q	adsorbed gas mass of one unit of the matrix solid volume, mg
Q	volumetric flow rate in the sample, m^3/s
Q	volume flux pass through a porous media with length L and cross-sectional area A, m^3/s
Q_m	the gas source by diffusion from matrix to fracture, kg/min
Q_p	the value of the flow rate in the pump, m^3/s
Q_s	the gas source due to the external injection or extraction, kg/min
r	capillary radius, m
r	rate constant of desorption
$r_{\text{effective}}$	effective radius of the interface, cm
r_{nano}	radius of the nanotube, nm
r_0	the thickness of boundary layer, m
r_n	mean pore space radius, m
R	ratio of desorption
R	the universal gas constant, 8.314×10^{-6}MPam^3/molK
R	universal gas constant, 8.314×10^{-6}MPa m^3/molK
Re_c	Reynolds number
S_0	total number of surface sites available for adsorption, m^{-2}
T	temperature in the sample, K
TOC	total organic content
$u(r, t)$	velocity of fluid, m/s
V_L	Langmuir volume constant
V_{Lm}	Langmuir constants for volume, m^3/kg
w	width of the fracture, mm
x	kinetic order to desorption
Y_1	mole fraction of component 1 in the flowing gas
z	gas compressibility factor

6.1 Main differences between conventional and tight unconventional reservoirs flow modeling

Darcy's law is an equation that describes the flow of fluid through porous media. Henry Darcy experimentally proposed this method in the 19th century. For fluid flow in porous media, it can be interpreted as Darcy's law of single-phase fluid. In a horizontal system, the volume flux Q passes through a porous medium of length L and cross-sectional area A.

$$Q = \frac{kA}{\mu}\frac{\Delta P}{L} \tag{6.1}$$

If the flow is in one direction only, e.g., x direction, the velocity of Darcy's law in differential form is as follows:

$$v = \frac{Q}{A} = -\frac{k}{\mu}\frac{\partial p}{\partial x} \tag{6.2}$$

In that equation, $v = \frac{Q}{A}$ is the surface velocity and $\frac{\partial p}{\partial x}$ is the pressure gradient in the x direction. In Eq. (6.2), the minus sign represents the pressure decrease in the flow direction.

And the Eq. (6.2) could be extended to 3D, as in Eqs. (6.3)–(6.5).

$$v_x = -\frac{K}{\mu}\frac{\partial p}{\partial x} \tag{6.3}$$

$$v_y = -\frac{K}{\mu}\frac{\partial p}{\partial y} \tag{6.4}$$

$$v_z = -\frac{K}{\mu}\frac{\partial p}{\partial z} \tag{6.5}$$

All this constitutes basic knowledge about Darcy's law.

In reservoir simulation, the equations in the simulator generally incorporate Darcy's law with the concept of material balance and the properties, e.g., relative permeability, viscosity, and fluid and rock compressibilities (Mattax and Dalton, 1990).

In a widely used black-oil model, Darcy's law here is for calculating the volumetric flow rates (Trangenstein and Bell, 1989). The volumetric flow rates are as follows:

$$v_p = -\lambda_p\left(\frac{\partial p}{\partial x} - \rho_p\frac{\partial d}{\partial x}\right)K \tag{6.6}$$

For further calculation, the Eq. (6.6) should be modified to matrix-vector form as follows:

$$v = -L_m\left(e\frac{\partial p}{\partial x} - \rho\frac{\partial d}{\partial x}\right)k \tag{6.7}$$

Here, L_m represents the phase mobility in the diagonal matrix as follows:

$$L_m \equiv \text{diag}\left(\frac{k_l}{\mu_l}, \frac{k_v}{\mu_v}, \frac{k_a}{\mu_a}\right) \tag{6.8}$$

From the Eq. (6.8), we may get the phase mobility could be obtained by the ratio of permeability and viscosity.

And ρ is the vector density as follows:

$$\rho \equiv \begin{pmatrix} \rho_l \\ \rho_v \\ \rho_a \end{pmatrix} \tag{6.9}$$

The phase velocity unit is a phase volume per flow area per time. And from Eq. (6.7), the velocity of each phase may be determined by phase mobility L_m and phase density ρ.

From relevant research, it is obvious that the non-Darcy flow behavior is common in fissures and fractures. When it comes to high flow rate injection or production, the phenomenon is more remarkable. Zhang and Xing (2012) found the non-Darcy effect is also validated in the geothermal reservoir. In their research, the Forchheimer equation is introduced to describe the non-Darcy flow process and the method to mimic the near-wall flow is the nonlinear finite element method. Their results demonstrate that there are differences in wellbore pressure and fluid velocity between Darcy and non-Darcy model. And the non-Darcy flow coefficient has a strong effect on the value of production well pressure. And the ratio of fluid density to viscosity $\left(\frac{\rho}{\mu}\right)$ could affect the non-Darcy flow behavior.

The Forchheimer equation is as follows:

$$-\frac{\partial p}{\partial x} = \frac{\mu}{K}v + \beta\rho|v|v \tag{6.10}$$

In Eq. (6.10), β is the non-Darcy flow coefficient, which could be obtained through experiments. And β could be determined by permeability and porosity.

After hydraulic fracturing, the fracture has a higher permeability than the formation. This means that the formation fluid first enters the fracture and then the wellbore. As the fluid accumulates in the fracture and the small cross-sectional area of the fracture, its velocity becomes higher when the fluid reaches the area near the wellbore. Due to the high-speed fluid flow, the Darcy flow equation is no longer applicable. Here, the Forchheimer equation shows its advantages.

Furthermore, non-Darcy flow is complex because there are no critical values for classification; thus, there is no widely accepted non-Darcy flow equation for the whole scale flow. *Fo* is a critical parameter to determine whether or when the fluid flow follows the non-Darcy flow (Zeng and Grigg, 2005). *Fo* is approximated as follows:

$$Fo = \frac{k\beta\rho|v|}{\mu} \tag{6.11}$$

Then, Darcy's law could be modified based on the Forchheimer equation as follows:

$$\frac{\partial p}{\partial x} = -\frac{\mu}{k}\left(1 + \frac{k}{\mu}\beta\rho|v|\right)v \tag{6.12}$$

And if we use *Fo* to substitute the term in Eq. (6.12), then we have

$$\frac{\partial p}{\partial x} = -\frac{\mu}{k}(1 + Fo)v \tag{6.13}$$

Then, we put Eq. (6.13) in Eq. (6.14) as follows:

$$\phi C\frac{\partial p}{\partial x} + \nabla \cdot (\rho v) = 0 \tag{6.14}$$

Eq. (6.14) is the conservation of mass in continuity format. Then, we have

$$\phi C\frac{\partial p}{\partial x} - \nabla \cdot \left(\rho\frac{k}{\mu}\frac{1}{1 + Fo}\frac{\partial p}{\partial x}\right) = 0 \tag{6.15}$$

The Forchheimer number *Fo* is important because it is not only the critical value to determine the Darcy or non-Darcy flow, but also as a term in the governing equation. And when the fluid velocity has a huge increase, the *Fo* would perform better than Darcy's law.

Besides, in Zeng's and Grigg's work (Zeng and Grigg, 2005), they introduced the Reynolds number and the Forchheimer number as two types of criteria to identify the Darcy and non-Darcy flow. They discuss how the Forchheimer number performs well in porous media. The Forchheimer numbers are tested in their work with the rock from Dakota sandstone, Indiana limestone, and Berea sandstone. And the nitrogen flowed in those rocks with flow rates scaling 4 order of magnitude. This phenomenon demonstrated the velocity holds a great influence on the nonlinear flow effect.

There were details of the physical introduction of Eq. (6.10), the term at the left side, $-\frac{\partial p}{\partial x}$, is the total pressure gradient, the first term at the right side, $\frac{\mu}{k}v$, is the viscous part that needs to be overcome by the pressure, and the second term, $\beta\rho|v|v$, represents the liquid-solid interaction. It was also the resistance of the fluid flow. And if we calculate the ratio of the liquid-solid interaction and the viscous part, we may get the Forchheimer number in Eq. (1.9), and then, we may understand the physical meaning of the Forchheimer number, which is the ratio of liquid-solid interaction and the viscous resistance.

Then, we may set E as the non-Darcy effect parameter as follows:

$$E = \frac{\beta\rho|v|v}{-\nabla P} \tag{6.16}$$

The Eq. (6.16) represents the ratio of liquid-solid interaction and the pressure gradient.

And easily, we may get the relation between E and Fo as in Eq. (6.17)

$$E = \frac{Fo}{1 + Fo} \tag{6.17}$$

Then, we focus on Eq. (6.10) again and we need to know the k, μ, ρ, and β to complete the equation. With the rock from Dakota sandstone, Indiana limestone, and Berea sandstone, they used the method as this study (Zeng et al., 2003.) did. There was an HPHT gas flooding device to conduct the gas flow experiments to determine the k and β. The cylindrical samples hold the diameter as 1 in and the length as 2 in. It was placed in the triaxial core holder. The hydrostatic pressure was employed as 4000 psi. The temperature to conduct the experiments was 100°F. Then, after all the conditions were set, the nitrogen as the test gas was pumped into the sample. The flow rate or the injection rate was controlled by the pump. The scale of flow rate was from 25 to 10,000 cm^3/h with temperature as 80°F and pressure as 2000 psi. The pressure difference between inlet and outlet was recorded with different flow rate to calculate the pressure gradient for the equation calculation. The value was recorded as $p1$ and $p2$ for the inlet and outlet pressure. Then, with all these parameters and their values from the experiments, the values of k and β could be obtained.

With the experiment data, the following equation employed to conduct the calculation:

$$\frac{MA\left(P_1^2 - P_2^2\right)}{2zRT\mu_g l\rho_p Q_p} = \frac{1}{k} + \beta\left(\frac{\rho_p Q_p}{\mu A}\right) \tag{6.18}$$

By setting $y = \frac{MA\left(P_1^2 - P_2^2\right)}{2zRT\mu_g l\rho_p Q_p}$, and $x = \left(\frac{\rho_p Q_p}{\mu_g A}\right)$.

So, Eq. (6.18) becomes:

$$y = \frac{1}{k} + \beta x \tag{6.19}$$

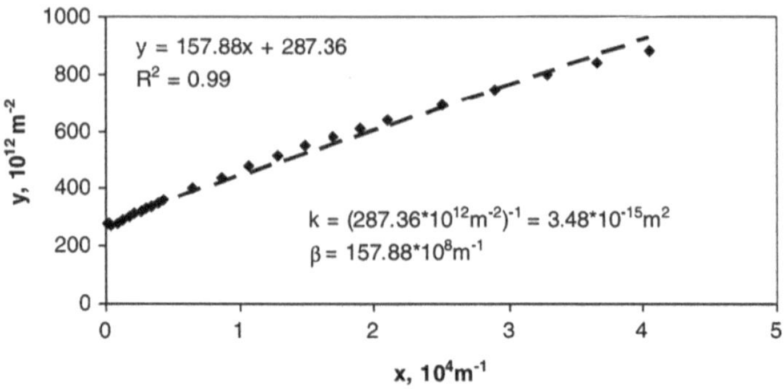

Fig. 6.1 Determination of permeability and non-Darcy coefficient from gas flow experiment in Dakota sandstone at 311 K (100°F), 34 atm (500 psi) pore pressure, and 272 atm (4000 psi) hydrostatic confining pressure (Zeng and Grigg, 2005).

Table 6.1 Measured permeability and non-Darcy coefficient (Zeng and Grigg, 2005).

Parameter	Dakota sandstone	Indiana limestone	Berea sandstone
k, 10^{-15} m^2	3.48	21.6	196
β, 10^8 m^{-1}	157.88	36.00	2.88
ϕ	0.14	0.15	0.18

Plotting x and y in Eq. (6.19), as shown in Fig. 6.1, makes the estimation of k and β possible.

Table 6.1 shows calculated k, β, and ϕ for different types of rocks.

This part introduces in detail the determination of the k and β. It has served as a strong basis for understanding the non-Darcy effect and the Forchheimer number.

There is, furthermore, another parameter important to be evaluated in the research, the superficial velocity.

An assumption was required that the mass flow in and out of the samples was equal to each other. No loss, reaction, or consumption of the flowing mass were assumed in the sample, as well. Thus,

$$\rho Q = \rho_p Q_p \tag{6.20}$$

In Eq. (6.20), the density in the sample may be calculated through the phase behavior method. And Q can be defined as follows:

$$Q = vA \tag{6.21}$$

Then, the velocity as follows:

$$v = \frac{\rho_p Q_p}{\rho A} \tag{6.22}$$

Then, the Forchheimer number could be calculated with all parameters known and the results of the *Fo* are listed in Table 6.2.

Fo and superficial velocity are plotted in Fig. 6.2 for the three types of rocks.

From Fig. 6.2, we may understand the value of Forchheimer number represents the effect of the nonlinear flow or the non-Darcy flow.

The three types of rock showed different permeabilities. Fig. 6.2 shows that the rock with higher permeability needs a higher flow rate to perform the nonlinear effect. This also proved the non-Darcy effect is more obvious in low-permeability formations.

As listed before, the Forchheimer number has a relation to the non-Darcy effect.

$$E = \frac{Fo}{1 + Fo} \tag{6.23}$$

From Eq. (6.23), we may get

$$Fo = \frac{E}{1 - E} \tag{6.24}$$

Table 6.2 Forchheimer number and superficial velocity in the three rocks at 311 K (100°F), 34 atm (500 psi) pore pressure, and 272 atm (4000 psi) hydrostatic confining pressure (Zeng and Grigg, 2005).

Pump flow rate	Dakota sandstone		Indiana limestone		Berea sandstone	
Q_p, cm³/h	*v*, cm/s	*Fo*	*v*, cm/s	*Fo*	*v*, cm/s	*Fo*
25	0.006	0.006				
50	0.011	0.012				
100	0.022	0.024				
200	0.044	0.048	0.041	0.069		
300	0.066	0.071	0.062	0.104		
400	0.087	0.095	0.082	0.139		
600	0.127	0.143	0.123	0.208	0.107	0.125
800	0.166	0.190	0.163	0.277	0.170	0.200
1000	0.203	0.237	0.203	0.347	0.192	0.225
1500	0.286	0.355	0.301	0.520	0.320	0.376
2000	0.363	0.471	0.396	0.693	0.426	0.502
3000	0.489	0.701	0.576	1.037	0.637	0.753
4000	0.592	0.928	0.742	1.380	0.846	1.004
6000	0.755	1.373	1.035	2.060	1.256	1.505
8000	0.876	1.804	1.280	2.732	1.658	2.008
10,000	0.975	2.227	1.489	3.395	2.046	2.509

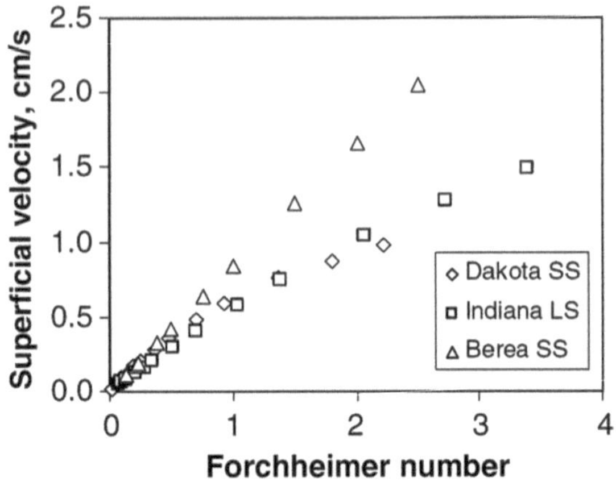

Fig. 6.2 Change of superficial velocity with Forchheimer number in Dakota sandstone, Indiana limestone, and Berea sandstone (Zeng and Grigg, 2005).

Then, if the E is 10%, then the Fo would be 0.11.

In Rubin's 2010 work (Rubin, 2010), there was a simulation of non-Darcy flow in shale reservoir, which has been employed with SRV. There was a finely gridded single well reference solution for the comparison. Darcy or non-Darcy flow with or without primary hydraulic fractures and other conditions were analyzed in this research.

In Hailong's work (Hailong, 2017), new nonlinear seepage model of a low-permeability reservoir was established and model for horizontal wells with hydraulic fracturing was proposed. The pressure-sensitive effect and threshold pressure gradient were discussed and added to the model. Then, the quasilinear, Darcy, and non-Darcy numerical models were used and their results were compared. The results indicate that higher energy consumption, lower pressure level, smaller liquid production, and lower water cut are featuring with the nonlinear consideration.

In this paper, three categories were illustrated for the mathematical descriptions of the low-speed nonlinear seepage phenomenon, i.e., a quasi start-up pressure gradient model (quasilinear flow), a section model, and a continuous model. Table 6.3 provides the details of the models.

Here, it is appropriate to introduce the nonlinear seepage model establishment of (Hailong, 2017).

This model requires a number of assumptions, summarized in the following:

(1) The fluid exists fluid yield stress.

(2) The fluid does laminar flow in a capillary tube.

Table 6.3 Nonlinear mathematical models of tight oil reservoir (Hailong, 2017).

Model	Equation	Specification of the model
Quasi start-up pressure gradient model	$v = \begin{cases} -\frac{k}{\mu}(\nabla p - G) & \nabla p \geq G \\ 0 & \nabla p < G \end{cases}$	When $\nabla p < G$, the velocity cannot be calculated
Exponential form of section model	$v^n = -\frac{k}{\mu}\nabla p,\ n \geq 1$	The simulation error of the linear segments is large
Formal mathematical equation	$v = -\frac{k}{\mu}\nabla p^{1+n_d},\ n_d = 1 + \frac{2}{1 + \frac{\Delta p/L}{G}}$	It is difficult to identify the connecting point between the linear region and the nonlinear region
Three-parameter continuous model	$v\left(a_1 + \frac{a_2}{1 + bv}\right) = -\nabla p$	It cannot reflect the phenomenon of minimum start-up pressure gradient, in which the real seepage does exist
Two-parameter continuous model	$v = -\frac{k}{\mu}\nabla p\left(1 - \frac{1}{a + b\lvert\nabla p\rvert}\right)$	It is unable to show the mutations information of the seepage curve

(3) The fluid flow in the capillary can be seen as a steady seepage flow in the changing radius of the capillary.

(4) The porous media is ideal, which means that there is no difference in geometry, fluid properties, and pressure between the porous media and the real rock.

Now, using the Hagen-Poiseuille formula:

$$Q = -C\frac{nA\pi r^4}{8\mu\sigma}\frac{\partial p}{\partial x} \tag{6.25}$$

As the radius of the flow channel is small enough that the yield stress and the adsorption could no longer be trivial. The surface of the channel could adsorb the fluid on it, and the adsorption would reduce the radius and create an uneven velocity profile. The interaction between the solid surface and fluid would become stronger when the fluid molecules approach the surface. The higher the displacement pressure and the thinner the boundary layer of adsorption, the higher the percentage of the passing fluid. The higher the viscosity of the flowing fluid, the thicker the boundary layer thickness. Considering these facts, Hailong (2017) proposed this model:

$$Q = -C\frac{nA\pi(r-r_0)^4}{8\mu\sigma}\left(\frac{\partial p}{\partial x} - \frac{\tau}{r-r_0}\right) \tag{6.26}$$

The porosity (ϕ) set in the model using this equation:

$$\phi = \frac{n\pi r^2 A}{A} = n\pi r^2 \tag{6.27}$$

Also, the permeability (k) can be calculated as:

$$k = \frac{\phi r^2}{8} \tag{6.28}$$

Substituting the ϕ and k from above equations, we get:

$$Q = -C\frac{kA}{\mu\sigma}\left(1-\frac{r_0}{r}\right)^4\left(1-\frac{\tau}{r}\frac{1}{\left(1-\frac{r_0}{r}\right)\frac{\partial p}{\partial x}}\right)\frac{\partial p}{\partial x} \tag{6.29}$$

Then, based on experiments to make some simplification that,

$$\frac{r_0}{r} = \frac{a_1}{\frac{\partial p}{\partial x}} < 1, \quad \frac{\tau}{r} = a_2, \quad \frac{a_2}{\frac{\partial p}{\partial x} - a_1} < \frac{a_1 + a_2}{\frac{\partial p}{\partial x}} < 1 \tag{6.30}$$

Eq. (6.29) can be further modified by ignoring the high-order quantity as it is infinitely small:

$$Q = -C\frac{kA}{\mu\sigma}\left(1 - \frac{4a_1}{\frac{\partial p}{\partial x}} - \frac{a_2}{\left(\frac{\partial p}{\partial x} - a_1\right)} - \frac{4a_1 a_2}{\frac{\partial p}{\partial x}\left(\frac{\partial p}{\partial x} - a_1\right)}\right) \tag{6.31}$$

There was a numerical simulation method proposed by Guo et al. (2015) to mimic the fluid flow in the tight sandstone reservoirs, which had hydraulic fracturing. The research introduced and discussed a low-velocity non-Darcy flow model. With the rock experiments, the existence of low-velocity non-Darcy flow was proven.

The non-Darcy flow model as Eq. (6.32)

$$v = \frac{k}{\mu}\left(1 - \frac{\xi_1}{\frac{\partial p}{\partial x} - \xi_2}\right)\frac{\partial p}{\partial x} \tag{6.32}$$

In Eq. (6.32), ξ_1 and ξ_2 are the non-Darcy flow coefficients. They could be used to describe the yield stress of fluid and the boundary layer characteristic between fluid and the rock surface. When the ξ_1 as 0, the model would be Darcy's model. And while the ξ_2 as 0, that means there is no effect of the threshold pressure gradient. And one term in Eq. (6.32) would be the dimensionless permeability correction coefficient as follows:

$$\chi = 1 - \frac{\xi_1}{\frac{\partial p}{\partial x} - \xi_2} \tag{6.33}$$

where χ is the dimensionless permeability correction coefficient.

Fig. 6.3 demonstrates the relation between pressure gradient and the velocity.

From Fig. 6.4, we would know with as the increase in the pressure gradient, the non-Darcy effect diminishes gradually. With a lower pressure gradient, the dimensionless permeability correction coefficient is lower and the non-Darcy effect is obvious. With many data points from Fig. 6.4, the ξ_1 and ξ_2 could be calculated and the results are shown in Table 6.4.

The non-Darcy model would then be incorporated into the numerical simulation model. As we know, the permeability in the fracture is high and the permeability in the matrix is low. Therefore, the fluid flow in the fracture could be assumed as the Darcy flow and non-Darcy flow may exist in the matrix.

The motion equations for oil, water, and gas in a fracture as follows:

$$v_o = -\frac{KK_{ro}}{\mu_o}\left[\nabla(p_o - \rho_o g D)\right] \tag{6.34}$$

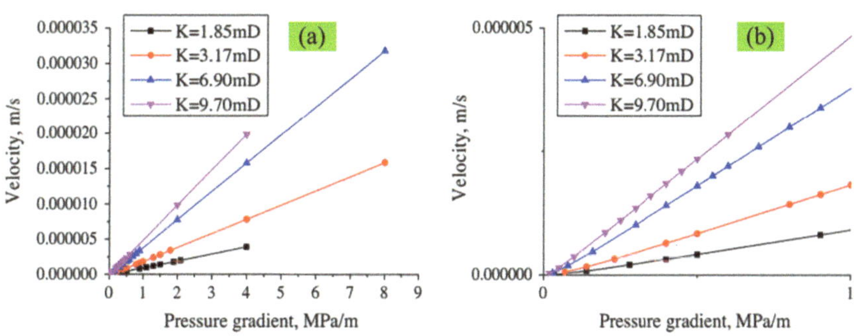

Fig. 6.3 Flow curves of the experiment cores. (A) Pressure gradient is from 0 to 9 MPa/m; (B) pressure gradient is from 0 to 1 MPa/m (Guo et al., 2015).

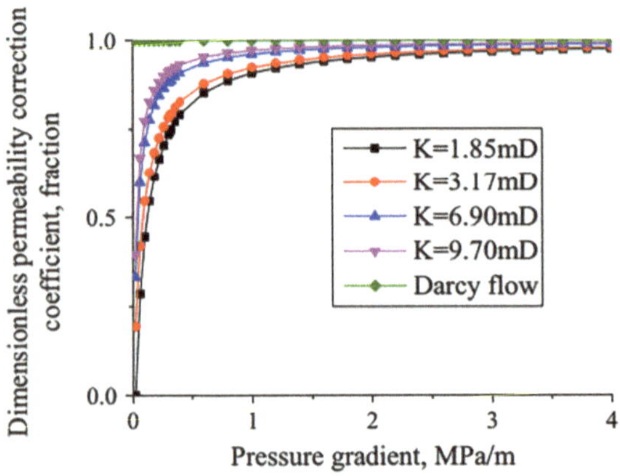

Fig. 6.4 Dimensionless permeability correction coefficient with different pressure gradient (Guo et al., 2015).

Table 6.4 Results of non-Darcy flow coefficients fitting (Guo et al., 2015).

Sample number	Permeability ($10^{-3}\mu m^2$)	ξ_1 (MPa/m)	ξ_2 (MPa/m)
1	0.85	0.100	−0.080
2	3.17	0.083	−0.081
3	6.90	0.040	−0.040
4	9.70	0.029	−0.029

$$v_w = -\frac{KK_{rw}}{\mu_w}[\nabla(p_w - \rho_w g D)] \tag{6.35}$$

$$v_g = -\frac{KK_{rg}}{\mu_g}\left[\nabla\left(p_g - \rho_g g D\right)\right] \tag{6.36}$$

The motion equation in the matrix, which would consider the non-Darcy effect would be as follows:

$$v_o = -\frac{KK_{ro}}{\mu_o}\left(1 - \frac{\xi_{1o}}{\frac{\partial p_o}{\partial x} - \xi_{2o}}\right)[\nabla(p_o - \rho_o g D)] \tag{6.37}$$

$$v_w = -\frac{KK_{rw}}{\mu_w}\left(1 - \frac{\xi_{1w}}{\frac{\partial p_w}{\partial x} - \xi_{2w}}\right)[\nabla(p_w - \rho_w g D)] \tag{6.38}$$

$$v_g = -\frac{KK_{rg}}{\mu_g}\left[\nabla\left(p_g - \rho_g g D\right)\right] \tag{6.39}$$

The non-Darcy flow is then be incorporated into the simulator.

6.2 Dynamic/static model projection

There are several differences between shale reservoirs and conventional reservoirs (Jiao, 2019). The shale reservoir could be represented as the unconventional reservoir. Through the comparison, we may understand what makes the differences between conventional and unconventional reservoir works.

The typical conventional resource exhibits the source and the reservoir (trap) in different formations, usually far away from each other. The theory of accumulation is based on fluid migration, and the trapping process is mainly influenced by the buoyancy and capillary forces. However, the unconventional resource exhibits the source and the reservoir in one geological play as accumulation a source, or near-source accumulation. Another difference between conventional and unconventional resources is the type of lithology and mineral composition. Unconventional petroleum is mainly formed in a low-energy oxygen-anaerobic environment. These environments include semideep to deep shelf facies and semideep to deep lake facies. The lithological conditions are rich in organic matter and clay minerals. Compared with conventional petroleum, it mainly exists in coarse-grained sedimentary rocks and formed in high-energy water with complex lithology. Pore structure and type of solid content for unconventional resources are different from the conventional ones as organic structural pores and the existing of nanopores are among the features of unconventional resources. Conventional resource boundaries are well defined while boundaries' existence and contribution to trapping are none, or very limited and commonly are uniformly distributed accumulations with relatively high hydrocarbon saturations. It is unusual to recognize a clear water boundary, or oil and/or gas water contact. Conventional reservoirs usually have characterized by influential fluid contacts and transition zones at the phases interface. Organic solid contact usually does not exist in conventional resources, but with unconventional resource, their roles of fluid storage and displacement are important. Generally, shale oil unconventional reservoirs with economic value have higher organic content or TOC (total organic matter) content. TOC is a judgment parameter for unconventional development. Permeability, porosity, and natural fractures are also important factors for evaluating unconventional reservoirs.

One study intensively discussed the non-Darcy flows in shale reservoirs (Wang and Sheng, 2017a). This study deliberated two major issues, namely gas adsorption and non-Darcy flow in shale gas reservoirs. Adsorption theory can be thought of as a combination of dissolution and adsorption. In addition, the dissolved gas and adsorbed gas are not similar. Dissolved gas comes from the shale matrix, and the adsorbed gas is mainly located near the pore surface. Therefore, in this study, dissolution is described by Henry's law and adsorption is described by Langmuir equation. The K coefficient of Henry's law is obtained through experiments. The amount of dissolved gas is directly proportional to the pressure. In this system, the calculation of the apparent permeability model includes slip flow and Knudsen flow. Surface diffusion effects are also part of adsorbed gas analysis. In nanopores, the adsorption effect is obvious; adsorption increases the apparent permeability under low pressure and reduces the apparent permeability under high pressure.

The complexity of non-Darcy flows can be attributed to the type of gas stored in shale reservoirs, which is one of the reasons. The three types are free gas, adsorbed gas, and dissolved gas. Free gas is like gas in a conventional reservoir. The adsorbed gas comes from the desorption phenomenon of the shale reservoir wall surface. The dissolved gas may come from organic matter in the shale. All three types have their own processing mechanism.

Gases dissolved in organic matter cannot move. Only when the pressure is reduced will the dissolved gas be released from the matrix because the dissolved gas has consolidated the rock solid matrix. As the gas is released, the rock will shrink and the porosity and permeability will increase accordingly. The assumption based on this is that the amount of gas dissolved in the pores and the volumetric expansion strain of the rock can be roughly linearly proportional to the pressure. This relationship can be described by Henry's equation. In addition, gas dissolution may limit the desorption of gas on the surface wall (Yang et al., 2016).

As for the adsorbed gas, further analysis is required. The Langmuir adsorption model will consider adsorbed and dissolved gases without classifying these two effects. The adsorption layer can increase or decrease the flow velocity in shale according to the adsorption effect (Riewchotisakul and Akkutlu, 2015; Wang et al., 2016a,b; Wu and Zhang, 2016). This change can be considered as a change in permeability. It is easy to understand that the adsorbed gas affects the flow rate.

As for free gas, compared with conventional reservoirs, shale reservoirs have a smaller fluid area, that is, a smaller pore size. It is small enough to consider molecular collisions. As the diameter decreases, gas and solid molecules may collide more frequently. The Knudsen number can now be introduced to characterize the collision frequency.

$$Kn = \frac{\lambda}{d} \tag{6.40}$$

In Eq. (6.40), the Knudsen number could be defined as the ratio of the mean free pathλ to the pore diameter d.

And the mean free path λ could be calculated by the method ofJavadpour et al. (2007) as follows:

$$\lambda = \frac{k_B T}{\sqrt{2}\pi d_{m}^{2} p} \tag{6.41}$$

And the relationship of flow regimes and Knudsen number values are illustrated in Table 6.5.

And two categories of apparent permeability model could be used to describe the gas flow: the dusty-gas model and the Knudsen number-based models.

Wang and Sheng (2017a) combined the adsorption and dissolution together as sorption. Langmuir adsorption equation is for the adsorbed gas, and Henry's equation is for the dissolved gas. They also considered the rock volume variation because of gas dissolution. The slip flow, Knudsen flow, and surface diffusion are also introduced to the proposed model.

Then from here, we would introduce the sorption and non-Darcy flow in detail.

The adsorption was modeled by the Langmuir adsorption equation as

$$n_{a,\mathrm{abs}} = n_L \frac{p}{p + p_L} \tag{6.42}$$

Because it is hard to get the absolute adsorbed gas, the excessive adsorption can be obtained in the laboratory as

$$n_{a,\mathrm{ex}} = \left(1 - \frac{\rho_f}{\rho_a^0}\right) n_L \frac{p}{p + p_L} \tag{6.43}$$

Table 6.5 Flow regimes according to Knudsen number.

Knudsen number	Flow regime
$Kn < 0.001$	Viscous flow (Darcy)
$0.001 < Kn < 0.1$	Slip flow
$0.1 < Kn < 10$	Transition flow
$Kn > 10$	Knudsen flow (free molecular)

Assuming that the dissolved gas is proportional to the pressure, through the calculation, the slopes of the normalized gas volume (divided by TOC) of different samples are the same. Therefore, Henry's law is used here.

$$n_{d,\mathrm{abs}} = K_p \times \mathrm{TOC} \tag{6.44}$$

Besides, the absolute value here is difficult to be obtained then the excessive value needs to be introduced.

$$n_{d,\mathrm{ex}} = \left(1 - \frac{\rho_f}{\rho_d^0}\right) K_p \times \mathrm{TOC} \tag{6.45}$$

Then, considering the adsorption and diffusion as the sorption together, the molar number of total excessive sorbed gas would be as follows:

$$n_{\mathrm{ex}} = n_{a,\mathrm{ex}} + n_{d,\mathrm{ex}} = \left(1 - \frac{\rho_f}{\rho_a^0}\right) n_L \frac{p}{p + p_L} + \left(1 - \frac{\rho_f}{\rho_d^0}\right) K_p \times \mathrm{TOC} \tag{6.46}$$

The introduction of dissolution mentioned that the rock volume would vary with the dissolution. The permeability and porosity would change accordingly. Then, considering the dissolution, the porosity would be

$$\phi = \phi_0 - \frac{n_{d,\mathrm{abs}} M}{\rho_d^0} \rho_r = \phi_0 - \frac{KM}{\rho_d^0} \rho_r p \times \mathrm{TOC} \tag{6.47}$$

The permeability would change with the variation of the porosity,

$$\frac{k}{k_0} = \left(\frac{\phi}{\phi_0}\right)^3 \tag{6.48}$$

Because of the scale of the pore size, the slip flow and transition flow are the dominant flow regimes in the gas shale reservoir.

When $0.001 < Kn < 0.1$, from Table 2.1, the flow belongs to slip flow. The apparent permeability could be calculated by Beskok and Karniadakis (1999) as

$$\frac{k_{\mathrm{slip}}}{k_D} = 1 + 4\left(\frac{2}{\sigma_t} - 1\right) \frac{Kn}{1 + Kn} \tag{6.49}$$

While the $10 < Kn$, the Knudsen flow is the dominating regime. Then, the apparent permeability could be expressed as (Wu et al., 2016; Wu and Zhang, 2016),

$$\frac{k_{Kn}}{k_D} = \frac{128}{3\pi} Kn \delta^{D_f - 2} \tag{6.50}$$

Then if $0.1 < Kn < 10$, from Table 2.1, we would know the predominant regime is the transition flow. The transition flow could be considered as the combination of the slip flow and Knudsen flow. Therefore, if there is a model with a weighted factor for slip flow and the Knudsen flow, then the slip flow, transition flow, and Knudsen flow could be expressed in one single general model. Then, the model selected in the research as

$$\begin{aligned}\frac{k_{\text{app,free}}}{k_D} &= \frac{1}{Kn+1}\frac{k_{\text{slip}}}{k_D} + \frac{Kn}{Kn+1}\frac{k_{Kn}}{k_D} \\ &= \frac{1}{Kn+1}\left(1+4\left(\frac{2}{\sigma}-1\right)\frac{Kn}{1+Kn}\right) + \frac{Kn}{Kn+1}\left(\frac{128}{3\pi}Kn\delta^{D_f-2}\right)\end{aligned} \tag{6.51}$$

Eq. (6.51) describes the free gas flow in shale that consider the slip flow and Knudsen flow only. From this, we may imagine that other conditions may be considered as the weighted sum of several flows.

As for the adsorbed gas, the mass transfer is

$$J_{\text{surf}} = D_s \frac{\partial \rho_a}{\partial x} \tag{6.52}$$

In Eq. (6.52), the D_s is the surface diffusion coefficient; the ρ_a is the adsorbed gas density, which is changing with pressure, i.e., $\rho_a = \theta \rho_a^0$. θ is the gas convergence, which is defined as $\theta = \frac{p}{p + p_L}$.

The surface diffusion coefficient can be expressed as

$$D_s = \omega \frac{1}{3}\lambda\sqrt{\frac{8RT}{\pi M}} = \omega\frac{2\mu_a}{3\rho_a} \tag{6.53}$$

As the permeability for the adsorbed layer is defined as $J_{\text{surf}} = \frac{\rho_a k_{\text{surf}}}{\mu_a}\nabla p$, then the surface diffusion permeability would be

$$k_{\text{surf}} = \omega \frac{2{\mu_a}^2}{3{\rho_a}^2}\frac{p_L \rho_a^0}{(p+p_L)^2} \tag{6.54}$$

Then, the overall apparent permeability could be

$$k_{\text{app}} = \frac{(r-\theta d_m)^2}{r^2}k_{\text{app,free}} + \frac{r^2-(r-\theta d_m)^2}{r^2}k_{\text{surf}} \tag{6.55}$$

Then, if we combine the apparent permeability of free gas, surface diffusion permeability and Eq. (6.55) together, the permeability of shale gas would be

$$
\begin{aligned}
k_{\mathrm{app}} = {} & \frac{(r-\theta d_m)^2}{r^2} k_D \left(\frac{1}{Kn+1} \left(1 + 4\left(\frac{2}{\sigma} - 1 \right) \frac{Kn}{1+Kn} \right) \right. \\
& \left. + \frac{Kn}{Kn+1} \left(\frac{128}{3\pi} Kn \delta^{D_f - 2} \right) \right) + \frac{r^2 - (r-\theta d_m)^2}{r^2} \left(\omega \frac{{2_a}^2}{3{\rho_a}^2} \frac{p_L \rho_a^0}{(p+p_L)^2}) \right)
\end{aligned}
\tag{6.56}
$$

The Darcy permeability then could be

$$
k_D = \frac{r^2 \phi}{8\tau_t} \tag{6.57}
$$

At the macro level, the non-Darcy flow may be described by the Forchheimer equation with high speed in the channel (Zhang and Xing, 2012). At the micro level, the non-Darcy flow may be attributed to the slip flow or the yield stress, and at the nano level (Wang and Sheng, 2017a), the flow may be classified as the Knudsen diffusion flow. As for the nano level, the adsorption can no longer be ignored.

6.3 Mechanisms controlling fluid flow through tight UCRs

6.3.1 Non-Darcy flow mechanism

Chen (2019) used experiments to validate the Forchheimer equation as a good description method of non-Darcy flow in rough fractures. There are 4 sandstone specimens for the test. With different hydraulic gradients and flow rates in the experiments, the results show that the Forchheimer equation performs well in describing the non-Darcy flow in rough fracture. The A and B in the Forchheimer equation are sensitive to the fracture geometric characteristics, and they also increase with the confining stress increases. This change may be attributed to the reduction in the hydraulic aperture and the heterogeneous distribution of the interconnected void spaces. These two, further, have a negative correlation with the confining stress. It is then possible to quantitatively measure the geometric factor d with peak asperity height ξ_h and the box-counting fractal dimension D_d of the heterogeneous distribution of the interconnected void areas. The D_d and the fracture apertures were considered in an empirical relationship based on the experiment. Then, the β was connected with the fracture geometric characteristics in a quantitative model. Here, the quantitative model linked the B of the Forchheimer equation and Reynolds number Re_c too. Here, the experiments perform the validation work.

In this research, it discussed the theoretical background of non-Darcy flow in fractures. The Navier-Stokes equations could be also used in the fluid flow in fractures. Here is the brief introduction of the NSE,

$$\rho\left(\frac{\partial u}{\partial t} + (u \cdot \nabla)u\right) + \nabla p = \mu\nabla^2 u + F \tag{6.58}$$

In Eq. (6.58), u, ∇p, and μ are the velocity vector, fluid density, pressure gradient and viscosity, respectively. The first term of the right side, $\mu\nabla^2 u$, represents the viscous forces and $\frac{\partial u}{\partial t}$ with $(u \cdot \nabla)u$ as the inertial forces. Since in the small pore, the velocity is limited and the inertial forces may be ignored compared with the viscous effect. Then, the flow equation could be simplified as $\mu\nabla^2 u - \nabla p = 0$. This equation is for the fluid flow in porous media, and it is common for the fluid in the rough rock fracture to exhibit the nonlinear effect or non-Darcy flow. As for the traditional NS equation, the term $(u \cdot \nabla)u$ represents the nonlinear effect. While in numerical simulation practice, it is hard for researchers to solve this term. Thus, in the porous media, it is wise to select the Forchheimer equation for the description of the nonlinear flow.

$$-\frac{\partial p}{\partial x} = AQ + BQ^2 \tag{6.59}$$

The dimensions of Q, $\frac{\partial p}{\partial x}$, A, and B are L^3T^{-1}, $ML^{-2}T^{-2}$, $ML^{-5}T^{-1}$, and ML^{-8} respectively.

A and B could be expressed as

$$A = \frac{\mu}{kA_h} = \frac{12\mu}{we_h^3} \tag{6.60}$$

$$B = \frac{\beta\rho}{A_h^2} = \frac{\beta\rho}{w^2 e_h^2} \tag{6.61}$$

And the dimensions of k, A_h, μ, e_h, w, ρ, and β are L^2, L^2, $ML^{-1}T^{-1}$, L, L, ML^{-3}, and L^{-1}, respectively.

Then, Reynolds number was introduced to evaluate the non-Darcy flow.

$$R_e = \frac{\rho Q}{\mu w} \tag{6.62}$$

As the increase in the Reynolds number R_e, i.e., the effect of inertial force has more influence than the viscous force, then the non-Darcy flow behavior gradually appears. In the theory of this research, the non-Darcy effect is connected to the relatively high velocity. It could be treated as one of the reasons for the non-Darcy effect.

Then, a factor E was introduced to reflect the non-Darcy effect,

$$E = \frac{BQ}{A + BQ} \tag{6.63}$$

The meaning of the E is the ratio of pressure gradient dissipated by the nonlinear effect over the total pressure gradient. It could also be regarded as the ratio of nonlinear flow to the total flow.

Then, the R_e could be rewritten as

$$R_e = \frac{A\rho E}{B\mu w(1 - E)} = \frac{12E}{Be_h(1 - E)} \tag{6.64}$$

Then, from this system, E as non-Darcy effect factor, β as a non-Darcy coefficient, and e_h as hydraulic aperture could determine this non-Darcy effect.

Lopez-Hernandez et al. (2004) introduced the non-Darcy flow effect with effective permeability. In their research, the laminar flow through porous media was described by Darcy's law as

$$\frac{\Delta P}{\Delta L} = \frac{\mu_g v}{k_f} \tag{6.65}$$

There is an additional pressure drop from the frequent acceleration and deceleration of the particles of the moving fluid. The equation could be developed by Forchheimer as

$$\frac{\Delta P}{\Delta L} = \frac{\mu_g v}{k_f} + av^2 \tag{6.66}$$

And a could be also expressed as the product of β and ρ_g.

$$\frac{\Delta P}{\Delta L} = \frac{\mu_g v}{k_f} + \beta\rho_g v^2 \tag{6.67}$$

Then, Eqs. (6.65), (6.67) were divided by the $\mu_g v$, we are left with

$$\frac{\Delta P}{\Delta L \mu_g v} = \frac{1}{k_f} \tag{6.68}$$

$$\frac{\Delta P}{\Delta L \mu_g v} = \frac{1}{k_f} + \frac{\beta \rho_g v}{\mu_g} \tag{6.69}$$

Eq. (6.68) is for Darcy flow, and Eq. (6.69) is for non-Darcy flow. Then, the effective permeability could be defined as

$$k_{f-\text{eff}} = \frac{k_f}{1 + \frac{\beta k_f \rho_g v}{\mu_g}} \tag{6.70}$$

The Reynolds number in porous media can be defined as

$$N_{\text{Re}} = \frac{\beta k_f \rho_g v}{\mu_g} \tag{6.71}$$

Then, the effective permeability could be

$$k_{f-\text{eff}} = \frac{k_f}{1 + N_{\text{Re}}} \tag{6.72}$$

Liu et al. (2016) studied the non-Darcy flow in the fracture network. The flow consistency between the macroflow in the fracture network and the microflow or gas diffusion in the matrix was studied. The proposed model of fractured gas reservoir consists of two domains, the fracture network domain and the matrix domain (Fig. 6.5). The flow in the fracture domain is controlled by the non-Darcy flow, and the flow in the matrix domain is represented by a nonlinear diffusion model with apparent permeability. The flow exchange between the fracture and matrix domains is mostly controlled by the diffusion mechanism.

The flow in the fracture, the exchange flow between fracture and matrix, and the flow in the matrix would be presented below.

The mass conservation law would be

$$\frac{\partial m}{\partial t} + \nabla \cdot \left(\rho_g \overrightarrow{v_g}\right) = Q_s + Q_m \tag{6.73}$$

Then, the gas mass consists of free gas and adsorbed gas, which could be expressed as

$$m = \rho_g \phi_f + \rho_{ga} \rho_s \frac{V_L p_f}{p_f + P_L} \tag{6.74}$$

Then, the non-Darcy flow was also described with the Forchheimer equations. And the correction coefficient of Darcy flow was similar to Eq. (6.72).

Then, the equation for the gas flow could be

$$\frac{\rho_{ga}}{\rho_a} \frac{\partial\left(\phi_f p_f\right)}{\partial t} + \frac{\partial}{\partial t}\left(\rho_{ga} \rho_s \frac{V_L p_f}{p_f + P_L}\right) + \nabla \cdot \left(-\frac{k_{f-eff}}{\mu} \rho_g \frac{\partial p_f}{\partial x}\right) = Q_s + Q_m \tag{6.75}$$

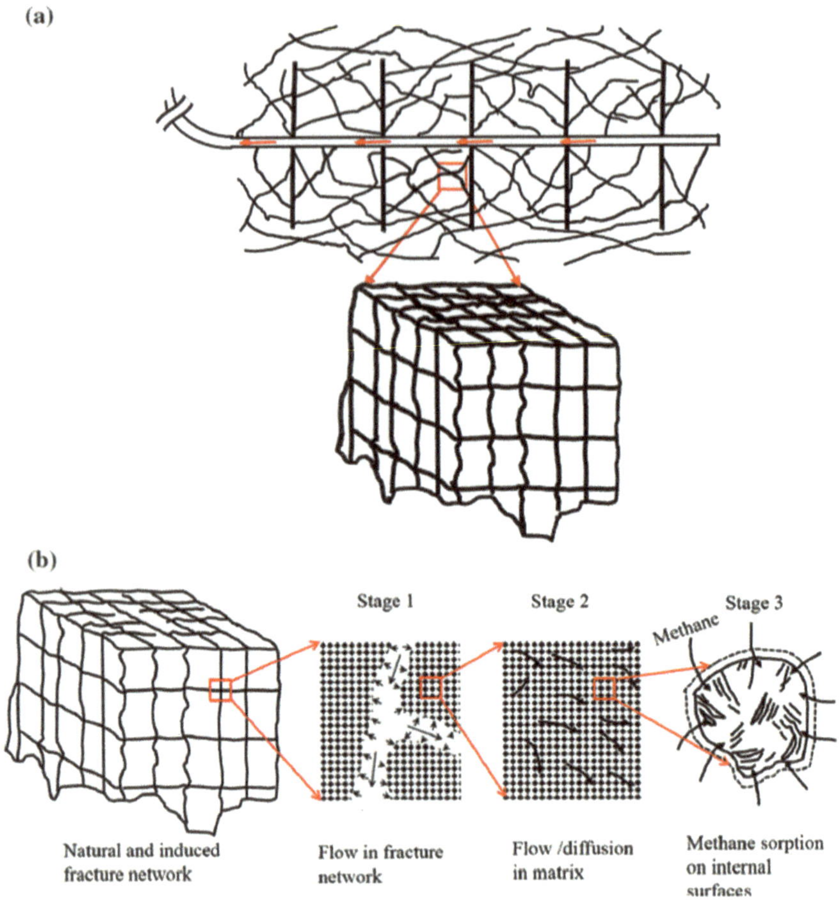

Fig. 6.5 A conceptual model for methane transport in a fractured reservoir. (A) Fractured reservoir after staged hydraulic fracturing; (B) Gas flow in a fractured reservoir (Liu et al., 2016).

with further development as

$$\left(\phi_f + \frac{p_a\rho_s V_L P_L}{\left(p_f + P_L\right)^2}\right)\frac{\partial p_f}{\partial t} + p_f\frac{\partial \phi_f}{\partial t} - \nabla\cdot\left(\frac{k_{f-eff}}{\mu}p_f\frac{\partial p_f}{\partial x}\right) = \frac{p_a}{\rho_{ga}}(Q_s + Q_m) \tag{6.76}$$

Then, the gas exchange from the matrix to the fracture.

$$Q_m = \frac{1}{\tau}\left[q - \rho_{ga}\rho_s m_e\left(p_f\right)\right] \tag{6.77}$$

The Q_m is the gas source by diffusion from the matrix to fracture.

In Eq. (6.78), q is the adsorbed gas mass of one unit of the matrix solid volume. $\tau_{\text{diffusion}}$ is the diffusion time for the gas movement.

$$\tau_{\text{diffusion}} = \frac{1}{aD_{\text{app}}} \tag{6.78}$$

In Eq. (6.78), D_{app} is the apparent diffusion coefficient and is used to evaluate the gas exchange between matrix and fracture.

a_s is the shape factor of the matrix blocking. a_s for isotropic medium could be

$$a_s = \pi^2\left(\frac{1}{L_x^2} + \frac{1}{L_y^2}\right) \tag{6.79}$$

$m_e(p_f)$ is the adsorbed gas content in an equilibrium state. It is the content when the pressure in the fracture and the matrix pore come to the same. This factor could be expressed through the Langmuir isotherm as

$$m_e\left(p_f\right) = \frac{V_{Lm}p_f}{p_f + P_{Lm}} \tag{6.80}$$

The strain related to volume change due to the sorption process could be calculated by

$$\varepsilon_s = \frac{\varepsilon_{Lm}p_m}{P_{Lm} + p_m} \tag{6.81}$$

where P_{Lm}, V_{Lm}, and ε_{Lm} are Langmuir constants for pressure, volume, and swelling strain, respectively.

Then, the pore pressure could be calculated based on the Langmuir isotherm law as

$$p_m = \frac{qP_{Lm}}{\rho_{ga}\rho_s V_{Lm} - q} \tag{6.82}$$

The porosity in the fracture network in different condition would be

$$\phi_f = \frac{1}{1+S}\left[(1+S_0)\phi_{f0} + \alpha(S - S_0)\right] \tag{6.83}$$

$$S = \varepsilon_V + \frac{P_f}{K_s} - \varepsilon_s \tag{6.84}$$

$$S_0 = \frac{pf_0}{K_s} - \varepsilon s_0 \tag{6.85}$$

In Eqs. (6.84), (6.85), the "0" refers to the initial state. And α, ε_V, and ε_s are the Biot coefficient, volumetric strain, and swelling strain, respectively. And K_s refers to the bulk modulus.

Then, based on the cubic law, the relationship between porosity and permeability would be

$$\frac{k_f}{k_{f0}} = \left(\frac{\phi_f}{\phi_{f0}}\right)^3 = \left\{\frac{1}{1+S}\left[(1+S_0)\phi_{f0} + \frac{\alpha}{\phi f_0}(S - S_0)\right]\right\}^3 \tag{6.86}$$

The partial derivative of ϕ_f with respect to time is expressed as

$$\frac{\partial \phi_f}{\partial t} = \frac{\alpha - \phi_f}{1+S}\left[\frac{\partial \varepsilon_V}{\partial t} + \frac{1}{K_s}\frac{\partial p_f}{\partial t} - \frac{\varepsilon_L P_L}{\left(p_f + P_L\right)^2}\frac{\partial p_f}{\partial t}\right] \tag{6.87}$$

Then, the final governing equation for gas flow through the fracture network would be

$$\left[\phi_f + \frac{\alpha - \phi_f}{1+S}\frac{p_f}{K_s} + \frac{p_a \rho_s V_L P_L}{\left(p_f + P_L\right)^2} - \frac{\alpha - \phi_f}{1+S}\frac{\varepsilon_L V_L P_f}{\left(p_f + P_L\right)^2}\right]\frac{\partial p_f}{\partial t} - \nabla \cdot \left(\frac{k_{f-\mathrm{eff}}}{\mu} p_f \frac{\partial p_f}{\partial x}\right)$$
$$= \frac{\left(\phi_f - \alpha_f\right) p_f}{1+S}\frac{\partial \varepsilon_V}{\partial t} + \frac{p_a}{\rho_{ga}}(Q_s + Q_m) \tag{6.88}$$

Next, the nonlinear diffusion in the matrix and apparent diffusion coefficient could be discussed.

The gas mass conservation law in the matrix could be as

$$\frac{\partial\left(\rho_g \phi_m\right)}{\partial t} + \nabla \cdot \left(\rho_g \overrightarrow{v'_{gm}}\right) = -\frac{\partial q}{\partial t} \tag{6.89}$$

In Eq. (6.89), $\overrightarrow{v'_{gm}}$ refers to the apparent velocity vector in the matrix and ϕ_m is the porosity of the matrix. Then, the $\overrightarrow{v'_{gm}}$ would be as followed

$$\overrightarrow{v'_{gm}} = -\frac{k_{\mathrm{mapp}}}{\mu}\nabla p_m \tag{6.90}$$

Then, combining Eqs. (6.89), (6.90), we may get

$$\frac{\partial\left(\rho_g \phi_m\right)}{\partial t} + \frac{\partial q}{\partial t} = \frac{\partial\left(\rho_g \frac{k_{\mathrm{mapp}}}{\mu}\right)}{\partial x} \cdot \frac{\partial p_m}{\partial x} + \frac{\rho_g}{\mu} k_{\mathrm{mapp}} \frac{\partial^2 p_m}{\partial x^2} \tag{6.91}$$

Then, some factors are defined for expressing convenience.

$$c_{\rho_g} = \frac{1}{\rho_g}\frac{\partial \rho_g}{\partial p_m} = \frac{1}{p_m} - \frac{1}{z}\frac{\partial z}{\partial p_m} \tag{6.92}$$

$$\rho_g = \frac{M_g p_m}{zRT} \tag{6.93}$$

$$c_\mu = \frac{1}{\mu}\frac{\partial \mu}{\partial p_m} \tag{6.94}$$

$$c_{K_{\text{mapp}}} = \frac{1}{K_{\text{mapp}}}\frac{\partial K_{\text{mapp}}}{\partial p_m} \tag{6.95}$$

$$c_{\phi_m} = \frac{1}{\phi_m}\frac{\partial \phi_m}{\partial p_m} \tag{6.96}$$

The porosity with ϕ_{m0} and p_{m0} as initial pore pressure and porosity would be

$$\phi_m = \phi_{m0} e^{c_{\phi_m}(p_m - p_{m0})} \cong \phi_{m0}\left[1 + c_{\phi_m}(p_m - p_{m0})\right] \tag{6.97}$$

Here are other coefficients at isothermal conditions as

$$c_1 = \frac{1}{\rho_g \phi_m}\frac{\partial\left(\rho_g \phi_m\right)}{\partial p_m} = c_{\rho_g} + c_{\phi_m} \tag{6.98}$$

$$c_2 = \frac{1}{q}\frac{\partial q}{\partial p_m} = k_a c_{\rho_g}\frac{\rho_g}{q} \tag{6.99}$$

$$c_3 = \left(\frac{\rho_g}{\mu}k_{\text{mapp}}\right)^{-1}\frac{\partial\left(\frac{\rho_g}{\mu}k_{\text{mapp}}\right)}{\partial p_m} = c_{k_{\text{mapp}}} + c_{\rho_g} + c_\mu \tag{6.100}$$

k_a as the derivative of the absorbed density with respect to the gas density in the matrix could be

$$k_a = \frac{\partial q}{\partial \rho_g} = \frac{q}{\rho_g c_{\rho_g}(P_{Lm} + p_m)} \tag{6.101}$$

Then, based on all these, Eq. (6.91) would be

$$\rho_g \phi_m c_1 \frac{\partial p_m}{\partial t} + q c_2 \frac{\partial p_m}{\partial t} = \frac{\rho_g}{\mu}k_{\text{mapp}}\left(\frac{\partial p_m}{\partial x}\right)^2 + \frac{\rho_g}{\mu}k_{\text{mapp}}\frac{\partial^2 p_m}{\partial x^2} \tag{6.102}$$

In 2011, Michel et al. (Michel et al., 2011) provided a general model for all flow regimes for an ideal gas in a capillary tube. There was another model used to describe the non-Darcy effect, which is the Beskok-Karniadakis model. This model considered the continuum, slip, transition, and free molecular types. Then, the model for the volumetric flux of gas through a circular tube was expressed as

$$v = -\frac{1}{8}\frac{r^2}{\mu}(1 + \alpha_r Kn)\left(1 + \frac{4Kn}{1 - b_s Kn}\right)\frac{dP}{dx} \tag{6.103}$$

The equation for a single capillary tube would be

$$v = \frac{K_0}{\mu}(1 + \alpha_r Kn)\left(1 + \frac{4Kn}{1 - b_s Kn}\right)\frac{dP}{dx} \tag{6.104}$$

α_r refers to the rarefication coefficient. b_s is the slip coefficient.

Xiong et al. (2012) also used the Beskok-Karniadakis model and proposed a model for shale gas flow considering the non-Darcy flow effects.

And in 2017, Wang and Sheng (2017b) modeled the low-velocity non-Darcy flow. They proposed that the low-velocity non-Darcy flow regime consists of a nonlinear flow part and a linear flow part. The nonlinear flow part starts from the zero pressure gradient. They proposed that the threshold pressure gradient did not exist in the low-velocity non-Darcy flow.

The non-Darcy model of low velocity as follows:

$$v = -\frac{k}{\mu}\frac{\partial p}{\partial x}\left(\frac{1}{1 + a_{ws}e^{-b_{ws}\left|\frac{\partial p}{\partial x}\right|}}\right) \tag{6.105}$$

From Eq. (6.105), we may know that the nonlinear effect comes when the pressure gradient is small. When the pressure gradient is big enough, the flow performs the Darcy effect more. When the pressure gradients tend to zero, the term in the bracket $\frac{1}{1 + a_{ws}e^{-b_{ws}\left|\frac{\partial p}{\partial x}\right|}}$ would be $\frac{1}{1 + a_{ws}}$, which represents the nonlinear part of the initial state.

The correlation of a and b would be

$$a_{ws} = -0.6095\left(\frac{k}{\mu}\right)^3 + 2.5821\left(\frac{k}{\mu}\right)^2 - 3.4594\left(\frac{k}{\mu}\right) + 1.5836 \tag{6.106}$$

$$b_{ws} = 0.3603\left(\frac{k}{\mu}\right)^2 - 0.1049\left(\frac{k}{\mu}\right) + 1.0935 \tag{6.107}$$

Al-Rbeawi and Owayed (2020) conducted the research about the fluid flow in unstimulated reservoir volume (USRV), fluid flow in stimulated reservoir volume (SRV), and fluid flow in hydraulic fractures (HF). Here are the figures for these analyses (Figs. 6.6–6.8).

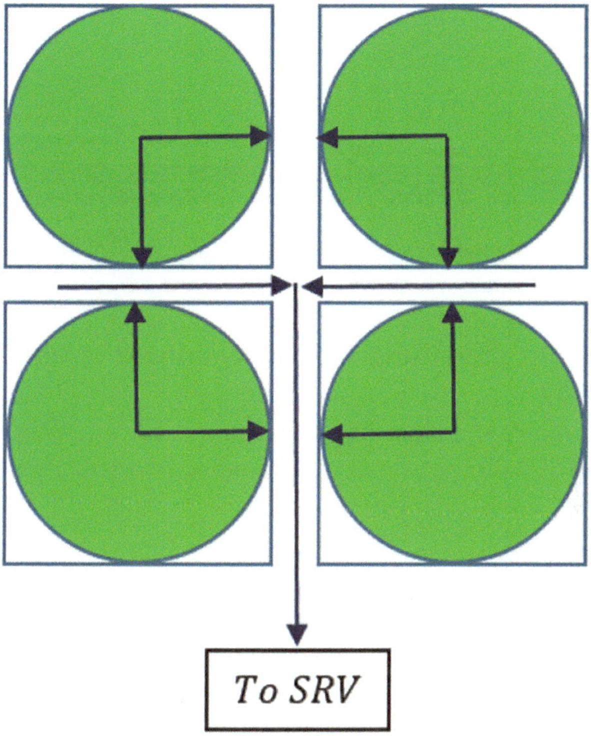

Fig. 6.6 Fluid flow in the unstimulated reservoir volume (Al-Rbeawi and Owayed, 2020).

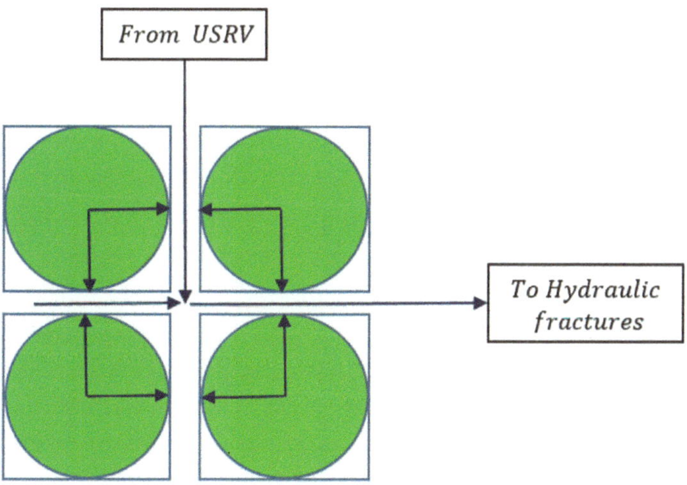

Fig. 6.7 Fluid flow in the stimulated reservoir volume (Al-Rbeawi and Owayed, 2020).

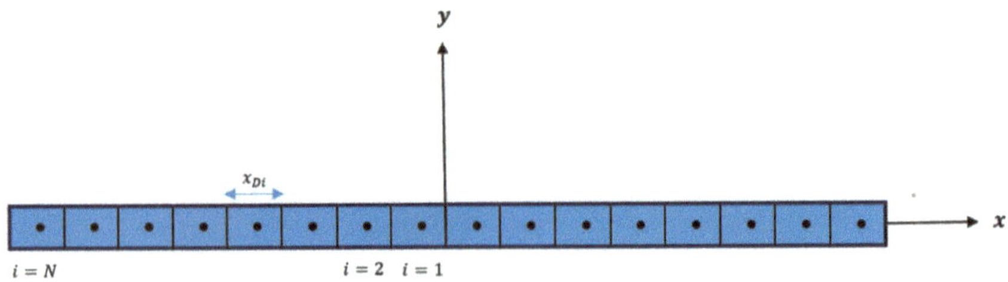

Fig. 6.8 Discretizing hydraulic fractures to several segments (Al-Rbeawi and Owayed, 2020).

6.3.2 The eight governing flow mechanisms in tight UCR porous media

Here, we introduce the eight flow mechanisms briefly. They are viscous, inertial, capillary, diffusion, sorption, desorption, advection, and viscoelastic.

6.3.2.1 *Viscous forces*

The viscosity of the fluid is going to measure the resistance to deformation of fluid. It could be connected with thickness. In real life, we may notice that the yogurt is thicker than water or that the yogurt has a higher viscosity than water.

Then, the viscous force here is to evaluate how a body moves past other materials (surface of solid or liquid). The direction of the forces is usually opposite to the flow or moving direction.

6.3.2.2 *Inertial forces*

Inertia is the resistance of any change of its motion state, e.g., velocity and movement direction. This property would keep the movement as the origin constant speed and direction if there is no force outside. The inertial force, also as fictitious force, would act on a mass with its motion with the non-inertial frame of reference.

6.3.2.3 *Capillary forces*

Capillary action occurs when the fluid flow in narrow spaces. Even without assistance, the flow would conduct with the capillary action. From the molecular level, the reason for this effect is the intermolecular forces between the liquid and the surface of the flow zone. With the diameter small enough, the capillary force would be obvious and would not be trivial enough to be ignored.

6.3.2.4 Diffusion forces

Diffusion is a kind of movement of atoms, ions, or even molecules based on the concentration difference. The direction is usually from the high-concentration region to the low-concentration region (Fig. 6.9).

6.3.2.5 Sorption forces

In the absolute sense, sorption is considered physical and chemical process by which one substance adheres to another. Sorption can be a process of absorption, or adsorption. Absorption is a process by which a substance of a certain state (e.g., solid, liquid, or gas) is absorbed by another substance of different state. This can be liquid absorbed by solid, or gas absorbed by liquid. Adsorption is a process of adherence or spreading and attachment of a substance onto the surface of another substance. Ion exchange between two electrolytes is an example of adsorption.

6.3.2.6 Desorption forces

The desorption is the reverse of the sorption. It is a process that a substance released from or through a surface. This occurs in a system being in the state of sorption equilibrium between bulk phase (fluid, i.e., gas or liquid solution) and an adsorbing surface (solid or boundary separating two fluids). When the concentration (or pressure) of substance in the bulk phase is lowered, some of the sorbed substance changes to the bulk state.

6.3.2.7 Advection forces

The advection is a process of substance transporting. Some properties were transported with the substance movements. Usually, the transporting material is the fluid, and the energy will be as the properties to be transported with the fluid.

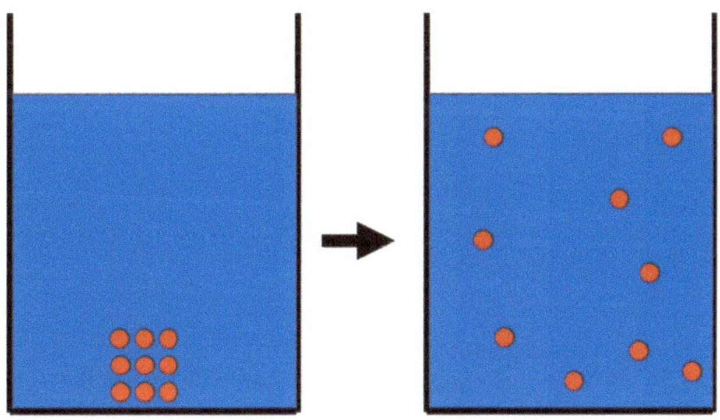

Fig. 6.9 Diffusion effect.

Here, we may introduce an example to understand the difference between advection and diffusion. If there is a beautiful flower, and you can smell the fragrance near the flower, this is the result of the diffusion. If you are far from the flower, e.g., several meters away, the smell comes to you may is the result of the advection.

6.3.2.8 Viscoelastic forces

If you could detect the viscous and elastic characteristics of one material, then we could call this material viscoelastic material. From this property, the material with viscoelasticity may resist the shear force and strain linearly and return to the original state once the outside stress is released. Hence, viscoelasticity is the property of materials that exhibit both viscous and elastic characteristics when undergoes deformation as a result of applied stress. Viscous materials, like water, resist shear flow and strain linearly with time when a stress is applied. Viscoelastic behavior is a combination of elastic and viscous behaviors where the applied stress results in an instantaneous elastic strain followed by a viscous, time-dependent strain.

6.4 Dynamic model development

6.4.1 Modified Buckingham-Reiner equation

The non-Darcy equation from a modified Buckingham-Reiner equation was introduced by Zhao et al. (2020). Following assumptions have been made:

(1) The capillary tube model is adopted to bridge the microscopic flow in a capillary tube and macroscopic seepage flow in porous media. The idealization of a bundle of parallel capillary tubes was made. The model could be illustrated in Fig. 6.10.

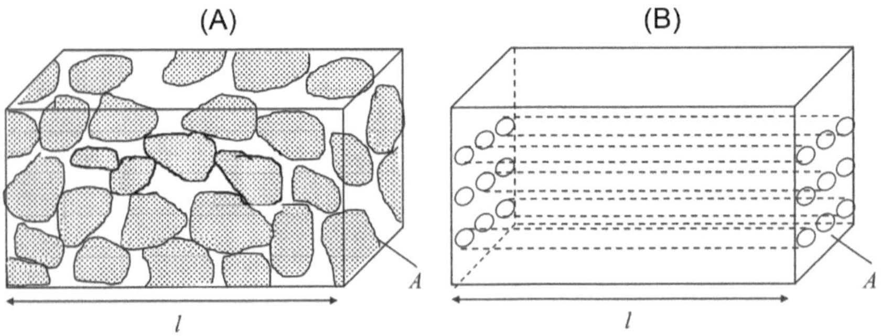

Fig. 6.10 The capillary tube model, (A) real flow channels, (B) idealized flow channels (Zhao et al., 2020).

(2) Inlet and outlet effect of pressure was neglected, i.e., the pressure distribution at the end was uniform.
(3) The flow is laminar.
(4) There is a boundary layer effect.
(5) The flow model was selected as Bingham fluid behavior.
(6) The model ignores the slip boundary condition.

After the complex derivation, the final version of the non-Darcy equation which is modified with Buckingham-Reiner equation as Eq. (6.108)

$$v = -\frac{k}{\mu}\frac{\partial p}{\partial x}\beta$$

$$\text{where} \quad \beta = \begin{cases} 0 & \left|\frac{\partial p}{\partial x}\right| < \lambda \\ \left(1 - \frac{\alpha}{\left|\frac{\partial p}{\partial x}\right|}\right)^4 \left[1 - \frac{4}{3}\frac{\lambda - \alpha}{\left|\frac{\partial p}{\partial x}\right| - \alpha} + \frac{1}{3}\frac{(\lambda - \alpha)^4}{\left(\left|\frac{\partial p}{\partial x}\right| - \alpha\right)^4}\right] & \left|\frac{\partial p}{\partial x}\right| > \lambda \end{cases} \tag{6.108}$$

Figs. 6.11–6.14 are force analysis on a fluid element, shear stress distribution in the tube, velocity distribution in the tube, and the deformation behavior of Bingham fluid elements, respectively.

6.4.2 Model related to slip boundary conditions

In the review work of Wang et al. (2017), the slip boundary condition was discussed in detail. The analysis considers both the slip boundary condition and the velocity distribution inside the Knudsen layer.

Here is the first-order slip boundary condition for gas flow as Eq. (6.109)

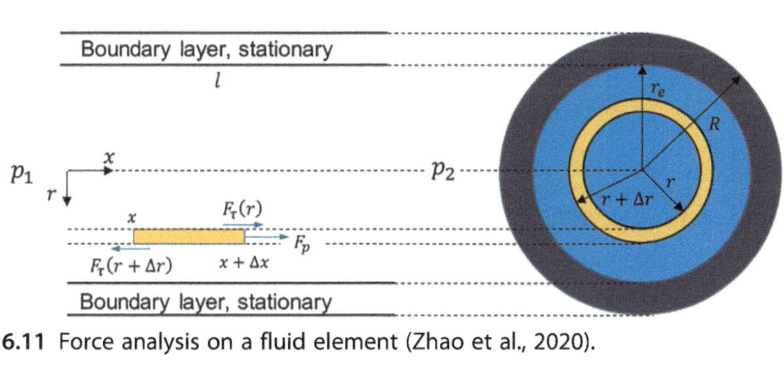

Fig. 6.11 Force analysis on a fluid element (Zhao et al., 2020).

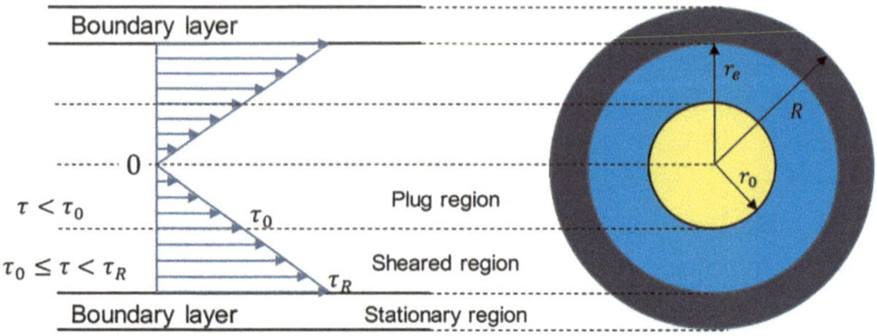

Fig. 6.12 Shear stress distribution in the tube (Zhao et al., 2020).

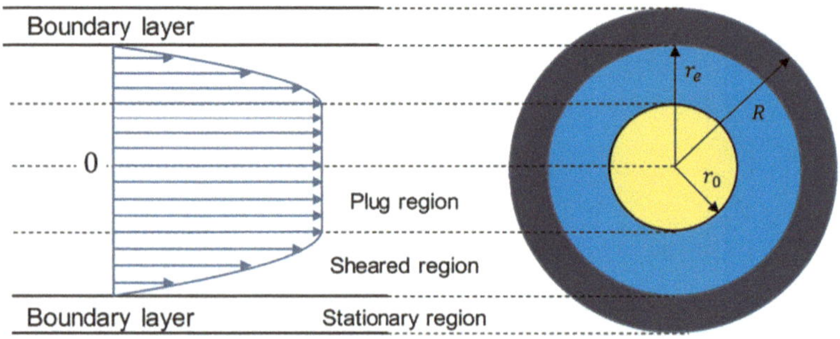

Fig. 6.13 Velocity distribution in the tube (Zhao et al., 2020).

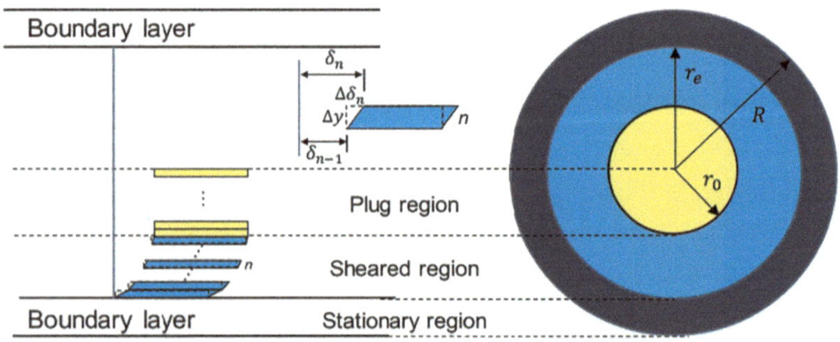

Fig. 6.14 The deformation behavior of Bingham fluid elements (Zhao et al., 2020).

$$u_{\text{slip}} = -\frac{2 - \sigma_{\text{TMAC}}}{\sigma_{\text{TMAC}}} Kn \left(\frac{\partial u}{\partial n} \right)_s \tag{6.109}$$

Based on this previous work, u_{slip} depends on Kn and velocity condition, the equation (in second order) could be

$$u_{\text{slip}} = C_1 Kn \left(\frac{\partial u}{\partial n} \right)_s - C_2 Kn \left(\frac{\partial^2 u}{\partial^2 n} \right) \tag{6.110}$$

Here, C_1 and C_2 could be either constants or functions of Kn. The most accurate model validated by experimental results is the following

$$C_1 = \frac{2}{3}\left[\frac{3-\sigma f^3}{\sigma} - \frac{3}{2}\frac{3\left(1-f^2\right)}{Kn}\right]$$
$$C_2 = \frac{1}{4}\left[f^4 + \frac{2}{Kn^2}\left(1-f^2\right)\right] \qquad (6.111)$$

In Eq. (6.111), $f = \max[1/Kn, 1]$.

The slip effect and the diffusion effect create the permeability enhancement that the apparent permeability is bigger than the absolute permeability. The relationship between the apparent permeability k_a and the absolute permeability k_∞ would be

$$k_a = f(Kn)k_\infty \qquad (6.112)$$

where $f(Kn)$ is a permeability multiplier.

6.4.3 Enskog equation

Enskog equation was mentioned and studied in Sheng et al. (2020) work. The Enskog equation could be used for the kinetic theory description of fluid to densities beyond the dilute-gas Boltzmann limit. The kinetic theory description is based on the function $f = f(r, v, t)$. The function is the molecular velocity distribution function. It refers to the number of atoms in the element of volume dr around r, having the velocities in the range of v and $v + dv$. Then, the Enskog equation is to describe the spatial and temporal distribution and development of f (this study is for the dense gas). Then, the model in this research is specifically designed for gas in which the effects of the finite size of atoms and nonlocal collisions play a prominent role.

$$\frac{\partial f}{\partial t} + v \cdot \frac{\partial f}{\partial r} = \sigma_{md}{}^2 \int \left(v_r \cdot \widehat{k}\right)^+ dv_1 d^2\widehat{k}$$
$$\times \left\{ \begin{array}{l} \chi[\eta]\left(r,\ r+\sigma\widehat{k}\right) f\left(r+\sigma\widehat{k},\ v_1{}^*,\ t\right) f\left(r,\ v^*,\ t\right) \\ -\chi[\eta]\left(r,\ r-\sigma\widehat{k}\right) f\left(r-\sigma\widehat{k},\ v_1,\ t\right) f\left(r,\ v,\ t\right) \end{array} \right\} \qquad (6.113)$$

The standard Enskog theory (SET) was used in the present research, and the actual value of the density at the contact point is replaced with the value of the density field averaged over a spherical volume of diameter σ_{md} as

$$\chi[\eta]\left(r, r \pm \sigma\widehat{k}\right) = \chi\left[\overline{\eta}\left(r \pm \sigma\frac{\widehat{k}}{2}\right)\right] \tag{6.114}$$

Here, χ would be

$$\chi(\eta) = \frac{1}{2}\frac{2-\eta}{(1-\eta)^3} \tag{6.115}$$

And

$$\overline{\eta}(r, t) = \frac{3}{4\pi\sigma^3}\int_{R^3}\eta(r*, t)w(r, r*)dr* \tag{6.116}$$

$$w(r, r*) = \begin{cases} 1, & \|r* - r\| < \sigma_{md} \\ 0, & \|r* - r\| > \sigma_{md} \end{cases} \tag{6.117}$$

Then, the Enskog equation could be solved by one extension of direct simulation Monte Carlo (DSMC).

The dusty-gas model was applied for (Freeman et al., 2011) flow behavior in tight gas and shale gas reservoir systems. The model performs well when the permeability is smaller than 10^{-12}m^2. In addition, the model could also consider the molecular interactions on the pore surface, which is related to the Knudsen diffusion. Since the shale reservoir holds the permeability as 10^{-21}m^2 usual and the diffusion is common, it is appropriate to use the dusty model to describe the fluid flow process.

The model as follows:

$$\sum_{j=1,\, j\neq i}^{n_c}\frac{x_iN_j - x_jN_i}{D_{ij}^e} - \frac{N_i}{D_{i,k}} = \frac{p}{RT}\nabla x_i + \left(1 + \frac{k_0 p}{\mu D_{i,k}}\right)\frac{x_i\frac{\partial p}{\partial x}}{RT} \tag{6.118}$$

In Eq. (6.118), D_{ij}^e is the effective gas diffusivity of species i in species$j$, $D_{i,k}$ is the Knudsen diffusivity of species i, and n_c is the number of components present in the system.

This can be simplified in the case where the number of species is one as

$$N_i = -\left(D_{i,k} + \frac{k_0 p}{\mu}\right)\frac{\frac{\partial p}{\partial x}}{RT} \tag{6.119}$$

There would an equivalency between Eq. (6.119) and the modified Darcy's law with the Klinkenberg correction as follows:

$$N_i = -\left(\frac{b_k}{p} + 1\right)\frac{pk_0}{\mu}\frac{\frac{\partial p}{\partial x}}{RT} \tag{6.120}$$

If the system component is binary, the mutual diffusion is too important to be trivial. Then, the dusty model could be in two equations.

$$\begin{cases} \dfrac{x_1N_2 - x_2N_1}{D_{12}^*} - \dfrac{N_1}{D_{1,k}} = \dfrac{p}{RT}\dfrac{\partial x_1}{\partial x} + \left(1 + \dfrac{k_0 p}{\mu D_{1,k}^e}\right)\dfrac{x_1 \dfrac{\partial p}{\partial x}}{RT} \\ \dfrac{x_2N_1 - x_1N_2}{D_{21}^*} - \dfrac{N_2}{D_{2,k}} = \dfrac{p}{RT}\dfrac{\partial x_2}{\partial x} + \left(1 + \dfrac{k_0 p}{\mu D_{2,k}^e}\right)\dfrac{x_2 \dfrac{\partial p}{\partial x}}{RT} \end{cases} \quad (6.121)$$

In Eq. (6.121), where D_{21}^* is the effective diffusivity of species 2 in species 1 adjusted for the porous medium, D_{12}^* is the effective diffusivity of species 1 in species 2 adjusted for the porous medium, $D_{1,k}$ is the Knudsen diffusivity of species 1 adjusted for the porous medium, and $D_{2,k}$ is the Knudsen diffusivity of species 2 adjusted for the porous medium.

Since there are two components, the composition of the flux would follow the rules as

$$Y_1 = \frac{N_1}{\sum_{i=1,n} N_i} \quad (6.122)$$

In Eq. (6.122), Y_1 as the mole fraction of component 1 in the flowing gas.

Adsorption and desorption at the pore interface were investigated in the work of Mi et al. (2014). It is widely accepted that gas in the shale reservoir is in diverse forms. They could be classified as free gas, which is limited in the pore, or adsorbed gas, which is attached to other materials (Fig. 6.15).

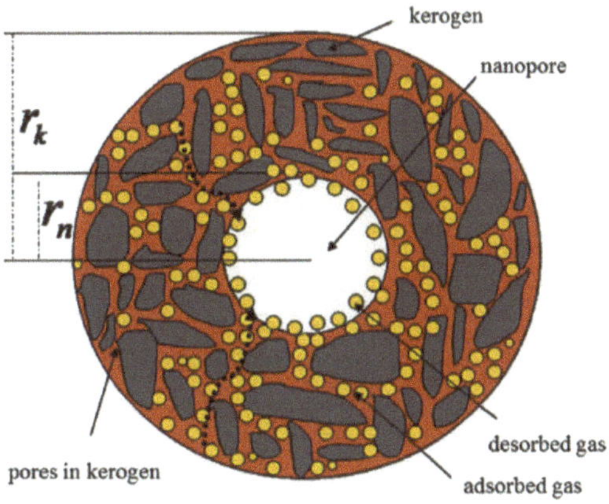

Fig. 6.15 Representative physical diffusive model of kerogen (Mi et al., 2014).

And the Langmuir isothermal adsorption was introduced here. The desorption flux of gas per unit time on the unit area J_{des} is proportional to the gas covered area ratio θ:

$$J_{\mathrm{des}} = K_{\mathrm{des}}\theta \tag{6.123}$$

The adsorption process has the equilibrium too as follows:

$$J_{\mathrm{ads}} = K_{\mathrm{ads}}(1-\theta)p_n \tag{6.124}$$

When adsorption and desorption reach equilibrium, we have:

$$J_{\mathrm{des}} = J_{\mathrm{ads}} \tag{6.125}$$

From Eqs. (6.123)–(6.125), we may get the adsorbed gas covered area ratio as

$$\theta = \frac{K_{\mathrm{ads}}p_n}{K_{\mathrm{des}} + K_{\mathrm{ads}}p_n} \tag{6.126}$$

As the shale gas is produced, the pressure would decrease, breaking the balance of the thermodynamic state. Then, the unbalanced state would lead to desorption, and an equation would be proposed for gas mass conservation as

$$\left(K_{\mathrm{des}}\theta_{x,t} - K_{\mathrm{ads}}(1-\theta_{x,t})p_{x,t+1}\right)\Delta t = \frac{S_0 M}{N}\left(\theta_{x,t} - \theta_{x,t+1}\right) \tag{6.127}$$

So the gas production due to the off-balance of adsorption-desorption at the unit pore surface can be computed as

$$\left(K_{\mathrm{des}}\theta_{x,t} - K_{\mathrm{ads}}(1-\theta_{x,t})p_{x,t+1}\right) = \frac{S_0 M}{N}\frac{\left(\theta_{x,t} - \theta_{x,t+1}\right)}{\Delta t} = \frac{S_0 M}{N}\frac{\Delta\theta}{\Delta t} \tag{6.128}$$

6.4.4 Model considering the viscous and diffusion

In Yao's work (Yao et al., 2013), viscous flow and Knudsen diffusion were considered together with the Javadpour model, Civan model, and DGM model.

The Javadpour model (Javadpour, 2009) was proposed in 2009 with an apparent permeability, which considers the viscous flow and Knudsen diffusion in a single nanotube.

$$N_t = -\frac{\rho k_a}{\mu}\left(\frac{\partial p}{\partial x}\right) \tag{6.129}$$

And k_a would be expressed as

$$k_a = \left[\frac{2\mu M_{mm}}{3RT\rho}\left(\frac{8RT}{\pi M_{mm}}\right)^{0.5}\frac{8}{r_{\text{nano}}} + \left[1 + \left(\frac{8\pi RT}{M_{mm}}\right)^{0.5}\frac{\mu}{pr}\left(\frac{2}{\sigma_{\text{TMAC}}} - 1\right)\right]\right]k_\infty \tag{6.130}$$

And k_∞ could be expressed as

$$k_\infty = \frac{\phi r^2}{8\tau_t} \tag{6.131}$$

Then, we look at the Civan model (Civan, 2010). This model is to use the Knudsen number to express the apparent permeability.

$$k_a = k_\infty f(Kn) = k_\infty(1 + \alpha(Kn)Kn)\left(1 + \frac{4Kn}{1 - b_{\text{slip}}Kn}\right) \tag{6.132}$$

In Eq. (6.132), the b_{slip} is the slip coefficient and would be as −1 when the flow pattern belongs to slip flow.

And the value of $\alpha(Kn)$ would be

$$\alpha(Kn) = \frac{128}{15\pi^2}\tan^{-1}\left[4.0Kn^{0.4}\right] \tag{6.133}$$

Then, we focus on the DGM model, which we have mentioned and discussed before. Here, some simplification has been made for the single component gas transport model as.

$$k_a = k_\infty\left(1 + \frac{b_k}{p}\right) \quad \text{and} \quad b_k = \frac{D_k\mu}{k_\infty} \tag{6.134}$$

Here, b_k is the Klinkenberg coefficient and D_k is the Knudsen diffusion coefficient that could be expressed as

$$D_k = \frac{\phi}{\tau_h}\frac{2r}{3}\sqrt{\frac{8RT}{\pi M}} \tag{6.135}$$

Other research has also been conducted in this question. Sheng et al. (2020) focus on the dense gas flow in a tight porous medium to verify the Enskog equation with molecular level simulation. Pore network modeling of non-Darcy flow in tight and shale reservoirs was discussed by Wang and Sheng (2018).

After considering so many equations for UCR fluid flow simulation, we focus on the 8 mechanisms again, from pure physical understanding to mathematical expression.

6.4.5 Physical implications of the eight mechanisms

6.4.5.1 Viscous forces

The viscous liquid is thick and sticky and does not flow easily. If a kind of fluid is not flowing easily, we could call the fluid has the property of viscosity. This is a quite rough definition of viscous. Or we may use the viscous force to better understand this mechanism. Viscous force is a measure of a fluid's resistance to flow. Viscous forces in a fluid are proportional to the rate at which the fluid velocity is changing in space; the proportionality constant is the viscosity.

It is the resistance of fluids to any alternations in shape or movement of nearby segments relative to one another. It can be also defined as the internal friction within the molecules of the fluid, which resists velocity difference advancement.

6.4.5.2 Diffusion forces

The diffusion refers to the movement of molecules from higher concentration region to the lower one. And the diffusion could be classified into two types, simple diffusion and facilitated diffusion.

6.4.5.3 Sorption forces

Sorption could be used to describe the actions of absorption and adsorption. They are important processes that occur in chemistry and biology. The main difference between adsorption and absorption is that adsorption is a surface process and absorption is a bulk process. Adsorption is the accumulation of a gas or liquid on a liquid or solid. It can be defined further based on the strength of the interaction between the adsorbent (the substrate onto which chemicals attach) and the adsorbed molecules.

The sorption can be also classified according to the force type, the physisorption, and the chemisorption. The physisorption is based on the Van der Waals interactions between substrate and adsorbate (the molecule that is adsorbed), while the chemisorption is based on the chemical bonds involved (covalent bonds usually) in sticking the adsorbate to the adsorbent. Compared to physisorption, chemisorption involves more energy. The difference between these two sorption is the energy consumed.

On the other hand, absorption is a phenomenon involving the bulk properties of a solid, liquid, or gas. It involves atoms or molecules crossing the surface and entering the volume of the material. Absorption can be also classified into two categories, physical absorption and chemical absorption. Physical absorption is a nonreactive process, and the process depends on the liquid and the gas, and on physical properties like solubility, temperature, and pressure. Chemical absorption is a chemical reaction that takes place when the atoms or molecules are absorbed.

6.4.5.4 Desorption forces

Desorption is the opposite of sorption. It is the release of one substance from another, either from the surface or through the surface. For example, the carbon dioxide in Coca-Cola. When the bottle is intact, the concentration of CO_2 in Coca-Cola is constant, while when the bottle is opened, the CO_2 is released because of the decrease in pressure. This is a type of desorption.

6.4.5.5 Inertial forces

The inertial force is a force opposite in direction to an accelerating force acting on a body and equal to the product of the accelerating force and the mass of the body. It can be also explained as the force that appears to act on a mass whose motion is described using a noninertial frame of reference, such as an accelerating or rotating reference frame. In fluid mechanics, the inertia is the force due to the momentum of the fluid, and in fluid flow through porous media, the relation between an observed pressure drop and velocity is generally nonlinear.

6.4.5.6 Advection forces

Advection is the transport of a substance or quantity by bulk motion. The energy and enthalpy are always considered as advection materials.

6.4.5.7 Capillary forces

Capillarity is the ability of a liquid to flow in narrow spaces without the assistance of, or even in opposition to, external forces like gravity.

6.4.5.8 Viscoelastic forces

Viscoelasticity is the property of materials that exhibit both viscous and elastic characteristics when undergoing deformation. Viscous materials, like water, resist shear flow and strain linearly with time when stress is applied.

6.4.6 Mathematical expression of eight mechanisms

6.4.6.1 Viscous force

Viscous forces have been introduced to the fluid flow in porous media since the start of relevant. The equation is Darcy's law.

$$v = -\frac{k}{\mu}\frac{\partial p}{\partial x} \tag{6.136}$$

6.4.6.2 Diffusion force

For diffusion, the most common representative relationship for diffusion is the first-order Fick's law as follows:

$$J = -D_{\text{diff}} \frac{dC}{dx} \tag{6.137}$$

where J is the mass flux, and D_{diff} is the diffusion constant. And the value of D_{diff} is determined by the diffusion species, temperature, and medium. And the $\frac{dC}{dx}$ refers to the concentration gradient.

6.4.6.3 Sorption forces

For sorption, the Langmuir isotherm is used here as follows:

$$\text{Langmuir isotherm} = \frac{\text{Amount of material adsorbed}}{\text{Equilibrium concentration remaining}} \tag{6.138}$$

6.4.6.4 Desorption forces

The rate of desorption could be quantified as follows:

$$R = rN^x \tag{6.139}$$

In Eq. (6.139), R is the ratio of desorption. r is the rate constant of desorption, N is the concentration of the adsorbed material, and x is the kinetic order to desorption.

6.4.6.5 Advection forces

For one incompressible fluid, the Scherer derived the advection equation to be

$$\frac{df}{dt} = \frac{\partial}{\partial t} f(r,\ t) + (u(r,\ \ t)grad) f(r,\ t) = 0 \tag{6.140}$$

In Eq. (6.140), $u(r, t)$ is the velocity of the fluid and $f(r, t)$ is the concentration of the substance depending on time.

6.4.6.6 Inertial forces

Forchheimer's flow equation is used to analyze inertial forces in porous media:

$$-\frac{\partial p}{\partial x} = \frac{\mu}{k} v + \rho \beta v^2 \tag{6.141}$$

6.4.6.7 Capillary forces

Capillary forces experienced in a petroleum reservoir occur due to the combined effect of interfacial and surface tensions of fluids and rock, pore geometry and size and wetting properties of the entire system.

The equation used to calculate capillary pressure is as follows:

$$P_c = \frac{2\gamma \cos \theta_{\text{wetting}}}{r_{\text{effective}}} \tag{6.142}$$

6.4.6.8 Viscoelastic forces

Kelvin-Voigt model connects stress and strain in the following differential equation, which is used in viscoelasticity calculations as follows:

$$\sigma_{\text{stress}} = E_{\text{modulus}}\varepsilon + \eta_m \frac{d\varepsilon}{dt} \tag{6.143}$$

where σ_{stress} is the stress, E_{modulus} is the elastic modulus of the material, ε is the strain, η_m is the viscosity of the material, and $\frac{d\varepsilon}{dt}$ is the strain changing with time.

6.4.7 Model development sample

Here, we used the diffusivity equation as an example to study how to model the flow mechanisms.

From Fig. 6.16, we may know the mass rate of accumulation equals the mass rate minus the mass rate out. The equation as follows:

$$(v_x\rho_x\Delta y\Delta z) - (v_{x+\Delta x}\rho_{x+\Delta x}\Delta y\Delta z) = (\Delta x\Delta y\Delta z)\phi\frac{(\rho_{t+\Delta t} - \rho_t)}{\Delta t} \tag{6.144}$$

Then, Eq. (6.144) could be as follows through the processing,

$$-\frac{(v_{x+\Delta x}\rho_{x+\Delta x}) - (v_x\rho_x)}{\Delta x} = \frac{\phi(\rho_{t+\Delta t} - \rho_t)}{\Delta t} \tag{6.145}$$

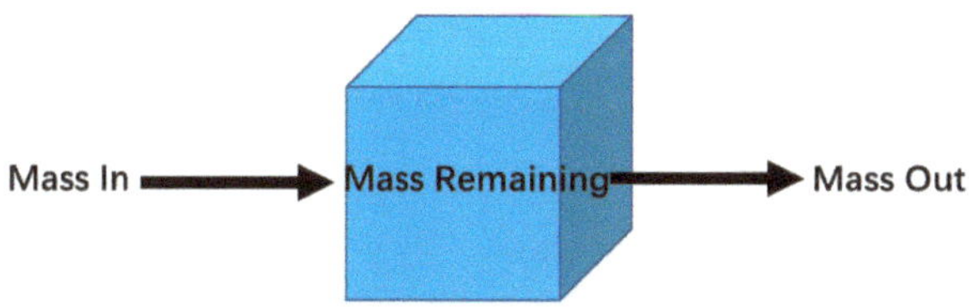

Fig. 6.16 Mass conservation of the cubic model.

If the spatial difference and temporal difference go to the limit, then,

$$\frac{\partial(v\rho)}{\partial(x)} = -\phi\frac{\partial\rho}{\partial t} \tag{6.146}$$

If we focus on Forchheimer's equation,

$$-\frac{\partial p}{\partial x} = \frac{\mu}{k}v + \rho\beta v^2 \tag{6.147}$$

To take the derivative with respect to x of both sides of Eq. (6.142), then it would be

$$-\frac{\partial^2 p}{\partial x^2} = \frac{\mu}{k}\frac{\partial v}{\partial x} + 2\beta\rho v\frac{\partial v}{\partial x} \tag{6.148}$$

We rearrange Eq. (6.148),

$$-\frac{\partial^2 p}{\partial x^2} = \rho\left(\frac{\mu}{k\rho} + 2\beta v\right)\frac{\partial v}{\partial x} \tag{6.149}$$

Then, because of the following identity,

$$\rho\left(\frac{\partial v}{\partial x}\right) = -\phi\frac{\partial\rho}{\partial t} - v\frac{\partial\rho}{\partial x} \tag{6.150}$$

Eq. (6.149) would be

$$-\frac{\partial^2 p}{\partial x^2} = \left(\frac{\mu}{k\rho} + 2\beta v\right)\left(-\phi\frac{\partial\rho}{\partial t} - v\frac{\partial\rho}{\partial x}\right) \tag{6.151}$$

After rearranging the equation again and use the chain rule $\frac{\partial\rho}{\partial x} = \frac{\partial\rho}{\partial P}\frac{\partial P}{\partial x}$ and $\frac{\partial\rho}{\partial t} = \frac{\partial\rho}{\partial P}\frac{\partial P}{\partial t}$, Eq. (6.151) would be

$$-\frac{\partial^2 p}{\partial x^2} = \left(\frac{\mu}{k\rho} + 2\beta v\right)\left(-\phi\frac{\partial\rho}{\partial P}\frac{\partial P}{\partial t} - v\frac{\partial\rho}{\partial P}\frac{\partial P}{\partial x}\right) \tag{6.152}$$

We have $\frac{\partial\rho}{\partial P} = c\rho$ here, then Eq. (6.152) would be

$$\frac{\partial^2 p}{\partial x^2} = \left(\frac{\mu}{k\rho} + 2\beta v\right)\left(\phi\frac{\partial P}{\partial t}v\frac{\partial P}{\partial x}\right)c\rho \tag{6.153}$$

And arranging again,

$$\frac{\partial^2 p}{\partial x^2} = c\phi\left(\frac{\mu}{k} + 2\rho\beta v\right)\frac{\partial P}{\partial t} + cv\left(\frac{\mu}{k} + 2\rho\beta v\right)\frac{\partial P}{\partial x} \tag{6.154}$$

Then, Eq. (6.154) is the "diffusivity" form model including viscous and inertia terms.

Here, we try to modify the Forchheimer flow equation.

The modified porous media Fick's term is

$$\frac{\partial P}{\partial x} = -D\beta v \frac{\partial C}{\partial x} \tag{6.155}$$

Here, the dimensionless quantity availability is conduct here. In Eq. (6.155), the terms' dimensions are as in Eq. (6.156),

$$\begin{aligned} \frac{\partial P}{\partial x} &= \frac{\frac{M}{LT^2}}{L} = \frac{M}{L^2T^2} \\ v &= \frac{L}{T} \\ \beta &= \frac{1}{L} \\ D &= \frac{L^2}{T} \\ \frac{\partial C}{\partial x} &= \frac{\frac{M}{L^3}}{L} = \frac{M}{L^4} \end{aligned} \tag{6.156}$$

We perform a dimensional analysis to check:

$$\begin{gathered} \frac{\partial P}{\partial x} = -D\beta v \frac{\partial C}{\partial x} \\ \frac{M}{L^2T^2} = \frac{L}{T} \times \frac{1}{L} \times \frac{L^2}{T} \times \frac{M}{L^4} = \frac{M}{L^2T^2} \end{gathered} \tag{6.157}$$

Then, Eq. (6.155) follows the requirements of the dimensional analysis. Here, we use Eq. (6.155) to modify the Forchheimer flow equation,

$$-\frac{\partial p}{\partial x} = \frac{\mu}{k} v + \rho\beta v^2 + D\beta v \frac{\partial C}{\partial x} \tag{6.158}$$

After complex derivation, we may get

$$\frac{\partial^2 p}{\partial x^2} = \left[\frac{\mu}{k} + 2\rho\beta v + D\beta \frac{\partial C}{\partial x}\right] \left(\frac{\phi}{\rho} \frac{\partial \rho}{\partial P} \frac{\partial P}{\partial t} + \frac{v}{\rho} \frac{\partial \rho}{\partial P} \frac{\partial P}{\partial x}\right) - D\beta v \frac{\partial^2 C}{\partial x^2} \tag{6.159}$$

This is the flow equation for the diffusion effect.

6.5 Dynamic model validation

The model proposed can be validated through parametric validation, validation against the experimental data, and validation against field data.

6.5.1 Parametric validation

The numerical simulation model of pore network characteristics on non-Darcy permeability can be validated through the comparison between experimental results and simulation-obtained non-Darcy permeability parameters (Ong et al., 2020). In this study, the non-Darcy permeability coefficient k and the flow index m were calculated by the proposed model and tested with the experiments as well. Then, through comparison between these two series of data, the model proposed can be validated. Table 6.6 demonstrates the comparison for these specific data.

Research about the permeability standards (Ghanizadeh et al., 2017) performed the validation with theoretical value and the various experiment values. Fig. 6.17 illustrates the comparison.

6.5.2 Experimental data validation

In the work of Zhao et al. (2020), experimental and simulation validation were performed for the their developed model. Two laboratory experiments were carried out for the non-Darcy equation validation. These were the liquid column experiment and core flow experiment. Fig. 6.18 demonstrates the setups for these two experiments.

Validation can also be performed using a combination of these two methods (Fig. 6.19).

According to the relationship between the driven pressure gradient, the velocity, and the decreasing rate, a nonlinear differential equation could be obtained as follows:

$$\frac{d(\Delta h)}{dt}\frac{R^2}{2}=\frac{k}{\mu}\frac{\rho_{\text{oil}}g\Delta h(t)}{L}\beta\left[\frac{\rho_{\text{oil}}g\Delta h(t)}{L}\right] \tag{6.160}$$

Then, k, β, and λ could be obtained by the experiments. Thus, $\Delta h(t)$ could be acquired. The comparison between the calculated results and the observed values is illustrated in Fig. 6.4.

6.5.3 Field data validation

In Wang's and Sheng's research (Wang and Sheng, 2018), the validation was performed with the field data of Berea sandstone. The data of Berea

Table 6.6 Comparison between experimental and simulation non-Darcy permeability parameters for pervious concrete specimens (Ong et al., 2020).

	Experiment		Simulation			
Specimen no.	Non-Darcy permeability coefficient *k* (mm/s)	Flow index *m*	Non-Darcy permeability coefficient *k* (mm/s)	Flow index *m*	Percentage error in *k*	Percentage error in *m*
1	13.00	0.500	13.05	0.511	0.38%	2.24%
2	12.05	0.479	12.18	0.510	1.08%	6.49%
3	22.52	0.484	22.77	0.516	1.11%	6.55%
4	14.12	0.495	14.19	0.515	0.50%	4.14%
5	19.14	0.491	19.27	0.514	0.68%	4.54%
6	19.69	0.468	19.94	0.511	1.27%	9.30%
7	21.72	0.452	22.12	0.511	1.84%	13.03%
8	21.89	0.471	22.20	0.512	1.42%	8.78%
9	17.84	0.486	17.99	0.512	0.84%	5.48%
10	16.71	0.493	16.82	0.512	0.66%	3.73%
11	12.76	0.447	13.03	0.510	2.12%	14.07%
12	18.50	0.485	18.70	0.513	1.08%	5.81%

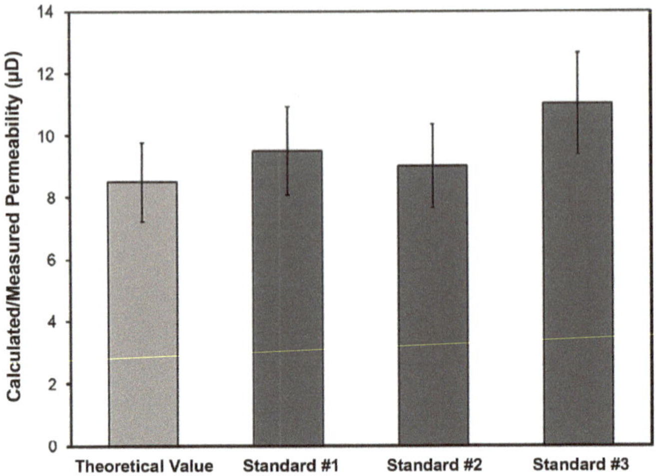

Fig. 6.17 Comparison between calculated and measured permeability values for three different permeability standards (Ghanizadeh et al., 2017).

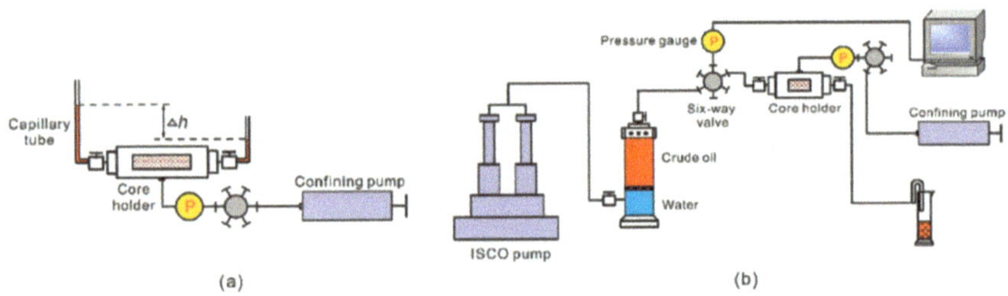

Fig. 6.18 Setups for (A) liquid column experiment and (B) core flow experiment (Zhao et al., 2020).

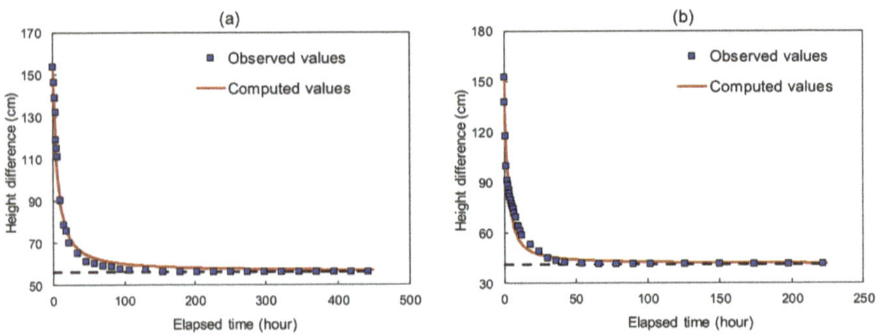

Fig. 6.19 Height difference vs elapsed time in liquid column experiment for two cores (Zhao et al., 2020).

sandstone are commonly used as the benchmark to validate the pore network models. The non-Darcy flow was ignored in this validation when the Berea sandstone data were used. Then, the data from the field can serve as the validation method for the Darcy part of the model.

6.6 Mathematical expressions

Since we have discussed the eight mechanisms or forces, it is not important to study how they were integrated into the existing model to investigate the effect of these mechanisms on the fluid flow. Here, we use three models for these mechanisms, or forces studying. They are (1) the combination of viscous flow and Knudsen diffusion (Yao et al., 2013), (2) adsorption and desorption (Mi et al., 2014), and (3) diffusion (Mi et al., 2014).

6.6.1 Combination of viscous flow and Knudsen diffusion

In the relevant research, the viscous and the diffusion could be described with three models, i.e., Javadpour model, Civan model, and DGM model. We simply list the model here for further discussion.

For Javadpour model,

$$k_a = \left[\frac{2\mu M}{3RT\rho}\left(\frac{8RT}{\pi M}\right)^{0.5}\frac{8}{r} + \left[1 + \left(\frac{8\pi RT}{M}\right)^{0.5}\frac{\mu}{pr}\left(\frac{2}{\alpha} - 1\right)\right]\right]k_\infty \tag{6.161}$$

where k_a is the apparent permeability. And the term on the right side considers the diffusion and the viscosity both.

For Civan model,

$$k_a = k_\infty f(Kn) = k_\infty(1 + \alpha(Kn)Kn)\left(1 + \frac{4Kn}{1 - b_{\text{slip}}Kn}\right) \tag{6.162}$$

It is obvious for us to observe that the Knudsen number was considered here for the apparent permeability calculation.

And for the dusty-gas model,

$$k_a = k_\infty\left(1 + \frac{b_k}{p}\right) \quad \text{and} \quad b_k = \frac{D_k\mu}{k_\infty} \tag{6.163}$$

$$D_k = \frac{\phi}{\tau_h}\frac{2r}{3}\sqrt{\frac{8RT}{\pi M}} \tag{6.164}$$

From these three models, we would understand that the mechanism integrating could be performed with the effect on the apparent permeability. As long as the effect on the permeability has been taken into account and if expressed in the apparent permeability model, the mechanism would be considered in the fluid flow equation and the model.

6.6.2 Adsorption and desorption

The gas production due to the off-balance of adsorption and desorption (Mi et al., 2014) at the unit pore surface can be computed as follows:

$$\left(K_{\text{des}}\theta_{x,t} - K_{\text{ads}}(1-\theta_{x,t})p_{x,t+1}\right) = \frac{S_0 M}{N}\frac{\left(\theta_{x,t} - \theta_{x,t+1}\right)}{\Delta t} = \frac{S_0 M}{N}\frac{\Delta\theta}{\Delta t} \tag{6.165}$$

This equation derivation has been discussed in the previous section. Then, the item would be integrated into the existing equation as follows:

$$\frac{\partial}{\partial x}(A_c(x)\rho u) + A\left(\frac{S_0 M}{N}\frac{\Delta\theta}{\Delta t}\right) = A_c(x)\frac{\partial}{\partial t}(\varphi\rho) \tag{6.166}$$

From this equation, we may develop another method to consider the mechanism that incorporate the item of the mechanisms to the governing equations, e.g., the continuity equation. This is a different way from modifying the apparent permeability.

6.6.3 Diffusion

The diffusion in this study (Mi et al., 2014) is expressed as the mass flux due to the diffusion as follows:

$$J_{\text{diff}} = D_{\text{kerogen}}\frac{\partial C}{\partial r}_{(r=r_n)} \tag{6.167}$$

J_{diff} could be used for the expression for the fraction θ_{surface} of total available surface sites occupied by molecules as follows:

$$\theta_{\text{surface}t+1} = \theta_{\text{surface}} + \left(\rho N_{\text{Avogadro}}/S_0\right)J_{\text{diff}}\Delta t \tag{6.168}$$

The diffusion of gas in kerogen would be incorporated into the diffusion and then to the continuity equations. Then, the diffusion in kerogen is then calculated in this way.

References

Al-Rbeawi, S., Owayed, J.F., 2020. Fluid flux throughout matrix-fracture interface: discretizing hydraulic fractures for coupling matrix Darcy flow and fractures non-Darcy flow. J. Nat. Gas Sci. Eng. 73, 103061. https://doi.org/10.1016/j.jngse.2019.103061.

Beskok, A., Karniadakis, G.E., 1999. Report: a model for flows in channels, pipes, and ducts at micro and nano scales. Microscale Thermophys. Eng. 3, 43–77. https://doi.org/10.1080/108939599199864.

Chen, Y., 2019. The influence of fracture geometry variation on non-Darcy flow in fractures under confining stresses. Int. J. Rock Mech. Min. Sci. 13, 59–71.

Civan, F., 2010. Effective correlation of apparent gas permeability in tight porous media. Transp. Porous Media 82, 375–384. https://doi.org/10.1007/s11242-009-9432-z.

Freeman, C.M., Moridis, G.J., Blasingame, T.A., 2011. A numerical study of microscale flow behavior in tight gas and shale gas reservoir systems. Transp. Porous Media 90, 253–268. https://doi.org/10.1007/s11242-011-9761-6.

Ghanizadeh, A., Clarkson, C.R., Aquino, S., Vahedian, A., 2017. Permeability standards for tight rocks: design, manufacture and validation. Fuel 197, 121–137. https://doi.org/10.1016/j.fuel.2017.01.102.

Guo, C., Xu, J., Wu, K., Wei, M., Liu, S., 2015. Study on gas flow through nano pores of shale gas reservoirs. Fuel 143, 107–117. https://doi.org/10.1016/j.fuel.2014.11.032.

Hailong, L., 2017. The numerical simulation for multistage fractured horizontal well in low-permeability reservoirs based on modified Darcy's equation. J. Pet. Explor. Prod. Technol. 7, 735–746. https://doi.org/10.1007/s13202-016-0283-1.

Javadpour, F., 2009. Nanopores and apparent permeability of gas flow in mudrocks (shales and siltstone). J. Can. Pet. Technol. 48, 16–21. https://doi.org/10.2118/09-08-16-DA.

Javadpour, F., Fisher, D., Unsworth, M., 2007. Nanoscale gas flow in shale gas sediments. J. Can. Pet. Technol. 46. https://doi.org/10.2118/07-10-06.

Jiao, F., 2019. Re-recognition of "unconventional" in unconventional oil and gas. Pet. Explor. Dev. 46, 847–855. https://doi.org/10.1016/S1876-3804(19)60244-2.

Liu, J., Wang, J.G., Gao, F., Ju, Y., Zhang, X., Zhang, L.-C., 2016. Flow consistency between non-Darcy flow in fracture network and nonlinear diffusion in matrix to gas production rate in fractured shale gas reservoirs. Transp. Porous Media 111, 97–121. https://doi.org/10.1007/s11242-015-0583-9.

Lopez-Hernandez, H.D., Valko, P.P., Pham, T.T., 2004. Optimum Fracture Treatment Design Minimizes the Impact of Non-Darcy Flow Effects. SPE Annual Technical Conference and Exhibition, p. 16.

Mattax, C.C., Dalton, R.L., 1990. Reservoir Simulation. 13 SPE Monograph Series, p. 6.

Mi, L., Jiang, H., Li, J., 2014. The impact of diffusion type on multiscale discrete fracture model numerical simulation for shale gas. J. Nat. Gas Sci. Eng. 20, 74–81. https://doi.org/10.1016/j.jngse.2014.06.013.

Michel, G.G., Sigal, R.F., Civan, F., Devegowda, D., 2011. Parametric Investigation of Shale Gas Production Considering Nano-Scale Pore Size Distribution, Formation Factor, and Non-Darcy Flow Mechanisms. SPE Annual Technical Conference and Exhibition, p. 20.

Ong, G.P., Jagadeesh, A., Su, Y.-M., 2020. Effect of pore network characteristics on non-Darcy permeability of pervious concrete mixture. Construct. Build Mater. 259, 119859. https://doi.org/10.1016/j.conbuildmat.2020.119859.

Riewchotisakul, S., Akkutlu, I.Y., 2015. Adsorption Enhanced Transport of Hydrocarbons in Organic Nanopores. SPE Annual Technical Conference and Exhibition, p. 20.

Rubin, B., 2010. Accurate Simulation of Non-Darcy Flow in Stimulated Fractured Shale Reservoirs. SPE Western regional meeting,, p. 16.

Sheng, Q., Gibelli, L., Li, J., Borg, M.K., Zhang, Y., 2020. Dense gas flow simulations in ultra-tight confinement. Phys. Fluids 32, 092003. https://doi.org/10.1063/5.0019559.

Trangenstein, J.A., Bell, J.B., 1989. Mathematical structure of the black-oil model for petroleum reservoir simulation. SIAM J. Appl. Math. 49, 749–783. https://doi.org/10.1137/0149044.

Wang, X., Sheng, J., 2017a. Gas sorption and non-Darcy flow in shale reservoirs. Pet. Sci. 14, 746–754. https://doi.org/10.1007/s12182-017-0180-3.

Wang, X., Sheng, J.J., 2017b. Effect of low-velocity non-Darcy flow on well production performance in shale and tight oil reservoirs. Fuel 190, 41–46. https://doi.org/10.1016/j.fuel.2016.11.040.

Wang, X., Sheng, J.J., 2018. Pore network modeling of the non-Darcy flows in shale and tight formations. J. Petrol. Sci. Eng. 163, 511–518. https://doi.org/10.1016/j.petrol.2018.01.021.

Wang, S., Javadpour, F., Feng, Q., 2016a. Molecular dynamics simulations of oil transport through inorganic nanopores in shale. Fuel 171, 74–86. https://doi.org/10.1016/j.fuel.2015.12.071.

Wang, S., Javadpour, F., Feng, Q., 2016b. Fast mass transport of oil and supercritical carbon dioxide through organic nanopores in shale. Fuel 181, 741–758. https://doi.org/10.1016/j.fuel.2016.05.057.

Wang, L., Wang, S., Zhang, R., Wang, C., Xiong, Y., Zheng, X., Li, S., Jin, K., Rui, Z., 2017. Review of multi-scale and multi-physical simulation technologies for shale and tight gas reservoirs. J. Nat. Gas Sci. Eng. 37, 560–578. https://doi.org/10.1016/j.jngse.2016.11.051.

Wu, T., Zhang, D., 2016. Impact of adsorption on gas transport in nanopores. Sci. Rep. 6, 23629. https://doi.org/10.1038/srep23629.

Wu, K., Li, X., Guo, C., Wang, C., Chen, Z., 2016. A unified model for gas transfer in nanopores of shale-gas reservoirs: coupling pore diffusion and surface diffusion. SPE J. 21, 1583–1611. https://doi.org/10.2118/2014-1921039-PA.

Xiong, X., Devegowda, D., Michel Villazon, G.G., Sigal, R.F., Civan, F., 2012. A fully-coupled free and adsorptive phase transport model for shale gas reservoirs including non-darcy flow effects. In: SPE Annual Technical Conference and Exhibition. Presented at the SPE Annual Technical Conference and Exhibition. Society of Petroleum Engineers, San Antonio, Texas, USA, https://doi.org/10.2118/159758-MS.

Yang, Z., Wang, W., Dong, M., Wang, J., Li, Y., Gong, H., Sang, Q., 2016. A model of dynamic adsorption–diffusion for modeling gas transport and storage in shale. Fuel 173, 115–128. https://doi.org/10.1016/j.fuel.2016.01.037.

Yao, J., Sun, H., Fan, D., Wang, C., Sun, Z., 2013. Numerical simulation of gas transport mechanisms in tight shale gas reservoirs. Pet. Sci. 10, 528–537. https://doi.org/10.1007/s12182-013-0304-3.

Zeng, Z., Grigg, R., 2005. A Criterion for Non-Darcy Flow in Porous Media. Springer, p. 13.

Zeng, Z., Grigg, R., Ganda, S., 2003. Experimental Study of Overburden and Stress Influence on Non-Darcy Gas Flow in Dakota Sandstone. SPE Annual Technical Conference and Exhibition, p. 10.

Zhang, J., Xing, H., 2012. Numerical modeling of non-Darcy flow in near-well region of a geothermal reservoir. Geothermics 42, 78–86. https://doi.org/10.1016/j.geothermics.2011.11.002.

Zhao, L., Jiang, H., Wang, H., Yang, H., Sun, F., Li, J., 2020. Representation of a new physics-based non-Darcy equation for low-velocity flow in tight reservoirs. J. Petrol. Sci. Eng. 184, 106518. https://doi.org/10.1016/j.petrol.2019.106518.

CHAPTER 7

Field development of tight unconventional reservoirs

At best, RF from tight UCRs is only 10% … the remaining 90% is worth rigorous development and EOR programs!

Keywords: UCR field development (FD), Tight UCR low recovery, Horizontal wells, Hydraulic fracturing, Unconventional EOR, Gas huff-n-puff injection

7.1 Tight unconventional reservoirs development criteria

Conventional and unconventional reservoirs are different and separate resources from which commercial hydrocarbons can be produced using different kinds of development technologies. The tight unconventional reservoirs suffer from very low productivity compared with the conventional ones, mainly because of their low permeability. The discrepancy between the two resources makes their development, depletion, and management different and difficult. Conventional oil or gas comes from subsurface formations where these products are produced. Extracting hydrocarbons from these geological formations can be done with standard methods that can be used economically to extract these products from the deposit. Conventional resources tend to be easier and less expensive to produce simply because they require no specialized technologies and can utilize common, known, and well-established methods (Wang and Reed, 2009). Because of this relative simplicity and cheapness, conventional oil and gas resources were generally some of the early targets of the petroleum industry.

Typically, tight unconventional reservoirs are developed using the resource (reservoir)-based and well-based criteria. Well-based criteria are more suitable and appealing for unconventional when compared to conventional reservoirs. The development of a well in unconventional reservoirs is unique and different from that of the connectional reservoirs in such a way that the whole accumulation should be investigated in terms of its continuity, geological characteristic, and geothermal properties. A more thorough evaluation needs to be undertaken to determine the hydrocarbon enrichment spots (HES) for development. These spots offer rock volumetric bulk

Tight Oil Reservoirs
https://doi.org/10.1016/B978-0-12-820269-2.00002-0

opportunities that can be depleted. HES is equivalent to sweet spots in the case of conventional reservoirs. Petrophysical, geochemical, and geomechanical characteristics of the HES are very important for the assessment process. Rock quality (RQ), organic matter quality (OQ), and mechanical quality (MQ) are used to determine the HES in any particular unconventional resource. HES, capital cost, operating cost, and hydrocarbon prices are used to determine the economic feasibility of developing and producing from a certain area within the continuous tight unconventional reservoir. The three qualities (petrophysical, organic, and geomechanical) are discussed fully in Chapter 3. However, for unconventional resource development, these characteristics form the base for the evaluation and assessment of a particular HES, which determines whether an area will be drilled and developed. The integrated matrix assessment criterion incorporates the three qualities, RQ, OQ, and MQ, which is illustrated in Fig. 7.1. The matrix in Fig. 7.1 also describes that the probability of success and potential development from a well is depending on the intersection between these characteristics (or quality overlapping), the more overlapping, the better the reservoir quality and the higher the chance of success.

7.1.1 Total organic carbon (TOC)

To determine the potential hydrocarbon productivity and estimate the reservoir capacity, the total organic carbon (TOC) is used as an indicative tool. TOC shows the hydrocarbon concentration in tight unconventional

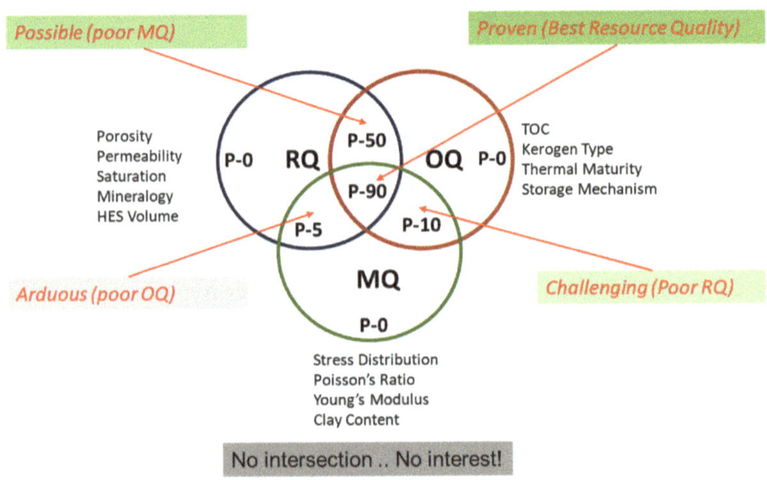

Fig. 7.1 Tight unconventional reservoir screening matrix.

reservoir formations and determines the significance of such concentration. Organic carbon content in tight unconventional reservoirs may vary from 1% to 10% or even more across the same basins. TOC can be used to determine hydrocarbon maturity and if oil, gas, or kerogen is potentially existing within the formation. It also varies from one basin to another. For example, the Barnett shale reservoir has a TOC between 1% and 5% with an average value of 2.5% to 3.5% based on drilling cutting measurements retrieved from different depths. The analyses also show that the organic matter is mainly Type II kerogen, which indicates that the production would be mainly oil.

7.1.2 Kerogen type and thermal maturity

To determine the oil and gas windows, the thermal maturity of the tight unconventional reservoirs is an important parameter. The prospective tight unconventional reservoirs for hydrocarbon production must be placed within the thermal maturity window. Tight unconventional reservoirs are said to act as a semipermeable membrane that only allows small molecules to pass through and prevent the bigger molecules. It is, therefore, necessary to decide whether gas is produced as a gas, or a liquid-gas if the transition from gas to oil in the oil window is experiencing poor efficiency. The thermal maturity of vitrinite reflectance is usually represented by percentage (R_0%). The reflectance of vitrinite is one of the organic petroleum maturation geochemical markers. The key groups in coal include the fundamental diagram of Van Krevelen that shows the evolution of the carbonization process. Paths eventually come to the source that indicates 100% emissions. The macerals are marked by the precursors of their strategy. Vitrinite contains both telinite, which has pressing structures and peaks, and primarily structural matrix, cement, and cavity infilling. No fluorescent property for vitrinite. Biological material is mainly materials from organic living. Table 7.1 shows an approximate vitrinite window for thermal maturation characteristics.

Table 7.1 Thermal maturity window.

Maturity window	(R_0) Range
Immature	0.1–0.5
Oil	0.6–1.1
Gas	1.3–2.0

7.1.3 Storage mechanism

There are different storage forms of hydrocarbons in tight unconventional reservoirs. The way that oil is stored is different from gas. Gases have a unique form of storage in unconventional reservoirs. Gas can be adsorbed in the unconventional formation in two forms, one inside the organic part of the rock (mainly saturating the kerogen) and the other inside the inorganic part of the rock within the matrix domain (mainly saturating the clay or shale). The other form of gas storage is as a free gas stored either in the pore spaces within the matrix domain or within the fracture domain inside the natural fractures and fissures (Wang and Reed, 2009). There are specific models designed to predict the production performance of the free gas in both the matrix and the fracture domains and others predict gas production from the adsorbed gas in the organic and inorganic domains (Xia et al., 2017). Adsorbed gas is more difficult to produce than free gas; hence, it is recommended to operate the reservoir to let the adsorbed gas be produced first and then allow free gas production during the depletion process (Mengal and Wattenbarger, 2011).

In fact, the adsorbed gas quantity is much more significant than the free gas, and therefore, it is important to accurately estimate these quantities. These estimations are the key to determining the production potential from unconventional reservoirs (McGlade et al., 2013). This practice forms the foundation for the realistic estimation of hydrocarbon-in-place and reserves, as well as for deciding the appropriate strategies and technologies for production.

7.1.4 Mineralogy

Tight unconventional reservoirs are made up of various types of clays. Clay may either be present as a detrital matrix or as genuine concrete in sandstone. This variation is not always simple because clays recrystallize and change with depth of burial. For example, porosity and permeability of clay in a pond specifically get damaged. There are three classes to remember, but the mineralogy of clays is quite unclear. These are montmorillonitic, illitic, and kaolinitic clays, which impact lakes and diverse formation sites in various ways.

The montmorillonitic or smectitic clays formed by volcanic glass alterations, which can be found in deep or continental marine reservoirs. In the presence of water, they will swell. Montmorillonitic lakes are also highly likely to cause formation disruption when perforated with standard water-based clay. When production commences, water displaces oil, contributing to the expansion and degradation of the permeability of the lower portion of the reservoir. Kaolinite, illite, and montmorillonite can be found in shallow reservoir, depending on the source material and the history of digenesis. As kaolinites and montmorillonite are being rapidly buried, dropping of montmorillonite is a potential cause of overpressure and is associated with petroleum eviction. The fibrous crystals of authentic illites are typically furious jackets on detritus grains. These structures also bridge the neck passages in tangled mass between pores. This can have very detrimental effects on permeability of illitic cement. They are the primary depression clay of most coastal sediments in the sands that alkaline connate waters have gone over as genuine clay.

In general, kaolinite occurs inside the pores as well-shaped, blocky crystals. The porosity of the reservoir diminishes by this crystal habit, but may only be slight reduction to permeability. The presence of acid solutions makes kaolinite stable. It then take place in continental soils as detrital clay and as genuine cement in sands flushed with acidic water.

7.1.5 Hydrocarbon-in-place

For tight unconventional reservoirs, the concept of hydrocarbon-in-place is not quite the same as for conventional reservoirs, although the implication is similar. Conventional hydrocarbon-in-place is aiming at the cumulative hydrocarbon-in-place for the whole reservoir, and this will be a prime motive to consider a discovery and develop, or to overlook and abandon the block. The case for tight unconventional reservoirs is chiefly well-based, not a reservoir-based. Reservoir-based estimation is used only to determine that the area is a potential resource or not. In order to efficiently develop a well in tight unconventional reservoirs, there has to be enough hydrocarbon in the targeted bulk volume of the tight unconventional deposit. Tight unconventional reservoirs must also be a source of hydrocarbon which produces large quantities of thermal or bio oil and/or gas. Shale has to be rich in organic matter (TOC is a key) and comparatively dense and has been exposed to heat source above the normal global geothermal gradients, to have a significant amount of oil and/or gas already developed. The involvement of trapped hydrocarbons within the matrix (organic or inorganic) and fracture domains as a free gas along with the adsorbed hydrocarbons, makes the estimate of the in-place quite cumbersome. In conventional reservoirs, the focus is on the free gas within the matrix system only as fracture capacity is insignificant, most of the time, while adsorbed hydrocarbons are totally ignored. Therefore, hydrocarbon saturation (oil or gas) can be calculated as a percentage of the pore space and that will be enough to volumetrically calculate the hydrocarbon-in-place for the reservoir. Locations of the wells hereafter will be based on determination of the traditional sweet spots and deciding appropriate well drainage areas and well spacing.

7.1.6 Reservoir formation thickness

Formation thickness in tight unconventional reservoirs is not as critical as in conventional reservoirs since the common practice is that all wells are horizontally drilled. From experience in previous discoveries, there are varieties of thicknesses experienced in different parts of the world. For example, average thickness for reservoirs like Barnett Shale is at 80–100 m, while in the Michigan Shale it is at 10–150 m. These thicknesses is considered relatively thin. The active thickness of the famous oil production Bakken Shale is comparatively thinner at a range of 8–10 m. The Barnett Shale is even thinner and less thermally matured because of its very shallow depth.

7.1.7 Reservoir fluids saturation, distribution, and fluid contact (egg-box-stack theory)

Reservoir fluid saturations are another controversial issue in tight unconventional reservoirs. The concept of gravity segregation, fluid contact, and transition zone issues is entirely different from conventional reservoirs. Consequently, special core analysis (SCAL) contribution to the static and dynamic modeling of tight unconventional reservoirs is different. The theory of the "Egg-Box-Stack" is mostly prevailing here because the permeability is in the nanoscale making either nil or very little fluid communication. This theory suggests that pore spaces are isolated from each other and no gravity segregation nor traditional transition zone existing. This theory supports the well-based assessment for development of tight unconventional reservoirs. Eggs (pore spaces) reached by the horizontal well and hydraulic fracturing are the ones contribute to production, none reached (none cracked!) eggs remain isolated and, hence, do not contribute to production! There is a strong belief, based on this theory, that either the transition zone and fluid contact has no meaning, or the whole formation acts like a transition zone. Reservoir fluids are also randomly distributed based on this theory because the organic matter, the water, and the inorganic sediments deposited and developed simultaneously at the same geologic time.

Hydrocarbons matured and remained trapped in the pore and fracture spaces with no specific pattern.

7.1.8 Reservoir pressure

The prime motive to flow in conventional reservoirs is the pressure drop, contribution of drive mechanisms is less efficient than reservoir pressure. After reservoir pressure declines due to depletion, the first recovery boost to the reservoir is the pressure maintenance. That shows the importance of reservoir pressure as a fluid recovery component. In unconventional reservoirs, reservoir pressure contribution to production is much less important because the very low permeability of reservoir rocks makes pore communication cumbersome. The precise method of physical and chemical expulsion of oil from the rock source is not fully apparent or well understood, but perhaps development of reservoir pressure can play a factor in this process. Causes of reservoir pressure development can be a consequence of several factors. Clay drowning maybe one of the high reservoir pressure developments. Standard compaction may also induce high pore pressure due to fast sedimentation and the formation of pores. However, there are no high pressures in certain large unconventional hydrocarbon provinces.

7.1.9 Reservoir rock brittleness and fractures

Another very significant property for commercially viable tight unconventional reservoirs is the existence of natural fractures. Many tight unconventional reservoirs come naturally fractured. In multiple accumulations, the magnitude of natural fracking varies. The direction of in situ stresses plays a major role in the strength and orientation of the natural fractures. Fractures always begin to extend perpendicular to maximal horizontal stress. The use of natural fractures to optimize hydraulic fracturing practice relies on the relaxation technique. Effect of longitudinal fractures against transverse fractures and their efficiency of the stimulated well can be optimized by specific geotechnical simulation packages. Fracture spacing is also considered a decisive variable in the stimulation process, although it is somewhat difficult to control. Thus, sensitivity analysis of the fractures spacing and their impact on longitudinal and cross fractures is critical for reservoir development and management.

7.1.10 Stimulation conditions

Most tight unconventional reservoirs are rich in clay minerals. Clay content as well as other minerals are very important to design successful stimulation jobs. Tight unconventional reservoirs have less clay, more calcite and are typically brittle. More silica in tight unconventional reservoirs tends to be fragmented and more active naturally. Tight unconventional reservoirs with more silica can be hydraulically broken, and the success of the relaxation therapy in those tight unconventional reservoirs appears to be even more effective.

7.2 Current practice

As for the conventional resources, tight unconventional resources are produced using continuously developing technologies. Technology development pace mainly depends on the R&D budget allocated by the petroleum industry. Tight unconventional reservoirs have been discovered long time ago but have not received much interest and considered difficult to economically produce with available technologies back then. However, the truth of the matter is that technology development is directly depending on the research budget, hence the world have not seen any significant development of technologies specifically for the tight unconventional reservoirs. Recently, technology development in the field of tight unconventional reservoirs has been developed quite fast because of: (1) increase of world demand on oil in the last two decades that reached a peak of the daily world consumption in 2019 of more than 100 million barrels; (2) the fast and growing hydraulic fracturing practice and their utilization in conventional wells supported the use of this production technology in unconventional wells coupled with horizontal drilling.

Nevertheless, tight unconventional resources are expected to significantly contribute to the world fossil fuel demand in the future, while some say it will be the predominant resource, due to its being shallow and easy to produce while conventional oils are in their ending stage and no major conventional discoveries are expected. On the other hand, tight unconventional reservoir technology development is at its early stages and there is still much room left for development supported by the fact that more than 90% of the oils in these resources are still stuck in the ground waiting for new technologies to emerge.

7.2.1 Identifying the hydrocarbon enrichment spots (HES)

As mentioned in the previous section, to successfully develop tight unconventional reservoirs, horizontal wells are to be drilled in a specific area that passes the quality screening matrix. In other words, the organic, inorganic (i.e., rock), and mechanical qualities are key in characterizing the areas of interest for development within the resource. This process is called the hydrocarbon enrichment spots (HES) identification. Horizontal drilling is not enough to produce from these HESs. Selected HES sections will be subjected to aggressive hydraulic fracturing programs to create conductive fractures networks and keep these fractures open for fluid flow with the utilization of appropriate proppants squeeze to make these fractures active.

Current practice by the tight unconventional resource operators, especially the tight shale, is that their evaluation and judgment is based on the horizontal drilling and completion design coupled by hydraulic fracturing, in addition to other estimation techniques using various information from micro-seismic testing to assess the effectiveness of the frack jobs. Other tests include flowback and temporary flowing the well to check its productivity, which are among the current practices. Best practices by the oil and gas industry in developing tight unconventional reservoirs are drilling horizontal wells in areas with rich geological properties comprising of the organic, mechanical, and rock qualities without geo-hazards (Miller et al., 2011). Interestingly, the resulting quality and hence productivity of those wells is found to be much higher compared with those developed wells with lower quality by as much as 10 times their production (Baihly et al., 2010).

7.2.2 Tight unconventional reservoir well development

There are four operational steps for tight unconventional reservoir well development required to put the well into production as shown in Fig. 7.2; (A) the design of the top settings; (B) horizontal well drilling and perforations; (C) implementation of fracking; and (D) turning in line. The first step is the design and execution of the top setting. A modeling process is necessary at this stage, and the well is to be drilled to penetrate the target formation. The well needs to be properly sealed to prevent gas and any other fluids from entering the well. The second stage starts at the kick-off point of deviation to drill the horizontal section and perform the designated perforations against the hydrocarbon enriched spots (HES). Based on determination of the HES, in addition to other technical and economical optimization, the horizontal section extension is decided, and in many cases, it can reach up 15,000 ft. This is a common practice to ensure maximum reservoir exposure.

In stage three of the well development, the horizontal section is hydraulically fractured, in which fractures and kept open to allow fluid flow

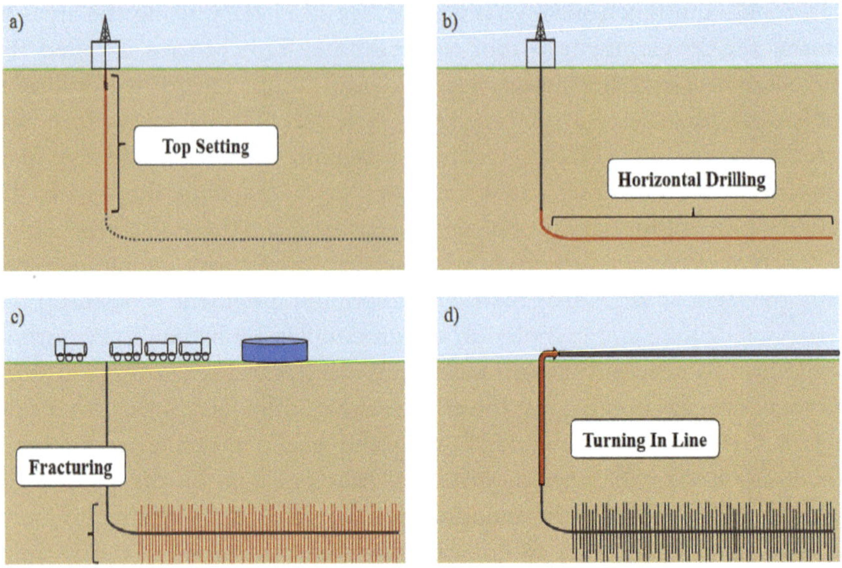

Fig. 7.2 The four main stages in developing wells in unconventional reservoirs (Ondeck et al., 2019).

through them. Average fracture length can reach up to 200 ft, with the purpose of enhancing the conductivity of the reservoir rock in the vicinity of the horizontal section into the wellbore. Finally, in the fourth stage, the well is allowed to freely flow in full capacity and its inflow performance relationship (IPR) is determined. Optimization of IPR with tubing flow, wellhead, flow lines, and other surface facilities is carried out, and the well will be ready to put on production in this turned in line stage. The well is perforated and fractured against the determined HES intervals.

7.2.3 Well spacing

Most of the wells in tight unconventional reservoirs do not produce any economic quantities after completion. Commonly, an expensive multistage fracturing program is required before the well can produce for only a short period of time before rapidly declines. Their production fades away very quickly resulting in what is normally called the "L-shape production profile." Large amounts of residual oil saturation (ROS) are left behind after the abandoned of these wells. The current practice in North America's tight unconventional drilling is mostly rotating around a "just plug, perforate, frack, and repeat!" Unfortunately, this cookie-cutter approach has yielded a very crowded drilled wells with a great density of holes, maybe the highest in history leaving a huge amount of missed oil in the ground. More seriously, this led to the problem known as "detrimental frac hits" which implies well-to-well communication through induced fracture networks. As the fracture network of the child well connects to that of the parent well, the parent well may experience back fluid flow, and in some cases, sand fill that may require costly clean up workover jobs to restore production. This situation may render parent and child wells sharing the same well spacing, which likely to significantly reduce production in both wells. Furthermore, appropriate well spacing leads to optimization of the stimulated rock volume (SRV) and avoiding leaving undeveloped rock volumes between wells. This shows the critical nature of the well spacing criteria for determining the fate of the whole unconventional resource. Major operating companies consider proper well spacing placement coupled by efficient well pad scheme, slim wells drilling strategy and vigorous refracturing program as the main pillars for developing tight unconventional reservoirs.

Currently, there is no unique and agreed upon criteria for deciding the well spacing for tight unconventional reservoirs as every operating company has its own methodology, mostly based on their experience in a particular area. Also, reservoir and hydraulic fracturing simulators are available to give an estimate of well spacing, and these simulators are also optimized with the data from various tools such as the rate transient analysis. However, at the beginning of the drilling and development stages, the data required for such an optimization are either unavailable, or hard to obtain with reasonable accuracy. Thus, sensitive parameters that contribute to the uncertainties of well spacing should be well estimated before using them as input data for those simulators. A rigorous modeling efforts is made to determine options and their chances of occurrence to optimize the final adopted well spacing scheme. Simulated well spacing analysis is controlled by a combination of variables of geological, engineering, and economic constraints. The consistency and reliability is supported by the geological and reservoir parameters, the engineering aspect investigates well productivity, and the economic feasibility checks the justification of the profitability of the engineering design.

Matrix permeability, fracture half-length (defined by completion design), reservoir properties, capital cost, operational cost, and oil/gas prices are the most important input parameters. It would be more rational to isolate the wells in a high commodity price conditions, as those of the low commodity price require much better spacing. Reservoirs having higher matrix permeability achieves greater reach and those with less matrix permeability, a closer distance should be considered for their optimization. It is important to understand the design of full complements when designing well spacing. For instance, if 300 m of well spacing is planned for a specific tight unconventional reservoir, it is very important to plan the completion work to produce a 150-m fracture half-length by selecting appropriate fracturing slick fluid and optimized cluster and stage spacing.

7.2.4 Pad development

Many tight unconventional reservoir producers prefer to complete a pad set of wells going through all the stages for all wells from top setting to putting wells in line in one time instead of the famous practice of drilling one well at a time. This could be normal if one pad includes only a few wells that take them a few months to drill, complete, and activate production. However, some pads might include over 20 wells, as shown in Fig. 7.3. When choosing large number of well pad, time taken to put them on production would be longer. Experience of pad development shows that flowing all the wells from the same pad at one time yields a significant production rates at the beginning and then a sharp production decline after a short period of time become inventible following the same L-shape production decline scheme that features separate well development.

A realistic and well-calculated development strategy is a must for tight unconventional reservoirs. One can think of many factors that are not considered for a typical development of a conventional reservoir. These factors are critical and can make the development cost very difficult to control if the

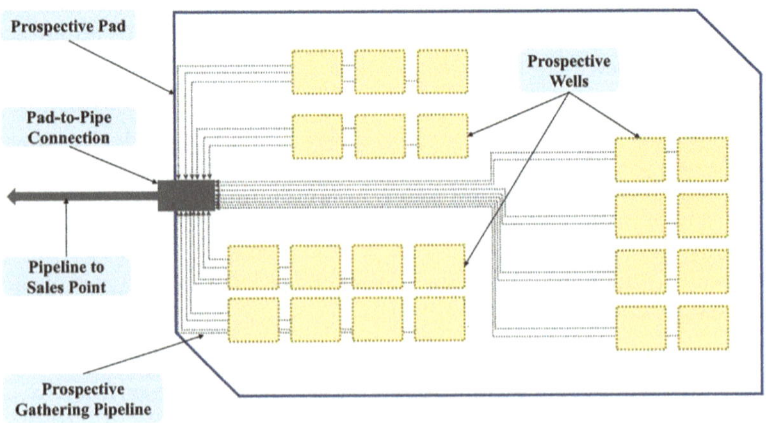

Fig. 7.3 Schematic demonstrating a pad development (Ondeck et al., 2019).

development design and execution are not very carefully established for all possible scenarios including a contingency plan. The overall project of economics is effected by the deployment and relocation of development assets from one location to another, such as equipment and facilities assembling/disassembling and transportation. Hence, any or all four operations described for the well pad development might take significant time, with substantial cash loss through production losses and unexpected operating costs, resulting jeopardizing the overall project profitability. In addition, agreements for the pipelines installments, or tariffs, in case not owned by the operator should be carefully considered for short- and long-term operations as well as different scenarios of mobility and switching including the time factor. These agreement durations usually range from couple of years to up to 20 years, carrying continuous operating and maintenance expenditures for the whole duration of the agreement. Interestingly, even though the wells in the pad development scheme produce for a short limited time, after which the production substantially declines, the operator still continuously pays for the entire term of the pipeline agreement making the situation more risky.

7.3 Horizontal drilling and hydraulic fracturing challenges

Unconventional reservoirs are geological rocks composed mainly of clay size mineral grains (illite, kaolinite, and smectite) typically formed by deposition of fine sediments at the bottom of seas or lakes in fairly quiet environments. Unconventional reservoirs may contain other minerals, such as quartz, chert, carbon calcite, carbon, and feldspar (Wang et al., 2016). Shale formations in particular are the most prolific sedimentary rocks in the earth's crust. These formations play a major role in hydrocarbon recovery because they can serve as hydrocarbon source rock, barrier (seal), and oil and gas reservoir, all at the same time.

Tight unconventional reservoirs have very low porosity and ultra-low permeability. Core analysis experimentations show that shale rock permeability is mostly less than 150 Nano-Darcy with pore throat diameters of 4–200 nm (Javadpour et al., 2007). It is also reported that hydrocarbon is stored in typically in three forms; (1) free hydrocarbon (oil or gas) mainly in the nanopores, (2) dissolved in the organic kerogen, and (3) adsorbed on the surface of the rock grains (Guo et al., 2015a). The extremely low permeability of the tight unconventional reservoirs with pore sizes in the nanoscale makes Darcy's law inapplicable for reflecting the hydrocarbon flow in unconventional reservoirs (Javadpour, 2009). The flow of hydrocarbon in tight unconventional reservoirs formations is complex and not fully understood because of the various flow mechanisms including slip flow, Knudsen diffusion, viscous flow, sorption/desorption, and viscoelastic mechanisms (Guo et al., 2015b). To improve the understanding on flow behavior in such complex formation such as tight unconventional reservoirs, profound models have been developed utilizing quasistatic coupled with numerical and analytical reservoir modeling approaches (Eshkalak et al., 2013; Aybar et al., 2014). These unique features of unconventional reservoirs make conventional production techniques obsolete. Therefore, new technologies and strategies are required to extract the hydrocarbons stored and stuck in these complex formations. The development in drilling techniques and the evolution of horizontal drilling along with the rigorous hydraulic fracturing technologies have increased the reservoir contact and increased the production reach outs leveraging from the induced fracture network.

7.3.1 Horizontal wells

Drilling horizontal and multilateral wells in tight unconventional reservoir have provided a tremendous production resort and considered the main development element in these tight formations. However, there are a number considerations and challenges acquainted with drilling horizontal wells, among them:

- It is almost impossible to produce from the deep and tight unconventional reservoirs that are associated with nanoscale permeability without hydraulic fracturing, and such reservoirs hardly provide any production capacity before fracturing stimulation.
- A horizontal well may not intersect with natural fractures and hence may not have any production from a particular formation.
- The length of the horizontal section of a horizontal well, in many cases, is still not enough to optimize production from harsh environments.
- Drilling conventional wells is ideally performed under a considerable weight on bit (WOB), whereas in horizontal drilling, rotation (RPM) is the main mechanism for optimization of the rate of penetration (ROP) through tight formations resulting in slower drilling penetration.

7.3.2 Fracturing tight unconventional reservoirs

Over 60 years ago, the Halliburton oil well cementing company used hydraulic fracturing for the first time to stimulate oil and natural gas wells (Holloway, 2018). The new method has increased production rates and the practice quickly spread throughout the world. Currently, hydraulic fracturing is applied to thousands of wells every year. Hydraulic fracturing is a process in which slick fluid is pumped into the reservoir through a perforated interval at elevated back-pressures exceeding the rock fracture gradient to break the reservoir rock creating opening through them (known as fractures) as illustrated in Fig. 7.4. In tight unconventional reservoirs, hydraulic fracturing is almost a must to economically profit from such reservoirs. Hydraulic fracturing operation is usually combined with horizontal drilling which makes oil and natural gas production from unconventional reservoirs financially viable.

During hydraulic fracturing, although some fluid leaks off into the formation with continuous injection at high pressures, the bulk volume of the fluid inside the fracture maintains enough pressure allowing the propagation of the fracture. Initially, a clean fluid (proppant free) is pumped to create the desired fracture dimensions, then a mixture of fluid and proppant is pumped into the open fractures in the formation. Finally, the fluid injection is stopped and the injected fluid is remained in the fracture. The remained fluid in the fracture starts by slowly leaking off and dissipating into the formation allowing pressure inside the fracture to deplete. This results in the closure of the fractures on the settled proppant, which creates conductive pathways for the reservoir hydrocarbon fluids to flow. Then, the remaining fracturing

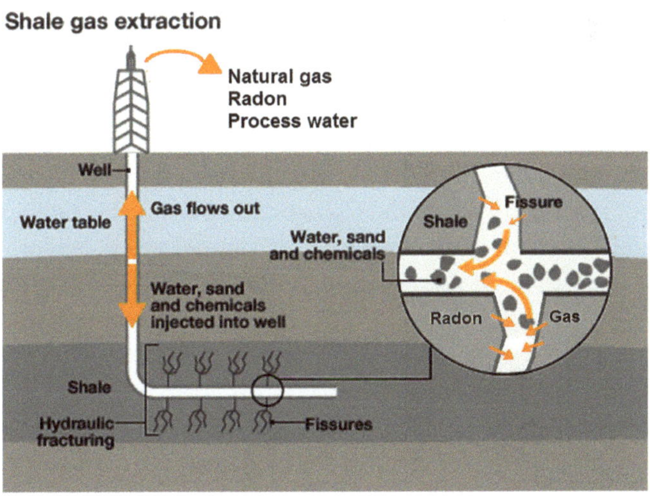

Fig. 7.4 Hydraulic fracturing in tight unconventional reservoirs formations (Carvalho, 2017).

fluid flows back to the well up to the surface. Unfortunately, much of the fracturing slick fluids, up to 90% in some cases, never flowback to the well to be recovered at the surface. The remaining fracture fluids in the reservoir complicates the situation and causes production losses.

Despite the fact that the tight unconventional reservoir pores are at the nanoscale, they represent a significant fraction of the shale matrix. As a result, shale rocks ideally hold a considerable volume of oil and/or gas, plus the usual formation water. However, due to the extreme low permeability, these fluids lack adequate means of transport within the rock and toward the wellbore and eventually to the surface. The first promising horizontal well in a shale gas reservoir was drilled in the Hamett basin in 1992. The common fracturing fluid used was a polymer-based fluid such as cross-linked gels, which was used mainly for viscosifying the fracturing fluid. By 1998, water-based fracturing fluid was introduced to the fracturing technology significantly boosting the hydrocarbon production from shale reservoirs. Water-based fracturing fluid is characterized by lower carrying capacity of the proppant (almost 90% lower than gelled fluids), which significantly reduced the cost by about 50% while providing a better fracturing efficiency (Wang, 2017). A more recent technology in fracturing shale reservoirs was the segmental fracturing method, which is implemented through horizontal wells. This technology improved the concept of fracturing shale reservoirs by increasing the contact with the shale formation allowing for more and better fracturing of the formation. This technique is still under development with increasing the number of the segments used for fracturing from single to almost 20 segments. In 2002, reported studies indicated that attempts of fracture networks creation for the Barnett Shale showed initial relationships between the treatment size, shape, and network of the fracture and the production responses (Mayerhofer et al., 2010), which are mainly controlled by the properties and rheology of the fracturing fluids. Furthermore, the width and extension of fractures, proper proppant transportation, and pressure drag reduction are considered the main influences of the fracturing fluid.

7.3.3 Fracturing fluids

Fracturing fluid is significant in creating the desired fracture geometry and controlling the carrying efficiency of the proppant; thus, proper selection of fracturing fluid is vital in hydraulic fracture treatment.

Different fracturing fluid reports available in the literature with various chemical compositions have been used by tight unconventional reservoirs

Table 7.2 Different base fluids used for hydraulic fracturing (Gandossi, 2013).

Base fluid	Fluid type	Main composition
Water	Slick water	Water, sand, and a small fraction of chemical additives
	Cross-linked	Cross-linker and a polymer such as Guar
	Surfactant gel	Electrolyte and surfactant
	Foam	Foamed water with a gas such as N_2 and CO_2
Foam	Acid-based	Foamed acid with N_2
	Alcohol-based	Foamed methanol with N_2
Oil	Cross-linked fluid	Phosphate ester gels
	Water emulsion	Water, oil, and an emulsifier
	Linear	–
Acid	Cross-linked	–
	Oil emulsion	–
	Methanol	Water with methanol mix or 100% methanol
Emulsion	Oil	Water and oil emulsion
	CO_2	CO_2, water, and methanol
	Liquefied CO_2	CO_2
Other fluids	Liquefied nitrogen	N_2
	Liquefied helium	He
	Liquefied natural gas	LPG (butane and/or propane)

operating companies. The most common types of fracturing fluids reported in the literature such as foam fluids, carbon dioxide, nitrogen gas, gels, and slick water . Table 7.2 shows a summary of different fracture fluids used for hydraulic fracturing.

Water base slick water and cross-linked gel fracturing methods have proven to be pioneering methods among the various fracturing methods (Palisch et al., 2010). Both methods use polymers for either a drag reduction or improving fluid viscosity to increase the fluid's ability to suspend and transport proppants. Polymers in fracturing fluid have shown to be significantly effective for fracturing operations during initial and re-stimulation stages. The first polymer fracturing fluid system was prepared using a carboxymethyl guar cross-linked with zirconium. The system showed efficient proppant carrying capacity and less formation damage due to preparation with low polymer concentration. In order to understand the challenges in fracturing operations and to have a better insight to the trends on developing efficient and cost-effective fracturing fluids, a better understanding on the polymer use in fracturing fluid is essential.

7.4 Tight unconventional reservoir production profile

7.4.1 Nature of production profiles

Production profile simply means the plotting of actual or predicted production rate of a well, number of wells, or the whole reservoir versus production time. Usually, the flow rate, or the cumulative flow rate, or both are plotted (in the y-axis) versus time (in the x-axis). Depending on the length of the production period, time can be days, weeks, months, or even years. On the other hand, production time is used in oilfield units, i.e., thousands, or even millions of barrels, depending on the magnitude of production.

Well test analysis has been improved and for almost two decades implements the use of the diagnostics plot using a log-log scale, which is referred to as the derivative analysis method (Bourdet et al., 1989). The essential contribution of this kind of analysis is the possibility of revealing various flowing regimes, which are classified when conducting the test. The type of flows is important for both of the pressure transient tests (buildup or drawdown). For reservoirs with lower permeability values, wells are drilled and completed mainly horizontally and then stimulated by fractured and/or acidized through the horizontal section of the well differently from conventional vertical wells. Therefore, it is obvious that the transient data are related to the geometry of the completed horizontal section. For this technique results and analyses to be meaningful, both drawdown and buildup periods should be long enough to represent larger reservoir volume far from the wellbore (the horizontal section). This would contribute to a more realistic production profile (Levitan, 2003). With respect to shortcoming of this technique, there are certain disadvantages, including the possibility of distortion of the buildup analysis at the early times of the test which might result in an error when predicting the expected trends particularly if the reservoir initial pressure is not identified. Moreover, the simplified technique needs build up data from wells which have no regular shut off. Pressure recordings at the wellhead are also needed at least once a day.

Another important analysis method for extended time analysis is referred to as a rate normalized pressure and as the derivative of the rate normalized pressure. This method depends on the flow rate history (the highest number of available data from a well), rather than data from only a buildup test (with a small set of data) (Ehlig-Economides et al., 2009). Nevertheless, the buildup data are still of a great value for characterizing the transient at the early time of the well production specifically if the buildup data were obtained at higher rates than that of the production history. A combination of pressures during the buildup test and the rate normalized pressure and its derivative represent a pressure transient analysis. Production data analysis was also incorporated with this combination of pressures.

It is worth mentioning that the economic situation influences the availability of data from tight unconventional wells analyses. With the quick decline of hydrocarbon production associated with the expensive operations and completions, pressure and temperature gauges used at the well bottomhole are not provided. Thus, a good practice in unconventional reservoir well performances recording and analyses is to estimate the bottomhole pressures from the wellhead. This practice can be performed by using the available multiphase correlations (Beggs and Brill, 1973).

Another interesting approach is the construction of a model for matching pressure and rate data for a tight unconventional reservoirs and ignoring any production from outside the region of the stimulated reservoir volume (Samandarli et al., 2011). It is assumed that this method is valuable at the early stages of the production time of a well as a result of the nanopermeability and the fact that draw at this stage is not significant. However, it is also assumed that ideally, a well will produce from its vicinity if not interfered with other well/s. This is can be explained by the diagnostic plot of the rate normalized pressure behavior exhibiting a unity slop (Song et al., 2011). The amount of the production from this region is estimated to be nearly equal to the stimulated reservoir volume amount.

It is of a great significance to include the concept of pseudo-normalized time, which works as an important function to give the properties of the hydrocarbon changing based on variations in pressure and time (Fraim, 1987). Such a method can improve the validity of the output obtained from unconventional hydrocarbon reservoirs diagnosis (Ehlig-Economides et al., 2009).

The very limited stimulated rock volume (SRV) by hydraulic fracturing in tight unconventional wells was resulted in a smaller well spacing between wells and considerable amount of proppant concentrations inside the induced fractures. The smaller the distance between the boundaries of a nearby wells, the shorter the time for the linear flow. This behavior results in majority of the wells in tight unconventional reservoirs to exhibit, in shorter time, the effects of pseudo-boundary.

7.5 Production profile comparison of conventional and tight unconventional reservoirs

There are solid facts that differentiate between production behaviors of conventional and tight unconventional reservoirs making each a distinctive resource entity. According to the International Energy Agency (IEA), the estimated average decline of conventional reservoir overall hydrocarbon production is 6%, with an ability to produce for an extended period of time (IEA, 2013). In contrast, tight unconventional reservoirs produced their highest recovery in the first year with an estimated average of 60% of their potential. Then, wells declined by almost 25% of their capacity in a short period of time, mostly during their second year of production. Fig. 7.5 demonstrates such behavior.

7.6 Advancement in hydraulic fracturing technologies

7.6.1 Development of hydraulic fracturing

Stanolind Oil was the first to implement a serious hydraulic fracturing program back in 1949. Nowadays, all tight unconventional reservoirs and more than 50% of conventional reservoirs are hydraulically fractured. This shows how hydraulic fracturing technology revolutionized the development of

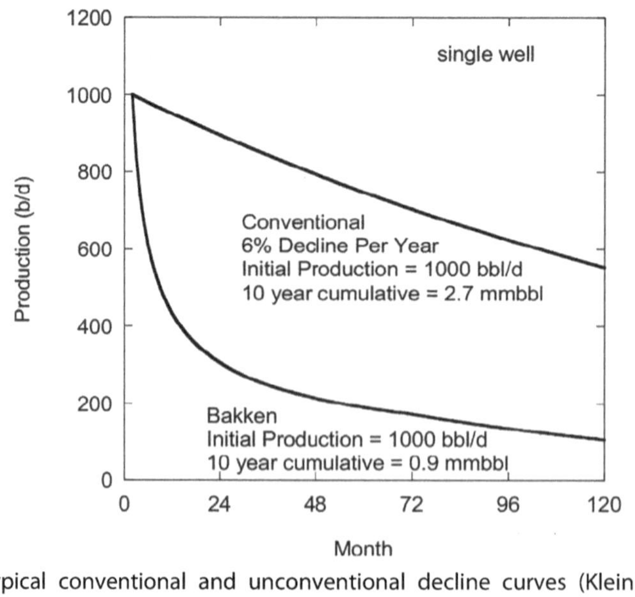

Fig. 7.5 Typical conventional and unconventional decline curves (Kleinberg et al., 2017).

petroleum reservoirs. Statistics proved that fracture stimulation contributed to producing 9 trillion barrels of oil and more than 700 tscf of gas in the United States alone since 1949, which would otherwise not have been economically viable to be produced (Montgomery and Smith, 2010). The practice of fracturing is claimed to have started as early as 1860s, when nitroglycerin liquid was used in Pennsylvania, New York, Kentucky, and West Virginia to trigger flaky hard rock wells. While highly dangerous and generally unlawful, nitroglycerin succeeded significantly in the enhancement of oil well production. Pumping technology before that time was only positively applied (pump reservoir fluids from the bottomhole to the surface), while negative pumping (pumping fluid from the surface to the reservoir) would have been seen as insane back then. The purpose of the negative pumping was to breakup or rubble the hard bulk volume of an oil support in order to improve both the pre- and postenhanced hydrocarbon recovery. The same theory of drilling extended to water and gas wells shortly with similar efficiency. In the 1930s, the stimulation proposal persuaded many operators to consider wider well stimulation by injecting a fluid (acid, at this stage), which did not cause a fracture (Montgomery and Smith, 2010). In well-acidizing stimulation practice, the "pressure separation" effect was recognized as a way of inducing a not fully closing-crack. This would contribute to a strong flow channel and increase efficiency. This practice has spread to many oil and gas fields to carry acid stimulation, in addition to high pressure pumping of water into the formation for the same purpose. Only shortly after this exceptional experience, Halliburton Oil Well Cementing Company has been granted an exclusive license to pump out the new Hydrafrac into petroleum wells. Through this program, 332 pools were processed in the first year, with an overall productivity rise of 75%. This resulted in exponential growth of fracturing stimulation applications with more demand rise through the United States. Treatments in the mid-1950s crossed over 3000 wells per month. In October 1968, the Pan American Petroleum Corporation (later Amoco, and now BP) carried out the first half million-pound fracking job in the world. In 2008, worldwide, more than 50,000 fragment stages at an expense ranging from \$10 k to \$6 million were completed. In a single well, it is now normal to have 8 to 20 fracking stages (Montgomery and Smith, 2010), which gives more exposure of the well to the tight unconventional reservoir as seen in Fig. 7.6. Some say that US oil reserves are up at least 30%, and gas up by 90%, only because of hydraulic fracking applications.

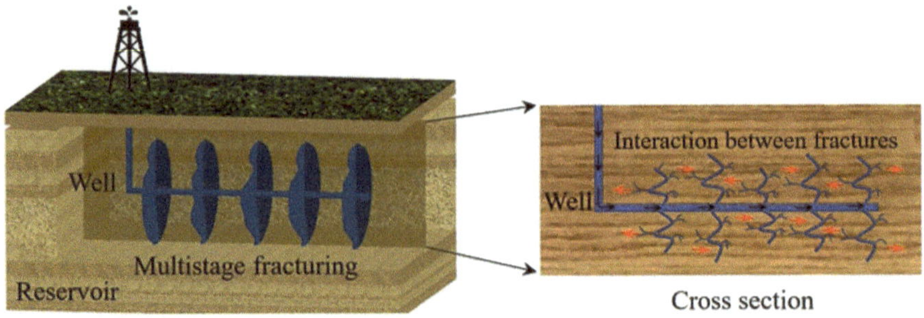

Fig. 7.6 Illustration of multistage fracking in tight unconventional reservoirs (Wang et al., 2021).

7.6.2 Fracturing fluids

A gelled crude was the first fracturing fluid used, followed by use of a gelled kerosene. A substantial part of fracking treatments of refined and crude oils was completed in 1952. These fluids were relatively cheap and allowed larger volumes at lower prices. Their viscosities are less than the original viscous gel. Therefore, lower treatment pressure may be used for higher injection rates. However, higher prices to mitigate the reduced viscosity of the fluid have been required to move the sand. A collection of gels and cross-linkers were manufactured with the emergence of the new-based fracturing fluid (water) in 1953. By 1962, Kern and Arco obtained the first patent for developing a cross-linked guar polymer using borate. In 1964, another patent was issued on a breaker for the earlier gel, which was a great breakthrough in hydraulic fracturing (Montgomery and Smith, 2010). Surfactants were applied in order to mitigate fluid shaping emulsions and to reduce the effects on the clays and other water-sensitive components of formation, potassium chloride was also added. Later, more potassium chloride enhancing clay-stabilizing agents were produced which allowed for utilizing water in deeper formations. Additional technologies, like foams as well as alcohol, have also boosted water use in more types of formations. In about 96% of the fracking procedures using a supportive material, fluids in aqueous phases such as brine/water and acids were used as base fluids. Another significant breakthrough in fracturing application is the use of gelled polymer cross-linked using a metal agents for viscosity increase at higher temperature in the brine base fracking fluids in the early 1970s. Interestingly, the chemistry used to produce these fluids has been taken from plastic explosives.

In order to achieve a desired viscosity, an essential parallel creation needed less pounds of a gelling agent. As the use of high-temperature wells was growing, gel stabilizers were required; thus, the first amount of gel stabilizers was of about 5% methanol. Subsequently, chemical stabilizers were possible to be produced using methanol. Improvements in cross-linking agents and gelling agents lead to devices which allow the fracturing fluid to penetrate the formation before cross-linking at elevated reservoir temperature and the ability for reducing the effects of tubing high shear. Ultraclean surfactant association gelling agents and encapsulated dislocation systems, which are designed to mitigate damage to fracture conductivity when fracture closes, were later developed.

7.6.3 Proppants

The first treatment for fracking was the screening of the river sand. Sand was sieved from a window screen. A variety of trends in sand size have taken place between very large and small to optimize the results. The most common sand was 20/40 US standard sand. In fact, roughly 85% of the overall sand used worldwide is of this size. For research purposes, various materials, such as high-resistance glass beads, aluminum pellets, plastic bullets, resin-coated sands, have been tested. Sand concentration in fracking fluids was maintained small at the beginning. With the introduction of gelled polymers and cross-linkers in the 1960s, the concentration of sand was optimized and raised. The pattern then moved from the definition of a monolayer to increased concentrations of the proppant. Due to the fact that this concentration was evolved almost steadily and in recent years has risen dramatically. The advances in pumping systems and advanced drilling fluids are primarily responsible in these high sand concentrations. Now in the process of the procedure, it is common to conduct a gradual increase in concentrations between 1 and 5 pounds per gallon at a low concentration.

7.6.4 Pumping and blending equipment

Efficiency of the hydraulic horse power has significantly improved to over 1500 hp. from around 75 hp. on average. There are instances in which up to 15,000 hhp were available, in comparison with early jobs of more than 10,000 hhp. Most of the early pumps were manufactured by Allison Aircraft Engines Company, which was operated remotely during war times. Initial work injectivity of maximum 3 barrels per minute was carried out. More enhancement quickly grew by the mid of the 20th century, as there was a steady increase, approaching the 20 bbl/min range (even though the Hugoton Field average was more than 300 bbl/min). Then in 1976, Kiel began to make use of high-rate fractures known as "dendritic" fractures. Today, Kiel's work is considered when the required injection rate is above 100 barrels per minute in tight unconventional reservoirs. Surface pressure may be less than 100 psi, but other surface tension may be less than 20 K psi. Initially, traditional injection of acid systems was performed to the treatment of fracture. The small-volume injections at low rates were 1–3 units fitted to a compression pump performing maximum power of 125 hp. (Montgomery and Smith, 2010). It is remarkable that all of these applications have resulted in phenomenal improvements in productivity. Increased treatment volumes and the need for higher injection speeds contributed to the production of special pumping and blending machines. Intensifier, slinger, and precise manipulators continue production of equipment. The bulk of applications today enable service providers to have facilities costing several millions of dollars. The sand was applied to the fracking fluid for the first 3 years, before it was filled into a battering fluid tank via the suction. A ribbon or paddle style batch mixer was later employed with less viscous fluid. Shortly thereafter, a continuous proportional mixer using a screw was built to raise sand to the mixing tub. Mixing machines were very advanced to satisfy the need to proportion a vast amount of powder and aqueous additives, which can blend the mixture on the aqueous solution equally and add different sand or other supply concentrations. Special storage systems were designed to accommodate vast quantities of support agents in order to allow their distribution through the fluid at the right time. In the past, applications have been done online. Today, applications include a modern monitoring center, which coordinates all overlapping operations.

7.6.5 Fracture treatment design

The first applications were planned to define the required quantity, usually nearly 800 GL or multiples thereof of fluid and sand at 0.5 to 0.75 lbm/gL, using complex maps, name graphs, and measurements (Montgomery and Smith, 2010). It was used until the mid-1960s, when programs for basic computers had been created and were widely popular. The original programs were based on optimizing the fluid composition as well as two-dimensional creation of fracture provided (Geertsma and De Klerk, 1969). These systems were a significant improvement, but their ability to forecast fracture height was minimal. Software capability requires entire grids with dimensional fracture and fluid characteristics in three dimensions. Currently, programs for the obtaining of the temperature of the process fluid are available during a treatment of fractures and can lead to the configuration of the quantities of gel, gel stabilizers, breakers, and support agents during the treatment. Criteria were developed to model the displacement and propagation of the supporting agent through the fracture. These criteria may be used to determine output changes. Such prediction studies may be as well utilized to forecast the production after a fracture procedure to assess the treatment whose real outcomes have been obtained. New functions which contain the interplay of existing as well as created hydraulic fractures are in a continuous development. The study on an electrolyte model to determine the impact lengths of the fracture and fluid potential of pools with various drainage radii has been added as well. For similar forecasts, many other models established mathematical algorithms for this purpose. Today, models predict the output of multiphase and non-Darcy fractures with any available supplier. There are models that can be used to simulate the fractures in 2D, pseudo 3D, and 3D modeling as listed in Fig. 7.7.

7.7 Refracturing

The refracturing of horizontal wells is an efficient and practicable approach for enhancing the productivity of tight unconventional reservoirs. This approach gained much interest and has grown substantially as a stand-alone means of developing tight unconventional reservoirs. The re-fracking technology restores and/or improves the efficiency of hydrocarbons production, hence adding extra reserves. The re-fracking technology simply means fracturing of already fractured horizontal well after production becomes unsatisfactory as shown in Fig. 7.8, or drilling an infill well (sometimes referred to as child) close to the main well (sometimes called the parent) as shown in Fig. 7.9 (Martinez et al., 2012). A concentrated pressure discharge zone with decreased overall pressures is created by depleting the reservoir near the producing well. When producer is located at or near the pressure reduction region, it should be stimulated. With the focus on the fact that the hydraulic fractures appear to increase in the direction of degraded areas (Safari et al., 2017), leading to contact between output and infill wells, typically known as fragmentation/frac-hits.

Furthermore, fracture fluid and proppant contact between the adjacent wells can occur, leading to unfavorable fracking of the producers because of overlapping stimulated rock volume (SRV). There are various reasons for

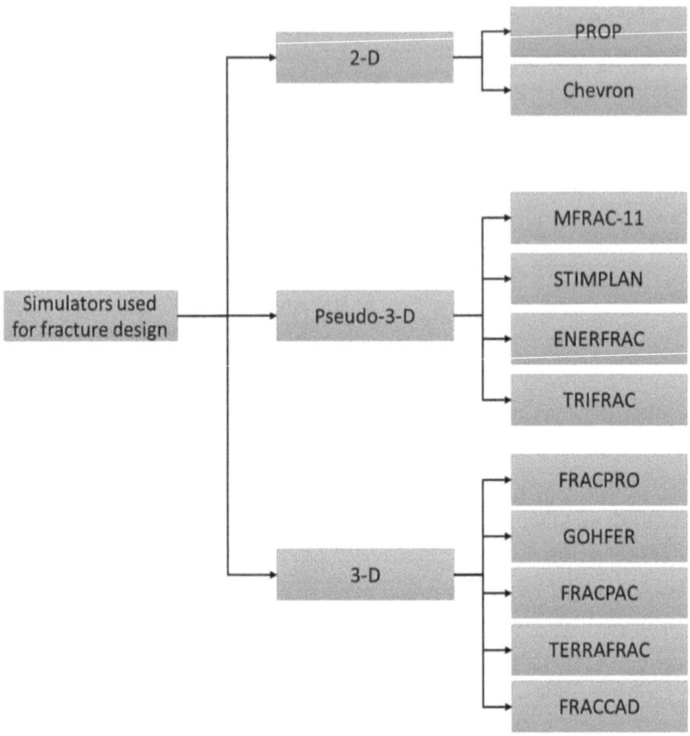

Fig. 7.7 Various models for modeling a hydraulic fracturing applications.

fractures failures, including reverse reservoir tension, the inclination of infilling fractures into established fracture networks, and improper distance between the wells. Even frack-hits contribute to long development times from the parent well. The longer the first well was in development, the more likely the stress shift was triggered and the more likely the complications with the fractures were to occur. Frack-hits can decrease productivity of wells and can impact the effectiveness of main producer under some circumstances. They also have an effect on the output capacity of the prospective infill wells, as both wells are pumped out of the same spacing.

Several laboratory experiments have been conducted over the last three decades to illustrate and measure the effect of fluids on the reservoir physical state transition from fluid injection or degradation. Perkins explored thermoplastic effects on stress/reversal and propagation of fractures (Perkins and Gonzalez, 1985). Several numerical and laboratory experiments have since shown the impact on reservoir pore pressure and tension of the injections/production (Elbel and Mack, 1993). On the field applications, several

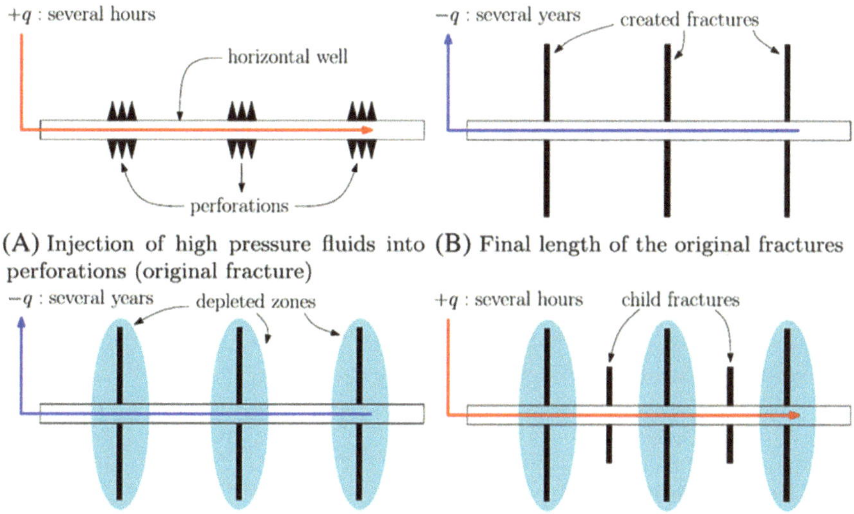

(A) Injection of high pressure fluids into perforations (original fracture)
(B) Final length of the original fractures
(C) Depletion of the area around hydraulic fractures after production
(D) Creation of child fractures in the system after decline of production

Fig. 7.8 Refracturing an existing horizontal well (Rezaei et al., 2018).

field studies have demonstrated substantial growth in production as a result of the Barnett Shale re-fracking (Siebrits et al., 2000). Different modeling and field studies to investigate the effect of degradation and reservoir mechanical characteristics on increasing productivity were conducted by Martinez et al. (2012). A 2D poroelastic discontinuity displacement model has been tested and developed for filed applications (Rezaei et al., 2017b, and Ghassemi and Zhou, 2011). Nevertheless, due to the importance of 3D models in describing disruptions and fracture distribution, common

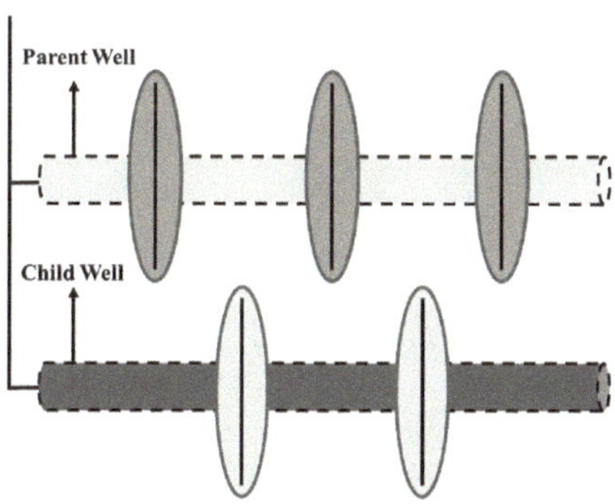

Fig. 7.9 Illustration of parent and child infill well (Rezaei et al., 2017a).

2D models are not sufficient for describing fractured vertical and horizontal wells. In case of close-spaced, multihorizontal wells using 3D models can be efficient as they can accommodate elements of infill well fracking (Roussel et al., 2013). Protective parent pools from infill well fractures are more likely to thrive in a formation having less heterogeneous properties, lower viscous oil, and lower wellbore pressure with preferable reservoir pressure gradient by detailed parametric analyses (Safari and Ghassemi, 2015). In order to examine reservoir stress and pore strain, a sequentially coupled reservoir geomechanics model has been developed. The fractures were modeled using an embedded model of discrete fracks and a 2D model, which is utilized for the fracture distribution (Sangnimnuan et al., 2019).

7.8 Advancements in slim wells

Drilling in petroleum industry is one of the highest cost operations. These expenses may range between 30% and 70% of the capital spending for an area of construction (Ross et al., 1992). Development of the so-called slim hole provides a mean of reduction in drilling expenditure. Slim holes were active in the mining industry since the 1920s and were revisited for applications in the petroleum reservoirs in the mid of the 20th century. The drilling implementation of wells with a wellbore less than 7 in. has been described by a variety of methods (Jahn et al., 2008). A distinction between a slim-hole and a standard well scale is demonstrated in Fig. 7.10.

Fundamentally, slim well technology is based on the notion that if the operation can be done on a small scale, there will be no need for a larger scale! However, in the case of slim wells, the job is done with significant cost reduction among other advantages. Main advantages and characteristics of slim wells drilling can be summarized as follows:

- Major reduction in the overall drilling cost.
- Much smaller plant and surface facilities needed.
- Footprint reduction by up to 75%.
- Reduced cuttings by up to 75% and reduced waste costs.
- Reduced times of assembly and transport.
- Diameter of the hole is cut by 50%.
- Reduction of drilling mud, bits, cement, and diesel consumables.
- The casing criteria are reduced.
- Ability to drill in rural, infrastructure-deficient areas.

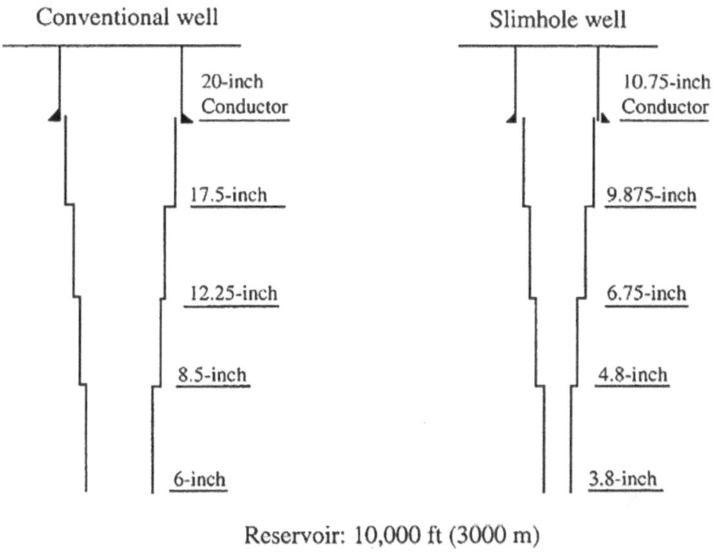

Fig. 7.10 Comparison between conventional and slim-hole wells (PETROBLOGWEB, 2020).

7.9 EOR for tight unconventional reservoirs

Enhanced oil recovery (EOR) is a common and very established practice to improve oil recovery from conventional reservoirs. Perhaps waterflooding is the oldest and the most efficient EOR technique that has been in use since the early 20s of the last century. It is almost impossible, today, to see any oil reservoir that has not been exposed or planned to undergo one way or the other for one EOR method or more. Average recovery factor from conventional reservoirs mostly ranges between 40% and 60%. It is easy to infer that about 50% of the discovered oil is trapped in the reservoir and, hence automatically becomes a target for EOR. Average recovery factor from tight unconventional reservoirs is less than 10%. Based on the same concept, one can think that the target for EOR technology in tight unconventional reservoirs would be 90% of the in-place. That is a huge and very promising oil resource! From here the consideration of EOR in tight unconventional reservoirs has become a vital task for all unconventional operators. The road is still long and many challenges lie ahead to make EOR an economically attractive recovery technique for tight unconventional reservoirs.

EOR technologies adopted for tight unconventional reservoirs include waterflooding, gas injection and surfactant, and other chemical methods. Some say that the future of the tight unconventional oil reservoirs is about implementation of EOR in these reservoirs. This is because hydraulic fracturing is currently the predominant method of producing oil from tight unconventional reservoirs and has already been exhausted with an extremely low recovery factor.

7.9.1 Gas injection

There are two methods for EOR gas injection for tight unconventional reservoirs as follows:

7.9.1.1 Traditional gas injection

In general, the injection of gas continuously is more common than, for example, the gas huff-n-puff process in the traditional techniques. Data from simulated experiments suggest that the gas will not just dissipate in a region located in the space separating the injector and producer because of the relatively little permeability of shale reservoirs; this is the case where the field of the injecting well is not fractured (Sheng and Chen, 2014). Furthermore, computational calculations and experimentation findings suggest that more oil can be extracted at the postgas pumping time, indicating that there is no substantial oil output for gas channeling through fractures or fissures because of the heterogeneity of the medium (Yu et al., 2016a). In realistic terms, there are considerable concerns regarding the certainty of such a system in shale hydrocarbon depots with the appearance of gas channelings or gas fingering. The findings reported for both experimental and computational experiments were performed in the shale oil reservoirs of the potential of EOR nitrogen injection. The study have shown that nitrogen injection will increase the oil output factor at some conditions (Yu et al., 2016a). In order to classify the operation of CO_2 injection in such reservoirs, multiple tests have been conducted on cored shale samples with fractures. These core samples have permeability between 0.2 and 1.3 mD (Kovscek et al., 2008).

In the Bakken, most analyses were carried out on tight and shallow oil EOR scenarios. The Bakken reservoir in Saskatchewan, Canada, was simulated by the numerical simulation approach to estimate the CO_2 potential (Wang et al., 2010). They looked at numerous water injection systems, including CO_2 injection, injection of CO_2 and huff-n-puff. The continuous CO_2 injections have a stronger oil recovery factor than the other proposed scenarios as reported in the simulation outcome on that particular field. It should be remembered that the mode of the injector and producer wells is not a configuration of huff-n-puff in their simulations since four injectors and nine producers were used. The injection and output are, however, the same as the case of a huff-n-puff situation. Another potential explanation for this is that continuously injecting CO_2 results more hydrocarbon recovery compared with respective techniques (Sheng, 2017), possibly because: (1) utilizing uncommonly well mode, particularly in the scenario of the CO_2 huff-n-puff, (2) the lengthy time of soaking (nearly 5 years); and (3) the permeability values utilized in their work are not as low as a typical tight rock case.

These findings help proper assess and equate huff-n-puff CO_2 injection with constant flooding of carbon dioxide. Creation of CO_2 increases reliability of the injection, according to its simulation performance. The findings have also shown that the water injection sweep productivity is even less than the scenario of CO_2 injection. They verified the findings of these studies on the Bakken formation (Sheng and Chen, 2014).

7.9.1.2 Gas injection huff-n-buff

When injecting continuously, pressure of the close injector space is increased drastically and near the well output sector, pressure decreases considerably due to rock tightening. Therefore, implementation of the CO_2 - huff-n-puff mode is recommended (Sheng and Chen, 2014). These points contribute to huff-n-puff mode, and the tests have confirmed this recommendation. In such a system, various parameters such as cycle numbers, injection time, weaning time, development time, and well configurations should be optimized. The shorter imbibing time in most testing conducted on laboratory, pilot, and field scales contributed to a higher recoverable oil with the highest productivity at zero imbibing cycle (Sheng, 2017). It should be emphasized that such behavior of huff-n-puff mode of many cycles; more imbibing time creates more oil regeneration component in a single period (Yu et al., 2016b). The effect of weaning time when working with samples of gas condensate is not feasible in laboratory studies (Meng et al., 2015).

CO_2 is a very important EOR method, especially, in tight unconventional reservoirs at which recovery efficiency can be improved through carbon dioxide flute and the consequence increase of gas injection. Carbon dioxide injection is used in many oil reservoir across the globe to increase oil recovery from various reservoirs, conventional and unconventional. However, some carbon dioxide injection-related inconveniences do exist in most of the cases: (1) large volume of CO_2 requirement, making availability an issue, (2) forming asphaltene in some cases of miscible injection, (3) forming carbonate acid at the contact with formation water that may contribute to corrosion issues of both bottomhole and surface facilities, and (4) surface erosion and downhole processes by using traditional materials.

7.9.2 Water injection

Water injection into tight unconventional reservoirs is relatively a new technology but carries potential future applications, especially if coupled with other EOR process, such chemical or gas injection. Currently, there are mainly two methods under investigation with some have been already tried on a field scale.

7.9.2.1 Continuous water injection

Water injection (pressure maintenance or waterflooding) in general is the safest and the most efficient EOR method in conventional reservoirs through the history of the petroleum industry. It is assumed that some of the conventional advantages will persist in the case of unconventional reservoirs. It is speculated that waterflooding through unconventional reservoirs, in particular, would be even more efficient than conventional reservoirs with the notion that sweep efficiency will be much better leveraging from the tight nature of the reservoir rock and the less contribution of fractures to channeling and viscous fingering. In addition, if no confining pressure is applied, water may contribute to the creation of microfractures or to open the current shale microfractures that might enhance the displacement of oil yielding better recovery (Dehghanpour et al., 2013).

However, it should be noted that fracturing fluids injection (mostly slick water) associated with hydraulic fracturing, although it is injected at high pressure to frack the formation, might be considered as an oil recovery mechanism. Fracturing water is aiming at reopening naturally existing fissures, assisted applications for hydraulic fractures, to lead to irreversible, shear-induced dilation, thereby increasing reservoir permeability. The mechanical resistance of tight unconventional reservoirs can be diminished by hydration swelling because of imbibition of water and the shear-mediated fracture conductivity can be reduced.

7.9.2.2 Water injection huff-n-buff

Huff and Puff, abbreviated as "huff-n-puff" and sometimes as "h-n-p," is a very well-known technique applied, initially, as a thermal EOR, but then spread to other EOR methods. It basically operates by injecting a fluid into the reservoir through one well or number of wells, waiting for some time to soak, and then producing from the same injector. It has been applied for steam, gas, and water injections. Generally speaking, in unconventional reservoir huff-n-puff, the injected water penetrates large-size pores initially and then soaks up into tiny pores to displace oil. The invaded space by injected water in all pore scales elevates reservoir differential pressure between any point of space in the reservoir and the wellbore. Increasing differential pressure enhances fluid mobility toward the wellbore. Based on the imbibition behavior, water-wet formations are preferable for applying water injection huff-n-puff. This does not rule out, however, using this technique for oil-wet cases.

Based on laboratory experimentation of unconventional reservoirs water injection huff-n-puff, it has been found that the recovery factor strongly depends on the injection pressure. Nevertheless, soak time optimization may increase productivity as well (Yu and Sheng, 2016). The experimental program indicates that initial water saturation has a major impact on oil recovery. The volume of recovered oil with no or low connate water saturation is much higher than the case with significant connate water. However, it has been found that the recovery factor of carbon dioxide huff-n-puff is much more than that of the water injection huff-n-puff. It has been found that the recovery factor of carbon dioxide huff-n-puff reaches almost three times greater than that of water injection huff-n-buff. The following Table 7.3 shows some of the reported field applications along with their performances.

7.9.3 Surfactant injection

Often for various purposes, surfactants are added to the fracking fluid but are not usually used to improve oil recovery. Surfactants for direct EOR

Table 7.3 Overall performance of water injection huff-n-buff (Sheng, 2017).

Reservoir	Huff	Soak	Puff	Results
Bakken	30 days	15	Up to 120 days	No major rise in oil production
Parshall	30 days	15		No major rise in oil production
Parshall	At first the reservoir was injected with 439,000 bbl, then WAG was injected			No major rise in oil production

purposes were only used in a number of cases. Considering the poor permeability of tight formations, like shales, the two types of water injection discussed previously can be improved with the supplement of surfactants and chemicals, especially the water injection huff-n-puff. Several laboratory experiments of surfactant-stimulating spontaneous imbibition have been carried out on standard oil-wet fragmented carbonate reservoirs that showed promising results.

Surfactants used in tight unconventional reservoirs are extremely important EOR agent as most of these reservoir come strong or moderate oil wet to neutral wettability. Hence, surfactants play significant role in altering wettability to water wet releasing some of the trapped oil because of wettability issues. Still absorption of surfactants associated with some types of the rocks, such as shales, is a major concern. The other concern is the soak-up rate, which is inversely proportional to the characteristic length. In order to overcome the latter, the process of soaking must be intensified with forced imbibition.

7.9.4 Other potential EOR techniques

Combining hydraulic fracturing with selected traditional EOR methods is a smart thing to do! This ensures optimization of the fracturing process and enhances oil recovery. Foaming and soaking are usually part of conventional EOR. In the last decade, tight unconventional reservoirs have experienced using foaming with optimized soaking time, coupled with water injection huff-n-puff that resulted in significant increase in production. Table 7.4 shows the results of 51 wells fractured and soaked compared with another 28 wells fractured but not soaked from the Chang 7 Formation, which occurs in the middle-late Triassic of the Ordos Basin in Northcentral China. Improvement of production caused by soaking can be seen from the Table 7.4.

Table 7.4 Effect of EOR soaking (Sheng, 2017).

Mode	Well #	Fluid pumped m^3	Fluid remaining m^3	Flow back Day	Increased oil days >1.5 tons	Increased oil rate well/ 60 days
Soaking	51	1100	810	11	47	124
No soaking	28	930	360	12	39	103

7.10 Case studies

7.10.1 Wattenberg field case study

The Wattenberg Field was discovered in 1970 and located in the Denver Basin, Colorado, United States. The field produced approximately 216 billion cubic feet of gas and approximately 18.5 million barrels of oil in 2010 from 18,000 active water wells (Moritz and Barron, 2012). This field is considered to be United States' eighth largest gas field. Wells in the greater Wattenberg area range are around 4000 to 8000 ft deep, and horizontal drillings have effectively been used for reservoir exploitation thus limiting surface use. The location of the Wattenberg Field is illustrated in Fig. 7.11.

The process of hydraulic fracture application in the Wattenberg reservoirs has been developed over time, and these systems remain intact. Hydraulic fracture applications were comparatively limited in the early stages of the field development. Designed fracturing fluids consisting of polymer emulsions were prepared and have been developing since the early 1970s. The J-sand was hydraulically fractured using fracturing fluids and proppants that have been formulated and used in a large sizes (Shaefer and Clausen, 2003). This is considered a major treatment of hydraulic fracturing. Cross-connected gel fluids were developed and used soon afterward, and more recently, horizontal fracturing solutions consist of cross-connected zirconium, water-based fluid systems were used. It has been found that horizontal fracturing is the most efficient technique for development of the J-sand plus and other similar formations.

7.10.2 Eagle ford case study

This case study is an example on how to correlate data from drilled wells in similar area to develop a new well that has no available data from the same area (no previous wells drilled, or no sufficient data available). In order to achieve a successful completion design, a thorough assessment for the well and fracture design was necessary. In this area (Eagle Ford), there were no stimulation or production data. But data on stimulation and productivity of wells in the South of Texas were available from nearby wells across the borders of this field and other wells in the United States. The available database of stimulation and production has been correlated with the well to be developed. Due to the fact that this well was the first well to be completed in the Eagle Ford Shale Formation, it has been agreed to complete this well (design of the well and fracturing program) on the basis of the best practice used by the nearby wells (Araujo et al., 2012).

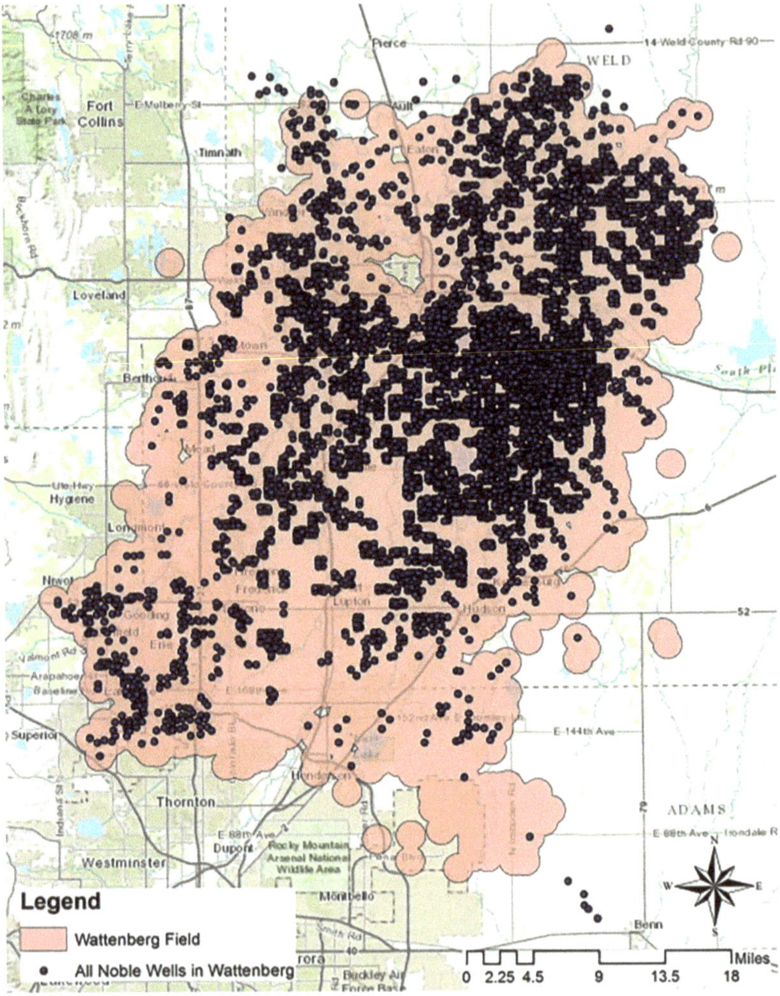

Fig. 7.11 Wattenberg field location (Bai et al., 2013).

The final design of the well included 17 stages. Stages one through 12 had 4 clusters with length of almost 2 ft with 60 degrees charge deep penetration phasings. The other five stages consisted of five groups of clusters with similar length and charge properties. The stages were designed with a length of approximately 237 ft. The recommendation was to use the completion of "plug-perforate" with 2-in. hydraulic jetting technology, and the first drilling interval was conducted near the tip (toe) of the well. The coiled tubing was used with injection of a mash sand as an abrasive jetting material to create the contacts with the formation.

In the first 12 steps of pumping 100 measured sweeping, the fracking preparation was accompanied by slick water pad and sand stadiums, with 0.25 to 3 lbm/gal of sweeping. It was determined from stage 13 to 17 that the same treatment to be applied except the last sand stadiums is transformed into a linear gel to ramp up sand stadiums to 4 lbm. This makes the manufacturing phases more of a sand strain, since a more ductile structure was determined on this section of the lateral shale log. All levels were first treated with a hydrochloric acid spearhead of 4000-gal to enhance the breakdown and lower the pumping pressure by the breakup of any substance with the cement and the expansion of fracturing lengths.

The guidelines that were followed in developing this well for drilling anomalies and horizontal wellbores mean that if the optimum pressure rule concept was uncertain, the length of a drilling interval could not be over four wellbore diameters of 60 degrees or less phasing. The shale log was used to plan the treatment and select drillings using parameters such as fragility, tension, TOC, and appropriate porosity. The best practices in the Laredo district of Southern Texas demonstrated that the stages needed to cover as far as possible on the lateral length and that a more vulnerable portion should be visible to the doorway of the well when looking at the shale log. The region around the heel was more ductile rock; it was then determined to break the stages over the whole lateral length equally. The proposal separated fracturing processes into two forms of fluid stage design: slick water in the weak rock (in the first 12 stages) and hybrid fracturing processes in the more ductile formation (in the following 5 stages).

References

Araujo, O., Lopez-Bonetti, E., Sierra, J., 2012. Evaluating first eagle ford shale gas well—case history from Northern Mexico. In: SPE Canadian Unconventional Resources Conference. Society of Petroleum Engineers, Calgary, Alberta, Canada.

Aybar, U., Eshkalak, M.O., Sepehrnoori, K., Patzek, T., 2014. Long term effect of natural fractures closure on gas production from unconventional reservoirs. In: SPE Eastern Regional Meeting. Society of Petroleum Engineers, Charleston, WV, USA.

Bai, B., Goodwin, S., Carlson, K., 2013. Modeling of frac flowback and produced water volume from Wattenberg oil and gas field. J. Petrol. Sci. Eng. 108, 383–392.

Baihly, J.D., Malpani, R., Edwards, C., Yen Han, S., Kok, J.C.L., Tollefsen, E.M., Wheeler, C.W., 2010. Unlocking the Shale Mystery: how lateral measurements and well placement impact completions and resultant production. In: Tight Gas Completions Conference. Society of Petroleum Engineers, San Antonio, Texas, USA.

Beggs, D.H., Brill, J.P., 1973. A study of two-phase flow in inclined pipes. J. Petrol. Tech. 25, 607–617.

Bourdet, D., Ayoub, J., Pirard, Y., 1989. Use of pressure derivative in well test interpretation. SPE Form. Eval. 4, 293–302.

Carvalho, F.P., 2017. Mining industry and sustainable development: time for change. Food Energy Secur. 6, 61–77.
Dehghanpour, H., Lan, Q., Saeed, Y., Fei, H., Qi, Z., 2013. Spontaneous imbibition of brine and oil in gas shales: effect of water adsorption and resulting microfractures. Energy Fuel 27, 3039–3049.
Ehlig-Economides, C.A., Martinez, H., Okunola, D.S., 2009. Unified PTA and PDA approach enhances well and reservoir characterization. In: Latin American and Caribbean Petroleum Engineering Conference. Society of Petroleum Engineers.
Elbel, J., Mack, M., 1993. Refracturing: observations and theories. In: SPE production operations symposium. Society of Petroleum Engineers.
Eshkalak, M.O., Mohaghegh, S.D., Esmaili, S., 2013. Synthetic, geomechanical logs for Marcellus Shale. In: SPE Digital Energy Conference. Society of Petroleum Engineers, The Woodlands, Texas, USA.
Fraim, M., 1987. Gas reservoir decline-curve analysis using type curves with real gas pseudopressure and normalized time. SPE Form. Eval. 2, 671–682.
Gandossi, L., 2013. An overview of hydraulic fracturing and other formation stimulation technologies for shale gas production. In: Eur. Commisison Jt. Res. Cent. Tech. Reports, p. 26347.
Geertsma, J., De Klerk, F., 1969. A rapid method of predicting width and extent of hydraulically induced fractures. J. Petrol. Tech. 21, 1571–1581.
Ghassemi, A., Zhou, X., 2011. A three-dimensional thermo-poroelastic model for fracture response to injection/extraction in enhanced geothermal systems. Geothermics 40, 39–49.
Guo, C., Wang, J., Wei, M., He, X., Bai, B., 2015a. Multi-Stage fractured horizontal well numerical simulation and its application in tight shale reservoirs. In: SPE Russian Petroleum Technology Conference. Society of Petroleum Engineers, Moscow, Russia.
Guo, C., Wei, M., Liu, H., 2015b. Modeling of gas production from shale reservoirs considering multiple transport mechanisms. PLoS One 10, e0143649.
Holloway, M.D., 2018. Fracking: Further Investigations into the Environmental Considerations and Operations of Hydraulic Fracturing. Wiley.
International Energy Agency (IEA), 2013. World Energy Outlook 2013. International Energy Agency (IEA).
Jahn, F., Cook, M., Graham, M., 2008. Hydrocarbon Exploration and Production. Elsevier.
Javadpour, F., 2009. Nanopores and apparent permeability of gas flow in Mudrocks (shales and siltstone). J. Can. Pet. Technol. 48, 16–21.
Javadpour, F., Fisher, D., Unsworth, M., 2007. Nanoscale gas flow in shale gas sediments. J. Can. Pet. Technol. 46, 7.
Kleinberg, R., Paltsev, S., Ebinger, C.K.E., Hobbs, D.A., Boersma, T., 2017. Tight oil market dynamics: benchmarks, breakeven points, and inelasticities. Energy Econ., 70.
Kovscek, A.R., Tang, G.-Q., Vega, B., 2008. Experimental investigation of oil recovery from siliceous shale by CO2 injection. In: SPE Annual Technical Conference and Exhibition. Society of Petroleum Engineers.
Levitan, M.M., 2003. Practical application of pressure-rate deconvolution to analysis of real wcell tcests. In: SPE Annual Technical Conference and Exhibition. Society of Petroleum Engineers.
Martinez, R., Rosinski, J., Dreher, D.T., 2012. Horizontal pressure sink mitigation completion design: a case study in the Haynesville shale. In: SPE Annual Technical Conference and Exhibition. Society of Petroleum Engineers.
Mayerhofer, M.J., Lolon, E., Warpinski, N.R., Cipolla, C.L., Walser, D.W., Rightmire, C.M., 2010. What is stimulated reservoir volume? SPE Prod. Oper. 25, 89–98.
McGlade, C., Speirs, J., Sorrell, S., 2013. Methods of estimating shale gas resources–comparison, evaluation and implications. Energy 59, 116–125.

Meng, X., Yu, Y., Sheng, J.J., 2015. An experimental study on huff-n-puff gas injection to enhance condensate recovery in shale gas reservoirs. In: Unconventional Resources Technology Conference, San Antonio, Texas, 20–22 July. Society of Exploration Geophysicists, American Association of Petroleum, pp. 853–863.
Mengal, S.A., Wattenbarger, R.A., 2011. Accounting for adsorbed gas in shale gas reservoirs. In: SPE middle east oil and gas show and conference. Society of Petroleum Engineers.
Miller, C.K., Waters, G.A., Rylander, E.I., 2011. Evaluation of production log data from horizontal wells drilled in organic shales. In: North American Unconventional Gas Conference and Exhibition. Society of Petroleum Engineers, The Woodlands, Texas, USA.
Montgomery, C.T., Smith, M.B., 2010. Hydraulic fracturing: history of an enduring technology. J. Petrol. Tech. 62, 26–40.
Moritz, E.C., Barron, N.S., 2012. Wattenberg field unconventional reservoir case study. In: SPE Middle East Unconventional Gas Conference and Exhibition. Society of Petroleum Engineers, Abu Dhabi, UAE.
Ondeck, A., Drouven, M., Blandino, N., Grossmann, I.E., 2019. Multi-operational planning of shale gas pad development. Comput. Chem. Eng. 126, 83–101.
Palisch, T.T., Vincent, M., Handren, P.J., 2010. Slickwater fracturing: food for thought. SPE Prod. Oper. 25, 327–344.
Perkins, T., Gonzalez, J., 1985. The effect of thermoelastic stresses on injection well fracturing. Soc. Pet. Eng. J. 25, 78–88.
PETROBLOGWEB, 2020. Slimhole Drilling [Online]. PETROBLOGWEB Petroleum & Gas Engineering. Available from: https://petroblogweb.wordpress.com/2016/08/06/slimhole-drilling/.
Rezaei, A., Rafiee, M., Siddiqui, F., Soliman, M., Bornia, G., 2017a. The role of pore pressure depletion in propagation of new hydraulic fractures during Refracturing of horizontal Wells. In: SPE Annual Technical Conference and Exhibition. Society of Petroleum Engineers.
Rezaei, A., Bornia, G., Rafiee, M., Soliman, M., Morse, S., 2018. Analysis of refracturing in horizontal wells: Insights from the poroelastic displacement discontinuity method. International journal for numerical and analytical methods in geomechanics. Comput. Geotech. 42 (11), 1306–1327.
Rezaei, A., Rafiee, M., Bornia, G., Soliman, M., Morse, S., 2017b. Protection Refrac: analysis of pore pressure and stress change due to refracturing of legacy wells. In: Unconventional Resources Technology Conference, Austin, Texas, 24–26 July 2017. Society of Exploration Geophysicists, American Association of Petroleum Geologists, pp. 312–327.
Ross, B., Faure, A., Kitsios, E., Oosterling, P., Zettle, R., 1992. Innovative slim-hole completions. In: European Petroleum Conference. Society of Petroleum Engineers.
Roussel, N.P., Florez, H., Rodriguez, A.A., 2013. Hydraulic fracture propagation from infill horizontal wells. In: SPE Annual Technical Conference and Exhibition. Society of Petroleum Engineers.
Safari, R., Ghassemi, A., 2015. 3D thermo-poroelastic analysis of fracture network deformation and induced micro-seismicity in enhanced geothermal systems. Geothermics 58, 1–14.
Safari, R., Lewis, R., Ma, X., Mutlu, U., Ghassemi, A., 2017. Infill-well fracturing optimization in tightly spaced horizontal wells. SPE J. 22, 582–595.
Samandarli, O., Al Ahmadi, H.A., Wattenbarger, R.A., 2011. A semi-analytic method for history matching fractured shale gas reservoirs. In: SPE Western North American Region Meeting. Society of Petroleum Engineers.
Sangnimnuan, A., Li, J., Wu, K., Holditch, S.A., 2019. Impact of parent well depletion on stress changes and infill well completion in multiple layers in permian basin. In: Unconventional Resources Technology Conference, Denver, Colorado, 22–24 July 2019,

pp. 4582–4603. Unconventional Resources Technology Conference (URTeC); Society of ....

Shaefer, M., Clausen, F., 2003. Utilizing "Over-Seas" technology improves the cementing processes in the DJ Basin of Colorado. In: SPE Production and Operations Symposium. Society of Petroleum Engineers, Oklahoma City, Oklahoma.

Sheng, J.J., 2017. Critical review of field EOR projects in shale and tight reservoirs. J. Petrol. Sci. Eng. 159, 654–665.

Sheng, J.J., Chen, K., 2014. Evaluation of the EOR potential of gas and water injection in shale oil reservoirs. J. Unconv. Oil Gas Resour. 5, 1–9.

Siebrits, E., Elbel, J., Hoover, R., Diyashev, I., Griffin, L., Demetrius, S., Wright, C., Davidson, B., Steinsberger, N., Hill, D., 2000. Refracture reorientation enhances gas production in Barnett shale tight gas wells. In: SPE Annual Technical Conference and Exhibition. Society of Petroleum Engineers.

Song, B., Economides, M.J., Ehlig-Economides, C.A., 2011. Design of multiple transverse fracture horizontal wells in shale gas reservoirs. In: SPE Hydraulic Fracturing Technology Conference. Society of Petroleum Engineers.

Wang, Q., 2017. Influence of Reservoir Geological Characteristics on Fracturing Fluid Flowback. Graduate Studies.

Wang, F.P., Reed, R.M., 2009. Pore networks and fluid flow in gas shales. In: SPE Annual Technical Conference and Exhibition. Society of Petroleum Engineers.

Wang, X., Luo, P., Er, V., Huang, S.-S.S., 2010. Assessment of CO2 flooding potential for Bakken formation, Saskatchewan. In: Canadian Unconventional Resources and International Petroleum Conference. Society of Petroleum Engineers.

Wang, S., Javadpour, F., Feng, Q., 2016. Molecular dynamics simulations of oil transport through inorganic nanopores in shale. Fuel 171, 74–86.

Wang, Y., Ju, Y., Zhang, H., Gong, S., Song, J., Li, Y., Chen, J., 2021. Adaptive finite element–discrete element analysis for the stress shadow effects and fracture interaction behaviours in three-dimensional multistage hydrofracturing considering varying perforation cluster spaces and fracturing scenarios of horizontal wells. Rock Mech. Rock Eng. 54(4), 1815–1839.

Xia, Y., Jin, Y., Chen, K.P., Chen, M., Chen, D., 2017. Simulation on gas transport in shale: the coupling of free and adsorbed gas. J. Nat. Gas Sci. Eng. 41, 112–124.

Yu, Y., Sheng, J.J., 2016. Experimental investigation of light oil recovery from fractured shale reservoirs by cyclic water injection. In: SPE Western Regional Meeting. Society of Petroleum Engineers.

Yu, Y., Meng, X., Sheng, J.J., 2016a. Experimental and numerical evaluation of the potential of improving oil recovery from shale plugs by nitrogen gas flooding. J. Unconv. Oil Gas Resour. 15, 56–65.

Yu, Y., Li, L., Sheng, J.J., 2016b. Further discuss the roles of soaking time and pressure depletion rate in gas huff-n-puff process in fractured liquid-rich shale reservoirs. In: SPE Annual Technical Conference and Exhibition. Society of Petroleum Engineers.

CHAPTER 8

Economics and risk analysis of tight oil unconventional reservoirs

The development of CRs carry big risk and it is very difficult to layout their economic viability ... UCRs come with difficulties and risks that should lead to a project drop in CRs' business!

Keywords: UCR economics risks uncertainty, Tight UCRs NPV profile, Well-based assessment, FORSPAN model, Basin petroleum system model, Tight UCRs decision tree

8.1 Background

Prediction of future field production is an essential and crucial aspect of petroleum reservoir development strategy and profitability. This is because the initial investment required in any petroleum development project is usually monstrous. Moreover, many years of production are needed to recover the initial investment. Low oil prices may also prolong this period. Therefore, choosing an appropriate production and development plan is vital for the successful production of any field. It requires both technical and economic considerations to successfully produce an oil field. Fig. 8.1 shows a typical production and investment profile of an oil reservoir. It can be seen from the figure that producing an oil reservoir requires a substantial initial investment (gray and red) that continues after production commences (blue), and expenditures continue even after production stops (green). Typically, the operators will only make a profit for a relatively brief period (green).

The previous discussion suggests that estimating hydrocarbons-in-place and production forecasts are a necessity, not a luxury. More precisely, this requires conducting calculations with great accuracy and forecasts with associated low levels of error, as they may be the difference between investment and abandonment. Besides, these forecasts are essential to lure potential investors.

Tight Oil Reservoirs
https://doi.org/10.1016/B978-0-12-820269-2.00009-3

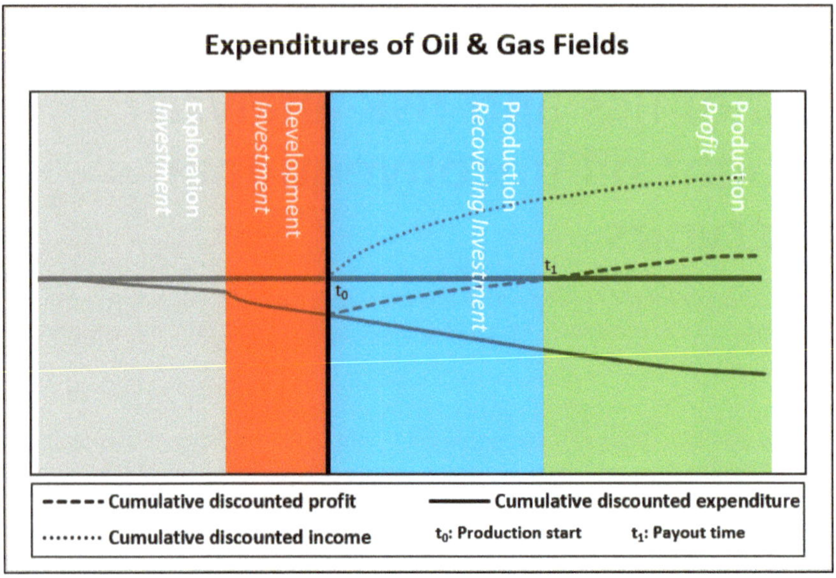

Fig. 8.1 Field development investment.

For around a century, conventional hydrocarbon reservoirs have been studied rigorously in the literature. Seven commonly phases typically comprise a reservoir production profile. These are discovery, appraisal, first oil, buildup, plateau, decline, and abandonment. Fig. 8.2 demonstrates these seven phases versus time.

The time from the first discovery to the first oil is significant. Much of the planning is done during this period, and management needs to make critical investment decisions. Stochastic prediction scenarios of oil production,

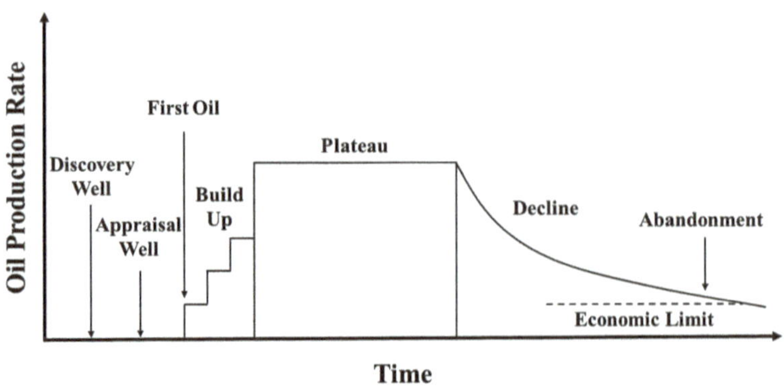

Fig. 8.2 Typical production profile of a conventional hydrocarbon field.

oil-price modeling, risk analysis, and minimization need to factor into the management decision-making process. After the first oil, oil production ramps up due to the drilling of new wells as a result of continuous investment in drilling. This period refers to production buildup. After the field's peak production is reached, production is usually sustained for a period of time proportional to the size of the field. A decline in production follows the plateau phase. When hydrocarbon production is no longer profitable, the field is said to have reached the economic limit and it is abandoned.

The development plan is not usually that straightforward or simple. Wells need to be placed in the best productive zones first in a process called well placement optimization. Much work is involved in this period by reservoir management, reservoir simulation, geologists, and drilling engineers to identify the sweet spots for drilling. In addition, secondary and tertiary recovery mechanisms may be studied to improve hydrocarbon production and sustain the plateau for an extended period of time. Secondary and tertiary mechanisms are primarily determined by economic considerations to balance potential rewards versus the investment required. It is often the case that the reservoir management team would not recommend tertiary recovery mechanisms. Overall, the reservoir management team is responsible for the development plan of a field. Each decision needs to be weighted through economic and risk analysis tools. A discussion of the most critical economic and risk analysis tools for reservoir engineers will be provided here.

8.2 Economic and risk analysis of conventional reservoirs

8.2.1 Economic analysis

In short, economic analysis in the context of reservoir management is the conversion of recoverable reserves to the current monetary value. The previous statement is interdependable. The higher the recoverable hydrocarbon, the higher the current monetary value. The higher the current monetary value due to an increase in oil price, the higher the recoverable reserves. Likewise, investment in secondary or tertiary production mechanisms is costlier but results in more recoverable reserves. This means that reservoir production is an optimization problem that is subject to many variables, many of which tend to be outside the oil company's control, continuously varying, and challenging to predict. These variables include inflation rate, interest rate, oil price, cost of capital, investment climate, environmental conditions, geological uncertainty, variation in supply and demand, and socioeconomic factors. The uncertainty associated with each of these variables is high. Minimizing these uncertainties is possible through risk and decision analysis schemes.

8.2.2 Net cash flow

The most commonly used financial model in the oil and gas industry is the net cash flow (NCF) model. NCF's ability to account for the time value of money is at the core of its popularity. In addition, the concept of time zero, which is the day of the first investment and the reference time for discounting future profits, is a key advantage for this model. Furthermore, the NCF models have two central features: cash inflow and cash outflow. Cash inflow represents the income generated from a project, typically the sale of hydrocarbons. Cash outflow, on the other hand, represents money leaving the project, which can take various forms, such as expenses of various forms, taxes, and royalties. Discounting these two quantities and summing them would lead to the net present value (NPV).

8.2.3 Revenue estimation

Revenue is calculated by multiplying the hydrocarbon production by the sale price minus the sum of operational costs (OPEX) and capital expenditure (CAPEX) over the same period of time. Capex represents the investment in equipment and infrastructure, such as drilling new wells and pipelines that are required to develop a new field. In addition, other types of costs may be considered as part of CAPEX, such as acquisition and exploration costs. These types of expenditures have two important considerations in cash-flow calculations; they are considered part of the company's capital, and they depreciate over time. In addition, CAPEX can be spread over a period of time to improve the cash flow in a financial tool called amortization. These financial tools are important in improving the cash flow of a company, increasing the profitability of a project, and reducing taxes. For example, a dry hole cost can be deducted from revenue in the year that the cost was incurred. These costs are expensed, which reduces the tax paid. On the contrary, a producing well's cost is amortized over the expected life of the well. OPEX, on the other hand, are operational expenses, such as general and administrative costs, lifting costs, gathering and compression costs, processing costs, transportation of hydrocarbons, and water disposal costs that all need to be deducted in the same year they were incurred. In addition, OPEX may include some special types of taxes such as severance and ad valorem taxes.

8.2.4 Taxes and royalties

Taxation varies significantly from one country to another in amount and type. Concession rentals, royalties, profit tax, corporate tax, ring-fencing, signature and production bonus, and bidding are some of the forms of taxation imposed on oil companies. However, there is one thing that all types of taxation have in common; in most cases, they must be paid directly from revenues.

Royalties, in general, are a special type of tax paid to the holders of the mineral rights of the land. Royalties hold a special place in the oil and gas industry and have a long history. In short, a royalty is the first payment a company has to make in order to lease a certain amount of acreage from its owner, and it is usually paid per acre. In addition, oil companies would have to pay the landowner a percentage of the profits made from the sale of hydrocarbons, typically between 12.5% and 20%.

8.2.5 Present value net cash flow (profit)

8.2.5.1 Inflation

Inflation is defined as the decline in the purchasing power of a given currency over time. It can be measured by tracking the purchasing power of a fixed amount of money of a basket of selected goods and services in an economy over a period of time. Inflation usually means the rise in the price of goods expressed in terms of a unit of currency. It is important to note here that inflation is not necessarily viewed negatively or positively; it depends on whether a company's holdings consist mainly of assets or cash. Assets' value increases with inflation while money value decreases with inflation. This type of analysis is necessary to maintain the financial health of a company, and this is how risk is mitigated.

The consumer price index (CPI) is used to track the average variations in prices. It is also the main input in the calculation of inflation. Inflation is calculated as follows:

$$\text{Percent inflation rate} = \left(\frac{\text{Final CPI index value}}{\text{Initial CPI index value}}\right) \times 100$$

Inflation is used to calculate the real value of money. The real value of money enables the comparison of prices of goods and services without the effect of inflation. For example, in 1980 the price of a barrel of oil was 32 US dollars, while the price of a barrel of oil in 2020 is about 50 US dollars. Therefore, one may incorrectly predict that the price of oil today is higher.

However, this is not a fair comparison. The price of a barrel of oil in 1980 adjusted for 40 years of inflation is about 87 US dollars in real money (2020s money). This kind of simple calculation helps management in making more sound decisions and more fair comparisons between projects.

8.2.5.2 Present value

Present value is defined as the current value of a future sum of money or a stream of cash flows given a specified rate of return. It can be used to evaluate the profitability of projects; this greatly aids in decision-making. The idea, simply put, is that today's money is worth more than money earned in the future due to inflation. In other words, the project could be profitable today but not in the future, and therefore, it is crucial to make investment decisions based on the present value of cash flow. Meanwhile, net present value (NPV) is the difference between the present value of cash inflows and the present value of cash outflows over a period of time.

NPV is the more important metric between the two as it accounts for the initial capital invested in a project, while the PV calculation only accounts for cash inflows. Therefore, the net present value is a much more important indicator.

The present net value (NPV) can be calculated as follows:

$$\text{NPV} = \text{Initial investment} - \frac{R_t}{(1+i)^t},$$

where R_t is the net cash flow at time t, i is the discount rate, and t is the time of the cash flow. The importance of NPV is highlighted when the investment is made over a period of years, and the positive cash flow is expected much later over a prolonged period of time. These conditions are the norm in field development, as can be seen in Fig. 8.1. In the same figure also, the cumulative discounted income can be replaced by cumulative undiscounted profit, which would show the importance of present value calculations.

The present value net cash flow (PVNCF) is by far the most important metric for determining the economic viability of developing a hydrocarbon field. If the PVNCF is negative or low by a company's evaluation, then it will certainly not invest in the field until the investment climate changes. However, evaluations may differ from one company to another. Furthermore, the economic limit is set using PVNCF. The economic limit is used to determine the time of abandonment. PVNCF is calculated as follows:

$$\text{PVNCF} = \text{Initial investment} - \sum_{i=0}^{t} \frac{(\text{Gross revenue} - \text{Royalty and taxes})}{(1+i)^t}.$$

The final PVNCF represents an excellent metric to compare investment opportunities. It is worth noting here that if the same calculation is conducted but without tax and present value calculations, then it is referred to as cash surplus.

8.2.6 Economic performance measures

Economic indicators are important financial tools that aid investors in comparing and judging investments. Herein, we will look at four popular performance measures; return on investment (ROI) or rate of return (ROR), internal rate of return (IRR), modified internal rate of return (MIRR), payback method, profitability index (PI), and NPV. Note that the NPV is another popular performance measure already discussed above.

8.2.6.1 Return on investment (ROI)

ROI measures the amount of return on investment with respect to the investment cost. Using the definition, ROI is calculated as follows:

$$\text{ROI} = \frac{\text{Current value of investment} - \text{Cost of investment}}{\text{Cost of investment}},$$

where the current value of investment represents the value of the investment if it were to be sold now. Given the simplicity of this ROI, it has proven to be popular with investors, especially since it can easily be compared with ROIs from other investments regardless of the type.

ROI is not without its limitations, as it ignores the project time frame completely. In addition, ideas such as the present value of money are excluded, which gives rise to a problematic judgment of investing opportunities. To solve this problem, one can use the real rate of return instead, which utilizes the NPV in the ROI calculation.

8.2.6.2 Internal rate of return (IRR)

Internal rate of return (IRR), also known as the rate of return (ROR) and discounted cash-flow rate of return (DCFROR), is a measure of the profitability of an investment. It is a form of discount rate and utilizes the same formulae. IRR sets the NPV of all comparable investments to zero in the discounted cash flow analysis. IRR is calculated as follows:

$$\mathrm{NPV} = \sum_{t=1}^{T} \frac{C_t}{(1 + \mathrm{IRR})^t} - C_0 = 0,$$

where C_t is the net inflow during the number of time periods t, and C_0 is the total initial investment costs.

IRR provides a measure of the expected annual rate of growth to be generated from an investment. The higher the IRR on an investment, the better, and it is uniform across various types of investment opportunities. A popular use of IRR is for comparing new investment opportunities with already existing ones within the company. For example, an oil company might compare the IRR of investing in a greenfield against investing in tertiary recovery for a brownfield.

IRR can be misleading and should be cautiously used, especially considering that the formula is difficult to solve analytically and needs to be solved numerically. If the project is not profitable, the IRR calculation will not converge on a zero NPV. In addition, the profitability of an investment is highly susceptible to the oil price, as, in the case of unconventional oil reservoirs, the IRR may have multiple values. Therefore, IRR should not be used alone to judge the soundness of an investment. Typically, IRR is combined with ROI for better decision-making. This is because IRR provides an estimate of the annual growth rate, while ROI provides an estimate of the total expected growth of an investment. Another important caution against the use of IRR is that it assumes that future cash flows are reinvested on itself.

8.2.6.3 Modified internal rate of return (MIRR)

As the name suggests, the modified internal rate of return (MIRR) is a modified version of IRR that improves on IRR and overcomes some of its disadvantages. MIRR addresses one of the disadvantages of IRR, which is the assumption that all future cash flows are reinvested into the IRR. This disadvantage is addressed by assuming that cash flows are reinvested at a certain rate or at the firm's cost of capital. Therefore, MIRR can reflect the project costs and profits more accurately.

MIRR can be defined as the discount rate that makes the PV of cost equal to the PV of the project terminal value. The MIRR can be calculated as follows:

$$\text{MIRR} = \sqrt{\frac{\text{FV(Positive cash flows} \times \text{Cost of capital)}}{\text{PV(Initial outlays} \times \text{Financing cost)}}} - 1.$$

8.2.6.4 Payback method

The payback period is the period of time it takes a project to recover the initial investment; it is helpful in determining how quickly a project may become profitable. The payback method offers a quick but unsophisticated way to evaluate the economic viability of a project. The payback period is calculated as follows:

$$\text{Payback period} = \frac{\text{Initial investment}}{\text{Cash inflow per period}}$$

8.2.7 Risk analysis for conventional reservoirs

Gustavson and Murphy (1989) studied the risk associated with hydrocarbon appraisal. Gustavson et al. classifies risk into three types: reserve risk, operational risk, and financial risk. Reserve risk evaluation includes the life of the property, method of reserve determination, years of production history, geological structure, drive mechanism, geological control, diversification of reserves, and nonevaluated reserves. Moreover, operational risks include the operator's experience in the area, the overall operator's experience and reputation, and the operator's cost-effectiveness, quality of mechanical equipment, complexity of operations, working interest, and financial standing. Financial risk comprises contract conditions, exposure to plugging liabilities, location of gas reserve wells, working interest purchased, and presence of royalties. All these sources of risk make decision-making for operators and stakeholders of oil and gas fields extremely difficult. Stakeholders seek to minimize risk using various methods to increase profitability from their investments. This could be done in a variety of ways using decision theory and risk analysis, decision trees, probability theory, and financial risk management tools.

8.2.8 Financial exposure

Any financial investment is inherently risky, and therefore, in case of failure, the company stands to lose money. This is referred to as financial exposure. Failure can take many forms, given the uncertainty associated with the development of hydrocarbon reservoirs. These uncertainties include over or underestimating reserves, low well productivity, overestimating peak oil, sharp drop in oil and gas prices, environmental disasters, new laws, civil unrest, a global pandemic, and many others. Companies try to limit this risk to maximize profits. The main method investors use to limit exposure is by diversification of assets. That is to invest in multiple hydrocarbon fields, formations, and areas of the reservoir and to share reservoirs with other operating companies. Another popular method in the oil industry is hedging. Oil majors invest in petrochemicals so that when the oil price drops, the petrochemical industry benefits from the lower oil prices.

8.3 Economics and risk analysis of tight unconventional reservoirs

The economic evaluation of unconventional hydrocarbon reservoirs is significantly different from that of conventional reservoirs. In one respect, the capital cost associated with drilling and fracturing is considerably higher. The risk of a dry hole or low productivity is also considerably high. The economic viability of producing from unconventional hydrocarbon resources is also highly prone to fluctuations in the oil price. Also, production from unconventional resources and the use of hydraulic fracturing and horizontal wells require advanced technologies and expertise, and political support. Production from unconventional resources requires a different risk mitigation approach. The production life of wells is considerably shorter, costs are very high, and failure is more common than success. In general, the economic tools are generally the same; how they are employed by the resource management team might be different. Likewise, risk analysis tools are the same, while risk mitigation strategies vary.

In the following subsections, we will attempt to discuss the various evaluation and assessment strategies of unconventional resources along with their NPV/NCF models and risk and decision analyses supported by case studies.

8.3.1 Reservoir (resource)-based analysis

Historically, shales are believed to be sealing rocks. The development of stimulation techniques such as hydraulic fracturing and technologies such as horizontal drilling disproved this long-held belief. Successful production from the Barnett shale plays unlocked unlimited potential for unconventional reservoirs all over the world.

Shale is the most abundant sedimentary rock on earth. However, just like conventional reservoirs vary in quality, unconventional reservoirs vary even more. The variation in quality in unconventional reservoirs even within the same play was shown to be a very important factor. The quality of unconventional play can be viewed from two angles: reservoir quality and completion quality (Miller et al., 2011; Cipolla et al., 2012). Resource quality is concerned with hydrocarbon potential, the amount of hydrocarbon in place, and the potential of rock formation. More formally, resource quality can be classified into two groups: organic quality and rock quality. Completion quality is concerned with the fracturability of a formation and the potential to maintain a fracture. In other words, the ease at which hydraulic fractures are created and kept open.

Both reservoir and completion quality are of the most significance when it comes to the economic evaluation of a potential resource. The complex nature of unconventional formations requires sophisticated development strategies and close attention to uncertainty. In addition to conventional considerations in the development of conventional reservoirs, many more wells need to be drilled in unconventional resources. Additionally, advanced technologies such as multiphase hydraulic fracturing and horizontal drilling need to be adopted. Design considerations of the implementation of these new technologies include horizontal well patterns, hydraulic fracturing design, stage count, and perforation clusters (Ma and Holditch, 2015).

Reservoir quality is by far the most important factor in achieving high productivity from unconventional reservoirs. Completion quality is only relevant when the reservoir quality is medium to high. Even then, high reservoir quality does not guarantee high production rates (Jochen et al., 2011; Miller et al., 2011); this is due to the high complexity and heterogeneity of unconventional resources. In addition, spatial variation of quality contributes to the variation in production rate from different areas of the reservoir. This is especially true given the great areal extent of unconventional resources.

Several physical properties contribute to the reservoir quality; these include kerogen, total organic carbon (TOC), permeability, porosity, fluid saturation, and pay thickness. In situ stresses, mineralogy, Young's Modulus, and Poisson's ratio are physical parameters that are attributed to the completion quality aspect. These physical parameters are not independent, and no one parameter can be singled out to be correlated with high production potential. On the contrary, high production potential is likely to be due to a combination of favorable physical parameters. To optimally identify a reservoir with a high production potential, key production drivers need to be identified. After which, the interrelationship between these drivers needs to be correctly inferred for production optimization.

Now, we take a closer look at the physical factors contributing to reservoir quality. First, kerogen. Since many unconventional reservoirs are also the source, kerogen content is frequently used to gauge the quality of the reservoir. After all, kerogen is the hydrocarbon raw material; its presence in high quantities may indicate high hydrocarbon saturation. However, the opposite is not always true, as low kerogen content may indicate the conversion of kerogen to hydrocarbons. The relation between kerogen and hydrocarbon contents is complicated, and it constitutes millions of years of diagenesis under conditions of high temperature and pressure. Usually, the key to answering this question is kinetic modeling (Welte and Tissot, 1984).

Resource assessment is extremely important in the case of unconventional play; this is because these plays are usually of low quality compared with their conventional counterparts. Identifying high-quality sweet spots in low-quality resources is the key to successful discovery. There are three domains to be examined and understood when assessing the resource quality; these include charge, reservoir properties, and mechanical and physical properties (Ma and Holditch, 2015).

The charge is controlled by hydrocarbon sourcing and retaining mechanisms. The desired qualities in this domain are rich and thick source rock, highly mature, timing of maturation and formation age, potential of continuous charge through migration, and trapping mechanism. Reservoir properties are controlled by the depositional environment, lithology and lithofacies, porosity, fluid saturation, wettability, and permeability. Furthermore, mechanical and physical properties are concerned with pressure, the stress field, brittleness, structural complexity, natural fracture network, and formation depth. Evaluating these domains is crucial for determining resource quality. One important technological development that enables such rigorous assessment is 4D seismic.

Booking reservoirs in unconventional reservoirs is a problematic and highly debatable issue. Given our discussion of the uncertainty in identifying high-quality resources and the high uncertainty associated with such evaluations, it becomes clear that developing reserves estimates is challenging and complicated, to say the least. It is also becoming clear that the application of conventional reserve estimation techniques is highly problematic for several reasons. First, unlike conventional reservoirs, unconventional reservoirs extend over large sums of land; it is unreasonable to assume that whatever measurements are made in one area can uniformly be applied to other areas. Second, unlike conventional reservoirs where all/most zones are communicating and noncommunicating zone can be separated, unconventional reservoirs are best represented as a cluster of noncommunicating sweet spots. These sweet spots possess a wide variation of physical properties. In this case, reservoir quality and completion quality may vary considerably. This leads to a large variation in cost, risk, uncertainty, and productivity within the same resource. Third, the risk of a dry hole or a stripper well is significantly higher in unconventionals. Fourth, production from unconventional resources is closely related to the technology used and oil price. The previous reasons assert the idea that using conventional reserves estimation methods, especially volumetric methods, in unconventional reservoirs is highly problematic. Therefore, alternative methods should be sought. An alternative is the well-based methods, which will be discussed in the next section.

8.3.2 Well-based analysis

Estimated ultimate recovery is defined by the Petroleum Resources Management System as follows:

> *Estimated Ultimate Recovery (EUR) is not a resources category or class, but a term that can be applied to an accumulation or group of accumulations (discovered or undiscovered) to define those quantities of petroleum estimated, as of a given date, to be potentially recoverable plus those quantities already produced from the accumulation or group of accumulations. For clarity, EUR must reference the associated technical and commercial conditions for the resources; for example, proved EUR is Proved Reserves plus prior production.*

EUR provides a technically sound approach to estimating reserves from unconventional plays. As per the definition, it first accounts for all the produced quantities per well, and then sums in the unproduced quantities that could potentially be produced under certain prespecified technical and commercial conditions. This allows for uniform and accurate reporting of reserves by operators. The problem is now narrowed down to estimating potential future production from each well. This could be achieved by estimating the drainage area of each well and the number of drillable wells based on the drainage area, and using risk assessment and geological analysis to estimate the probability of successful wells to arrive at an estimate of the number of future productive wells, estimating the production of each well based on similar production from existing wells, and estimating recoverable reserves by multiplying the last two quantities. This is referred to as the EUR analogy method. The method heavily relies on assumptions and analogies.

It is often the case that economic margins are thin; therefore, success relies upon early identification of favorable production areas (sweet spots). Estimates using well performance data is the most accurate and reliable way of estimating hydrocarbon in place in continuous hydrocarbon accumulations. This ultimately allows for accurate predictions of recoverable resources and sound business decisions. However, it is usually not the case that a large number of wells' performance data with sufficient history is available. This problem could be solved using probabilistic estimates of EUR and drainage area for every well. Combined with Bayesian theory, these stochastic estimates could be improved over time as more data becomes available. In the following, I include some of these well-grounded techniques used in the industry.

8.3.2.1 FORSPAN model

Another technique is the FORSPAN model developed by the United States Geological Survey (USGS). USGS defines the use of FORSPAN for "*the assessment of continuous accumulations of crude oil, natural gas, and natural gas liquids (collectively called petroleum). Continuous (also called 'unconventional') accumulations have large spatial dimensions and lack well defined down-dip petroleum/water contacts. Oil and natural gas therefore are not localized by buoyancy in water in these accumulations. Continuous accumulations include 'tight gas reservoirs', coalbed gas, oil and gas in shale, oil and gas in chalk, and shallow biogenic gas.*"

8.3.2.2 Basin and petroleum system modeling approach

Basin and petroleum system modeling (BPSM) is a mathematical modeling approach that combines information available from seismic, geologic, geophysical, geochemical, hydrodynamic, and thermodynamic data to reconstruct the evolution of sedimentary basins. These models are used for geochemical genetic correlation between hydrocarbons and source rocks (Al-Hajeri et al., 2009). In other words, the petroleum system modeling approach is used to track the evolution of petroleum systems over a geological time frame to predict potential hydrocarbon accumulations.

This method may seem similar to reservoir simulation, which it is, with one important difference: scale. BPSM simulation extends over geological time frames, hundreds of millions of years, continental length scales, and hundreds to thousands of kilometers. Furthermore, the geometry of the model is dynamic, given the dynamics of continental-plates movements. In addition, to modeling multiphase flow, BPSM includes modeling processes such as sediment deposition, faulting burial, and kerogen maturation kinetics. Modeling these processes can be done in one dimension, for one point location, two dimensions for modeling a map or a cross-section, three dimensions for modeling petroleum systems at the reservoir and basin scale, and four dimensions for modeling through time. BPSM is used to provide a probabilistic estimation of the amount of hydrocarbons in an accumulation.

8.3.2.3 Multiprong assessment approach

The multiprong assessment approach (MPAA) was first introduced by Hood et al. (2012). It is a tool that helps in combining geologic insights with Bayesian probability theory for better business decisions. In this method, a continuous play is subdivided into a number of dynamic polygons. These polygons are used for analysis, providing the basis for probabilistic calculations of recoverable hydrocarbons. Then, the static and dynamic data are linked to the model, in which the polygon map is directly related to the well performance by means of analogy drainage maps. Probabilistic EUR curves can now be generated for each well. Well-based estimates of ultimate recovery are now made. This helps in improving business decisions, quantifying resource density and well performance.

8.3.3 Production profile

Hydraulic fracturing combined with horizontal wells proved to be the most (only) effective way to produce tight unconventional plays over the last two decades. Contrary to wells drilled in conventional reservoirs, whether vertical or horizontal, the production profile from hydraulically fractured wells in tight unconventional plays is unique. Characterized with an early peak, followed by a sharp decline, only to hit the economic limit within a year from first oil. This unique life cycle is very challenging for operators. It requires operators to adopt an industrial-style development plan, defined by a continuous cycle of drilling, fracturing, and production. It is worth mentioning that this cycle is usually synchronous with oil price cycles.

Fig. 8.3 shows a typical production from a hydraulically fractured well in a tight unconventional play. The figure shows for production stages from A to D, where (A) represents the early peak. At this stage, production is primarily from the artificial fracture network. (B) represents the beginning of a decline. At this stage, production is from the well drainage volume (sweet spot). (C) is the low-production low-efficiency period. The well is now

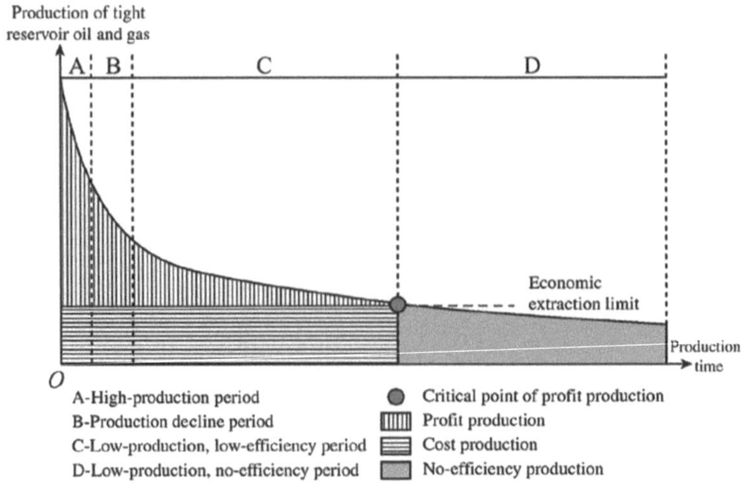

Fig. 8.3 Typical production profile from a hydraulically fractured well in a tight unconventional play (Zou, 2017).

producing from the micro- to nanoscale pores. Finally, (D) is the period when the well is typically shut off because it has hit the economic limit and production is no longer economical. At this stage, production is chiefly from the nanoscale pores network. It goes without saying that the economic limit is determined by the current oil price.

8.3.4 Net cash flow and risk management

In previous sections, we discussed the NCF model, which is the most popular model for economic analysis. The financial model and the tax model are two increasingly popular models for economic analysis. Managing risk in the development of unconventional resources requires an integrated multidisciplinary approach. The approach needs to integrate information from all disciplines such as geology, petrophysics, and geomechanics. Integration of information from the various disciplines allows for better reservoir characterization, identifying critical parameters, optimizing development scenarios, and ultimately minimizing uncertainty. Moreover, three strategies can be used in unconventional reservoir development to reduce risks; these are: collecting accurate and high-quality data, employing the best technologies available, and carrying out thorough analyses and interpretations of obtained results.

8.4 Case studies # 1

8.4.1 Integrated workflow for identifying exploration targets and quantifying prospective resources of the Lower Barmer Hill Resource Play, Barmer Basin, India

The Lower Barmer Hill Formation (LBH) is the major regional source rock of Rajasthan Barmer Basin and has supplied almost all of the fields that had been discovered. It is a potential unconventional shale with considerable thickness (50–800) meters, high organic richness (6–14 wt%), and high thermal maturity. Fig. 8.4 shows the location and the structural map of the Barmer basin. A study published by Kuila et al. (2020) provides a comprehensive assessment of the unconventional resources in this basin and provides a workflow for assessing future unconventional resources. The purpose of this study is to address several questions from an engineering and an economic point of view. From an engineering perspective, identifying sweet spots and estimating hydrocarbon in place are the central questions, while an economic perspective assesses the economic viability and the commerciality of production from a given play.

To identify sweet spots, the study utilized a methodical segmentation approach in which cut-offs were enforced. First, based on thermal maturity, then based on thickness, and finally TOC. Based on thermal maturity, the play was divided into two prospective plays, oil and gas. The reason behind this partition is because oil and gas require different development and commercial strategies. Moreover, the study instituted cut-offs for thickness and TOC, of 30 m and three wt%, respectively. In addition, the fault segment and the gross depositional environment map dictated the further subdivisions. Figs. 8.5 and 8.6 illustrate the tectono-stratigraphic chart of the Barmer Basin and lithology variations across the fields using a seismo-geologic section (Majumdar et al., 2022).

The study utilized the multiprong assessment approach to further subdivide each play segment. The approach was naturally carried out to estimate hydrocarbons-in-place and technically recoverable resources for each polygon. The estimates were generated based on the probability distribution of pore volume and recovery factor. The polygons were formed based on five thermal maturity windows. IRR was implemented to calculate the economic limit of each well. To aid in the calculation, analogous type curves from similar plays in the United States were used, and technically recoverable resources of each of the eight polygons were combined probabilistically to calculate the 1U, 2U, and 3U. These estimates were later used to rank

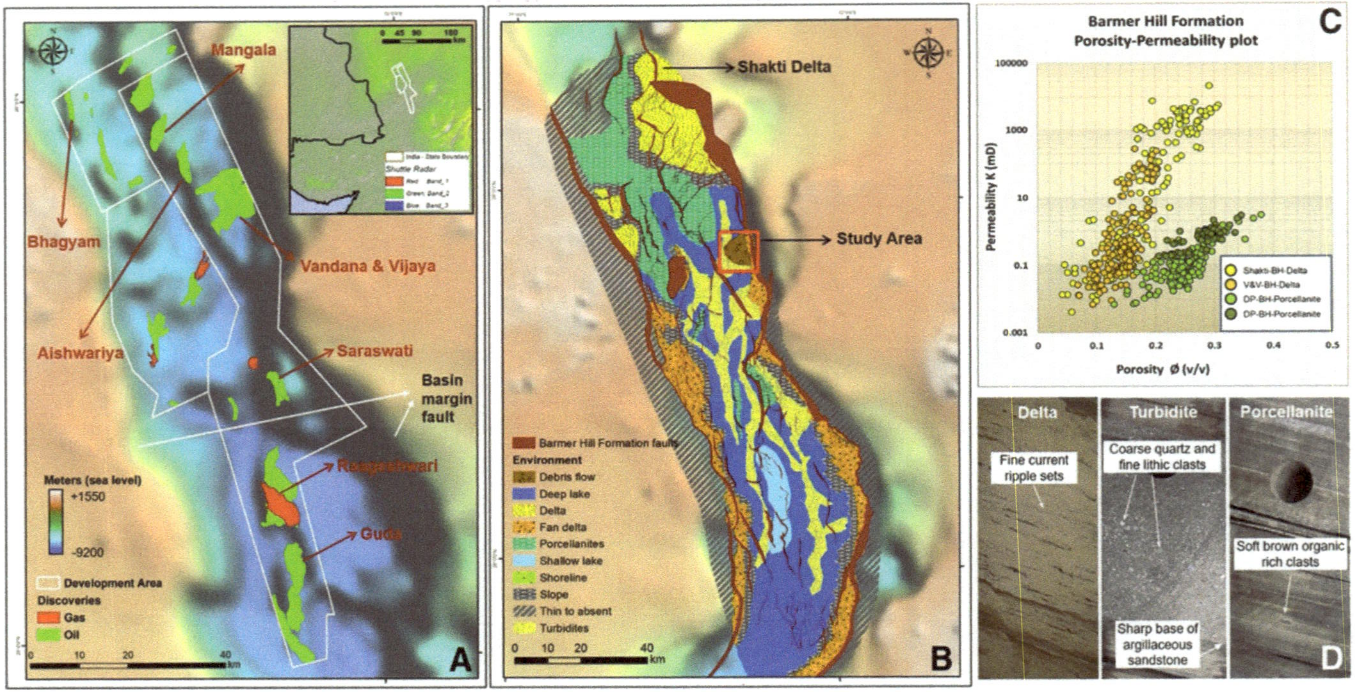

Fig. 8.4 (A) Barmer Basin with important hydrocarbon fields. The basin is extended southward as evidenced from gravity map and gradually passes into Cambay Basin. (B) The Barmer Hill (BH) Formation GDE showing distribution of Lower BH organic-rich lacustrine shales (considered to be the principal source of hydrocarbon within the basin) and Upper BH reservoir facies: porcellanites (DP and Mangala BH [MBH] field), turbidites (V&V) and delta (Shakti BH). (C) Porosity-permeability distribution of the BH reservoir types and corresponding core (D) (Majumdar et al., 2022).

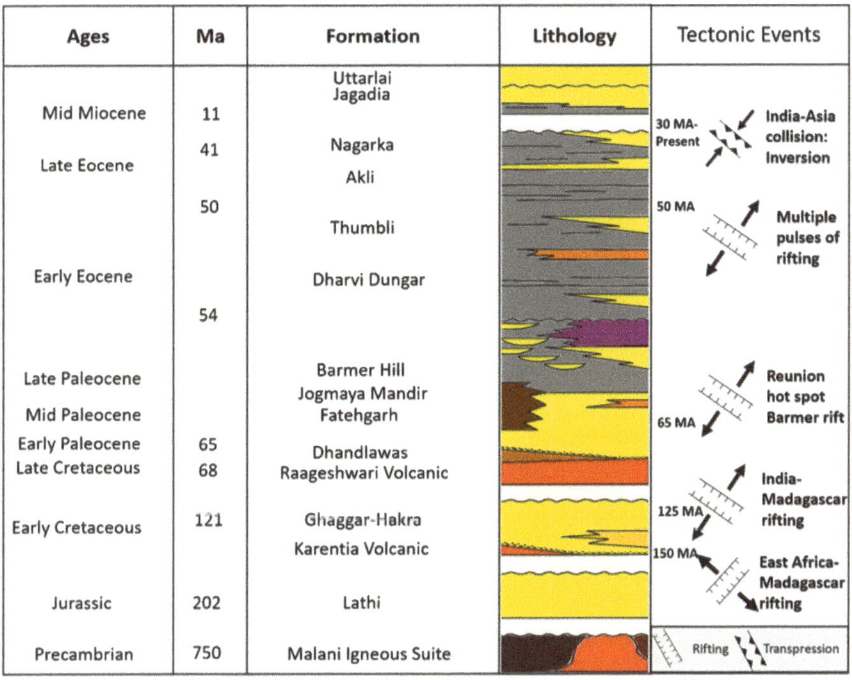

Fig. 8.5 Tectono-stratigraphic chart of the Barmer Basin (Majumdar et al., 2022).

order the eight polygons in terms of probability of success. The ranking helps in identifying the best locations for exploratory drilling.

Estimates of the technically recoverable resources are 956 MMBOE for oil and 13.2 TCFE for gas. These translate into a mean resource density of 17–36 MMBO/km^2 for oil and 82–251 BCF/km^2 for gas.

8.4.2 How not to squander billions on your next unconventional venture!

Jenkins and McLane (2020) published a study to aid in the development of unconventional oil and gas plays. The paper focuses on two main mistakes commonly made during the development phase. The first is the overemphasis on production goals instead of value creation, and the second is accelerated development that bypasses a scientific approach to reservoir development. The paper offers suggestions to overcome these common errors. First, it suggests identifying and quantifying and uncertainties and risks. A key asset in this area is the Monte Carlo simulation tool. Second, it suggests proper data collection for more reliable estimates of uncertainty

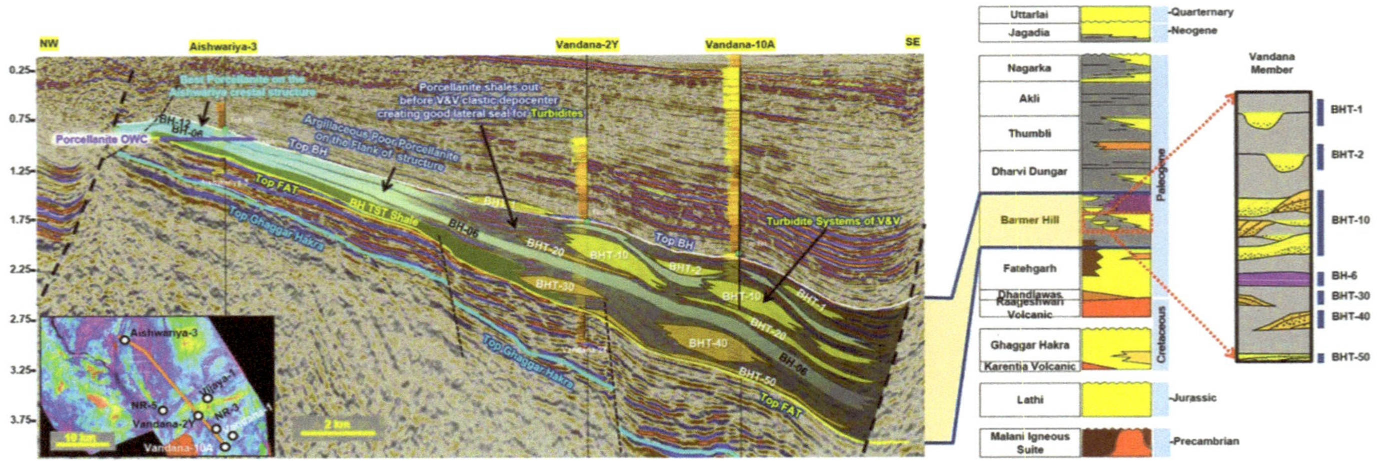

Fig. 8.6 Seismo-geologic section from Aishwarya field to V&V field showing gradual lithology variation from porcellanite to clastics (Majumdar et al., 2022).

and risk. Third, it suggests employing probability theory for better decision-making. Making informed decisions regarding the development of unconventional plays requires more than a probabilistic assessment; fluid and rock samples need to be collected in the key areas in the reservoir to determine their production potential, and enough wells need to be drilled to confirm commerciality. In addition, the authors emphasized a strategy of minimizing losses and suggested that using the aforementioned techniques can help identify failure early and minimize losses.

The authors suggest that a staged approach using decision trees could potentially be one ways of avoiding complete failure and a best practice to ensure value for investors. The staged approach consists of four stages: Discovery, Deliverability, Demonstration, and Development. These stages are implemented in a decision tree, in which a decision node separates each stage from the next. At each node, an investment decision needs to be made. These decisions can be an additional investment of capital, maintain current investment levels, placing the project on hold for a period of time, or in more severe cases, complete abandonment by selling the project. Fig. 8.7 shows the decision tree proposed earlier. It is noteworthy that a decision to exit or hold a project does not always mean failure; it could mean that

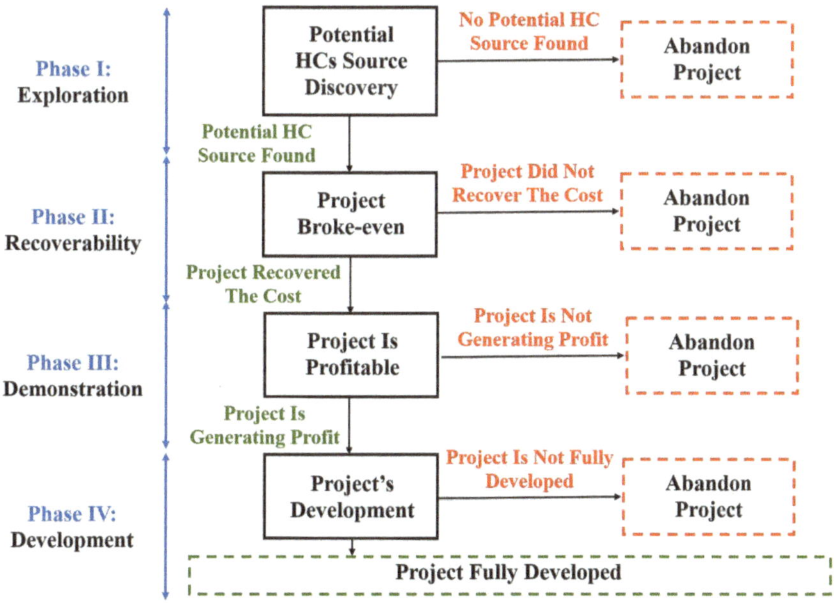

Fig. 8.7 Decision tree showing the staged approach.

the project profitability does not match that of an internally determined threshold set by key stakeholders; these thresholds can be something like IRR.

The staged approach employs some important tools to achieve better operational efficiency and avoid squandering capital. These tools include log-cumulative probability plots, confidence curves, and sequential aggregation plots. The authors included an example of applying their methodologies to a real case study in an effort to support their argument. They applied their techniques to the Niobrara formation in the United States. The Niobrara is a tight carbonate formation developed with multistage fractured horizontal wells. The case study included calculating the log-cumulative probability of production from five wells; this constituted the deliverability stage. Log-cumulative probability plot showing the P90, Mean, and P10 values of the distribution obtained by fitting the volume of oil produced from the first five wells during their peak month of production. P90 was estimated to be 6589 bbls of oil produced, while P10 indicated an estimate of 23,347 bbls (Jenkins and McLane, 2020).

Applying an assumed decline curve model to one of the wells yielded an NPV of $9.1 million. Then, a probabilistic approach was applied to the production from the five wells to determine the uncertainty in the date deducing an 80% confidence, which is projected to increase as more wells are drilled.

In an ideal situation, the demonstration stage should follow the deliverability stage. This would allow for the validation of the production type curves, optimization of well spacing, and the reduction in wells costs. However, it was the operator's decision to move to the development stage right away, skipping the demonstration stage entirely. The authors do not object to this approach, justifying it by mitigated risk through "tracking results."

The development stage included the drilling of 55 wells over a period of two and a half years. Production data from the 55 drilled wells demonstrated that peak production was about half of that of the original 5 wells.

Surprisingly, the drilling program was carried out despite that it was clear from only a few wells, drilled after the first five, that the newly drilled significantly underperformed. Only five new wells should have brought the production to a halt, and revaluation of the development strategy should have been carried out. These five wells show that the production was significantly lower than expected. These practices by the operator led to significantly bad economic outcomes. The NPV per well of the newly drilled wells is negative $0.8 million. It is important to note that the negative

NPV does not translate into losses but the poor economic performance of the project.

In summary, a staged development strategy is a must for a sustained economic performance. Reviewing strategy and good data processing are key to avoiding unnecessary risk and reducing uncertainty.

8.5 Case study # 2

8.5.1 Long-term economic viability from unconventional liquids-rich reservoirs: The case of Bakken field

The Bakken formation is one of the biggest unconventional oil plays in North America, with an estimated 7.4 billion barrels of ultimately recoverable oil as estimated by the US Geological Survey (USGS, 2013). Since the year 2000, the Bakken formation has experienced rapid development, with oil production peaking at around 1.5 million barrels of oil per day in 2019. Ozkan et al. (2012) published a study examining the long-term economic viability of conventional and unconventional production from the Bakken formation. This study will be the subject of this section.

The study utilizes a profit margin optimization model for a company, with oil prices determined using an exogenous oil price model. In addition, the model examines the viability of keeping oil in the ground for different oil price scenarios and drilling conventional versus unconventional wells. Furthermore, various production decline rates are considered in the study, primarily because conventional and unconventional wells have different decline rates.

The proposed model offers an alternative for the industry favorite, expected NPV; in contrast, NPV is just an input to the model. Instead, the model output is a marginal profit forecast. This model utilizes a marginal profit marginalization function. The inputs of this model are mainly the production profiles of the conventional and unconventional resources, which will be converted into a supply schedule. These schedules will later feed into a collective supply equation that is solved using two price schedules.

Oil price and cost are two important inputs of the model. The oil price is determined exogenously, meaning that the oil price is externally determined using a set of different variables. These variables include worldwide oil production and consumption, backstop resource prices, macroeconomics variables, and many others. The price itself is not important as opposed to the changes in price in comparison to the reference price. The price forecast is

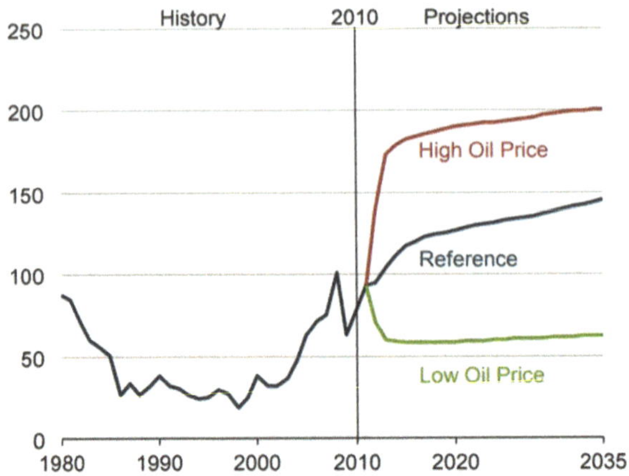

Fig. 8.8 Price forecast scenarios (EIA, 2012).

shown in Fig. 8.8. The forecast is based on reference prices obtained from the Energy Information Administration (EIA, 2012).

As for the marginal costs, they are set based on the resource type, with two estimates for the conventional resources. S_{c1}, S_{c2}, and S_U refer to the first, second conventional resource scenario, and the unconventional resource scenario, respectively. The two conventional scenarios represent a reference and high phases of exploration and production. The oil price and the marginal costs scenarios depicted in Fig. 8.8 interact to produce a profit margin scenario required as an input to the model for a period of 20 years, from 2011 and 2030.

To complete the input requirements of the model, production decline forecasts for both the conventional and unconventional scenarios are required. Typical production decline curves for both conventional and unconventional scenarios from the Bakken formation are used. These can be seen in Figs. 9 and 10, respectively.

The results of the study are presented in two scenarios: the high-price, and the reference-price scenarios. Furthermore, two quantities are discussed under each scenario, the production contribution from each the conventional to unconventional sources and the annual profit contribution from each resource.

Subsequent analysis suggest that in case of a high-price scenario, unconventional resources should not be extracted, and attention should be given to finding and extracting more conventional resources. In the case of lower price scenarios, attention should be given to the extraction of

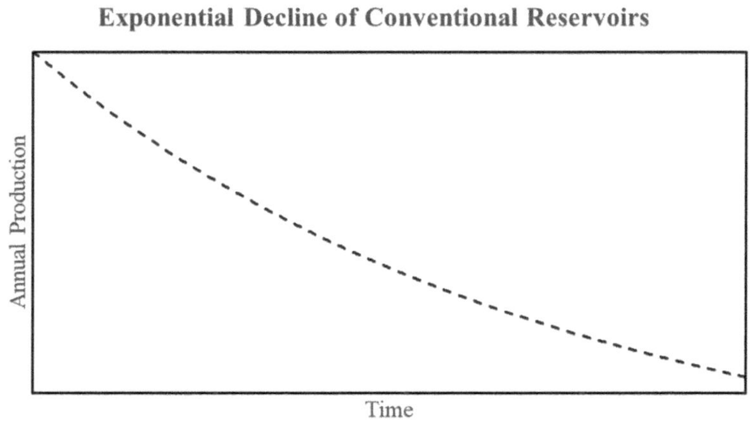

Fig. 8.9 Typical exponential decline of conventional source.

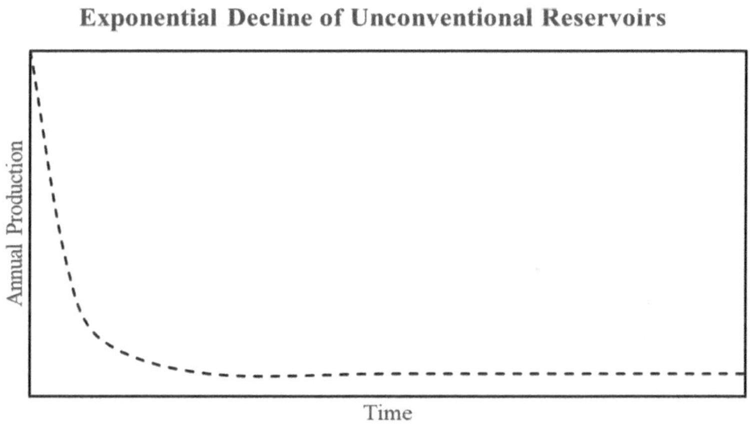

Fig. 8.10 Typical production decline of unconventional resource.

unconventional resources to compensate for the loss of production due to the depletion of conventional resources.

References

Al-Hajeri, M.M., Al Saeed, M., Derks, J., Fuchs, T., Hantschel, T., Kauerauf, A., Neumaier, M., Schenk, O., Swientek, O., Tessen, N., Welte, D., 2009. Basin and petroleum system modeling. Oilfield Rev. 21 (2), 14–29.

Cipolla, C., Weng, X., Mack, M., Ganguly, U., Gu, H., Kresse, O., Cohen, C., 2012, March. Integrating microseismic mapping and complex fracture modeling to characterize fracture complexity. In: SPE/EAGE European Unconventional Resources

Conference & Exhibition - From Potential to Production. European Association of Geoscientists & Engineers, p. cp-285.
Energy Information Administration (EIA), 2012. Annual Energy Outlook 2012.
Gustavson, J.B., Murphy, D.J., 1989, January. Risk analysis in hydrocarbon appraisals. In: SPE Hydrocarbon Economics and Evaluation Symposium. Society of Petroleum Engineers.
Hood, K.C., Yurewicz, D.A., Steffen, K.J., 2012. Assessing continuous resources building the bridge between static and dynamic analyses. Bull. Can. Petrol. Geol. 60 (3), 112–133.
Jenkins, C., McLane, M., 2020, February. How not to squander billions on your next unconventional venture. In: Asia Pacific Unconventional Resources Technology Conference, Brisbane, Australia, 18-19 November 2019, pp. 141–159 (Unconventional resources technology conference).
Jochen, V.A., Malpani, R., Moncada, K., Indriati, S., Altman, R.M., Luo, F., Xu, J., 2011, January. Production data analysis: unraveling reservoir quality and completion quality. In: Canadian Unconventional Resources Conference. Society of Petroleum Engineers.
Kuila, U., Sahoo, A., Jenkins, C., Dev, T., Dutta, S., Batshas, S., Wilhelm, C., Brown, P.J., Mandal, A., Dasgupta, S., Mishra, P., 2020. Integrated Workflow for Identifying Exploration Targets and Quantifying Prospective Resources of the Lower Barmer Hill Resource Play, Barmer Basin, India. In: Unconventional Resources Technology Conference (URTEC).
Ma, Y.Z., Holditch, S., 2015. Unconventional Oil and Gas Resources Handbook: Evaluation and Development. Gulf Professional Publishing.
Majumdar, P., Konar, S., Dolson, J., Dhanasetty, A., Bora, A.K., Kumar, P., 2022. GERYA reservoir evolution model of synrift lacustrine hyperpycnites, Barmer Basin (Rajasthan, India). Arab. J. Geosci. 15 (16), 1–18.
Miller, C.K., Waters, G.A., Rylander, E.I., 2011, January. Evaluation of production log data from horizontal wells drilled in organic shales. In: North American Unconventional Gas Conference and Exhibition. Society of Petroleum Engineers.
Ozkan, S., Kurtoglu, B., Ozkan, E., 2012. Long-term economic viability of production from unconventional liquids-rich reservoirs: the case of Bakken field. SPE Econ. Manag. 4 (04), 215–221.
U.S. Department of the Interior, 30 April 2013. USGS Releases New Oil and Gas Assessment for Bakken and Three Forks. Press Release, Department of Interior.
Welte, D.H., Tissot, P.B., 1984. Petroleum Formation and Occurrence. Springer-Verlag.
Zou, C., 2017. Unconventional Petroleum Geology. Elsevier.

CHAPTER 9

Energy transition impact on unconventional reservoirs: Carbon capture and sequestration

Success in CCS turns grey energy into green!

Keywords: Energy transition, CCS CCU, CO_2 storage UCR, Carbon capture utilization, Zero emission, Fossil fuel

9.1 Background

Unconventional reservoirs provide a large addition to the world's oil and gas reserves despite their high development cost. As compared to conventional reservoirs, producing from these resources is technically still challenging. Among these challenges is producing clean energy that complies with world environmental regulations and is acceptable by the public sector. The most concern associated with the production of fossil fuels is the emission of carbon dioxide. Carbon dioxide capture and sequestration (CCS) is a critical method for reducing human CO_2 emissions into the atmosphere. Continuously growing CO_2 emissions have been identified as a major potential cause of global concern, whereas CO_2 geological sequestration (CGS) provides a viable strategy for addressing this massive environmental crisis that the world is now facing. Since the beginning of industrialization in the 19th century, the quantity of carbon dioxide in the atmosphere has been growing significantly at an alarming rate. As a result of this incremental rise, the world's climate may be impacted, as shown by an increase in global temperatures and an increase in local weather extremes. Energy combustion and industrial processes contributed to a rise in global CO_2 emissions in 2021, resulting in the highest year CO_2 emissions on record. The International Energy Agency's (IEA) detailed region-by-region and fuel-by-fuel analysis, which draws on the most recent official national data as well as publicly available energy, economic, and weather data, estimates that emissions will reach 36.3 gigatons (Gt) by 2030, representing a 6% increase from 2020. According to the IEA (2022), emissions rose by around 2.1 Gt compared

Tight Oil Reservoirs
https://doi.org/10.1016/B978-0-12-820269-2.00004-4

with the baseline year of 2020. In absolute terms, this places the year 2021 above 2010 as the year with the biggest year-on-year growth in energy-related CO_2 emissions. The spike in emissions in 2021 more than negated the 1.9 Gt drop in emissions caused by the pandemic that occurred in 2020. CO_2 emissions increased by about 180 megatonnes (Mt) in 2021, compared with the prepandemic level in 2019.

9.2 Global measures of CO_2 emissions and sequestration

The consumption of fossil fuels results in CO_2 discharge, with the electricity generation sectors discharging the most CO_2, followed by industries and transportation vehicles, as shown in Fig. 9.1. The data of the world consumption of CO_2 emissions in conjunction with CO_2 sequestration from 1990 (historical data) to 2050 (predicted data) are listed in Table 9.1. Lapillonne et al. (2007) provided the data statistics on CO_2 worldwide emissions and sequestration. However, carbon dioxide emissions from the atmosphere could be reduced by reducing the need for fossil fuel combustion through more efficient energy use, substituting biofuel or hydrogen for fossil fuels in

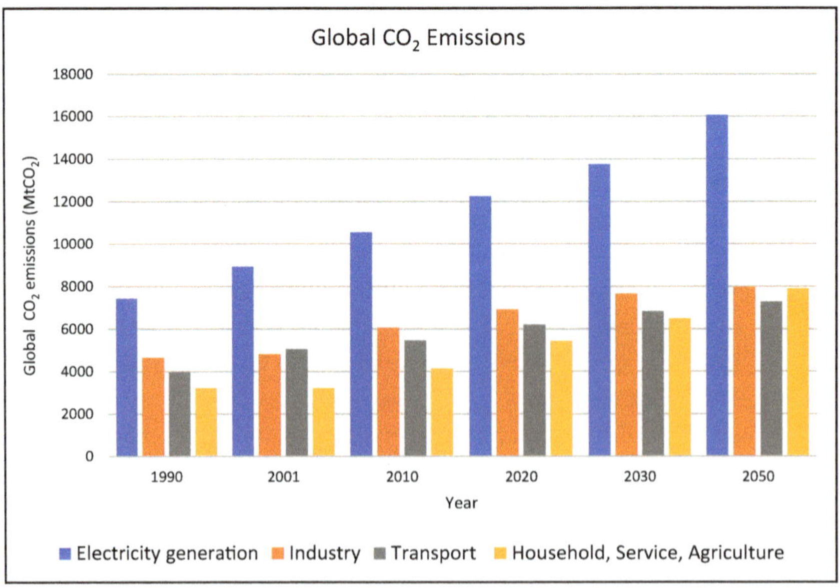

Fig. 9.1 Global CO_2 emissions.

Table 9.1 CO_2 emissions in conjunction to CO_2 sequestration from 1990 to 2050.

	Year					
World	**1990**	**2001**	**2010**	**2020**	**2030**	**2050**
CO_2 emissions ($MtCO_2$) of	20,161	23,566	29,055	34,206	38,749	44,297
• Electricity generation	7433	8932	10,562	12,246	13,747	16,065
• Industry	4653	4812	6045	6910	7656	7971
• Transport	3982	5056	5461	6206	6815	7263
• Household, service, agriculture	3191	3196	4128	5431	6488	7891
CO_2 sequestration ($MtCO_2$)	0	0	0	10	271	2545

transportation and electric power generation, substituting natural gas for coal in electric power generation, and capturing and sequestering carbon dioxide in geological formations.

9.3 Environmental measures

Carbon dioxide emissions are directly linked to rising environmental problems, and fossil fuel use is widely acknowledged to be a major contributor to this scenario (Zhang et al., 2018). Carbon dioxide levels have risen to their highest level in recent decades and are a significant contributor to global warming greenhouse gas emissions, making up over 55% of all emissions (Pachauri et al., 2014). As a result, CO_2 emissions are a major contributor to global warming and climate change (Murshed et al., 2021). Climate change has become the greatest threat to human civilization in conjunction with the rise in CO_2 emissions. Excess CO_2 and other greenhouse gases in the atmosphere have already warmed the earth's temperature by around 1.8°F (1°C) on average, and even if emissions were to halt immediately, more warming would still occur owing to existing greenhouse gases in the atmosphere (Peridas and Schmidt, 2021). Therefore, concerns about environmental protection prompted the introduction of CO_2 sequestration, which is expanding in conjunction with energy output, as seen in Fig. 9.2.

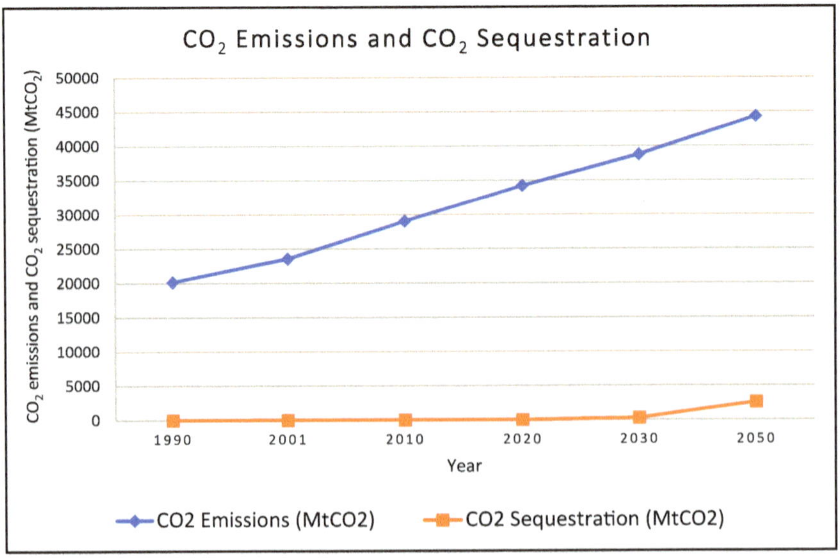

Fig. 9.2 Global CO_2 emissions in conjunction to CO_2 sequestration from 1990 to 2050.

By 2050, it is expected that fossil fuels and petroleum usage will dominate the market, resulting in an increased environmental damage (Salvi and Jindal, 2019). As a result, produced CO_2 must be captured and stored such that the whole process is almost free of CO_2 emissions into the environment. This may be accomplished by using advanced technologies and ensuring that leakage into the atmosphere is minimized. Furthermore, CO_2 emissions must be severely reduced in order to avoid the economic and human consequences of catastrophic climate change. Reduced mitigation costs and more adaptability in decreasing greenhouse gas emissions are also feasible results of CCS utilization, according to Rubin and De Coninck (2005).

9.4 The role of carbon capture and sequestration

As long as we continue to depend on fossil fuels for energy, we can minimize CO_2 emissions by sequestering them at the moment of combustion and storing them in geological formations. CO_2 is extracted from a power plant's flue gas ("capture") and then compressed and transferred through pipelines. At a nearby location, the CO_2 is injected into a geological formation through a deep borehole ("sequestration" or "storage"). Carbon capture is technically accomplished through cryogenic separation, adsorption/abstraction, and membrane separation (Figueroa et al., 2008), but one of the most cutting-edge methods for CO_2 storage is injection into deep saline aquifers, as well as deep coalbed methane and ocean storage (all of which can be used to store CO_2). However, carbon capture is the most costly component of CCS since CO_2 extraction from flue gas and subsequent compression needs either modifying an existing power plant or altering the design of a new power plant. Whether converted or integrated into new construction, this new equipment involves capital inputs and operating expenses that dramatically raise the price of the energy produced (Smit et al., 2014). However, the widespread use of CCS would rely on the maturity of the technology, prices, overall potential, diffusion, and transfer of the technology to emerging nations and their ability to implement the technology, regulatory elements, environmental concerns, and public perceptions. CCS can only reduce emissions to the environment by a certain percentage depending on the amount of CO_2 it is able to capture, transport, and store, as well as any leakage that occurs during transportation and the amount of CO_2 that is able to be stored for an extended period of time (Rubin and De Coninck, 2005). Current CCS research aims to enhance the separation process and to produce innovative materials that can be employed as effectively as feasible in the capture process. There has been a lot of interest in ways to reduce atmospheric CO_2 concentrations during the past several decades, and carbon capture and subsurface storage are two of those options. Carbon capture and sequestration is the technical term for this procedure (Soltanian et al., 2016). Carbon capture and storage has been shown to be a critical method for reducing CO_2 emissions. When it comes to carbon sequestration, a wide range of geological formations have the ability to trap significant amounts of CO_2 and are widely distributed, including: (i) active and uneconomical oil and gas reservoirs, (ii) aquifers, and (iii) deep and unmineable coal formations, which all fall into this category (Reichle et al., 1999). This CO_2 storage is referred to as geo-sequestration or geologic storage (Herzog and Golomb, 2004). The use of CO_2 for improved oil recovery (EOR) is an example of geological storage, also known as geo-sequestration. In addition to geo-sequestration, there are additional CO_2 storage sites, such as oceans, where injection into the deep seabed or direct discharge into the ocean water column is followed by CO_2 fixation by inorganic carbonates. According to previous studies, there is a larger possibility for utilizing forestry to absorb carbon in order to reduce the rise of emissions from India. These studies estimated that with substantial afforestation initiatives, roughly 17% of energy emissions may be offset over a decade (Sathaye et al., 1993). Depleted oil and gas reservoirs, increased oil recovery, unmineable coal seams, and deep porous formations are examples of geological CO_2 sinks (Vishal and Singh, 2016). These may collectively hold hundreds to thousands of gigatonnes of carbon (GtC). In addition to the research made by Herzog and Golomb (2004), the table has been modified to account for CO_2-EOR sequestration capacity estimations (see Table 9.2).

Table 9.2 The worldwide potential reservoirs capacity for CO_2 sequestration.

CO_2 sequestration options	Worldwide capacity
Ocean	1000–10,000 + GtC
Deep saline formations	100–10,000 GtC
Depleted oil and gas reservoirs	100–1000 GtC
CO_2-EOR	61–123 GtC
Coal seams	10–1000 GtC
Terrestrial	10–100 GtC
Utilization	Currently <0.1 GtC/year

9.5 Components of the CCS system

Carbon dioxide capture, utilization, and storage (CCUS) technology is expected to lower atmospheric concentrations of greenhouse gases. Compressing, transporting, and using the collected CO_2 for procedures like injection into deep underground geological formations for long-term storage and injection into existing oil fields for further hydrocarbon recovery are all included in CCUS (Ajayi et al., 2019). The CCS system is comprised of many fundamental components, each of which must be understood in order to fully understand the technologies used in the CCUS system. These components include the following: (i) capture, (ii) transport, (iii) injection, and/or (iv) storage which is also known as "sequestration," and (v) monitoring (Herzog, 2009). In 2009, Herzog provided a concise description of the component of the CCS system as follows: capturing CO_2 from an effluent stream and compressing it to a liquid or supercritical state is known as capture. Currently, the resultant CO_2 concentration is more than 99% in the majority of situations; however, lesser amounts may be tolerable. Capture is often necessary in order to be able to transport and store CO_2 in an economically viable manner. Transportation of CO_2, which is defined as the transportation of CO_2 from its source to a storage reservoir, it is considered as the second component of the CSS system. CO_2 can be transported by trucks, rails, and ships; however, the most cost-effective method of moving big volumes is through using pipelines. These transportation techniques are regarded practical, but the shear amount of CO_2 to be carried from capture site will certainly need building of local and regional infrastructure for appropriate transportation. This approach will lower the shipping cost substantially while also removing the concern associated with hydrate crystallization (Vishal and Singh, 2016). Furthermore, carbon injection, the fourth CCS component, is defined as the act of injecting CO_2 into a storage reservoir. However, geological formations are the primary storage reservoirs now under consideration. The final component of CCS system is associated with monitoring the CO_2 once it has been injected into the ground. Despite the fact that CO_2 is neither harmful nor combustible, it nonetheless presents a risk to the environment, as well as to environments health and safety. One of the primary goals of monitoring is to ensure that the CO_2 sequestration process is successful, which means that substantially all of the CO_2 is kept out of the atmosphere for hundreds of years or centuries.

Table 9.3 highlights the four key components of the CCS system, based on the applicable methods and technologies utilized for each component

Table 9.3 Components of the CCS system along with applied methods & technologies.

Components of the CCS system	CCS applied methods and technologies
Capture	Direct air capture
	Precombustion capture
	Postcombustion capture
	Oxy-fuel combustion capture
Transport	Ships
	Rails
	Trucks
	Onshore pipelines
	Offshore pipelines
Injection	Injection from onshore facilities
	Injection from offshore facilities
Sequestration	Biological carbon sequestration
	Geological carbon sequestration
	Technological carbon sequestration
Monitoring	Time-lapse 3D seismic monitoring
	Passive seismic monitoring
	Crosswell seismic imaging
	Continuous monitoring

obtained from the literature (Rubin, 2008; Herzog, 2009; Olajire, 2010; Khatiwada et al., 2012; Shogenov et al., 2013; Smit et al., 2014; Ghiat and Al-Ansari, 2021).

9.6 Storage capacity assessment

It was determined that 17 countries have potential storage resources, and each country's prospective storage resource was analyzed by the carbon storage resource catalog (CSRC). A categorized inventory of 715 prospective storage sites with a total aggregated storage resource of 12,958 Gt has been produced as a result of this process (Table 9.4). The United States of America has the biggest storage potential capacity, with a potential storage resource that has been found in 36 US states, with 12 projects and 14 regional studies being carried out (see Fig. 9.3).

The undiscovered (95.7%) and subcommercial (4.3%) classifications of storage resources predominate in the resource base's precommercial nature.

Table 9.4 CO_2 potential storage capacity (Gt) for each country.

Country	CO_2 storage capacity potential (Gt)
Australia	502.4
Denmark	1.628
Germany	0.11
Bangladesh	21.13
India	64.14
Pakistan	31.7
Brazil	2.47
Canada	404
China	3077
Indonesia	15.85
Japan	152.27
Malaysia	149.6
Mexico	100.8
Norway	93.6
South Korea	203.4
United Kingdom	77.6
United States of America	8017
Total	12,914.69

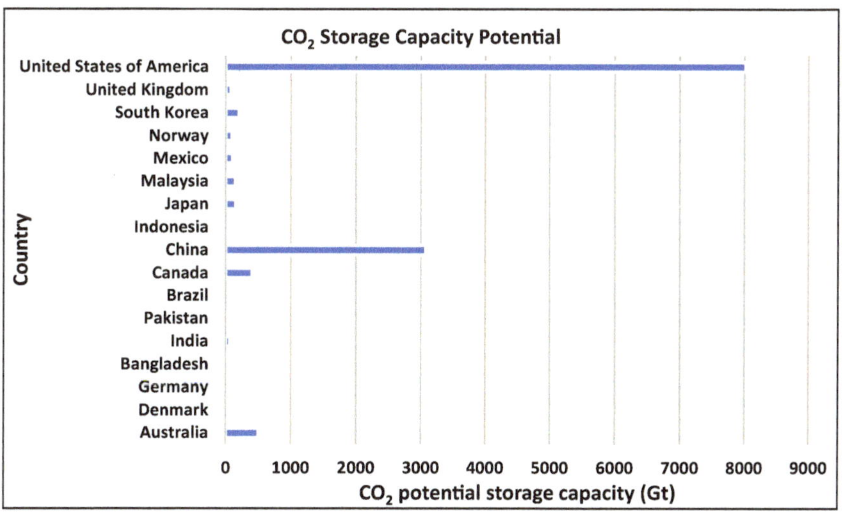

Fig. 9.3 CO_2 potential storage capacity assessment across the countries.

Table 9.5 Classification of CO_2 potential storage resource for the 17 countries.

Classification	CO_2 storage resource (Gt)	Percentage
Stored	0.037	0.00029%
Capacity	0.217	0.00167%
Subcommercial	551	4.25%
Undiscovered	12,407	95.75%
Total	12,958.25	100%
Storage in saline aquifers	12,684	98%
Storage in oil and gas fields	274	2%

Only 0.25 Gt, or less than 0.002%, of the total CO_2 inventory comes from commercial projects and those where CO_2 injection is permitted for development or is currently being injected and stored in the ground (Table 9.5). The data are gathered from the cycle-2 updated 2021 CSR catalog and modified accordingly to include the storage resource and percentage of the potential amount of CO_2 in saline aquifers and oil and gas fields.

Furthermore, just 89.9 Gt (or 0.7%) of the whole aggregated potential resource is included inside specific projects. Because of the huge storable volumes found in national and regional-scale atlases and studies, saline aquifers account for the majority of the resource inventory (12,684 Gt, or 98%).

As a result, the resource estimates for the saline aquifers are highly dependent on volumetric calculations and, hence, should be viewed as very high-level estimates of storage potential. As a percentage of the aggregated storage resource, oil and gas fields account for just 2% (274 Gt) of the total.

9.7 Carbon capture

Emissions from industrial facilities, power plants, and other locations of fuel burning would be decreased as a consequence of the utilized capture technologies. Estimated CO_2 emissions might be calculated by measuring the quantity of CO_2 caught and subtracting it from the total amount of CO_2 generated. Furthermore, the reduction in anthropogenic CO_2 emissions into the atmosphere may be done in a variety of ways. According to Professor Yoichi Kaya of the University of Tokyo, these measurements have the following reflectance (Vishal and Singh, 2016):

$$CO_2{}^{\uparrow} = \left[POP \times \frac{GDP}{POP} \times \frac{BTU}{GDP} \times \frac{CO_2{}^{\uparrow\uparrow}}{BTU}\right] - CO_2{}^{\downarrow}. \tag{9.1}$$

where

$CO_2^{\uparrow}$: is the overall carbon dioxide being released into the atmosphere.

$CO_2^{\downarrow}$: is the quantity of carbon dioxide stored or isolated in biosphere and geosphere sinks.

POP: is the population level.

$\frac{GDP}{POP}$: is the per capita gross domestic product or the measure of standard living.

$\frac{BTU}{GDP}$: is the energy consumption per unit of GDP, and it reflects the degree of energy intensity.

$\frac{CO_2^{\uparrow\uparrow}}{BTU}$: is the quantity of carbon dioxide released per unit of energy consumed, and it reflects the degree of carbon intensity.

From Eq. (9.1), it can be seen that as the population rises, it is feasible to minimize energy intensity or carbon intensity by promoting the use of carbon-free fuels or increasing levels of carbon capture and sequestration. This is accomplished by concentrating on energy efficiency and shifting toward nonfossil fuel energy sources such as hydrogen and nonrenewable energy sources. Carbon capture technologies that are moving toward reducing the degree of carbon intensity are dependent on the type of capture used. CCS systems may be divided into three primary categories: precombustion capture, postcombustion capture, and oxy-fuel combustion capture. In addition to these methods, a new technique known as direct air capture has emerged in 2019, and the newest facility was already operational in September 2021 (IEA, 2021), and it is described in detail below. Direct air captures carbon dioxide from the environment using chemical processes. As air passes over the chemicals, they selectively react with and remove carbon dioxide while allowing the other components of air to flow through (Azarabadi and Lackner, 2020). Furthermore, precombustion capture is also the method of collecting CO_2 before it is discharged into the atmosphere. Gasification of fossil fuels produces syngas, which is subsequently transformed into CO_2 and H_2 in a process known as the water shift reaction. As a consequence, CO_2 may be readily separated. Moreover, postcombustion capture is a technique for collecting CO_2 from exhaust flue gas after the combustion process by utilizing chemical solvents. On the other hand, in the oxy-fuel combustion process, pure oxygen is utilized for combustion. This is known as recycled flue gas because it is created from a portion of the flue gas that has been recycled in order to lower the flame temperature. The exhaust flue gas has a high proportion of CO_2 and water vapor. Consequently, by condensing water vapor, CO_2 may be easily separated from it (Yadav and Mondal, 2022). Fig. 9.4 displays the general layout of the three CCS

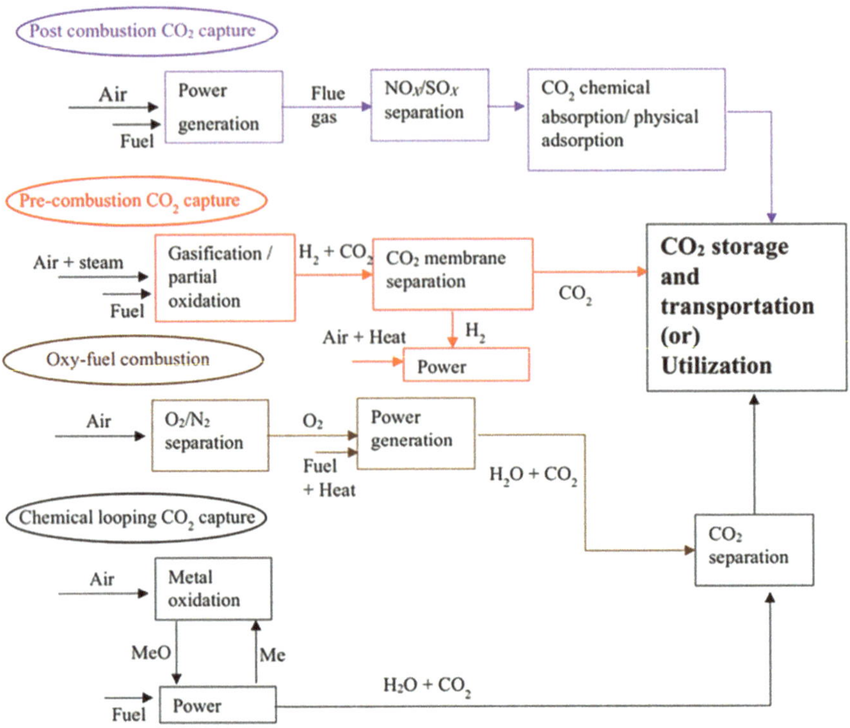

Fig. 9.4 CO_2 capture technologies (Spigarelli and Kawatra, 2013; Valluri et al., 2022).

technologies investigated. In the next sections, each of the aforementioned capture methods is examined in further depth.

9.7.1 Direct air capture

According to the IEA (2021), DAC methods absorb CO_2 directly from the atmosphere. CO_2 may be permanently retained in deep geological formations resulting in negative emissions or carbon removal, or it can be utilized, for example, in food processing or in the production of synthetic fuels when mixed with hydrogen. To collect CO_2 from the air, two technologies are currently being used: liquid and solid DAC. Liquid systems remove CO_2 by passing air through chemical solutions (for example, a hydroxide solution). The method reintroduces the chemicals into the process by using high-temperature heat while returning the remaining air to the environment. The solid DAC system, on the other hand, utilizes solid sorbent filters that chemically bond with CO_2. When the filters are heated and put under a vacuum, the concentrated CO_2 is released and captured for storage or usage.

DAC facilities are already in operation in 19 countries, absorbing more than 0.01 million tons of CO_2 per year. Moreover, a one-million-ton CO_2 per year capture facility is currently under construction in the United States. The newest facility was already operational in September 2021, and it is capturing 4 kt CO_2/year for storage in basalt rocks in Iceland. In the net zero emissions by 2050 scenario, it is indicated by the IEA (2021) that DAC is scaled up to collect more than 85 million tons of carbon dioxide per year by 2030 and more than 980 million tons of carbon dioxide per year by 2050. However, it will take many more large-scale tests before the technology can be refined and the capture costs reduced to this level of implementation.

9.7.2 Precombustion capture

The basic concept of precombustion carbon capture is to burn coal with pure oxygen rather than air, which includes a mixture of numerous other gasses, in order to absorb carbon dioxide. The only substances present in the resultant flue gas would be water and carbon dioxide. Then, by condensing the water, it is simple to separate the CO_2 from the gas mixture that has been created. To effectively extract oxygen from air while burning coal with pure oxygen, however, new methods must be developed. At the moment, this stage is carried out via the use of cryogenic separations, which are both costly and energy-consuming operations. The cost of CO_2 separation is thus mostly related with the phase of air separation in precombustion techniques of energy production (Smit et al., 2014). Additional research is required in order to discover or create materials that are more efficient in separating the two components. The difficulty here is in determining the appropriate dependability standards for all components in order to achieve fully continuous integration. No matter how difficult it is to implement, precombustion capture has the potential to be a more cost-effective alternative than post-combustion capture. When compared to pulverized coal-fired power plants, IGCC (integrated gasification combined cycle) power plants based on pre-combustion capture are much more efficient than those. As a result, they would be the varieties chosen for the new plants (Vishal and Singh, 2016).

9.7.3 Postcombustion capture

Postcombustion capture is the process of removing carbon dioxide from the flue gas that is created after combustion. Chemical absorption, such as absorption of monoethanolamine, is one possibility. The natural gas business has been using this method for more than 50 years now. It generates a rather clean CO_2 stream. Compared with a SO_2 scrubber in terms of absorber size and cost, it would be equivalent. The absorber, on the other hand, would eat up a quarter to a third of the plant's total steam output. As a result, its producing capacity will be reduced by the same amount (Yang et al., 2008). Postcombustion capture is the most efficient approach to use since it can be integrated into an existing power plant without requiring any modifications to the power plant itself. As a result, postcombustion capture is often the most cost-effective alternative, particularly for older power plants (Smit et al., 2014).

9.7.4 Oxy-fuel combustion capture

Abraham developed the oxy-fuel combustion technology in 1982 with the intention of creating CO_2 for the purpose of improved oil recovery (EOR). As global warming and climate change have escalated, carbon dioxide has attracted increasing worldwide attention as a key contributor to greenhouse gas emissions (Yadav and Mondal, 2022). As a consequence, oxy-fuel combustion technology has emerged as the most promising combustion strategy for lowering CO_2 emissions, according to researchers throughout the world. It is possible to collect CO_2 during combustion using oxy-fuel combustion, which uses roughly 95 mol % pure oxygen and recovered flue gas (RFG) rather than air to achieve this goal (Toporov, 2014). Highly concentrated CO_2 and water vapor may be found in the flue gases produced at the exhaust, and CO_2 capture equipment can be used to collect even more highly concentrated CO_2 and water vapor. The primary advantage of oxy-fuel combustion over other approaches is that it is comparably simpler to separate CO_2 than other processes. Other advantages include the absence of a solvent, a reduced physical size, and the opportunity to adapt existing facilities (given that the boilers are reconstructed). Its disadvantages include the very low SOx levels that must be maintained when the burner is turned off, as well as the demand for materials that are resistant to a wider range of temperatures (Haszeldine, 2009).

9.8 Carbon geological storage

Carbon sequestration or storage has been used in a variety of applications across the world. Scientific and technological "focus areas" connected to carbon sequestration were established in Furthermore, natural ways of storage are distinguished from man-made modes of storage, which may be divided into two categories. Natural ways of storage include terrestrial sequestration, and man-made modes of storage include storage in geologic formations through ocean sequestration and geologic sequestration (Ajayi et al., 2019). Terrestrial sequestration is the collection of CO_2 from the atmosphere and storing it into soils and plants. Removal of CO_2 from the atmosphere by photosynthesis and inhibition of the release of CO_2 from terrestrial sources are the processes for terrestrial storage. It has been proposed to represent a significant mechanism for the storage of carbon dioxide (Litynski et al., 2006; Thomson et al., 2008). The greatest sink for carbon dioxide storage, on the other hand, is ocean sequestration. It is predicted that ocean sequestration has the capacity to store 40,000 gigatonnes (Gt) of CO_2 (Herzog et al., 1997) and to store over 90% of current CO_2 emissions. Using moving ships, stationary pipes, or offshore platforms, this technique involves injecting and depositing CO_2 into bodies of water as shallow as 1 km deep. At this level, water has a lower density than the injected CO_2 and the latter is predicted to dissolve and distribute throughout the water body (Metz et al., 2005). When it comes to geological storage, it is currently widely recognized as the most viable option for storing the massive amounts of CO_2 required to successfully mitigate global warming and associated climate change (Celia and Nordbotten, 2009; Myer, 2011).

When it comes to carbon geological storage, specific criteria must be understood, which necessitates understanding of the chemistry and thermodynamic conditions that lead to successful CO_2 storage. The thermodynamic conditions present during CO_2 injection and storage in the target formation dictate whether the CO_2 is in a liquid, gaseous, or supercritical state at the time of injection and storage (see Table 9.6). CO_2 is in a supercritical state when temperatures and pressures above the critical point, which is 31°C and 7.38 MPa (Span and Wagner, 1996). Because supercritical CO_2 is denser than gaseous CO_2, hence, supercritical CO_2 leads to better efficient storage (Chadwick et al., 2009). Moreover, pressure and temperature rise with depth inside a formation, while the density of CO_2 decreases as

Table 9.6 CO_2 supercritical state conditions for injection and storage.

CO_2 supercritical state conditions	Values
Temperature (Span and Wagner, 1996)	31°C
Pressure (Span and Wagner, 1996)	7.38 MPa
Density (Bachu, 2003)	850 kg/m^3
Depth (Van der Meer, 1992)	Below 800 m

depth increases, reaching a maximum density of 830 kg/m^3 at the bottom of the formation (Bachu, 2003). Temperature and pressure in sedimentary basins may range between 40°C and 200°C and a few tens of megapascals to several hundreds of megapascals, depending on the regional geothermal gradient and pressure profile (Kaszuba and Janecky, 2009). At depths below 800 m, CO_2 is projected to be in a supercritical state, according to common expectations (van der Meer, 1992).

Furthermore, different physical and chemical processes may trap millions of tons of CO_2 in a typical geological storage location (Doughty et al., 2008). It is possible to store CO_2 in geological formations such as deep saline aquifers, which have no other practical use, as well as in oil and gas reservoirs. It is necessary to carefully choose geological areas that are suitable for CO_2 storage (Leung et al., 2014). Geological storage of CO_2 has a number of conditions, the most important of which are an adequate reservoir rock with sufficient porosity, thickness, and permeability (Solomon et al., 2008), a caprock with excellent sealing capacity, and an environmentally stable geological environment. Requirements such as distance from the source of CO_2, effective storage capacity, paths for potential leakage, and in general economic constraints may make it impractical to use a location as a carbon storage facility (Leung et al., 2014). It was described in detail by Bachu (2000) in terms of the criteria and approaches for selecting suitable geological sites for CO_2 storage, which included factors such as the basin's tectonic setting and geology, its geothermal regime, the hydrology of formation waters, the presence of hydrocarbons, and the basin's maturity. Aside from it, economic considerations relating to infrastructure and socio-political factors will have an impact on the choice of location. Furthermore, although techniques for geological storage can be derived from existing processes, however, there is a limited knowledge about the potential long-term environmental effects of large amounts of CO_2 stored. Distinct geological settings have different criteria for determining their suitability as CO_2 storage regions, which are addressed in detail below.

9.8.1 Saline aquifers

Deep saline aquifers offer more viable storage area for potential CO_2 sequestration, with the potential to store up to 10,000 Gt of CO_2 globally (Bachu, 2003). The following are the trapping processes that keep the CO_2 molecules trapped in the aquifers in place: The trapping of water vapor includes hydrodynamic and residual trapping as well as pore size trapping, solubility trapping, and mineral trapping (Pruess, 2003). The convection currents generated by the density and concentration gradients in the brine pockets have a significant impact on the storage dynamics of the brine pockets. Among the major elements that influence the effect of CO_2 migration in relation to brine are multiphase flow dynamics, geochemical interactions, geomechanical properties, porosity, and permeability (Bandilla et al., 2015). When it became necessary to dispose of acid-gas (a combination of H_2S and CO_2) from sour gas wells in Canada in the 1990s (Bachu and Gunter, 2005), injections started to be carried out in the country. Following that, commercially viable operations were created in the Sleipner field (in the Norwegian part of the North Sea), Snhvit (offshore Norway), and In Salah (Algeria), with around 15 million tons of CO_2 successfully injected between 1996 and 2007 (Michael et al., 2010; Herzog et al., 1993). A number of other pilot size and commercial projects have been proposed, including those in Gorgon, Australia, Nagaoka, Japan, and Ketzin, Germany, as well as efforts by the Department of Energy's Regional Carbon Sequestration Partnership (RCSP) (Vishal and Singh, 2016). Despite the fact that there is ambiguity about the environmental consequences of CO_2 storage in aquifers, the majority of research show that unfavorable effects may be reduced by selecting appropriate sites (Davis et al., 2005). Aquifers that are suitable for this purpose will have an impermeable cap, which will prevent the release of injected CO_2, and a high permeability and porosity below the cap, which will enable huge volumes of injected CO_2 to be spread evenly (Herzog et al., 1997). The majority of such aquifers are salty and geologically isolated from shallower freshwater sources. Furthermore, the possibility of CO_2 leaking into groundwater drinking sources exists in theory, although the likelihood of this happening is very low. Various liquid and gaseous pollutants have been allowed to be stored in deep aquifers in certain states, and this is becoming more common. While it is anticipated that injected CO_2 would initially displace formation water, the CO_2 will gradually dissolve into the pore fluids. Ideally, chemical interactions between absorbed CO_2 and surrounding rock would result in the creation of very stable carbonates, which might result in extended storage durations for the carbon dioxide (Johnson, 2000).

9.8.2 Depleted oil and gas reservoirs

Several factors make depleted oil and gas reservoirs ideal candidates for the long-term storage of CO_2. The first proof of integrity and safety is the fact that oil and gas initially gathered in traps (structural and stratigraphic) did not escape in some instances for many millions of years. Most oil and gas fields have been thoroughly analyzed for their geological structure and physical attributes. Third, oil and gas companies have created computer models to forecast hydrocarbon transport, displacement behavior, and entrapment. As a last option, some of the existing infrastructure and wells might be repurposed for CO_2 storage (Anderson et al., 2005). Furthermore, conventional oil and gas reservoirs, especially old and depleted oil and gas formations, have been one of the most popular targets for the carbon sequestration and storage operations: (1) they have been extensively geologically characterized; (2) the underground and surface infrastructure has already been developed; (3) enhanced oil recovery (EOR) may be used because CO_2 reduces oil viscosity and interfacial tension and, in some cases, becomes miscible with it, and (4) results in enhanced CH_4 recovery due to CO_2's preferential absorption over CH_4. The majority of these oil and gas reservoir rocks are made of sandstone, limestone, and dolomite, and they have enough porosity and permeability to support huge CO_2 volume injections. They also feature well-defined low permeability caprocks, such as shale, anhydrite, or tight carbonates, which restrict leaking into shallower strata (Sharma et al., 2021). Moreover, hydrocarbons in depleted fields will not be negatively impacted by CO_2, and a CO_2 storage strategy may be tailored to increase oil or gas output in hydrocarbon fields that are still producing. However, in many mature farms, wells were simply filled with a mud-laden fluid many decades ago. Nevertheless, Anderson et al. (2005) argued that cement plugs had to be strategically placed in the wellbore, but without any regard for the fact that they may 1 day be depended upon to retain CO_2. Since the caprock must be examined, the condition of wells that penetrate the caprock (Winter and Bergman, 1993). Even identifying the wells may be challenging in certain circumstances; therefore, pressure and tracer monitoring may be required to certify the integrity of the caprock. The reservoir's capacity is limited by the requirement to prevent damaging the caprock due to pressures that are too high. There should be no effect on reservoir permeability from near-injector clogging and changes in reservoir stress (Kovscek, 2002; Bossie-Codreanu et al., 2003). According to Ajayi et al. (2019), geologic formations with the properties necessary for a storage site are existent and have been used for geologic sequestration. It is a significant advantage that they have already been well characterized. Additionally, the safe and secure character of these formations, which have been shown to be capable of storing large quantities of oil and gas for extended periods of time, makes them ideal candidates. It is possible to have more confidence in these formations by using numerical computer models that have already been history matched. The infrastructure and wells that were used in the construction of these fields are likewise accessible for CO_2 injection purposes. In depleted reservoirs, storage capacity is greatly reduced owing to the necessity to prevent exceeding pressures that might fracture the caprock and because of the enormous leakage hazard provided by the abandoned wells, which must be avoided at all costs.

9.8.3 Enhanced oil recovery

Enhanced oil recovery (EOR) by CO_2 flooding (injection) provides the opportunity for economic advantage from more oil output. Conventional primary production typically recovers 5%–40% of the initial oil in situ (Holt et al., 1995). Secondary recovery, which employs water flooding, produces an extra 10%–20% of the oil in situ (Bondor, 1992). Various miscible agents, including CO_2, have been used for enhanced (tertiary) oil recovery, or EOR, with additional oil recovery ranging from 7% to 23% (on average 13.2%) of the original oil in situ (Martin and Taber, 1992; Moritis, 2003). CO_2-EOR project schematic with carbon sequestration is presented in Fig. 9.5. Numerous CO_2 injection techniques, such as continuous CO_2 injection or alternating water and CO_2 gas injection, have been proposed (Klins and Farouq Ali, 1982; Klins, 1984). The displacement of oil by CO_2 injection is based on the phase behavior of CO_2 and crude oil mixes, which is highly sensitive on reservoir temperature, pressure, and crude oil composition. Oil swelling and viscosity reduction for injection of immiscible fluids (at low pressures) to entirely miscible displacement in high-pressure applications are examples of these processes. More than half, and up to 67%, of the injected CO_2 returns with the produced oil in these applications (Bondor, 1992), and is routinely separated and re-injected into the reservoir to save operating costs. The rest is retained in the oil reservoir by a variety of mechanisms, including irreducible saturation and dissolution in reservoir oil that is not produced, as well as in pore space that is not linked to the flow channel for the producing wells.

The majority of CO_2-EOR projects temporarily store a large amount of CO_2 injected into the oil reservoir because the withdrawal of an EOR project usually requires the "blowing down" of the reservoir pressure to tap oil recovery, resulting in the release of CO_2, with a small but significant amount of the injected CO_2 remaining dissolved in the immobile oil (Vishal and

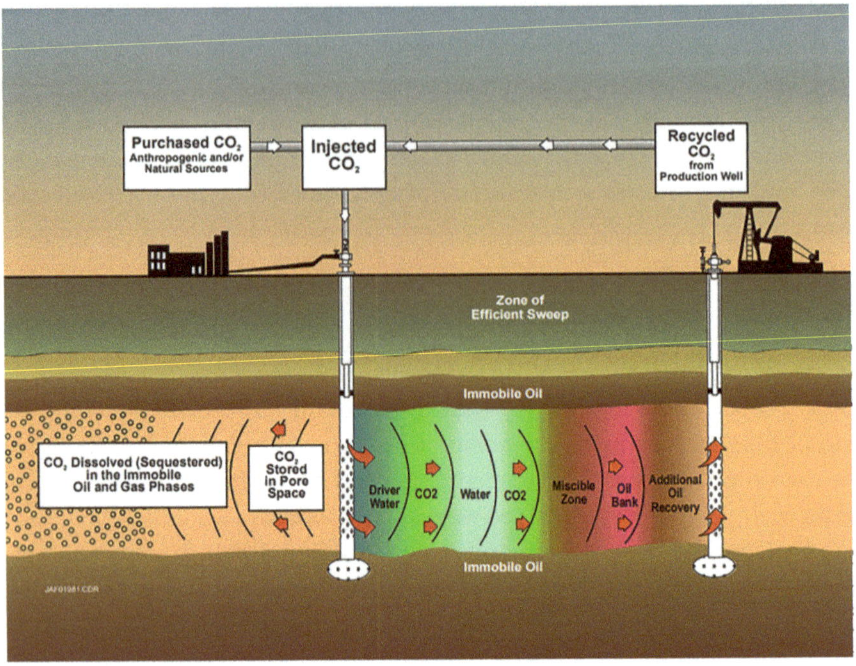

Fig. 9.5 Schematic of CO_2 sequestration in CO_2-EOR operations (Melzer, 2010).

Singh, 2016). Oil reservoirs may need to fulfill extra requirements for greater CO_2 storage in EOR operations (Klins, 1984; Taber et al., 1997; Kovscek, 2002; Shaw and Bachu, 2002). Typically, the depth of a reservoir must be at least 600 m. For oils with a gravity of 12–25 API, injecting immiscible fluids is usually sufficient. Light, low-viscosity oils (oil gravity 25–48 API) are suitable for the more desired miscible flooding. Due to factors such as oil composition and gravity, temperature, and purity of CO_2 in the reservoir, miscible floods need a greater reservoir pressure than the minimal miscibility pressure (10–15 MPa) (Metcalfe, 1982). Other recommended characteristics for both forms of floods are thin reservoirs (less than 20 m), a high reservoir angle, homogeneous formation, and limited vertical permeability to effectively remove the oil. The lack of natural water flow, a significant gas cap, and significant natural cracks are favored in horizontal reservoirs. Thickness and permeability of the reservoir are not important considerations. CO_2 storage efficiency is also affected by reservoir heterogeneity. The lower density of CO_2 compared with the heavier oil and water in the reservoir causes it to rise to the top of the reservoir, which reduces the storage capacity of the reservoir and reduces the amount of oil that can be recovered. By pushing CO_2 to spread laterally and delaying its ascent to the reservoir's top, reservoir heterogeneity might have a favorable influence on storage capacity by allowing the gas to invade the formation more completely (Bondor, 1992).

9.8.4 Deep ocean storage

Oceans have the greatest potential as a sink for anthropogenic CO_2, with an estimated 40,000 GtC (billion metric tons of carbon) compared to atmospheric CO_2 level of 750 GtC and 2200 GtC in the terrestrial biosphere. According to the statistics estimations, doubling the atmospheric concentration of the CO_2 would only result in a 2% change in concentration if it is injected into the deep ocean and would also reduce its pH by less than 0.15 units (Vishal and Singh, 2016). To better understand the mechanisms behind ocean CO_2 storage, a fundamental knowledge of CO_2 and seawater characteristics must be addressed. Furthermore, the discharge mechanism of CO_2 in its liquid phase is desirable for effective and economical delivery as it is injected at a depth more than 3000 m to prevent it from ascending and being blended back into the atmosphere. Moreover, CO_2 creates a thick hydrate at such depths owing to high pressure ($>$44.4 atm) and low temperature (10°C). In addition, studies are being conducted to find alternate methods for injecting CO_2 as bicarbonate ions in solution. This would be inaccurate if it was suggested that CO_2 injection would not acidify marine water. However, procedures exist to limit the extent of the effect, such as dispersion of the injected CO_2 by an array of diffusers or addition of powdered limestone to the injected CO_2 to buffer carbonic acid (Williams, 2001; Herzog et al., 1993).

9.9 Carbon interaction and sequestration in unconventional resources

Unconventional resources are most likely abundant, but their nature and distribution are not fully known. It is known to exist in vast quantities, but it does not readily flow toward current wells for commercial recovery. Naik (2003) added that unconventional reservoirs are less prevalent and less well known than traditional petroleum reservoirs such as sandstone and carbonate, fractured, tight. However, unconventional petroleum reservoirs are becoming an increasingly significant source of petroleum supply. Tight reservoirs do not have natural fissures, yet they are unable to be economically produced without the use of hydraulic fracturing. Unconventional reservoirs include tar, bitumen, and heavy oil reservoirs, as well as coalbed methane, shale, and basin-center gas reservoirs. In order to be economically viable, unconventional reservoirs must depend on evolving exploration tactics and novel production technology. All of these reservoirs are becoming more major contributors to the world's oil and gas reserves and production as a collective. It is common perception that unconventional reservoirs, such as fractured, tight, and unconventional reservoirs, are more expensive and riskier than conventional reservoirs. In addition, geologists have discovered that techniques such as regional facies mapping and sequence stratigraphy, which are useful for locating and delineating conventional reservoirs, are often ineffective for locating and delineating fractured, tight, and unconventional reservoirs, according to their findings. Engineers are wary of them because they are difficult to analyze and because recovery strategies must be carefully selected and deployed in order to minimize production difficulties. As a result of recent technological developments, an increasing number of these accumulations are becoming economically viable. Coupling the application of CO_2 and storage in unconventional formation could combine its potential to store the CO_2 underground and produce the residual remaining bypassed oil or gas that has been left behind.

There are a number of CO_2-assisted recovery technologies, such as supercritical extraction, CO_2 injection via huff and puff, or CO_2 flooding, that take advantage of the favorable physical and chemical properties of CO_2 at reservoir conditions, where it typically exists above its critical point (31.1°C, 7.38 mpa). Swelling of the oil phase, as well as the reduction in viscosity and interfacial tension (IFT), contribute to the improved displacement of residual oil that would otherwise remain unrecovered, especially with the high diffusivity, low viscosity, and higher miscibility of supercritical CO_2 (sc-CO_2) (Lan et al., 2019). CO_2 preferentially adsorbs on organic matter in coalbeds, resulting in the desorption of CH_4 and so boosting methane recovery via increased gas recovery in unconventional organic-rich formations such as coalbeds (Prusty, 2008). In gas shale formations, this method has also been successful (Godec et al., 2014; Tao and Clarens, 2013). As a consequence, geological storage of CO_2 in conjunction with enhanced oil and gas (EOR) recovery might have the dual advantage of increasing hydrocarbon recovery factors while also reducing greenhouse gas emissions (Liu et al., 2019). Conclusively, two examples of carbon sequestration in unconventional formations are described below that has gained recent research interest.

9.9.1 Unmineable coalbed seams

In the enhanced coalbed methane (ECBM) recovery technique, carbon dioxide (CO_2) has been used to aid in the recovery of methane from coal seams, which has been shown to be effective (Busch and Gensterblum, 2011; Mukherjee and Misra, 2018; Pan et al., 2018). With a ratio of 2:1, the exposed coal surface has a preferential chemical attraction for CO_2 adsorption over methane, which supports its use in EOR. As a result, CO_2 may be utilized to boost the recovery of coalbed methane (CBM), which may be highly cost-effective or even free, since the increased methane removal can offset the expense of CO_2 storage operations. The overall global potential for CBM is estimated to be roughly 2 trillion scm, with around 7.1 billion tons of connected CO_2 storage capacity (Vishal and Singh, 2016). The methane produced from this source has the potential to be used as an energy source. Coalbeds feature very wide fracture networks, which allow gas molecules to flow into the matrix and desorb methane that has been strongly adsorbed to the coal. When compared to traditional procedures, CO_2 has been shown to increase methane recovery to around 90% from 50% when used in conjunction with them. After the methane has been retrieved from the formations, the CO_2 injected into the formations is stored. Storage in coalbeds may occur at lesser depths than in other formation types, and as a result, it is reliant on CO_2 adsorption on the coal surface to provide sufficient storage capacity (Ajayi et al., 2019). However, the technical feasibility of this storage procedure is highly dependent on the permeability of the coal, which is determined by the depth variation of the coal combined with the effects of effective stress on coal cracks (Metz et al., 2005). Furthermore, the San Juan Basin, which is the home to the world's first ECBM project, has reported on the viability of commercial CO_2 injection into coalbeds and seams after conducting laboratory and field tests (Reeves, 2001). Other improved coalbed methane recovery initiatives reported throughout the world for laboratory and field testing include the Sydney Basin in Australia and deep coalbed methane in Alberta, Canada (Saghafi et al., 2007; Gunter et al., 1997).

9.9.2 Shale gas reservoirs

Carbon storage in unconventional reservoirs is thought to have two particularly appealing characteristics: (1) the presence of a fracture network that has developed over time, and (2) the possibility of using the injected CO_2 into the ground to increase the production of residual hydrocarbons.

There are oil and gas shale deposits as well as organic-rich shale deposits in various places of the world. The trapping process for oil shale is similar to that for coalbeds, and it involves CO_2 adsorption onto organic material in the same way. It is possible that carbon dioxide-enhanced shale gas production (such as ECBM) will result in lower storage costs. Although the potential for CO_2 storage in oil or gas shale is presently unclear, the huge quantities of shale available imply that the storage capacity may be substantial. These shales may be restricted in volume if site-selection criteria such as minimum depth are created and applied to them, but the very poor permeability of these shales is likely to impede the injection of substantial amounts of CO_2 (Anderson et al., 2005). However, there are various advantages for CO_2 storage in shale gas (Sun et al., 2020): CO_2 can enhance the recovery of shale gas, and the storage capacity is considered significant for storage. In addition, there is no possibility for CO_2 to leak due to the tight characteristics of shale formation. Furthermore, gas shale contains a lot of nanopores, and it can adsorb CO_2 strongly, which is propitious to CO_2 storage. Also, it has been proved that gas shale has a stronger affinity to CO_2 than to CH_4. There are several case studies and research that prove the success behind utilizing carbon storage in unconventional shale gas formations (see Table 9.7).

9.10 Carbon trapping mechanisms

The ultimate distribution of CO_2 in a reservoir is the result of many factors. Structural or stratigraphic trapping, residual trapping, mobility trapping, and mineral trapping are some of the methods. These mechanisms kick in at various points during the CO_2 mitigation process's overall lifetime. For example, structural trapping is in charge of initial CO_2 containment and safe storage. Residual and solubility trapping are critical in the dispersion and migration of the CO_2 plume, and they help to accelerate geochemical trapping when the CO_2 comes into contact with more rock minerals as it expands outwards in the reservoir layer (Metz et al., 2005). When geochemical trapping or mining starts, CO_2 will no longer be able to exit the reservoir in any way, and the CO_2 geological storage may be considered secure since leakage concerns are reduced (Vishal and Singh, 2016). The geological and petrophysical properties of the target formation influence CO_2 storage capacity, confinement, and injectivity. The supercritical CO_2 injected underground is safely trapped by two key trapping methods (1) physical trapping and (2) geochemical trapping. To guarantee long-term storage, the efficacy of the storage process is determined by a combination of both

Table 9.7 Research behind the success of utilizing CO_2 in unconventional shale gas.

Khan et al. (2012)	Studied the feasibility and economic benefits of shale gas produced by CO_2 based on numerical simulation
Moinfar et al. (2013)	Established a complex fracture model to simulate the improvement of shale gas recovery by injecting CO_2
Sun et al. (2013)	Proved that CO_2 sequestration with enhanced natural gas recovery can achieve CO_2 sequestration and enhance CH_4 recovery in shale gas reservoirs, and the injection pressure has a huge impact on CO_2 storage and natural gas production rate
Liu et al. (2013)	Proved that CO_2 storage in shale reservoirs is feasible; over 95% of the injected CO_2 is effectively sequestered instantaneously, with gas adsorption being the dominant storage mechanism
Li and Elsworth (2015)	Proved that injecting CO_2 into shale gas reservoirs is beneficial to increase the permeability of fracture
Bacon et al. (2015)	Developed simulations of methane production and supercritical carbon dioxide injection, and they found that CH_4 desorption from clays is greater than that from organic matter after injecting CO_2
Sang et al. (2016)	Proved that pressure is an important factor affecting the ultimate recovery of shale gas, and a pressure depletion scheme can affect the process of gas production in shale deeply
Liu et al. (2019)	Presented a novel methodology based on nuclear magnetic resonance (NMR). It can be used to measure the enhanced gas recovery (EGR) efficiency caused by CO_2 injection
Sun et al. (2020)	Developed an experimental study and proved that the pressure, temperature, and moisture have a relatively strong effect on the isothermal adsorption of shale gas

trapping mechanisms (Metz et al., 2005). Fig. 9.6 depicts the illustration of the various CO_2 trapping mechanisms.

9.10.1 Physical trapping

Physical entrapment is a method in which CO_2 retains its physical properties after being injected into an aquifer or reservoir, and the flow of CO_2 is impeded by physical low-permeability barrier. The physical trapping mechanisms may be subdivided into the following (Jiang, 2011; Ajayi et al., 2019):

- structural (hydro-stratigraphic) trapping
- residual (capillary) trapping
- sorption trapping

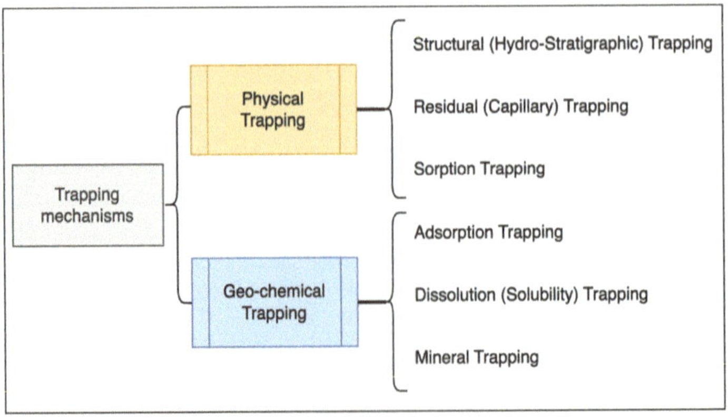

Fig. 9.6 CO_2 trapping mechanisms in geological formations.

9.10.1.1 *Structural (hydro-stratigraphic) trapping*

Structural trapping is the most common kind of trapping seen during geological sequestration, and a similar process has kept oil and gas safe below for centuries. Anticlines coated with caprocks (an ultra-low-permeability layer), stratigraphic traps with/without sealed faults, are used for CO_2 storage as a mobile phase or supercritical fluid. It is critical to maximize this storage mechanism in order to guarantee that the CO_2 injected stays underground for up to dozens of years after injection (Ambrose et al., 2008; Jiang, 2011). Viscous forces are the dominating factors for CO_2 migration throughout the injection procedure in the desired formation, CO_2 is then stored as a function of depth in either the supercritical or gas phase at the corresponding pressure and temperature (Ajayi et al., 2019). When the injection is stopped, the supercritical CO_2 tends to migrate upward through the porous and permeable rock due to the buoyancy effect caused by its density difference compared with other reservoir fluids, and laterally via preferential pathways until it reaches a caprock, fault, or other sealed discontinuity (Han, 2008). This will inhibit additional CO_2 movement, as demonstrated in Fig. 9.7.

9.10.1.2 *Residual (capillary) trapping*

During residual capillary trapping, at first when CO_2 is introduced into the reservoir, it initially displaces the brine. However, when the injection is stopped, the CO_2 moves in two directions: upward due to density differences and laterally due to viscous forces. Thus, the wetting phase (brine) is introduced into the pores through the less-wetting phase (CO_2). Then, the brine starts displacing the CO_2, resulting in considerable CO_2 saturation that

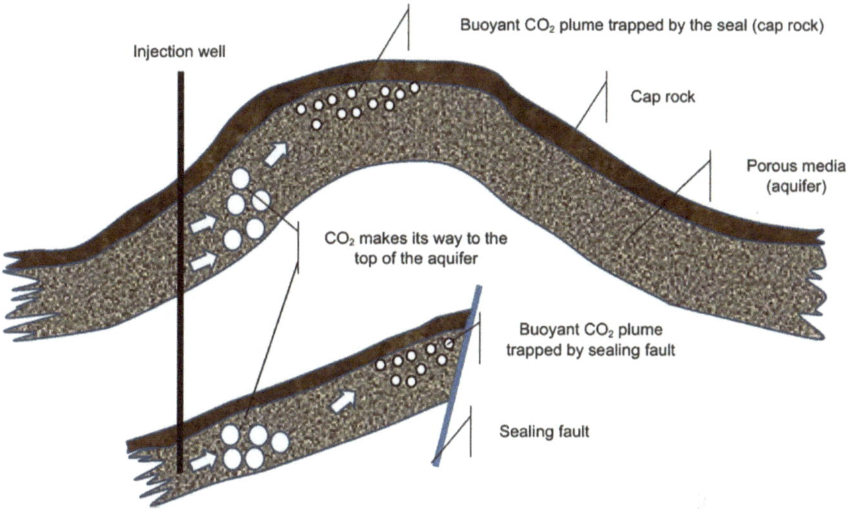

Fig. 9.7 Physical trapping of injected CO_2 as a result of the formation structure (Ajayi et al., 2019).

becomes trapped in tiny clusters of pores (Ajayi et al., 2019). CO_2 that has been detached is then locked in an immobile phase. This technique of trapping is referred to as residual trapping or capillary trapping. Furthermore, as reported by Saadatpoor et al. (2010), surface tension between CO_2 and brine serves to block CO_2 transport, resulting in a greater capillary entry pressure than the normal rock pressure. Therefore, CO_2 gets trapped in the pores at this moment due to residual gas saturation. Fig. 9.8 describes the snap-off and trapping of the gas phase that occurs as a result of the existence of an imbibition saturation path. The plume leaves behind a trail of immobile CO_2 as it rises (Juanes et al., 2006).

Additionally, residual trapping is often encountered in rocks with micro-capillary heterogeneities. Recent research indicate that capillary trapping is a more efficient short-term CO_2 trapping process than other short-term CO_2 trapping mechanisms (Burnside and Naylor, 2014; Lamy et al., 2010). Its effectiveness is owing to the presence of stronger capillary forces than buoyant forces, which results in CO_2 appearing as pore-scale bubbles rather than being trapped by a slightly weakened caprock. Additional findings show that the residual trapping may severely restrict the mobility of injected CO_2, leading to a considerable proportion of CO_2 trapping in the hysteresis model. Furthermore, residual gas was shown to have a significant impact on CO_2 storage.

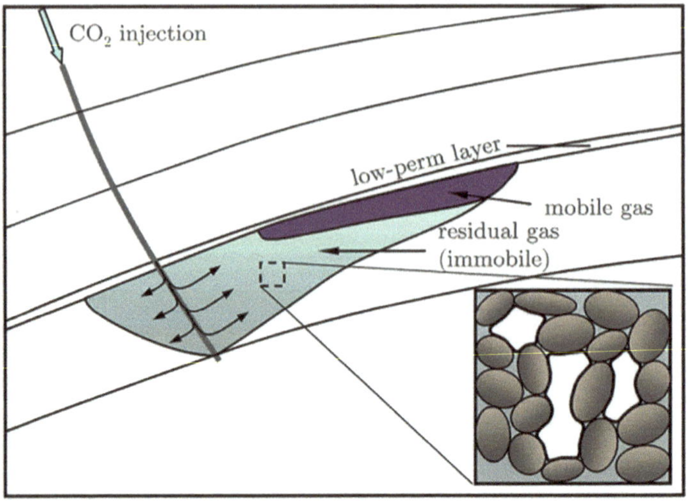

Fig. 9.8 CO_2 residual (capillary) trapping schematic prevailing the impact of relative permeability hysteresis on geological CO_2 storage (Juanes et al., 2006).

9.10.1.3 Sorption trapping

Sorption and structural entrapment are two processes that are considered complementary, despite the fact that they take place in the same pore spaces. As shown in Fig. 9.9, sorption capacity is determined in terms of absolute quantities. It is important to note that a sorbed layer will cover a certain volume of the pore space dependent on its physical parameters (density and volume). Because of this, the amount of pore space that is accessible to bulk CO_2 is decreased. If the sorbed phase density is greater than the bulk density, any storage capacity will benefit from this trapping process, since part of the injected CO_2 will not contribute to pressure building and will instead improve the total storage capacity, regardless of the storage capacity (Busch et al., 2016).

Furthermore, while utilizing manometric and gravimetric sorption devices, as well as neutron diffraction methods, it has been shown in various investigations (Busch and Gensterblum, 2011) using high pressures (>10 MPa) that the excess sorption capacity may turn negative. This indicates that the average density of the sorbed layer is lower than the average density of bulk CO_2, and thus, the same quantity of fluid in the sorbed layer will occupy a greater volume when compared to the average density of bulk CO_2. In addition, Busch et al. (2016) argued that an immediate practical implication is that the same amount of CO_2 injected will result in greater pressures in a reservoir with negative excess sorption capacity.

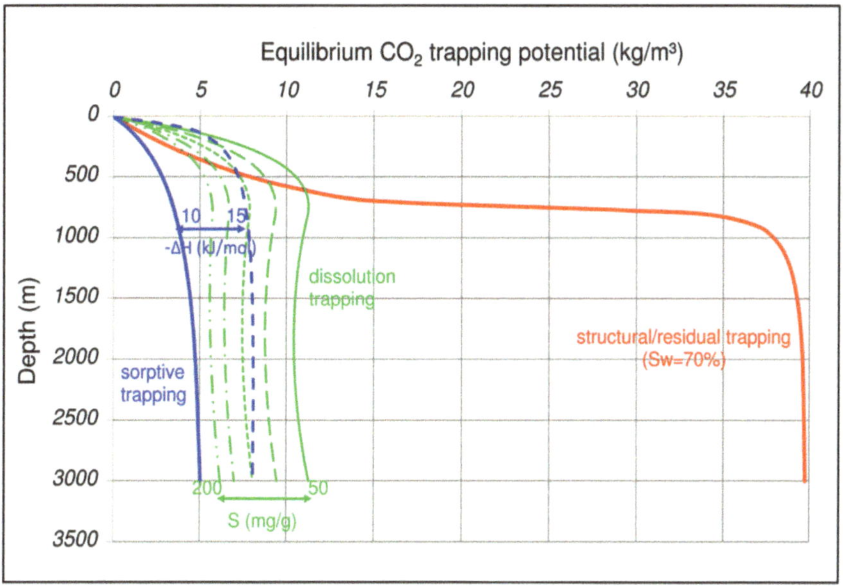

Fig. 9.9 Equilibrium sorption, dissolution, and structural/residual trapping potential versus depth (Busch et al., 2016).

9.10.2 Geochemical trapping

Geochemical entrapment occurs when CO_2 undergoes a sequence of geochemical interactions with the formation brine and the rock, causing it to alter its physical and chemical characteristics and to cease to exist in either the mobile or immobile phase. This interaction guarantees that CO_2 is no longer present as a distinct phase and boosts storage capacity significantly, making it an appropriate characteristic for long-term storage (Ajayi et al., 2019). There are several trapping mechanisms that fall under geochemical trapping these include

- adsorption trapping
- dissolution (solubility) trapping
- mineral trapping
- hydrodynamic trapping

9.10.2.1 Adsorption trapping

Particularly in shale gas reservoirs, adsorption trapping mechanisms may be the predominant mechanism taking place. Furthermore, gas occurs in shale gas reservoirs in two forms: as free gas and as adsorbed gas. Total organic carbon concentration (TOC) in shales may range from 0.5% to 50%, depending on the kind of shales (Merey and Sınayuç, 2013). Therefore, the quantity of adsorbed gas rises in proportion to the increase in TOC. Furthermore, the adsorption capability of shales increases with the amount of clay present (Heller and Zoback, 2011; Ross and Bustin, 2009). Given the heterogeneity of shale gas reservoirs, the adsorption capacity may vary from 20% to 85%, depending on the TOC, clay concentration (Lancaster and Hill, 1993). In shale gas reservoirs, intermolecular interactions exist between gas molecules (mostly CH_4 and its impurities, or CO_2 if it is sequestered) and the solid surface of shales, resulting in the formation of gas bubbles (including organic materials and clays). The process of gas accumulation on a solid surface is known as adsorption when the intermolecular interactions between gas molecules are stronger than the forces between gas molecules in the surrounding medium (Mengal and Wattenbarger, 2011). The gas molecules that have been adsorbed are referred to as "adsorbate," and the solid substance is referred to as "adsorbent" (Thomas and Crittenden, 1998). Adsorption rises in response to a fall in temperature or a rise in pressure. Adsorbed gas is released during desorption, which occurs in the opposite scenario (Mohammad et al., 2009). The adsorption process is exothermic, whereas the desorption process is endothermic (Thomas and Crittenden, 1998). Adsorption and desorption become critical for generating gas from shale gas reservoirs or sequestering CO_2 into shale gas reservoirs, depending on TOC and clay concentration. In the event that horizontal wells and hydraulic fracturing are successfully completed, desorption will occur from shale surfaces to matrix pores and fractures, as shown in Fig. 9.10A, due to a decrease in reservoir pressure as a result of increased production (Merey, 2019).

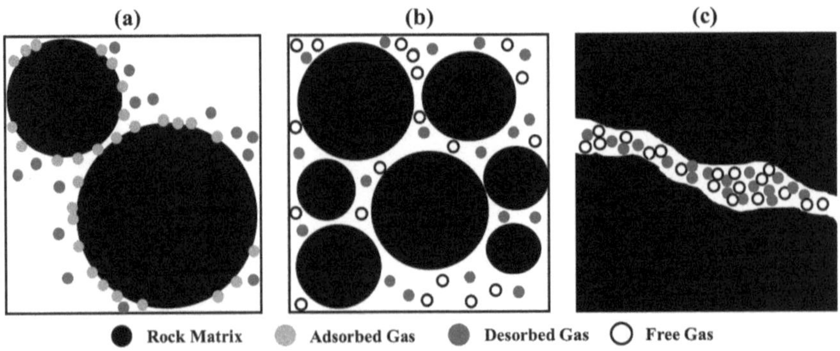

Fig. 9.10 CO_2 adsorption and desorption process

Desorbed gas and free gas move into the matrix and subsequently into the wellbore, as seen in Fig. 9.10B and C, respectively. If CO_2 is sequestered in a shale gas reservoir, the process is reversible. According to Fig. 9.10, understanding flow dynamics in shale gas reservoirs requires an understanding of the adsorption and desorption processes (Song et al., 2011).

9.10.2.2 Dissolution (solubility) trapping

CO_2 dissolves in other fluids in either the supercritical or gaseous phase in the same way as sugar dissolves in tea (Ajayi et al., 2019). Solubility trapping occurs as a consequence of CO_2 dissolution in brine, resulting in thick CO_2-saturated brine. Thus, it no longer exists as a distinct phase at this moment, which removes any buoyancy impact. After injection, CO_2 would travel upwards to the interface between the reservoir and caprock, then spread laterally beneath caprock as a distinct phase. When CO_2 comes into touch with the ambient formation brine and hydrocarbon, mass transfer takes place, with CO_2 dissolving into the brine until an equilibrium condition is attained. In addition, CO_2 solubility in water is affected by salinity, pressure, and temperature of the formation water (Chang et al., 1996). Furthermore, CO_2 dissolves into water by molecular diffusion at the boundary of the free gas phase and formation water. When water comes into contact with CO_2, it becomes saturated with CO_2, and the CO_2 concentration gradient forms. Because the molecule diffusion coefficient is minimal, this process is significantly slow, where the CO_2 will take millions of years to dissolve entirely in brine (Lindeberg and Wessel-Berg, 1997). Hence, CO_2-saturated brine becomes denser than the surrounding reservoir fluids and sinks to the formation's bottom over time, resulting in more secure CO_2 trapping. CO_2 dissolution in the aqueous phase produces weak carbonic acid, which decomposes over time into H^+ and HCO_3^- ions (Eq. 9.2).

$$CO_{2(aq)} + H_2O \leftrightarrow H^+ + HCO_3^- \tag{9.2}$$

It may also be combined with other cations in the formation brines to generate insoluble ionic species, as shown in Eqs. (9.3)–(9.5). The solubility of CO_2 in formation water reduces as temperature and salinity rise (Ajayi et al., 2019).

$$Ca^{2+} + CO_{2(aq)} + H_2O \leftrightarrow H^+ + CaHCO_{3(aq)} \tag{9.3}$$

$$Na^{2+} + CO_{2(aq)} + H_2O \leftrightarrow H^+ + NaHCO_{3(aq)} \tag{9.4}$$

$$Mg^{2+} + CO_{2(aq)} + 2H_2O \leftrightarrow 2H^+ + Mg(HCO_3)_{2(aq)} \quad (9.5)$$

9.10.2.3 Mineral trapping

Mineral entrapment is the process by which CO_2 is incorporated into a stable mineral phase via interactions with other minerals and organic materials in the formation. Over time, the CO_2 injected into the formation water will dissolve and trigger a range of geological processes. Some of these reactions may be advantageous, assisting in chemically containing or "trapping" CO_2 as dissolved species and the production of new carbonate minerals; others may be detrimental, assisting in CO_2 migration. It is critical to comprehend the cumulative effect of these opposing processes. These processes, however, will be influenced by the structure, mineralogy, and hydrogeology of the existing lithologies (Rochelle et al., 2004). CO_2 in the aqueous phase generates a weak acid that combines with rock minerals to form bicarbonate ions with a variety of cations depending on the formation's mineralogy. The following is an example of such a process using potassium basic silicate Eq. (9.6) and calcium Eq. (9.7) (Ajayi et al., 2019):

$$3K - \text{feldspar} + 2CO_{2(aq)} + 2H_2O \leftrightarrow \text{Muscovite} + 6\text{Quartz} + 2K^+ + 2HCO_3^- \quad (9.6)$$

$$Ca^{2+} + CO_{2(aq)} + H_2O \leftrightarrow \text{Calcite} + 2H^+ \quad (9.7)$$

According to the mineralogy of the rock formations, precipitation of carbon dioxide minerals is inevitably generated by chemical interactions with the rock formations themselves (Ajayi et al., 2019). The feasibility of CO_2 sequestration forecasts is thus dependent on the accuracy of geochemical modeling of these events (Benson and Cole, 2008). Because of the dependence of this trapping process on the minerals in the rock, the pressure of the gas, temperature, and porosity of the rock, it has been discovered to cause considerable variations in the permeability and porosity of the rock (Kampman et al., 2014).

References

Ajayi, T., Gomes, J.S., Bera, A., 2019. A review of CO2 storage in geological formations emphasizing modeling, monitoring and capacity estimation approaches. Pet. Sci. 16 (5), 1028–1063.

Ambrose, W.A., Lakshminarasimhan, S., Holtz, M.H., Núñez-López, V., Hovorka, S.D., Duncan, I., 2008. Geologic factors controlling CO2 storage capacity and permanence: case studies based on experience with heterogeneity in oil and gas reservoirs applied to CO2 storage. Environ. Geol. 54 (8), 1619–1633.
Anderson, J., Bachu, S., Nimir, H.B., Basu, B., Bradshaw, J., Deguchi, G., Gale, J., Von Goerne, G., Heidug, W., Holloway, S., Kamal, R., 2005. Underground Geological Storage. Cambridge University Press.
Azarabadi, H., Lackner, K.S., 2020. Postcombustion capture or direct air capture in decarbonizing US natural gas power? Environ. Sci. Technol. 54 (8), 5102–5111.
Bachu, S., 2000. Sequestration of CO2 in geological media: criteria and approach for site selection in response to climate change. Energy Convers. Manag. 41 (9), 953–970.
Bachu, S., 2003. Screening and ranking of sedimentary basins for sequestration of CO2 in geological media in response to climate change. Environ. Geol. 44 (3), 277–289.
Bachu, S., Gunter, W.D., 2005. Overview of acid-gas injection operations in western Canada. In: Greenhouse Gas Control Technologies 7. Elsevier Science, pp. 443–448.
Bacon, D.H., Yonkofski, C.M., Schaef, H.T., White, M.D., McGrail, B.P., 2015. CO2 storage by sorption on organic matter and clay in gas shale. J. Unconv. Oil Gas Resour. 12, 123–133.
Bandilla, K.W., Celia, M.A., Birkholzer, J.T., Cihan, A., Leister, E.C., 2015. Multiphase modeling of geologic carbon sequestration in saline aquifers. Groundwater 53 (3), 362–377.
Benson, S.M., Cole, D.R., 2008. CO2 sequestration in deep sedimentary formations. Elements 4 (5), 325–331.
Bondor, P.L., 1992. Applications of carbon dioxide in enhanced oil recovery. Energy Convers. Manag. 33 (5), 579–586.
Bossie-Codreanu, D., Le-Gallo, Y., Duquerroix, J.P., Doerler, N., Le Thiez, P., 2003. CO_2 sequestration in depleted oil reservoirs. In: Gale, J., Kaya, Y. (Eds.), Proceedings of the 6th International Conference on Greenhouse Gas Control Technologies (GHGT-6), 1–4 October 2002, Kyoto, Japan, Pergamon. vol. I, pp. 403–408.
Burnside, N.M., Naylor, M., 2014. Review and implications of relative permeability of CO2/brine systems and residual trapping of CO2. Int. J. Greenhouse Gas Control 23, 1–11.
Busch, A., Bertier, P., Gensterblum, Y., Rother, G., Spiers, C.J., Zhang, M., Wentinck, H.-M., 2016. On sorption and swelling of CO2 in clays. Geomech. Geophy. Geo-Energy Geo-Resour. 2 (2), 111–130.
Busch, A., Gensterblum, Y., 2011. CBM and CO2-ECBM related sorption processes in coal: a review. Int. J. Coal Geol. 87 (2), 49–71.
Celia, M.A., Nordbotten, J.M., 2009. Practical modeling approaches for geological storage of carbon dioxide. Groundwater 47 (5), 627–638.
Chadwick, R.A., Noy, D.J., Holloway, S., 2009. Flow processes and pressure evolution in aquifers during the injection of supercritical CO2 as a greenhouse gas mitigation measure. Pet. Geosci. 15 (1), 59–73.
Chang, Y.B., Coats, B.K., Nolen, J.S., 1996 March. A compositional model for CO2 floods including CO2 solubility in water. In: Permian Basin Oil and Gas Recovery Conference. OnePetro.
Davis, L.A., Graham, A.L., Parker, H.W., Abbott, J.R., Ingber, M.S., Mammoli, A.A., Mondy, L.A., Guo, Q., Abou-Sayed, A., 2005. Maximizing Storage Rate and Capacity and Insuring the Environmental Integrity of Carbon Dioxide Sequestration in Geological Reservoirs. Texas Tech Univ., Lubbock, TX (United States).
Doughty, C., Freifeld, B.M., Trautz, R.C., 2008. Site characterization for CO2 geologic storage and vice versa: the Frio brine pilot, Texas, USA as a case study. Environ. Geol. 54 (8), 1635–1656.

Figueroa, J.D., Fout, T., Plasynski, S., McIlvried, H., Srivastava, R.D., 2008. Advances in CO2 capture technology—the US Department of Energy's Carbon Sequestration Program. Int. J. Greenhouse Gas Control 2 (1), 9–20.
Ghiat, I., Al-Ansari, T., 2021. A review of carbon capture and utilisation as a CO2 abatement opportunity within the EWF nexus. J. CO_2 Util. 45, 101432.
Godec, M., Koperna, G., Petrusak, R., Oudinot, A., 2014. Enhanced gas recovery and CO2 storage in gas shales: a summary review of its status and potential. Energy Procedia 63, 5849–5857.
Gunter, W.D., Gentzis, T., Rottenfusser, B.A., Richardson, R.J.H., 1997. Deep coalbed methane in Alberta, Canada: a fuel resource with the potential of zero greenhouse gas emissions. Energy Convers. Manag. 38, S217–S222.
Han, W.S., 2008. Evaluation of CO2 Trapping Mechanisms at the SACROC Northern Platform: Site of 35 Years of CO2 Injection (Doctoral dissertation). New Mexico Institute of Mining and Technology.
Haszeldine, R.S., 2009. Carbon capture and storage: how green can black be? Science 325 (5948), 1647–1652.
Heller, R.J., Zoback, M.D., 2011 June. Adsorption, swelling and viscous creep of synthetic clay samples. In: 45th US Rock Mechanics/Geomechanics Symposium. OnePetro.
Herzog, H., 2009. Carbon Dioxide Capture and Storage. MIT Press Essential Knowledge Series.
Herzog, H., Golomb, D., 2004. Carbon capture and storage from fossil fuel use. Encycl. Energy 1 (6562), 277–287.
Herzog, H., Drake, E., Tester, J., Rosenthal, R., 1993. A Research Needs Assessment for the Capture, Utilization, and Disposal of Carbon Dioxide From Fossil Fuel-Fired Power Plants. Report to the US Department of Energy, Grant No. DEFG02-92ER30194. AOOO, from MIT Energy Laboratory, Cambridge.
Herzog, H., Drake, E., Adams, E., 1997. CO capture, reuse, and storage technologies. Citeseer 1997.
Holt, T., Jensen, J.I., Lindeberg, E., 1995. Underground storage of CO2 in aquifers and oil reservoirs. Energy Convers. Manag. 36 (6–9), 535–538.
IEA, 2021. Direct Air Capture. IEA, Paris. https://www.iea.org/reports/direct-air-capture.
IEA, 2022. CO2 Emissions From Energy Combustion and Industrial Processes, 1900-2021. IEA, Paris. https://www.iea.org/data-and-statistics/charts/co2-emissions-from-energy-combustion-and-industrial-processes-1900-2021.
Jiang, X., 2011. A review of physical modelling and numerical simulation of long-term geological storage of CO2. Appl. Energy 88 (11), 3557–3566.
Johnson, J.W., 2000. A solution for carbon dioxide overload. Sci. Technol. Rev.
Juanes, R., Spiteri, E.J., Orr Jr., F.M., Blunt, M.J., 2006. Impact of relative permeability hysteresis on geological CO2 storage. Water Resour. Res. 42 (12).
Kampman, N., Bickle, M., Wigley, M., Dubacq, B., 2014. Fluid flow and CO2–fluid–mineral interactions during CO2-storage in sedimentary basins. Chem. Geol. 369, 22–50.
Kaszuba, J.P., Janecky, D.R., 2009. Geochemical impacts of sequestering carbon dioxide in brine formations. In: Carbon Sequestration and Its Role in the Global Carbon Cycle. vol. 183. AGU Publications, pp. 239–248.
Khan, C., Amin, R., Madden, G., 2012. Economic modelling of CO2 injection for enhanced gas recovery and storage: a reservoir simulation study of operational parameters. Energy Environ. Res. 2 (2), 65–82.
Khatiwada, M., Adam, L., Morrison, M., van Wijk, K., 2012. A feasibility study of time-lapse seismic monitoring of CO2 sequestration in a layered basalt reservoir. J. Appl. Geophys. 82, 145–152.

Klins, M.A., 1984. Carbon Dioxide Flooding. D. Reidel Publishing Co, Boston, MA, p. 267.
Klins, M.A., Farouq Ali, S.M., 1982. Heavy oil production by carbon dioxide injection. J. Can. Pet. Technol. 21 (5), 64–72.
Kovscek, A.R., 2002. Screening criteria for CO_2 storage in oil reservoirs. Pet. Sci. Technol. 20 (7–8), 841–866.
Lamy, C., Iglauer, S., Pentland, C.H., Blunt, M.J., Maitland, G., 2010 June. Capillary trapping in carbonate rocks. In: SPE EUROPEC/EAGE Annual Conference and Exhibition. OnePetro.
Lan, Y., Yang, Z., Wang, P., Yan, Y., Zhang, L., Ran, J., 2019. A review of microscopic seepage mechanism for shale gas extracted by supercritical CO2 flooding. Fuel 238, 412–424.
Lancaster, D.E., Hill, D., 1993. A multi-laboratory comparison of isotherm measurements of Antrim shale samples. 1993 SCA Conference Paper (No. 9303), pp. 1–16.
Lapillonne, B., Chateau, B., Criqui, P., Kitous, A., Menanteau, P., Mima, S., Gusbin, D., Gilis, S., Soria, A., Russ, P., Szabo, L., 2007. World Energy Technology Outlook-2050-WETO-H2 (No. halshs-00121063).
Leung, D.Y., Caramanna, G., Maroto-Valer, M.M., 2014. An overview of current status of carbon dioxide capture and storage technologies. Renew. Sust. Energ. Rev. 39, 426–443.
Li, X., Elsworth, D., 2015. Geomechanics of CO2 enhanced shale gas recovery. J. Nat. Gas Sci. Eng. 26, 1607–1619.
Lindeberg, E., Wessel-Berg, D., 1997. Vertical convection in an aquifer column under a gas cap of CO2. Energy Convers. Manag. 38, S229–S234.
Litynski, J.T., Klara, S.M., McIlvried, H.G., Srivastava, R.D., 2006. An overview of terrestrial sequestration of carbon dioxide: the United States department of Energy's fossil energy R&D program. Clim. Chang. 74 (1), 81–95.
Liu, F., Ellett, K., Xiao, Y., Rupp, J.A., 2013. Assessing the feasibility of CO2 storage in the New Albany shale (Devonian–Mississippian) with potential enhanced gas recovery using reservoir simulation. Int. J. Greenhouse Gas Control 17, 111–126.
Liu, J., Xie, L., Yao, Y., Gan, Q., Zhao, P., Du, L., 2019. Preliminary study of influence factors and estimation model of the enhanced gas recovery stimulated by carbon dioxide utilization in shale. ACS Sustain. Chem. Eng. 7 (24), 20114–20125.
Martin, F.D., Taber, J.J., 1992. Carbon dioxide flooding. J. Pet. Technol. 44 (4), 396–400.
Melzer, S., 2010. Optimization of CO2 storage in CO2 enhanced oil recovery projects. Adv. Resour. Int.
Mengal, S.A., Wattenbarger, R.A., 2011 September. Accounting for adsorbed gas in shale gas reservoirs. In: SPE Middle East Oil and Gas Show and Conference. OnePetro.
Merey, Ş., 2019. Analysis of the effect of experimental adsorption uncertainty on CH4 production and CO2 sequestration in Dadas shale gas reservoir by numerical simulations. J. Pet. Sci. Eng. 178, 1051–1066.
Merey, Ş., Sınayuç, Ç., 2013. Experimental analysis of adsorption capacities and behaviors of shale samples. In: 19th International Petroleum and Natural Gas Congress and Exhibition of Turkey, May. European Association of Geoscientists & Engineers, pp. cp–380.
Metcalfe, R.S., 1982. Effects of impurities on minimum miscibility pressures and minimum enrichment levels for CO_2 and rich gas displacements. SPE J. 22 (2), 219–225.
Metz, B., Davidson, O., De Coninck, H.C., Loos, M., Meyer, L., 2005. IPCC Special Report on Carbon Dioxide Capture and Storage. Cambridge University Press, Cambridge.
Michael, K., Golab, A., Shulakova, V., Ennis-King, J., Allinson, G., Sharma, S., Aiken, T., 2010. Geological storage of CO2 in saline aquifers—a review of the experience from existing storage operations. Int. J. Greenhouse Gas Control 4 (4), 659–667.

Mohammad, S., Fitzgerald, J., Robinson Jr., R.L., Gasem, K.A., 2009. Experimental uncertainties in volumetric methods for measuring equilibrium adsorption. Energy Fuel 23 (5), 2810–2820.

Moinfar, A., Sepehrnoori, K., Johns, R.T., Varavei, A., 2013 February. Coupled geomechanics and flow simulation for an embedded discrete fracture model. In: SPE Reservoir Simulation Symposium. OnePetro.

Moritis, G., 2003. CO_2 sequestration adds new dimension to oil, gas production. Oil Gas J. 101 (9), 71–83.

Mukherjee, M., Misra, S., 2018. A review of experimental research on enhanced coal bed methane (ECBM) recovery via CO2 sequestration. Earth Sci. Rev. 179, 392–410.

Murshed, M., Alam, R., Ansarin, A., 2021. The environmental Kuznets curve hypothesis for Bangladesh: the importance of natural gas, liquefied petroleum gas, and hydropower consumption. Environ. Sci. Pollut. Res. 28 (14), 17208–17227.

Myer, L., 2011. Global Status of Geologic CO2 Storage Technology Development. United States Carbon Sequestration Council Report July, 2011.

Naik, G.C., 2003. Tight gas reservoirs—an unconventional natural energy source for the future. Accessado em 1 (07), 2008.

Olajire, A.A., 2010. CO2 capture and separation technologies for end-of-pipe applications–a review. Energy 35 (6), 2610–2628.

Pachauri, R.K., Allen, M.R., Barros, V.R., Broome, J., Cramer, W., Christ, R., Church, J.-A., Clarke, L., Dahe, Q., Dasgupta, P., Dubash, N.K., 2014. Climate Change 2014: Synthesis Report. Contribution of Working Groups I, II and III to the Fifth Assessment Report of the Intergovernmental Panel on Climate Change. IPCC, p. 151.

Pan, Z., Ye, J., Zhou, F., Tan, Y., Connell, L.D., Fan, J., 2018. CO2 storage in coal to enhance coalbed methane recovery: a review of field experiments in China. Int. Geol. Rev. 60 (5–6), 754–776.

Peridas, G., Schmidt, B.M., 2021. The role of carbon capture and storage in the race to carbon neutrality. Electr. J. 34 (7), 106996.

Pruess, K., 2003. Numerical Simulation of Leakage From a Geologic Disposal Reservoir for CO2, With Transitions Between Super-and Sub-Critical Conditions. Lawrence Berkeley National Laboratory.

Prusty, B.K., 2008. Sorption of methane and CO2 for enhanced coalbed methane recovery and carbon dioxide sequestration. J. Nat. Gas Chem. 17 (1), 29–38.

Reeves, S.R., 2001 September. Geological sequestration of CO2 in deep, unmineable coalbeds: an integrated research and commerical-scale field demonstration project. In: SPE Annual Technical Conference and Exhibition. OnePetro.

Reichle, D., Houghton, J., Kane, B., Ekmann, J., 1999. Carbon sequestration research and development (No. DOE/SC/FE-1). Oak Ridge National Lab. (ORNL)/National Energy Technology Lab./National Energy Technology Lab., Oak Ridge, TN/Pittsburgh, PA/Morgantown, WV, US.

Rochelle, C.A., Czernichowski-Lauriol, I., Milodowski, A.E., 2004. The impact of chemical reactions on CO2 storage in geological formations: a brief review. Geol. Soc. Lond., Spec. Publ. 233 (1), 87–106.

Ross, D.J., Bustin, R.M., 2009. The importance of shale composition and pore structure upon gas storage potential of shale gas reservoirs. Mar. Pet. Geol. 26 (6), 916–927.

Rubin, E.S., 2008. CO2 capture and transport. Elements 4 (5), 311–317.

Rubin, E., De Coninck, H., 2005. IPCC Special Report on Carbon Dioxide Capture and Storage. Cambridge University Press, UK, p. 14. TNO (2004): Cost Curves for CO2 Storage, Part, 2.

Saadatpoor, E., Bryant, S.L., Sepehrnoori, K., 2010. New trapping mechanism in carbon sequestration. Transp. Porous Media 82 (1), 3–17.

Saghafi, A., Faiz, M., Roberts, D., 2007. CO2 storage and gas diffusivity properties of coals from Sydney Basin, Australia. Int. J. Coal Geol. 70 (1–3), 240–254.
Salvi, B.L., Jindal, S., 2019. Recent developments and challenges ahead in carbon capture and sequestration technologies. SN Appl. Sci. 1 (8), 1–20.
Sang, Q., Li, Y., Zhu, C., Zhang, S., Dong, M., 2016. Experimental investigation of shale gas production with different pressure depletion schemes. Fuel 186, 293–304.
Sathaye, J.A., Norgaard, R.B., Makundi, W., 1993. A Conception Framework for the Evaluation of Cost-Effectiveness of Projects to Reduce GHG Emissions and Sequester Carbon. Lawrence Berkeley National Laboratory.
Sharma, S., Agrawal, V., McGrath, S., Hakala, J.A., Lopano, C., Goodman, A., 2021. Geochemical controls on CO2 interactions with deep subsurface shales: implications for geologic carbon sequestration. Environ. Sci.: Processes Impacts 9, 1278–1300.
Shaw, J.C., Bachu, S., 2002. Screening, evaluation and ranking of oil reserves suitable for CO_2 flood EOR and carbon dioxide sequestration. J. Can. Pet. Technol. 41 (9), 51–61.
Shogenov, K., Shogenova, A., Vizika-Kavvadias, O., 2013. Petrophysical properties and capacity of prospective structures for geological storage of CO2 onshore and offshore Baltic. Energy Procedia 37, 5036–5045.
Smit, B., Reimer, J.A., Oldenburg, C.M., Bourg, I.C., 2014. Introduction to Carbon Capture and Sequestration. vol. 1 World Scientific.
Solomon, S., Carpenter, M., Flach, T.A., 2008. Intermediate storage of carbon dioxide in geological formations: a technical perspective. Int. J. Greenhouse Gas Control 2 (4), 502–510.
Soltanian, M.R., Amooie, M.A., Cole, D.R., Graham, D.E., Hosseini, S.A., Hovorka, S., Pfiffner, S.M., Phelps, T.J., Moortgat, J., 2016. Simulating the Cranfield geological carbon sequestration project with high-resolution static models and an accurate equation of state. Int. J. Greenhouse Gas Control 54, 282–296.
Song, B., Ehlig-Economides, C., Economides, M.J., 2011 January. Design of multiple transverse fracture horizontal wells in shale gas reservoirs. In: SPE Hydraulic Fracturing Technology Conference. OnePetro.
Span, R., Wagner, W., 1996. A new equation of state for carbon dioxide covering the fluid region from the triple-point temperature to 1100 K at pressures up to 800 MPa. J. Phys. Chem. Ref. Data 25 (6), 1509–1596.
Spigarelli, B.P., Kawatra, S.K., 2013. Opportunities and challenges in carbon dioxide capture. J. CO_2 Util. 1, 69–87.
Sun, H., Yao, J., Gao, S.H., Fan, D.Y., Wang, C.C., Sun, Z.X., 2013. Numerical study of CO2 enhanced natural gas recovery and sequestration in shale gas reservoirs. Int. J. Greenhouse Gas Control 19, 406–419.
Sun, Y., Li, S., Sun, R., Liu, X., Pu, H., Zhao, J., 2020. Study of CO2 enhancing shale gas recovery based on competitive adsorption theory. ACS Omega 5 (36), 23429–23436.
Taber, J.J., Martin, F.D., Seright, R.S., 1997. EOR screening criteria revisited—part 1: introduction to screening criteria and enhanced recovery fields projects. SPE Reserv. Eng. 12 (3), 189–198.
Tao, Z., Clarens, A., 2013. Estimating the carbon sequestration capacity of shale formations using methane production rates. Environ. Sci. Technol. 47 (19), 11318–11325.
Thomas, W.J., Crittenden, B., 1998. Adsorption Technology and Design. Butterworth-Heinemann.
Thomson, A.M., Izaurralde, R.C., Smith, S.J., Clarke, L.E., 2008. Integrated estimates of global terrestrial carbon sequestration. Glob. Environ. Chang. 18 (1), 192–203.
Toporov, D., 2014. Combustion of Pulverised Coal in a Mixture of Oxygen and Recycled Flue Gas. Elsevier.
Valluri, S., Claremboux, V., Kawatra, S., 2022. Opportunities and challenges in CO2 utilization. J. Environ. Sci. 113, 322–344.

Van der Meer, L.G.H., 1992. Investigations regarding the storage of carbon dioxide in aquifers in the Netherlands. Energy Convers. Manag. 33 (5–8), 611–618.
Vishal, V., Singh, T., 2016. Geologic Carbon Sequestration. Springer, p. 16.
Williams, D.J., 2001. Greenhouse gas control technologies. In: Proceedings of the 5th International Conference on Greenhouse Gas Control Technologies. CSIRO Publishing.
Winter, E.M., Bergman, P.D., 1993. Availability of depleted oil and gas reservoirs for disposal of carbon dioxide in the United States. Energy Convers. Manag. 34 (9–11), 1177–1187.
Yadav, S., Mondal, S.S., 2022. A review on the progress and prospects of oxy-fuel carbon capture and sequestration (CCS) technology. Fuel 308, 122057.
Yang, H., Xu, Z., Fan, M., Gupta, R., Slimane, R.B., Bland, A.E., Wright, I., 2008. Progress in carbon dioxide separation and capture: a review. J. Environ. Sci. 20 (1), 14–27.
Zhang, B., Wang, Z., Wang, B., 2018. Energy production, economic growth and CO2 emission: evidence from Pakistan. Nat. Hazards 90 (1), 27–50.

Further reading

Liu, D., Li, Y., Yang, S., Agarwal, R.K., 2021. CO2 sequestration with enhanced shale gas recovery. Energy Sources, Part A 43 (24), 3227–3237.
Zhang, D., Song, J., 2014. Mechanisms for geological carbon sequestration. Procedia IUTAm 10, 319–327.

CHAPTER 10

Remaining challenges

...the key UCRs challenge is understanding the reservoir physics! Everything else is complimentary!

Keywords: Low recovery factor, L-shape production profile, Horizontal drilling, Hydraulic fracturing, Challenges of tight UCRs

10.1 Formation evaluation challenges

At the beginning of the millennium, the US administration took strong measures to study and develop tight unconventional reservoirs, in particular shale gas, because of a decline in conventional gas production in the United States and rising demand for natural gas in many industries. In recent years, the US enjoyed many advantages of tight unconventional reservoir production, including greater protection of resources, declines in unemployment, improved global manufacturing productivity, and several other economic and environmental benefits. However, the evaluation and development of tight unconventional reservoirs are still limited to a broader concern with the existing technology and economics. The following discussion provides a comprehensive insight into these concerns, which reflect the current challenges in developing tight unconventional reservoirs, which shape the future of tight unconventional reservoir development and utilization.

10.1.1 Nature of tight unconventional reservoirs

Tight unconventional reservoirs are different compared with their conventional counterparts because of the limitation of conductivity reflected by ultra-low nano-Darcy scale permeabilities. These reservoir qualities cause high capillary pressure, fluid concentration, or variations of low effective porosity (Baihly et al., 2010). This concept may be broad, but the common element is that hydrocarbon production can only be produced through a special technique to bring production at an economic flow rate. These resources are intrinsically complex geologically and are usually composed of shales or clastic rocks but can also occur in carbonates. They typically

https://doi.org/10.1016/B978-0-12-820269-2.00008-1

contain dry gas, although in some situations high API oil may be produced from these reservoirs (Energy, 2018).

Moreover, coals are fuel rocks that contain carbonated material, extracted mainly from the remains of organic matters, at least 70% by volume. The carbons from organic material in tourbillon ponds in the basins involve a reduction in the atmosphere to preserve the organic material (Ju and Li, 2009). Coals may be mounted in sand and shale sequences as dense, persistent seams or interbedded. Mineral and organic materials are also used to classify their ranks in carbon to classify their lithotype, and their maturation and energy content are listed in ranks.

The tight unconventional formation must have a very large size and fair thickness to be economically viable; for example, the Marcellus Shale is about 95k square miles, while the Ghawar Oilfield is around 3.3k square miles. The most common construction technique is to optimize interaction with hydrocarbons by intensive hydraulic fracking in long horizontal wells so that hydrocarbons will spread from rock into new or established fractures. Drilling and completion costs are normally the largest development budget, with stimulus contributing a third of the overall expense for this type of process. Factory drilling, often used by drilling producers in North America (where every well is a factory), decreases drilling times and thus costs (Miller et al., 2011). The focus is not on the processing of data but on organizational performance and the elimination of nonproductive time (NPT). This repeatability of a good collection of processes can therefore be based not on trial and error but sound facts. This advocates that all appropriate data be gathered at an early stage, but it can also require logging into the implementation process to deal with unexpected problems.

10.1.2 Challenging parameters

Tight unconventional reservoirs in North America can be taken as a guide in this respect, being the largest in production, most technologically advanced, and the source of many lessons. Hence, key parameters for North American tight unconventional reservoirs are excellent summaries (King, 2010). In general, hydrocarbons, spacing, fracture-existence, maturation, digenetic, pores, organic wealth, free gas, stress-related relationships, rock strength, and mineralogy are the key determinants of tight unconventional reservoirs; they are often accompanied by appropriate matrix permeability and proper water handling with kerogeneous type. A carbon bed methane resource has similar parameters with the key consistency metrics being thickness, pressure, gas in position, cleats, rank, and lithotype.

Developed completion criteria are available and include rock intensity, geo-stress location, history of burial, the prevalence of geological hazards such as defects, presence, and type of natural fracture barriers, the proximity of aquifers, and susceptibility of formation. A rock's propensity to fracture depends on its strength, which in turn depends on its lithology, fluid composition, microstructure, mechanical properties, and in situ stresses. The brittleness index is also used to measure the ability of a rock to crack. However, fragility is not a rock property but rather a condition or behavior, and the amount of energy that the rock can store in advance of failure can be described. The rock will move from fractured to ductility by an external stimulus, so we need to know about the pressures on the rock before we determine how it will fail (Friedheim et al., 2011). The normal predictor of the fracturing of an index of fractures in conjunction with the uniaxial compressive strength (UCS) of rocks does not provide adequate knowledge to describe rocks' behaviors when exposed to hydraulic stimulation, without taking into account rock tension. The capacity of the rock to fracture depends on its strength and ability to break.

10.1.3 Evaluation methods

Due to the disparity between tight unconventional reservoirs and traditional reservoirs, diverse and adaptive assessment techniques that vary between discovery and development phases are required. As in the traditional assessment, we need to evaluate the criteria of the net reservoir and calculate the recovery capacity, but the metrics we measure and their origins are different from the conventional evaluation. Included data sets cover a wide variety of technologies and disciplines, such as 3D seismic, core data, mudlogging, LWD, wireline, geomechanical, VSP, hydraulic stimulation, microseismic, production testing, and integration of wells, all of which play important parts in the evaluation of reservoirs unconventionally (Friedheim et al., 2011). Not all approaches are currently employed, and local knowledge or cost sometimes determines the efficiency of a given approach.

Measurements in the drilling process are important to assess resource capacity. Gas adsorption isotherm is the best way to quantify gas-in-place both for shale bed and carbon bed reservoirs. Core data are also used for the establishment of observational associations as well logs including density and TOC, gamma and TOC, nearby research density, or carbon density. Core data are required to obtain geomechanical features and to assess the rock's susceptibility to future drilling and completion fluids (Rajput and Thakur, 2016).

Many traditional oil and gas wells in North America have pulled through the upcoming unconventional reservoirs to meet their conventional goals. The methods for analyzing the early shale-gas log have been established based on logging suites in such open-hole regions. These were generally Gamma, Resistivity, neutron, density, and Sonic which, as suggested by Schmoker (1979), contributed to early interpretational algorithms (Passey et al., 1990). Other wireline specialist logging instruments, such as NMR, elementary capture spectroscopy, and dielectric, have all found uses in nonconventional reserve evaluations, while density, spectral gamma, dipole acoustic, and high-resolution imager remain the most consistent log tools for characterizing and presenting information on key reservoir knowledge parameters.

Until multizone fractures were conducted, the early shale reservoir drilling scheme was to conduct drilling for horizontal wells and split the process into evenly separated phases. The practice has been to place wells in sweet places/spots, not just geometric plans and schedule phases to minimize the tension of nearby fractures and not to break the borders of fractures. An tight unconventional reservoir sweet spot, called hydrocarbon enrichment spots (HES), usually is a reservoir rock that meets all or most of the set conditions, e.g., TOCs greater than 2.1%, natural fracture presence, clay content below 40.0%, rock resistance high (breakdown), and relatively high permeability and porosity.

Mudlogging offers unorthodox baseline measurement results. Hashmy et al. (2012) have identified a range of analytical approaches for drill cuttings (X-ray fluorescence (XRF), X-ray diffraction (XRD), and pyrolysis) and how advanced gas processing can be used to locate the HES at the well in almost real-time. A fragility index on cutting data from the minerals XRD or XRF can be established and deemed useful. The MWD survey tool is used for gamma calculations and is often the only geophysical log that runs in the well. LWD instruments are occasionally used for sweet-spot geosteering, but the tools that can be used to make significant shale-related measurements, such as spectral gamma or acoustic anisotropy, are uncommon. The applications and benefits of an azimuth-based acoustic instrument for anisotropy determination in the shale reservoir have proven helpful in tight unconventional reservoir drilling (Mickael et al., 2012; Maranuk et al., 2013).

Understanding the reservoir may come from multiple technologies, but foot-to-foot measurements offer a vital resource evaluation. Due to the current state of education/success of technologies to gain training appraisal data using traditional methods, the operator frequently prefers to promote the whole segment instead of hitting sweet spots to reduce the risk as well as expenses due to lack of data. North American shale-flow output suggests asymmetrical production patterns from normal spaced fracturing stages; some operators say that 60% of the stages are unproductive or that they owe 70% of the production to only single stage, while others are almost none productive. Wireline and other calculation steps may either be put in lithologies that are more efficient or more conducive to the selected methods of completion and relaxation. Hydraulic fracture advice services focused in part on good log data are more popular for all major service providers (Wigger et al., 2014). Reported case studies observed an increase in the drilling cluster performance from 30% to approximately 70% from reservation and completion efficiency metrics using wireline logging results.

10.1.4 Logging and estimation challenges

The spectral gamma, cross-dipole acoustic, high-resolution imager, and density will work for a purposeful shale wireline logging suite. For CBM, the most effective measurement is a high-resolution density augmented by cross-dipole acoustic and a high-resolution imager. High-resolution measurements are advisable in both situations to log the heterogeneity of unconventional reservoirs correlated with geological complexity.

The wireline spectral gamma measures the potassium, thorium, and uranium content of the rock and overall gamma. Since uranium content is very well associated with TOC in marine shales, the instrument will specifically quantify TOC, while the other spectral components and their ratios allow advanced clay typing, importantly to identify the presence of the swelling clay smectite (Sondergeld et al., 2010). High concentrations of potassium and the thorium, suggesting more porous calcareous and silty environments, may be extracted knowledge regarding possible fracture areas. As uranium is water-soluble, it also contributes to natural cracks and errors to detect strong uranium spikes.

The density wireline tool provides a measure of the formation density and is normally used to calculate porosity. The low density of kerogen appears as excess porosity, a fact that can be used to derive a relationship to the organic content of the shale. For coal bed methane evaluation, the density Z/A transforms for an electron to true density conversions need to be revised appropriately for the coal environment (Hameed et al., 2014).

The cross-dipole acoustic wireline instrument produces shear and compression rates, fast and slow shear velocity, and anisotropy calculation and is fundamental for the mechanical characteristics of shell reservoirs to be used for input into fracture simulators. Combining the acoustic velocity to density, dynamic elastic distribution with anisotropy magnitude can be calculated using the dynamic ratios of Poisson's, Young's Modulus, and the elastic constants.

Lamination and fissility caused by the arrangement of clay and sedimentological differences are intrinsically vertical transverse isotropic (VTI) in shales. In certain North American shales, between 30% and 60% anisotropy is not uncommon. In the measurements of mechanical property, Waters et al. (2011) addressed the significance of anisotropy accounting and how ignoring the effects of anisotropy could lead to substantial error in hydraulic fracture estimation. A horizontal and vertical Young's and Poisson's (Thiercelin and Plumb, 1994) ratio must be used to quantify the closure tension in VTI media.

High-resolution imager wireline offers images for resistivity that can be used to assess cracks and defects, analyze breakout, and provide useful logical knowledge about sediments. For decreasing horizontal stress directions, the presence, frequency, and orientation of natural fractures are significant and are used to complement discrete fracture networks (DFNs), which are now widely used to optimize hydraulic fractures. Many scholars suggest that natural fractures are a requirement for the successful initiation of fractures. The value of natural fractures has been identified by Engelder et al. (2009) and how horizontal wells and their subsequent stimulation benefit from the crossing of two focused joint sets and stated that natural fractures have contributed to economic hydrocarbon output without needing a stimulation in 20% horizontal wells drilled at Marcellus, Major Sandy Field in the Appalachian Basin.

10.1.5 Operational challenges

Wellbore integrity is one of the most common challenges for fracking tight unconventional reservoirs, and the need to dig deeper or extend the horizontal section of wells makes this much more acute. The majority of shallow formations are overpressurized and therefore lead to slugging shells, overbursts, and the collapse of the hole. The need to penetrate in parallel to the desired path of stress will result in fracture, flatbed failures, and hole instability. Tight unconventional reservoirs with a high degree of drilling respond to water that causes swelling and adhesive problems. Overcut and cuttings may have a profound impact on collecting meaningful data and can result in a wireline tool obstruction or sticking, due to inadequate hole cleaning in large horizontal wells and spiral drilling.

The drawbacks of good analysis are drilling the cuttings with PDC and TSP parts, uncertainty about the backward lag in the proper origin depth, mixing the cuttings in the annulus, modification of the slurry caused by the mud, the caving pollution, and the preparation time, which create problems in keeping with the rate of penetration ROP. Although gamma measurements are less common in most of the MWD survey kits, full-scale LWD assemblies are included. Furthermore, cost, reliability, and challenging tools may affect the drilling process. The measuring technology available in LWD is limited, as uncommon instruments are highly priced, high hole costs are missing and the acceptable scale of the collar may not be available to the hole size (Rajput and Thakur, 2016).

Additional considerations are that MWD/LWD collar can contribute to spectral bias in the gamma measurement and difficulty with LWD acoustic tools in Stoneley's wave measurement. High TOC has demonstrated anomalies in the location of fractures and is possibly merely observational, where MWD gamma predictions of lower gamma and ROP suggest more existence of brittle rocks. The easiest way to collect training appraisal data is by wireline for traditional reservoirs (Sondergeld et al., 2010). The construction of wirelines for unconventional reservoirs will rarely exploit, and typical transport methods are constrained by the geometry of the well needed to service unconventional reservoirs, rough environments, and problems with hole stability; the main difficulty is simply to transport the tools safely to the desired degree.

Different modes of transmission in these cases are used to decrease cable gravitational logging tools or to drive them down using drill pipe, belt piping, or wireline tractors. Wireline is a mandatory part of the logging string in both of these situations. Wireline tools on a conduit or a spiral are uncovered and unprotected on the lower section of the assembly, and thus, the first part on which any obstruction is in touch. A wireline tool can take very little weight and can lead to unplanned NPT without injury. Equally, borehole roughness can damage tools during hole activity.

These wireline tools cannot be rotated to avoid blockages, minimize drag, or dissipate torque. The wireline presence in a tube transmitted by a wireline will avoid the operation of a floating valve that may threaten protection when logged on pressurized shale reservoirs. It is not feasible for the user to log the well using traditional methods and sophisticated transport techniques to achieve a complete collection of data.

10.2 Economic challenges

The economic challenges in tight unconventional reservoirs are commensurate with the technical challenges and also the feasibility of the development and production from a specific well. The economics of the whole development plan will be discussed in the next sections after the introduction of challenges in well development. The main focus on the economic challenges in the stage of formation evaluation is to give the best possible estimation of the petrophysical, geochemical, and geomechanical characteristics of the reservoir and based on these characteristics the total cost of the assessed tight unconventional reservoirs will be compared with the revenue with significant considerations of the uncertainties that lie behind these characteristics and potential of the area underestimation.

10.3 Well development challenges

In this section, both technical and economic perspectives are inline and will be discussed in a more mixed mode. Both technical and economic concerns are representing the challenges in the development of a particular well. After all the evaluation of the area of investigation, the economics should be estimated in line with the current technology to result in the best fit in terms of producing the highest possible output with less development costs. Fig. 10.1 shows how this process is integrated with the challenging outcome of receiving the highest possible profit. Fig. 10.1 also illustrates how the decision on developing a given tight unconventional reservoir well will be based on the fact that for each specific condition and characteristics there are unique technologies required for drilling, fracturing, and facilities depending on the capacity and type of fluid produced. This will be added to expected operational costs and eventually compared with production and revenue. Considering this, the challenge will be in using the cheapest technology to yield the highest output.

10.4 Drilling technology cost

Drilling costs constitute a large segment of the budget in the production of tight unconventional reservoirs and account for a large proportion of total expenses. There are, however, relatively few studies discussing advanced approaches for the prediction of drilling prices, many of which require basic estimation methods. Hefley and Seydor (2011) tried—with the assistance of field testing—to quantify the related cost of tight unconventional reservoir

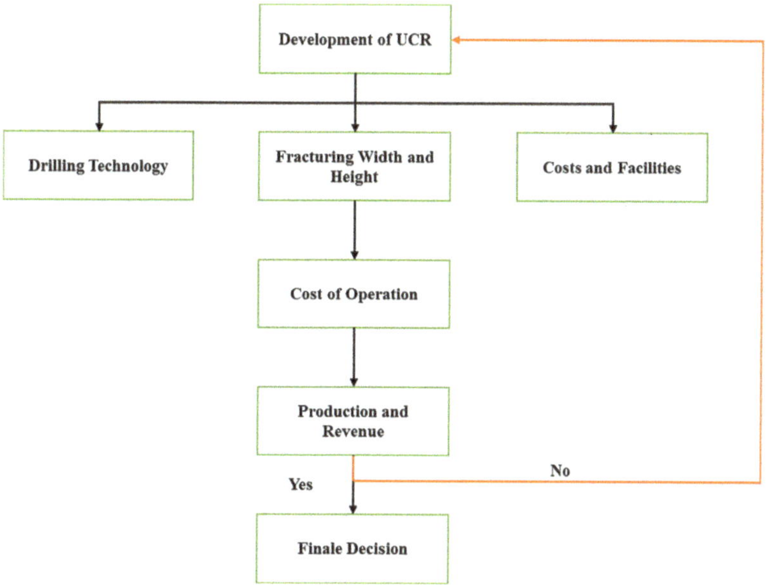

Fig. 10.1 Economic and technical challenges matrix for the development of tight unconventional reservoirs.

drilling for the Marcellus well and subsequently investigated the same cost for a cross-validation of tight unconventional reservoir exploration companies. Several scholars have proposed techniques of preliminary estimations of tight unconventional reservoir development costs to determine the economics of producing wells by reducing costs to the layout of wells, for instance, vertical section and horizontal segment. In particular, the estimates of horizontal segment costs were estimated using a linear methodology calibrated to the length of the horizontal segment by Schweitzer and Bilgesu (2009). The cost of a unit length (by cost per meter) was found by Juell and Whitson (2013) to approximate the cost of the transient section. Wilson and Durlofsky (2012) have used the method of unit cost for the fast calculation of drilling costs.

Relatively more modern approaches have been developed in order to measure or forecast fracking costs more effectively to understand the economics of tight unconventional reservoir production. The method for calculating the cost of tight unconventional reservoir exploration was developed by Sorrell et al. (2012) on a regular basis (by cost per day). These cost products can usually be separated into three groups: cost of a plant, cost dependent on depth, and cost per day. Moniz et al. (2011) have drawn up a unit length prediction model and an extension exponential forecasting model of development costs to allow a detailed economic distinction between the multilateral and horizontal wells of the Marcellus tight unconventional reservoirs. In tandem with the application of a learning factor, Wehunt et al. (2012) attempt to model the costs of drilling wells in various scenarios (into three segments: vertical, tangent, and lateral).

10.5 Hydraulic fracturing cost

Another significant part of tight unconventional reservoir costs is the fracking treatment costs (complete technical costs). There is still no study into approaches to more effectively estimate fracking costs. In order to measure more precisely the cost of fracturing stimulus, some studies focused on changing the respective costs depending on length of fractures. Schweitzer and Bilgesu (2009) have adjusted fracturing costs depending on the expense of the unit stage due to the duration of fractures. Sorrell et al. (2012) calculated the cost of fracturing in two categories: constant amount elements of a fracture work and the amount factors dependent on stage of fracture stimulus. It may be fair to quantify this cost. Furthermore, Juell and Whitson (2013) have developed a complex predictive fracking model for cost estimation that adapts amount changing in fracture dimensions for each of the various stages.

Other reports on predictions of fracture prices, as stated earlier, mostly follow simplified estimates. Broken cost estimates generally focused on the method of costing a single stage (Meyer et al., 2010). Based on historical data review, Insight (2011) commented on the type of each fracture cost object and listed its pro-partition of overall costs. Similarly, the cost of fracturing by the expense objects (Hefley and Seydor, 2011) is merely calculated.

Table 10.1 offers a short description of estimated cost fracking types. These estimation techniques have inevitably progressed from basic techniques to reasonably complex techniques and to smarter techniques. In accordance with the types system for determining the development budget, the precision of the type g method for estimating part differences may be conveniently subjected to quality data accessible.

Therefore, very little study is required to decide whether this approach is feasible using the type f method for fracking costs. Many experiments use the type e approach to easily quantify fracking costs. The impact of fracture size on costs that would cause a distinct error was not included in this process. We may remember however that not all costs apply to drilling phases, so

Table 10.1 Estimation of fracking costs.

Type	Methods of predictions
a	Models for estimating costs
b	Fracture half-length unit stage cost
c	Fracture length unit stage cost
d	Fixed cost factor plus the unit stage
e	Cost of the units costs
f	Cost based on unit area
g	Equivalent of separate costs estimation

type d results are more detailed than type e process results. The type b and the type c methods take into account the impact of fracking, which can effectively minimize estimation error based on the type e process. Cost models are designed to determine the major factors about fracturing stage and fracture scale in order to help estimate and forecast fracturing costs. This has obviously taken a huge move forward, but there are still some better approaches to predict cost fracking with greater accuracy, in particular with a view to type a, which needs to take into account more expense generators and other considerations.

10.6 Facility development cost

It is very important to accurately estimate the input data, which can dramatically impact cost savings and control project budget, and it has been determined that surface facility cost estimates are among the critical input data (Guarnone et al., 2012). Owing to the steep drop in the production of hydrocarbons, more wells have to be poured for production substitution, which needs greater facilities. This condition calls for unconventional ideas and strategies to predict and minimize costs of installations. There are surprisingly, however, no reasonably detailed protocols in existing literature for estimating the cost of surface facilities. Any of these approaches incorporate the costs of the plant in the costs of wells (Nome and Johnston, 2008). In certain situations, this expense item was not taken into consideration in the work of some authors (Wright, 2008). Fortunately, some simple techniques for calculating Hefley's facility costs have been explored in a literature segment.

Facility expenses are divided into several groups of which are the related percentages listed on the basis of the static analysis of a large volume of data. More recent developments in unit cost estimates by Li et al. (2013) through the previously discussed cost per unit of production and costs per area unit have been increasing. One research indicated that construction costs of pipelines, that is a significant portion of installation expenses, can be modeled on pipeline radius size and longitude. Wehunt et al. (2012) presented two parameters: the development pad portion which is represented by the expenses for each pad and the wellbore factor for calculating the expenses of the device (cost per well).

Furthermore, there are no studies relevant to the implementation of probabilistic methods for the calculation of the cost of fracturing and the cost of the facility, and they were integrated into the total cost of the well to predict the total expense using probabilistic techniques. However, almost no system can estimate facility costs reasonably precisely, and in particular, the type a, type e, and type g methods are not unique to the cost prediction of fracking. As mentioned above, the findings of type b are always very difficult, considering the shortage of statistical evidence to distinguish variations in the involved parts. The type c technique carries on a new concept for calculating facility prices, but is rarely implemented and is nevertheless feasible. Type d aims to quantify installation costs based on building, but more analysis is still required to decide whether the cost and the region are substantially connected. The determination of how many wells to be developed is a significant factor of installation expenses. Nevertheless, the number of pads is of interest. The precision of type e systems on the other hand, using the two factors for the calculation of installation costs, is more advantageous.

10.7 Operating cost

Operating costs (running cost) associated with other expenses are another significant part of the input data. Current literature on estimation and prediction methods of the running cost can be divided into seven categories:

- The running cost estimation approach used by MacDonald et al. (2002) focused separately on each cost item.
- Several scholars, for example, Nome and Johnston (2008) calculated running cost of shallow gas growth by a unit cost method of production.
- Several studies have also calculated running costs on the basis of a unit cost approach (Wright, 2008).
- Lake et al. (2013) analyzed the expenses with an annual benefit percentage.

- Mason et al. (2015) forecasted the running cost as proportion of capital expenditure.
- Taylor et al. (2010) reported results, showing the mixture of form b and method c, consequently the organizational expenses can be predicted in a constant part and a variable part. In addition, the impact of shifting commodity values is integrated.
- Kaiser (2012) calculated the running cost by assigning a corresponding probability distribution.

  It is difficult to decide which type of the above running cost measurements is due to the input parameter variations.

The proportion of type d and e techniques could be defined on the basis of complex statistical analysis and business knowledge, which delivers reasonably reliable results. The type f process, which blends type b with type c methods, will dramatically improve the precision of forecasts given the impact of changing prices on the market. But the evolving running cost law has not been calculated adequately by these approaches. Based on operating experience, the cost would escalate rather than decline or stay fixed with time.

10.8 Production and revenue

The production of an tight unconventional reservoir projects contributes primarily to the current hydrocarbon prices and demand. The production applies to a wide range of factors, such as a collection of economic metrics and not limited to the current prices of the produced hydrocarbon. The fair estimate of tight unconventional reservoir production plays an important role in the technological and economic assessment of the reservoir. Furthermore, such forecasts are critical for evaluating the tight unconventional reservoir project's commitment and duration. Provided that the market value of the produced shallow hydrocarbon produced mainly from the output of oil/gas and the price of wellhead, the return of investment prediction mainly depends on the projection of these two important factors. Other returns, like refunds of the taxes or subsidizations, can occur based on the agreement of the respective conditions.

The production of tight unconventional reservoir is declining rapidly, creating several issues to sustain steady production. A reliable estimate of the output of tight unconventional reservoirs and the costs would also contribute to a significant impact in this regard. Among the best widely utilized prediction strategies is decline curve analysis on the basis of numerous curve forms (Harding, 2008). The method includes hyperbolic decrease and exponential decrease. Also, a transition from hyperbolical into exponential declination is included. Some studies in the literature have taken an exponentially low function for the output of the well and subsequent EURs. Dougherty and Chang (2010) show that exponential declines can be converted to an easy exponential decrease as well as exponential decrease in order to more efficiently predict tight unconventional reservoir production.

The second method of producing estimates of tight unconventional reservoir output was used by scientists such as Lake et al. (2013) who used and explored a new technique, based on a variation of the above two output. Wehunt et al. (2012) have developed yet another technique for tight unconventional reservoirs utilizing a production decline prediction model. Besides the study of production declines, a variety of tight unconventional reservoir simulations and probabilistic approaches are often widely used for the estimation of tight unconventional reservoir production.

10.9 Converting to a cleaner energy

With the current energy transition wave that aims to decarbonizing fossil fuel and clean energy sourcing, both conventional and unconventional resources are adapting the most critical reforms in the history of the petroleum industry. However, renewable energy is still not qualified as a real threat to fossil fuels. Recently, hydrogen energy appears as a sustainable and green energy option. Unlike other energy sources such as oil, coal, and natural gas, hydrogen exists in the form of molecular bonds in nature. It takes energy to obtain pure hydrogen. Hydrogen is not a primary energy obtained through mining like oil, but better conceptualized as an "energy carrier," that is, the second energy that can be stored, transported, and utilized like electricity. Hydrogen is the fundamental pillar in terms of energy transition when facing the problems related to global warming and energy shortage. Some credible literature articulates that hydrogen has wide application in the energy market and has even become superior to renewable energy. It is reported that more than 400 million cars, 15–20 million trucks, and around 5 million buses could be powered by hydrogen in 2050, which covers almost 20%–25% of the transportation sector (Uyar and Beşikci, 2017). In addition, the development of hydrogen could meet 18% final energy demand, reduce the level of greenhouse gas emission, and provide more than 30 million jobs by 2050. Hydrogen is a powerful source of energy that can be used in fuel cells to generate electricity to power electric vehicles, as a feedstock for different industrial processes, or even as a source of domestic source (Global CCS Institute Blue Hydrogen report, 2021). The fact that there are almost "near-zero emissions" lures the so-called sustainable and environmentally friendly companies to demonstrate that they are engaged with the well-being of our world. Therefore, the importance of this near-zero emissions power source is already obtaining recognition worldwide, thus generating more speculation about where the fossil fuels might end in the next foreseeable years to come.

Nevertheless, future growth will undoubtedly depend on finding lower-cost means to create hydrogen with really low or no carbon emissions, to find new users and companies to buy it as well as new products that depend on that source of energy. This means that major investments in capital and research and development of technology are needed to convert the existing blue hydrogen market into a "green hydrogen market." Many stakeholders are skeptical about investing, in the development of alternative green sources of hydrogen, such as solar, wind, or biomass. However, this is not the case for everyone. Consider for example Baker Hughes, one of the biggest oil services companies that is also one of the three companies that allocated funding toward the goal of raising billions of Euros to invest in clean hydrogen infrastructure. Such efforts may contribute to decarburization, or at least reduce carbon emissions massively by 2050.

Some companies see the business of hydrogen intrusion into the energy market as a sort of escape from the actual oil market crisis, making substantial investments to construct and develop clean hydrogen infrastructure that may support funding ventures that produce, store, and distribute green hydrogen produced that leads to eliminate or minimize carbon emissions. The remaining questions to be answered are when hydrogen fuel becomes popular and affordable and how to resource large amounts of hydrogen required for such a crucial game changer. Fossil fuel supporters argue that there is no better way than to separate hydrogen from fossil fuels, coal, and natural gas that are already operational and sequestrate the remaining carbon.

References

Baihly, J.D., Altman, R.M., Malpani, R., Luo, F., 2010. Shale gas production decline trend comparison over time and basins. In: SPE Annual Technical Conference and Exhibition. Society of Petroleum Engineers.

Dougherty, E., Chang, J., 2010. A method to quickly estimate the probable value of a shale gas well. In: SPE Western Regional Meeting. Society of Petroleum Engineers.

Energy, U. S. D. O, 2018. Why Is Shale Gas Important?.
Engelder, T., Lash, G.G., Uzcátegui, R.S., 2009. Joint sets that enhance production from middle and upper Devonian gas shales of the Appalachian Basin. AAPG Bull. 93, 857–889.
Friedheim, J., Guo, Q., Young, S., Gomez, S., 2011. Testing and evaluation techniques for drilling fluids-shale interaction and shale stability. In: 45th US Rock Mechanics/Geomechanics Symposium. American Rock Mechanics Association.
Global CCS Institute, 2021. Blue Hydrogen. Available from: https://www.globalccsinstitute.com/resources/publications-reports-research/blue-hydrogen/.
Guarnone, M., Rossi, F., Negri, E., Grassi, C., Genazzi, D., Zennaro, R., 2012. An unconventional mindset for shale gas surface facilities. J. Nat. Gas Sci. Eng. 6, 14–23.
Hameed, A., Bacciarelli, M., Williams, P.J., 2014. Unconventional reservoir formation evaluation challenges addressed with deployment-optimized open hole logging solutions. In: SPE Eastern Regional Meeting. Society of Petroleum Engineers, Charleston, WV, USA.
Harding, N.R., 2008. Application of stochastic prospect analysis for shale gas reservoirs. In: SPE Russian Oil and Gas Technical Conference and Exhibition. Society of Petroleum Engineers.
Hashmy, K.H., David, T., Abueita, S., Jonkers, J., 2012. Shale reservoirs: improved production from stimulation of sweet spots. In: SPE Asia Pacific Oil and Gas Conference and Exhibition. Society of Petroleum Engineers.
Hefley, B., Seydor, S., 2011. The Economic Impact of the Value Chain of a Marcellus Shale Well. Available at SSRN 2181675.
Insight, I.G., 2011. The economic and employment contributions of shale gas in the United States. In: Prepared for America's Natural Gas Alliance by IHS Global Insight (USA). America's Natural Gas Alliance, Washington, DC.
Ju, Y., Li, X., 2009. New research progress on the ultrastructure of tectonically deformed coals. Prog. Nat. Sci. 19, 1455–1466.
Juell, A.O., Whitson, C.H., 2013. Optimized well modeling of liquid-rich shale reservoirs. In: SPE Annual Technical Conference and Exhibition. Society of Petroleum Engineers.
Kaiser, M.J., 2012. Profitability assessment of Haynesville shale gas wells. Energy 38, 315–330.
King, G.E., 2010. Thirty years of gas shale fracturing: what have we learned? In: SPE Annual Technical Conference and Exhibition. Society of Petroleum Engineers.
Lake, L.W., Martin, J., Ramsey, J.D., Titman, S., 2013. A primer on the economics of shale gas production just how cheap is shale gas? J. Appl. Corp. Financ. 25, 87–96.
Li, Q., Chen, M., Jin, Y., Zhao, F., Jiang, H., 2013. Economic influence of hydraulic fracturing parameters on horizontal wells in shale gas bed. Tezhong Youqicang-Spec. Oil Gas Reservoirs 20, 146–150.
Macdonald, R., Frantz Jr., J., Merriam, G., Schlotterbeck, S., 2002. Comparing production responses from Devonian shale and Berea Wells stimulated with nitrogen foam and proppant vs. nitrogen-only, pike co., Kentucky. In: SPE Annual Technical Conference and Exhibition. Society of Petroleum Engineers.
Maranuk, C., Mickael, M., Zimmermann, P., 2013. Applications of a unique spectral azimuthal gamma ray tool to unconventional reservoirs. In: SPWLA 54th Annual Logging Symposium. Society of Petrophysicists and Well-Log Analysts.
Mason, C.F., Muehlenbachs, L.A., Olmstead, S.M., 2015. The economics of shale gas development. Ann. Rev. Resour. Econ. 7, 269–289.
Meyer, B.R., Bazan, L.W., Jacot, R.H., Lattibeaudiere, M.G., 2010. Optimization of multiple transverse hydraulic fractures in horizontal wellbores. In: SPE Unconventional Gas Conference. Society of Petroleum Engineers.
Mickael, M.W., Barnett, C., Diab, M.S., 2012. Shear wave anisotropy measurement from azimuthally focused LWD sonic tool. In: SPE Canadian Unconventional Resources Conference. Society of Petroleum Engineers.

Miller, C.K., Waters, G.A., Rylander, E.I., 2011. Evaluation of production log data from horizontal wells drilled in organic shales. In: North American Unconventional Gas Conference and Exhibition. Society of Petroleum Engineers, The Woodlands, Texas, USA.
Moniz, E.J., Jacoby, H.D., Meggs, A.J., Armtrong, R., Cohn, D., Connors, S., Deutch, J., Ejaz, Q., Hezir, J., Kaufman, G., 2011. The Future of Natural Gas. Massachusetts Institute of Technology, Cambridge, MA.
Nome, S., Johnston, P., 2008. From Shale to Shining Shale: A Primer on North American Natural Gas Shale Plays. Deutsche Bank, Red Orbit News, p. 7.
Passey, Q., Creaney, S., Kulla, J., Moretti, F., Stroud, J., 1990. A practical model for organic richness from porosity and resistivity logs. AAPG Bull. 74, 1777–1794.
Rajput, S., Thakur, N.K., 2016. Rock properties. In: Rajput, S., Thakur, N.K. (Eds.), Geological Controls for Gas Hydrate Formations and Unconventionals. Elsevier (Chapter 5).
Schmoker, J.W., 1979. Determination of organic content of Appalachian Devonian shales from formation-density logs: geologic notes. AAPG Bull. 63, 1504–1509.
Schweitzer, R., Bilgesu, H.I., 2009. The role of economics on well and fracture design completions of Marcellus Shale wells. In: SPE Eastern Regional Meeting. Society of Petroleum Engineers.
Sondergeld, C.H., Newsham, K.E., Comisky, J.T., Rice, M.C., Rai, C.S., 2010. Petrophysical considerations in evaluating and producing shale gas resources. In: SPE Unconventional Gas Conference. Society of Petroleum Engineers, Pittsburgh, Pennsylvania, USA.
Sorrell, S., Gracceva, F., Eriksson, A., Zeniewski, P., Speirs, J., Mcglade, C., Pearson, I., Toft, P., Schuetz, M., Alecu, C., 2012. Unconventional Gas: Potential Energy Market Impacts in the European Union. JRC Scientific and Policy Reports, p. 328.
Taylor, R.S., Glaser, M.A., Kim, J., Wilson, B., Nikiforuk, G., Noble, V., Rosenthal, L., Aguilera, R., Hoch, O.F., Storozhenko, K.K., 2010. Optimization of horizontal wellbore and fracture spacing using an interactive combination of reservoir and fracturing simulation. In: Canadian Unconventional Resources and International Petroleum Conference. Society of Petroleum Engineers.
Thiercelin, M., Plumb, R., 1994. A core-based prediction of lithologic stress contrasts in East Texas formations. SPE Form. Eval. 9, 251–258.
Uyar, T.S., Beşikci, D., 2017. Integration of hydrogen energy systems into renewable energy systems for better design of 100% renewable energy communities. Int. J. Hydrog. Energy 42, 2453–2456.
Waters, G.A., Lewis, R.E., Bentley, D., 2011. The effect of mechanical properties anisotropy in the generation of hydraulic fractures in organic shales. In: SPE Annual Technical Conference and Exhibition. Society of Petroleum Engineers.
Wehunt, D., Hrachovy, M.J., Walker, S.C., Ayyalasomayajula, P.S., 2012. An efficient decision framework for optimizing tight and unconventional resources. In: SPE Hydrocarbon Economics and Evaluation Symposium. Society of Petroleum Engineers.
Wigger, E., Viswanathan, A., Fisher, K., Slocombe, R., Kaufman, P., Chadwick, C., 2014. Logging solutions for completion optimization in unconventional resource plays. In: SPE/EAGE European Unconventional Resources Conference and Exhibition. European Association of Geoscientists & Engineers, pp. 1–17.
Wilson, K., Durlofsky, L.J., 2012. Computational optimization of shale resource development using reduced-physics surrogate models. In: SPE Western Regional Meeting. Society of Petroleum Engineers.
Wright, J.D., 2008. Economic evaluation of shale gas reservoirs. In: SPE Shale Gas Production Conference. Society of Petroleum Engineers.

Index

Note: Page numbers followed by *f* indicate figures and *t* indicate tables.

F

G

H

I

K

U

V

W

X

Y

FSC
www.fsc.org
MIX
Papier | Fördert gute Waldnutzung
FSC® C083411

Kolibri 360 GmbH
Ferdinand-Jühlke-Straße 7
99095 Erfurt, Deutschland
produktsicherheit@kolibri360.de